菩提道次第廣論
毗缽舍那

宗喀巴大師◎造論
釋能海◎釋義

釋義者簡介

上能下海法師，台灣省屏東縣人，1956 年生，在俗時畢業於台灣師範大學，任教初中多年，初始學習顯教教理：《印光大師全集》、《南山律在家備覽》及法相唯識學，兼學《菩提道次第廣論》等論典。 1992 年受比丘戒。有感於宗喀巴大師中興佛法，繼承阿底峽尊者之教法，又重戒律，其所造《菩提道次第》，大小兼備且顯圓融，完整無缺，復為一補特伽羅易知便修之成佛教授。心生敬仰，乃發願專崇宗道次第圓滿教法。

法師為有助於無法直接以理路思辯方式學習之僧眾及居士學人，能勝解三藏智理，复思：若佛法理路思辯之精要，此理路能透過廣為宣流，及討論必起大作用，且有助於佛法的思惟及修証。遂應邀於台灣台中萬佛寺大專部教授《菩提道次第略論》、《菩提道次第廣論》及此論之「奢摩他」，並開講《宗義寶鬘》、《四宗要義》、 《入中論講記》，又於該學院之研究所教授《菩提道次第廣論》後半部之「毗缽舍那」、《六祖壇經》、《金剛經》、《辨了不了義善說藏論》。另應邀在台灣台中南普陀佛學院教授《土觀宗派源流》及《宗義寶鬘》，並在台灣新竹福嚴佛學院教授《四宗要義》。

法師親近師長修學十數年間，仰仗三寶諸佛的悲心、加持，及諸師長慈悲攝受，多方譬解詳為講說，尤其幸得精要，兼學得理路內涵，善巧抉擇甚深及廣大經論的要義，並能掌握修行法要。

值此末法時代，法弱魔強，誠如歷代祖師大德所說：「佛陀教法隱沒之時，喜黑法方實力強大，喜白法方勢單力薄。是故趨入非法之徒，長壽無病利惠眾多，趨入正法適得其反，此本規律修士莫懼。敦巴格西如此教我，故當思惟此對治法。」。故知，末法眾生福薄，法幢難樹，不樹則佛法永滅，眾生將長趣暗途，永無出離也。是以，法師常自許若不努力為法犧牲，恐魔安枕高臥、竊笑在旁矣。更廣發大願，為令佛法久住，盡此報身，鞠躬盡瘁，弘法利生，繼續策勵有情，共同疾速圓滿佛位。

法師出家受具以來，乃一志潛心佛法，親近善知識，深入專精學習《菩提道次第》，《宗義寶鬘》，《菩提道次第廣論》後半部之「奢摩他」及「毗缽舍那」。次學習《龍樹六論》、《中觀正理海》、《辨了不了義善說藏論》，《入中論善顯密意疏》、釋《現觀莊嚴論》之《顯明佛母義之燈》、《入菩薩行論》等論著。

《菩提道次第廣論》〈毗缽舍那〉簡介

　　《廣論》毗缽舍那，是以破他宗立自宗的方式，來詮釋中觀應成派所許的空正見，主要是以正理破中觀自續派及自許中觀應成派（不是真正中觀應成派的見解），並旁破唯識派及小乘經部、有部。意即若俱備《宗義》所詮四部派安立勝義諦及世俗諦的見解，並修學《廣論》毗缽舍那，即使沒有學習辯論技巧，仍然可以獲得思辯的理路。若依此抉擇理路的等流習氣，學習《廣論》下士、中士、上士、乃至奢摩他，可以獲得《入中論》云：「真俗白廣翅圓滿，鵝王列眾生鵝前，承善風力而超過，諸佛德海第一岸。」所說的世俗福德資糧、佛之色身因及中觀應成派所詮之勝義甚深道次第，成就佛法身之因。而且能有次第有系 於一座完成勝義諦與世俗諦的思惟修。

　　時下亦有解釋《中論》之中觀見，但見不到以破他宗成立自宗的破立之正理抉擇，也無法辨別中觀應成派與中觀自續派及其他宗派之差別，故無法真正獲得龍樹菩薩及月稱論師所詮釋的中觀應成派之空正見。即使學了《廣論》下士、中士、上士，也無法累積佛色身之福德資糧，因為沒有依《廣論》毗缽舍那所詮空性之正理攝受來思惟抉擇。如此，仍由無明所攝的一切行持等，所得到的也僅是今生、來世的有漏之樂，無法獲得真正解脫成佛之正因。故唯有依《廣論》毗缽舍那所詮之理路，才能真正圓滿了達中觀應成派之空正見。故我輩獲得暇滿人身應倍加珍惜努力修學《廣論》毗缽舍那。

　　所謂理路思惟，如《量論》所云比量即是依止清淨正因，於自所欲知隱蔽分，作新生不欺誑之耽著智。故串習《廣論》毗缽舍那的理路，依著剎那生滅之正理抉擇下士之念死無常三根本九因相之反面執常的顛倒知，而起下士道之量。乃至依無我之正理抉擇破除實有所成立的常、樂、我、淨及十二緣起，而以量証成中士道的四諦十六行相及十二緣起。最後由名言假立之緣起之正理破除，由執實有自性的不希求佛果怯弱及損害心，而生起菩提心。因為只要執實有自性定引生煩惱，如此有損菩提心及菩薩戒。此如《入中論善顯密義疏》云：「大悲心、無二慧、菩提心是佛子因。」

目次

菩提道次第廣論
毗缽舍那 NO.01

　　《菩提道次第廣論》後半部的〈毗缽舍那品〉，在南傳稱爲 vipassana，或現代稱其爲“內觀”。但，在北傳漢地，乃至藏傳，都稱其爲“毗缽舍那”。首先，先來理解爲什麼要學習毗缽舍那？我們知道所有的佛弟子都想要解脫輪迴生死，乃至究竟成佛。由於這樣的緣故，所以，學習毗缽舍那是佛弟子最重要，且是最主要做的一件事情。

　　何謂“輪迴”？所謂輪迴就是被煩惱及業力束縛住，而不斷的在六道當中取蘊體，此即稱爲“結蘊相續”，而結蘊相續就是所謂的“輪迴”。由於輪迴最主要是在識體。也就是因爲識體顚倒的造作，產生了業力，令有情不斷的在輪迴當中取蘊體。一取蘊體就一定會有痛苦。爲什麼？因爲只要取了蘊體至少會有病苦。當然其它經文也說到了，如生、老、死…等苦，這些痛苦都是一取蘊體就必須承受的。因此，認識輪迴最主要是從認識“識體”開始，而且這是非常重要的一件事情。既然輪迴是在識體，其反面的解脫，也是在識體。因此，認識識體是非常重要的。既然輪迴是識體，解脫也同樣是在識體。因此，學習毗缽舍那主要的就是要讓我們了解輪迴的識體是那一種情況？解脫的識體又是怎樣的情況？如果不了解輪迴的識體，同樣的，也不可能了解解脫的識體是怎樣的情況了。

　　輪迴的識體在十二因緣當中是爲初支無明。既然談到無明，那麼就來了解何謂無明呢？我們知道無明是個顚倒識體，只要談識體，就一定有其所對境。因此，我們要更進一步的來理解，爲什麼識體會成爲顚倒呢？想要了解顚倒的識體，當然首先一定要了解識體的所對境是什麼，包括爲什麼於所對之境成爲顚倒呢？顚倒又是什麼呢？這也就是前面所說的，想要了解輪迴的識體，就一定要清楚的了解到識體是如何的顚倒？包括對於境的顚倒又是什麼？有關於這些，經典上有說：諸法的存在是相互觀待，緣起而有的。但是，顚倒的識體卻把緣起諸法執爲實有。只要執爲實有，就會成爲非緣起、非觀待。我們學習毗缽舍那主要的目的，就是要認識輪迴的識體是如何的顚倒。如果輪迴的識體沒

有認識清楚，想要解脫，乃至成佛，那是不可能的。因此，了解識體對於其所對境顛倒執為實有的這一點，是非常重要的。這就識體的作用一定有其所對境，而識體之所以顛倒，一定是來自於對其所對之境顛倒執為實有。若不了解其所對之境的顛倒在哪裡，根本不可能了解識體的顛倒在哪裡。既然要了解識體的顛倒，那要怎麼理解呢？當然，最重要的是必須依著佛陀的教誡，也就是必須依著佛陀在經典中所告訴我們的教言，尤其更須依著佛陀所授記的龍樹菩薩…等所造的中觀諸論著，及佛陀所授記的無著…等諸大菩薩所造的唯識論著。

總而言之，不論是中觀、不論是唯識，都是要讓我們透過經論理解顛倒的識體是什麼？同時，顛倒的識體又如何將所對境的這一分實有在心識展現出來？這就譬如身體有病，首先要把病因找出來。病因沒有找出來，就無法對症下藥而達到療病的效果了。此中是以"病因"來形容無明的識體。無明識體於所對境，令其成為顛倒。想要了解顛倒的因是在哪裡，就一定要透過經教的學習。沒有透過學習經教，當然是不可能了解的。當透過經教的學習以後，理解這一分無明識體的顛倒以後，再依著中觀的見解，或唯識的見解，把這一分對於其境顛倒的這一分遮除，而獲得解脫。

識體的顛倒是來自於對境的顛倒。如果能夠將對"境"顛倒執為實有的這一分遮除，顛倒的識體就會轉成正確的識體。進一步來說，當我們將實有的這一分遮除，即成為非實有，且這分非實有是屬於無遮分。以無遮而呈現出來的這一分非實有，即是空性。當然在其它很多論著當中也會說到空性，但，這個地方一定要理解：除了無遮分所顯現的非實有這一分是正確的空性之外，並沒有一個離開無遮的這分非實有，還有一個空性可以讓我們證到。若執為有一離開無遮的非實有還有空性的話，這是錯誤的。對於正確與否在學習時必須要釐清楚。

空性所要對治的是實有。因此，在學習毗缽舍那時最主要的是認識顛倒識體。也就是對於無明的所對境的這一分實有，必須認識清楚。如同剛才所說的，要把所對境的這一分實有遮除，一定要依著佛陀所授記──龍樹菩薩所著

中觀論著當中所說之正理，以及無著菩薩所著唯識論著當中所說之正理，是如何的將實有遮除。如果能夠依著龍樹菩薩、無著菩薩所說之正理，將無明耽著境為實有的這一分遮除，即證得了非實有。於證得此無遮分非實有的當下，即證得空性。對於教理當中所說的證空性的這些過程，如果不清楚，即使廣閱三藏十二部經典，或努力的作修行，乃至把法界所有的善事都作盡了，跟解脫一點關係都沒有。這一點是相當重要的。因為龍樹菩薩說過：解脫的不二法門就是空性。其意即為真正要獲得解脫，唯有空性一個法門而已，其它法門都不是解脫之正因。總之，空性是要對治實有，對於這一分實有是來自於無明識體的顛倒的執著，所以，依教依理認識識體的顛倒，是非常重要的。

當現量證空性獲得解脫時的這一分識體，稱之為無我智慧。當然無我的智慧也是個識體。既然是識體，就有其所對境。其所對境即是境上的空性。由於無明顛倒的識體執境為實有，而空性——無我的智慧，即是將境上的這一分實有遮除。遮除後之無遮分——非實有，就是空性。這分空性在人上稱之為人無我，在法上稱之為法無我。所以，前面說到：輪迴是識體，解脫也是識體。同樣都是識體，差別點在哪裡呢？這就是學習《廣論》〈毗缽舍那品〉的重點。

佛教內部派所說的毗缽舍那，分別以大乘、小乘來作解釋。之所以會分為大乘、小乘，主要是他們各自所解釋、所詮釋的空性都是依據佛陀三轉法輪所開出來的。第一轉法輪是在鹿野苑。佛陀剛成就佛時在鹿野苑轉苦、集、滅、道四聖諦法輪，其所對機唯有小乘根性，所詮釋的唯有人無我，而說法有我。第二轉法輪是在靈鷲山，以轉《大般若經》為主。此法輪所面對的所化機唯有大乘，而沒有小乘。故所轉的唯有法無我究竟的空性。如《大般若經》有說：「一切諸法皆無自性」此中一切諸法皆無自性，就是空性，此為第二轉法輪所詮之義。第三轉法輪是在廣嚴城宣說，其所宣說的也是空性。但是，第三轉法輪所對機是唯識根器者。同樣也說：「一切諸法皆無自性。」

既然所詮空性是依著三轉法輪，如是空性也會有三種。第一轉法輪所詮空性所面對的只有小乘根器者；第二轉法輪所詮空性唯有大乘根器；第三轉法輪所詮空性含攝了大乘、小乘。當然這三轉法輪都是為了要讓眾生得到解脫，尤

其是第二轉法輪和第三轉法輪所談的不僅是解脫，乃至要令眾生成佛。

進一步來講，空性所要斷除的、所要對治的是輪迴的根。佛陀三轉法輪所詮釋的三種空性，那麼是不是這三種空性都可以對治輪迴的根呢？可是輪迴只有一種啊！因此，假設這三種空性都可以斷除輪迴的根，那麼是不是表示輪迴會有三種呢？如果輪迴有三種的話，就會產生非常大的過失。這是我們必須思考的問題。此中所謂的過失，也就是說：第一轉法輪所詮釋的是四聖諦；第二轉法輪所詮釋的空性是依著《大般若經》所說：一切諸法無我。第三轉法輪所詮釋的空性，是依著《解深密經》所說的一切諸法無我。輪迴既然只有一種，卻講了三種空性，是不是會有三種輪迴呢？如果有三種輪迴，那就會有很大的過失。此過失是什麼呢？如果依著第一轉法輪所詮釋的四聖諦，而證得阿羅漢果。此聖果位是依著第一轉法輪而獲得，並不是依著第二轉法輪，更不是依著第三轉法輪。因此，過失就產生了。也就是說，依著第一轉法輪所詮釋的四聖諦所獲得的阿羅漢果，並沒有依著第二轉法輪，也沒有依著第三轉法輪所詮釋的空性，而獲得阿羅漢果。因此，會有一種阿羅漢，仍會有煩惱。也就是說：會有依著第一轉法輪所詮釋的四聖諦，獲得了阿羅漢果，仍然會有第二轉法輪及第三轉法輪所說的煩惱。依此理而說：如果阿羅漢還有煩惱的話，這是所有佛教內部派所無法接受的。同樣的道理，如果以第二轉法輪所詮釋的一切諸法無我，而獲得阿羅漢果，他卻沒有依第一轉法輪，及第三轉法輪，如果這樣的話，是不是依著第二轉法輪所詮釋的一切諸法無我所獲得的阿羅漢果，仍會有第一轉法輪所要斷的煩惱、或第三轉法輪所要斷的煩惱呢？同樣的，也會有獲得阿羅漢果仍有煩惱的過失。

當時印度、西藏大德皆說第二轉法輪依著《大般若經》所詮釋的空性即是中觀應成派的空正見，此空正見是最究竟、最圓滿。這個觀點可以參考當時印度中觀大論師——月稱論師所著的《入中論》…等諸論當中所說。論中有云：如果沒有依中觀應成派所說的空性而來修學，僅依中觀自續派、唯識派所詮釋的空性，是無法獲得真正的解脫。為什麼？因為他們所詮釋的空性僅是成熟道而已，並不是真正的解脫之道。因此，想要獲得真正的解脫，一定要依著中觀應成派的見解。而這本《菩提道次第廣論》〈毗缽舍那品〉的重點主要開出了中觀

應成派、中觀自續派之間微細的差別，並對於相似中觀應成派之見解加以破除。所以，宗喀巴大師說：如果能夠理解中觀自續派所詮釋空性之所破，是通往中觀應成派最殊勝的方法。當然，也要旁涉大乘唯識派的見解，及小乘經部宗、一切有部之見解。

　　總結來說：不論是南傳，或是北傳，乃至藏傳，解脫乃至成佛的道次第，所依據的絕對不會離開三轉法輪。前面說過，第一轉法輪主要所化機是小乘部派，其所詮釋的是四諦法輪。然，在小乘部派也講到：三轉法輪。不過，他們所謂的三轉法輪只不過是依著四聖諦以三次來詮說，而稱為：三轉法輪。此三轉法輪和大乘部派所說的三轉法輪是不同的。大乘部派所說的三轉法輪含攝了大、小乘的空性。因此，如果學習了《菩提道次第》的下士、中士、上士，乃至後面的止、觀，不僅可以具足判斷內、外道的能力，同時，也能夠了知佛教各部派所闡釋的空性的差別點。譬如對於三轉法輪所詮釋三種空性哪一種是最究竟？哪一種是最了義、最圓滿…等等，都能夠清楚的了解，因此真正種下未來解脫成佛的資糧。在《現觀莊嚴論》當中說到：學習三乘道——即學習第一轉法輪所詮釋的四諦法輪；學習第二轉法輪所詮釋的一切諸法無我，及依著第三轉法輪所詮釋的空性，是菩薩利益有情所欲成辦之事。因此，要成為菩薩，非得要學習三轉法輪所詮釋的空性不可，同時須將三轉法輪所詮釋的空性，拿來作對比，並抉擇出最微細的空性、最究竟的空性。宗喀巴大師在《菩提道次第廣論》〈毗缽舍那品〉當中對於這些作了清楚的闡釋。不僅如此，《菩提道次第廣論》前半部的下士、中士，及上士，可以拿來實際的作思惟修行，但真要拿這三士道作為思惟修行的內容，又非得要依著後半部的〈奢摩他品〉和〈毗缽舍那品〉不可。舉個例子來說，譬如以下士道所說的無常來說，依宗義來解釋的話，我們會說：無常是屬於隱蔽分。既然是屬於隱蔽分，就必須依著正因、依著正理遮除心識執為常的顛倒識體。將常見遮除以後，所顯示出來的是剎那生滅之認知，這時候就真實通達了下士道所說的無常。舉這個例子來說明，《菩提道次第》下士、中士、上士，除了文字學習之外，還要拿來實修，這些都還要學習〈奢摩他品〉，及〈毗缽舍那品〉，才能真正的了解。如果對於下士道所說的無常是隱蔽分…等不清楚的話，就不可能在心識上操作，當然就更談不上實修了。不但，下士道所說的無常是隱蔽分，中士道所說的苦、集、滅、道…等，

乃至上士道的發菩提心…等，都是屬於隱蔽分。由此依理來說明，《菩提道次第》的下士、中士、上士，真要拿來心識上操作、實修的話，一定要學習後面的止、觀二品。

上面所說的道理，主要是要特別說明學習《菩提道次第廣論》的重要。因為《菩提道次第廣論》不僅詮釋大乘、小乘解脫成佛的道次第，尤其本論的〈毗缽舍那品〉把三轉法輪各部派所詮釋的空性，都作了對比，並抉擇出最圓滿、最究竟的空性。不僅如此，學習了本論的下士、中士、上士及後半部的止、觀之後，可以將唯識見、中觀見在一座上拿來思惟觀察，抉擇出最究竟、最圓滿的空性。因此，如果能夠善巧學習本論的〈毗缽舍那品〉，就可以抉擇出最究竟、最圓滿的空性了。

佛陀告訴我們：修學佛法一定要獲得人身。我們現在都已經獲得了人身，因此，不僅要依著《菩提道次第》修學出離心、菩提心…等。更要盡能力的學習《廣論》後面的〈奢摩他品〉，及〈毗缽舍那品〉。

參考《菩提道次第廣論》p61+3——
《入胎經》云：「雖生人中，亦具如是無邊眾苦，然是勝處。」《入胎經》的意思是說：雖然投生在人道中，有無邊的眾苦，可是人道是非常的殊勝的地方。不僅殊勝，而且無量劫以來，獲得人身是非常困難的。故經又云：「諸天臨沒時，諸餘天云：願汝生於安樂趣中。」既然諸天人面臨死亡時，其它的天人都會祝願他投生到安樂趣——人道，可見投生到人道雖然有無邊的眾苦，可是還是殊勝之處。為什麼說人身極為殊勝呢？因為唯有人身才有辦法修學佛法。當然欲界天也可以修學佛法，也可以證道。譬如《俱舍論》當中所舉：天家家、人家家的例子。由此說明，要在欲界天證道，非得要在人道時已熏習見道濃厚的習氣不可。所以，經論才會說：人道殊勝。因為在人道如果沒有修學而獲得現量證空性的習氣，投生到欲界天，完全是在享受，根本無法修學佛法。而且《廣論》在下文接著說：「雖然是在上界天——色界和無色界，絕對沒有第一次獲得見道的聖者位。」意思就是說明：投生到色界、無色界想要獲得聖者位，必須在人道已經現量證空性，才能在將來投生到色界、無色界時，繼續修行，獲得阿

羅漢果。因此，色界、無色界能夠獲得阿羅漢果，剛開始也必須在人道獲得聖道。如果一開始沒有在人道修學獲得空性的話，即使獲得初禪定、二禪定，乃至無色界的定的話，投生到色界、無色界仍然無法修學佛法。依此經典才說，色界、無色界亦會成為無暇之處。為什麼？因為投生到色界時，由於色界的器世間非常清淨，無法生起苦受。由於無法生起苦受，就絕對無法生起出離心。如果出離心沒有生起來，怎麼可能通達空性呢！出離心生不起來，菩提心也不可能生起來。又，以色界來說，只要心識一起作用，下一刻馬上入定，因此，根本無法聞、思佛法。而無色界來說，根本就沒有色法。沒有色法，當然就無法聽聞佛法了。因此，《入胎經》才說：人道非常殊勝。既然獲得了人身，一定想盡辦法拼命的修學佛法。現在我們不僅獲得了人身，同時也學習了《菩提道次第廣論》，甚至也有學習止、觀的因緣和條件。所以，必須在身體還可以運用的時候，好好的學習。不僅下士、中士、上士必須好好的學習，包括後面的止、觀也都要修學。為什麼呢？如同上面所說的，《菩提道次第廣論》的毗缽舍那是抉擇出佛陀三轉法輪，何種為最究竟、最圓滿的空性，依此空性未來世絕對可以解脫乃至最後成佛。而獲得空正見的習氣非得在這一生已獲得人身時要不斷的熏習。所以，無論如何這一生一定要學。為什麼呢？因為生命一天一天的過去、一個月一個月的過去，一年、一年的消失。等到有一天，身體不能用的時候，想學習都沒機會了！所以，必須趁著現在有能力、有條件，想盡辦法學習。不僅如此，人身殊勝的地方在這裡，而且將來各位如果有因緣的話，修學到密法時，此於無上密續的經典也有說：修學密法唯有靠人身。其它沒有辦法。從上面所說的，要跳出輪迴生死沒有出離心不可能，有了出離心，沒有學習無我空慧，也不可能解脫。同樣道理，要走大乘道的話，非得要有菩提心。沒有出離心，不僅無我空慧、菩提心都生不起來。所以，就顯教來講，出離心、菩提心、無我空慧，這一生都要努力的學習，在心識生起。這些次第在《菩提道次第廣論》當中已圓滿的作了介紹。再以這個基礎學習密法。這些一定要靠人身。整個六道輪迴來講，一開始天人不可能修學佛法，色界、無色界根本也不可能。畜生道是極端的愚癡也不可能。餓鬼道、地獄道是極端的痛苦也不可能。因此，《入胎經》才說：人身雖然有痛苦，可是人身的痛苦並沒有像地獄、餓鬼那麼痛苦。人身也不會像畜生道那麼愚癡，是苦、樂參半，也不像天人一樣極端的享受。因此，站在輪迴來說，人身是非常的殊勝，絕對不要浪費。怎

麼說呢？獲得了人身，即使這一生當皇帝、當總統、或富貴人家，死亡後，什麼都沒有了！隨著業力又再輪迴，甚至墮三惡道。但是，如果獲得了人身這一世好好的修學佛法，種下未來解脫。只要在心識生起中觀應成派無我空慧的覺受——聞所成慧，只要一生起來的話，絕對種下未來解脫的因緣。因此，這個地方才作這樣的說明、鼓勵：不僅要學習《菩提道次第廣論》前面的下士、中士、上士，後面的奢摩他品和毗缽舍那品，也一定要想盡辦法修學。為什麼？剛才有說：《菩提道次第廣論》後面的毗缽舍那品，是抉擇佛陀三轉法輪所詮釋不同的空性，尤其是把中觀應成派的空性很細膩的抉擇出來。當然，除了《菩提道次第廣論》之外，還有很多論著也會談到空性，可是，大部分的論著只有談某一部派而已。雖然有其它的論著，同時也會論述四部派。所謂四部派就是三轉法輪所開出的空性而產生的部派見解。他們雖有論述，可是都是簡略的論述。並不是像《菩提道次第廣論》毗缽舍那品拿四部派很細膩的抉擇，而且以正因來成立中觀應成派。依著中觀應成派所詮釋的空性才能獲得解脫。所以，這本《菩提道次第廣論》裡面的章節所詮釋的是非常的殊勝。為什麼非常的殊勝呢？就如同前面所說的，《菩提道次第廣論》整本的修行是把唯識、中觀的見解含在下士、中士、上士修學，到後面的〈毗缽舍那〉決斷出唯有中觀應成派的空正見是最究竟的。舉個譬喻來說，中觀派所詮釋的空性道理是要破除唯識派所詮釋的空性不究竟的道理。同樣的道理，唯識派所詮釋的是要破除小乘部派所安立的法有我。因此，如果不了解小乘部派所說的法有我的道理，也不能真正圓滿的了解唯識見所詮釋的空性道理。同樣的道理，如果要真正了解中觀應成派的道理，如果對唯識派、小乘部派不了解的話，真正中觀的道理，你也不能理解。所以，學習這一本《菩提道次第廣論》的〈毗缽舍那〉是非常重要的！往昔的印度大論師，包括現在的藏系大德，他們都認為中觀應成派是最究竟的。所謂最究竟一定要透過各位努力學習、對比抉擇以後，才會清楚，不要僅是鸚鵡學語，人云亦云。所謂學習、對比是經過自己本身審思、思考：為什麼中觀應成派最究竟？透過你的思惟，在你的心識建立起來的，這才能說真正獲得中觀應成派的見解，也就是你才可以真正獲得龍樹菩薩最究竟的空性見解。

行菩薩道一定要自利及利他。所謂的自利就是要把綁住輪迴生死的煩惱障乃至障礙成佛的所知障斷除。透過剛剛所說的，要獲得中觀應成派空性的見

解，非得了解中觀自續派、唯識派的見解不可，同時也要了解小乘部派所詮釋的空性。一般即使佛法學習了很久，對於沒有學習宗義的話，就絕對無法具足有小乘部派空性的見解，當然也無法具足唯識派的見解，更無法具足中觀的見解。如果無法具足佛陀三轉法輪所詮釋空性的見解，不要談利他，連自利都沒有辦法。為什麼？因為連最起碼的成熟道都不具足，更何況是解脫道。如同前面所說，中觀自續派以下大小乘部派對於空性的詮釋，是成熟道，中觀應成派所詮釋的空性，是最究竟、最圓滿，是真正的解脫道。以自利來說，當透過學習、對比、抉擇以後，站在自己斷除煩惱障、所知障來說，空性是直接的正因。站在利他來說，學習各部派所詮釋的空性，可以度化不同根性的無量無邊的有情。如《現觀莊嚴論》所說：學習三乘道是菩薩所要成辦的事業。一切有情總括來講，就只有三種種性，就是聲聞種性、獨覺種性，還有菩薩種性。因此，不論站在自利、利他來說，學習《菩提道次第廣論》的〈毗缽舍那〉是非常重要的。

　　毗缽舍那一定是空性嗎？不是！這個我們要把它分清楚。為什麼？因為毗缽舍那和空性的定義是不同的。因此，毗缽舍那這四個字，不能直接解釋為空性。所以，什麼是毗缽舍那？

參考《廣論》毗缽舍那的 p546-3──
　　引印度中觀大論師蓮花戒所著的《修次第下篇》。《修次第下篇》云：「毗缽舍那，以審觀察為體性。」所以，毗缽舍那是審觀察，即一般所說的思惟修。所以，不能把毗缽舍那直接說為空性。這麼說是錯誤的。因為毗缽舍那的定義是審觀察修。如果審觀察即是空性的話，那一切有情不用學習佛法，早就解脫了。為什麼？因為一切有情都會思惟觀察！因此，這個地方我們要分清楚。毗缽舍那或是 vipassana，它的定義是什麼？經論中皆說為審觀察。而空性的定義是什麼呢？總相來講，空性的定義是遮除所應遮除的那一分。所以，空性的定義和毗缽舍那二個是不同的。

　　在第二轉法輪來說，《大般若經》說：「一切諸法無自性」；第三轉法輪《解深密經》也說：「一切諸法皆無自性」。總的來說，都是說：一切法皆無自性。

但是，顛倒的識體，即無明的識體將一切諸法執為有自性。倒執為有自性這一分就是輪迴的根本。也就是會執諸法為有自性，令識體成為顛倒。令識體成為顛倒的話，當然我們必須學習中觀的教理、唯識的教理去認知何謂無明的識體，然後，依著中觀正理、依著唯識的教理把這分無明識體執諸法有自性的這一分遮除。如果依著中觀的正理把這分非唯分別心假立之自性有遮除，就獲得了中觀空正見。如果依著唯識的正理，把這分二取異體自性有遮除，就獲得唯識派的空正見。因此，對於毗缽舍那的定義、與空性的定義不相同的道理要分清楚。

又，既然毗缽舍那的定義是審觀察。那麼也間接引申出修學佛法的人，可以分成二種根器——第(1)種根器是不須要依照次第而修的，一般稱為"頓教"；第(2)種是一定要按照依次第來修的，稱為"漸教"。此中，不依著次第而修的例子，就譬如佛陀初轉法輪的時候，所面對的五比丘當中的憍陳如。佛陀僅跟他宣說：是苦你當知，是苦你當修，是苦你當證，苦諦僅講三次，憍陳如就現量證得空性而獲得見道位。像這一類是屬於不需要按照次第學習的根器。因此，我們要去思惟：如果我們已經學了很多遍的四聖諦，經論也讀了不少，卻還沒有證空性的話，那一定要注意，自己絕對不是屬於那一種不按照次第而修的。

在漢地來講，譬如六祖惠能大師，他聽到《金剛經》一句：應無所住而生其心。就證悟了。像六祖惠能大師這種根器就是屬於不需要依照次第來修的根器。反觀我們自己，如果《六祖壇經》、《金剛經》…等讀了很多次，卻還沒有現證空性、開悟，那絕對是屬於必須依照次第才能獲得的根器。再進一步來說，不論是須依照次第修，或不須次第修這二種根器，站在因果次第來說，事實上，全部都是屬於依次第而修的。怎麼說呢？譬如憍陳如。他那一世雖然是不按照次第而修，就能夠獲得見道位現量證空性。但他過去世絕對是依照次第修，才會有今生不依次第的根器。為什麼？因為他過去世已經把現量證空性的資糧都累積圓滿。所以，這一世就沒有必要依照次第來修。因此，不論是依照次第修，或是不依次第修，以因果次第來講，全部都要依照次第修。所以，修行佛法最怕的一點，自己不是那種不按照次第的根器者，而自認為自己不必

按照次第而來修行。如果這樣的話，就會很容易把這一生浪費掉了。就如同我剛剛所說的。如果苦、集、滅、道學了很多次，甚至《心經》讀了很多次，都還沒有證悟的話，那絕對是屬於按照次第修者。這個道理是無著菩薩在《集論》上所說的。無著菩薩在《集論》中說：不按照次第的這一類是屬於心三摩地者。這一類根器只要聽聞《心經》一次就可以證悟空性了。引這些是要讓大家理解，假設我們是屬於依照次第而修的根器，就必須依照三轉法輪各部派所開出的空性去學習。學習了以後，在自己的心識作抉擇。譬如以唯識開顯出來的法無我的空性，所要遮除的是離開心識外而實有的外境。把實有的外境遮除，就是能取、所取異體空。因此，必須依著唯識證空性的正理、正因，而拿來遮除所應遮除的那一分。因此，空性的定義和毗缽舍那的定義是不一樣的。同樣的道理，以中觀正理——離一、異之體性。以離一、異的體性，將一切諸法非唯分別心假立之自性有遮除，證到的那一分空性，這分就是中觀應成派所要詮釋的、欲證到的空性。因此，依照次第而修的話，你就必須學中觀的見解，唯識的見解，乃至小乘所建立的空性的見解。

　　再進一步來說明：為什麼一定要學習中觀的正理，及唯識的正理呢？因為我們的識體只要一起作用，絕對要有心上的語言。舉個例子來說，今天我們到這裡上課，如果心識沒有現起「我要去上課！」的這種心上的聲音、語言，就絕對無法到這裡來上課。依此道理來說明，審觀察必須要有分別心及心上的語言。即一般所說的能詮之聲。如果心識沒有生起心上的語言、能詮之聲，心識絕對無法起作用。這樣理解以後，學習了中觀的正理，或者是唯識的正理，就要生起心上的語言，即所謂的能詮法性之聲。依著中觀的正理將無明對於境上所耽著的自性有這一分遮除，遮除自性有即是無自性，此無自性就是空性。同樣的道理，依著唯識所詮釋的正理，將執為離心識外實有的外境的這分實有遮除，獲得的這一分非實有，就是唯識所說的空性的道理。因此，審觀察就是思惟修。而此思惟修要怎麼修呢？一定要依著中觀的正理、唯識的正理，在心識上起作用，這樣才可以通達空性。依著所學之正理能夠在心識起作用，把這一分實有遮除，而生起空性的覺受。而這分空性的認知是來自於教理正確的認知所通達的，這一分我們稱為聞所成慧。聞所成慧一定來自於聽聞教理。聽聞如果沒有依據中觀正理、唯識正理抉擇將這一分自性有遮除，就絕對無法生起中

觀所詮所欲通達空性的聞所成慧，及唯識所詮所欲通達空性的聞所成慧。沒有聞所成慧，就沒有思所成慧；沒有思所成慧，就沒有修所成慧；沒有修所成慧的話，加行位、見道位，乃至解脫成佛，都不可能達成的。所以，這個地方特別要說明：為什麼要學習教理？因為所學的教理是拿來心識上運用的，它不僅是閱讀而已，而是要拿來在心識上思惟、運用。所以，毗缽舍那的定義要分清楚，空性的定義也一定要分清楚。

在此對於審觀察作了解釋以後，如果《心經》已經讀過很多次了，或者四聖諦也學過，卻還沒有開悟、沒有現證空性的話，那絕對是屬於依照次第而來修的。如果依照次第來修的話，非得要學習三轉法輪，佛陀所開示各種不同的空性拿來對比思惟抉擇。

總之，人身是非常重要。但，最婉惜的是已經獲得了人身，也在修學佛法，很想實修，很想解脫，但是，由於方法、認知錯誤，這也是在浪費人身。當然，總的來講，只要接近佛門，都是在累積善業，也都是在種下解脫成佛的習氣，這個我們都同意。但是，以《大般若經》所詮的內容來說，如果行布施、持戒、忍辱、禪定…等，若沒有修學無我空慧，都是世間法，與解脫毫無關係。即使最嚴格的是出家人受持比丘戒。如果僅受持比丘戒而沒有學習無我空慧，也不可能解脫乃至成佛。在開始解釋《菩提道次第廣論》的毗缽舍那之前，先作了略略的說明。現在就正式的進入《菩提道次第廣論》的毗缽舍那。

菩提道次第廣論卷十七

（p399+1）
如是唯以如前已說正奢摩他，心於一緣如其所欲安置而住無諸分別，復離沉沒具足明顯，又具喜樂勝利差別，不應喜足。
　　[釋]：本文當中說：「又具喜樂勝利的差別，不應喜足」，是因為這本《菩提道次第廣論》〈毗缽舍那品〉前一科判是奢摩他。所以，學習了奢摩他品以後，接下當然要學習〈毗缽舍那品〉。因此，〈毗缽舍那品〉一開始就說：**如是唯以如前**科判**已說**的**正奢摩他**品。

奢摩他品是從本論 p336~ p398 對於奢摩他作了詳盡的介紹。但是，這文字上雖說：如是唯以如前已說正奢摩他的意思是說：不僅已經學習了前面的奢摩他品，之後還要去作實修，從隨順奢摩他開始，一直要到獲得正奢摩他。所以，本文字面上才說：「正奢摩他」。以奢摩他來說，不論是隨順奢摩他，或是正奢摩他，都是屬於心識。如同前面所說，只要談到心識一定要有所對境。所以，本文接著說：「**心於一緣**」。即指出奢摩他品的重點是一定要緣於一所緣境，再止於一境。為什麼要止於一境呢？因為當還沒有獲得正奢摩他品之前，心識是散亂的。換句話說，心識是被昏沉、掉舉所干擾。所以，諸經論當中都說：如果以散亂心而來修學，所獲得的功德是很微小的。如果能夠止於一境，不被散亂所干擾，那麼所累積的功德就非常大。此於經論上有如是說：如果能夠安住於一境不散亂，又能夠以菩提心作為一所緣境，而止於一境，不被昏沉、掉舉所干擾而不散亂的話，修一天的功德和福德，等同以散亂心修三年菩提心所累積的功德和福德。因此，學習奢摩他品是非常重要的。雖然非常重要，但是如果僅僅獲得奢摩他品，而沒有修學無我空慧的話，也無法獲得解脫。所以，不應喜足。

正奢摩他的特徵是什麼呢？本文接下來說：「**如其所欲，安置而住，無諸分別**」也就是說：學習了奢摩他品，乃至實修，從隨順奢摩他，一直到獲得正奢摩他。在還沒有獲得正奢摩他之前，所要對治的就是昏沉、掉舉。意謂在未獲得正奢摩他之前，會被昏沉、掉舉所干擾。為了要獲得止於一境，不被昏沉、掉舉所干擾，就要行對治昏沉、掉舉。對治掉舉以後，就不會散亂於所緣境，且會入於無分別。故本文「無諸分別」，就是獲得正奢摩他品的第一個特徵。

又，「**復離沉沒，具足明顯**」此為獲得正奢摩他的第二個特徵。因為心識止於一境以後，心識就會越來越明晰，如同琉璃一樣的清晰透澈。為什麼？因為已經遮除了沉沒。事實上，要獲得正奢摩他品，不僅要對治掉舉，也要對治昏沉。對治掉舉，獲得無諸分別，對治沉沒，獲得明顯分，而這二者還需具足精執力。由於具足了精執力，當獲得正奢摩他的時候，同時也會具足殊勝輕安。所以，此處本文說：「**又具喜樂勝利差別**」此處所謂的"差別"是說：從開始學習奢摩他品並實修直到獲得正奢摩他品時，會有三種差別：（1）無諸分別：

無諸分別是由於對治了掉舉。第（2）個差別是由於對治沉沒，所以，具足了明顯分，而此明顯分，就如同琉璃一樣的透徹。不僅有這明顯分，而且還獲得殊勝輕安。未獲得正奢摩他之前的身體由於被地大之沉重所束縛，獲得了正奢摩他以後，可以將地大沉重的束縛轉為如同棉花一般的輕安。所以，第（3）個差別是：具足喜樂勝利。又，若已獲得正奢摩他，仍不應喜足。為什麼？因為即使獲得正奢摩他，亦是共外道，並不是獲得解脫，所以，仍**不應喜足**。

(p399+2)

應於實義，無倒引發決定勝慧，而更修習毗缽舍那。

　　［釋］：所謂**應於實義**，就是要對於空性真實義，**無倒引發決定勝慧，而更**一步**修習毗缽舍那**。也就是說：當獲得了正奢摩他以後，還要對空性實義作思惟觀察修。因此，如同前面所說：毗缽舍那的定義是審觀察思惟修。所以，得到正奢摩他以後，要更進一步的去思惟觀察空性實義。當然，空性也就如同前面所說：三轉法輪各自所詮空性皆不相同，所以，三轉法輪的空性都必須學習，相互對比。

　　但是，本文一開始說：「已說正奢摩他」，乃至到下一行的「而更修習毗缽舍那」。對於這段話要注意的是不能依文解義。因為有些人會誤解為：先修奢摩他，待獲得奢摩他以後，再學習空性義。雖然文字的表面是這麼講，但是，以內涵來說，必定要在還沒有實修奢摩他之前，先把各部派所說的空性義弄清楚。如果沒有弄清楚，直接修奢摩他的話，於獲得正奢摩他時，很容易誤以為已獲得空性。因為正奢摩他的特徵和現證空性是一樣的。在現量證空性的時候，同時也會具有三種特徵，即（1）無諸分別；（2）明顯分；（3）樂。所以，不僅正奢摩他有這三種特徵，現量證空性也具有這三種特徵。而現量證空性時的樂是由無我空慧所攝持，稱之為無漏大樂。因此，這個地方才說：如果還沒有正式修奢摩他之前，一定要先把各部派的無我空慧弄清楚，之後才正式去修奢摩他。當獲得正奢摩他以後，再次的依所學的無我空慧作觀察修。這樣的話，才不會將得奢摩他誤以為是空性。因此，對於本文這段文字，雖然是說：獲得正奢摩他以後，接下來要學習空性實義。然其真實的內涵應作如是解釋，才不會誤解修奢摩他即為修毗缽舍那。

又，對於本文所說「無倒引發決定的勝慧」，此處再作進一步的解釋：此中所謂勝慧是指：殊勝的智慧。即指無我空性的智慧。所以，所欲無倒引發決定殊勝的智慧之“無倒”要從二個角度來說明：第（1）個、就如同前面所說，無我空性之智慧是指識體。識體一定有其所對境，其所對境即空性。空性所要對治的是什麼呢？是無明識體的耽著境，其所耽著的境就是實有。然要對治實有，須依空性的定義。空性的定義就是遮除所應遮的那一分。遮除什麼呢？就是遮除實有。但要遮除實有，並不是一開始就以空性的特徵──無分別、無作意就能對治這分實有。所以，才說：對治實有要通達空性的定義，而不是依著無分別之特徵。依此定義須作思惟觀察。所以，前面一直強調毗鉢舍那的定義是審觀察。依什麼觀察？就是依著定義而觀察。定義有中觀所通達空性的定義，以及唯識通達空性的定義。中觀派通達空性定義是什麼呢？是遠離一、異的體性。也就是：用一、異之正理思惟觀察，遮除無明識體對其境耽著實有的這一分。把這分實有遮除，所呈現出來的非實有的這一分無遮分當下就是空性。因此，必定要理解，空性是屬於無遮分。而此無遮在心識怎麼操作，我們也要去理解。又，唯識通達空性的定義是什麼呢？由於唯識派不承許離開心識外有實有的外境。因此，依著唯識空性的定義將實有的外境遮除。其所依的正理是什麼呢？就是《攝大乘論》當中所說的：「名前覺無，多名不決定，雜體相違。」，所以，必須依著定義、正理，思惟、觀擇引發各部派無我空性的見解──這是第(1)個。第(2)個、實際修行絕對離不開聞、思、修。當依正理思惟通達空性，此正理乃是由聽聞而生起通達空性，此分即聞所成慧。也就是當聽聞中觀空性的定義，或者唯識空性的定義，將實有這一分遮除，生起空性的覺受。這分就是聞所成慧。由聞所成慧，之後，才會有思所成慧。也就是說：當獲得了空性正見之聞所成慧以後，不斷的思惟串習，此時稱為思所成慧。有思所成慧才會有修所成慧。修所成慧的界限是獲得初禪未到地定。對於這二個角度，及空性的定義，一定要辨別佛陀三轉法輪對於大、小乘所詮釋空性的差別。也就是佛陀三轉法輪所開演出來的各部派的空性，必須相互對比，抉擇出正確的空性，此如印度、西藏大德所說，以中觀應成派是為最圓滿、最了義，其所詮釋的空性是最究竟的。所以，我們如果能夠依著三轉法輪對比以後，在心識生起中觀應成派所說的空正見的話，此時就獲得了龍樹菩薩所說的中道正見。所謂中道，是不墮入常邊，也不墮入斷邊。因此，本文才說：「應於實義無

倒引發定解」，也就是應於空性義須無倒才能引發決定殊勝的無我空性智慧。

（p399+3）

若不爾者，其三摩地與外道共。唯修習彼，如外道道，終不能斷煩惱種子，解脫三有。

[釋]：**若不爾者**的意思是說：假若沒有無我空慧。也就是如果沒有無我正理智慧的抉擇，那麼所有的修行全部與外道共。但，並不是說：修行沒有緣無我空慧就會與外道共。而是站在解脫來說，如果唯有修習**其三摩地**，而沒有無我空慧正理的抉擇，那麼即使修其它法門，還是**與外道共**。若與外道"共"就無法解脫。

唯修習彼，如外道道。這個地方再進一步解釋：什麼是外道？當然要說為外道，不能僅依外相來作判別，而是要以見解作為判別的標準。什麼是內道？什麼是外道呢？所謂的外道就是他的認為：離蘊之外有一個自性的我。而這個"我"是"常"；"一"，及"自主"，只要有這三個條件合起來的"常一自主我"的這種見解者，就是外道。佛內道都知道這個"我"是一種剎那剎那之法、是無常之法，可是，外道認為"我"是常——即恆常不變的（內道破斥：若常，又能生果，則一切果就有增益及損減之過失），並認為這個"我"是"一"。什麼是一呢？"一"就是不觀待支分。我們知道任何一個事物的存在，一定要觀待其支分。譬如瓶子。瓶子的存在一定要觀待瓶子的支分。可是，外道認為"我"是"一"，是不觀待支分獨立而有（內道破斥：若"一"，即不觀待支分又能生果，則一切事物沒有前後次第，有同時生起的過失）。外道並認為"我"是能夠"自主"的。所謂"自主"就是不觀待他緣無分而有（佛內道破斥說：若自主又能生果，則一切果會有同種類的過失）。但是，佛內道認為"我"的存在必須觀待他緣。譬如觀待蘊體，因為如果沒有蘊體，就不可能有我的存在。可是，外道認為"我"是不觀待他緣，能夠自主的存在。因此，有常一自主的這種見解者，就是外道。以上是對於本文所說「如彼外道道」中所謂的"外道"作了說明。

正法解行林

外道認為所謂"自性的我"能夠變現出萬法，而不被變現。也就是說：他的存在不觀待他法，可是，其餘的器世間任一法都須由自性的我所變現。外道所承許的"根本自性"，它不被生、不被變現，但它能夠生出萬法。因此，如同剛剛所說的，如果具有這三個條件的見解的人，就是外道。當然，如果是各別執為常，或者執為一，或執為自主，這種各別執的，就不一定是外道了。

　　何謂"內道"？內道承許"我"為無常，而且必須觀待支分、觀待他緣。有這種主張的就是內道。當我們把內外道分清楚以後，才不會以外道之見修內道之法門。接下來說明本文中所說「如外道道」中的第二個"道"。這個"道"就是所謂的世間道。由於"道"又分為：世間道，及出世間道。外道所修的世間道，就是由見到過患而生起厭捨之心。譬如見到欲界的過患，而以厭患之力壓伏投生到欲界的煩惱。當把煩惱壓伏後，便可投生到上界，此即所謂的世間道。當然世間道佛教內道的修行者也會修。譬如粗靜相道。"粗靜相道"就是透過觀察力，對於下界生起厭患。譬如當你想要獲得色界的禪定，要先透過觀察力生起厭患欲界的粗、苦、障。再觀想上二界的妙、靜、離。即厭患下界，嚮往上界。以此厭捨之力壓伏下界的煩惱的修行方式，就是世間道。

　　何謂出世間道呢？也就是以智慧正理之抉擇力，破除無明耽著實有之境。也就如同上一次的課程當中解釋無明時所說的：無明是個識體，識體一定有其對境。可是，為什麼識體會成為顛倒呢？是因為對其境顛倒執為實有。由於顛倒執為實有，所以，會生起煩惱、造業，因此，不僅輪迴生死，甚至墮三惡道。當我們能夠依智慧作正理抉擇無明識體所耽著的實有之境，將實有之境破除，而通達無實有的這種修行方法，就是所謂的出世間道。譬如以無常、苦、空、無我的正理抉擇人上並沒有獨立實體之我，這就是所謂的出世間道。

　　何謂有漏道、何謂無漏道？識體一定有其所對之境。那麼何謂有漏道呢？就是識體對於其顯現境，或執持境，與自性有相隨順。如果與自性有相隨順，就一定是有漏道。反面來講，何謂"無漏道"？也就是，識體於其顯現境，或者是耽著境，不會與自性有相隨順，而必須以無自性，相隨順，這就是所謂的無漏道。因此，文中所說的：「如外道道」，就是說如果修行時，沒有抉擇無我

正理之智慧，而以「唯修彼三摩地」的這種修行方式，那麼就會跟外道一樣。所謂一樣是指"無法解脫"的這一點。如果這樣的話，則如下所說「**終不能斷煩惱種子，解脫三有。**」

什麼是"煩惱種子"？煩惱種子就是有一力量能令識體對於其境顛倒執為實有。不僅顛倒執為實有，且會引生貪、瞋等煩惱，這個力量就是所謂的"煩惱種子"。因此，如果沒有依無我正理抉擇之智慧的話，你是無法斷除煩惱種子的。為什麼？因為煩惱種子會令識體對於其境執為實有、執為自性有，而令你無法解脫三有。此就如同前面所說，有情會在三界輪迴，主要就是因為有這樣的顛倒識體，這識體就稱為"無明"。"無明"就是對於其境——譬如"人"上執為自性有，或在法上執為自性有。如果識體對於其境執為自性有，任何修行都不可能跳出輪迴，也就是本文所說：「不能解脫三有」。

(p399+3)
如《修次初篇》云：「**如是於所緣境心堅固已，應以智慧而善觀察，若能發生智慧光明，乃能永害愚癡種子。若不爾者，如諸外道，唯三摩地不能斷惑。**」
　　[釋]：為什麼《修次初篇》會這麼說呢？因為當我們想要斷除障礙時，有其最基本所依的條件，這條件就是一定要獲得初禪未到地定。也就是要得到如前面所說之妙三摩地、或說正三摩地。但是，如果僅僅只有獲得正三摩地，也就是僅獲得到初禪未到地定，不再進一步依無我正理作觀察，那也是無法解脫的。所以，**如《修次初篇》云：「如是於**心**所緣境堅固已，應該以無我正理之觀察智慧而去善巧觀察，**也就是當獲得了初禪未到地定以後，接下來應該以無我正理之智慧作善巧的觀察。善巧觀察什麼呢？觀察無明耽著自性有之境。**若能**依著無我正理作善巧觀察，將自性有遮除，當然就會由通達境上的無自性而**發生智慧光明。**有此"無我智慧"的光明才有能力斷愚癡種子。即論上所說：**乃能永害愚癡種子。**

何謂愚癡種子呢？也就是有一力量會引生執持內外諸法非唯名言假立從其境上而有的這分增益自性有之心，即稱為"愚癡種子"。也就是說，內外諸法的存在，本來只是唯名言假立。

但是，顛倒的識體會執持內外諸法非唯名言假立，從其境上而有。我們可以思惟一下：譬如當我們看瓶子，或任何一個事物時，一定會如同現在你們看我一樣。當你們一看到我，絕對會覺得：不須分別假立，在前面眞實而有。同樣的，當看到瓶子時，也是不須分別假立在前方眞實而有。一般我們不會說：我是唯名言假立，也不會說：瓶子是唯名言假立。可是爲什麼一切法都是唯名言假立呢？以瓶子來說，由於瓶子要依著瓶子的支分，可是，瓶子的支分根本沒有瓶子的一點點自性存在。假設依著瓶子的支分，名言沒有安立，瓶子就在瓶子的支分上眞實而有，這一分就是所謂的愚癡，即無明的識體。同樣的道理，你們看到的“我”的時候，如果認爲這個“我”不是唯名言假立，而是我和蘊體以水乳融合眞實而有的話，這樣的心識，就稱爲“無明、“愚癡”。這一點一定要透過無我智慧的觀察，才有能力將它遮除。**若不爾者**，如果不這樣做的話，就會**如諸外道，唯三摩地不能斷惑**。因爲如果獲得了初禪未到地定，甚至獲得初禪定、二禪定…等，乃至無色界定，如果沒有進一步修習觀察無我智慧，是不可能解脫的，因爲並未能斷除輪迴生死的煩惱惑。所以，《修次初篇》才說：「唯修三摩地是不能斷惑的。」

(p399+5)
如經亦云：「世人雖修三摩地，然彼不能壞我想，其後仍爲煩惱惱，如增上行修此定。」

　　[釋]：如《三摩地王經》**亦云：「世人雖**然**修三摩地**，而且已經獲得具足無分別、明顯、妙樂、輕安…等等之妙三摩地，然終究不能斷除我執。所以，經上才說**然彼不能壞我想**。而“我想”就是執爲自性有的我。自性有的我放在人上就是人我執，放在法上就是法我執。此我執如果沒有斷除，即使入了色界定，乃至無色界定，出定以後，煩惱仍然會生起來。爲什麼呢？因爲生起煩惱的根本就是自性有的執著。也就是無明如果沒有斷除，雖然修定、獲得定時，可以暫時壓伏煩惱，但是，出定以後，仍然會被煩惱所干擾。所以，《三摩地王經》才會說：**其後仍爲煩惱惱，如增上行修此定。」**也就是說：當獲得了初禪未到地定，甚至進一步獲得了初禪定，乃至到無色界定，若未斷我執無明，仍然會生起煩惱。

此中說言「雖（唯）修三摩地」者，謂如前所說，具無分別、明…等差別之妙三摩地，雖修習此，然終不能斷除我執。故云「然彼不能壞我想。」由其我執未能斷故，其後仍當生諸煩惱，故云「其後仍為煩惱惱。」

　　[釋]：宗喀巴大師進一步說：此經中所說言「雖（唯）修三摩地」者的涵義是什麼呢？謂如前所說，雖然修習、獲得具有無分別、明…等差別之妙三摩地，雖修習此，然終究不能斷除自性有的我想、我執。所以，出定以後，仍然還是會被煩惱干擾，因此，不僅輪迴，甚至因為起煩惱而造業，甚至墮入三惡道。故經云「然彼（三摩地）不能壞我想。」也就是說：唯修三摩地是不能斷除無明顛倒識體耽著為自性有的這一分。由其我執未能斷故，其出定後仍當生諸煩惱，故經云「其後仍為煩惱惱。」

若爾由修何等（法），能得解脫耶？即前引經無間又云：「設若於法觀無我」謂若觀察無我之法，能生智慧了無我義。

　　[釋]：若爾，如果這樣說的話，由修何等法，能得解脫呢？即前面所引的《三摩地王經》在說到「如增上行修此定」（這句話在 p399-6）之後接著無間又云：「設若於法觀無我」。

　　「設若於法觀無我」中的“法”是指什麼呢？當然，此處所說的“法”是指補特伽羅，及補特伽羅之外的所有一切存在的事物。因為人我執唯執補特伽羅自性有，而法我執是執補特伽羅之外的所有一切存在的法。因此，「設若於法觀無我」中的“法”事實上含攝了補特伽羅及補特伽羅之外所有一切存在的事物。但是，人我執的識體，唯執補特伽羅為自性有；法我執的識體是執補特伽羅之外的所有一切事物。所以，此處《三摩地王經》所說：「設若於法觀無我」中的“法”是指補特伽羅及補特伽羅之外的一切存在的事物。

　　宗喀巴大師對於此經這一段話，進一步作解釋說：謂若依無我正理的觀察之智慧，對於無明耽著為自性有作抉擇之後，找不到自性有，找不到這一分即為無自性，或稱無我之法。如是觀察之後就能夠生起無我的智慧。

而此無我的智慧是通達了境上的無我義。當然，以"境"來說，就如同前所說：有於補特伽羅上耽著爲自性有的這一分，也有於法上耽著爲自性有的這一分。在補特伽羅上耽著爲實有，就是人我執，在法上耽著爲自性有即法我執，於此上作觀察，了達其上是無自性時，**能生**起無我之**智慧，即了達無我義**。

(p399-2)

又云：「既觀察已若修習。」謂已獲得無我見者，若能修習無我正見，又云：「此因能得涅槃果。」謂此因即能得涅槃果。

　　［釋］：經**又云：「既觀察已若修習。」**透過了學習經教，並以無我空慧之正理抉擇觀察以後，獲得了無我空正見——中道之見，此時即獲得"聞所成慧"。

　　什麼是"中道之見"呢？所謂"中道之見"，就是不墮入常邊，也不墮入斷邊。如果執爲有一自性的我，就墮入於常邊；如果通達了這分自性我不存在，世俗名言即無法安立、緣起法也就不存在，即墮入了斷邊。所以，所謂的中道之見，就是說：獲得了無我之見、無自性有之見，同時又能安立世俗名言之我、緣起名言有之我，即稱爲"中道之見"。當開始獲得了中道之見的這一刻，就是聞所成慧。獲得了聞所成慧以後。經云：「應不斷的思惟觀察修習，使其越來越堅固。」宗喀巴大師於此進一步解釋說：獲得了無我之正見以後，接下來，再繼續的思惟修。也就是說當獲得中道正見以後，在一座上，或日常生活中，經常觀察思惟，才能正確的建立世俗諦、勝義諦。如果在一座上，或日常生活當中任一事物無法建立勝義諦、世俗諦，當然就無法獲得中道正見，也就無所謂的聞所成慧。如果沒有聞所成慧，也不可能有思所成慧、修所成慧。如是想要斷除輪迴生死的根、無明所耽著之境也不可能。

　　總之，文中所說：**謂已獲得無我正見者**，即指聞所成慧。於獲得聞所成慧之後，在一座之上，或現實生活當中，**若能繼續修習無我正見**，依著無我空慧正見的這一分正因，逐次的修行，不斷的串習，未來絕對可以獲得涅槃果。所以，《三摩地王經》**又云：「此因能得涅槃果。」**

總的來說，佛教徒皈依佛門的目的都是爲了獲得解脫成佛。如何才能獲得解脫成佛呢？這是佛教徒所應該修習的，唯有透過修學佛法之無我空慧才能知道如何獲得解脫。獲得解脫即獲得涅槃果。我們知道輪迴是在識體，既然輪迴是在識體，則脫離輪迴獲得解脫當然也是在識體。如果要獲得涅槃之果，必須要有無我空慧，因爲無我空慧是得涅槃果的因。

　　涅槃分爲：大乘、小乘的涅槃果。

　　大乘的涅槃果，稱爲無住涅槃。所謂無住涅槃，也就是說：不住輪迴邊，也不住涅槃邊。住在輪迴邊，就是凡夫異生。住在涅槃邊，就是小乘者。也就是說小乘者修到最後只有獲得所謂的自利的涅槃。所以，不住涅槃邊的話，一定要由空性所攝持。當然這一分是共小乘。這個將來可成就一切種智的如所有性智之因。但，不住涅槃邊必須要由大悲心所攝持，這是不共小乘的。這一分是成就一切種智的盡所有性智。這個是大乘的涅槃之果。小乘的涅槃果，就分爲："有餘依涅槃"及"無餘依涅槃"。什麼是有餘依涅槃呢？也就是說，這位小乘的修行者，依著無我空慧，將心識上耽著爲自性有的這一分識體砍斷。砍斷以後，可是他仍然具足有苦諦的蘊體。這個稱爲有餘依涅槃。也就是說，具有苦諦的蘊體；而且已沒有俱生的薩迦耶見，這個叫有餘依涅槃。那什麼是無餘依涅槃呢？也就是說，不具有苦諦的蘊體，已將蘊體捨棄，而且安住在空性定當中，就稱爲無餘依涅槃。所以，宗喀巴大師對經文作解釋說：**謂此因即能得涅槃果**。

　　"因"又分成：大乘，及小乘。當然，總的來講，因有直接因，還有助緣，就是輔助因。大乘涅槃果的直接因是無我空慧，這一點跟小乘是共的。所以， 不論大小乘要獲得涅槃果的直接因是無我空慧。可是，大乘的助緣是菩提心及所修的六度萬行。所以，這個地方對於"因"我們要把它分清楚——有直接因，還有助緣。其實，如果以大乘來講，唯有直接因——無我空慧，沒有助緣的話，也無法獲得大乘的無住涅槃之果。但是，獲得涅槃果的直接因，是以無我空慧爲主，又斷障之主因也是無我空慧。接下來，小乘的直接因，就是剛剛我們所說的，它跟大乘的直接因是一樣的，就是無我空慧。助緣，當然小乘不具有菩提心，可是，他一定要有出離心。不僅要有出離心，而且一定要獲得

別解脫戒的戒體。所以，這個地方講：如果以小乘的助緣來講，就必須要有出離心及別解脫戒。因此，宗喀巴大師這個地方解釋說：「謂此因」中的"此因"，不論大乘、不論是小乘的因，一定要分清楚：直接因，還有助緣。

(p399-1)

如由修此能得解脫，若修餘法能解脫否？又云：「由諸餘因不能靜。」謂除此外而修餘道，若全無此，苦及煩惱不能寂靜。

[釋]：也就是說：假**如**能**由修此**無我空慧的直接因，當然就**能獲得**解脫。所以，談解脫的直接因，就是無我空慧。但，解脫的直接因，不是所謂的出離心，及別解脫戒…等助緣。並不是講這個。所以，這個地方我們要理解：解脫的直接因就是無我空正見。之後，宗喀巴大師又說："若"唯"修餘法"。"唯修餘法"就是說：空正見的直接因沒有修學，只有修學助緣。以大乘來講，只有修學菩提心所攝持的所謂的六度萬行。那也不可能獲得解脫，更何況獲得佛果。以小乘來講，如果唯有出離心，唯有持守戒律，沒有修學解脫無我的空正見，那也無法獲得解脫、無法獲得涅槃之果。因此，這個地方宗喀巴大師又特別講說：「**若唯修餘法、餘因，能解脫否？**」

進一步來說明："餘法"。總攝來講可分兩個角度來作解釋：第一個、以世間的行品來說，唯修世間的行品，是無法解脫的。什麼是唯修世間的行品呢？就是唯有修出離心或者是菩提心所攝持的布施、持戒、忍辱…等等，這是站在世間的行品來作解釋。又進一步來說：又，唯修出世間的智慧品。當然唯修出世間的智慧品，就與佛陀三轉法輪有關，如同剛開始在解釋的時候，說到：佛陀三轉法輪所開示的各種不同的空性。如同輪迴只有一種，當然解脫也只有一種。但是，三轉法輪卻開出有三種空性。如果這三種空性都是正確的話，那輪迴就變成三種了。此就如同前所引的正理來論述這個道理。因此，解脫只有一種，當然真正能解脫的空性也只有一種。所以，這個地方才要再另外提出：唯修出世間的智慧品。也就是說，如果唯有修習中觀自續派所安立的空性或者說唯有修唯識派所安立的空性，是無法真正的獲得解脫的。因此，唯有中觀應成派所安立的空性才能真正的解脫。

但是，要獲得中觀應成派所安立的空正見，當然也必須要有自續派的見解，也要有唯識派的見解，也要有小乘部派的見解，也不能單單只有學習中觀應成派的見解。爲什麼？因爲中觀應成派的空正見是破除自續派以下所安立的見解，是最究竟的空性。故經**又云：「由諸餘因不能靜。」**此就如同前所說的，除了中觀應成派無我空正見之外，任修其它法門，都無法將苦、苦因全部滅除或說無法將苦、煩惱滅除。

　　宗喀巴大師於此經文作解釋說：**謂除此外而修餘道，若全無此，苦及煩惱不能寂靜。**由這段話可以了知，宗大師認爲除了中觀應成派無我空性正理的抉擇智慧之外，其它的任何法門，都無法獲得解脫的。「若全無此」如果沒有中觀應成派之無我空慧的話，苦及煩惱是無法把它滅除、不能寂靜。

（p400+1）
此言明顯，唯無我慧乃能永斷三有根本。
　　〔釋〕：**此言**之"**此**"就是指前面所引的《三摩地王經》，及蓮花戒論師所著的論，都很**明顯**的說明，唯有修無我空慧，而且**唯**有修中觀應成派的**無我**空**慧，乃能永斷**輪迴**三有**的**根本**。

（p400+2）
《修次論》中，亦引此文破和尚執，故於此義當獲定解。
　　〔釋〕：**《修次篇》中亦引**申**此文**，所謂支那堪布和尚所認爲的："解脫成佛的一切修行都是無分別"，《修次篇》並加以**破斥和尚執**，而**故應於此義當獲得定解**。

　　間接來介紹——文中所說的和尚是指唐太宗的時候，那個時候西藏的赤松王朝，想要弘揚佛法。因此，赤松王就派人四方去迎請有德的出家人、迎請僧人。當然，這個時候，也有漢地的出家人前往。特別其中有一位，叫做摩訶衍那。什麼叫摩訶衍那？也就是大乘和尚。這位大乘和尚說：須以無爲一切不作意，方得解脫成佛。也就是說，要解脫成佛，就要無爲、沒有作意。

所謂沒有作意，就是心識、第六意識不要起分別、不要起作意，如果不要起作意、不要起分別的話，那就可以解脫成佛。他認為說：即使身造善業、語造善業。也就是即使行布施、持戒、忍辱等這些助緣，都不能作為成佛的助緣。他的宗見講出來以後，也引經證明他的說法。譬如引《梵網菩薩請問經》。《梵網菩薩請問經》裏面的字句怎麼講呢？說：「盡其所有一切觀擇，皆是分別，無分別者，即是菩提。」經文是這樣講。所以，經文講說：只有無分別，才可以成就無上菩提。不僅如此，他又引經，經上也有說：「著施等六，是為魔業。」，而〝著施等六〞的〝著〞，就是：你用分別心去布施、持戒、忍辱…等等，乃至用分別心去修無我空慧，全部都是魔業。為什麼都是魔業呢？都無法解脫、都無法成佛。所以，這位支那堪布和尚就依文解義，以為分別心行布施…等等這些六度全部都是魔業。那為什麼全部都是魔業呢？因為如果一切行持如果都是思惟分別，就會變成魔業。所以，他認為不要分別，才是真正的菩提。他講這一句話的涵義是在說什麼呢？其意在遮止分別思惟。而認為：即使用分別、第六意識的分別思惟行布施、持戒…等六度，甚至再觀察智慧、用分別去觀察的話，都仍然是輪迴生死之因。可是，為什麼佛陀會叫弟子行布施、持戒…等等呢？他認為說：佛陀會叫弟子去行布施、持戒等等，是為沒有能修了義的空正見的這一些愚夫而來說的。假設你已經獲得了義的正見，還要再去修布施、持戒等等。這位支那堪布和尚又舉個譬喻，如王為農得象求跡。這個譬喻就是說：所謂的國王、皇帝是統治整個國家的，行使管理人民的。因此，國王為了吃飯就沒有必要像農夫一樣去耕種。他用這個譬喻就是說：你當了國王為了吃飯，還要去種植農作物──如王為農。又，獵人要去尋找大象，他一定要尋著、看著大象的足跡。從大象的足跡去找，你絕對可以找到大象。他就說：你已經找到了大象，你還反過來再來求大象的足跡？其實，這個意思是說：你是顛倒修。因此，他主張：修行要不觀察、不思惟。就是不觀、不思、不察，即是無緣、無分別，並說：凡是分別，只要用第六意識分別心去分別，即使是善分別也同樣繫縛生死，更何況惡分別。為什麼呢？因為他說：即使行布施、持戒…等等，仍然是分別。所以，分別所去造作的業，仍然跳不出輪迴生死。所以，他就舉一個譬喻說：繩子。繩子是可以綁人，不論是金繩，或者是草繩，都是可以把你綁住的。所以，用繩子來譬喻分別心的作用。同樣用黑雲、白雲。黑雲、白雲都會障礙虛空來作譬喻。也就是用黑雲、白雲來譬喻分

別的作用。同樣，他也用狗。當然狗咬人會痛的。所以，不論是白狗、黑狗咬都會痛。所以，用狗來形容分別作用。因此，他認為說：修行要以無分別安住，才是解脫成佛。所以，此無分別修，他認為是頓超，不是漸進的。從另外個角度來說的話，分別修是漸進，無分別修是頓超的。所以，他舉出這一個觀念以後，當時候的西藏赤松王等，他們就迎請了印度中觀論師蓮花戒論師。蓮花戒論師就對於支那堪布和尚一一加以破斥。就如同蓮花戒論師所著的《修次中篇》云：「彼由如是以慧觀察，若瑜伽師不執勝義諸法自性，爾時悟入無分別定，證一切法無自性性。」這一句話蓮花戒論師是怎麼作解釋呢？他所說就如同我們一剛開始講的：無明是個識體。之所以識體會成為無明，是因為對於其境，把它顛倒執為自性有。所以，要將無明的識體砍斷掉，首先必須要將無明對於其顛倒執為自性有的境，用思惟觀察去尋找無明所耽著的境、自性有的境到底存在與否。尋找到最後，無明所耽著的境絕對是不存在的。所以，透過了無我空慧的正理抉擇這分自性有。不存在，即是無自性。無自性的這一分就是不執著勝義有自性、不執著於有自性。這個時候在心識上顯現無自性，然後悟入了無分別定。這個無分別定，並不是支那堪布和尚所說的那種無分別定。這個無分別定就是無自性有分別的定。以無自性有分別的定，就可以證到一切法無自性性。因此，這句話就是說，開始修行絕對要用分別思惟修。而分別思惟修，是依著中觀的正理或唯識的正理將無明顛倒的這分自性有遮除，安住在無自性有分別定，就可以證到一切法無自性性。證到一切法無自性性，不僅可以解脫，甚至可以成佛。因此，從這個地方我們知道，印度中觀蓮花戒論師的觀點，與漢僧無分別的觀點是不一樣的。所以，論又說：若不修習以慧觀察諸法自性。單單只有棄捨分別作意，唯一修習棄捨作意，只有修不分別不作意，只要這樣的話，怎麼可以去滅除無明耽著為自性有的這一分呢？無明耽著勝義有自性的這一分呢？是不可能的！因為沒有觀察。沒有觀察的話，怎麼可以去滅除這一分無明所耽著的自性有呢？所以，如果棄捨作意的話，就是唯修習無作意、無分別的話，終不能滅所有分別。所謂"所有分別"是說：無法滅除自性有的分別。如果沒有滅除自性有的分別的話，終究不能去證到無自性性。沒有證到無自性的話，就不能產生智慧的光明。因此，蓮花戒論師引佛陀所說。如世尊所說：從觀察生如實智火，燒分別樹，猶如鑽木取火。此經中之「從觀察」就是從分別的觀察。且觀察一定要運用中觀的正理，或者是唯識的正理去觀察

無明這個顛倒識體執爲自性有的這一分。把這分自性有遮除的話，才能如實的生起無自性之智慧火。當然，生起了如實的智慧火以後，這一刻，當然會燒掉分別執爲自性有之心。所謂"分別樹"，是燒掉分別自性有的這分心。以分別樹來形容分別自性有。不過，這個地方一定要注意，並不是燒掉分別心，就是燒掉分別執爲自性有之樹。所以，才說：猶如鑽木鑽出這個火一樣。論又云：「若不爾者(如果你不作這樣解釋，其實這一句話的意思是：反問支那堪布和尚，因爲現量證空性、成佛的時候，所有的識體全部無分別了。因此，這位支那堪布和尚他認爲說：因爲成佛是無分別，現量證空性是無分別，所以，我們一開始修就要無分別。如果有分別修的話，那現量證空性，跟解脫道果，完全不相隨順。所以，一開始就要無分別修。爲什麼？因爲這位支那堪布和尚他是以現證空性及佛智之無分別的特徵而來判別的。他沒有從解脫的內涵及定義來作解釋。假設你從外相來看的話，也就是說，你只有依著解脫的涅槃果，或者是現量證空性，或者是成佛之智有一分特徵，是無分別。就依這樣來說明修行開始就要無分別。如果有分別就無法證到佛果，或現量證空性。所以，論：「若不爾者」，如果要你支那堪布和尚這樣來說的話，那有漏道就不應該生起無漏道了，凡夫異生和聖者特徵不一樣。所以，也不可能會有凡夫異生而轉成聖者！爲什麼說呢？因爲因果不相隨順啊！同樣的道理，青色的芽也不應該從白色的種子生啊！同樣的道理，煙也不可能從火生。因爲火跟煙體性特徵不一樣啊！同樣的道理，從女生也不應該生男生啊！爲什麼？因爲男生跟女生的體性特徵不一樣啊！也就是說，如果要從這種特徵來看的話，那麼世間的因果有很多不相隨順的。所以，現量證空性的時候，它有個特徵是無分別。成就佛果的話，也是無分別。但是，你不能依著特徵來說開始就要修無分別。又以另外一個角度來說：只要執有自性有，就一定會有分別。因此，如果把此分自性有遮除，那當然分別自性有，就會消失掉。所謂把自性有遮除以後，即此分別自性有會消失，消失以後就成爲無自性有的分別之無分別。所以，必須以這樣的內涵來說因果相隨順。也就是說，把分別心上顯現或者耽著爲自性有的這一分把它遮除，而在心識上顯現無自性有。而這分無自性有，跟現量證空性是相隨順的。當你用正理思惟觀察，把這分自性有遮除以後，在自己的心上顯現無自性。然後，慢慢修、慢慢修，止觀雙運越來越強，無自性的明晰度越來越清晰，之後，當然就可以現量證空性。爲什麼可以現量證空性呢？因爲一切法的究竟的

本質，其體性就是無自性。這個時候，雖然分別依正理把自性有遮除，在心上會顯現無自性，而這分無自性，執持越來越強的時候，這一分分別心會慢慢消失掉，爲什麼呢？因爲分別心是錯亂的。因爲只要有分別心的話，就一定會顯現自性有。現在已經把自性有遮除，所以，分別心會慢慢的消失。分別心慢慢消失時，就證入了無自性，就是無自性有的分別，即是無分別。所以，不能用特徵來說它因果相隨順，說：現量證空性、佛智是無分別，所以，一開始修行就要無分別。因爲如果這樣的話，世間的因果——因生果，幾乎很多會成爲不相隨順的，如同剛剛所舉例的火不可能生煙，男生也不可能由女生生。

又聖者現量證空性的這分無分別智，是已現證二我執境空無我義，這就是剛剛所說的，聖者在現量證空性，其智慧是無分別智。什麼是無分別智？是無自性有的分別智。爲什麼？因爲已經現證二無我執有自性之境。但，現證二我執境之前，先用分別心，將二我執境的自性有遮除。慢慢的分別自性有之心也會消失，將二我執自性有之境空掉，而說：「無我義」。爲生彼故，現當分別思惟我執之境。故由因果上來說：如果要現量證空性，之前要用分別心去思惟，觀察二我執的耽著境的這分自性有到底真實的存在嗎？

分別心依著中觀的正理、依著唯識的正理去思惟觀察境上的這分自性有存在嗎？之後，尋找不到，即將這分自性有遮除。此時在心識上會顯現無自性。雖然分別心上會顯現無自性，可是，就這一分無自性跟現量證空性的無自性這一點是因果相隨順的。剛剛有說：一切諸法存在的究竟本質它是空性是正確的，所以，分別心所顯現的無自性——空性的這一分是正確的。正確的絕對不可能被不正確的傷害，而且正確絕對會違害不正確的。因此，這個地方說：如果分別心執持無自性有的分別，此分無自性有分別越來越明晰，此時分別心會被砍斷。所以，蓮花戒論師才說：要生起如同聖者的現量證空性的無分別智，開始要思惟、觀察二我執的耽著境。然後，通達彼自性有無，就是二我執的耽著境的這分自性有是沒有的，而善巧的修習。雖彼思惟雖亦是分別，然與無自性有分別之智極相隨順之因。這就是我剛所說的：一開始，用正理去觀察，把自性有遮除。把自性有遮除以後，此分是無自性。這分無自性，雖然是在分別心上的顯現，可是，這分無自性，跟現量證空性的無自性有之分別智是極相隨

順，為什麼極相隨順呢？因為這分無自性跟現量證空性的無自性是一樣的。只是差別在現量證空性的無分別、是沒有分別心，在思惟觀察通達無自性的時候，是有分別心。此分別心所執持的是無自性，由於這分無自性，會慢慢的令分別心逐次、逐次地消失。一消失掉，就變成無分別，就是無自性有的分別。所以，蓮花戒論師所著的《修次下篇》又說：「此修雖是分別為性」觀察修雖然是以分別為體性，「然是如理作意自性」。什麼叫如理作意呢？如果要證得中觀的空正見，要依著中觀的正理；如果要證得唯識的空正見，要依著唯識的正理。依著正理，如理的觀察無明識體的耽著自性有之境。然後，將耽著自性有的境遮除，而顯現的這分無自性。這個叫如理作意自性。所以，論又云：如理作意自性，故能出生無分別智。如果要希求解脫，獲得無漏智的智者，那應當依彼次第來修，而不是依支那堪布和尚所說的，一開始就要無分別修。

支那堪布和尚所引的《梵網菩薩請問經》所說：「無分別者，即是菩提。」既然講無分別即是菩提，支那堪布和尚就講：一切皆無分別。但是，蓮花戒論師的《修次篇》的意思是：以勝義理智觀察有為生、住等法時，布施等一切皆是無自性生，唯分別名言所假立。所以，《梵網菩薩請問經》所說的無分別者，就是如同前面所說的。無分別是什麼呢？是無自性有的分別。也就是說，初開始的時候，先以勝義理智思惟觀察。何謂勝義理智呢？因為此分別心觀察的體性，是要通達空性，所以，叫勝義理智觀察。此思惟觀察，把這一分自性有遮除，而成為無自性有。也就是說，布施、持戒是以無自性有分別而來布施、持戒。這一分無自性，就是成就將來佛陀的法身。而布施、持戒等這分福報，將來成就佛陀的色身。所以，所謂「無分別即菩提」者。即以勝義理智觀察施等一切有為諸行，實非有自性生，故於彼等認為實有自性之分別是不可得。所以，無分別是說這分自性是不可得，但，布施是存在的，是唯分別假立。當行布施的時候，會以分別心執實有去行布施。如果以執為實有去行布施的話，這就是我們剛所說的，這個叫有漏道、這個叫世間道。但是，如果透過了分別心依著中觀正理、唯識的正理，在布施這個行為上去觀察執為實有的這一分，把它遮除，就成為無實有。以無實有自性分別而行布施等，始為菩提正路。什麼叫菩提正路呢？在布施的時候，這分無實有自性分別之無自性即成就將來佛果的法身。由無實有自性分別所攝持的布施等。此布施等將來就成就佛陀的色身，所

以，說：“始爲菩提正路”。故蓮花戒論師云：「修空性時，先要去抉擇。」也就是說，現證空性是無分別，但現證空性無分別之前，要依有分別，而先加抉擇。抉擇什麼呢？就用中觀的正理、唯識的正理來抉擇，把自性有遮除，「後住於勝義空性見」。當生起勝義無自性，也就是說，分別心現起無自性的時候，就安住於此，不要再作意分別了。所以，才說：「對於其餘的實有諸見，則不觀察、不作意。」這個是承許的。也就是說，經典上、論著上所說的無分別就是講這個涵義。所以，不是像支那堪布和尚所解釋的。意即依勝義理智抉擇諸法而住於無自性，此時，稱爲比量。意即依著勝義理智抉擇諸法，而住於比量勝義空性之上。這句話就是說：以分別心依著中觀正理、及唯識的正理去抉擇無明所耽著諸法有自性，而把這分自性有遮除，遮除後，顯現無自性，但是，因爲這時候仍然是分別心思惟，故稱爲比量，所以，說：住於比量勝義空性之上。這時候，不要再起任何分別、不要再作意了。而住於不爲其它諸法所劫奪之無自性有之分別上。如是一心，住於無自性之上，方說爲：不復分別、不要再起分別了。也就是說，不要再起作意了。

蓮花戒論師解釋完後，他在論上又接著說：「故正法中，凡說無念及無作意，當知皆以審察爲先。何以故？由審觀察乃能無念，能無作意。」這個地方論上所說「凡正法說」意思是說：在經典上所說的無念、無作意，這一點應該知道要開始以分別觀察爲先。所以，首先以分別觀察，把自性有遮除。把自性有遮除在分別心顯現無自性，這個時候不要再去作意、不要再去觀察。所以，才說：當知應該以審察爲先。何以故呢？由審觀察才能無念、無作意，非餘能爾。所謂“非餘能爾”，這個“餘”字是指什麼？不是一開始就是無分別、沒有作意。不是這樣就可以現量證空性，故無分別及無自性有分別，及無作意及無自性有作意，應分清楚。

又有對於境上的無分別，及無自性分別，還有對於識體的無分別及無自性有的分別，它們之間相差太大，應該把它分清楚。

若僅僅修禪定沒有修無我空慧的毗缽舍那，就無法斷除三有輪迴的根本。在現量證空性時也有無分別之特徵，但是，證空性的定義跟證空性的特徵是不一樣的。雖然證空性時也有無分別，但不能因此就以無分別來修無我空慧。同樣的道理，外道不僅有修禪定，而且也有獲得六神通裡面的前五個神通，所以，也不能以神通而來判別。

（p400+3）

外道諸仙亦有定、通等德，然由缺乏無我正見，故終不能略越生死。如是前引《菩薩藏經》亦云：「未知經說諸真實義，唯三摩地而生喜足。即便於此起增上慢，謂是修習甚深義道，故終不能解脫生死。故我於此密意說云：由從他聞解脫生死。」

　　[釋]：此處說，外道不僅是修禪定、獲得禪定，亦有獲得神通。但是，我們知道神通有六種，欲獲得神通，定須獲得初禪根本定以上，僅僅獲得四種禪定，當然也會獲得五種神通。此五種神通就是神足通、天耳通、天眼通、他心通、宿命通。此五通要以靜慮正行為增上緣——至少要獲得初禪根本定。如果獲得初禪根本定，絕對會有這五種神通。但，也不能以這五種神通來辨別內外道，因為，外道也有這五種神通，內道也有這五種神通。又，內道除了這五種神通之外，還有第六種——漏盡通，這個外道就沒有了。"漏盡通"是什麼？"漏盡通"必需以無我空慧及極究竟靜慮正行為增上緣方能獲得。**外道諸仙**雖**亦有**獲得了四禪八定及五種神**通等德，然由**於**缺**乏**無我正見，故終不能略越生死。如是前引《菩薩藏經》**，"前"是指本論前 p343+9~+11。《菩薩藏經》**亦云：「未知經說諸真實義，唯三摩地而生喜足。**此明：外道並不相信佛陀在經上所開示的空性真實義，故唯有修三摩地，就滿足了。他以為這樣就可以解脫了。**即便於此起增上慢，**何謂增上慢？**謂是修習，**以為修禪定就是獲得無我**甚深義道，故終不能解脫生死。故我**（佛陀)**於此密意說云：由從他聞解脫生死。」**此處佛陀密意說：如果要獲得無我空慧，就一定要從善知識學習無我空慧的正見。因此，才說要從他去聽聞法無我空慧而解脫生死。

本文所說：「從他聞而解脫生死」，就如同馬鳴菩薩所說的：「寡聞生盲不知修，彼無多聞何所思。」此處就沒有必要談外道了，因為，外道本來就是不學習無我空慧的，所以，就從內道來談。如果不努力學習龍樹菩薩對於《大般若經》所解釋的中觀正見。所謂「寡聞生盲」是說如同生下來就瞎了眼一樣。"生盲"是一種形容詞，形容：生下來眼睛就盲了，一定要靠別人來導引。同樣的道理，在輪迴生死之有情就如同生下來眼睛就盲了一樣，所以，需要有善知識的教授。善知識對我們開示無我空慧的教授，如果不學習，就如同生盲一樣，故說：「寡聞生盲」，連學都沒有或學的很少，要怎麼修行呢？故文中云：「不知修」此中之修即是指思惟修。又云：「彼無多聞何所思」是指一定要依所聽聞的而來作思惟修。如果沒有多聞、或沒有廣泛的聽聞無我空慧，則所思惟修的是什麼呢？故在尚未獲得中觀應成派的空正見之前，應該精勤的求多聞。所謂"多聞"是必須聽聞有關龍樹菩薩對於中觀正見所著的一些論著。當然，龍樹菩薩所傳承下來的這些善知識，都值得聽聞。有多少聽聞，就會有多少思惟，並由此思惟修而生廣大之智慧。又《集學論自釋》云：「不能忍者，則由厭患，不能堪忍，退失聞等，無多聞者，則不能知靜慮方便，淨惑方便，故應無厭而求多聞。」從這個地方我們可以理解，真正要修學龍樹菩薩的無我空正見，並不是那麼好懂，所以，一定要忍耐，而且還要一直多思惟、多問善知識、多討論。如果不懂又不修法忍馬上就退的話，則會退失聽聞。若退失則無多聞，若無多聞者，則不能知靜慮之方便，若不能依著靜慮而修無我空慧，則不能清淨令輪迴生死的煩惱惑。若無多聞，則亦不能知靜慮及淨惑之方便，故應無厭而求多聞。所以，即使在學習的過程中聽不懂、很難，也不要退卻。

佛陀告訴我們：開始要種下解脫的因，唯有在人身。現在已經獲得了人身，又可以學到龍樹菩薩的傳承教授，學不懂絕對要忍耐。如果不忍耐而退失的話，此生就無法種下未來解脫的正因，且此世死亡以後，未來世還能不能獲得人身，亦無把握。即使下一世獲得了人身，有沒有因緣再學習到龍樹菩薩的傳承教授呢？所以，今世獲得了人身，又可學習到龍樹菩薩的傳承，絕對不要厭棄、要忍耐，要好好的去修習。引《那羅延請問經》云：「善男子！若具多聞能生智慧。」若能多聽聞龍樹菩薩的傳承——中觀應成派的教授，其次，也要學習中觀自續派，甚至唯識派，乃至小乘部派之宗見，並對比出他們之間的異同。

當對比、抉擇以後，可了知中觀應成見是最究竟。所以，此經之義為：「若具多聞能生智慧，若有智慧，能滅除煩惱，若無煩惱魔不得便。」此中所說之"魔"有外魔、內魔，內魔就是煩惱。如果沒有煩惱的話，則外魔亦無法干擾你。故又云：「是故聖道命根是擇法慧。」"擇法慧"即如前所說，應努力的學習中觀應成派──龍樹菩薩的傳承教授，然後在現實生活上拿來思惟觀察，此即為聖道之命根。此聖道之命根，是為擇法慧，然，擇法慧也一定要依著正理。此如前所說，依著中觀的正理而來思惟抉擇。然，中觀的正理從哪裏來的呢？謂於無垢經論勤求多聞。不僅對於無垢經論勤求多聞，且於經論上所說之正理，應思惟觀察，而來成立經論所說的是正確無誤的，故經論中說：以諸教理善為成立。此中「以教理善為成立者」之意，即是依著中觀正理觀察而思惟修。若無觀察思惟修，則不能生無垢淨慧道勝之命根。

　　論上說，學習佛法有兩種人，一種是往昔他已經有觀察慧的習氣，可是此生沒有繼續的增長。故論上說：若由往昔之習氣慧縱略生，雖有觀察慧，然不再繼續修學，此世亦不增長，故於修解脫道全無進步。另外一種是往昔沒有串習，此世又不學習者。故論云：是故於道幾許修習，若沒有依正理觀察思惟，反有爾許重大忘念，念力鈍劣。所謂"忘念"，如果以抉擇出世間道而言，就是經常會執為實有。如果以世間的行品來講，就會經常順著我執生起煩惱，故為"念力鈍劣"。簡擇取捨意漸遲鈍。意謂：如果在現實的生活上起煩惱，不知對治，甚至起煩惱也不清楚，要怎麼依著無我空正見來對治煩惱，再依行品轉煩惱為沒有煩惱，或將煩惱轉為菩提。此若無法於現實生活上轉化，當知即是走入錯道之正因。前所引之經、論皆說：應廣學。特於現在正是接近末法時期，更要廣學。

　　佛陀在世時的有情根器很利，只要略學就可以了。這就如同《菩提道次第略論釋》所說：「佛在靈鷲山說《大般若經》時，一音說法，隨聽者他的心量，分廣、中、略，即由當時聞法者根器的利鈍不同。利根者，攝為《八千頌》即通達無餘。中根者，攝為《二萬五千頌》。下根者，則須盡學《大般若》，始能瞭解。但在末世時，則又反彼，利根者，須廣為開示──須廣學《十萬頌大般若經》，鈍根則總略而說。」

（p400+5）

此是大師自取密意顯了宣說。從他聞者，謂從他聽聞解釋無我。又此定為破除邪執。謂外不從善知識所，聽聞思惟無我深義，而內自能生，故說「從他聞」等。

[釋]：此處是宗喀巴大師對於《菩薩藏經》作進一步的解釋：**此是大師**（佛）**自取密意顯了宣說**。即此是大師（佛）自己親自宣說，一定要從他聞、從善知識去聽聞解釋無我空慧之義。故本文說：**從他聞者，謂從他聽聞解釋無我**。此句是要破除——外不從善知識所聽聞無我空義，以為自己修學就可以的見解，故說：**又此定為破除邪執。謂外不從善知識所，聽聞思惟無我深義，而內自能生**，故佛說：**「從他聞」**等。

此即是說：修學無我空慧，不能只靠自己閱讀經論。佛教徒大部分都知道龍樹菩薩、無著菩薩是佛所授記的。為什麼佛陀要授記他們兩位呢？因為佛陀深知，三轉法輪所說的法，是對當時的根器而來宣說的。就經跟經本身來講，在字義上都會有相違背。譬如，佛於《解深密經》中說：《大般若經》之見是斷滅見者。因此，如果僅僅只是依著字面上的經文自己看，就會誤解佛的涵義。所以，佛陀當時要涅槃之前就授記：將來中觀的正見，交由龍樹菩薩來作解釋。唯識之見，交由無著菩薩來作解釋。因此，宗喀巴大師才特別的引出《菩薩藏經》裏面所說的，佛陀親自顯了宣說：要從善知識去聽聞。此處就很明顯的告訴我們：修學佛法時，不論世間的學問有多高，即使是世間的博士，也一定要聽聞善知識講法，而且善知識也一定要具有龍樹菩薩中觀正見的傳承。如果是唯識正見，一定要具有無著菩薩、世親菩薩的傳承，而不是僅靠自修就可以懂。

如《俱舍論》說：「佛正法有二，以教證為體。」除其教、證二聖教外，別無聖教。所謂"證法"是說：依著教法內心作思惟修，將心識轉變，或將顛倒無明斷除，稱為"證之正法"。而"教法"者，謂是抉擇受持道理修行之正軌。由有教法，才會有證正法者。"證正法"者，謂是如其前抉擇時，抉擇所思惟的內涵已，依此內涵而起思惟修，證到教法所說的內涵。故彼二種成為因果。

佛法是談緣起因果，想要解脫，就要有解脫的正因。而解脫的正因從哪裏來？需從抉擇佛陀所說的教理。但，佛陀所說的經我們一定看不懂，如果直接就可以看得懂的話，那麼佛陀就沒有必要授記龍樹菩薩、無著菩薩了。換句話說，若自己看得懂的話，那麼佛陀授記就變成沒有意義了。但，佛陀是圓滿者，是一切種智，可以現證過去、現在、未來。所以，佛陀了知祂滅度以後，未來如果沒有人作解釋，弟子會曲解佛義。所以，佛陀才授記龍樹及無著菩薩。也就是第二轉法輪的經典由龍樹菩薩來作解釋；第三轉法輪的經典由無著菩薩來作解釋；當然他們的解釋也會含攝第一轉法輪所說。因此，修行一定要依著佛陀的開示，乃至佛陀所授記的龍樹菩薩、無著菩薩所造的論，所抉擇的教理來作思惟修，當了解內涵以後，再於心識上轉化而去證到教理所說的──證。此次第就如同《俱舍論》所說的：「佛正法有二，以教證為體。」教、證兩者是互為因果。

（p400-6）

總諸佛語，有者直顯真實性義，未直顯者，亦唯間接令於實性趣向臨入。

　　[釋]：此句如同前說，佛陀在世時，對有情三轉法輪──所開示的空性有三種。第一轉法輪依著四聖諦所詮釋的空性；第二轉法輪於《大般若經》詮釋諸法皆無自性；第三轉法輪是以《解深密經》詮釋諸法皆無自性。此三轉法輪所對的根器都不同，所以，所開示的空性當然就會有所不同。所以，這裡所說的「**總諸佛語**」就是指三轉法輪。因此，本宗中觀應成派認為：有的經文於字面上直接顯示真實的空性義，及未直接顯示空性義故，有二者說法：（1）**未直接顯**示空性**義者**──稱之為世俗諦；（2）雖然有詮釋空性，但不究竟，**亦唯間接令於實性趣向臨入**。也就是依著有情的根器沒有直接詮顯究竟的空性，所以，再宣說令其間接對於究竟的空性能夠趣入。

（p400-6）

乃至未發真實慧光，不能滅除愚痴黑暗，發則能除。

[釋]：**乃至未發**，如果沒有生起真實的無我空慧，而此無我空慧就是指中觀應成派之空正見，亦即假設沒有依著第二轉法輪所詮釋究竟了義的空性，就不能生起**真實**的智**慧光**，不能生起真實的智慧光，當然就**不能滅除愚痴黑暗**，此"光"字一般是指光明，是一個形容詞，形容無我空慧的智慧就如同光明一樣，愚癡就如同黑暗一樣，所以，光明一點亮，黑暗就消除了。同樣的道理，能夠通達無我真實空性慧，當然愚癡就不可能存在，就會被滅除。因此，**發**了無我空慧的智慧光，**則**愚癡就**能滅除**。

（p400-5）

故唯由其心一境性奢摩他者，智不能淨，亦不能滅愚痴黑暗，故當尋求達真實性無我空義，定解智慧。

[釋]：承上所說，**故唯由**修習**其心一境性**的**奢摩他品者**，無法真正的生起無我空性的智慧。沒有生起無我空性的智慧，就不能清淨煩惱，**故智不能淨**。所謂的"智不能淨"就是說無法滅除愚癡、輪迴生死的根本這一分。所以，唯有修奢摩他**亦不能滅愚癡黑暗**。**故當**去尋求通**達真實性無我空性**義。也就是說：必須學習思惟通達究竟空性的這一分無我之空慧。然後，**定解**無我**智慧**。

（p400-4）

如是思已，定須求慧。

[釋]：**如是**這樣**思**惟**已**後，**定須**去尋求通達無我空性的智慧。然要去通達無我真實——空性的智慧，定須廣聞經、論。依著上面所說的智慧品，最主要必須以第二轉法輪佛陀所詮說之《大般若經》，也要依龍樹菩薩所造的中觀理聚六論來解釋《大般若經》所詮釋的空性，亦即中觀應成派之空正見。依著中觀應成派無我空慧才能真實斷掉愚癡脫離輪迴生死。故說，如是思惟以後，定須尋求無我空慧。

(p400-4)

如《修次中篇》云：「其次成就奢摩他已，應當修習毗缽舍那。」

[釋]：**其次已經成就了奢摩他已**，亦如前所說，已經獲得了正奢摩他——初禪未到地定。由獲得初禪未到地定，應該要起觀察修而觀察無我空慧。所以，本文才說「**應當修習毗缽舍那**」。

(p400-3)

當如是思，世尊所有一切言教皆是善說。

[釋]：應**當如是**好好的去**思惟，世尊**（佛陀）**所有**的**一切**開示，也就是所有的**言教，皆是善說**。而"善說"是指可以實修的。佛陀所說的言教，是真實拿來實修的，而不是只在文字上的敘述而已，不僅可以獲得正奢摩他，且亦可通達無我空慧，斷除輪迴生死，乃至於究竟解脫成佛，此皆須依著佛陀的言教。故本文才說：「世尊所有一切言教皆是善說」。

參考《菩提道次第廣論》p12所說，「諸契經及續部寶勝者聖言」此中"諸契經"是指顯教，"續部"是指密教，而密乘的這些教典亦皆是佛說，所以，都「是殊勝的教授」。此就如同前面所說的，佛陀所有的言說，是在心識上拿來實修的。不僅是上座的時候拿來實修，就是在現實生活上的食、衣、住、行等等，或行、住、坐、臥也都可以拿來實修。本文又說，「雖其如是，然因末代——指佛陀滅度以後，諸所化機——指佛陀的弟子），若不依著具足定量釋論及善知識的教授，於佛經依自力趣入者，密意莫獲。」若僅是依著佛陀的經典，但，沒有依止佛陀所授記的解釋這些經典的大德及善知識的教授，完全要靠自己去閱讀是無法了解佛陀的密意。所以，本文說：「故佛授記龍樹、無著解釋佛語，諸大車軌造諸釋論及善知識之教授」。因此，如果要了解佛經中所說之內涵，定須依著龍樹菩薩、無著菩薩所造的論著，及善知識的講解。又，龍樹菩薩所造的中觀理聚六論是依著第二轉法輪所詮釋的《大般若經》。因此，這些論著完全都是在解釋《大般若經》的內涵。所以，要了解中觀見的內涵，非得要依著龍樹菩薩所造的論著。同樣的道理，佛陀也授記無著菩薩。無著菩薩所造的論著，譬如《瑜伽師地論》…等，此是在解釋佛陀第三轉法輪所說的。因此，必須要依著這二位大德所造的論著來理解，佛陀所說的內涵到底是什麼？

因此，本文才說：「是故若是清淨教授，於諸廣大佛經及論，須能授與決定信解。」雖然如同剛剛所說，依著佛陀所說的經，但是，一般直接看經典是無法了解佛陀所說的內涵，所以，必須依著佛陀所授記的大德所造的論著。因此，我們眼前所依靠的善知識，他在解釋龍樹菩薩所造的論，及無著菩薩所造的論，絕對是跟佛陀所說的經典相符合的。不僅符合，而且能夠令弟子的心識生起信解。所謂的"信解"就是佛陀所說的，跟龍樹菩薩、無著菩薩所造的論完全沒有相違背。不僅沒有相違背，而且在實際的修行上，都可以拿來思惟修。本文又說：「若於善知識的教授雖多修習，然於廣大佛語及龍樹、無著之釋論所有義理，不能授與決定信解，或反顯示與彼經論不相順之道，唯應棄捨。」此說：眼前所依止的善知識，他對於弟子的教授，如果跟佛陀所說的經，包括龍樹、無著所造的論不能相順。所以，本文才會說：不能授與決定信解。不僅如此，反而還會顯示善知識的教授跟經論變成不相隨順。既然善知識所開示的跟經典、論著相違背，就會顯示出佛陀所說的經，及龍樹菩薩、無著菩薩所造的論，會變成沒有實修的必要了。如此，在弟子的心識上就會逐漸的棄捨佛經及龍樹菩薩、無著菩薩所造的論著。雖然我們經常會讀經、閱讀論著，可是如果無法將所閱讀的經、論在心識上實修、操作的話，終究到最後，這些經、論都變成沒有用了！因此，就會產生誤解——如本文中說：「若起是誤解，諸大經論是講說法而已，其中無有可實修要旨，別有開示修行心要正義教授。」意謂：此種誤解，如前所說，在內心無法拿來實修。但前面有說，輪迴在心識，修行解脫也在心識。如果所學習的經與論著在心識都沒有辦法思惟、產生作用的話，即使天天念經、天天閱讀，終究到最後，定會棄捨這些經論。意謂：這些經論只有講說而已，跟實修根本就不相關了。因此，就會演變出另外一種修行的心要正義教授。所以，本文說：「別有開示修行心要正義教授，遂於正法——指佛經、龍樹菩薩所造之論、無著菩薩所造之論，執有別別講修二法，應知是於佛所說的無垢經、續，及龍樹、無著所造之無垢釋論，起大敬重而作障礙。」亦即經論跟實修變成不相干。即一般所說的，雖然在讀經論，但是，修行是修另外一套。因此，慢慢的不僅會捨棄掉這些經論，而且對於這些經論，內心生起景仰恭敬的心，也逐漸的消失。因此，就會產生這種障礙。故本文說：「又說彼經論等，不顯示實修之內義，唯是開闢廣大外解，執為可應輕毀之處。」雖然我們的外相會把經書拿來放在頭頂上非常的恭敬，但是，如果修行跟經論所說的不相干，我們

的心識就會慢慢捨棄掉經論了。這一點就是在說明，已經開始在造作輕毀經、論之惡業了。因此，本文云：「是集誹謗正法之業障。是故應須作如是思惟，而尋教授，諸大經論對於諸欲求解脫者，實是無欺最勝教授。」因此，要仔細、謹慎的思惟：佛經、諸大釋論、善知識的教授，這三個是一體的，缺一不可，且是真正拿來實修的。而善知識所開示的絕對是依著龍樹菩薩所造的論著，還有無著菩薩所造的論著，但，總的來說都是依據經典。絕對不能說，善知識所開示的，跟龍樹菩薩、跟無著菩薩所開示完全變成不相干。所以，我們現前所依止的善知識，他對於佛經內涵的開示，絕對跟龍樹菩薩所造的論著，跟無著菩薩所造的論著，是相符合的。假若善知識是依經典開示，可是他的開示又跟龍樹菩薩、無著菩薩的見解相違背的話，那就會造成佛經只有講說而已、只是學術，跟實修沒有關係！所以，善知識所開示的，絕對沒有離開龍樹菩薩、無著菩薩的見解。故本文才說：「諸大經論對於欲求解脫者，實是無欺最殊勝的教授。然由自慧微劣等因，唯依是諸教典，不能定知是殊勝的教授，故應依止善知識的教授，於是等經論中尋求定解。」佛陀滅度以後，末代弟子的根器是很劣的，因此，單單只有依照佛陀所說的經典，絕對不能了解其內涵是什麼？實修的要義在哪裡？這就無法生起決定信解經典是殊勝實修的教授。因此，才要依止善知識的教授。但是，善知識的教授，也離不開龍樹、無著之見解。所以，本文才說：「莫作是念、起如是執，謂諸經論唯是開闢廣博外解，故無實修之心要。」所以，絕對不要生起經論只有講說而已，跟實修是沒有相關的。由此可以引申出：我們現在學習到藏傳的佛法，但是，佛陀所授記龍樹菩薩、無著菩薩所造的論著的內涵，大部分都不學習，甚至要去找祕密心要，然後直接可以證悟成佛。此意謂：如果沒有在佛所說的經、龍樹菩薩及無著菩薩所造的論，下功夫學習把基礎紮好，即使找很有成就的修行者，也不可能得到真正修行的要義。因為，你已經犯了：佛經、無著菩薩及龍樹菩薩所造的論著僅是講說、只是一本書、或只是學術而已，跟修行沒有關係，修行是另外一種──謗法的惡業。如果是這樣的話，絕對不可能成就。此是無著菩薩論中所說，而無著菩薩又是佛陀所授記的。如果這句話有問題的話，就是無著菩薩有問題；如果無著菩薩有問題的話，就是佛授記有問題。所以，佛陀所開示的經典、及龍樹菩薩所造的論著、無著菩薩所造的論著，都是在內心實修的精要。不論是上座，或是日常生活中的行、住、坐、臥，全部都是要靠這些來修行。因此，本文才說：「諸善知識之教授是

開示經論內義。」所以，依止的善知識，如果不是開示無著、龍樹菩薩所造論的經義，而是另外一種修行內涵的話，都不是眞正的善知識！所以，眞正的善知識，他的開示絕對沒有離開龍樹菩薩及無著菩薩之釋論。因此，本文才說：「諸善知識的教授是開示經論內義，故是第一」所以，龍樹菩薩和無著菩薩所開示的話，如果認爲不是修行的心要，那就會成爲毀謗經論，造下謗法的惡業。以上所說的內涵取自於無著菩薩所造《究竟一乘寶性論》。依此來說明：本文所說的「世尊所有一切言教，皆是善說。」

（p400-3）

或有現前顯示真實，或有間接趣向真實。若知真實，便能永離一切見網，如發光明便除黑暗。

　　[釋]：經文**或有現前顯示真實**——空性，**或有間接趣向於真實**——空性。**若知真實**——空性，**便能永離一切惡見網**，如果永離一切惡見網，以三轉法輪來說，一定要依著第二轉法輪中觀應成派所開示空性的見解。故此處「若知眞實」就要把它解釋成：如果能證知中觀應成派所開示的無我眞實空性義的話，便能永離一切惡見網。**如**是方能引**發光明便除黑暗**。

　　"一切惡見網" 分爲：五惡見及非五惡見。(1)五惡見——①壞聚見；②邊見；③見取見；④戒禁取見；⑤邪見。此以小乘來說，叫見惑。(2)非五惡見——貪、瞋、慢、無明、疑。此以小乘來說，就是思惑。也就是說，如果你沒有獲得中觀應成派無我空正見的話，則一切惡見網就不可能淨。

（p400-2）

唯奢摩他，智不能淨，亦不能遣諸障黑闇。

　　[釋]：此中**唯**有修習**奢摩他**，僅有專注於一境乃至於獲得輕安，並沒有思惟觀察無我之**智**慧，唯修奢摩他，絕對**不能淨**二障，**亦不能遣諸**二**障黑闇**。二障就是煩惱障、所知障。

（p400-1）

若以智慧善修真實，即能淨智，能證真實。

　　［釋］：假若能夠**以智慧善**巧思惟觀察，善**修真實**無我空性，**即能**獲得清**淨**的智慧。獲得清淨的智慧，就**能夠證**到**真實**的無我空性。此無我空慧定要依著中觀應成派的無我空正見。

（p400-1）

唯以智慧正斷諸障，是故我當住奢摩他，而以智慧遍求真實，不應唯由奢摩他故便生喜足。

　　［釋］：所以，**唯有以**中觀應成派之無我抉擇空性的**智慧，才能正斷諸**二**障，是故我當住奢摩他。**此處是以修行的次第來講，一定要先獲得奢摩他。獲得奢摩他以後，才起觀而獲得正毗缽舍那。是故我先當安住、或者先獲得奢摩他，**而後再以**無我**智慧遍求真實**空性，**不應唯由奢摩他故便生喜足。**也就是不應該唯有獲得奢摩他、獲得禪定就生喜足了。

（p401+1）

云何真實？謂於勝義一切有事，由補特伽羅及法二我空性。」

　　［釋］：**云何真實**呢？**謂於勝義**，也就是說，心識的抉擇分二種：（一）、證空性的抉擇；（二）、不是證空性之抉擇——即是抉擇世俗諦法。因此，本文中所說：謂於勝義，即是屬於勝義抉擇的思惟，所以，叫勝義理智抉擇。而勝義理智的抉擇是要抉擇一切法，故說：**一切有事**。何謂一切有事？如《父子相見會經》中說：「如來了知世俗、勝義，所知亦唯世俗、勝義。」此說：如來（佛）只有證到世俗、勝義而已。所以，所知也唯有世俗、勝義。何謂所知？即是存在，故所知只有世俗、勝義而已。"一切有事"就是指存在的法，或者是所知。又，月稱論師所著的《入中論》云：「由於諸法見眞妄，故得諸法二種體。」所有一切法只有分眞實、虛妄。此"眞實"於《父子相會經》上說：眞實就是指勝義諦，虛妄就是指世俗諦。通達眞實，或通達勝義諦，是依著勝義理智抉擇而獲得了勝義諦，或見眞實。又，依著抉擇世俗來講，去獲得了世俗諦，這個叫見虛妄。因此，諸法會有二種體，故論云：「故得諸法二種體。」依此即可了知，一切法的存在，只有勝義諦、世俗諦。

勝義諦叫眞實，世俗諦叫虛妄。《入中論》又云：「說見眞境即眞諦（所見境如同所看到的眞實存在，即如現而有，此唯有勝義諦、空性），所見虛妄名（世）俗諦。」爲什麼叫“世俗”呢？即所見的不如所看到的那麼眞實——如現非有。所以，名言識、世俗名言所抉擇的都是虛妄。所謂的虛妄，譬如，我們所見到的親屬，或父母親，是那麼眞實的現在前面，但，不是如同顯現般的那麼眞實的存在，這個叫虛妄，稱爲世俗諦。經文上又有說：一切法的區判只有二種：（一）、人——補特伽羅或有情；（二）、法——除了有情之外，全部都是法。故何謂“一切有事”？一切有事就是一切存在的法。一切存在的法只有二種 ：勝義諦（人及法上的空性）、世俗諦。但，此處亦可用二個來說明，即：補特伽羅及補特伽羅之外的一切法。

　　補特伽羅本身是世俗諦，因爲補特伽羅是觀察世俗名言所獲得的。當我們在看任一補特伽羅的時候，會覺得於我們心識的前方眞實而有，事實上，補特伽羅不是眞實存在於我們的前方眞實而有。因爲，以中觀應成派來講，一切法的存在是“唯名言假立”。補特伽羅一定要依著蘊體，可是我們在看補特伽羅的時候，是補特伽羅跟蘊體融合爲一，於前方眞實而有。因此，如此所看到的補特伽羅叫“顛倒錯亂”。因爲補特伽羅是唯名言假立的，並不是如同我們所看到的眞實存於前方。若是眞實存於前方，則不需要名言假立。所以，當我們在看家人的時候會認爲：是唯名言假立嗎？不會！是直接看到他在前方眞實而有。不要僅說看家人，即使看所有一切的事物也是一樣，在前方眞實而有，此種認知、識體就是錯亂、顛倒的，這叫世俗諦。佛陀在第二轉法輪《大般若經》中說：一切諸法的存在是唯名言假立。所以，補特伽羅也是唯名言假立，絕對沒有在前方眞實而有。也就是說：補特伽羅絕對沒有與蘊體融合爲一於前方眞實而有，但是，錯亂顛倒的識體所看到的補特伽羅都是與蘊體融合爲一於前方眞實而有，所以，所看到的補特伽羅叫世俗諦。透過了學習龍樹菩薩的《中觀理聚六論》，了解中觀應成派通達勝義諦的正理抉擇，此正理叫“緣起之正因”或者是“離一、異”之正因。以此“緣起之正因”將心識所耽著“補特伽羅與蘊體融合爲一並於前方眞實而有”的這一分顛倒執遮除，即是無眞實有、無自性有，此分叫空性、補特伽羅自性空。而補特伽羅自性空即是勝義諦——此是以補特伽羅來說。

如果站在法上來說，補特伽羅之外的一切都是法。舉個例子來說，我們在看那個茶杯，而茶杯的存在它也要依著茶杯的支分，或者茶杯是依著杯口、杯腹、杯底…等等因緣和合。但，杯口、杯腹、杯底…等本身不是茶杯，然，依著杯口、杯腹、杯底…等，唯名言安立為茶杯。因此，以中觀應成派依著《大般若經》所說的茶杯也是唯名言假立。也就是說依著杯口、杯腹、杯底…等等唯名言安立它為茶杯。但是，我們所看到的茶杯是不是唯名言假立呢？不是！而是於心識前方茶杯和茶杯的支分融合為一，而於前方真實而有。這樣的識體叫顛倒的識體，亦叫無明。因此，假若諸法唯名言假立還不滿足，必須再去尋求其假立義，即是於人、法二者唯名言假立還不滿足，還要再尋求其名言假立義，這樣就會成為堪忍觀察，即為勝義有自性，或自性有。此自性有，於人上是人我執；於法上是法我執──此為世俗諦。依著勝義理智抉擇此人、法上的自性有不存在，即為人無我、法無我──此為勝義諦。所以，名言安立若必須要尋求任一法的假立義的話，這一分認知就是顛倒的識體。故一切所知、一切有事只有勝義諦、世俗諦，或只有補特伽羅、除補特伽羅以外的法。因此，本文說：「謂於勝義」是勝義抉擇理智抉擇一切有事。而"一切有事"只有補特伽羅，還有補特伽羅之外的法。以補特伽羅而言，耽著補特伽羅自性有是世俗諦。將補特伽羅上執為真實有、自性有的這一分，把它遮除掉，這個叫勝義諦。同樣的道理，除了補特伽羅之外的法，如茶杯，或瓶子的存在是唯名言假立。但是，無明顛倒的識體，會執瓶子於瓶子的支分中於前方真實而有。透過勝義理智抉擇將此自性有、真實有遮除，此分即是空性、勝義諦。瓶子和補特伽羅僅是唯名言假立，這一分是世俗諦。故本文說：「於勝義一切有事，由補特伽羅及法二我空性。」就是在解釋前面所說的：「云何真實？」即是指空性！因此，這一分空性在人上──人自性空；在法上──法自性空。

(p401+2)
又此真實，是諸度中慧度所證，非靜慮等所能通達。莫於靜慮誤為慧度，更須生慧。

　　［釋］：六度是布施、持戒、忍辱、精進、禪定、智慧。**又此**分**真實**、無我空**慧是在諸**六**度當中**的第六度**智慧度所證**的，此處就排除了，無我真實的空性慧不是靜慮，也就是**非靜慮等**前五度**所能**夠**通達**的。

此〝等〞字即包含了布施、持戒、忍辱、精進、禪定。有一些人會說：好好的持戒就能夠解脫。這一句話不是很正確。因為，好好持戒就能解脫的話，那佛陀就沒有必要宣說無我空慧了。因此，不僅僅持戒，布施、忍辱也一樣。同樣道理，僅修奢摩他、靜慮，也不能現量證空性。所以，布施、持戒、忍辱、精進、禪定是輔助要證空性的助緣。也就是說，如果要通達無我空慧，又沒有前面的布施、持戒、忍辱、精進、禪定作為輔助之緣，則亦無法現量證空性。故現量證空性有現量證空性的主因及助緣。主因就是無我空慧；助緣就是布施……一直到靜慮。因此，本文中所說的這一句話，不要誤以為靜慮等就能夠通達空性，但，也不再誤認為：布施、持戒、忍辱、精進、靜慮等就不要修。**莫於靜慮誤為慧度，更須生慧**。所謂的「莫於靜慮誤為慧度」，是於修靜慮且獲得了正奢摩他時也有它的特徵——是無分別、具足明顯、安樂。所謂具足明顯，就是像琉璃一樣那麼透澈。因為當修定時，心識專注的執持力越來越細時，心識的執持力就會越來越細，同時，也會兼帶有無量的安樂。

因此，當獲得初禪未到地定的時候，會有三個特徵：（1）無分別；（2）明顯、澄澈、透明；（3）安樂。同樣的道理，當現量證空性時，也具有此三種特徵。現量證空性也是無分別；現量證空性也會有樂；現量證空性如同光明一樣。所以，把愚癡斷除，現量證空性亦是非常的澄澈透明。因此，獲得了靜慮與現量證空性，特徵都一樣。所以，有很多人都誤以為：只要修無分別、專注於一境，就可以現量證空性了。但是，現量證空性的無分別是——無自性有的分別；然，獲得禪定，是專注於一境——不被昏沉、掉舉干擾的無分別而已。因此，這二個無分別，是不一樣的。也就是說，獲得無分別之前的因是不同的。修奢摩他的因是專注於一境，無分別，不要被昏沉、掉舉干擾。所以，慢慢的修，昏沉、掉舉被滅除了以後，可以獲得專注於一境的無分別。但是，現量證空性的因是要把無明的識體耽著自性有的這一分遮除，而顯現無自性，所以，現量證空性，是沒有自性有的分別。因此，靜慮的無分別，和慧度的無分別是不一樣的。所以，本文才說，不要將靜慮誤以為慧度。也就是說，當你獲得了靜慮，還要更進一步的去修學無我空慧的毗缽舍那。

所以，本文才會說：「莫於靜慮誤為慧度，更須生慧者」，是因為彼等對於

眞實空性境，心未趣向者，亦有無量安樂、明了、無分別之三摩地。意謂：沒有通達無我空慧，而專注一境的修，心識越來越纖細、越專注一境的時候，仍然會有無量的安樂，而且會越來越透澈及無分別。此如外道獲得四禪八定。當他們獲得了四禪四空的時候，也有這種無量安樂、明了、無分別的這種所謂的特徵。可是外道沒有獲得無我的勝義空性之見。故以任何亦不分別之心，亦能現前成就三摩地。故雖不知空性——是指沒有透過聞、思、修來修學空性，以無分別來修，仍然也可以生起無分別的三摩地。此亦無有相違。因為，在修無分別定，專注於一境的時間越來越久的時候，且由於心的執持力，身體的風大會隨著心細的執持力，風也越來越有堪能性。身心會生起輕安，法爾生樂。因此，外道以無分別來修定的話，也可以產生無分別，也可以產生澄澈清明，也可以產生樂，故生樂與定亦不相違。不能以一切安住明了無分別之三摩地，就安立為通達眞實空性。事實上，以無分別修定，專注於一心的時候，事實上是緣心。但是，因為心，跟色法不一樣，色法有大小、有形狀、有顏色，所以，我們可以很清晰的看到。可是，心沒有形狀、沒有大小、沒有顏色。因此，緣心，慢慢修定以後，也會有空、樂、明、無分別。因此，如果在修緣心定之前，如果沒有無我空慧的修學的話，會很容易誤以為修緣心定即是在修空性，且遂誤認為已證空性。甚至有些人，或誤以為獲得止觀雙運，或是已得無上瑜伽的樂空無二之智。如果仔仔細細的學習《菩提道次第廣論》止觀二品，就會覺得這種見解實在是大錯特錯。用無分別緣心去修止，最多只能夠獲得止而已，根本都還沒有得到勝觀。進一步來講，得定之樂，只是輕安之樂而已，跟密乘的空樂不二之智是相差太懸殊。而密乘的空樂不二之智，必須要學習密乘的教法。通達空性之三摩地有明、樂、無分別；沒有通達空性的三摩地，也有樂、明、無分別；乃至無上密的樂空不二亦有。彼等之間的差別，必須先以聞思顯教的道理，還有密乘的道理分別清楚。

(p401+3)

如《解深密經》云：「世尊！菩薩以何等波羅密多，取一切法無自性性。觀自在！以般若波羅密多取。」

　　［釋］：上面解釋了「莫將靜慮，誤為慧度」。因此，引**《解深密經》云：「世尊！菩薩以何等波羅密多，取一切法無自性性。觀自在！以般若波羅密多取。」**

經云：菩薩在行六度的時候，是以哪一度來取一切法無自性性呢？此中"取一切法"的"取"即是思惟分別。然"取"絕對不是一開始就無分別就能夠緣取。所以，"取"一定要用思惟分別，而思惟分別一定要依著教理來思惟觀察，思惟觀察無明的耽著自性有之境，且思惟觀擇後將自性有遮除，當下即顯現無自性，此即緣取無自性。因此，本文說：「取一切法無自性性」。此中第二個"性"字，是指無自性的體性，亦即諸法的存在的體性本來就是無自性，故說：一切法無自性性。經又說：觀自在——指觀世音菩薩！以第六度般若波羅蜜多取。」要以般若波羅蜜多取一切法無自性。所以，從前後文來看，一切法無自性是所通達的境，故說：取一切法無自性，此是站在境上來說。但是，談到境絕對離不開心，談心也離不開境，所以，談到境就是指一切諸法無自性性；而觀待心就是指般若波羅蜜多——指無我空慧之智慧，因此，一切法無自性。此無自性一定要觀待無我空慧之智慧，即第六度智慧度；無我空慧之智慧也一定要觀待境上之無自性。

(p401+4)

前引《修信大乘經》，亦於此義密意說云：「若諸菩薩不住般若信解大乘，於大乘中隨修何行，我終不說能得出離。」

[釋]：**前引**佛陀在**《修信大乘經》，亦於此義密意說云：「若諸菩薩，不住般若，** "不住般若"即是說：在心識無法生起真實無我空慧，最起碼也要生起聞所成慧的無我空慧。如果沒有生起無我空慧，雖然**信解大乘，**也在行菩薩所行的廣大行，或說在修行布施、持戒、忍辱時，不以無我空慧去攝持，全然只有前五度，且前五度修了無量劫，甚至也獲得了禪定，**於大乘中隨修何行，**佛陀說：**我終不說，能得出離。」**也就是說，絕對無法出離三界，更何況是成就佛果位。故宗喀巴大師說：「若無通達實相慧，雖修出離菩提心，不能斷除三有本，故應勵力悟緣生。」意謂：如果在心識沒有生起空性的聞所成慧，再依無我空慧所攝持而來修出離心持守戒律、修菩提心行廣大行，雖然真實的修出離心、菩提心，也不能斷除輪迴三有的根本，更何況是解脫、成佛，所以，應該努力的去了悟緣生。"悟緣生"是說：一切諸法是依因緣而生，觀待因緣而有，由觀待因緣故諸法無自性，依此而來攝持出離心、菩提心所行持的萬法都是無自性。

　　《廣論》的〈毗缽舍那〉p401+6 是總略來說，為什麼要學習殊勝的毗缽舍那及空性？因為，我們修學佛法都是為了要解脫，最殊勝的就是一定要成佛。〝解脫〞就是必須把輪迴生死的根斷掉，我們稱為煩惱障，若要斷掉煩惱障，沒有第二種方法，只有以無我空慧才可以把它斷除掉。成佛，不僅要斷掉煩惱障，還要斷掉所知障，斷煩惱障跟所知障沒有第二個方法，也是要依著無我空慧。因此，前面是總的來介紹為什麼要學習無我空慧——殊勝的毗缽舍那。故前引《修信大乘經》說，菩薩修習前五度布施、持戒、忍辱、精進、禪定，如果沒有第六度智慧般若波羅密——無我空慧所攝，最高的成就也只能在輪迴上而已。但是，如果有無我空慧所攝持，前五度就轉成了成就佛陀的色身，同時，無我空慧也成就了佛陀的法身。

（p401+6）

第二學習毗缽舍那之法分四，一　依止毗缽舍那資糧，二　毗缽舍那所有差別，三　修習毗缽舍那之法，四　由修習故毗缽舍那成就之量。今初

　　[釋]：**第二學習毗缽舍那之法分四**。第二定有牽扯到第一，請翻開 p346+2「各別學法分三：第一、學奢摩他法；第二、學毗缽舍那法；第三、學雙運法。整個《菩提道次第廣論》是從道前基礎、下士、中士、上士，最後兩個科判就是奢摩他跟毗缽舍那。所以，前面第一就是學奢摩他法，而現在是進入了學習毗缽舍那法。從此第二個科判開始介紹學習毗缽舍那之法分四個科判：**一、依止毗缽舍那資糧**。此範圍最大，《菩提道次第廣論》的〈毗缽舍那〉最主要的是破邪顯正，特別是破除自認為自己是中觀應成派的見解者，但事實上，他是相似的見解而不是真的，他們也引經、引論在解釋中觀應成派，可是，他的解釋是錯誤的。所以，第一個：是宗喀巴大師特別要拿這些來破斥。以另外一個角度來說，這些人的解釋，一般人很難辨別出其錯誤點在哪裏？所以，對於我們要獲得中觀應成派的見解這是有非常大的幫助。第二個：〈毗缽舍那品〉主要所要破的，除了剛剛所說的，就是破中觀自續派。所以，宗喀巴大師曾說，若能了解中觀自續派之宗見，以此為因，即能進入真正中觀應成派的見解。此種次第的學習方法，宗喀

巴大師說這是非常好的。當然，此處亦有牽扯到唯識派。宗喀巴大師的另外一本論著《入中論善顯密意疏》對於唯識宗派的見解也是破斥的非常地詳細，故若學習了《菩提道次第廣論》的〈毗缽舍那〉後又能夠再學習《入中論善顯密意疏》，則對於自己要建立大乘的思想是有非常大的助益，可以確立我們大乘的見解，尤其是能夠確立中觀應成派的見解。**二、毗缽舍那所有差別，三、修習毗缽舍那之法，四、由修習故毗缽舍那成就之量。**此處說，獲得了中觀應成派的見解以後，拿來思惟修獲得正確的認知稱為量。〝量〞以中觀應成派來說，就是於其主要顯現境不欺誑。因此，學習毗缽舍那之法就用四個科判來作解釋。**今初**

(p401-6)

親近無倒了達佛語宗要智者，聽聞無垢清淨經論，由聞思慧引發通達真實正見，是必不可少毗缽舍那正因資糧。

[釋]：此中(1)**親近無倒了達佛語宗要智者**：即指親近善知識。此於《菩提道次第略論釋》有說：「修觀資糧，總說『依正士而聞思』然此乃與外道共。此間所說異於外道者，乃斷生死之勝觀資糧。故所依乃能宣揚斷除生死正見之善知識。非唯能騰身虛空不焚不溺之上師，乃知取捨。特別於二種無我正見無顛倒之上師。」

此中(2)〝**聽聞無垢清淨經論**〞：是指經論之文中有直接闡釋究竟了義空性見者，即為無垢經論。觀待龍樹菩薩所著中觀理聚論六論——《中論》、《六十正理論》、《七十空性論》、《精鍊論》、《迴諍論》、《中觀寶鬘論》等，詮釋《大般若經》為最了義之經，如於《中觀寶鬘論》云：「乃至有蘊執，爾時有我執」，而月稱論師依此龍樹菩薩所說，於《入中論》云：「出離龍猛論師道，更無寂滅正方便，彼失世俗及真諦，失此不能得解脫。」意謂自續派以下各宗派，若於未捨自宗，承許應成見之前，皆失二諦，由無解脫機會，故判中觀應成派之見為最了義。

《菩提道次第略論釋》云：「菩提道次從止以前皆屬廣行，惟勝觀一段為深觀。佛說分權、實二分，權分如無著造之《現觀莊嚴論》、《瑜伽師地論》、《攝大乘論》…等。實分如龍樹造之中觀六論等。

能攝二派要義，有抉擇、有次第、有系統，在一座間即可以取而修學思惟者，唯宗喀大師此論。」

由「親近無倒了達佛語宗要智者」及「聽聞無垢清淨經論」可以了知(3)**由聞思慧引發通達真實正見**亦需無倒及清淨。也就是說明在學習空性時，要依著龍樹菩薩所造的論著了解空性的定義，當然於中觀自續派、唯識派及小乘有部、經部所抉擇空性的基礎也是不可或缺的，因爲了解下下部乃爲通達上上部之基，此爲定量諸師所說。

此中〝空性〞的定義是：遮除所應遮的那一分。如《現觀莊嚴論釋》云：「何謂佛母之體性？以離一、多之體性故。」由此定義可以了知，並不是兩腿一盤就是修奢摩他、修毗缽舍那、或是修空性。爲什麼呢？空性的定義一定要以所遮來談。也就是要先認識無明顛倒識體所耽著出來爲空性所斷之自性有的這一分。由於顛倒無明的識體令有情輪迴、痛苦，故欲斷除輪迴之苦，必須斷除無明顛倒識體。當然要斷除無明顛倒識，就要先認識無明顛倒識體的耽著境——實有、自性有。因爲對境顛倒執爲自性有，故引生識體的顛倒。依著中觀之論著所詮之中觀正理，思惟觀察將無明顛倒識體執爲實有、自性有的這一分遮除，而通達無實有、無自性有，這一分稱爲空性，即所謂的聞、思也要〝無倒〞及〝清淨〞。

又從修學的次第可分爲：聞、聞所成慧、思、思所成慧、修、修所成慧等次第。而聞、思之修，定含攝隨順奢摩他、隨順毗缽舍那。也就是說：「欲無倒引發通達眞實正見」之前，要先正確的聽聞空性的見解，聽聞時，以正理於識體審諦觀察，並加以抉擇，將無明顛倒識體執爲實有的這一分遮除，在心識上產生決定定解，這是聞慧。由聞產生決定解是爲聞慧，由聞慧再依經教思惟觀察，讓定解越來越堅固，是爲思慧；因此，所謂的〝無倒引發〞一定要從聞慧、思慧、修慧這三個角度去作理解。

《廣論》p399+2 有說：「應於實義，無倒引發決定勝慧，而更修習毗缽舍那」，意謂當獲得了正奢摩他以後，接下來，即修毗缽舍那。也就是開始修毗缽

舍那時，要審觀察奢摩他的所緣境，以空性的定義遮除空性所應遮除的那一分。雖如是，若於一開始沒有聞思修學無我空慧，於開始時便直接修定，當生起相似輕安，或獲得殊勝輕安時，絕對會對輕安生起貪著。此時想要修學無我空慧，是非常困難的。不僅困難，甚至會誤解輕安是獲得了空性。為什麼呢？因為現量證空性時，也有與相似輕安共同的特徵——樂、明、無分別。故此處特別對〝無倒〞、〝清淨〞作解解。故**是必不可少毗缽舍那正因資糧**。然而依師長教授，還要再加上事師如佛，及集資淨懺。

此中〝事師如佛〞，如《菩提道次第廣論》引《地藏經》云：由其如法承事善知識，於惡趣所受諸業，於現法中身心之上，少起病惱，或於夢中而領受者，亦能令彼墮惡趣之業，令盡無餘。又能映蔽供事無量諸佛善根。

又，〝集資〞，如《寶蘊經》說：「較三千界一切有情，各建佛塔，量等須彌。於此諸塔，復經微塵沙數之劫，以一切種可供養事，承事供養。若一位菩薩不離一切智心，僅散一華，其福極多。」《般若經》云：「無論通達空性，即為人說一句空性，或聽人說空性，其功德遠勝於以等同大海水滴之七寶，持供十方如來諸佛。」。

又〝淨懺〞，如《入行論》云：「大力極重惡，非大菩提心，餘善何能映。」又云：「此如劫火一刹那，定能燒毀諸罪惡。」《未生怨王經》云：「諸造無間罪者，若能聞此正法信解修行，我不說彼業，是真業障。」此中正法，即指空性見。

（p401-5）
若於實義無決定見，必不能生通達如所有性毗缽舍那故。
　　[釋]：從上面生毗缽舍那正因的資糧，絕對可以引發真實正見，**若無**此引發毗缽舍那正因之資糧，則對**於實義**的空正見絕對**無法**生起**決定**的**見**解，若無法生起決定的定解，則**必不可能生**起**通達如所有性**即是空性的**毗缽舍那故**。

對於〝真實義見〞，如傳承正量諸師所說：必須有下下部派之見解為基礎，而引生上上部派之實義決定見，尤其必須了解各部派所建立勝義諦、世俗諦的差別。

　　以龍樹菩薩說：「由世俗諦而悟入勝義諦。」《菩提道次第略論釋》亦云：「若於二諦差別，未善了知，雖廣閱三藏，猶是愚迷。因一切佛語，以甚深般若空慧勝義諦為最重要。為什麼最重要？因為導引解脫。念佛、持咒是為了解脫成佛。解脫成佛除了菩提心之外，最重要的就是無我空慧──勝義諦。故雖廣學五明（聲明、因明、工巧明、醫方明、內明），已得共通成就，若於勝義諦、世俗諦不辨，猶未善知佛語，亦絕不能出離生死。」

（p401-4）

又此正見，要依了義而善尋求，不依不了義，故須先知了不了義所有差別，乃能解悟了義經義。

　　[釋]：唯識派──無著菩薩依《解深密經》判別了不了義，此中名言可直接承許，亦即可如言而取者為了義。反之則為不了義。以初轉法輪承許外境有，及一切法有自性，故不合唯識理趣，不能如言而取，是為不了義。第二轉法輪許一切法唯名言假立，皆無自性，亦不合唯識承許三性皆有自性的說法，亦不能如言而取，為不了義。第三轉法輪之依他起、圓成實為有自性，遍計所執無自性，經文字面可直接承許，判為了義。

　　中觀自續派──清辨論師等，依《解深密經》及《大般若經》抉擇：了義諸經，除如言而取之外，其所詮尚需為勝義。其中如言而取，即任何經文的所詮不為量所違害，即名言自性有。所謂〝所詮勝義〞即勝義簡別。而〝不為量所違害〞之〝量〞，即於自性有不欺誑是為名言可取。故以中觀自續派來看，第二轉法輪《大般若經》所說：「一切諸法勝義無自性」是為了義。以《般若經》經文字面符合經部行自續派（1）所詮勝義為了義之定義；並符合（2）名言可取之定義，以勝義無自性意即名言有自性。又，《般若經》所詮：「諸法勝義無自性」，亦為《解深密經》所詮之義，即所謂三性皆為勝義無自性（此與唯識所釋不同）。

故此派承許《解深密經》樹立十萬《般若經》為了義之經。因此,中觀自續派認為:第二轉法輪除《心經》外,其餘均為了義之經。彼等認為以《心經》之經文字面直云:無色、無受…等,是未明顯加勝義及諦實之簡別。若經云:無自性色,則是為錯誤簡別,故不可唯如經文所說隨言執著,更須引伸,故非了義。其引伸之理,謂勝義中無眼、耳、鼻…等,非名言無自性。然,《解深密經》說:第二轉法輪是未了義,以自續派釋為:非指一切第二轉法輪所詮,故唯指《心經》(此與唯識所釋不同)。此派認為第一轉法輪是為不了義,以其皆顯示諸法勝義有自性。

中觀應成派──龍樹菩薩依《大般若經》抉擇:經文直接所詮為空性者是為了義經;反之,詮顯世俗之經,即為不了義經。故第一轉法輪及第三轉法輪所詮皆為諸法皆有自性,故判為不了義。第二轉法輪所詮諸法皆無自性,即使名言些許自性亦無,故判為了義。

(p401-3)

此若不依定量大轍解密意論,如同生盲又無導者而往險處,故當依止無倒釋論。為當依止何等釋論,謂佛世尊於多經續明了授記。

　　[釋]:**此若**你**不依止定量大轍解密意論**,此處所說之〝定量〞就是指龍樹菩薩,如果不依止龍樹菩薩所造的龍樹六論來解釋大般若經的話,沒有這種見解,就**如同生盲**,就是說你生下來,天生就瞎了,像這類人一定要有人帶,**若無**人帶領引**導者**,根本就很難走路,甚至還會摔倒,再進一步來解釋,**而**像這一類天生就盲的人,如果**往**山溝裏面走路沒有人導引,定會墮入山谷之**險處**,以此來形容我們還沒有解脫之前都是在輪迴,這條解脫的路我們從來都沒有走過,所以我們就如同生盲一樣,如果我們要解脫,沒有依止佛所授記的龍樹菩薩所造的論著解釋了義的空性,則要修行時定會墮往險處。如果沒有依止善知識,則你要修行就如同天生下來就是盲眼在山溝裏走路一樣,定會墮入常邊及斷邊,**故應當**要**依止無顛倒**的**釋論**,而此釋論即是解釋佛經的。問:**為當依止何等釋論**?**謂佛世尊於多經**(顯教的經典)**續**(密續的經典)**明了授記。**

如《文殊根本經》云：「我滅度後四百餘年，有龍樹者，大宏我教。」《楞伽經》：「弟子問佛云：甚深空義難可了達，尊滅度後，誰能宏化？佛云：我滅度後，於南印度地名布達，有吉祥比丘，名爲龍智，離有無二邊，顯中道義。其後示寂，生極樂國。」

（p401-2）
能解深義聖教心藏，遠離一切有無二邊，曰聖龍猛遍揚三處，應依彼論而求通達空性見解。

　　［釋］：**能解**空性**深義聖教心藏**，即是說佛陀的大悲心——欲利益一切有情的精華、心要。而此心要即是**遠離一切**自性**有**（但世俗名言仍然存在），名言**無**之常、**斷二邊**，**曰：聖龍猛遍揚三處**（天、人、龍），故**應依彼**所造之中觀理聚六**論**——《中論》、《六十正理論》、《七十空性論》、《精鍊論》、《迴諍論》、《中觀寶鬘論》**而**來尋**求通達**究竟了義**空性**的**見解**。

菩提道次第廣論
毗缽舍那 NO.05

（p402+1）

此（依止毗缽舍那資糧）又分三，一　明了義不了義經，二　如何解釋龍猛意趣，三　抉擇空性正見之法。　今初

諸欲通達真實性者，須依佛語。然諸佛語由種種機，意樂增上亦有種種，當依何等求深義耶？謂當依止了義佛語通達真實。

　　[釋]：**諸欲通達真實**空性**者，須依佛語**，即佛陀之能詮之聲（由佛的舌根⋯等因緣所發出之聲，佛的聲音不能稱之為有情之聲）──佛經。

　　佛之出世是為令一切有情解脫乃至能究竟成佛，故經中說，佛出世是為令一切眾生入佛之知見。但是由於所面對的眾生，其根性有種種不同之差別而分三種根性：聲聞的根性、獨覺的根性、大乘的根性。由於此根性的差別，故佛會依著有情的需要而來對他宣揚佛法。因此論上才說，**然諸佛語由**於**種種**所化**機**根性的差別，佛之**意樂增上亦有種種**差別，故有三轉法輪，則**當依何等**而尋**求**甚**深**之空性**義耶？謂當依止了義佛語通達**空性**真實**。

（p402+3）

若爾何等名為了義？何等名為不了義耶？答：此就所詮安立。詮顯勝義是名了義；詮顯世俗應知即為不了義經。

　　[釋]：**若爾何等名為了義？何等名為不了義耶？答：此**了不了義是**就所詮**之法**安立**。故所**詮**之法若是**顯示勝義**──顯示空性的法，**是名了義**經；所**詮**之法若是**顯示世俗，應知即**是**為不了義經**。以另外一個角度來說：若所詮之法是顯示究竟生死是名了義；若所詮之法是顯示虛妄之法則為不了義。

　　總相來說：不論是唯識派、自續派、應成派，其所謂的不了義，就必須要再引用其它的經典來作引申解釋。此處須再進一步的解釋應成派所說的不了義。

　　觀待中觀應成派所說的不了義，即指：直接顯現於主要所化機心續當中的世俗諦，如唯識派所許的阿賴耶識是世俗諦，此於唯識所化機之根性者心續當中存在，但，在一般世俗名言當中不存在。中觀應成派所承許的唯名言假立之諸

法，如瓶子，在一般世俗名言當中存在。再者，唯識所許的圓成實性、空性，此於唯識所化機根性者心續當中存在，但觀待究竟解脫而言，唯識所許之圓成實不存在，故為不了義。以上所說唯識所許阿賴耶識、圓成實，及應成派所謂名言假立的瓶子等世俗，皆為不了義。故應成派所說之不了義，必須仔細的思惟觀擇，不能僅依經文字面所詮「世俗為不了義」即如言執著也。

(p402+4)

如《無盡慧經》云：「何等名為了義契經，何等名為不了義經。若有安立顯示世俗，此等即名不了義經，若有安立顯示勝義，此等即名了義契經。若有顯示種種字句，此等即名不了義經，若有顯示甚深難見難可通達，此等是名了義契經。」

[釋]：如中觀應成派所依據之經典**《無盡慧經》云：「何等名為了義契經，何等名為不了義經。**總說：**若有安立顯示世俗，此等即名不了義經，若有安立顯示勝義，此等即名了義契經。**別說：**若有顯示種種字句，**如說瓶、書本…等等，**此等**異名名言差別**即名不了義經，若有顯示甚深難見難可通達，此等是名了義契經。」**此處須進一步的來說明：何謂「甚深難見難可通達」。

　　《菩提道次第略論釋》說：「所謂甚深者，謂欲探空性底蘊，如海難窮，故說〝甚深〞。所謂難見者，謂世俗諦有法相可以取譬，可以量度，空性則反是，難可譬喻，難可量度，故曰〝難見〞。所謂〝難通達〞者，即不易徹底了達之意。然又不可因是而畏難思返，否則斷此薰習，便永無通達之望。若薰習不斷，日計不足，月計有餘，逐漸而前，自能增長其通達。若一度即可通達，則無所謂難矣。《般若經》云：『無論通達空性，即為人說一句空性，或聽人說空性，其功德遠勝於以等同大海水滴之七寶，持供十方如來諸佛。』」

(p402-6)

若由顯示世俗成不了義，顯示世俗其理云何？

　　[釋]：如前面所說**若由顯示世俗則成不了義，**什麼叫**顯示世俗**呢？**其道理云何？**

（p402-6）

又由顯示勝義而成了義，顯示勝義復云何顯？即彼經中明顯宣說。

　　〔釋〕：同樣的道理**又由顯示**了**勝義**——空性**而成了義**，又，什麼叫顯示空性**勝義復云何顯**？即彼《無盡慧經》**中明顯宣說**。

（p402-5）

如彼經云：「若有由其種種名言，宣說有我、有情、命者、養者、士夫、補特伽羅、意生、儒童、作者、受者，於無我中顯似有我，此等名為不了義經。

　　〔釋〕：**如彼**《無盡慧經》**云：「若有由其種種名言，宣說有我、有情、命者、養者、士夫、補特伽羅、意生**（另外一個名字——人）**、儒童**（是指：在我們的五蘊當中有一個小小的一個是屬於我）**、作者、受者，於無我**當中**顯似有我，此等名為不了義經。**

（p402-4）

若有顯示空性、無相、無願、無作、無生、不生、無有情、無命者、無補特伽羅、及無我等諸解脫門，此等是名了義契經。」此說開示無我及無生等，斷絕戲論是名了義，宣說我等不了義。故亦應知無我無生等是為勝義，生等是世俗。

　　〔釋〕：**若有顯示空性、無相、無願**，此為三解脫門。空性——任何一法其存在的本體都是自性空；無相——其因位是為無自性，故無自性相可緣；無願——其果是為無自性，故無自性相可求。**無**自性**作、無**自性**生、不**自性**生、無**自性**之有情、無**自性**之命者、無**自性**之補特伽羅、及無我等諸解脫門，此等是名了義契經。」**

（p402-2）

此說開示無我及無生等，斷絕戲論是名了義，宣說我等是不了義。故亦應知無我無生等是為勝義，生等是世俗。

　　〔釋〕：**此說開示無**自性之**我及無**自性之**生等**，即是**斷絕**了**戲論是名了義**，何謂「斷絕戲論」？因為前說：顯示了空性是名為了義。若顯示空性，當下絕對不可能顯示世俗——不可能會有戲論。因為如果顯示戲論，此分則叫世俗。

而「戲論」即是二顯自性有，或執自性有之世俗相，因此若有〝二顯自性相〞或者〝執爲自性有〞，都是屬於世俗相、都是屬於戲論、都是屬於不了義。反之：若斷絕了這些戲論是說名爲了義。**宣說有我…等是不了義。故亦應知無**自性之**我、無**自性之**生…等是爲勝義**，如果是有生、有滅…等，顯示世俗相的**生、滅**…等法都是屬於**世俗**，都是屬於不了義。

(p402-1)

《三摩地王經》云：「**當知善逝宣說空，是爲了義經差別，若說有情數取士，其法皆是不了義。**」

　　［釋］：《三摩地王經》云：「**當知善逝**（佛）**宣說空**性**，是爲了義經**之**差別**，只要是屬於空性的經典都是屬於了義經。**若說有情**——是二障未斷盡者，故佛不名爲有情，**數取士**——是以業跟煩惱不斷的取輪迴之蘊體，故若有說：有情、數取士…等，**其**所宣說的這些所詮之**法皆是**屬於**不了義。**」

(p403+1)

《中觀光明論》云：「**是故應知，唯說勝義是名了義，與此相違是不了義。**」

　　［釋］：中觀自續派蓮花戒論師所著之《中觀光明論》云：「**是故應知，唯說勝義是名了義**，中觀自續派於名言是承許要有自性，所以「唯〝說〞」即是名言所詮，既然是名言所詮就一定要自性有——第一個條件。第二個條件：所詮之法是空性（勝義）。符合了此二條件者，以自續派來說即是了義經，只要不符合其中一個條件就是屬於不了義。故《中觀光明論》說：「是故應知，唯說勝義是名了義，**與此**二條件其中之一**相違**，也就是只要少了一個條件就**是屬於不了義。**」

(p403+2)

《入一切佛境智慧光明莊嚴經》云：「**所有了義是名勝義。**」《無盡慧經》說：**無生等是名了義，故定應知唯無生等說名勝義。**

　　［釋］：《入一切佛境智慧光明莊嚴經》云：「**所有了義是名勝義。**」此經亦說，所有的了義即是指空性。《無盡慧經》說：無自性生等是名了義，故定應知**唯無**自性**生等說名**爲**勝義。**

（p403+3）

故中觀理聚及諸解釋，應知如實宣說了義，以廣決擇離生、滅等一切戲論真勝義故。

　　[釋]：**故中觀理聚**六論——龍樹菩薩所造，**及諸解釋**龍樹菩薩的中觀理聚六論者，如《入中論》等，**應知如實宣說了義，以廣決擇**遠離自性有之**生**、自性有之**滅等**，若遠離自性有之生、自性有之滅即是指空性，即遠離了**一切戲論**，因為只要有自性有就是有二顯戲論，遠離了二顯當然是**真勝義**——空性**故**。

（p403+4）

何故如是二種宣說，而名了義不了義耶？謂由此義不能更於餘引轉故名為了義，或義定了。

　　[釋]：**何故如是二種宣說**，為什麼要依著勝義諦跟世俗諦來宣說**而名**為**了義不了義耶？謂由此義不能更於餘引轉故名為了義，或義定了**。此如前所說，所詮的意義已經是究竟了，不能再作其它的引申、解釋，因為已經義定了。

（p403+5）

此義即是真實性義，過此已去不可引轉，所決擇事到究竟故。諸餘補特伽羅除此不可引顯餘義，由其具足能成量故。

　　[釋]：**此義即是真實性義，過此已去不可引轉，所決擇事到究竟故。**因此了義經都是在詮釋空性，因為一切諸法存在的究竟本質就是空性，無法再引申了。**諸餘補特伽羅除此不可引顯餘義，由其具足能成量故。**也就是說抉擇了以後其它任何一個補特伽羅，除了所抉擇到究竟故，不可再引顯餘義了。為什麼？因為由其所抉擇的具足能成量故、已經正確無誤了。所謂「成量故」，是屬於正確無誤的不可再引申了。

（p403+6）

如《中觀光明論》云：「何等名為了義，謂有正量依於勝義增上而說，此義除此，餘人不能向餘引故」

　　[釋]：**如**中觀自續派蓮花戒論師所著**《中觀光明論》云：「何等名為了義，**第一個：**謂有正量，**所謂的「正量」就是：名言所詮不為量所違害，即符合量的定義。因為自續派的名言所詮一定要自性有，所以名言所詮以自性有為基礎則是

不為量所違害，因為它符合量的定義——此為第一個條件。及第二個：所詮是空性，**依於勝義增上而說**，若兩個條件都符合，**此義除此，餘人不能向餘引故。」**

(p403+7)

由此宣說之力，其不了義亦能了解，謂若此義不可如言而取，須引餘義釋其密意，或雖可如言而取，然彼非是究竟真實，除彼更須求彼真實，故非了義，或義未了。

[釋]：**由此宣說之力**，則其反面**不了義亦能了解**，不了義——**謂若此**經文字面上之**義不可如言而取**，**須引餘**經之**義**而來解**釋其密意**，所謂的「密意」就是說經文字面上不可如言而取，不能說經文字面上如此的敘述你就這樣作為定解，必須再作進一步的解釋而來了解這部經的究竟密意是什麼。**或雖**經文字面上**可如言而取**，**然彼**所詮釋的**非是究竟真實**的密意，譬如：經文上所說的世俗因果法——布施將來可以感得福報，持戒可以獲得莊嚴身。此經文字面上雖可如言而取，然其所解釋的、所詮釋的不是究竟的真實義。因為他所詮釋的是世俗法而不是詮釋空性。故說雖然是字面上可以如言而取，然彼非是究竟真實。**除彼**字面所解釋、所敘述之外**更須**再進一步的去**求彼真實**義，也就是說〝布施〞之能施、所施、所施物，其存在的究竟本質是否如同心識所顯現的，是真實的存在呢？所以你必須更進一步的來尋求。**故非了義，或義未了。**如經文字面上所詮釋的世俗因果法，如布施…等。

(p403-4)

有作是說，諸了義經是如實說，故若彼經宣說無生無補特伽羅等，應須執為全無有生補特伽羅。若不爾者應非了義，以其言聲非如實故。

[釋]：**有**有一些學者**作是說，諸了義經是如實**宣**說，故若彼經宣說無**有**生、無有滅、無有補特伽羅等**，則**應須執為全無有生**全無有補特伽羅——此是依文解義而來問難的。**若不爾者應非了義，以其言聲**（經文的所詮）**非如實故。**

(p403-3)

然不應理，如是說法大師，現見眾多了義之經，遮生等時加勝義簡別。若有一處已加簡別，於未加者亦應例加，是共法故。又此即是彼法真實，豈能成立如是說者為非了義。

[釋]：宗喀巴大師回答說：**然你這種問難的理由是極端的不應理，如是說法大師**（即佛經），**現見眾多了義之經，一剛開始遮生等時都有加勝義簡別。若有一處已加簡別**，所謂的「簡別」就是說：我們要破斥某一法的時候，其所要破的涵義是什麼，這個叫「簡別」。譬如：無生——心經說是〝無自性生〞，所以並不是破〝生〞而是要破掉〝自性生〞。**於別處未加者亦應例加，是共法故。又此即是彼法真實，豈能成立如是說者為非了義。如《般若經》云：「諸法勝義無自性，故無生、無滅…等」；《心經》亦云：「諸法自性空，故無色、受…等」。**

(p403-1)

若不爾者，總破生故亦別破句，故不能立如是宣說了義之經。

[釋]：**若不爾者**，如果不這樣解釋的話，**總破生…等故亦別破句，故不能立如是宣說了義之經。**此若如前《廣論》p403-4 說〝無生〞或〝無補特伽羅〞…等，若如你所說，若無生則應執為全無有生，此才是諸了義經，是如實所說。則反問：既然無有生，亦不可能會有滅，因為一切有為法是生、住、異、滅，所以若沒有生當然也沒有住、也沒有異、也沒有滅。若沒有生、住、異、滅，則有為法當然也不存在了。既然有為法不存在，則解釋了不了義的這些名、句、文及能詮之聲當然也不能存在了。也就是說，解釋了不了義的文字及能詮之聲也是有為法，而生住異滅既然不存在的話，有為法也就不存在。既然不存在了，那你怎麼可以立如是宣說了義之經呢？

(p404+1)

故經或論，若不就其前後所說總體之理，唯由其中少分語句不可如言而取義者，應知不壞為了義經。又若彼語縱可如言而取其義，然亦〝不成非不了義〞。

[釋]：**故經或論，若不就其前後所說總體之理，唯由其中少分語句不可如言而取義者，應知不壞為了義經。**意謂：某一部經、論，如果由整體來看這部經，其中雖有一兩句沒有加簡別，其中有少分語句不可如言而取義，如〝無生〞，於字面上不能如言而取，可是就整部經來講並沒有破壞它是了義之經。因為一開始經文就說〝無自性〞，一切諸法無自性。**又以另外個角度來說：若彼經語縱使字面上可以如言而取其義，然亦〝不成非不了義〞**——即是屬於不了義。

如：世俗因果法——布施…等。

（p404+3）

第二、如何解釋龍猛意趣。《般若經》…等宣說諸法，皆無自性、無生滅等，其能無倒解釋經者厥為龍猛。解彼意趣有何次第？答：佛護、清辨、月稱、靜命等大中觀師，皆依聖天為量，等同龍猛。故彼父子是餘中觀師所依根源，故諸先覺稱彼二師名根本中觀師，稱諸餘者名隨持中觀師。

　　[釋]：**第二、如何解釋龍猛意趣。《般若經》…等宣說諸法，皆無自性、無生滅等，其能無倒解釋經者厥為龍猛。**此說無顛倒（正確無誤）的解釋第二轉法輪大般若經者，是為龍樹菩薩。**解彼意趣者有何次第？答：佛護、清辨、月稱、靜命等大中觀師，**此等大中觀師**皆依聖天**（提婆）**為量，**龍樹菩薩親傳的弟子第一位就是提婆菩薩，而佛護、清辨…等論師，皆以提婆菩薩為量（依據），因為提婆菩薩**等同龍猛**（龍樹菩薩）。**故彼**（龍樹、提婆）**父子是餘中觀師所依據之根源，故諸先覺稱彼**（龍樹、提婆）**二師名根本中觀師，稱諸餘者名隨持中觀師。**

（p404+7）

又有一類先覺知識（是指宗喀巴大師之前的西藏中的諸先德）**作如是言：「就立名言而立名者，略於二類大中觀師，謂於名言許外境者，名經部行中觀師，及於名言不許外境者，名瑜伽行中觀師。就立勝義亦立二名，謂許勝義諦現空雙聚，名理成如幻，及許勝義諦唯於現境斷絕戲論，名極無所住。」二中初者許是靜命論師及蓮華戒等。其如幻**（理成如幻）**及極無所住之名，印度論師亦有許者。總其印藏自許為中觀之論師，雖亦略有如是許者**（是指宗喀巴大師之前的西藏中的諸先德）**，然僅決擇龍猛菩薩弟子之中大中觀師有何宗派，若諸細流誰能盡說。又其覺慧大譯師云：「就勝義門所立二宗，是令愚者覺其希有。」此說極善。**

　　[釋]：先解釋 p404-4**「總其印藏自許為中觀之論師，雖亦略有如是許者，然僅決擇龍猛菩薩弟子之中大中觀師有何宗派，若諸細流誰能盡說。」**這一句話就是在破斥前面宗喀巴大師之前的西藏諸大德所於安立的中觀諸派。**「又其覺慧大譯師云：『就勝義門所立二宗，是令愚者覺其希有。』」**反之：對於有智慧的人來說，你立這個本來就是錯誤的。

故宗大師於此處引覺慧論大譯師所說的，說這句話極為善巧。「**此說極善**」是要破斥前面宗喀巴大師之前的西藏中諸先德他們在勝義門中所安立的。

再解釋 p404-7「**有一類先覺知識作如是言：『就立名言而立名者，略於二類大中觀師，謂於名言許外境者，名經部行中觀師，及於名言不許外境者，名瑜伽行中觀師。』**」中觀派分為應成、自續兩派，此是宗喀巴大師所許者。但，將中觀判為應成、自續二派，是月稱論師所著之《明顯句論》中所說：「依於自續不應正理，唯依應成乃為應理。」而月稱論師是為龍樹菩薩最後一位親傳弟子，是為五父子之一。五父子即龍樹、聖天（提婆）、佛護、月稱、寂天等五位菩薩。為何稱為五父子？乃因其見解是一貫相承的。然從提婆菩薩以後，中觀派就分成應成派和自續派。中觀應成派是以佛護、月稱為宗祖。中觀自續派又分成：經部行中觀自續派及瑜伽行中觀自續派。此中經部行自續派是以清辨論師、智藏論師為宗祖；瑜伽行自續派則以靜命論師及蓮花戒論師為宗祖。然於宗喀巴大師之前，諸西藏先覺所承許的是不同的。一類於名言許離內心實有外境（即能取、所取異體而有）者，是名經部行中觀自續派。一類於名言不許外境有者（即能取、所取異體空），稱為瑜伽行中觀自續派。

但是，前 p404-3 宗大師所說的，從「**決擇龍猛菩薩弟子之中大中觀師有何宗派，若諸細流誰能盡說。**」此句是說：若僅以此而來分別中觀派實不應理，以不能盡攝當時印度諸中觀師故。即如宗喀巴大師依月稱論師所承許之中觀應成派，便為經部行自續派及瑜伽行自續派所不能攝。又，僅歸之名言許不許有外境皆為不當。以中觀應成派雖於名言許有外境，然其許法與自續派並不相同故。又 p404-2 宗大師又引覺慧大譯師所說：「**就勝義門所立二宗，是令愚者覺其希有。**」這句話就是剛剛 p404-6 所說的「**『就立勝義亦立二名，謂許勝義諦現空雙聚，名理成如幻，及許勝義諦唯於現境斷絕戲論，名極無所住。』二中初者許是靜命論師及蓮華戒等。**」此中以勝義立名者有二：（1）理成如幻之中觀師；（2）極無所住之中觀師。

（1）理成如幻中觀派為靜命及蓮花戒論師等——瑜伽行中觀自續派，其承許勝義現空雙聚。所謂〝現〞，如苗等有法，而〝空〞謂如苗無實。雙聚：則

謂有法及有法之法性，亦即苗之法性依苗而顯，苗與苗的法性二分雙聚。理成如幻中觀派在印度稱爲自續派，這是馬鳴菩薩於其所造《修菩提心論》當中所許。然宗喀巴大師之前的藏中大德，將中觀自續派所謂的現空雙聚許爲眞勝義是不合理的。以凡中觀師皆說現觀雙聚爲世俗諦，非眞勝義諦。不知中觀派無論自續、應成，皆不如是承許。倘若許苗芽（世俗諦）與苗芽法性（勝義諦），二者相合如幻，即眞勝義諦，則於空性定中之空性慧又能觀察世俗諦，然中觀派決不許現量證空性之根本定中有眞、俗二現，故藏中人士所說不應理。何故藏中先德有此錯誤呢？因彼輩不知靜命、蓮花戒諸師所謂理成如幻，乃比量通達空性理智之一分，是正世俗，亦是隨順勝義諦。然彼輩誤爲眞勝義諦。

　　（2）極無所住中觀派：此中所謂〝極無所住〞是指於證空性當中斷絕戲論。而極無所住中觀派在當時印度稱爲應成派，這是馬鳴菩薩於其所造之《修菩提心論》當中所許。然，宗喀巴大師之前的藏中人士認爲：極無所住是指除空性一分外，一切色、聲…等戲論，悉皆斷絕，此乃眞勝義。此種說法並不合理，以於比量證空性時，雖將色、聲等戲論遮除，唯緣空性，然二顯戲論仍未斷除，故此時空性是以二顯而顯現，亦即仍帶有義共相，此二顯戲論是名言識所安立，非比量抉擇勝義理智所安立。爲什麼？因爲比量抉擇勝義理智僅通達空性。此時，雖已無色、聲等二顯戲論顯現，然仍不能安立爲眞勝義諦。因爲此時之空性仍以二顯而顯現。假若未遮除色、聲等戲論，則於比量證空性時，色、聲等必同時存在，而成爲非遮。然，中觀應成派許即使於比量證空性，亦是無遮。故藏中人士並未辨明斷除戲論中之無遮與非遮二者。

　　總言遮除戲論之無遮，說爲勝義固屬無過，然破除戲論有二：（1）是空性，即無遮；（2）非是空性，即非遮。中觀二派皆許眞勝義諦是無遮。過去大德於此都不能分辨，謂斷除戲論即是空性。蓋不知此中「是（指空性那一分）與非（不是空性那一分）」故於比量證空性時，〝不是空性〞那一分，是指能、所二現，此而能所二現是名言識所安立，非爲比量抉擇勝義理智所安立。而比量抉擇勝義理智唯有通達空性，即是〝是空性〞那一分。但，「是與非」此二分尚在世俗諦當中，稱爲隨順勝義諦。

又，藏中人士所說：「極無所住是指除空性一分外，一切色、聲…等戲論，悉皆斷絕，此乃眞勝義。」此說亦不合理。因爲所謂一切色、聲等戲論，意謂於色、聲等顯現實有及執爲實有。然，比量抉擇勝義理智所欲抉擇者，唯抉擇實有，非抉擇色、聲等。故抉擇勝義理智所遮除的是實有，而非抉擇色、聲等。

（p404-1）

以彼所說，唯就理智比量所量之義爲勝義諦。理智所量順勝義諦故，假名勝義。《中觀莊嚴論》及《光明論》俱宣說故。

[釋]：**以彼**（藏中先德）**所說，唯就理智比量所量之義**誤**爲是眞勝義諦。然理智所量是順勝義諦故，假名勝義。此於《中觀莊嚴論》及《光明論》俱宣說故。**

靜命論師所著之《中觀莊嚴論》云：「由順義故（順根本智境），此名爲勝義（比量智境）。眞實勝義諦，離一切戲論。」蓮花戒論師所造《中觀光明論》云：「此無生理（比量智境），順勝義故，名爲勝義。然非眞實勝義，勝義超出一切戲論。」

（p405+1）

又諸餘大中觀師，亦不許唯以正理斷除戲論便爲勝義諦，故非善說。

[釋]：**又諸餘大中觀師**——指中觀應成派，**亦不許唯以正理斷除戲論便**立**爲勝義諦，故**藏中大德所言**非善說。**

（p405+3）

智軍論師云：「聖父子所造中觀論中，未明外境有無之理，其後清辨論師破唯識宗，於名言中建立許有外境之宗。次靜命論師依瑜伽行教，於名言中說無外境，於勝義中說心無自性，別立中觀自續派之理。故出二種中觀論師，前者名爲經部行中觀師，後者名爲瑜伽行中觀師。」

[釋]：**智軍論師云：「聖父子**（龍樹菩薩及提婆菩薩）**所造之中觀諸論中，未明**確的說明**外境有無之理，**僅說一切法非實有，然名言有中未明示有無自性之理。佛護、月稱繼之，始特別闡發，於名言中無自性且許有外境，對於有自性者破斥無餘，與聖父子密意極相符順，故開應成派之先路者爲佛護，而顯揚光大之者，爲月稱論師。

（p405+3）

其後清辨論師破唯識宗，於名言中建立許有外境之宗。

[釋]：**其後清辨論師**許一切法非實有、非勝義有，然於名言中亦皆許有自性、自相、自體，**破唯識宗**，以其承許一切法非實有、非勝義有，故以此理而來破唯識宗。**於名言中建立**承**許有外境之宗**，且此外境是自性有。

（p405+4）

次靜命論師依瑜伽行教，於名言中說無外境，於勝義中說心無自性，別立中觀自續派之理。

[釋]：**次靜命論師**及蓮花戒論師先**依瑜伽行**之**教**法隨順於唯識派，即**於名言中**承許**說無外境**，其無外境之見與唯識相順，然**於勝義中說心無自性**，意即諸法勝義無自性，此異於唯識之見，而**別立中觀自續派之理**。

（p405+5）

故出二種中觀論師，前者名為經部行中觀師，後者名為瑜伽行中觀師。」

[釋]：**故出二種中觀論師，前**承許有外境者（清辨論師）**名為經部行中觀**自續**師，後者**承許無外境**名為瑜伽行中觀**自續師。」

總之，中觀應成派月稱論師、中觀經部行自續派清辨論師皆許有外境。然中觀經部行自續派的清辨論師許外境為自性有，而中觀應成派的月稱論師則許外境為無自性。

又，中觀經部行自續派（清辨論師）破唯識宗所許三性當中的依他起性、圓成實性為勝義有自性而成立勝義無自性，但，於名言中承許有自性。中觀應成派承許三性皆無自性，故中觀應成派的解釋又不同於中觀自續派。

（p405+6）

次第實爾，然月稱論師雖於名言許外境有，然不隨順餘宗門徑，故不可名經部行者。如是有說同婆沙師，亦極非理。

[釋]：**次第實爾，然月稱論師雖於名言**中承**許外境有，然不隨順餘宗門徑**，即不隨順經部行自續派。因為經部行自續派承許外境是自性有，且是由無方分極

微所構成的，**故不可名**爲**經部行者。如是有說**中觀應成派許外境有此點等**同婆沙師，亦極非理。**因爲婆沙師承許外境之色處爲無方分極微所構成，而中觀應成派不僅不許無方分極微，連些許之自性亦不承許，故亦不同於中觀自續派。

西藏佛教分爲前宏期、後宏期，前宏期是從有佛教開始一直到朗達瑪毀教爲止，是爲前宏期。至於從印度迎請阿底峽尊者至西藏，一直到宗喀巴大師時爲後宏期。阿底峽尊者於西藏期間，圓滿整頓顯密教法。阿底峽尊者曾說：「解釋無倒眞實義，龍猛直傳唯月稱，若不依於尊教授，定不能得佛涅槃。」由阿底峽、仲登巴、博多瓦、霞惹瓦、乞喀瓦等，一脈相承，直至宗喀大師，或稱黃教爲新噶當派，以別舊派。後宏期時，以仁達瓦爲主，爲宗喀巴大師的上師，雖如是，然其見爲中觀自續派之見，此於宗喀巴大師傳記中有說：曾依自續派仁達瓦之見證空性，以其所證請示文殊菩薩，文殊菩薩否定其所證爲究竟之空性，之後，由文殊菩薩的教誡，依於佛護所造《根本論釋》所說：「外境於名言有，自性於勝義無。」所證之空性，再次請示文殊菩薩，文殊菩薩乃嘉許其所證爲究竟之空性。

現階段有其它教派說宗喀巴大師所說並非是眞正中觀應成派之見，由上面所說即可了知，乃是他派曲解之詞，以其無法於名言有放棄自性有染著故，才會說宗喀巴大師不是眞正的中觀應成見。這種說法乃是於後宏期時，大多分不清中觀應成派與中觀自續派，而誤以爲自續派就是應成派，故大多認爲在名言中許爲有自性者，即爲中觀應成派。若名言中許無自性即無法建立緣起。由此因緣，演變至現代，故有他派學者認爲：宗喀巴大師所造《菩提道次第廣論》的毗缽舍那是爲單空——即一切諸法無自性，由無自性故無法建立緣起。

有關於宗喀巴大師是否爲中觀應成見，實應將宗喀巴大師所造有關中觀之論著，仔細的研讀後，於內心善思惟，再作判斷。

(p405+7)
雪山聚中後宏教時，有諸智者於中觀師安立二名，曰應成師及自續師。此順《明顯句論》非出杜撰。

［釋］：**雪山聚中後宏教時，有諸智者於中觀師安立二名，曰應成師及自續師。此是隨順**於月稱論師所著之**《明顯句論》故非出杜撰。**《顯句論》云：「依於自續，不應正理。唯依應成，方為應理。」

（p405+8）

故就名言許、不許外境定為二類。若就自心引發定解勝義空性之正見而立名，亦定為應成、自續之二。

［釋］：**故就名言**而言**有承許、不承許外境定為二類：一、中觀應成派。二、中觀經部行自續派**——此二派皆許有外境；不許有外境者則為：中觀瑜伽行自續派。**若就自**內**心引發定解勝義空性之正見，**即許勝義無自**性而立名，亦定為應成、自續之二。**中觀自續派雖於勝義無自性同於應成派，然於名言安立勝義時，自續主張：非由勝義理智抉擇所成立，故勝義無自性，乃是由無錯亂心增上安立，故許勝義有自性，此見異於應成派。因為中觀應成派，不僅許勝義無自性，即使於名言亦不許勝義有自性。

（p405-4）

若爾於此諸大論師應隨誰行，而求聖者父子意趣？大依怙尊宗於月稱論師派。又此教授隨行尊者之諸大先覺，亦於此派為所宗尚。月稱論師於中觀論諸解釋中，唯見佛護論師圓滿解釋聖者意趣，以彼為本，更多採取清辨論師所有善說，略有非理亦為破除，而正解釋聖者密意。彼二論師所有釋論，解說聖者父子之論最為殊勝，故今當隨行佛護論師、月稱論師，決擇聖者所有密意。

［釋］：**若爾於此**隨持中觀**諸大論師應隨誰行，而求**龍樹、提婆**聖者父子**的究竟**意趣**呢？**大依怙**（阿底峽）**尊宗於月稱論師派。又此**《菩提道次第廣論》〈毗缽舍那〉之**教授**是**隨行**於**尊者**阿底峽**之諸大先覺，亦於此**月稱師**派為**《菩提道次第廣論》之**所宗尚。月稱論師於中觀論諸解釋中，唯見佛護論師圓滿解釋聖者**龍樹菩薩、提婆菩薩之**意趣，以彼**佛護論師所造之論**為根本，更多採取清辨論師所有善說，**雖如是，然**略有非理亦為破除，**因為清辨論師是自續派，但解釋若合理，宗大師也會採取**而正解釋聖者**龍樹菩薩、提婆菩薩之**密意。**故宗喀巴大師說：**彼二**佛護、月稱**論師所有釋論，解說聖者父子之論最為殊勝，故今當隨行佛護論師、月稱論師，**於《菩提道次第廣論》**決擇聖者所有密意。**

先複習 p402+1。我們修學佛法最主要的目的就是為了要解脫乃至於成佛。若要解脫則須斷除煩惱障；若要成佛則不僅要斷除煩惱障，還要斷除所知障。但是要斷除煩惱障及所知障之前，則必須修學殊勝無我空慧之勝觀——毗缽舍那。佛陀在世時有三轉法輪，宣說三種不同的空性，因此，在學習毗缽舍那時就有了義、不了義的差別。此中應以了義而來抉擇無我。了義：即是依著龍樹菩薩所著之《龍樹六論》來詮釋最究竟、最了義的空性。尤其是龍樹菩薩的親傳弟子——佛護論師、月稱論師，更進一步的來開闡龍樹菩薩所抉擇的空性——中觀應成派最究竟的空正見。

（p406+2）

第三、決擇空性正見之法分二：一　悟入真實義之次第；二　正決擇真實義。

　　[釋]：**第三、決擇空性正見之法分二**：何謂「抉擇」？何謂「空性」？何謂「正見」？空性：其反面為實有，故須將實有遮除。此須依著佛陀所開示之正理而來抉擇此實有到底存在或不存在而將實有遮除後才能獲得空正見。

　　何謂**抉擇**？前五根識是無分別，故無法抉擇。第六意識又分：有分別、無分別。第六意識之無分別，如睡眠、修無想定、現量證空性…等。此中無錯亂之無分別唯有現量證空性之無分別，餘皆是錯亂。故抉擇若不依靠第六意識依著理由思惟觀察則無法抉擇。故所謂的「抉擇」：即是分別心依著理由作分別觀察所欲通達之境義。所抉擇的範圍又分為：勝義諦、世俗諦。何謂〝勝義諦〞？以觀察究竟之量所量得的任何的事物，而此觀擇究竟之量，是因為觀待於其所量之事物而成為能觀擇究竟之量，譬如補特伽羅無自性、瓶無自性。何謂〝世俗諦〞？以觀察名言之量所量得的任何的事物，而此觀擇名言之量，是因為觀待於其所量之事物而成為能觀擇名言之量，譬如補特伽羅、瓶。

　　又，何謂**空性**？所謂的「空性」：即是遮除所應遮的那一分。為什麼空性一定要用遮除法呢？如瓶雖是世俗諦法，然瓶上亦有瓶之空性——瓶上之勝義諦。

瓶雖是眼根識可直接見到，然瓶上之空性眼根識則無法現見。又，因為我們的識體是無明，所以見到瓶時會將瓶執為真實有，故須以第六意識之分別心將瓶子顯現為自性有、實有的這一分遮除。為什麼要遮除？因為瓶子的存在並不是實有。為什麼不是實有？因為它是緣起法、是依因緣而有的。

以中觀應成派來說：瓶子的存在是唯名言假立，但我們所見到的瓶子是真實存在眼識的前方而不是唯名言假立，因此我們的識體是顛倒的。故須將顯現於識體前方的這一分實有，透過第六意識依著中觀之正理去抉擇觀察將瓶上之自性有遮除。遮除瓶上之自性有──瓶上之空性；同時安立瓶子是唯名言假立──緣起世俗法。故所謂的「空性」：即是遮除所應遮的那一分。如中觀獅子賢論師所著《明義釋》云：「何謂佛母（空性）之體性？以離一、多（異）。」

為什麼要說一、異？因為法的存在於識體的顯現若不是一就是異。何謂「一」？〝瓶子〞一定是依著〝瓶子的支分〞瓶口、瓶底、瓶腹、瓶耳而安立其為瓶子，故瓶子與瓶子的支分是〝體性一〞，而瓶子在識體的顯現是「一」。何謂「異」？瓶子若離開了瓶子的支分則不可能存在，而瓶子與瓶子的支分於分別心的安立是不同的，故是異。

瓶子如果是真實有，則其存在的方式若不是自性一就是自性異。而自性的體性即是不依他而獨立存在，但瓶子的存在絕對不可能是自性一，因為瓶子不可能獨立存在，因為瓶子的存在一定要依著支分，故瓶子的存在若於心識顯現為自性一則不存在，因為自性一不存在。若是自性異則應觀察──瓶子是依著瓶子的支分（瓶口、瓶底、瓶腹、瓶耳…等）而安立，如果有自性則支分多瓶子就應變成多，但這是不可能的。故於識體的顯現，若是自性一或是自性異則是不存在的，將此實有遮除而通達自性有的這一分是不存在的，此即是通達空性，而通達空性的這一分識體即是智慧。故佛佛母之體性即是離一、多（異）。

何謂**正見**？以中觀正理抉擇任何一法時，可通達其上之無自性──空性，同時又可以安立此法，如：補特伽羅。將真實有的補特伽羅遮除故通達了補特伽羅無自性，但補特伽羅是唯名言假立。因為自性有不存在並不代表補特伽羅就不存

在，所以將補特伽羅的自性有遮除後，補特伽羅存在的方式是除了唯名言假立之外，些許的自性都沒有。因此，通達了補特伽羅無自性則斷除了常見（若執自性有則成常見）——不墮常見；將自性有遮除時補特伽羅是唯名言假立，唯名言假立的因果法存在——不墮斷見。故於學習佛法之始，若能於任何一法上建立勝義諦、世俗諦，此時即可獲得正見。

一 悟入真實義之次第。此中之「悟入」即是透過分別心依著正理抉擇將自性有遮除而證入。而悟入真實義之「次第」即是從比量而進入現量。比量：即是依著正確的理由思惟觀察所要通達之境，此中又分聞慧、思慧、修慧。由比量（聞慧 → 思慧 → 修慧）才能進入現量，此即悟入真實空性義之次第。

二 正決擇真實義。要如何正抉擇？下當廣說。**今初**

（p406+3）
何者名為所應現證實性涅槃及能證得涅槃之方便，其悟入真實又從何門而悟入耶？

〔釋〕：**何者**什麼是**名為所應現證實性涅槃**——是指空性**及能證得涅槃之方便**，能證得實性涅槃之方便，是中觀抉擇勝義理智之正理。**其悟入真實又從何門而悟入**？首先應思惟生死輪迴的過患——苦苦、壞苦、行苦；次了知此過患皆是由業（心識的造作）和煩惱所引生，而生起煩惱之因即是薩迦耶見——人我執。

（p406+4）
答：若內、若外種種諸法，實非真實現似真實，即此一切並諸習氣永寂滅故，於一切種悉皆滅盡我、我所執，是為此中所應證得實性法身。

〔釋〕：**答：若內**五根——眼、耳、鼻、舌、身；**若外**——色、聲、香、味、觸**種種諸法，實非真實**而顯**現似**有**真實，即此一切並諸**顯現實有之**習氣永寂滅故，於一切種悉皆滅盡我、我所執，是為此中所應證得實性法身**——空性。

中觀應成派 ｛ 人我執 —— 執自性有 ｝
　　　　　　　↑生　　　　　　　　｝空性
　　　　　　 法我執 —— 執自性有 ｝

自續派以下
- 人我執 —— 執補特伽羅獨立實體的我
- ↑生
- 法我執 —— 執眞實有 → 空性

法我執所緣之境爲眼、耳…等一切諸法，故不論有爲、無爲，或善、惡…等均統稱爲法，其遍一切所知。法既然遍一切所知，故亦含攝補特伽羅。若如是，是否補特伽羅我執亦爲法我執呢？〝法〞雖通一切所知，然法我執所緣非通指一切法，乃指於補特伽羅差別門中非補特伽羅之法乃爲法我執所緣。亦即除了名言所安立的補特伽羅之外，所云之蘊…等諸法皆爲法我執所緣。故若依於蘊上名言安立補特伽羅，又執此補特伽羅爲自性成就，即是補特伽羅我執；於蘊等上名言安立之眼…等，執眼…等爲自性成就是爲法我執。

此中人我執（補特伽羅我執），中觀應成派依其所根據之經中說：「補特伽羅依蘊而有」，即依於壞蘊聚上施設安立名言之我爲薩迦耶見所緣，以非唯名言假立從其蘊體上不共而有之理，執其爲自性成就之我。此自性成就之我，即薩迦耶見我執之相狀。自續派以下則依彼等所根據之經典云：「應觀五蘊即我」，即謂薩迦耶見所緣爲假有之我與實有之蘊體混合，以我不觀待蘊而蘊要觀待我之理，執其爲獨立實體我，即薩迦耶見我執之相狀。

然，不論中觀應成派或是中觀自續派以下，均主張薩迦耶見所緣是世俗名言之我——此分非所破，若破則壞緣起，墮入斷滅見。

中觀應成派：
我執薩迦耶見所緣 ——世俗名言之我：是唯名言假立 → 非所破

自續派以下：薩迦耶見所緣
- 世俗名言假安立之我
- 實有之蘊體
混合 → 非所破

以佛亦說有我，此我即世俗名言之我。如佛云：「世說有我亦說有，世說無，我亦說無。」或說：「我之聲聞、菩薩諸弟子…」等。常人亦說：我來、我去…等。於修密法時，法身是我、報身是我、化身是我，此我亦是唯名言假立之我。中觀應成派認為：以世俗名言之唯我無自性成就，故非是薩迦耶見，必緣於名言之我，同時執我為自性成就，此自性成就乃薩迦耶見所執。然此名言之我，中觀應成本宗特法，不如同自續派以下依著實有之一分蘊，或蘊聚所成立，而是依蘊聚（唯名言假立）之上，施設名言之我。

人我執分二：（1）唯緣自相續之名言我，執自性成就，即薩迦耶見；（2）緣他相續之名言我，執自性成就，是為人我執，然非薩迦耶見。此中（1）緣自相續之薩迦耶見（又名壞聚見）又分二：①我執及②我所執。此中①俱生我執薩迦耶見，如前中觀應成派所說：依於壞蘊聚，施設安立名言之我為薩迦耶見所緣，以非唯名言假立從其蘊體上不共而有之理，而執其為自性成就之我。至於②俱生薩迦耶見我所執，其所緣是唯名言假立之我所，以緣名言之我所時，同時以非唯名言假立之理，執其為自性成就。〝我所執〞定以緣〝我〞為主，又緣〝我所〞，而執其為自性成就。

此中應如何分辨我及我所？〝我執薩迦耶見〞是屬於補特伽羅我執，定緣名言之補特伽羅我，亦定緣自我。若不爾者，則非補特伽羅我執所緣。所以，我執薩迦耶見唯緣自相續名言之我。而〝我所執薩迦耶見〞也定緣自我，復緣我所，不過，以緣我所為主要。若我所執薩迦耶見不緣自我，就沒有〝我〞，既然沒有我，又何來我所之蘊體呢？如《中論》云：「我性且非有，豈能有我所」。譬如沒有車，又何來車子的支分呢？

又，應如何分辨俱生我所薩迦耶見及俱生法我執？俱生法我執所緣為名言之眼、耳…等，以非唯名言假立之理，從其境上不共而有，且執其為自性成就。俱生薩迦耶見我所執，則是以名言之眼、耳等法為我所執之所依，而生名言之我所。緣名言之我所，且以非唯名言假立之理，從其境上不共而有，執其為自性成就。我所執乃依於俱生我執，若先無我執之心，即無我所執之心。如進食，依著名言安立的飯、菜…等法而生起名言之我所，唯我所執之所緣，以

非唯名言假立之理，從其境上而有，執其爲自性成就，此爲俱生我所執。有俱生我所執，必有俱生我執。

以中觀派觀察眞實義之正理推求名言之〝我〞爲有自性？爲無自性？若有自性(不觀待他而獨立存在)，則見我與蘊體是一？或我與蘊體是異？…等，皆不可得，如是，便能破我有自性。次以觀察眞實義之正理推求名言之〝我所〞，由自性之我所於所依之蘊體中是有？是無？則名言之我所亦必無自性可得。如尚且不見有石女兒，則定不見石女兒之眼等我所。故以中觀之正理遮除自性成就之我，即以此之力，亦能遮止自性成就我之所有──我所，如我的財物受用。如《入中論》云：「由無作者則無業，故離我時無我所，若見我我所皆空，諸瑜伽師得解脫。」此中作業須先有能作者，若我自性非有，我所自性亦當非有。此是抉擇我與蘊一異中自性皆不可得之理。《入中論》此處僅說「我及我所」，此與《菩提道次第廣論》N06+4「於一切種悉皆滅盡我、我所執，是爲此中所應證得實性法身。」所說皆同。

《入中論》　：若見我我所皆空，諸瑜伽師得解脫
　　　　　　　→ 滅我及我所即可得解脫
《 廣論 》　：於一切種悉皆滅盡我我所執，是爲此中所應證得實性法身
　　　　　　　→ 空性

然《入中論》此處僅說俱生我執之我及我所二種所執境，如是抉擇自身我執所執之我…等，都無自性之理，進一步再觀察下至地獄，上至佛地，一切我所，及我所依之有漏、無漏諸蘊，爲自性一耶？爲自性異耶？則能了知皆無自性，通達一切補特伽羅無我。由此亦當了知我所所依之法，亦皆無自性。然此處尚未說及法無我。由於中觀應成派認爲只要有法我執定無法圓滿通達人無我，如是定無法解脫。如《中觀寶鬘論》云：「乃至有蘊執，爾時有我執」，亦即若於法上執爲實有，爾時定有人我執。然何以《入中論》說：通達我、我所無自性，諸瑜伽師得解脫呢？但，因爲由有法我執，即會生起人我執──如見某有情定先見此有情之蘊體──此爲法，依其蘊體，方稱呼其爲某甲──此爲人。即於人我執未生之前，初先緣念安立名言之〝我所〞之所依處蘊──唯名

言安立之蘊——此爲法，次執蘊爲自性成就——法我執。以名言我所所依爲蘊，由執蘊爲自性成就，故引生名言之我所執爲自性成就——俱生我所執薩迦耶見，此我所執絕對依著我執。此即謂先生法我執，後生人我執。亦即於蘊先生起執爲實有自性成就，次生起人上的我自性成就。然不論法我執、人我執，皆執爲自性成就。故《入中論》云：「若見我我所皆空，諸瑜伽師得解脫」。《入中論》中雖未論及法無我，然，因爲人我執、法我執之所執皆爲自性有，而人我執又分爲：我及我所。所以，《入中論》中云：「離我時無我所」之意，謂無我時即無我所及所依之蘊。

又，人我執之所執爲自性有；法我執之所執亦是自性有。故若要圓滿通達補特伽羅無我、無自性；亦須通達蘊（法）上之無自性。若未通達蘊（法）上之無自性，則亦無法圓滿通達人上之無自性。所以《中觀寶鬘論》才會說：「乃至有蘊執，爾時有我執」意謂：若緣色等五蘊爲有自性，亦不能通達補特伽羅無我。故說：於我通達無自性時，亦能依此勢力通達我所之諸蘊無我、無自性。由此可知：生起我執的次第，是先生法我執，後生人我執；而趣入無我之空性，則須先生補特伽羅無我，爾時依人無我之勢力再通達法無我。故《中觀寶鬘論》才如是說。此是針對(1)有宗派思想者而言：因爲中觀自續派以下所許之蘊一定要自性有，所以必須將此自性有遮除才能進入中觀應成派的見解；及(2)抉擇的難易而論：因爲人無我容易通達，法無我難通達。故先抉擇人無我，後乃通達法無我。以上所說即本文「是爲此中所應證得實性法身。」之意。

總之，若於某一法實無自性之理串習已熟，則於一切境皆有能力通達，然通達空性之理，是以斷障爲主，並不是一一境皆須緣無我空慧方能斷障。若必須一一境串習，則永無通達之日。然論有說：以生煩惱之境，易於觀察俱生我執。若能將空性的道理串習成熟，於日常生活中所遇任何事，不論有無生煩惱皆可拿來作觀察。在未串習純熟之前，應先觀察自性有之我，再於心中現起抉擇：若此自性有存在，即以中觀正理於一異門中抉擇其自性有無，抉擇以後原來此自性有是不存在的而安住於無自性上。雖安住於無自性上，然旋即消逝又會現起自性有，再觀察…，故須反復數數觀察修習。

如何悟入真實之次第者，謂先當思惟生死過患，令意厭離，於彼生死生棄捨欲。次見若未永滅其因，則終不能得還滅果，便念何事為生死本。由求其本，便於薩迦耶見或曰無明，為受生死根本之理。須由至心引生定解，發生真實斷彼欲樂。

[釋]：**如何悟入真實之次第者，謂先當思惟生死過患**，此如前所說，要現量證空性之前一定要先了解為什麼要現量證空性。因為現量證空性就是為了要斷除執實，執實為何要斷除？因為它會令我們起煩惱造業輪迴生死，故應思惟輪迴生死之過患。此過患為何？即被業及煩惱束縛於生死輪迴當中受苦，無法自主。有情被束縛於生死輪迴當中，由業及煩惱令其結蘊相續，即數數取蘊體，此為繫縛的體性。由見結蘊相續之過患，**令意厭離，於彼生死生棄捨欲**——即生出離心。**次見若未永滅其**結蘊相續輪迴之**因**，輪迴之苦定不能滅。輪迴之苦係由有漏業生，有漏業復由煩惱發起，而生起煩惱的根本為我執，此乃為輪迴生死之主因，若不遮止結蘊相續之因，**則終不能得還滅果**，即無法獲得涅槃，無法獲得無漏之樂——恆常之樂，**便念**（思惟觀察）**何事為**輪迴**生死之根本？由**尋求後便能了知**其根本，便於薩迦耶見或曰無明，為受生死根本之**道理。**須由至心引生定解，發生真實斷彼**輪迴生死之根的**欲樂**。

　　故欲斷輪迴生死之根本，是由出離心所生起。而出離心即是見到輪迴生死之過患而生起，尤其是行苦。若無出離心，欲斷輪迴生死的根本絕無可能。而生起出離心必定是思惟到行苦的不自主。何謂行苦的不自主？就是被業和煩惱所主宰，不斷的於輪迴當中結蘊相續受苦。雖然《入中論》云：「慧見煩惱諸過患，皆由薩迦耶見生。」此是指人我執；《中觀寶鬘論》：「無明為生死根本。」此是指法我執。但，人我執是由法我執所生，故說法我執是總，人我執是別。由於法我執之顛倒識體其所耽著之境為自性有，人我執之顛倒識體其耽著境亦為自性有，故人我執、法我執雖有總、別之分，但其耽著之境並無差別，亦無相違。由了知薩迦耶見為輪迴生死之根本，薩迦耶見若滅，則輪迴生死亦必滅。

次見若滅薩迦耶見，必賴發生智慧，通達無彼所執之我，故見必須破除其我。

[釋]：**次見若滅薩迦耶見，必賴發生智**——心王，**慧**——心所，慧心所即是思惟觀察，依理由**通達無彼**薩迦耶見或無明**所執之我，故見必須**先於心識顯現所欲**破除其我**或自性。此中薩迦耶見所緣是名言假立之補特伽羅，並以非唯名言假立從其境上不共而有之理，耽著補特伽羅為自性有。因此，欲滅除薩迦耶見所執之自性有，首先必須在識體先顯現顛倒所執之自性有，若未顯現自性有，則無法獲得無我空慧。故必須先顯現自性有而將此自性有遮除方能獲得無我空慧。

次依教理觀察其我，有則有害。能成其無而獲定解，是求解脫者，不容或少之方便。

[釋]：**次依教理**以中觀正理而來**觀察其我**，此分自性有若有，就必須符合存在的定義，若無而倒執為**有則有害**就會成為常斷見，不存在執為有——常見；存在的執為無——斷見。此中「有」是指自性有。若有自性，則其體性應無可滅，故終不成無，應成常見。如《中論》云：「一眾生應成六趣。」；又，若有自性，先有現無，應成斷見。如《中論》云：「我應有生滅。」。因為存在的法在心識的顯現不是一，就是異。若一、異依理智尋找不到，則肯定自性有是顛倒妄執。故以中觀正理中之〝一〞之破斥法破除倒執為〝一〞，如《中論》中有云：「若蘊即是我，我應有生滅，」；又，以〝異〞之破斥法加以破斥，如《中論》中云：「我若異諸蘊，應全無蘊相。」故慧心所是依著中觀正理思惟抉擇薩迦耶見所執之自性有是否存在，次乃通達補特伽羅無自性，斷除常見。成立補特伽羅為名言假立，破除斷見。於此無自性緣起有獲得決定無錯亂了知之識體，即為智慧。故對於**能成其**補特伽羅為**無**自性**而獲得定解**，由不墮入常見之自性空，由不墮入斷見之緣起名言有之中道正見，此正見**是求解脫者，不容或少之方便。**

　　若欲將生死輪迴的痛苦斷除，則須先尋找其苦因為何，而此苦因即是薩迦耶見或無明。薩迦耶見及無明皆是識體，既然是識體則定有其耽著境，而其耽著境即是自性有。若依中觀正理將自性有遮除，則能將苦因斷除。苦因若無，則其果亦無，故前說獲得補特伽羅無我之空正見「是求解脫者不容或少之方便。」

　　世親菩薩於《俱舍論釋》中說，聲聞之利根者——自生起資糧道直至獲得阿羅漢果，極速三生方得解脫。大乘之利根者——從進入資糧位直至獲得佛果，則須三大阿僧祇劫。因此，當我們獲得人身時又能修學到佛法而生起聞所成慧——獲得正見，當獲得正見的這一刻起，所有的行持皆是趣向於解脫。在未獲得聞所成慧、未獲得正見的這一刻，所有的行持尚不能稱之為趣向於解脫乃至成佛。

　　如《海龍王請問經》有云：「世尊！我於（賢）劫初，住大海內，時有拘留孫如來出現世間，爾時大海之中，諸龍、龍子、龍女悉皆減少，我（龍王）亦減少眷屬。世尊！現大海中，諸龍、龍子、龍女，悉皆如是無有限量，不能得知數量邊際，世尊有何因緣而乃如此。世尊告曰：龍王！若於（佛）善說法毗奈耶（戒律）而出家已，未能清淨圓滿尸羅，虧損軌則，虧損淨命，虧損尸羅，未能圓滿，然見正直（有正見），此等不生有情地獄，死沒已後，當生龍中。」宗喀巴大師解釋云：「於賢劫初佛，拘留孫大師教法之中，在家、出家有九十八俱胝；第二位金仙大師教法之中，有六十四俱胝；第三位迦葉大師教法之中，有八十俱胝，吾等大師（第四位釋迦牟尼佛）教法之中，有九十九俱胝，由其行持虧損軌則、淨命、尸羅增上之故，於龍趣中已生、當生。吾等大師（即釋迦牟尼佛），般涅槃後，諸行惡行，毀犯尸羅、軌則、淨命，四眾弟子，亦生龍中。然此經亦宣說，彼等四眾弟子加行，雖不清淨，由於聖教（正見）尚未退失，深忍意樂，增上力故，從龍死歿，當生人天。除諸趣入於大乘者，其餘一切入小乘，悉當於此賢劫諸佛之教法中，而般小乘之涅槃。」

（p406-4）

如是於我、我所無少自性獲定見已，由修此義而得法身。

[釋]：**如是於**薩迦耶見所緣名言之**我、及**名言之**我所**，以中觀正理抉擇薩迦耶見所緣名言之我、及名言之我所，其所耽著之境**無少**分**自性獲定見已，由修此義而獲得**自利**法身**之因。

（p406-4）

如《明顯句論》云：「若諸煩惱、業、身、作者及諸果報，此等一切皆非真實，然如尋香城等惑諸愚夫，實非真實現真實相。

[釋]：此**如**月稱論師所著**《明顯句論》云：「若諸煩惱、業、身、**造**作者及諸果報，此等一切皆非真實**有自性，**然如尋香城等**如現非有而來迷**惑諸愚夫**——尚未獲得正見者，**實非真實**有自性，然顯**現真實**有自性之**相。

（p406-2）

又於此中何為真實？於真實義云何悟入耶？

[釋]：**又於此中**（1）**何為真實**無自性？（2）**於**此**真實**無自性**義**又**云何悟入耶？**

（p406-2）

茲當宣說：由內、外法不可得故，則於內、外永盡一切種為我我所執，是為此中真實性義。

[釋]：答：**茲當宣說：**（1）**由內**眼、耳…等、**外**色、聲…等諸**法**依中觀正理抉擇自性**不可得故，則於內、外**諸法**永盡一切種為我**及**我所執**之所依，我及我所執之所依為名言有之一切諸法，而顛倒執為自性有，然如尋香城等是非真實而現為真實。同理，薩迦耶見或無明的識體所見之諸法，是如其所顯現的真實有自性而耽著其為真實存在，但事實上，一切諸法並不是真實有自性。抉擇後此自性有是不存在的，故此無自性**是為此中真實性義**——空性。

（p406-1）

悟入真實者，慧見無餘煩惱過患，皆從薩迦耶見生，通達我為此緣境，故瑜伽師當滅我，此等應從《入中論》求。

[釋]：答：（2）**如何悟入真實**無自性空性義**者**，應以中觀正理抉擇之智**慧**正**見無餘**（所有的）**煩惱過患，皆從薩迦耶見生，通達**名言之**我為此**薩迦耶見之所**緣境，故瑜伽師當滅**薩迦耶見所執自性之**我，此等**智慧**應從《入中論》求。」**如月稱論師所著之《入中論》云：「如車非許離自支，亦非非異非具支，非依他支非支依，非聚非形此亦爾。」此於《廣論》〈毗缽舍那品〉p501「七相觀察」時再作詳細說明。

（p407+1）

又云：「修觀行者，若於真實起悟入欲，而欲無餘永斷煩惱及諸過失，應如是觀何者為此生死之本。彼若如是正觀察已，則見生死以薩迦耶見而為其本。又見我是薩迦耶見所緣境界，由我不可得故，則能斷除薩迦耶見。由斷彼故，永斷煩惱及諸過失。故於最初唯應於"我"諦審觀察，何為我執所緣之境？何等名我？」

[釋]：《明顯句論》**又云：「修**毗缽舍那勝**觀**之**行者，若於真實**空性**起悟入欲，而欲無餘永斷煩惱及諸過失，應**先**如是觀**察**何者為此生死之**根本。彼若如是正觀察已，則見**輪迴**生死**是**以薩迦耶見而為其**根本。又見**名言之**我是薩迦耶見所緣境界，由**耽著自性之**我不可得故，則能斷除薩迦耶見。由斷彼**薩迦耶見所執之自性有**故，則永斷煩惱及諸過失。故於最初唯應於"我"諦審觀察，何為**薩迦耶見**我執所緣之境？何等名我？」**此"我"若為薩迦耶見所緣即名言之我——是屬於世俗諦所抉擇；若為薩迦耶見所執則為自性之我——是屬於勝義諦所抉擇。

（p407+6）

又於無量各別之法，"佛說"無量破除自性之正理，然修觀行者悟入之時，應略決擇修習我及我所悉無自性。此是《中論》第十八品之義，月稱論師依佛護論師所說而建立。

[釋]：又於世間有**無量各別之法**，因為世間的緣起相是千差萬別，而無明的識體會倒執其為有自性，所以**〝佛才宣說〞**無量破除自性之正理，若以度喻比量：「一切有為法，如夢幻泡影」，以此喻而間接了知：一切有為法皆如同夢幻、泡、影般的現為真實然非真實，或以事勢比量：「諸法無自性，緣起故」一切法的存在是因緣合和唯名言假立，既然是唯名言假立定是無自性，此為真實之情狀，故名為事勢比量。

然修觀行者要悟入無自性之時，應先略決擇修習我及我所悉無自性。此是龍樹菩薩所著《中論》第十八觀我法品之義，月稱論師亦是**依佛護論師所說而建立。**佛護論師於解釋四法印中之〝諸法無我〞時說：「諸法無我者，謂一切法無本體自性成立。」

本段第一行〝佛說〞一詞，有學者認為翻譯上有錯誤，應更正為〝龍樹菩薩說〞。但我個人認為雖然藏文版沒有〝佛說〞二字，但藏文也沒說是〝龍樹說〞。假若於藏文版於文字上直接說〝龍樹菩薩說〞，當然可以直接判斷是翻譯錯誤。但是，藏文版的字面上並沒有直接顯示為誰所說，故不能說是翻譯錯誤。當然，以前後義理來推斷：此處說為〝龍樹菩薩所說〞較為妥當。

（p407+7）
《入中論》說：補特伽羅無我，亦即廣釋第十八品之義。
　　[釋]：然於《入中論》宣說無我之法要時，是先說法無我，後**說補特伽羅無我，亦即廣釋《中論》第十八品之義。**
　　此處先來說明，自續派以下所安立的法無我與人無我其所斷是有差別的。人無我之所斷是獨立實體我，而法無我之所斷則是真實有、勝義有。但，中觀應成派認為：人無我、法無我之所斷皆同——皆為自性有，故許不論大、小乘所證皆同，皆是空性，以法我執、人我執所耽著之境都是自性有，故只要遮除自性有即是空性。在人上遮除自性有之人無我，是空性；在法上遮除自性有的法無我，當然也是空性。故以應成派而言，不論大、小乘欲獲得解脫皆須證得空性。然自續派以下認為大、小乘所證得的是有差別的：法上的無我、無實有——才是真正的空性，且為大乘所應修之主體；

人上的無我，是無獨立實體我，則爲小乘所應修之主體。因此，大、小乘所欲斷除的並不相同。由此，中觀自續派以下對於中觀應成派產生問難。

（p407+8）
若謂此中，豈非宣說悟入大乘真實之法，故唯滅盡我、我所執，非是所得真實性義。又唯決擇我及我所悉無自性，亦未決擇諸法無我，故名悟入真實之道，不應正理。

　　[釋]：自續派以下問難：**若謂此**《中論》、《入中論》**中**所說，**豈非宣說悟入大乘真實**空性**之法，故唯滅盡我、我所執**，是小乘所應修，**非是**大乘**所得真實**空性**義。又**其問難之理由：**唯決擇我及我所悉無自性，亦未決擇諸法無我，故名悟入大乘真實之道，不應正理。**

（p407-4）
答曰：無過！於一切種永滅我、我所執略有二種：一若以煩惱更不生理而永斷者，雖於小乘亦容共有。然由永斷內外諸法戲論之相，皆無可得，即是法身。

　　[釋]：**答曰**：我應成派**無**你所問難的**過**失！**於一切種永滅我、我所執**，而滅除此自性有以我應成派來說**略有二種：一、若以煩惱更不生理而永斷**煩惱障**者**，以此來說**雖於小乘**之聲聞、獨覺**亦容共有。然**，二、**由永斷內外諸法戲論之相**，即是斷除顯現自性有或稱爲煩惱習氣、所知障之相，此自性有**皆無可得，即是法身**——此爲不共小乘之處。故我沒有你所難問的過失。因爲中觀應成派是依據第二轉法輪《大般若經》之所詮：「一切諸法皆無自性」意謂：不僅補特伽羅無自性，法亦無自性，故此派的人我執及法我執是依於所依事之差別而立，並非以所斷而立。在所依事之人上，即稱爲人我執；在法上即稱爲法我執，雖有人、法之別，然所斷是皆自性有。因此，不但在人上斷除自性有而通達人無我，爲了要圓滿的通達人無我，也必須於法上斷除自性有。以於法上若未斷自性有於人上亦無法圓滿通達補特伽羅無我故。所以本文 p407+6 才說：「**應略決擇修習我及我所悉無自性**」。

又若通達我無自性，於彼支分諸蘊，亦能滅除有自性執，譬如燒車則亦燒毀輪…等支分。如《明顯句論》云：「依緣假立，諸具無明顛倒執者著為我事，即是能取五蘊為性，然所執我為有蘊相耶？為無蘊相耶？求解脫者當善觀察。若一切種善觀察已，求解脫者見無所得。故於彼云：『我性且非有，豈能有我所。』由我不可得故，則其我所我施設處亦極不可得，猶如燒車，其車支分亦為燒毀，全無所得。如是諸觀行師，若時通達無我，爾時亦能通達蘊事我所皆無有我。」此說於我達無性時，亦能通達我所諸蘊無我、無自性。

[釋]：又若通達補特伽羅我執為無自性，於彼補特伽羅我及我所執所依之支分——諸蘊，亦能滅除有自性之執，此明：於人上通達無我則亦有能力通達法上之無我。譬如燒車則亦燒毀輪…等車之支分。如月稱論師所著之《明顯句論》云：「依著諸蘊之緣而假立名言之我，諸具無明顛倒執者——即薩迦耶見，耽著為自性我之事——基，即依諸蘊假立之名言我而耽著為自性有，，此即是能取之薩迦耶見，依著五蘊執名言之我為自性有，然所執之自性我為有蘊相耶？或為依著無蘊相耶？亦即我和蘊體是以非唯名言假立，而此我是於前方所依之蘊體以無分之一體而有、或無嗎？求解脫者當善觀察。若一切種善觀察已，求解脫者見我、我所自性皆無所得。故於彼《中論》云：『我性且非有，豈能有我所。』由我不可得故，則其我所之我的施設處亦極不可得，猶如燒車，其車支分亦為燒毀，全無所得。如是諸觀行師，若時通達無自性之我，爾時，此非指同時，是指依於此無我之勢力亦能通達蘊事之我所皆無有自性之我。」此說於名言之我通達無自性之時，亦能通達名言之我所之諸蘊無我、無自性。

《入中論釋》云：「由緣色等自性成顛倒故，亦不能達補特伽羅無我，以於諸蘊施設我事而緣執故。如云：『乃至有蘊執，爾時有我執。』」此說未達蘊無自性，亦不能通達補特伽羅無我性故。

[釋]：《入中論釋》云：「由緣色等諸蘊自性有而成顛倒故，此為法我執，若有法我執則亦不能通達補特伽羅無我，以於諸蘊施設我之事而緣執自性有故。如《中觀寶鬘論》云：『乃至有蘊執——法我執，爾時有我執——人我執。』」此說未通達我所之蘊無自性，亦不能圓滿通達補特伽羅無我、無自性故。

（p408+7）

若即通達補特伽羅無自性慧，而是通達蘊無性慧，則會有通達二種無我二種覺慧成一之過。

　　[釋]：初問：**若即通達補特伽羅**人上的**無自性慧，而即是通達蘊**法上的**無自性慧，則會有通達**人、法**二種無我二種覺慧成一之過患。**

　　自續派以下問：通達人上的無自性，即是通達法上的無自性的話，則阿羅漢通達人無我是否等同通達法無我？照這樣的說話，通達人上的無自性，等同通達法上的無自性，那佛陀就不需說法上的無自性了。既然通達人無我即通達法無我，佛陀就沒有必要說法無我了。

（p408+8）

法與補特伽羅二各別故，能達彼二無性，二慧亦應各別，如達瓶、柱無常之慧。若即通達補特伽羅無自性慧，不能通達蘊無自性，則正通達補特伽羅無我之時，如何安立亦能通達蘊無自性耶？初問非許，當釋後問。

　　[釋]：因為**法與補特伽羅二是各別故**，所以**能通達彼**人、法**二無自性**，人、法**二慧**之識體**亦應各別，如**通**達瓶**子的無常及**柱**子的**無常之**智慧。瓶的無常不是柱子的無常。因為無常的所依不同。一者是依於瓶；一者是依於柱。假若一樣的話，那麼就會有瓶子等於柱子的過患。假若通達人上的無自性，即是通達法上的無自性，那就會有通達瓶上的無常，即是通達柱上的無常，那就會有瓶子即是柱子的過失。

　　後問：**若即通達補特伽羅無自性慧，不能通達蘊無自性，則正通達補特伽羅無我之時，如何安立亦能通達蘊**上之**無自性耶？**

　　中觀應成派說：通達人上的無自性，亦能通達法上的無自性，但不是同時。因此，本宗回答：**初問**所說，我亦**非許，故當釋後問。**

（p408-4）

謂正通達補特伽羅無自性慧，雖不即執蘊無自性，然即由此慧，不待餘緣能引定智，決定諸蘊皆無自性，能斷蘊上增益自性諸增益執。故說通達補特伽羅無自性時，亦能通達蘊無自性。如《佛護論》云：「屬我所有，名曰〝我所〞，若我且無，由無我故何能更云此是我之所有。」

［釋］：**謂正通達補特伽羅無自性慧，雖不等於即執蘊無自性，然即由此通達補特伽羅無自性之慧，不待餘緣能引生法無我之決定智，決定諸蘊皆無自性，能斷蘊上增益自性之諸增益執。故說通達補特伽羅無自性時，亦能通達蘊上的無自性。如《佛護論》云：「屬我所有，名曰〝我所〞，若我且無，由無我故何能更云此是我之所有。」**我都沒有了，又何來的我所呢？

為什麼應成派會說〝我所〞主要是談〝法〞呢？因為是以所斷的角度來說。由於〝我所〞所依的是法，由法引生〝我所〞，而〝我所〞又是以我執為主。既然人我執、法我執的耽著境皆為自性有，故以應成派來看，所斷皆同為自性有。因此，法上自性有若未斷除，定會有〝我所〞執，有我所執，即為人我執。若無自性之我，怎麼會有自性身之我所呢？所以才會說，我及我所皆無自性，也一定要通達法無自性。

（p408-1）
譬如定知無石女兒，雖不即由此慧執云：無彼耳等，然能斷除計有耳等增益妄執。故若定知無真實我，則能滅除執彼眼等真實有故。

［釋］：**譬如已決定知無石女兒，雖不即由此無石女兒之慧同時執云：無彼石女兒之耳等，然能依無石女兒之慧的勢力而斷除妄計有石女兒之耳等的增益妄執。故若定知無真實補特伽羅我，則能滅除執彼補特伽羅我所之眼等為真實有故。**

補充說明：本論 p408+3《明顯句論》所說之「亦能」；及本論 p408-2「亦能」二字，不能解釋為〝同時〞或〝即〞，應理解成——依此勢力或亦有此能力。或依本論 p408-3 所說：「不待餘緣能引定智」此中即有下一刻之意，而不是指同時。如經論中有說：通達一經即通達一切經——是說通達一部經即有能力通達一切經；非說通達一部經即等同通達一切經。

從 p409+2 這一段開始，因為應成派說：通達補特伽羅無我即通達法無我。意謂：通達補特伽羅假有，亦即能通達法上的假有。如是，由於實事諸師亦許補特伽羅為假有，是否他們也同樣的通達了法上的假有呢？以中觀應成派來說，緣起假有一定要周遍於空性。同樣的道理，空性亦須周遍於緣起假有。

然，實事諸師雖許緣起假有，卻不周遍於自性空。應成派承許：有為法非自性有，以是因緣生故。由於因緣生是屬於無常的體性，而空性是非由因緣所生，故空性是常法。雖然論式說：「諸法無自性，緣起故。」但，並不是以因緣為因直接通達空性，因為因緣生是屬於無常法的體性，不可能通達常法之空性，然通達空性定需遮除自性有。以自性有即非緣起，故由緣起之正因遮除非緣起之自性有。

所以，論式才說：「諸法無自性，緣起故。」意謂：由「緣起故」遮除非緣起——自性有，而顯現無自性。由顯現無自性之勢力而通達空性。又，雖說由緣起遮除非緣起，但是，非緣起未必是自性有，譬如常、勝義有…等。故承許因緣生為因，也未必通達諸法無自性——未必是通達應成派的空性。

許因緣生是佛教內部所共許。由於因緣生可以遮除執因緣生為非因緣生，然，非因緣生，卻非定是自性有，譬如勝義有自性、常、虛空等也是非因緣生。故說遮除非因緣生未必是空性。此亦如瓶是所作，既然是所作定周遍於無常，然，無常卻非即是瓶，以柱子亦是無常故。為什麼？因為無常不是瓶子的定義。問難者以總相問難應成派說：若許假有，就必須許其為非實有，若非實有，即可了達空；通達補特伽羅為假有即通達人無我，通達人無我就可以通達法無我（此乃是依著應成派所說而問難：通達補特伽羅假有——無我，依此補特伽羅無我的勢力就能通達法無我），那麼實事諸師亦應通達了法無我。

（p409+2）
若爾自部說實事宗，許補特伽羅為假有者，亦皆不許補特伽羅為勝義有，則彼諸師亦當通達眼等諸法皆無自性。

［釋］：問難者認為：只要承許假有，就一定有能力通達空性。為什麼？因為應成派說：通達補特伽羅自性空，就有能力通達法無我。於是問難：**若爾佛教自部說實事宗，承許補特伽羅為假有者，亦皆不許補特伽羅為勝義有，則彼說實事諸師亦當通達眼…等諸法皆無自性。**也就是說：佛教內部不僅實事師及自續派諸師皆承許補特伽羅為假有。應成派認為真正的假有一定要周遍於自性空，而自性空也要周遍於假有，這才是真正的假有。

所以，應成派說：諸法唯名言假立，此中所說的假有和實事師的假並不相同。以應成派來說，假有的定義一定是唯名言假立。但，實事師認爲補特伽羅、眼及苗芽…等粗顯法等是由聚合、堆積而成的，故爲假有，但，此假有仍須依著實有法，如無方分極微、無時分刹那…等。意即實事師雖承許假有，但，假有必須依於實有之上。他們認爲：存在的法必須尋找其假立義有所得方可安立，故凡有作用之事物，必須具有二種條件：（1）要有所以自立的根據。也就是法的存在，一定有其自立的條件，即定非唯名言假立而已，還須從自體而有，也就是法的存在定要自體有、自相有、自性有，或勝義有。（2）如其所以自立的條件自體有、自相有、自性有，或勝義有，須於名言識顯現方可安立。此中第（1）個是主要的條件，第（2）個則是附帶的。反之，存在的任何事物，若沒有第（1）個條件，那麼此事物即如同兔角般的不存在。因爲實事師認爲凡名言安立的事物，就必須有自體爲能安立的先決條件，若無自體根本就無法安立──名言中要有自體。

　　此自立的根據在自續派認爲就是自性有、自相有、自體有；而唯識派以下之實事諸師則認爲是勝義有、眞實有、實物有、實質有、諦有、眞有。但，以中觀應成派來看，不論是自性有、自體有，勝義有、眞實有、實物有、實質有、諦有、眞有都一樣，都是指顚倒識體所耽著出來的，故皆爲所破。因爲顚倒識體所耽著出來者，皆非唯名言假立從其境上而有。簡而言之，應成派在成立諸法是假依假，此假是唯名言假立，當然施設處也要唯名言假立。但，自續派以下則許假必依實。

（p409+3）

若如是者，眼及苗等諸粗顯法，彼等亦皆許爲假有，亦應通達皆無自性。

　　[釋]：**若如是者，眼及苗等諸粗顯法，彼等**實事師**亦皆許爲假有，亦應通達皆無自性**。因爲，實事師認爲不論是眼或苗…等諸法皆須依著微細的色法──無方分極微等，故都是粗顯法，是假法。

若謂實爾，違汝自許，應不更成苗等無實。

[釋]：**若謂實爾，違汝**應成派**自**己所承**許**的，**應不更成立苗等無實**有。

此有二種解釋：

（一）中觀應成派反問辯難者說：若如同你所說：實事師若承許假有的話，亦應有能力通達法無自性。如果實事師承許通達諸法無自性，那不就違背其自宗嗎？因為實事師認為法的存在一定要自體有。所以，若如辯難者所說，若實事師承許諸法無自性，那我中觀應成派就沒有必要對實事師再成立苗等無實有自性了。所以，你辯我的等同沒有意義。

（二）若如同辯論者所說，就會違背應成派自宗所承許的。因為應成派不是破實事師承許有自性嗎？所以，如果依辯論者所問難：通達補特伽羅假有即可以通達法無自性的話，那應成派就沒有必要對實事師再成立無實有自性了！

善惡業道亦應建立於相續上，應許相續是無自性。

[釋]：此中所謂〝業道〞是指事（對象）、意樂（動機）、加行（造作）、究竟（完成），此四者圓滿，即稱為業道。由於**善惡業道**也應該要**建立於相續上**，若僅有思業無法成立業道，也就是一剎那的心無法成立業道，必須眾因緣和合。此如一顆念珠不能說是一串念珠，但一顆一串念珠是由眾多念珠因緣和合而成。業道既然建立於相續的眾因緣和合上，則定**應承許相續是無自性**。

如《顯義論》云：「若同夢者，無十不善及布施等，則未睡時豈非同於已睡之時。」則中觀師說彼如夢之時，應無駁難，故說實事師自宗說勝義世俗成與不成，與中觀宗說世俗、勝義成與不成，極不相順。

[釋]：**如**中觀自續派獅子賢論師所著之**《顯義論》云：「**唯識派問難自續派：**若諸法如同夢**幻泡影無自性**者，**若勝義無自性，則全**無十不善及布施等**，然而醒時會造諸善惡，故若勝義無自性，**則未睡**造諸善、惡業**時，豈非同於已睡**造善、惡業**之時。」**因為皆無正確的成立量——一切法皆勝義無自性，若一切法皆勝義無自性則全然不存在，故無成立之量。

此謂如同你辯難者所說：若通達補特伽羅假有，即有能力通達諸法無自性，**則中觀師說彼諸法如夢無實有之時**，實事師——唯識師**應無**必要再駁難，**故說實事師自宗**間接引申**說**：實事師所說的**勝義**——沒有錯亂，**世俗**——錯亂，**成立與不成立**，**與中觀宗**所**說**之**世俗、勝義成立與不成立**，**極不相順**。

此如毗婆沙宗的虛空無為許是勝義。為什麼是勝義？因為於抉擇某一法時心識不會捨棄此法之概念，即為勝義；於抉擇某一法時心識會捨棄此法之概念，即是世俗。譬如瓶子，將瓶子破壞以後瓶子就不存在了，既然不存在，則心識對於瓶子的這一分執取就會捨棄，故瓶子是世俗法。而虛空無為不論怎麼分析、破壞都仍然存在，故以毗婆沙宗來說虛空是勝義。但毗婆沙宗所安立的勝義，以經部宗來看卻是世俗。因為經部宗認為：勝義是因果有作用，且不賴分別心安立；而唯賴分別心安立的就是世俗，譬如虛空無為、人無我等是唯賴分別心安立，故是世俗。

又，毗婆沙宗和經部宗所承許的無方分極微、無時分剎那都是勝義，然此分於中觀經部行自續派許是世俗。而經部宗和唯識宗所承許之自證分皆是勝義，因為他們都是實事師，所以只要存在的法都一定要勝義有。此自證分以瑜伽行自續派來看卻是世俗。

然，以中觀應成派來看：中觀自續派以下所許之勝義（不錯亂）——皆屬於世俗（錯亂），錯亂雖是屬於世俗，然於世俗是否存在，則另當別論。

（p409+7）
故彼諸師世俗所許諸法，由中觀師自量斷之成勝義有，彼師許為勝義有者，中觀義成世俗有，全無所違，應詳辨別。

[釋]：**故彼**實事**諸師世俗所許諸法**，**由中觀師自量斷之成勝義有**，由中觀派來看是為所斷之勝義有自性，**彼**實事**師**所**許為勝義有者**，以**中觀**派之教**義**判其**成為世俗有**，**全無所違**，**應詳辨別**。

此中所謂〝勝義〞有二角度：（1）正確：即所謂的空性。（2）不正確：即執爲自性有。如自續派，包括實事師等都承許無爲虛空存在，故必須有不待名言假立從自體而自性有。然，此分以中觀應成派來看，則成勝義理智之所應斷。而唯識師所許之依他起、圓成實皆爲勝義有，然此於中觀派的教義來看依他起、圓成實變成是世俗有。因爲依他起、圓成實都需要觀待名言假立。假若不觀待名言假立，則會成爲勝義有。若是勝義有，以中觀應成派來看則是屬於空性所斷——俱生我執之耽著境。

（p409-6）

又彼諸師所許假有補特伽羅與此論師所許假有補特伽羅，二名雖同，其義各異。以此論師說彼諸師，皆無通達補特伽羅無我見故。由未通達諸法無我，亦不能達補特伽羅無我義故。故此論師，許其乃至未捨諸蘊實有之宗，亦執補特伽羅實有，彼宗諸師未能通達補特伽羅勝義無故。

［釋］：又彼諸**實事師**所許假有補特伽羅與此**中觀應成派論師**所**承**許假有補特伽羅，二名雖同，然其義（內涵）各異。以此**中觀應成派論師說彼實事諸師，皆無**法圓滿**通達補特伽羅無我見故。**

以**由**其**未通達諸法無我**故，**亦不能**圓滿**通達補特伽羅無我義故。故此應成論師，許其**自續派以下**乃至未捨諸蘊實有之宗**——於諸法上未捨其所承許實有之見，**亦定會執補特伽羅爲實有，彼實事宗諸師未能**圓滿**通達補特伽羅勝義無**自性**故**。

自續派以下所承許的阿羅漢及佛果，在中觀應成派來看是屬於部派阿羅漢及部派之佛，非真正解脫之阿羅漢及真正成就佛果的佛。故龍樹菩薩所著之《出世讚》云：「若不達無相——空性義，佛說無解脫。」又，寂天菩薩於《入行論》云：「無空性義，即無菩提。」此二論之意，均謂：未獲得自性空，定無法獲得聲聞、獨覺、菩薩三乘菩提之果。以上已將 p406+2 的科判「一、悟入真實義之次第」解釋竟。

第二　正決擇真實義分三：一、正明正理所破；二、破所破時應成自續以誰而破；三、依其能破於相續中生見之法。初又分三：一、必須善明所破之因相；二、遮遣餘派未明所破而妄破除；三、自派明顯所破之理。　今初

譬如說此補特伽羅決定無有，必須先識其所無之補特伽羅，如是若說無我無性決定此義，亦須善知所無之我及其自性。

　　[釋]：**譬如：**要說此補特伽羅決定無有，則**必須先**於心**識**上現起**其所無之補特伽羅，**要先現起有補特伽羅才能決定沒有補特伽羅，**如是若說無我無自性決定此義，亦須善知所無之我及其自性。**同理：要了知無我、無自性，於心識上一定要先顯現〝我〞或〝自性〞，因為空性是屬於遮遣法。為何是屬於遮遣法？因為我們的根識無法顯現，所以必須用正理抉擇而來遮除空性所要遮除的自性，因此空性是屬於隱蔽分，並不是顯現分。既然是屬於遮遣法，則要通達空性之前，必須在心識上先顯現空性的反面——自性有，故若於心識無法顯現自性有，則亦不可能通達空性。又，所顯現的實有、自性有，一定要是輪迴生死之根本，因為所要遮遣的太多了，如將無常執為常、有作用執為無作用…等，然而所有的根本都在薩迦耶見或無明所執之自性有——輪迴生死之根本。故若將輪迴生死之根本遮除，餘之一切皆可遮除，但若此根本不遮而遮其餘的話，則不是墮常邊就是墮斷邊。

　　梵文中之〝我〞有二義：（1）補特伽羅；（2）自性。自續派以下取獨立實體有之補特伽羅之義，中觀應成派則取自性義。以此之故，自續派以下的〝無我〞不能直接說〝無補特伽羅〞，因為補特伽羅是存在的，所以才會說無補特伽羅獨立實體之實體有。

　　而中觀應成派是取自性義，於人上——人自性有；在法上——法自性有，故可直接遮除補特伽羅自性有、法上自性有——〝無我〞即〝無自性我〞。

若未現起所破總相，則其破彼亦難決定是無顛倒故。

　　[釋]：此中"總相"即義共相。只要有分別心，就一定帶有義共相，故《釋量論》說：「若識執聲義，彼即是分別。」論意為：以混染聲、義能執之心，說為分別心，亦即混合"義總"和"聲總"之耽著識，即為義共相、聲共相。

其中分別心和能詮之聲對於所欲了知之境，若僅依聲音而了知是為"聲總"。聲總雖可了知，然無法證境。若以空性來說，如果不了知空性之定義，僅聽聞空性之名相，即無法證境。若依著空性的定義，思惟觀察於其境生起不欺誑之耽著識，這是"義總"，即義共相。依著"義總"可引領你去證境。譬如瓶子是依著瓶口、瓶底…等，此為瓶之定義，而瓶境於分別心上顯現瓶的形狀、大小、顏色…等即瓶之義共相。所以，本文所說「**若未現起所破總相**」的意思就是說：若於識體未現起所破自性有之義共相，「**則其破彼亦難決定是無顛倒故**」。

何謂"自性"？以應成派而言，諸法的存在僅唯名言假立，若非唯分別心及能詮聲將名字與之安立過去，任一法於其境上顯現而有，即為自性。有為法的特徵是無常、依他及造作。但，某一有為法在心識的顯現若是非唯名言假立，以常、不依他、非造作的特徵於境上而有，此分即是自性有。由此可知，自性有的特徵即是：常、不依他及非造作。

若要顯現自性有，則須先了解何謂自性有。故薩迦耶見所執之自性有、無明所執之自性有，必須在心識的顯現起來，且對於其特徵、相狀都必須很清楚。因為，如果不是很清楚的話，那就無法去遮除它了。如果無法遮除它，那就無法斷除生死的根本了。

　　「若未現起所破總相，則其所破亦難決定是無顛倒故」。總的來說：當我們要把瓶子破壞掉，一定要先見到瓶子，如果沒有看到瓶子，就絕對無法把瓶子破壞掉。但此處所說的〝總相〞是指什麼呢？是指我們心識。而此處所說的〝心識〞又是指什麼呢？是輪迴生死的根本──無明的顛倒識體。所謂的錯亂、顛倒這些都是識體的作用，但前面有說過，只要談論到識體就一定有識體的所對境。〝境〞是指什麼呢？是指錯亂、顛倒識體的顯現境，而不是指引生識體的所對境，這個一定要分清楚。所以此處所說的〝總相〞就是指：識體對境──在識體上所顯現的這一分顯現相，此顯現相是顛倒錯亂的顯現相，並不是引生識體的這個所對境。譬如依著境上的〝瓶子〞會引生〝執持瓶子的識體〞，而識體錯亂顛倒的這一分它會以非唯名言假立的道理而執境上的瓶子為自性有，所以這一分自性有如果沒有在心識上顯現起來，就無法破除此顛倒的認知──不可能獲得空性正確的見解。

（p410+4）

《入行論》云：「未觸假設事，非能取事無。」

　　[釋]：此中「**假設事**」中之〝事〞者，乃是錯亂、顛倒的識體虛擬增益實有之事。而〝假設〞即是依著中觀正理所欲破除之虛擬增益實有之事，以其是錯亂、顛倒無明的識體所顛倒、增益出來的，故定須破除。

　　依正理抉擇之時，於心識現起：若其存在的話，應該是如何。譬如法的存在，不是一，就是異──此即是中觀正理。假設如同無明顛倒的識體所執的自性有的話，那它的存在與其存在的支分不是自性一，就是自性異，依此而來作抉擇，抉擇以後會將此自性有破除，此時心識上會顯現無自性的顯現相──義共相，依此來抉擇〝假設〞是自性有的話，則……，故說是〝假設事〞。故於心識若未顯現出所欲「**無**」之事，就不能說其為無。由此來說明，任一有為法在心識若未顯現出：非唯名言假立而是以常、不依他、非造作之特徵於境上而有的這一分自性有，就不能說其自性是無。同理，無為法在心識若未顯現出：非唯名言假

立而是以不依他之特徵全然於境上而有——自性有，亦無法破除無爲法顯現自性有的這一分。

（p410+4）

其所破之差別雖無邊際，然於總攝所破根本而破除者，則能滅一切所破除。又若不從究竟微細所破樞要而滅除者，有所餘存便墮有邊耽著實事，終久不能解脫三有。若未了知所破量齊破太過者，失壞因果緣起次第，墮斷滅邊，即由彼見引入惡趣，故應善明所破爲要。此未善明，決定發生或是常見或斷見故。

〔釋〕：**其所破之差別雖無邊際**，所謂的「無邊際」是說：一切有爲法它有無量無邊的差別相，所以我們要破的也是無量無邊。譬如：以無常破除常，或以有作用破除無作用…等，此雖是無量無邊，**然於總攝所破之根本而破除者**，譬如以無常執爲常，常執爲無常，有作用執爲無作用，無作用執爲有作用，此等無量無邊諸法其根本皆從顛倒執爲諸法非唯名言假立從其境上而有——自性有。若從此破除，**則能滅一切所破除**。也就是說，所破的是無量無邊，但是你如果從根本去破除掉，則能滅除無量無邊的所破，因爲無量無邊的所破，其根本就是來自於執爲自性有。如果直接從自性有來破除，則一切的顛倒執全部都可以破除。**又若不從究竟微細所破之樞要**自性有**而滅除者**，則會**有所餘存**（還留有一點點自性有）**便墮入**自性有的**有邊**而**耽著實事，終久不能解脫三有**——墮入常見，而無法跳出輪迴生死。**若未了知所破之量齊**（指界限），即若未了知〝世俗名言有〞的界限而**破太過者**，就是說如果將自性有破除，則一切名言有皆不存在，如是則**失壞因果緣起次第，墮斷滅邊**而成爲斷見，**即由彼斷見引入惡趣，故應善明所破爲要**，此如前說，這一分所破的總相，是我們的顛倒識體妄執爲境上〝非唯名言假立而從其境上而有的這一分自性有〞，如果不清楚的話，則所破的若不是墮入了常見就是墮入了斷見。如果墮入了斷見，依這個業力就會墮入三惡道，故應善巧明了於心識上的顯現，什麼是所應破什麼是不應破爲要。**此若未善明**所破，則**決定發生或是常見**——執自性有；**或斷見故**——執名言無故。以上所說，是屬於p409-1 科判「一、必須善明所破之因相」。

第二　遮破他派未明所破而妄破除分二：一、明所破義遮破太過；二、明所破義遮破太狹。初又分二：一、說其所欲；二、顯其非理。　今初

　　［釋］：**第二　遮破他派未明所破而妄破除分二：一、明**白的顯示**所要破的意義**是什麼，而顯示什麼叫**遮破太過**；此如前說，如果不知道所破的界限在哪裡而將世俗名言有破除，就會失壞緣起因果次第。如果失壞緣起因果次第，就會墮入斷滅見，而墮入斷滅見的業力就只有墮入惡趣了。所以第一個先「明所破義遮破太過」。**二、明所破義遮破太狹**。此科判是說，所破的是生死的根本，這個你沒有破到，也就是說，所破的跟解脫輪迴生死一點關係都沒有。如果一點關係都沒有，則〝執為自性有〞的這一份根本就沒有破到，如果根本沒有破到的話，再怎麼修，修到阿僧祇劫仍然無法跳出輪迴生死，所以第二個「明所破義遮破太狹」也要理解。**初明所破義遮破太過又分二：一、說其所欲**；將這一類學者為何會破得太過、其觀念為何？將這些觀念全部引出來讓我們理解。**二、顯其非理。　今初**

現自許為釋中觀義者，多作是言，就真實義，觀察生等有無之理，從色乃至一切種智一切諸法，皆能破除。

　　［釋］：**現**今有一些**自許為**解釋**中觀義者，多作是言**，成立：**就真實**之空性**義**，即以抉擇真實空性之理智去**觀察**生、滅…等一切諸法到底**有**或者**無**之正理，意即：在現量證空性時生…等一切諸法到底存不存在。因此，他說**從**最基本的**色**法**乃至**成佛的**一切種智，此一切諸法，皆能破除**──意謂全無。

隨許何法，若以正理而正觀察，皆無塵許能忍觀察。由破一切有無四邊，非有一法此不攝故。

　　［釋］：理由（一）：**隨許**任何一法，**若以**中觀勝義理智之**正理而正觀察，皆無塵許能**堪**忍觀察**──即由理智尋找不到。**由破一切有**、**無**、俱有（有無皆有）、俱無（有無皆無）**四邊，非有一法**於**此**四邊所**不攝故**──此觀點與真實的中觀應成派見相同。

因為自許為解釋中觀義者，認為破四邊為通達空性之正理，且認為若有事物不能被破除，則此事物就是實有之物。故只要是名言有就會成為真實有；反之，如果沒有真實有則名言有也不存在，即全無。因此認為：沒有一物不被抉擇空性之正理所破除者——此觀點與真實的中觀應成派見不同。

然，中觀應成派認為：若是實有的話，以中觀勝義理智之正理尋找，就絕對可以找得到，這個觀念自許為解釋中觀義者也認同。中觀應成派和自許為解釋中觀義者都認為沒有任何一法為中觀勝義理智之正理可以尋找得到。

但，自許解釋中觀義者認為：既然中觀勝義理智之正理找不到，故不能說瓶子是有，若瓶子是有就要能被中觀勝義理智之正理尋找得到。又許瓶子無也不可以，因為若許瓶子是無，此無也要被中觀勝義理智之正理尋找得到。故說瓶子有、無皆不合理，既然說有、說無都不合理，當然俱有、俱無也不合理。因此，自許解釋中觀義者說：沒有一法可以被中觀勝義理智之正理尋找得到。

以中觀應成派來說：雖然沒有任何一法為中觀勝義理智之正理可以尋找得到。意謂：在現量證空性當下沒有世俗諦法的存在，因為若有世俗諦法的存在，就會成為有一法既是勝義諦，又是世俗諦。雖然沒有世俗諦法的存在，以世俗諦法不是中觀勝義理智之正理抉擇的範圍。因為中觀勝義理智之正理只是抉擇自性有、無，而非是抉擇世俗諦之有、無。當然空性也不是中觀勝義理智之正理抉擇有、無，因為中觀勝義理智之正理抉擇是自性有、無的這一分，將自性有遮除之自性無，即是空性。故空性不是以中觀勝義理智之正理抉擇而有，因為空性若為中觀勝義理智之正理抉擇而有，則空性會成為實有。然而，不論是空性或是世俗諦法，僅是唯名言假立之世俗有。

但，自許解釋中觀義者卻認為：只要有，就一定是實有，故只要是有，皆為中觀勝義理智之正理所破除。故沒有任一法存在。此即如本文所說：「隨許何法，若以勝義理智之正理而正觀察，皆無塵許能堪忍觀察。破一切有、無四邊，非有一法於此四邊不攝故。」

（p410-2）

又見真實之聖智，全不見有生滅繫縛解脫等法，如彼所量應是真實，故無生等。設許生等為能忍否觀察實性正理觀察，若能忍者，則有堪忍正理所觀之事，應成實事，若不堪忍，則理所破義而云是有，如何應理。

　　[釋]：理由（二）：**又見真實之聖根本智，全不見有生滅、繫縛、解脫…等法，如彼**聖根本智**所量應是真實**，而所謂真實，即全無，連名言有也不存在，**故**說**無生**、無滅、無繫縛、無解脫…等。又進一步設難，云：**設許生、滅…等為能忍**（堪忍）**否**（不堪忍）**觀察實性正理觀察**，(1)**若能堪忍者，則有堪忍正理所觀察之事，應成實事**，即理智正理觀察能尋找得到，則成實有之事。(2)**若不堪忍，則**是為中觀勝義理智之正**理所破四邊義**，而又云、又承許世俗諦法乃至空性**是有，如何應理**。

（p411+1）

如是若許有生等為量成不成，若有量成不應正理，見實性智見無生故。若許由名言眼識等成者，彼是能成之量不應道理，彼等是量已被破故。

　　[釋]：從(2)不堪忍，又引申出二個問難：**如是若**又承**許有生、滅…等**，此生、滅…等法**為量成**或是量不**成**呢？①**若許有量成**（即指存在，勝義理智能尋找得到）**不應正理**，因為**見實性**正理之理**智見無生**、滅等法**故**。②又，**若許由名言眼識**…**等量成者**，彼名言識**是能成之量不應道理**，因為**彼等**名言識**是量**成**已被破故**。

（p411+3）

如《三摩地王經》云：「眼耳鼻非量，舌身意亦非，若諸根是量，聖道復益誰。」

　　[釋]：引證：**如《三摩地王經》云：「眼耳鼻非量，舌身意亦非，若諸根是量，聖道復益誰。」**此明：眼、耳、鼻、舌、身、意皆非是量。對於〝皆非是量〞我們進一步的來做解釋。凡夫修行要成聖、成佛的重點：是要把我們的根識包括第六意識顛倒、錯誤的認知全部都要把它轉成正確的，所以顛倒的識體、錯亂的識體，就識體來講它不可能成為量，因為它是錯亂、顛倒的認知。所以《三摩地王經》說，從凡夫修行到成佛前，無非是要把錯亂的識體轉成正確的，若眼、耳、鼻、舌、身、意都是量，請問：修聖道到底是要利益誰？就沒有什麼好利益的了。因此《三摩地王經》才說，這些二顯名言識全部都不是量。

（p411+4）

《入中論》云：「世間皆非量。」若雖無量成而許是有，既非自許亦非正理，故亦不成。

　　[釋]：又引月稱論師所著之《入中論》云：「世間名言識皆非量。」由此又進一步的問難說：**若雖無量成而**又承**許生、滅是有**，然承許生、滅是有，就要被中觀勝義理智之正理尋找得到，然見真實之聖根本智，卻不見有生、滅等法，故若承許是有，是為眼、耳…等所見、所聞…，然《三摩地王經》及《入中論》皆許其非是量（即不存在，以理智尋找不到），既然非是量又承許其是有，**既非你自己所承許亦非正理，故亦不成。**

（p411+5）

又若許生，非勝義許須世俗許，此亦非理。《入中論》云：「於實性時由何理，破自他生不應理，即由彼理於名言，非理汝生由成？」此說由於勝義破生正理，於名言中亦能破故。

　　[釋]：又自許解釋中觀義者問難云：**若**承**許有生**，**非於勝義**上**許**必須**於世俗許**，**此**於世俗所承許的**亦非理。**引證《入中論》云：「**於**中觀勝義理智觀察**實性時由何理**，「何理」即是指：以中觀一、異之正理，而來**破除許自生、他生**…等是**不應理**的，因為以實性正理尋找時找不到，**即由彼**觀察實性之正**理於名言**世俗上承許有（自性有）亦**非理**，故**汝**所計自相有之**生由**何道理來**成**立呢？」自許解釋中觀義者認為**此**《入中論》**說：由於勝義破生**之**正理**，**此理於**世俗**名言中亦能破除故**。也就是說：於勝義中以中觀理智之正理破除你所承許的有，亦用此理智之正理而來破除世俗名言所承許的有。

　　但，中觀應成派認為：以中觀勝義理智之正理破除自性有的自生、他生等，亦依此正理遮除世俗名言所承許的自性有。然，不破除世俗之名言有。此與自許解釋中觀義者所說並不相同。

　　自許解釋中觀義者解釋《入中論》，且又引申出二個問難——

（p411+6）

又若不許從自他等四句而生，則於勝義觀察四句破除生時應不能破，以除彼等有餘生故。若從四句隨一而生，不許餘三應從他生，此不應理。《入中論》云：「世間亦無從他生。」故破生時不應更加勝義簡別，《明顯句論》破加勝義簡別語故。

　　[釋]：(1)又若不許從自、他、共、無因等四句而生，汝又承許有生，則於勝義理智觀察此四句而破除生時，應不能破，以除彼四句生等，汝還許有餘生故。

　　(2)若從四句隨一而生，即是不許餘三（自生、共生、無因生）而許應從他生，此不應理。自許解釋中觀義者又引證《入中論》云：「世間亦無從他生。」故自許解釋中觀義者認為：破生時不應更加勝義簡別。因為四生即含攝了一切生，如今既然破了四生而你又許有生，則不能說四生含攝了一切生。如此破除四生豈不是成為沒有作用了嗎？因為你還承許有生！

　　中觀應成派的解釋：只要承許有四生，定是許為自性有。故破了四生，即破除〝自性有之生〞，但，仍有〝非自性有之生〞，譬如〝緣生〞。所以《入中論》所說的〝他生〞與〝從他而生〞並不相同。〝他生〞是指：自性有的因生自性有的果——中觀自續派以下所承許。〝從他而生〞則是指：由某因生某果，又稱為緣生——中觀應成派所承許。故論中所說：「世間亦無從他生」之〝從他生〞要理解為〝他生〞並不是〝從他而生〞。故應成自宗說：生（緣生）與他生（自性有的因，生自性有的果）是有差別的。但，自續派以下認為：只要有生就是他生。故《入中論》云：「世間亦無從他生」是指世俗上也沒有自性有的他生，更何況是勝義有之他生！

　　故自許為解釋中觀義者認為：中觀應成派破生時，根本就沒有必要加勝義——自性有的簡別，所以，對於眼、耳…等直接說無眼、無耳…等即可。但，月稱論師所著《明顯句論》於破時有加勝義簡別之語故。所以，此是自語相違。因為加勝義簡別者，唯有自續派。

中觀應成派不承許諸法有自性，故立論式：如【諸有法是自性空，以是非自生、非他生、非共生、非無因生故】故無需作勝義簡別。然，無眼、耳、鼻、舌、身、意並不等於破四生，因為承許四生即是承許自性有。所以，破四生等同破自性有，而眼…等諸法若不加自性有的簡別，則會破壞世俗名言有。然而，清辨論師承許名言有自性，故須加勝義簡別而立論式：如【諸有法是諦實空，以無諦實之自生、無諦實之他生、無諦實之共生、無諦實之無因生故】此中所說之自生、共生、無因生是外道所許，若不加勝義之簡別，則無法極成共許，亦令外道於被破之後，不至於墮入斷滅見，故須加勝義簡別。尤其他生是除了應成派之外的其它佛教內部所共許者，即是自性有的因生自性有的果，故若不加以簡別，則於破除後自續派以下會墮入斷滅見。而應成派於破除他宗時，不必如同自續派一樣安立一個很完整的論式，只要依他所許而來破即可。故應成派於破除他宗時，是以他許比量而破除他宗即可，因為應成派對於量的建立與自續派以下對於量的建立是不同的。因為自續派以下的量，是對於新生及自性有不欺誑，因此自續派不可能依他所許，因為若是依他所許，則自亦須承許。但，應成派的量，是於其顯現境不錯亂，故他宗雖有錯誤，然破除他宗時，於應成派學者的心識會顯現他宗所承許的，此觀待應成派來說，亦承許是量，故說〝以他許比量而破除他宗即可〞，也就是以子之矛，攻子之盾便可，無需如同於清辨論師破除他宗時定需立自性有之正因。因為自續派所立的論式一定要存在；只要是存在，就一定要量成；只要是量成，就一定要自性有。

(p411-5)

此有一類雖於名言亦不許生等，餘者則於名言許有，然彼一切皆作如是暢亮宣說。由諸正理於諸法上破除自性，是此論師所宗無可疑賴，以雙於二諦破自性故。如是無性復有何法，故於所破冠加勝義簡別語者，唯是中觀自續師軌。

　　[釋]：**此有一類雖於名言亦不許生等**，此可參考《廣論》473+1 所說之第三家。此類學者亦自許為中觀應成派，彼等作如是說：隨依勝義及依名言，不僅於勝義，即使在名言中自宗無承許，若有承許，則須許有能立之因、喻就會成為自續派，以自續派是承許自性有之宗，故我應成派全無自宗。又**餘者**（是指其它自許為中觀師者）承許：於名言上不肯定是有或是無，然需於名言表達時，**則於名言**又**承許有，然彼**等**一切皆作如是暢亮宣說：**

由諸正理於諸法上破除自性，是此月稱論師所宗無可疑賴，以雙於二諦破自性故。如是自許解釋中觀義者說：若無自性復有何法存在？故於無眼、耳、鼻、舌、身、意就沒有必要簡別，且又認為：於所破冠加勝義簡別之語者，唯是中觀自續師之軌則。

　　自許中觀義者認為：加簡別者唯有自續派，中觀應成派不應加勝義簡別，若加勝義簡別是不合理的。此於《廣論》p466+8 之科判「第三、釋於所破應、不應加勝義簡別」時說，於所破加勝義簡別，唯是中觀自續派者，極不應理。《入中論釋》引《佛母》云：「長老須菩提，豈無所得無所證耶？須菩提曰：長老舍利子，雖有所得亦有所證，然非二相之理。長老舍利子其得證者，是依世間名言而立。預流、一來、不還、阿羅漢、獨覺、菩薩，亦依世間名言而立，若勝義中無得無證。」須如是許，豈謂中觀應成派之論著《入中論釋》所引為自續派之經論耶？如是諸了義經加勝義簡別者，實亦繁多。《七十空性論》云：「住生滅有無，劣等或殊勝，佛依世間說，非是依真實。」《中觀寶鬘論》云：「言有我我所，此於勝義無。」又云：「若種子虛妄，其生豈諦實。」又云：「如是世如幻，雖現有生滅，然於勝義中，生滅皆非有。」於所破加勝義、諦實、真實者極多，未加彼時亦多加無自性、無自體、無自相等簡別。至此已將第一個科判「說其所欲」解釋竟。

（p411-1）
第二　顯其非理分二：一、顯彼破壞中觀不共勝法；二、顯所設難皆非能破。初又分三：一、明中觀勝法；二、彼如何破壞；三、諸中觀師如何答彼。　今初
　　［釋］：第二　顯其非理分二：一、顯彼自許為中觀應成派者破壞中觀不共殊勝之法；二、顯所設難皆非能破。前已略將自許為解釋中觀應成派錯誤的觀念引出來，但是他們也會再作進一步的辯論，故對於此辯論，中觀應成派會再加以破斥。初又分三：一、明中觀勝法；二、彼如何破壞；三、諸中觀師如何答彼。　今初

（p412+2）
如《六十正理論》云：「此善願眾生，集修福智糧，獲得從福智，所出二殊勝。」

［釋］：如龍樹菩薩所著之《六十正理論》云：「**此善願眾生，集修福智糧，獲得從福智，所出二殊勝。**」此中〝善願眾生〞即指發菩提心的有情，而發〝菩提心〞定須依著釋迦牟尼佛所傳下來：一、彌勒菩薩的七支因果教授；二、文殊菩薩的自他相換教授。須依此二教授思惟觀察而生起。菩提心之定義，於《現觀莊嚴論》中說：為利有情而希求佛果。

　　此〝為利有情〞即是大悲，是為利有情心續上的涅槃，故是利他；〝希求佛果〞就是我一定要獲得佛陀的自利法身，此為菩提心之定義。而菩提心之教授，只有兩支：一、是由彌勒菩薩所開演的七支因果；二、是由文殊菩薩所開演的自他相換。如果沒有學習此二教授而認為已生起菩提心的話，宗喀巴大師在上士道中說，此是增上慢——未得謂得。「**此善願眾生**——指發菩提心的有情，彼等積**集修**由菩提心所攝六度廣大行品之**福**德資糧，及無我空慧之**智**慧資糧，由菩提心及無我空慧而**獲得從福、智，所出**之自利法身及利他色身之**二殊勝。**」

(p412+2)
由大乘行，令所化機於果位時獲二勝事，謂勝法身及勝色身。此於道時，須如前說方便般若，未單分離積集無量福智資糧。

　　［釋］：即是**由大乘行，令所化機於果位時獲**得**二勝事，謂**殊**勝**自利**法身及**殊**勝**利他**色身。此於**入資糧**道時**，必須同時生起獲得自利法身及利他色身之因，此生起時方可稱為入資糧道——於識體上生起。〝道〞即是指識體，然是識體卻不一定是道，如未入資糧道有情的識體。欲生起資糧道的識體**須如前說**雙聚**方便及般若，未單分離**才能圓滿**積集無量**成佛之**福、智資糧**。

　　此明：於成就佛果位時獲得自利法身，同時即得利他色身；同理，獲得利他色身，同時即獲得自利法身，故法、色二身互相依存。無我空慧為得自利法身之因，無我空慧所依之蘊身，同時即為得利他色身之因。方便行為得利他色身之因，而方便行所攝之無我空慧，同時即得自利法身之因。然，空慧固為得法身之因，但如單修空慧不修方便行，不但不得利他色身，即自利法身亦不能得。然入道之前，是為基位。於此位能夠正確無相違的抉擇二諦之理，且以教理證之。

（p412+4）

此復觀待至心定解世俗因果，從如此因生如此果，勝利過患信因果系，即於盡所有性獲得定解，

　　[釋]：**此復觀待至心定解世俗因果，從如此因生如此果，**此如前說，心識一起動念後，推動身口的造作，此因將來感何果一定要於心識上生決定解。

　　如果生起的是惡念，則所造作的於將來定生苦果；如果生起的是善念，將來所感得的則是樂果，此一定要在心識上生起決定的定解，也就是說，不允許你的身口意去造作惡業，因為一切有情都要追求快樂，沒有一位有情喜歡痛苦，佛也一樣。佛還沒有成佛時，也一樣要追求快樂——無漏樂。若要追求無漏樂，則於因生果一定要產生定解。無漏樂，一定要由無我空慧所攝持，如果沒有無我空慧所攝持，即使行布施、持戒…等仍然是屬於有漏，是輪迴所攝，故說**勝利過患信因果系，**對於因生果、將來的勝利及過患，自己要非常的清楚。而善因感樂果，惡因感苦果，**即是於盡所有性獲得定解**——世俗諦。

（p412+5）

及由至心定解諸法皆無自性如微塵許，即於如所有性獲得定解。

　　[釋]：此明：因生果皆無自性。會說其為〝因〞是因為它將來能夠生果；會說其為〝果〞是觀待因，因為果定由因所生。既然因果是相互觀待，則定不可能是自性有，若因果有自性，則會變成因中有果——外道見。若因果有自性，則因果就會成為不相干，以因有自性、果也有自性故。若不相干，因又能生果，則石頭亦可生苗芽！故須對於因果諸法產生定解——無自性，就是於〝如所有性〞獲得定解——勝義諦。

（p412+6）

若無此二，則於雙具方便智慧二分之道，不能至心而修學故。

　　[釋]：**若**在心識上對於勝義諦及世俗諦的建立，亦即抉擇一切諸法無自性，由於無自性而能成立因果緣起諸法，**無**獲得**此二**之定解，或單具一者，**則於雙具方便**——世俗諦、**智慧**——勝義諦**二分之道，**如果不依次第——聞、思、修，建立因生果之勝義諦及世俗諦，則**不能至心而修學故。**

（p412+6）

如是果位能得二身之因，有賴根本決擇正見，道無錯誤。其決擇正見之法，即無間所說雙於二諦獲決定解，除中觀師，任何補特伽羅皆見相違，無慧宣說無違之理。

　　〔釋〕：**如是果位能得二身**自利法身及利他色身**之因**，此因**有賴於根本決擇正見**，此須依經教抉擇而獲得正確無誤的量。於基位之時，於成佛之**道**次第定須修學且**無錯誤**的了知。

　　其決擇正見之法，即無間所說雙於二諦（勝義諦跟世俗諦），勝義諦是抉擇勝義理智以中觀正理抉擇；通達了無自性以後同時可以安立世俗因果法，此即是世俗諦。故勝義諦、世俗諦可以同時在心識上建立的這一刻才叫作**獲得決定**的定**解**，此定解**除**了**中觀師**應成師之外，其他**任何補特伽羅皆見**自性空與緣起因果法是**相違**，即無法建立自性空、緣起義是相順，如是**無**圓滿之智**慧宣說**勝義諦跟世俗諦**無**相**違之理**。

（p412-6）

唯具深細賢明廣大觀慧中觀智者，善巧方便通達二諦，決擇令無相違氣息能得諸佛究竟密意。由此因緣，於自大師及佛聖教，生起希有最大恭敬，發清淨語，以大音聲數數宣告，「諸具慧者應知性空之空義，是緣起義，非作用空無事之義。」

　　〔釋〕：**唯**有**具深細賢明廣大觀慧**之**中觀**應成**智者，善巧方便通達二諦，決擇令**自性空及緣起**無相違氣息**，才能**獲得諸佛**的**究竟密意**。此即《菩提道次第廣論》p8-4「此論教授分四」之第三，「易於獲得聖者密意殊勝」當中所說。

　　由此圓滿通達二諦自性空與緣起義皆無相違之**因緣，於自大師**（佛）**及佛聖教**（法）**，生起希有最大恭敬，發清淨語**——能詮之聲**，以大音聲數數宣告，「諸具慧者應知性空之空義，是緣起義，非作用空無事之義。」**意謂：由自性空才能成立緣起作用義，此方是中觀應成派不共的殊勝特法，非他派所言：若自性空，即無作用之緣起義，而成為斷滅。

菩提道次第廣論
毗缽舍那 NO.09

　　從 p412-2 此段開始是辯論：本宗以破除實事師的見解來顯示，往昔西藏學者——自許中觀應成派與實事師的見解並無差別。本宗破實事師，並同時破自許中觀應成派所許：破自性有即破一切緣起法。雖然自許中觀應成派許一切諸法皆無自性，與實事師有所不同。但自許中觀應成派認為破自性有即破一切緣起法，這樣的承許在本宗來看自許中觀應成派與實事師並無差別。因為若要承許一切緣起諸法，必定有自性。由於中觀應成派認為緣起因果諸法必需建立於無自性有之上，故破除自性有以後，同時可以安立緣起因果諸法，此點不同自許中觀應成派者，彼自許中觀應成派者，認為破除自性有後，在現量證空性當下，沒有任何一法的存在，故緣起因果諸法皆被破除。但，中觀應成派則認為破除自性有，現量證空性的當下，雖然沒有任一世俗法的存在，但，緣起因果諸法並沒有被破除。所以，自許中觀應成派者認為：破除自性有即破除一切諸法。本宗反問自許中觀應成派其反面的意思即為是成立一切諸法就必須為自性有。就這一點而言，與實事師之見並沒有不同。所以，此處的辯論是在說明緣起因果的建立是否應於自性有之上而說。

　　以中觀應成派來說，要建立緣起因果諸法，必須在無自性之上才能建立。若許有自性，則無法建立緣起因果諸法，故若許自性有會落入常、斷二見。然實事師認為：緣起因果諸法要建立在自性有之上，若無自性，則無法建立緣起因果，故落入斷見。故此處需先來辨明何謂自性有。

　　如《四百論釋》云：「若法自性、自體、自在、不仗他性。」此中不仗他性，是指某法不依名言假立，而其存在的體性是於識體前方而有，或從前方顯現過來，此分即為自性有。所以，中觀應成派認為要認識自性有須先了解諸法的存在是唯分別假立，若非唯名言假立從其前方而有，此分即為自性有。譬如以瓶子而言，若於名言還未安立瓶子之前，便覺瓶子於前方而有，或瓶子於瓶子的支分上以無分而有。這分識體的作用，即為染污無明。

但，實事師認為若緣起因果法必須在自性有的基礎上。同樣以瓶子而言，瓶子是依著瓶子的支分而安立。當名言依著瓶子的支分安立瓶時，若瓶子的體性不存在於瓶子的支分上，則無法安立瓶子的存在。因為瓶子的支分不是瓶子。

（p412-2）

諸說實事自部智者，雖善修習眾多明處，猶不能許中觀正見。故於中觀師作如是諍，若一切法皆無自性自體空者，則繫縛解脫生死涅槃一切建立皆無立處。

[釋]：本宗提示——**諸說實事自部**（佛教內部）**智者，雖善修習眾多明處**——經論，然由於福德資糧不圓滿，**猶不能**承**許中觀**應成派自性空之**正見。故於中觀**應成**師作如是諍**論：**若一切法皆無自性、自體空者，則繫縛、解脫、生死、涅槃一切建立皆無**安立之處。

此處先說明：繫縛及解脫；或生死及涅槃。所謂的〝繫縛〞，即是被煩惱束縛住；所謂的〝解脫〞就是將煩惱斷除。因此，繫縛跟解脫是相互觀待，是依著繫縛而將煩惱斷除依此而安立為解脫，由此而說：解脫是觀待繫縛唯名言假立。

〝若你實事師說：〝解脫依著繫縛〞，而此繫縛之上又有一點點解脫的自性——此以中觀應成派而言，既然是繫縛，又怎麼會有一點點解脫的自性呢？解脫的這一分是要放在解脫者而言，並不是放在繫縛上來說的。所以，若說解脫是依著繫縛而來安立，且繫縛上有些許解脫的自性，如何能說得通呢？但是，若說解脫是依著繫縛上的煩惱，將煩惱斷除而安立為解脫，這是可以的！

實事師認為：〝解脫依著繫縛〞同理〝繫縛也要依著解脫〞，如果解脫不依著繫縛，繫縛上如果沒有些許解脫的自性，那要怎麼去安立呢？因為，繫縛——煩惱的究竟的本性是不存在的，既然不存在，那就是解脫的體性，既然有解脫的體性，當然可以安立它為解脫。因此，對於〝繫縛〞跟〝解脫〞的安立，中觀應成派與實事師的安立各自有不同的看法。

〝生死〞及〝涅槃〞同樣都是識體上的作用，總相來說都是在識體上。如果識體對於境產生顛倒的執著而執為自性有——輪迴；如果將此自性有遮除觀待此即說為——涅槃。故生死及涅槃是相互觀待而安立。同理，應成派會對實事師辯論：難道生死裡面會有些許涅槃的體性嗎？此辯論的方式如同前說〝解脫及繫縛〞。

實事師認爲：生死的究竟體性如果沒有涅槃的些許自性，則不可能安立涅槃。應成派認爲：如果生死之中還有涅槃的體性，那生死就是涅槃了，這種法是不存在的。因此，實事師就對中觀應成派辯論說：若一切法皆無自性或者是自體空，則繫縛、解脫、生死、涅槃一切諸法皆無安立之處。

以下是實事師引龍樹菩薩所著之《中論》旁證其說。

（p412-1）

如《中論》云：「若此悉皆空，應無生無滅，則諸四聖諦，於汝皆應無。」此說若自性空，生滅四諦皆不應理。

[釋]：實事師引論旁證如《中論》云：「若此諸法悉皆空自性，則應無生、無滅，若無生、無滅，則諸四聖諦，於汝承許自性空者皆應全無。」

此實事師錯解《中論》之意作如是說：若自性空，生、滅、四諦即全無，故皆不應理。

（p413+2）

《迴諍論》云：「設若一切法，皆非有自性，汝語亦無性，不能破自性。」此說諍論若語無性，則不堪能破除自性成立無性。

[釋]：實事師又引《迴諍論》以自派之見而釋云：「設若承許一切法，皆非有自性，汝所說之語言亦是無自性（語言：主因是尋、伺；助緣是舌根…等），若無自性則全無，若全無，即不能破我所承許之有自性。」

此實事師之意是說：此諍論之處是：若所說之語言是無自性，則言語應成爲全無，若全無則不堪能破除自性而來成立無自性。

（p413+3）

若無自性，則能生所生能破能立之作用皆不應理。此是由覺破自性理，能破一切能作所作，故相辯諍。

[釋]：故實事師更進一步說：若無自性，則能生、所生、能破、能立之作用皆不應理。生，定有能生及所生，如種子生苗芽。能生是種子；所生是苗芽。此處若以中觀應成派而言，能生及所生定不可能自性有，能生是觀待所生而來安立能生；而所生亦是要觀待能生而來安立所生，此二是相互觀待。

假設相互觀待還不滿足，一定要再承許有一些自性，亦即能生中若有所生的一點點自性，則能生即應等同所生！若能生即等同所生，則不需觀待，如同苗芽的種子生苗芽，如果苗芽的種子裡有苗芽，則表示因中有果。故以中觀應成派而言，能生、所生是相互觀待，些許的自性都沒有。但，實事師說：能生、所生的建立一定要有一點自性，若無自性，則無法建立能生、所生。所破之理與前說：繫縛、解脫、生死、涅槃皆同。所以，實事師才說：若無自性，則能生、所生、能破、能立的作用，皆不合理。

宗喀巴大師說：**此諍論是由覺**其**破自性理，能破一切能作所作**之緣起作用，**故**而**相互辯諍。**

（p413+4）

故實事師與中觀師諍論二宗不共之事，唯諍性空可否安立生死涅槃一切建立。故無塵許自性之自體，然能許可能生所生及破立等生死涅槃一切建立，是乃中觀之勝法。

〔釋〕：**故實事師與中觀**應成派承許無自性之**師**所**諍論二宗不共之事，即唯諍**辯**自性空可否安立生死涅槃一切**諸法的**建立。故**中觀應成派雖承許**無塵許自性之自體，然能許可能生、所生及能破、能立等生死涅槃一切**諸法的**建立，是乃中觀**應成派之殊**勝**特法。

前是實事師舉《中論》及《迴諍論》而來破除中觀應成派，以下是本宗同樣舉《中論》…等所說而來反破實事師的見解。此如前 p412-1 實事師所引之《中論》所說：「若此悉皆空，應無生無滅，則諸四聖諦，於汝皆應無。」，接下來，本宗亦舉《中論》第二十四品。

（p413+6）

如《中論》第二十四品云：「應成諸過失，於空不成過，汝破空成過，彼於我無過。若誰可有空，於彼一切成，若誰不許空，於彼皆不成。」

〔釋〕：**如《中論》第二十四品續云：「**諸法全無之**過失，於我應成**派來說無**諸過失，於我應成**派承許自性**空，不成**為你實事師所說全無之**過失，故汝實事師破**若許自性**空**所**成**之過失，**彼對於我**應成宗來說，**無過**。

因為**若誰**承許**可有**自性**空**，即**於彼一切諸法**——勝義諦、世俗諦、生死、涅槃⋯等皆可**成立**，**若誰不承許**自性**空**，於彼**一切諸法——勝義諦、世俗諦、生死、涅槃⋯等，**皆不能成立。」**

（p413+7）

此說於無性者，非但不犯「若一切皆空」等過，且於性空之宗有生滅等，於自性非空之宗反皆不成。

　　[釋]：**此說於**承許**無自性者，非但不犯**實事師所說：「**若許無自性，則一切諸法皆空**而成為全無」⋯**等諸過失，且於自性空之宗，**即許無自性者，能安立**有、生⋯滅等，**然於**承許**自性非空之**自性有之**宗，**一切諸法**反而皆不能成立。**

（p413-5）

如《明顯句論》云：「於我宗中，非但不犯所說眾過，其四諦等一切建立且極應理。」為顯此故，頌云：「若誰可有空」引文而釋。

　　[釋]：**如**月稱論師所著之《**明顯句論》云：「於我**中觀應成**宗中，非但不犯**實事師**所說的眾**多**過失，其反而於四諦⋯等一切建立，且極應理。」為**明顯的說明**此**無自性之理**故，**月稱論師對於《中論》偈頌中所**云：「**若誰可有空，於彼一切成」引文而**進一步加以解**釋。**

（p413-4）

又《中觀論》第二十六品，顯示十二緣起，順轉生起次第及逆轉還滅之次第，第二十五品重破自性，第二十四觀聖諦品，極廣決擇，自性不空，其生滅等生死涅槃一切建立不成之理，及自性空，彼等一切可成之理。故應了知，持此品義遍一切品。故現自許講中觀義者，說無性中能生所生等一切因果悉不得成，乃說實事之宗。

　　[釋]：**本宗又引《中觀論》第二十六品，顯示十二緣起，順轉生起次第**，即無明、行、識⋯等，**及逆轉還滅之次第**，即老死、生、有、取⋯等，又於**第二十五品重破**承許**自性**，此重破自性之《中論》本文為「一切法不應空，以諸法不空故，斷煩惱滅五蘊，是故名為涅槃。」因為實事師認為：生死、涅槃要建立在自性有之上，所以這一品都是在重破承許有自性的實事師。

第二十四觀聖諦品，極廣決擇，**自性不空，即是自性有，若是自性有，則其生、滅…等**生死涅槃**一切建立皆不能成立之道理，及**承許**自性空，彼等一切諸法可以成立之道理。故應了知，持此第二十四品之義理遍於其它一切諸品。故**宗喀巴大師說：**現今自許講解中觀義者**，此是指《廣論》p410-4 說：**若許無自性中，能生、所生…等一切因果悉不得成立**，本宗說，此種說法**乃與說實事之宗相同。**

（p414+1）

龍猛菩薩之所許，謂依如此如此因緣，生滅如此如此眾果，即應依此因果建立而求性空及中道義。如第二十四品云：「若緣起所生，即說彼為空，即依他假設，亦即是中道。若非依緣起，是法全非有，故若非性空，全非有是法。」此說性空能遍緣起，莫故違說，凡因緣生定有自性。

　　[釋]：**龍猛菩薩之所**承**許者，謂依如此如此因緣**——因，**生滅如此如此眾果**——果，**即應依此**緣起**因果建立而求自性空及**離常見、斷見之**中道義**。故中道義是依著性空及唯分別假立之緣起而建立。性空即是無自性——遠離常見；緣起即是名言有，緣起因果是名言有——遠離斷見。若遠離了常見、斷見即稱之為中道義。此如《中論》**第二十四品云：「若緣起所生**，即說彼緣起所生**為自性空**——離常，**即依他**名言**假設為有**——離斷，於此離常、離斷之見**亦即是中道**義。**若非依緣起**——如果不是依著名言安立則名言全無，**如是法全非有**——名若言全無則成斷見，**故若非自性空**，即成自性有，自性有之法，**全非有是法。」此說性**自空定能周**遍於緣起，莫故違說：凡因緣生**則定要有自性——此為實事師。

（p414+4）

《迴諍論》云：「若誰有此空，彼有一切義，若誰無空性，彼一切非有。諸說空緣起，中道為一義，無等第一語，敬禮如是佛。」《七十空性論》云：「由一切諸法，自性皆是空，諸法是緣起，無等如來說。」

　　[釋]：《迴諍論》云：「若誰有此**自性**空，彼有一切**緣起諸**義，若誰無空性（即承許自性有），**若承許自性有，則彼一切諸法全非有。諸說空、緣起，中道為一義，無等第一語，敬禮如是佛。」**此中所謂「空、緣起，中道為一義」，是指依空、緣起、中道而令眾生趣入的道次第是一樣的。

亦即於無自性上能建立緣起因果義；之所以會有緣起因果義是因為自性空。而「無等第一語，敬禮如是佛」意即：能通達最究竟的認知唯有性空、緣起，而「第一」即是說沒有第二的了，此即是佛所說，依佛所說，故「敬禮如是佛」《七十空性論》云：「由一切諸法，自性皆是空，諸法是緣起，無等如來說──除了佛以外，餘有情無法作如是說。」佛是依自力而說，但，十地菩薩以下宣說諸法，是依佛所說而來宣說的，因此非是依自力而說。故此處才說，除了佛以外其他有情無法做如是說。

（p414+6）

《六十正理論》云：「諸不許緣起，著我或世間，彼遭常無常，惡見等所劫。若有許緣起，諸法有自性，常等過於彼，如何能不生。若有許緣起，諸法如水月，非真非顛倒，彼非見能奪。」

　　[釋]：此是說明：外道、佛教內部派的實事師、中觀應成派…等，不同的看法。《六十正理論》云：「諸不許緣起，著我或世間，彼遭常無常，惡見等所劫──外道。外道不承許緣起，而說一切器世間皆是由共主、自性所變化出來的，故不承許緣起法。而只要是佛教徒，就一定要承許緣起法。緣起，如果以時間、續流來說，一定要有三個刹那──過去、現在、未來。如果不承許緣起，而說一切諸器世間皆是由共主所變化，則定會耽著我或世間（我所）──定會生起人我執。如果不許緣起作為我及世間，則定會遭常見跟斷見所劫奪，即墮入常或墮入斷。外道所說的〝共主〞〝自性〞是常、是一、是自主，若是依外道所說，是由常、一、自主的共主所變化，則其所變化出來的事物，也不可能變成無常；也不可能會有成熟、增長及壞滅，然此不合理。同理，若說是由常、一、自主、不觀待因緣而有變化，那麼你出生，我也要出生了，怎麼會有前後呢？由此道理而言，如果有一個由自性、共主所變化的器世間，這是非常不合理的，若有此種見解，則定墮入常見及斷見。

　　以下是說內道諸實事師──**若有許緣起**，又承許**諸法有自性**，則**常**、**斷見等諸過失於彼**實事師，**如何能不生**起？

　　中觀應成派──**若有許**細分**緣起**，**諸法**無自性**如水月**，**非真**──非自性有；**非顛倒**──非名言無，若許**彼**自性空、名言有，則**非常**、**斷二見所能劫奪**。」

（p414-6）

《出世讚》云：「戲論說眾苦，自作及他作，俱作無因作，佛則說緣起。若法從緣起，佛即許是空，說法無自性，無等獅子吼。」此等唯說由緣起因故自性空，故緣起義現為無性空性之義，即是龍猛菩薩不共之宗。

[釋]：《出世讚》云：「實有戲論（耽著為實有）言說之眾苦，皆由自作——數論派及他作——內道實事諸師，俱作——裸形派及無因作——順世派所生，而佛之真實義則是說唯分別假立之緣起。

若法從唯分別假立之緣起，佛即許是自性空，說法無自性，無等獅子吼。」此等唯說由緣起唯名言假立之因——細分之緣起，故成立自性空，故由緣起唯名言假立之義，而顯現為無自性、空性之義，即是龍猛菩薩不共之宗。

（p414-3）

若謂無自性之空，是就中觀自宗安立，而緣起因果之建立，於自宗中不善安立，便謂就他而假立者，非緣起義。

如云：「若誰可有空，於彼一切成。」此說何宗許無自性，即於彼宗生死涅槃一切緣起，皆應理故。

[釋]：本宗說：若自許中觀應成派者謂：承許無自性之空，是就中觀應成自宗安立，然而對於緣起因果之建立，於自宗中卻不善巧安立，便謂就依他所許或依他宗而假立者——緣起因果的建立就是依他宗而假立的，此種說法非是真正的緣起義。因為自許中觀應成派者認為：除現證空性是量成之外，餘皆無量成。然真正中觀應成派的緣起義必須是量成。總的來說：只要是存在，皆必須量成——此是所有宗派都必須要承許的。

自許中觀應成派之觀點，如 p410-4 所說：現今有些自許為解釋中觀義者（自許為中觀應成派者），多作是言，就真實空性義，觀察生等有無之正理，從色乃至一切種智一切諸法，皆能破除——全都不存在。就是以觀察真實空性義之正理可以破除色乃至一切種智一切諸法。其所安立的理由是：

（一）隨許何法，若以中觀勝義理智之正理而正觀察，皆無承許能堪忍觀察——以勝義理智抉擇時尋找不到。由此來破除一切法——有、無、俱有、俱無四邊，非有一法此不攝故（存在的法皆含攝於此四邊）。亦即在勝義理智抉擇時，於此四邊皆能破除，故無任何一法是不被破除的。

（二）又見眞實之聖根本智，全不見有生滅繫縛解脫等法，如彼聖根本智所量應是眞實，故無生滅繫縛解脫等法。

自許中觀應成派者承許：無自性之空性，即是勝義理智抉擇可以破除一切法——自性空可破除一切法的存在，因爲在現量證空性時，無任何一法被聖根本智所緣到。

宗大師說：他雖然這樣講，然而對緣起因果之建立卻不善巧安立。如何不善巧？因爲他認爲：這是依他宗、依他所承許而假立的。意即：若說有緣起因果的話，這也是依他宗而假立、依他宗所承許的。宗大師說：汝說「無自性即是空性」——此我亦承許；然汝說「自宗所安立的緣起因果是依他宗而假立」——此種說法非是眞正的緣起義。

依他所許：他許諸法自性有，有故，如瓶。
依他所許所立法，諸法有自性，則所立之因自性一及自性異應周遍所立法，然以瓶之喻於自性一及自性異皆不成立，故所立之因不周遍所立法。因此，依他宗所許的而來成立〝瓶等諸法皆無自性〞。

故依他所許〝諸法有自性〞成立〝諸法無自性〞， 自宗皆無所許，若有所許，是依他所許或依錯亂自性有之識，唯現量證空性是量成，餘無量成，以錯亂於自性有故。

——以上是〝自許中觀應成派〞；以下是〝眞正的中觀應成派〞——

量　：　於其顯現境不欺誑。
　　　　故依他許亦是量成，然識體就不一定是正確，觀待勝義皆是錯亂，
　　　　以有自性故。

正　世　俗　→　觀待勝義亦是錯亂，以錯亂於自性有。
依他許是指　：他許〝自性有〞，非指〝一般名言識〞。
故依他所許〝自性有〞而破除自性，非破除〝一般名言識〞，
而成立緣起諸法，且是量成。

如《中論》〈二十四品〉云：「若誰可有空，於彼一切成。」此說任何一宗，只要是承許無自性，即於彼宗安立生死、涅槃、一切緣起，皆應理故。

（p414-1）
若爾，許空性宗生死涅槃如何成耶？答：一切諸法自性空者，是由依因緣生起之理，故說彼空，後當廣釋。

[釋]：他宗問：**若爾，**承**許**自性空**空性之宗於生死、涅槃**要如何**成立耶？**本宗回答：**一切諸法自性空者，是由依因緣生起**，由依因緣而引生**之理**，此如前說，自性有即是不依他，既然是依他的緣起法，又如何會是自性有呢？所以，是由依因緣而引生一切諸法是自性空之道理，**故說彼**諸法是自性**空**，此理**後當廣釋。**

（p415+1）
故於此宗緣起成立，此成立故苦亦成立，苦依因緣緣起建立，若無緣起，苦不成故。

[釋]：**故於此**中觀應成**宗**由於自性空而**緣起**義成立，**此**緣起**成立故，**當然**苦亦成立，苦**是**依因緣緣起**而**建立，若**許自性有則**無緣起，苦**亦不得**成故。**

此處要注意的是：緣起不是等同苦，而是緣起能建立苦。以緣起乃至諸佛皆有，故緣起不是苦，然緣起可以建立苦。所謂的緣起建立，若是因為於識體上所顯現不是真實存在的事物，但是又會耽著其為真實，故說緣起如幻。以另外一個角度來說，無明的識體，是因為觀待於境，所以會耽著為自性有。緣起如幻，如水中月——是說，法於識體上的顯現是現為真實，然實非真實。但，若執為真實，此時就會不自主，若不自主，此點即是苦，依此說明——由緣起而來建立苦，此又須在無自性有的基礎上而建立。

又，為何要在無自性有的基礎上而來建立？因為一切諸法的存在本來就是無自性，但是於識體依境會顯現為有自性，由於顯現為有自性，顛倒的識體又會執境為如同所顯現自性有般的真實存在，可是於境上又不是那麼真實的存在。所以，如果許緣起義為自性有，而自性有即是真實，又怎麼會是緣起如幻呢？如果沒有緣起如幻，苦又要怎麼建立呢？故說：若許自性有則無緣起，以自性有即是不依他、不觀待故。如是苦亦不得成立。

若有苦諦，生苦之集，滅苦之滅，能滅之道，亦皆應理，故有四諦。若有四諦，則於四諦，知斷證修亦皆成立。若有知等，則三寶等一切皆成。

　　[釋]：若許緣起則**有苦諦**，若有苦諦則有**生苦之集**，若有生苦之集則有**滅苦之滅**，若有滅則有**能滅之道**（方法），**亦皆應理，故有四諦。若有四諦，則於四諦，知**苦、**斷**集、**證**滅、**修**道**亦皆**可成立。若有知苦、斷集、證滅、修道…等，則三寶等一切**諸法**皆能**成立。此處乃是回答《廣論》p412-1實事師所舉《中論》云：『若此悉皆空，應無生無滅，則諸四聖諦，於汝皆應無。』此是實事師說：若自性空，生、滅、四諦…等皆不應理。

如《明顯句論》云：「若於誰宗，有一切法皆自性空，即於彼宗如所宣說此等一切皆可得成。云何得成？答：我因緣起，故說是空，故誰有空，即有緣起，誰有緣起，則四聖諦於彼應理。云何應理？答：謂由緣起故，乃有苦諦，非無緣起，彼無性故即為性空。若有苦者，苦集苦滅趣苦滅道，皆可成立，故知苦斷集證滅修道，亦得成立。若有知苦諦等，則有諸聖果，若有諸果住果亦成，若有住果，則有諸向，若有住果及向即有僧寶。有諸聖諦，即有正法。若有正法及僧伽者，佛亦得成。是故三寶亦得成立，則世出世一切諸法差別證德一切皆成。諸法非法及其果報，並其世間一切名言亦皆得成。

　　[釋]：如本宗引月稱論師所著之《明顯句論》云：「若於誰宗，有一切法皆**許自性空**，即於彼**許自性空之宗**如所宣說此等一切**緣起因果諸法皆可得成立。云何得成立呢？答：我因緣起，故說是自性空，故誰有自性空，即有緣起，誰有緣起，則四聖諦於彼許自性空則為應理。云何應理？答：謂由緣起故，乃有苦諦，非無緣起，彼無自性故即為性空。若有苦者，苦集、苦滅、趣苦、滅道，皆可成立，故知**苦、**斷**集、**證**滅、**修**道，亦得成立。若有知苦諦等，則有諸聖果，若有諸果〝住果〞**即聖者**亦得**成立聖者的存在，**若有住果**——預流住、一來住、不來住、阿羅漢住，**則有諸向**——趣向於住位或果位，即預流向、一來向、不來向、阿羅漢向，**若有住果及向即有僧寶。有諸**四聖諦，即有正法。何以是正法？以其能斷煩惱令眾生解脫故。反之，若不能斷苦及苦因，則不名為正法。**若有正法及僧伽者，佛亦得成。是故三寶亦得成立，**若三寶可成立**則世間道——可證到有漏之樂、**出世**間道——可證到無漏之樂，此等**一切諸法差別**

證德一切皆可成立。諸如法、非如法及其果報，並其世間一切名言亦皆得成立，皆唯名言假立。

（p415-4）

故云：『若誰可有者，於彼一切成，』若誰無空則無緣起，故一切不成。」言成、不成，應知是說彼等有無。又前引《迴諍論》之諍，龍猛菩薩明顯答云：於無自性能作、所作，皆悉應理。

　　[釋]：故《中論》〈二十四品〉云：『若誰於自心相續可建立有自性空者，於彼一切緣起皆得成立，』此說若通達自性空，則可建立緣起因果之義。此破：若誰無許自性空則無緣起，故一切緣起不成立，若緣起無法成立，就會墮入斷滅見。」此中言成、不成，應知是說彼緣起等有或無。本宗又破實事師前《廣論》p413+2 引《迴諍論》之諍辯，對於此諍辯龍猛菩薩明顯答云：於無自性能作、所作，皆悉應理。能作定須觀待於所作，譬如砍樹，定須有能砍者，而樹即是所砍，故能砍依著所砍；所砍依著能砍，能依、所依互相觀待──無自性。假設有自性，難道能作等於所作嗎？所砍的樹就等同能砍的補特伽羅嗎？不是！故無自性能成立能作、所作，有自性則無法成立能作、所作，於無自性能作、所作，皆悉應理。若承許有自性，則能作、所作應成為一而無法分別。若許為一而無法分別，則我騎車（車被我騎──所作；我能騎──能作），車與我應成為一，此不合理。

（p415-2）

《迴諍論》云：「若法依緣起，即說彼為自性空，若法依緣起，即說無自性。」自釋中云：「汝由未解諸法空義，故汝難云：『汝語無性故，應不能破諸法自性。』然此是說，諸緣起法即是空性，何以故？是無自性故。

　　[釋]：《迴諍論》云：「若法依緣起，即說彼為自性空，若法依緣起，即說無自性。」《迴諍論自釋》中云：「汝由未解諸法自性空義，故汝實事師問難云，此即《廣論》p413+2《迴諍論》云：『汝語無性故，應不能破諸法自性。』此如前說，語言亦是因緣和合，而實事師認為：因緣和合一定要建立在自性有之上。故實事師便錯解此《迴諍論》而說：語言無自性，若語言無自性則不存在，若不存在則不能破諸法有自性。

正法解行林

然此是說，諸緣起法即是自性空，而自性空即是**空性，何以故？是無自性**故。

　　所謂「諸緣起法即是空性」是說：一切法的存在是唯名言假立。而緣起法又有：粗分的緣起法、細分的緣起法。中觀應成派是許細分之緣起，其緣起法是唯名言假立，然因無明之識體會耽著其為自性有──非緣起。故若於緣起法上遮除此自性有──無自性，依此無自性而安立其為空性。安立其為空性，是因為無自性，如是於名言的安立──因果相隨順，然非是說緣起就等同空性。因為緣起是剎那生滅之無常法；而空性是非剎那性之常法，如何能說緣起就等同空性呢？這是無法成立的！

　　諸法無自性，緣起故。非是說緣起就等同空性；而是由於緣起遮除非緣起的這一分自性有，將此分自性有遮除，當下即是無自性，此無遮分之無自性，我們安立其為空性。故是以無自性而安立其為空性──因果相隨順。若說緣起就等同空性，則緣起是剎那生滅之無常法，而空性是非剎那生滅之常法，怎麼（會說緣起就等同空性）呢？故本文說：「諸緣起法即是空性，何以故？是無自性故。」

（p416+1）

諸緣起法其性非有，無自性故。何故無性？待因緣故。若法有性，則無因緣亦應恆有，然非如是，故無自性，故說為空。如是我語亦是緣起，故無自性，無自性故說空應理。如瓶、衣等，是緣起故自性雖空，然能受取蜜、水、乳、糜，及能遮蔽風寒日曝。如是我語，是緣起故，雖無自性，然能善成諸法無性。故說：『汝語無自性故，應不能破除一切法自性』，皆悉不成。」此極顯說：若有自性不待因緣，若待因緣定無自性，順行逆返及無性語，而能作為破立等事。由依因緣，染淨諸法生滅緣起與無自性隨順和合，固不待言，即此緣起，為達無性最無上因，當知唯是中觀智者所有勝法。

　　［釋］：**諸緣起法其自性非有，無自性故。何故無自性？觀待因緣故。若法有自性，而有自性即是不依他，既然不依他則無觀待，若無觀待因緣則亦應恆常而有，然非如是恆常，故應許無自性，故說為自性空。**

如是我所說之**語言亦是緣起**，因為語言的生起定須以尋、伺為主因，舌根…等為助緣，故是因緣和合，以是因緣和合**故說為無自性，無自性故說空**為**應理**。同理，**如瓶、衣…等，是緣起故，自性雖空，然瓶能受取蜜、水、乳、糜，及衣能遮蔽風寒日曝**。

如是我所說之語言，亦是緣起故，雖無自性，然能善成立諸法無自性。故《廣論》p413+2 實事師引《迴諍論》作如是**說**：『**汝語無自性故，應不能破除一切法自性**』，此種說法**皆悉不成。**」本宗以為：**此極**明顯**說明**：**若有自性即不待因緣，若待因緣定無自性，順行**——若有自性，即不待因緣、**逆返**——觀待因緣，則無自性**及無自性之言語，而能作為**能破、**所破、能立、所立…等事。由依此因緣，**染淨諸法生滅緣起與無自性隨順和合，固不待言，即此唯名言假立之**緣起**義，**是為通達無自性最無上之正因，當知此唯是中觀智者所有最殊勝之妙法。

（p416-6）

若執緣起生滅定有自性，破自性理而破生滅緣起。如天變成魔，於能如實得中觀義作大障礙。故於諸法若見無有塵許自性引生定解，而就自宗於因果系全無引生定解之處，須就他許。

[釋]：此中「須就他許」與前 p414-3「便謂就他而假立」二者相同。

補充 p414-3：若謂無性之空，是就中觀自宗安立，而緣起因果之建立，於自宗中不善安立，便謂就他而假立者，非緣起義。

本宗說：若自許中觀應成派謂承許無自性之空，是就中觀自宗安立，而緣起因果之建立，於自宗中卻不善巧安立，便謂就依他宗所許、或依錯亂識且非量成而假立者，此種說法，本宗認為，並非真正的緣起義。

因為自許中觀應成派者認為緣起因果沒有量成，而本宗認為：緣起因果是存在，既然存在，就必定為量成。此種說法，不是僅本宗，且是所有宗派都必須承許的。故真正的緣起義必須量成。然往昔西藏自許為中觀應成派之學者，由於錯解中觀應成派量的定義，故說：緣起因果非量成。

中觀應成派的量——

中觀應成派"量"的定義是於其境不錯亂。然"境"有顯現境及執持境。識體於顯現境不錯亂者，不代表其不顛倒。譬如執持兔角（或人我執、法我執）之分別心觀待其兔角（人我、法我）的顯現境是不錯亂，由於符合量的定義，故是量成。然，執持兔角之分別心於其執持境兔角並不存在，故執持兔角之分別心觀待其兔角之顯現境雖是量成，但，執持兔角之分別心觀待其執持境兔角不存在，故執持兔角之分別心為顛倒。

又，識體於顯現境不錯亂者，不代表其為顛倒。如執持瓶子之分別心觀待其瓶子的顯現境為不錯亂，亦是量成。以執持瓶子的分別心觀待其執持境瓶子存在，故執持瓶子的分別心為不顛倒。而執持自性有的瓶子的分別心觀待其自

性有瓶子的顯現境雖爲量成。但，觀待勝義諦，皆非量成。同樣的，執持自性有瓶子的分別心觀待其執持境——自性有的瓶子，雖是不顛倒，因爲於世俗諦當中存在。然觀待勝義諦皆爲顛倒，以自性有的瓶子不存在故。

本宗認爲：若執緣起生滅定有自性，則會成爲破自性之理而破生滅緣起諸法。這種說法如天成魔，於能如實獲得中觀正義作大障礙。故於諸法若見無有塵許自性引生定解，而就自宗於世俗因果系全無引生定解之處，即對於世俗緣起的因果無法產生定解，須就他許——依他所許，即錯亂顯現爲有。

（p416-4）

若就自宗於因果上善引定解，而於無性自宗全無定解之處，而於無性取密意者，應知未得中觀正見。應於能得正見之因，淨護所受淨戒爲本；多門策勵積集資糧；淨治罪障；親近善士勤求聞思。能於如是現空二事雙引定解者，至極少際，故極難得中觀正見。

[釋]：若就自宗對於世俗因果上善引生定解，雖能建立世俗因果，然而對於無自性自宗全無法產生定解之處，反之，若無自性則世俗因果就不存在、就無法建立了，如果還能建立，就會如同前面所說，是唯由錯亂識的顯現，且無量成。若如是而於無自性的理解，僅於無自性取密意者（僅如此理解），應知未獲得中觀正見。故應於能獲得正見之因努力的去行持，（1）淨護所受淨戒爲根本；（2）多門策勵積集資糧；（3）淨治罪障；（4）親近善士勤求聞思。能於如是現空二事雙引定解者，至極少際，故極難得中觀正見。此說：對於顯現分之緣起因果，同時又要成立無自性之空，二事能產生定解。亦即：無自性同時能成立緣起因果；由於緣起因果，故能成立無自性，二者無有相違或是相輔相成，能建立起這樣的認知是「至極少際」。也就是說，能獲得中觀應成派的正見是非常少的。

《菩提道次第略論釋》云：「所最難者，是要盡破一切自性，而又能安立補特伽羅等爲造業者、受果者，故中觀正見最爲難得。此現空雙運，乃證得甚深滅諸戲論之光明心（根本智），見心雖可證可得，然向人說極不易得解之人。藏文「西他藏」，《廣論》譯爲「至極少際」，謂能立此現空二事者，寥若晨星。

能遮一切法之自性成就而通達無自性，此事雖難，然尚為最難中之較易者。印度一切賢聖同聲讚歎應成派者，即在其能善安立二事。即在昔天竺，能善安立現空二事者，如龍樹、提婆、寂天、佛護、月稱、阿底峽等，亦寥寥可數。而在藏中則尤少。中觀自續派以下，各宗皆不能雙立二事，於緣起性空，非顧此失彼，即顧彼失此。」

（p416-1）
《中論》〈二十四品〉密意說云：「由知諸劣慧，難達此深法，故於說正法，能仁心退捨。」《寶鬘論》云：「且此不淨身，粗惡是現境，恆常而顯現，若尚不住心，爾時此正法，無所住深細，非現最甚深，於心何易轉，此法甚深故，知眾生難悟，故能仁成佛，欲捨不說法。」經論皆說極難通達。若不如是，僅於少數堪為定量之論，見說觀察瓶等與自支分，以一異理決擇無性而起誤解。

　　　［釋］：《中論》〈二十四品〉密意說云：「由佛知諸有情劣慧（執諸法實有），難通達此諸法無自性之深法，故於佛說正法，能仁心退捨（能仁暫不說法）。」《中觀寶鬘論》云：「且此三十二種不淨身，粗惡是現前之境，恆常而顯現不淨且粗惡，若尚不住此不淨及粗惡心，反而執為清淨、妙樂心，爾時此空性正法，無所住深細（很難通達深細之空性見），非現前之境，是最甚深，於此顛倒心何易轉（哪有那麼容易轉顛倒心為通達空性之心），此空性之法甚深故，佛知眾生難悟，故能仁成佛時，欲捨（暫時）不說法。」諸經論皆說空性極難通達。若不如是，僅於少數堪為定量之論，見說觀察瓶等與瓶之自支分，以一、異理決擇無自性而起誤解。

（p417+4）
便觀瓶等，於自支分嘴項等中為是何事，若於彼中全無所得便起定解，謂瓶非有。次於觀者亦如是觀，則覺觀者亦定非有。爾時觀者且無所得，又由誰知瓶等為無。由是便謂非有非無，以相似理引顛倒解。若安立此為得正見誠乃易事。故具慧者應於了義經，及中觀等清淨釋論所說空義，即緣起義」，中觀智者所有勝法，尤於佛護論師月稱論師，無餘盡解聖者父子所有密意，最微細處，謂依緣起，於無自性生定解法，及性空法現為因果之理。當生定解，他莫能轉。

［釋］：便觀瓶等，於自支分瓶嘴、瓶項…等中為是何事，若於彼瓶之支分中全無瓶所得便起定解，謂瓶非有。次於能觀者亦如是觀察，則覺能觀者亦定非有。宗喀巴大師認為此種觀察，爾時能觀者且無所得，又由誰來了知瓶…等為有、為無。由是此類觀察者便謂：非有非無，以相似理引顛倒解。宗喀巴大師說：若以如是而來安立中觀正理，則安立此為得正見誠乃易事。故具慧者應於了義經，及中觀等清淨釋論所說「空性義，即緣起義」，中觀智者所有殊勝之法，尤於佛護論師、月稱論師，無餘盡淨圓滿的解釋聖者父子所有密意，最微細處，謂依緣起，於無自性生定解法，及自性空法現為因果之理。當引生定解，他莫能轉。

此中所謂〝相似理〞，在《菩提道次第略論釋》p1137-3 中云：「於應斷之界限，謂不須分別心於彼安立，而彼自能成就之實有成就法，須先於此應斷分，能善了知。若不善知應斷實有成就之理趣，僅知以一、異理分析，於一、異二中皆無。或觀瓶口、瓶腹、瓶底、瓶中，皆非是瓶，如是見瓶為無。又回觀自我與蘊為一、為異，或觀頭、目、手、足，皆非是有，若說我無，又恐墮斷見，於是不執是有、是無，不論為是、為非，次覺現境渺茫無實，似於空中浮現不可觸摸之相，彼等遂自以為已見緣起如幻之理，而實非是。此其過患，在不知自性有與名言有，及自性無與名言無之分別，而混淆為一。如是之空，乃壞滅緣起之空。從境上而言，或又據凡有所執、有所分別，即非空見之言，謂應不執有，亦不執無，一無所執，方是修空。如是薰修既久，即見牆壁渺茫，如煙如霧，或能見牆壁外物，或即此身能穿過牆壁，遂謂已證空性。或以任何亦不作意為修空，或以心無分別為修空。凡此等等，皆非緣起如幻之義。其所修所證不惟非善，且有過患。因彼不善分別自性有無與世俗有無。彼將世俗一切有無並皆遮斷，乃壞緣起之斷空。彼將瓶之自性有——應破分，與瓶之有——名言有，不應破者，混而為一，一併破除。故其最大過患，在壞緣起。由證彼空所引起之渺茫境相，非如幻之正義。且彼亦非難事。又，若唯專心全無所執而住，由此力故，於出定後，見山林等一切現相，或如虹霓，或如薄煙，不類以前所見之堅實者，亦非經中所說如幻之義。

以上將 p411-1 科判「一、明中觀勝法」解釋竟。以下說明「二、彼如何破壞」。

（p417-4）

第二、彼說如何破此之理。如是龍猛菩薩之宗，謂諸法全無塵許自性，若由自性，生死涅槃一切建立皆不得成。然此建立不可不有，其縛脫等一切建立皆當安立，故亦定須許無自性。

　　〔釋〕：第二、本宗說：彼往昔追隨龍樹菩薩的西藏學者，自許為中觀應成派，這些學者之言說是如何破此龍樹菩薩見解之理。

　　如是龍猛菩薩之宗，謂諸法全無塵許自性，若有自性，生死涅槃一切建立皆不得成。然此生死涅槃一切諸法之建立不可不有，其繫縛、解脫等一切建立皆當安立，故亦定須許無自性。

（p417-2）

然汝等說：若一切法皆無自性，餘復何有？破除縛脫及生滅等不須更加勝義簡別，即由破除自性正理而能破除。故於無性安立縛脫及生滅等，應當審思云何非破。

　　〔釋〕：然汝等西藏學者作如是說：若一切法皆無自性，餘復何有（即全無）？故說：破除繫縛、解脫及生、滅…等不須要更加勝義簡別（即不須加自性有的簡別），即由破除自性之正理而能破除一切諸法。故這些西藏學者對於龍樹菩薩之宗──許無自性，且能安立繫縛、解脫及生、滅…等，應當審思云何應破？何者非應破？因為你們這些西藏學者說：破除自性之正理即能破除一切法，亦即若許無自性，一切法就不存在。此種觀點事實上正與龍樹之宗相違。

（p417-1）

若謂論師就名言許繫縛解脫生死涅槃一切建立，我於名言亦許彼等，故無過失。此非應理月稱論師於名言中，亦許諸法全無自性，汝亦共許，若爾破除自性之理，於名言中亦須破彼自性故。又許破自性之理，能破繫縛及解脫等，故於名言亦破繫縛及解脫等，極為明顯。

　　〔釋〕：本宗說：若你西藏學者謂：破自性理即破諸法，不會與龍樹菩薩所說相違。因為你們認為龍樹論師就名言許繫縛、解脫生死涅槃一切建立，而我西藏學者於名言亦許彼等繫縛、解脫、生死、涅槃一切建立，故無過失。

本宗又說：**此西藏學者所說非應理**。因爲**月稱論師於名言中，亦許諸法全無自性**，此點雖然**汝西藏學者亦共許，若爾**（如果你亦共許月稱論師所說）：**破除自性之理，於名言中亦須破彼自性故**。然，你西藏學者又承**許於名言中破除自性之理，亦能破除繫縛及解脫等**，故你西藏學者**於名言中亦破除繫縛及解脫等，極為明顯**。

此處是說明，往昔西藏學者認爲：破除自性之正理，即能破除繫縛以及解脫等法。既然破除了繫縛、解脫等法，怎麼又能夠在名言之上安立繫縛、解脫呢？這一種說法已經很明顯的違背龍樹菩薩、月稱論師的說法。

（p418+3）
總許無性與繫縛解脫生滅等相違，則於性空之空，生死涅槃一切建立而應理者，隨於二諦皆不得成。故汝破壞中觀所有唯一勝法。若不許彼為相違者，許於所破全不簡別，以破自性之理而破生滅繫縛解脫等，全無正因。

［釋］：**總許**（假若總相承許）：**無自性與繫縛解脫生滅等相違，則於性空之空，生死涅槃一切建立而應理者**，如是**隨於二諦皆不得成。故汝**這些往昔西藏**學者是破壞中觀所有唯一**性空緣起之殊**勝妙法。若**往昔西藏學者**不許彼**破除自性之理即破除繫縛、解脫等法**為相違者**，又**許於所破全不加簡別，以破自性之理而破生、滅、繫縛、解脫等，全無正因**（完全不合理）。因爲依你的見解來看根本無法在任一法上建立世俗及勝義二諦。

（p418+6）
若以破自性之理而破因果，則無性中無生滅等，是與〈第二十四品〉：「若此等皆空，應無生無滅，則諸四聖諦，於汝應皆無。」實事師宗所起諍論，及《迴諍論》中：「設若一切法，皆非有自性，汝語亦無性，不能破自性」實事師宗所起諍論，顯然無別。

［釋］：本宗說：**若以破自性之理而破因果，則無**自**性中**全**無生、滅…等**，此種見解是與《中論》**〈第二十四品〉：「若此等皆空，應無生無滅，則諸四聖諦，於汝應皆無。」**此是**實事師宗引**《中論》對中觀應成派**所起的諍論，及《迴諍論》**中：「設若一切法，皆非有自性，汝語亦無性，不能破自性」**此亦是**實事師宗引**《迴諍論》所起的諍論，顯然**這些往昔西藏學者的見解與實事的見解是**無差別**。

（p418-5）

若謂性空不空，其生滅等皆不得成，我俱不許性空不空，故無過失者，此定非
論義。《明顯句論》云：「其生滅等非但於我無不成過，其四諦等，且極應理。」
本論亦善分辨性空之宗，彼等皆成，不空之宗則皆不成。《入中論》云：「事空
如像等，依緣非不許，如從空像等，能生彼相識，如是諸法空，然從空事生。」

　　［釋］：本宗又說：**若你西藏學者又謂：不論自性性空、或自性不空，其
生、滅…等一切諸法皆不得成立，所以，我西藏學者俱不許自性空，或自性不
空，故全無**自性空及自性不空的**過失者，此種說法定非論**中所要說的含**義。**

　　本宗引《明顯句論》云：「**此無自性其生、滅…等非但於我應成宗無不成過
失，其四諦等在無自性亦可建立，且極應理。」本論《明顯句論》亦善分辨性空
之宗，彼等**繫縛、涅槃…等一切法**皆可成立，不空之宗**（即自性有）**則**繫縛、涅
槃等一切法**皆不成立。**此於月稱論師所著之《入中論》中云：「事空如像等，依
緣非不許，如從空像等，能生彼相識，如是諸法空，然從空事生。」此中謂諸法
如同影像般的顯現自性有實非自性有，是自性空依緣起而為世俗有，如從鏡子
中顯現虛假的臉相，而生起眼識的作用。如是諸法自性空，然從自性空而有緣
起之事。論之下文又云：「二諦具無自性故，彼等非斷亦非常」。

（p418-1）

又以正理破縛脫等，非於勝義而能破除，須於世俗中破，然於名言破除生死涅
槃一切建立之中觀論師，誠為先所未有者。

　　［釋］：**又往昔西藏學者：以正理破除繫縛、解脫等一切諸法，非於勝義而
能破除，**因為他們認為無須簡別，故**須於世俗中破除，然**承許**於名言**中**破除生
死涅槃一切諸法建立之中觀論師，是誠為先所未有者。**事實上，這一類的學
者，於名言中破除生死涅槃一切諸法的建立，雖亦承許世俗名言有，然，此種
承許唯由錯亂識非量成的顯現而成立，就如同兔角一樣。此種唯由錯亂識顯現而
成立且非量成之緣起諸法，事實上，此種見解是破除緣起因果法的最大邪見
者。

菩提道次第廣論卷十七終
菩提道次第廣論卷十八

（p420+1）

第三諸中觀師如何答覆。「若諸法性空，生死涅槃所有因果不可安立。」龍猛菩薩謂此諍論是中觀師破他之過，今向自擲應遮回耳。

[釋]：第三、諸中觀師如何答覆。自許中觀應成派者認為：「**若諸法性空，生死涅槃所有因果不可安立。**」龍猛菩薩謂此自性不空不能安立諸法，及自性空方可安立諸法之**諍論**：此**是中觀師破他**實事師若許性不空，會有不可安立因果之**過失，今向自擲應遮回耳！**

中觀應成派認為：由於實事師承許性不空，而性不空即是自性有，若自性有就無法安立因果，但你卻將此不可安立因果的過失擲向我中觀應成派。因為中觀應成師承許諸法自性空，不會有無法安立因果的過失。故此種無法法安立因果的過失，只有在你實事師才會有，因為你承許性不空，所以，你應當好好省思。

（p420+2）

《中論》〈二十四品〉云：「汝將自諸過，欲轉為我過，如現乘馬上，而自忘其馬。若有見諸法，是由自性有，則汝見諸法，皆無有因緣。」

[釋]：如《中論》〈二十四品〉云：「**汝**實事師**將自**宗無法建立因果之**諸過失，欲轉為我**中觀應成派的**過失，此如現乘馬上，而自忘其馬。若有見諸法，是由自性有，則汝**實事師**見諸法，皆無有因緣。**」故汝實事師是破壞因果、作者、作、所作和生、滅之果，因為見一切諸法有自性。故汝實事師所有毀謗空性的過失，於我中觀應成師則非有，以生、滅不能安立等諸過失，於承許空性者非有故。

論式（1）：中觀應成師（有法）承許一切因果生死涅槃之建立皆應理，
以中觀應成師承許一切諸法自性空。

論式（2）：實事師（有法）承許一切因果生死涅槃之建立皆不應理，
以實事師不許一切諸法自性空。

（p420+3）

又云：「若此不皆空，應無生無滅，則四聖諦等，於汝應皆無。」故謂：若無自性餘更何有者，顯然未分苗無自性與苗全無二者差別，亦未能分苗有自性與苗芽有。故謂：若有必有自性，若無自性則謂斷無。若非爾者，何故說：破自性正

理，能破於有及生滅等。如是若時許有苗等，爾時便說有自性苗，若全無性說斷無者，定墮二邊，與實事師全無差別。

[釋]：《中論》又云：「若此不皆空——自性有，應無生無滅，則四聖諦等，於汝實事師應皆無。」故自許中觀應成派者謂：若無自性餘更何有者（若無自性一切諸法全無），本宗說：此顯然未分苗無自性與苗全無二者之差別，亦未能分苗有自性與苗芽名言有。故自許中觀應成派者謂：若名言有則必定要有自性，若無自性則謂斷無。本宗又說：若非爾者（若不是這樣的話），何故汝自許中觀應成派者說：破自性之正理，亦能破於有及生、滅等法。如是若時許有苗…等，爾時便說有自性之苗，若全無自性即說斷無者，此種說法定墮二邊，此種見解與實事師全無差別。

（p420-5）

《四百論釋》云：「如實事師，若時說有諸法，爾時即說是有自性，若時無性，爾時便說諸法一切永無等同兔角。未出二邊，故此所樂一切難成。」乃至未解月稱論師所分，有無自性，與有無法四者差別，定墮二邊，不能通達中觀深義。謂以若無自性則全無法，於性空之空，全無安立因果之處，故墮斷邊。若許有法必許有性，則不能立因果如幻，實無自性現似有性，故墮常邊。若達一切法，本無自性，如微塵許，不墮有邊。如是則於苗等諸法，非由作用空而為無事，有力能作各各所作，引決定智，遠離無邊。

[釋]：月稱論師所著《四百論釋》云：「如實事師所許，若時說有諸法，爾時即說是有自性，若時無自性，爾時便說諸法一切永無，等同兔角。未出常見、斷見之二邊，故此所樂解脫、成佛等一切是難成辦。」意謂：乃至未解月稱論師所分之有自性、無自性，與名言有、全無法此四者之差別，定墮常、斷二邊，不能通達中觀深義。故謂：以若無自性則全無法，於性空之空，全無安立因果之處，故墮斷邊。若許有法必承許有自性，則不能安立因果如幻，實無自性現似有自性，故墮常邊。本宗認為：若通達一切法，本無自性，如微塵許自性可得，定不墮自性有之常邊。如是許自性空則於苗等諸法，非由作用空而成為無事（全無），且有力能作各各所作，引生決定智，遠離名言無之斷邊。

（p421+3）

《顯句論》中亦明了辨別無與無性，如云：「若汝立諸法皆無自性，如世尊說：自所作業、自受異熟，則彼一切皆為汝破，誹謗因果，故汝即是無見之主。答曰：我非無見，我是破除有、無二邊，光顯能往般涅槃城無二之道。我亦非說斷無諸業、作者、果等。

[釋]：《顯句論》中亦明了辨別全無與無自性之差別，如《顯句論》云：「實事師說：若汝中觀應成師立諸法皆無自性，如世尊所說：自所作業、自受異熟，則彼一切皆為汝中觀應成師所破壞，誹謗因果，故汝中觀應成師所即是無見──斷見之主。月稱論師答曰：我非無見（我非斷見者），我是破除自性有、名言無之常、斷二邊，而光顯能往般涅槃城無二之道──唯一之法，即是通達無自性、名言有。我月稱論師亦非說斷無諸業、作者、果…等。

（p421+5）

若爾云何，謂善安立彼無自性。若無自性，能作、所作不應理故，過失仍在。此過非有！唯有自性不見作用故，唯無自性見有作用故。」此實事師謂：若無自性以破自性理，即破從業生諸異熟，與許破自性理破因果者，所許無別。

[釋]：實事師又問：若爾你月稱論師云何又謂善安立彼無自性呢？因為若許無自性，能作、所作不應理故，故汝之過失仍在。月稱論師再次回答：此過非有！唯汝實事師承許有自性，才不見因果作用故，唯有承許無自性才見有因果作用故。」此實事師謂：若你中觀應成師承許無自性以破自性之理，即成為破從業生諸異熟，此與汝中觀應成師所破之往昔西藏論師（即自許中觀應成師）所承許破自性理而破因果者，我實事師認為論主月稱論師和自許中觀應成師所許並無任何差別。所以，實事師認為：汝論主月稱論師為了不破從業生諸異熟及因果故，汝應許有自性。

（p421-6）

若破因果即成斷見之主，雖中觀師與實事師共同許可，然中觀師自不許為破除因果，而實事師覺破自性，亦定破因果，故說中觀師為斷無者或斷見者。藏地自許中觀師者，多許破自性理能破因果，順實事師，反說以理破壞因果是中觀宗，而起勝解。

[釋]：本宗認為：若破因果即成斷見之主，雖然中觀應成師與實事師共同

許可，然中觀師自不許破自性即為破除因果，而實事師覺得破自性，亦定破因果，故說中觀師為斷無者，或斷見者。汝實事師舉藏地自許中觀師者，多承許破自性理能破因果的這種見解，本宗認為自許為中觀應成者的見解是相順於實事師，然你實事師反而說以正理破壞因果的是中觀宗，因為中觀宗承許無自性，於此中觀宗承許無自性就是破壞因果者而起殊勝之定解。

（p421-3）
又答諍云：「我非無見，是破有無二邊顯解脫道。」餘文即明破有無理。其中說云：「我等非說無業果等。」是除無邊，謂若許無業果等，則成無見者，然我不許爾。

　　［釋］：故《顯句論》又答諍云：「我非無見，是破有無二邊顯解脫道。」此是於《廣論》p421+5 餘文（指後文）即明破自性有、名言無之理。其中後文又說云：「我等非說無業果等。」此是破除無邊，意謂：若承許無業果等，則成無見之斷見者，然我（論主）月稱論師不許無業果之無見爾。

（p421-2）
其次問云：「若爾云何？」答云：「安立或許彼業果等全無自性。」是遣有邊。次云：「若無自性能作所作不應理，故過失仍在。」

　　［釋］：其次實事師問云：「若爾云何安立諸業、作者、果者呢？」論主月稱論師回答云：「名言安立，或許彼業果…等全無自性。」以此無自性是遣自性有之常邊。實事師次又問云：「若無自性能作、所作不應理，故過失仍在。」

（p422+1）
是實事師諍云：「汝雖說云：非是無見是說無性，然前設過，若無自性，因果不成，尚未能斷。」以於彼宗無性與無，二無差別，故如是諍。次答彼云：「因生果等，能作、所作於有自性不可成立，唯於無性彼等乃能成。」

　　［釋］：本宗說：此是實事師諍辯云：「汝論主月稱論師雖說云：非是無見——斷見，而是說無自性，然前面所設之過失，若無自性，因果不能成立之過失，尚未能斷。」本宗解釋：以於彼實事宗認為：無自性與全無，二者並無差別，故作如是諍辯。次論主月稱論師回答彼云：「因生果…等，能作、所作於承許有自性不可成立，唯於承許無自性彼因生果等乃能成立。」

前 p420+1「第三、諸中觀師如何答覆」之科判。自許中觀應成師之西藏學者及實事師，皆無法明辨〝無自性與全無〞或是〝自性有與名言有〞之間的差別。自許爲中觀應成派之西藏學者，雖承許無自性，然又說無業果，因此，亦離不開斷見；而實事師是承許有自性，但是若承許有自性，以中觀應成派觀之，仍然會成爲常見或斷見。故此科判主要是對於此四——無自性、全無、自性有、名言有，各別各別的回答。

此段主要是辨別〝全無與無自性〞之間的差別。亦即中觀應成派認爲〝一切諸法皆無自性〞，雖無自性，然亦有世俗業因果的存在。但是，自許中觀應成師之西藏學者與實事師都認爲〝若無自性則全無〞。

p422+4 此處是對於實事師所說之無事、有事而來做進一步的理解。因爲實事師認爲：若無自性即是〝無事〞，而無事即是全無，如是則緣起因果法皆不存在。故說：若緣起因果法存在則定須有自性，此爲〝有事〞。但是，中觀應成派並非說是無事（全無），此如前說，中觀應成派承許無自性同時又可以建立緣起因果法，故並非如同實事師所說之〝全無〞，以下是對於此問題的辯論。

（p422+4）

《四百論釋》云：「我非說無事，是說緣起故。汝說有事耶？非唯說緣起故。汝何所說，宣說緣起呢？何爲緣起義？謂無自性義，即自性無生義，能生性如幻現、陽燄、影像、乾闥婆城、化、夢果義，空無我義。」

[釋]：月稱論師所著《四百論釋》云：「我月稱論師**非說無事**——全無，而**是說緣起故**。而**汝**實事師**說有事**——即有自性**耶**？**汝非唯說緣起故**。實事師問：汝論主何所說，而來**宣說緣起**呢？論主回答：**何爲緣起義？謂無自性義**，意**即自性無生義**，由自性無生義而有**能生性**，能生緣起因果法。而此緣起因果法**如同幻現、陽燄、影像、乾闥婆城、化人、夢之果義**，何謂〝果義〞？以其是能生性，由於無自性故有緣起如幻之果義，雖是緣起如幻之果義，然是**空無我義**。」

（p422+6）

此顯由許緣起，能除有事、無事，二邊之理。此由說緣起義是自性無生，故能除有實事論。顯說能生如幻…等果為緣起義，故能除無事論。

[釋]：此《四百論釋》中所說〝許自性無生，才有能生幻化之果義〞，由自性無生破除有自性，而有能生幻化之果義，此則能破全無之無事，故顯示由承許緣起，能除有事——自性有之常邊、無事——全無之斷邊，二邊之理。此《四百論釋》由說緣起作用如幻義，是因為自性無生，故由自性無生能除自性有之實事論。由自性無生顯示說有能生如幻…等果為緣起義，故由緣起義能除全無之無事論。

（p422+7）

言「有事」者，略有二義：謂自性義及作用義。實事師之有事，是有自性義；無事論之〝事〞，是有作用義，除彼二執即破自性，顯有因果如幻化故。

[釋]：本宗解釋：所言「有事」者，略有二義：謂自性義及作用義。然，實事師所許之有事，即是有自性義；而無事論之〝事〞，是指有作用義，不是〝自性〞義。故〝無事〞即成為無作用義。故實事師所許之有事，即於自性有的基礎上而有作用之事；若無自性，則成為無作用之無事，意即全無。故破除彼有事、無事二執即需破除有自性，顯示有因果如幻化之義故。意即必須藉由破除自性有，才能夠破除實事論師及無事論師所提出來的論點，並且在破除自性有的當下，同時顯現因果如幻作用之義。

（p422-5）

又《四百論釋》云：「豈無緣過去境之念耶？誰云其無！我等非破緣起，如其所有即如是定解。論主已安立云：念謂於倒義，唯顛倒而生，故念所緣是過去事。若彼有性，其念由緣實有義故，亦可有性。若過去事全無自性，則緣彼念亦應無性，故云顛倒亦善成立。言顛倒者，是無自性及緣起義，非是餘義。事斷無義，非顛倒義。又過去事，非一切種全無所有，是所念故，見彼果故，亦非有性，應性常故，應可取故。」

[釋]：此處的重點，是對於實事師承許〝憶念〞時，與中觀應成派所承許的〝憶念〞是不相同的——對此而來破斥。

〝憶念〞會生起，是由前念所生，而憶念是緣過去之事，既然是緣過去之事或是由前念所生，則定會有次第，既然有次第，而你又承許自性有的話，那麼，自性有又如何會有次第呢？因此，以中觀應成派而言，以其承許無自性，故觀待於現在而安立為過去之事。因此，過去與現在是相互觀待而有的，既然是相互觀待當然是有次第，因為無自性，那就不會有過失了。

又《四百論釋》云：「實事師說：**豈無緣過去境之念耶？誰云其無**（誰說沒有呢）！**我等非破緣起，如其所有**之緣起因果，我即如是定解並承許其為存在。**論主**（指龍樹菩薩）已於《中論》安立云：『**念謂於倒義，唯顛倒而生。**』故月稱論師依著《中論》而說：故〝**念**〞所緣是過去之事。**若彼**〝**所緣境**〞**有**自**性**，**其念由緣實有**之義故，**亦可有**自**性。若過去事全無自性，則緣彼**所緣境之念**亦應無**自**性，故**《中論》云：〝念〞是**顛倒**之義**亦善成立。**〝顛倒之義〞就是說，法的存在本無自性，但是又由於它會顯見自性有，因此會變成顛倒。此如前所說之〝緣起如幻〞，〝緣起〞的究竟本質、其成立的當下即是無自性，然於識體上會顯現為自性有，故說〝緣起如幻〞。同理，〝憶念〞，也是憶念過去的事，既然是憶念過去的事，那它一定是有次第的，既然是有次第的，你怎麼又會承許它是有自性呢？雖是無自性，但我們的錯亂識體會耽著他為有自性，因此〝念〞是顛倒之義亦善成立。

又《中論》所言之〝顛倒〞者，是無自性及緣起之義，非是能以其**餘**之義來作解釋。又，「**事斷無義，非顛倒義**」中之〝事〞是指實事師之事──有自性，也不是〝無事〞或〝無作用〞的意思，實事師所說的緣起更不是《中論》當中所說的〝顛倒〞義。**又過去事非一切種全無所有**，因為過去事是存在的，理由有二：（1）**是所念故**，（2）**見彼果故**。（1）所念故，由於緣念過去之事，可生種種憶念故。（2）見彼果故：因為憶念是所生，故非一切種全無所有，即是存在的，故說：見彼果故。**亦非有**自**性，若有自性應成性常故，應如現前可取故。**」此中說明：若有自性，可依二因來破除：（1）應性常故：若性是常，則不觀待他法。若不觀待他法，即無所謂的緣念 ── 憶念。（2）應可取故，即是現前可取。所謂〝念〞是憶起過去所發生之事。因此，一定是過去之事先生起，之後〝念〞才會產生，故此事定有時間的先後次第。假若念所緣過去之事

為有自性，即應成常法。若為常法，則必為恆常存在。若恆常存在，就會成為無前後的同時存在。若同時存在，就不符合〝念〞的定義。

（p422-1）
此說過去等事，既非全無，亦非有性，其顛倒虛妄義即緣起義，非無事義。故許諸法有自性者是實事論，或墮有邊，非說唯有法者，即實事論及實有師。如是若說內外諸法，由作用空為無事者是無事論，或墮無邊，非說彼無性者即墮無邊。

　　[釋]：本宗說：**此說過去等事，既非全無，亦非有**自性，**其**過去事是**顛倒虛妄義**，亦即**緣起義，非無事義**──非無作用義。**故許諸法有自性者是實事論**者，**或墮**自性**有**之常**邊**，故**非說彼**等**唯**承許**有法者，**即**能稱為**實事論**者**及實有師。**即彼等除了承許有〝法〞外，還會承許自性有，故實事師之〝事〞字，非唯承許有諸法而已，還承許為自性有。同理，**如是若說內外諸法，由作用空，**而稱**為無事者是無事論**師，彼等**或墮**全無之**斷邊，**並**非說彼**若許**無**自性**者，**即**墮**入全**無**之斷**邊。**

　　此中〝過去事〞一詞是否能夠安立呢？中觀應成派與實事師，包括自續派所許並不相同。為什麼？因為所謂的過去的意思是〝已經消失〞的意思。既然已經消失，如何安立其為〝事〞呢？因為所謂〝事〞必須是〝能作用〞者。但是，以中觀應成派而言，承許一切諸法皆無自性，唯觀待而有，故〝過去〞是觀待現在而安立，並許為無常法，既然是無常法，就是有作用的事物。因此，以中觀應成派來說，〝過去〞亦可說為〝過去事〞。由於其為有作用之事，故月稱論師所著《四百論釋》才說：「是所念故，及見彼果故。」然自續派以下無法如同中觀應成師一般安立過去為無常法，他們必須承許過去就是〝作用已經消失〞者，故許為常法。因為自續派以下承許一切諸法皆為實有自性，若許為無常法，就必須再尋找其假立義 ，如是則會有已經消失沒有作用，同時又可以尋找到一個有作用之自性有，如此就會有〝沒有作用〞和〝有作用〞同時存在的過失。

所以，實事師包括自續派，認爲：若許〝過去事〞，其所許之〝事〞必定與應成派所說不同，亦即不僅會有如前所說（1）所念故。意謂：憶念是緣念過去之事，緣念過去，定有前後。若有自性，定無前後，則憶念應不存在；及（2）見彼果故。意謂：憶念爲前念所生，若有自性，即無因生果之念的過失，且有〝無作用〞及〝有作用〞成爲一之大過失。以上所說自續派以下不包括一切有部，因爲一切有部也承許過去、現在、未來，皆是無常法，然，許爲實體有。不同於中觀應成派。

（p423+4）

若未如是分別全無與無自性，有性與有之差別，而於破除有無邊時，但作是說，我非說無，是說非有，及非說有，是說非無者，純相違語，非能略說中觀深義。

［釋］：本宗說：**若未如是分別**世俗名言**全無與無自性**有，**有**自**性與**名言**有之差別，而於破除有無邊時，但作是說：我非說無，是說非有，及非說有，是說非無者，**此種非有非無之見，**純相違語，非能略說中觀深義。**

（p423+5）

由破他時觀察有、無自性…等而破，自亦現許彼二決斷。而又許有俱非義故。隨於何事觀察自性，或有或無，於有無二，須能決斷，若第三聚非彼所攝，理不應觀自性有無。如同有說顯色中有，問青中有或黃中有。

［釋］：此類學者**由破他**宗**時**以正理**觀察**不是**有**自**性，**就是**無自性…等而破，**然西藏學者自許中觀應成派**自亦現許彼**有自性、無自性二者來作**決斷。然而又許有**〝**俱非**〞（非有非無）**之義故。**但本宗認爲：**隨於何事觀察自性，或有、或無，**唯**於有、無二，須能決斷，若**有第三聚則非彼有、無**所攝，**意謂：在任一法上，若有第三聚，**理不應觀察**（無法觀察）**自性有、無。**此即**如同有說顯色中有，**（顯色有：青、黃、赤、白）若**問青中有？或黃中有？**（此處是問此顏色是青色？或是黃色？），此問必須決斷是青色、或是黃色，絕對沒有第三聚，也就是沒有一種顏色是青色也是黃色的。

（p423+8）

如是能斷自性有無決定者，須總於所知，能斷有無決定。如於諦實，能斷諦實一多決定者，須總於一多能得決定。能如是決斷者，須能遮第三聚，故許有俱非之法，實屬亂說。

[釋]：同樣，**如是能斷自性有、無決定者，須總於所知**，即存在的法，**須能斷有、無決定**，若有第三種非有非無，或既有既無，則非所知所攝。**如同於諦實**存在的話，**須能斷諦實一、諦實多**，而來作**決定者**，即**須總於一、多能得決定。能如是決斷者，須能遮第三聚**──非有非無、既有既無，**故許有俱非之**第三聚之**法，實屬亂說**，亦即此第三聚之觀察，無法確立正確的見解。

（p423-4）

如《迴諍論》云：「若違無自性，應是有自性。」如是許者，隨於何法，皆不能遮第三聚法而得定數，唯懷疑惑，以於有、無等決斷一品，則於他品不決斷故。

[釋]：**如《迴諍論》云：「若違無自性，應是有自性。」如是**承**許**遠離有、無而作**決定者，隨於何法，皆不能遮第三聚法而得定數**，若無決定，**唯懷疑惑**，無法確定正確的見解。為什麼？**以於有、無等**雖能**決斷一品，則於他品不決斷故**。也就是決定有，一定遮除無；決定無，一定遮除有。若於此產生懷疑，則會成為決定有，卻無法遮除無；決定無，卻又無法遮除有。因此而產生了第三聚──非有非無，這種實屬亂說之邪見。然，經論也有說云：「是一亦是異」者，是指一、異之意均可成立。然於此類經文不可理解為，於成立一時，同時也成立異，或成立異時，同時也成立一。因為沒有一法是一，同時也是異。經論之意應該理解為：若決定為一品來成立，當下即遮除異品；若決定為異品來成立，則於當下遮除一品，故說：「是一亦是異」，此乃是站在名言有的角度而來說明一、異均可成立。又，經論若有云：「非一亦非異」者，則是站在勝義的角度來說：任一法若有自性，那麼不是自性一，就是自性異；不是自性異就是自性一。若自性一不存在，自性異也不存在，則由自性有所成立的任一法於所知當中不存在。同樣，依此理來理解，有、無，及非有非無。

（p423-2）

若許於是非等，無第三聚者，則於有無亦相同故。然彼說者，是於中觀論，宣說非有非無之語，所起誤解。

　　[釋]：本宗又云：**若許於是、非等**決定，而**無**〝亦非亦是〞之**第三聚者，則於有、無亦相同故**，定無〝亦有亦無〞之第三聚。**然彼說**有第三聚**者，是於《中觀論》，宣說**〝非有非無〞之語，所起誤解**。如《中論》云：「一切法空故，何有邊無邊，亦邊亦無邊，非有邊亦非無邊。」又云：「何者為一異？何有常無常？亦常亦無常，非常亦非無常。」

（p423-1）

若許爾者，如不可說為有為無，亦不應說非有非無，俱於四句如是說故。

　　[釋]：他派說：**若許**〝非有非無〞**爾者**，是依於《中論》而說。本宗反辯：**如汝認為：不可說為有，亦不可說為無**，是因為汝無法於有、無來作決斷。雖然他派承許〝非有非無〞，是依於《中論》所說。然，本宗反問：既然汝依《中論》所說，但，《中論》亦有說第四句〝非非有亦非非無〞，故汝**亦不應說**唯由第三句〝**非有非無〞**來作決定。因為《中論》**俱於四句**——有、無、非有無（俱非），及非非有無（俱有）**如是說故**。

（p424+1）

《中觀論》云：「說有是執常，言無是斷見，故於有無二，智者不應住。」

　　[釋]：《中觀論》〈觀有無品第十五〉**云：「說**自性**有是執常，言**名言**無是斷見，故於**自性**有、**名言**無二**，欲解脫成佛之**智者不應住**。」

（p424+1）

然非僅說有無，是說諸法若有自性，成常斷見，如《明顯句論》解釋前文執有執無，為有事、無事見。

　　[釋]：本宗說：**然**經論**非僅說有、無**，而**是說諸法若有自性**，則會成為**常、斷見**，如月稱論師所著之《**明顯句論》於解釋前文** p424+1《中觀論》時說：**執**自性**有為常見，執**名言**無為斷見**，即是實事師所說：**為有事**——有自性；**無事**——全無；故有常、斷見。

（p424+2）

其後又云：「何故若見有事；無事成常斷見耶？若有自性者，非無故應常，若先有現無，是故應成斷。若說法由自性而有，性無可滅終不應無，故許有性應成常見。又先住時許法有性，如是後壞許為無故，應成斷見。」

[釋]：其後《明顯句論》又云：「何故若見有事；無事而成為常斷見耶？若有自性者，非無故應是常，因為汝是許自性存在，且自性即是不觀待他法，以是真實存在故。若是不觀待他法且是真實存在，則應成為恆常，無有轉變。若先自性有現無，是故應成斷。若說法由自性而有，體性無可滅終不應無，故許有自性應成常見。又先住時許法有自性，如是後壞許為無自性故，應成斷見。」

此由兩個角度來說〝成為斷見〞——

（一）、以汝許有自性故：有為法定有剎那生滅，會從第一刻到第二刻、第二刻到第三刻…時，而第一刻定不可能於第二刻存在，第二刻亦不可能於第三刻存在。如果許有自性，而第一刻又不於第二刻存在，則第一刻於壞滅時無法到第二刻。因為你許為有自性，故成為斷見。如果你還要承許有第二刻的話，那麼，我請問你：第二刻的因從何處來？緣起法若許有自性，當此法到達第二刻時，第一刻則成為斷滅，而第二刻就會成為無因生了。

（二）、如果一開始許有自性——先有，而第二刻成為無自性——現無，此亦是斷滅見。

故說：「又先住時許法有性，如是後壞許為無故，應成斷見。」

（p424+5）

此說若許由自性有則成常見，即先自性，若許後壞，則成無見，非說有與壞。佛護論師云：「言有言無成常斷見者，是說彼法若有自性。」此等明顯宣說常斷之理。

[釋]：此《明顯句論》是說：若許由自性有則會成為常見，即先有自性，若許後壞，則會成為無見——斷見，非僅說有與壞（無）。如佛護論師云：「言有言無而成為常斷見者，是說彼法若有自性。」此等是明顯的宣說何謂常見及斷見之道理。

（p424+6）

總若有說，無空性，而破除者，謗《般若經》，由謗法故，當墮惡趣。若於無性雖起勝解，然說「若無自性，餘更何有。」謗一切法畢竟非有，亦是墮於斷見險處，如云：「若惡觀其空，少慧者受衰損。」《明顯句論》云：「且於空性，若謂一切非有者，即成倒見。」

〔釋〕：總若有說，無自性之空，非善妙（真正）之空性，而破除無自性之空即許空性有自性者，則是譏謗《般若經》，由謗法故，當墮惡趣。若於無自性雖起勝解，然又說「若無自性，餘更何有世俗名言有。」謗一切法畢竟非有，亦是墮於斷見之險處，此如前所說，若許無自性如同自許為中觀應成派的這一類西藏學者，其雖然承許一切法皆無自性，卻又說一切法是不存在的，此亦是墮入斷見。如《中論》云：「若惡（不善巧）觀察其空性，少（劣）慧者受衰損，即成常、斷見。」《明顯句論》云：「且於空性，通達了自性空，若謂一切緣起非有者，即成顛倒斷見。」

（p424-5）

如云：「若倒執此法，不智當失壞，謂彼當沉沒，無見不淨中。」

〔釋〕：如《中觀寶鬘論》云：「若顛倒執持此法——無自性、空性（1）空性無法被證到（2）空性無法被名言成立（3）緣起因果無法被成立，即是無智慧，若不智則當失壞——無法建立緣起因果法而墮入斷滅見，謂彼當沉沒，無見不淨（地獄）中。」

（p424-4）

設若不欲謗毀一切，爾時便云：此一切法現前可得，云何為空？故無義非是空義，是則謗空。若如是謗，則作匱乏正法之業，定墮惡趣。如《寶鬘論》云：「又若倒執此，愚者慢為智，謗法暴惡性，倒墮無間中。」

〔釋〕：設若不欲謗毀一切諸法，爾時便云：此一切法根識現前可得，既然可得，就應許其為自性有，云何可說為自性空？故本宗說：若無自性義非是空性義，是則毀謗空性。若如是毀謗空性，則作匱乏（損害）正法之業，定墮惡趣。如《中觀寶鬘論》云：「又若倒執此自性空，愚者驕慢認為是智者，謗法暴惡性，顛倒墮無間地獄中。」此中〝倒執此〞即指：一切法現前可得，即應是為自性有，故無自性義不是真正的空性義。

p424-1 此處開始作是否墮常、斷見的辯論。所謂斷見者，有三類：（1）許有自性，則會成為斷見——此類如《顯句論》當中所說：先有現無之斷見者（此可參考 p424+3）；（2）若無自性，即無業果——此類有二：①如：實事師承許諸法有自性，若無自性即無業果。②自許中觀應成派的西藏學者，此類學者亦如同中觀應成派一樣，承許諸法皆無自性。但又說：無自性則無一切緣起因果諸法；（3）從來不許有業果者——如順世外道。

由於 p424+3《明顯句論》云：「若先有現無，是故應成斷。」意謂：若先許有，後許無，則成為斷見。但是，本論 p410-4 自許中觀應成派的往昔西藏學者認為：於勝義理智抉擇自性所成之諸法無法獲得，故先前從未許諸法存在，故無《顯句論》所說：先有現無，應成斷的過失。

（p424-1）

設謂我若先許諸法，後見無者可成無見，然我從本未許彼有，有何可斷而成斷見。「若先有現無，是故應成斷。」說如此者，乃為斷見。

[釋]：往昔自許中觀應成派的西藏論師說：**設謂我若先許**〝**有**〞**諸法，後見無者可成無見**（斷見），**然我從本未許彼**〝**有**〞**諸法，有何可斷而成為斷見。**故引《廣論》p424+3《明顯句論》云：**「若先有現無，是故應成斷。」**此是往昔自許中觀應成派的西藏論師**說如此者**，也就是說先有現無者，**乃為斷見。**

（p425+1）

《明顯句論》云：「諸瑜伽師達世俗諦唯無，知生全無自性，達彼空性是勝義相，不墮二邊。若法現在無，爾時更何有，如是諸法自性，先未獲得，後亦非見為無。」

[釋]：自許為中觀應成派的西藏學者又引論證成——如**《明顯句論》**云：**「諸瑜伽師通達世俗諦唯無**自性，**了知生**、滅…等**全無自性**，通達彼生、滅…等諸法**空**無自**性是勝義相**，故**不墮**常、斷二**邊。若法現在無**自性，**爾時**（在其它任何時刻）**更何有**自性，**如是諸法自性，先未獲得**，即先無自性，**之後亦非見**有

為無，以本不承許為有故。」

（p425+3）

此不應理！若斷見中皆須先許所斷法者，則順世等亦非先許前世後世及業果…等，後乃謗無。本來不許彼等為有，亦應非斷滅見故。「若先有現無，是故應成斷」者，是實事師。

　　[釋]：本宗說：此自許為中觀應成派的西藏學者引論而來證明，你所作的解釋並不應理！若斷見中皆須先許〝有〞所斷之法者，依你所說，則順世外道…等亦非先許〝有〞前世、後世及業果…等，後乃謗無。順世外道本來不許彼前後世、業果…等為有，故若依你自許為中觀應成派的西藏學者所說的理由，則順世外道亦應非斷滅見故。故本宗說：《明顯句論》當中所說的「若先有現無，是故應成斷」者，主要是指實事師許自性有。

（p425+5）

若許諸法有自性者，決定當生常、斷二見，謂若許自性一切時中無轉變者，應成常見。若許先有後時壞者，應成斷見。故顯自無先時有性執，後時壞所成斷見者，以自不許諸法有性如微塵許可成正因，非此能離一切斷見。

　　[釋]：以若許諸法有自性者，決定當生常、斷二見，謂若許有自性即是不依他且能獨立存在，則於一切時中無轉變者，故應成常見。若許先有自性後時壞（即轉變）者，應成斷見。依前所說之理由，自許為中觀應成派的往昔西藏論者所立的理由並不能讓自己遠離一切斷見，故顯自（往昔西藏論師）無《明顯句論》破實事師時說「先時有自性執，後時轉壞，所成之斷見者，以自己不承許諸法有自性如微塵許可成之正因」，汝雖如是許，然非此即能離一切斷見。

　　因為自許中觀應成派的往昔西藏論師認為：論主——月稱論師是在破實事師先許有自性，後許轉變，則會成為斷見者。但，自許中觀應成派的西藏論師認為自己本來就不承許諸法有自性如微塵許可得。所以，〝後〞怎麼會成為斷無的斷見者呢？

因為自許中觀應成派往昔西藏學者本來就不承許諸法存在，因為他們不承許諸法有自性，因為任何一法皆不堪忍勝義理智抉擇觀察，而且於見真實之聖根本智之前，不見有任一法。所以，自許中觀應成派往昔西藏學者認為：本來就不承許〝有〞了！以後怎麼會有斷〝無〞呢！故自許中觀應成派的往昔西藏學者認為自己不是斷見者，其所立之因是：「諸法無自性」。然，本宗以順世外道來破斥自許中觀應成派的往昔西藏學者，說：若依你所說，那麼順世外道本來也如同你一樣不承許有前後世、業果…等，難道你要承許順世外道不是斷見者嗎？但你往昔西藏論師必須承許順世外道是斷見者，因為你自許為中觀應成派。如果你認為順世外道是斷見者，那麼依你自許中觀應成派往昔西藏學者之見你自己也會變成為斷見者，因為你從來不承許諸法是〝有〞，此見解與順世外道相同。所以，你雖然立「諸法無自性」的因，然非立此因，便能遠離一切斷見。以若許無自性，同時亦許無業果，則成斷見。然中觀應成派許無自性，是由自性有所成立的業果不存在，但世俗名言許業果存在，且是量成。故不同於自許中觀應成派的西藏學者。

（p425+7）
其餘不同說無因果斷見之理，《明顯句論》廣說，謂斷見者，許無因果及無後世。

　　[釋]：**其餘不同**實事師所**說無因果斷見之理**，於**《明顯句論》**當中有**廣說，**其中所**謂斷見者，**乃是指承**許無因果及無後世**的順世外道。

　　總之，順世外道不承許前後世及業因果，其所立之因是：因為其無法現前見到。因此，落入斷滅見。然，實事師承許諸法有自性。故本宗說：若承許諸法有自性，又許其有能轉變無常之體性，則會落入斷滅見。故自許中觀應成派之往昔西藏論師不承許諸法存在，以其無自性，故亦落入斷滅見。

（p425+8）
中觀論師許彼無性，是立宗之差別。又中觀師由緣起因，說業果…等皆無自性，諸無見者，不許業果…等皆是緣起，故不以彼為因。是由未見現在有情，從其前世而來此世及從此世而往後世，以此因相說彼等無，故於因相差別極大。

［釋］：然中觀應成論師許彼前後世、因果…等諸法存在，以無自性故，此乃是立宗之差別，不同於順世外道、實事師、及自許中觀應成派的西藏學者。又中觀應成師由立緣起之因，說：前後世、業果…等皆無自性，然諸無見者——順世外道，不許前後世、業果…等皆是緣起——不許其爲存在，故不以彼緣起爲因。是由未見現在之有情，從其前世而來此世及從此世而往後世，以此因相說彼等無，故於因相差別極大。

（p425-3）

《明顯句論》云：「有師難云：諸中觀師與無見者全無差別。何以故？此說善不善業作者果報一切世間，皆自性空，諸無見者亦說彼無，故中觀師與無見者全無差別。然非如是，諸中觀師說有緣起，由緣起故說此世他世等一切無性。諸無見者非由如是，是緣起故，就性空門，達後世等是無實事。若爾云何，謂緣現世諸法行相自性，然未見彼從前世而來此世，及從此世而往他世，謗無餘世，等同此世可緣之事。」

［釋］：《明顯句論》云：「有實事師問難云：諸中觀應成師與無見者順世外道全無差別。何以故？此種說法，乃是因爲中觀應成師承許：善、不善業、作者、果報、一切世間，皆自性空，諸無見者順世外道亦說彼無，故中觀應成師與無見者順世外道全無差別。然實非如是，因爲諸中觀應成師說有緣起，由緣起故說此世、他世…等一切諸法皆無自性。由此即可了知，中觀應成派立緣起因並非是破除此世到他世…等，因爲此世到他世亦是緣起，故無立緣起之正因而又破緣起之理。立緣起之因乃是破除由自性有所成立之從此世到他世。若由自性有所成立的從此世到他世並非是緣起，故緣起之正因是破除自性有，即是破非緣起，故立緣起因，絕非破由此世到他世之業果。故中觀應成派雖許無自性，但承許因果緣起爲有。然，諸無見者——順世外道非由如是緣起，即非由如是中觀應成派所許之緣起故，就自性空門，通達後世…等是無業果緣起之實事。若爾順世外道云何承許，謂：現前緣到現世諸法行相之自性，然未見彼從前世而來此世，及從此世而往他世，故謗無餘世，因爲前後世並不能等同此世可現緣之事。」

(p426+3)

若謂諸中觀師與無見者，因雖不同，然達業果及前後世無性是同，此無性見則極相等。

　　［釋］：他宗問：若謂諸中觀應成師與順世外道之無見者，所立之因雖不同，然通達業果及前後世…等無自性是相同，故此無自性之見，則與順世外道極相等。

(p426+4)

此亦不同，他許無性是畢竟無，於二諦中俱不許有。中觀論師許世俗有業果等故。

　　［釋］：本宗回答：此無自性之見亦不同於順世外道，他（順世外道）許無自性是畢竟無，亦即諸法於二諦中俱不許有。但，中觀應成論師是許世俗有業果…等故。

(p426+4)

《明顯句論》云：「若爾，彼等亦於諸法無性通達為無，由此見故，且有相等。答曰：非有。中觀論師許世俗有，彼等不許，故非相等。」

　　［釋］：此於月稱論師所著的《明顯句論》云：「若爾（若如他宗所說），彼等順世外道亦於諸業果…等法無自性通達為無，由此見故，故與你中觀應成派且有相等。論主答曰：非有相等。因為中觀應成論師承許世俗有業果…等，彼等順世外道不承許有業果…等世俗諸法，故非相等。」

(p426+6)

此即顯示，若中觀師於世俗中不許業果等， 與順世派見解相同。又與斷見不同之理，論師未說彼有所許我無所許。又未曾說彼等許無，我不說無是許非有，而許是說無性及立為緣起因，並於世俗許諸建立。

　　［釋］：此即顯示，若有一中觀師於世俗中不許業果…等， 則與順世派見解相同。又中觀應成派與順世外道主張〝無業果…等斷見〞不同之理，並與自許中觀應成派的西藏學者的主張也不相同。因為月稱論師未說：彼外道有所許——許無前後世、及無業果等，而我月稱論師亦無所許——無自性有前後世、無業果等。雖然二者皆是〝無所許〞，然立因不同。因為月稱論師所立之因是

緣起。而順世外道所立之因是未現見有前後世。所以，對月稱論師作問難的他宗，並沒有分清楚，二者的所立因並不相同。因為月稱論師絕對不會以為〝現見不到〞為其所立因。

又，月稱論師並**未曾**承許**說：彼外道等**承**許**業果等諸法為**無**，我亦不如同自許中觀應成派的西藏學者於破斥外道時**說：**非如外道許業果諸法**無**，而**是許非有**——此為非有非無，而許是堅定的**說：**〝無〞**是指無**自性，及無自性成立**為緣起**的正因，由於緣起名言有故，**並於世俗**承許諸法的**建立。**

(p426-5)
若謂業果等法皆無自性是極應理，然斷見者亦說無彼，故許彼等無有自性，就無性分同中觀師。此最不同。

　　[釋]：**若謂業果**…**等諸法皆無自性是極應理，然斷見者亦說無彼**業果…等，**故許彼**業果…等**無有自性，就無**自性的這一**分**來說，是等**同中**觀應成**師。本宗說：**此無自性是最不相同**。

(p426-3)
譬如於一竊財之賊，有人不知是彼所竊，妄說彼竊，有人見是彼賊所竊，云是彼竊。如其二人說彼竊財，賊雖實竊，然一是妄語，一是實語，故不相同。

　　[釋]：**譬如於一位竊財之賊，有人不知是彼所竊，**而**妄說彼賊所竊，有人見是彼賊所竊，云是彼賊所竊。如其二人說彼賊竊財，賊雖實竊，然一是妄語，一是實語，故不相同。**

(p426-3)
如《明顯句論》云：「若云事同，設無實事雖如是同，然證者異，故不相同。

　　[釋]：**如《明顯句論》云：「若云**無業果之**事**斷見者與中觀應成派在無自性上**雖是**相同，**然**，因為斷見者沒有見到業果的體性，既然沒有見到業果，當然就認為沒有自性，當然就全無業果。**設若無實事**（即若無自性之業果）**雖然**斷見者與中觀應成派**如是**雷同，**然證者**所成立之因是有差**異**的，**故**斷見者與中觀應成派並**不相同。**

(p426-2)

譬同於一盜，有非實知由非愛故，覆意倒說是此所竊，餘見彼竊正為破除。其事雖無異，然由覺者異故，應說前人是說妄語，餘是實語。若審觀察，前者惡稱有罪，餘則不爾。

[釋]：譬如同見於一盜賊，其中有一人非如實見知，但由非愛（顛倒不清楚）故，覆意顛倒妄說：是此賊所竊，餘者如實見彼賊所竊，正為破除由覆意顛倒妄說。二者其所指的賊之事，雖然賊無異，然由覺知者異故（有見、無見不同），故應說：前人非如見彼賊所竊，故是說妄語，餘者如實見彼賊所竊，故是真實語。若如理審諦觀察，前者惡稱有妄語罪，餘如實知者，則不爾（即無妄語罪）。

(p427+1)

如是此中，諸如實知諸法自性，了解宣說，與無見者非如實知諸法自性，同時知說皆不相等。」

[釋]：如是此譬喻中，諸中觀應成師是以緣起正因如實了知諸法之自性為無自性，了解而宣說無自性之業果，與無見之順世外道者，其以相似之因──沒有見到業果，而非如實知諸法之體性自性為無，雖同時知說無業果，因為所立因皆不相等。」

(p427+2)

此亦善破，「有說了解無自性時，認為正理破業果等，遂於自宗不立因果，彼於世俗雖是邪行，然得無謬空品正見。」是故空者，非作用所空之空，雖無自性須可安立因果緣起。

[釋]：本宗說：此《明顯句論》亦善破邪見者，「邪見者有說：了解無自性體性時，認為正理破自性有之業果等，遂於自宗不安立業因果，彼於世俗認為無業果…等雖是邪行，然又說：其得無謬空品正見。」是故自性空者，非業因果緣起作用所空之空，故雖無自性亦定須可安立因果緣起。

(p427+4)

如《四百論釋》云：「如是若有法，生時無所來，如是滅無去，於此定無性。若謂無性餘更何有？答曰：若以染淨為因，緣起為性，彼法則有。」

[釋]：如《四百論釋》云：「如是若有法，生時無所來，如是滅無所去，於此定無自性。若有謂：無自性餘更何有緣起因果法？論主答曰：若以染、淨為因，緣起為其體性，彼緣起因果法則有。」

《四百論釋》說：若以染污及清淨二種因，此二種因皆以緣起為其體性，如果這樣的話，彼法則有。

也就是說：任一法的形成，不論有為、無為諸法，必定要觀待眾多因緣方能令其體性成立，而此眾多因緣當中，包括染污及清淨之因。所以，《論》說：「若以染淨為因，緣起為性，彼法則有」。

又，無為法當中的空性，雖亦須觀待因緣而成立，但，非觀待因緣（分別心）而令其體性成立。雖然空性是常法，若不觀待名言之因緣而成立，即是不觀待唯名言假立，若是不觀待名言假立，則空性會成為自性有。如此說來，何以無為虛空卻需觀待因緣而令其體性成立，而同樣為無為法之空性卻僅觀待因緣即可成立，而非觀待因緣令其體性成立呢？因為無為虛空的反面是質礙，而質礙是可以被分別心所證到，而分別心可以證到質礙之事例，譬如：瓶子。一旦證到瓶子時，此無為虛空即消失，故說無為虛空是觀待因緣令其體性成立。而空性的反面是實有、自性有，此實有、自性有並不存在，是無法被證到的，故說空性觀待因緣而成立，然非觀待因緣令其體性成立。

〝緣起〞在佛教內部又稱為〝依他起法〞，此中之〝他〞在中觀應成派是指：有境名言之識──名言假立之緣起；在自續派則是指：依支分──觀待支分之緣起；唯識派以下則是指：依他因緣，即依自性異之因生自性異之果──因生果的緣起。

（p427+6）
此文明答：「若無自性餘更何有」。佛護論師亦明分辨有與有性差別而答。
　　[釋]：此文是明顯答覆前 p424+8 所說：「若無自性餘更何有」即實事師以下認為：只要是無自性，則一切因果法皆不存在。

故**佛護論師**於此處**亦明顯的分辨**名言**有**（世俗有）**與有**自性之**差別而**回答。此如本論 p424+6 佛護論師所說：「言有、言無成常斷見者，是說彼法若有自性。」

（p427+6）
二十二品釋云：「外曰：設若無時，亦無因果及緣和合，餘更何有？是故汝是說斷無者。我非說無，唯汝所執時等有性，非應正理，然有彼等依緣假立。」此說是破如實事師所許自性不應正理，然有緣起，依緣假立。

　　[釋]：又，《中論》〈二十二品〉釋云：「外（他宗）曰：『設若無**自性**時，亦無因果及因緣和合，餘更何有？是故汝中觀應成派是說斷無者。』中觀應成派答：『我非說全無緣起因果，唯汝實事師所執時間、因果、緣起…等有自性時則會成常、斷見，故非應正理，然有彼緣起因果等諸法是依緣起唯名言假立。』」此說是破如實事師所許緣起有定自性有不應正理，然有彼等緣起因果諸法，但依緣唯名言假立而有。

（p427-4）
若能如是分辨有無與有無性，能遮無邊顛倒分別，則於破除有性正理，不致發生破有錯誤。中觀諸師答諸實事智者，其主要者即彼四門，故略宣說。

　　[釋]：若能如是分辨名言有、名言無與有自性、無自性，就能遮止無邊顛倒分別，則於破除有自性之正理，不致於發生破名言有而產生斷見之錯誤。中觀應成諸師回答諸實事智者，其主要者即彼名言有、名言無、自性有、自性無四門，故略宣說。

他宗問：〝無自性之業果〞，即是〝無業果〞 → 全無。

意　謂：　名言無業果，即全無 → 緣起因果法皆不存在。

　　　　　只要是無自性，則一切緣起因果法皆不存在。

本宗說：〝無業果〞即是〝無自性之業果〞。

應明辨：　是〝無〞自性有之業果 → 自性無；

　　　　　然〝有〞名言有之業果 → 名言有。

自性有、名言有、自性無、全無 → 此四應區分清楚

許緣起又許自性有，為何會成為斷見？

因為〝緣起因果法〞其特徵——剎那生滅，故第一剎那定會到第二剎那。

第一剎那（滅）→（生）第二剎那 → 須依他、有轉變 → 故無自性

　　　　　　有自性：不依他、不會轉變

　　　　　　　├→ 第一剎那：不會壞滅 → 不會到第二剎那 → 常見；

　　　　　　　　　　　　　　 若會壞滅 → 不會到第二剎那 → 斷滅見。

　　　　　　　└→ 第二剎那：因為第一剎那已滅 → 故成無因生。

　　到此已將《廣論》p411-1 科判「第二、顯其非理分二：一、顯彼破壞中觀不共勝法(顯示彼往昔自許為中觀應成派的西藏學者，破壞中觀應成派的不共殊勝之法)。」已解釋完畢。再進一步解釋「第二、顯所設難皆非能破。」

(p427-2)

第二、顯所設難皆非能破分四：一、觀察堪不堪忍正理思擇而為破除，然不能破；二、觀察由量成不成立而為破除，然不能破；三、觀察是否四句所生而為破除，然不能破；四、觀察有事、無事等四句而為破除，然不能破。　今初

　　﹝釋﹞：**第二、顯示實事師**所設的問難皆非能將應成派**破除分四**個綱目而來說明：**一、觀察堪不堪忍正理思擇而為破除，然不能破；二、觀察由量成不成立而為破除，然不能破；三、觀察是否四句所生**(自生、他生、共生、無因生)**而為破除，然不能破；四、觀察有事、無事**、俱有事(有事、無事俱有)、俱無事(有事、無事俱無)**等四句而為破除，然不能破。今初**

　　先說明「**一、觀察堪、不堪忍正理思擇而為破除**」。

　　何謂**堪、不堪忍正理思擇而為破除**？此完全是識體上的作用，故首先必須先談到識體。有識體，就絕對會有識體的所對境，其所對境有世俗及勝義，故識體的作用就分為：世俗觀察，及勝義觀察。此中世俗觀察又分為：世俗名言觀察，及世俗諦之觀察。

　　以〝**世俗名言觀察**〞來說：依於所對境之瓶等，觀察其大小、顏色…等等，或觀察瓶子之過去、現在、未來，及瓶子的無常…等所作的觀察，皆屬於世俗名言的觀察。乃至《菩提道次第廣論》當中對於下士道所說的念死無常，中士道的苦諦，以及上士道菩提心…等所作之觀察，亦皆屬於世俗名言觀察。

又，由於識體爲無明習氣所染，所以，會執所對境世俗名言之瓶…等，顯現於識體前方而有，且瓶等之有支與其支分，會以〝無分〞，即有支與支分融爲一，如水乳交融般分不開，於識體的前方顯現而有——自性有的顯現，且執其爲有——此分觀察即爲**〝世俗諦〞**之觀察。雖然在世俗觀察中分成：世俗名言的觀察，及世俗諦的觀察，事實上，識體對於此二者是同時起作用。

所以，以上所說〝於無明習氣的識體前方顯現自性有〞的這一分，以中觀應成派來看，即是〝諸法非唯名言假立從其自境而有〞。以中觀自續派來看，則是〝諸法不觀待無錯亂心（即須顯現自性有）的安立從其自境而有〞，此即是由無明所染，顯現於識體前方而有——勝義有。以唯識派來看，外境自相有之此分〝自相有〞，是不觀待由假名安立之自立之相，從其自境而有。——以上所說之〝自性有〞，超越名言的安立。此分若由各宗派勝義理智尋找可以獲得，即爲堪忍；若無所得，即爲不堪忍。此中所謂的堪、不堪忍觀察一定要依著世俗諦之錯亂執實心執爲自性有的這一分，而來作觀察。故所謂堪、不堪忍是指勝義理智尋找自性有或自相有是否有所得而言。

譬如：瓶子的存在是緣起法，〝瓶子〞是由世俗名言安立，但由於我們還沒有成佛，所以除了佛以外，十地菩薩以下乃至凡夫異生，對於〝瓶子〞——在識體的顯現：不需要觀待因緣合和而顯現於識體前方而有及顯現自性有。以這一分來說，就不僅是因緣合和而已，還有自性有。由於耽著於自性有，故若以聖者而言，這一分是障礙他成佛；若以凡夫異生而言，這一分自性有是障礙他解脫，甚至會讓他引起煩惱、造諸業輪迴生死、甚至墮三惡道。因此我們必須將此自性有——在識體錯亂耽著爲自性有的這一分，依著理由去尋找，假若此自性有是存在的話，則其存在的方式應該如何如何…即是依著中觀正理而來尋找，若不是〝自性一〞就是〝自性異〞；如果依著唯識來說：諸法是唯由心識上的習氣所變現，並沒有離開心識外而有，依此正理而去尋找這一分離識體外之自立之相——此即是勝義理智抉擇。以勝義理智抉擇，若是尋找得到即是〝堪忍〞；若是尋找不到即是〝不堪忍〞。

總而言之，此〝自性有〞是遍計出來的，故以勝義理智尋找定尋找不到，而尋找不到〝自性有〞的這一分即是〝無自性〞。而此〝無自性〞以中觀應成派而言，即是空性；若以中觀自續派而言，此無自性即是〝勝義無自性〞，即是中觀自續派的空性；若以唯識而言，離心識外由自相有所成立的外境，此自立之相是不存在的──此分即是唯識派的空性。故此〝自性有〞於勝義理智抉擇當中定是尋找不到，此即是〝不堪忍觀察〞。

(p428+2)

若於實義如理觀察色等諸法，為有為無生不生等，是名觀察真實正理，及名觀察究竟正理。我亦不許色等之生堪忍以彼正理觀察，故無應成實事之過。

[釋]：**若於**諸法存在究竟本質之**實義如理**（依勝義理智）**觀察色等諸法，為**自性**有、為**自性**無，生**──自性生，或自性**不生**…等，此等**是名觀察真實正理，及名觀察究竟**之**正理。我**中觀應成派**亦不承許色**…**等之生堪忍以彼正理觀察，故無應成實事之過**──即不會變成實有的過失。

此段所說乃是因為之前他宗提出問難：色…等能不能夠堪忍正理觀察？如果色…等能夠堪忍正理觀察的話，就應該成為實有。即《廣論》p410-1「設許生等為能忍否觀察實性正理觀察，若能忍者，則有堪忍正理所觀之事，應成實事。」。因此，本宗在此處作回答：「我亦不許色等之生堪忍以彼正理觀察，故無應成實事之過。」此意謂：我應成自宗並不承許色…等能夠堪忍正理觀察，所以，不會有你所問難而成為諦實、實有的過失。

由於各宗派對於諸法的安立不同，故於所謂不堪正理觀察及正理所破的建立也會有所不同？

一、中觀應成派──

(1) 不堪正理觀察，亦為正理所破，如：自性有。

(2) 不堪正理觀察，不一定為正理所破，如：瓶…等諸法。以瓶…等是世俗名言觀察的範圍，非為勝義理智觀察的範圍。

二、中觀自續派──

(1) 不堪正理觀察，即為正理所破，如：勝義有自性。

(2) 不堪正理觀察，不一定為正理所破，如：自性有之瓶…等諸法。

自性有之瓶，以中觀應成派來說，是爲勝義理智觀察的範圍；而在中觀自續派則認爲是屬世俗名言觀察的範圍。中觀自續派並認爲空性於名言安立時，仍然要有自性，故名言安立空性爲勝義有自性。雖說：名言安立空性爲有自性——即勝義有自性，然此空性非由勝義理智抉擇之眞智所成立，而是由世俗名言所成立。以若是由眞智所成立，則空性是非唯無錯亂心增上所安立。若非唯無錯亂心增上所安立，則空性又會成爲勝義有。若是勝義有，則會成爲俱生實執。然以世俗名言所安立的空性是勝義有自性，此可立爲有。如以聞、思、修三者立爲勝義者——安立空性有自性，然此勝義（有自性）並非由抉擇勝義理智之眞智所成立，是爲世俗名言所安立。

　　　　┌─空性
勝義　　有自性：世俗名言安立——**勝義**（空性）一定要**有自性**
　　└┼─→ 名言所安立的諸法一定要有自性，若無自性則此法即不存在
　　　├─→ 非由抉擇勝義理智之眞智所成立
　　　└─→ 是由世俗名言所成立

三、唯識派以下——
(1) 諸法在勝義理智觀察之下皆有所得，故說諸法堪爲正理所觀察。
　　如：依他起、圓成實。
(2) 不堪正理觀察，定爲正理所破，如遍計所執。

（p428+4）
若彼不堪正理觀察，正理所破義云何能有？此於不堪正理觀察與理所破誤爲一事。

　　[釋]：他宗問：**若彼色**等諸法**不堪正理觀察**，即是爲**正理所破除之義，云何又能說有**呢？此句可參考《廣論》p411+1 所說：「若不堪忍，則理所破義，而云是有，如何應理！」亦即：以中觀應成派而言，色…等諸法不堪勝義理智所抉擇，然非正理所破，此應明辨。因爲他宗將不堪正理觀察與正理所破混爲一談。故本宗回答：**此爲自許爲釋中觀義的西藏學者及實事師，對於不堪正理觀察與正理所破誤爲一事**之問難。

自許爲解釋中觀義之西藏學者亦是承許諸法無自性，此與應成派同，然其認爲諸法無自性則諸法亦被破除，故說諸法不堪正理觀察即爲正理所破。而眞正的中觀應成派說，色等諸法雖不堪正理觀察，然不爲正理所破，此二須明辨。雖然自許爲解釋中觀義之西藏學者也認爲：現量證空性時，不僅自性有不存在，連一切諸法都不存在——不會顯現。眞正的中觀應成派也是認爲：現量證空性時，自性有不存在，一切諸法也不顯現——此點皆同。

　　眞正的中觀應成派認爲：於現量證空性時，色等諸法雖不顯現，然並不代表其全然不存在。可是自許爲解釋中觀義之西藏學者認爲：現量證空性時，一切色等諸法不顯現即是不存在。此爲不同之處。

　　實事師認爲：只要諸法存在就一定要有自性，若無自性則一切諸法就不存在。所以他也會認爲：自性有的諸法不堪正理觀察即爲正理所破。故論上說，此二者是對於不堪正理觀察與正理所破誤爲一事所產生之問難。

（p428+4）

有多人說：「觀察實性正理雖破，然有生等。」此乃亂說，非我所許。

　　［釋］：又**有多人說：「觀察實性正理雖**可破生、滅等諸法，然又承許**有生⋯滅等諸法。」**本宗謂：**此乃亂說，非我**中觀應成宗**所承許**。

（p428+5）

堪不堪忍正理觀察之義，謂以觀察真實之理有得無得。

　　［釋］：本宗進一步解釋說：何謂**堪、不堪忍正理觀察之義**？**謂以觀察**諸法存在**真實本質之理**——即以勝義理智抉擇**有得**或**無得**來說，若有所得即爲堪忍，若無所得即不堪忍。

（p428+6）

如《四百論釋》云：「我等觀察，唯爲尋求自性故。」是於色等，尋求有無生滅等性，即於色等尋求有無自性生滅，非以彼理尋求生滅。故說彼理名觀實性，以彼觀察有無真實生滅等故。

［釋］：如月稱論師所著《四百論釋》云：「我等（中觀應成師）觀察實性正理，唯為尋求自性故。」此是於色…等諸有為法，尋求有、無生滅等自性，即於色…等尋求有、無自性之生滅，非以彼實性正理尋求生滅有無，以色之生滅有無，非是正理所尋求，自性有才是實性正理——勝義理智所尋求。故說彼正理名〝觀察實性〞，以彼正理是觀察有、無真實自性之生滅…等故。

（p428-6）

若以彼理觀察尋求，無有少分生等可得，名不忍觀察，非唯彼理所未能得，便名彼破。若是有法須由彼成，彼所未成乃名彼破。色等生滅是由名言識所成立，色等雖有，非由理智所成，故彼未得如何名破？譬如眼識雖不得聲，非眼能破。

　　［釋］：若以彼正理觀察尋求，無有少分生…等自性可得，名為〝不忍觀察〞，非唯彼正理觀察所未能得，便名彼生、滅等被破除。因為若是生、滅…等有法須由彼實性正理所成立，然彼實性正理觀察生、滅等所未成、未獲得，乃名為彼生、滅等法被破。但，色…等有為之生、滅是由世俗名言識所成立，故色…等生、滅雖有，然，非由實性理智所成立，故彼觀察實性正理尋求未得，如何名破？譬如：眼識雖不得聲，但，非眼能破聲而使其無。

（p428-4）

故生滅等若有自性或真實有，則須由彼正理所得，以彼正理是於色等如理觀察有無自性之生滅故。由如是理未得生等，能破自性或真實生滅，以有自性須彼所得，彼未得故。譬如若東方有瓶，其尋瓶者決定能得，若於東方尋瓶未得，彼雖能遮東方有瓶，然彼何能遮瓶是有？

　　［釋］：故生、滅等若有自性或真實有，則須由彼實性正理所獲得，以彼實性正理是於色…等如理觀察有、無自性之生、滅故。由如是實性正理未得生、滅…等自性有，故能破由自性有或真實所成之生、滅，以若有自性須彼實性正理所獲得，然彼實性正理觀察未獲得自性故。譬如若東方有瓶，其尋瓶者決定能獲得，若於東方尋瓶未得，彼尋瓶者雖能遮東方有瓶，然彼尋瓶者何能遮瓶是有呢？

(p429+1)

如是若有自性之生，則中觀理決定能得，若尋求時彼未得生，由彼能破自體或自性之生，然生是有如何能破.

[釋]：**如是**假**若有自性之生**——瓶之生滅若是自性有，**則中觀理**智觀察**決定能獲得**，假若中觀理智**尋求時彼未得**（尋找不到）**生**之自性，**由彼**中觀理智即**能破除自體**之生**或自性之生**，中觀理智是破除自體之生或自性之生，非破名言有之生，**然**名言有之**生是有如何能破**！

　　勝義理智抉擇或是實性正理抉擇，不論是中觀應成派、中觀自續派、或是唯識派，他們的正理抉擇無非都是要證空性。但，由於我們的識體被無明所染污，故而障礙我們通達空性。空性——不論佛出不出世，空性恆常存在。任何一切法只要是存在，定有其上的空性，如瓶子有瓶子上的空性、教室有教室上的空性⋯等。也就是說，世俗諦法絕對沒有離開勝義諦；而勝義諦的存在也要依著世俗諦。可是，我們為什麼無法看到教室上的空性呢？在使用瓶子的時候為什麼無法看到瓶子上的空性呢？因為我們的識體被染污、被障礙住了，所以沒有辦法看到——被自性有擋住了，而且還認為此自性有等同空性一樣的真實。所以就會被染污顛倒的識體所妄執出來的自性有，牽著我們輪迴生死甚至墮落三惡道，因此我們必須把這一分自性有破除掉，而此自性有在識體的顯現，就如同空性一樣的真實，但事實上並不是。因此這分中觀理智——勝義理智抉擇，就是要抉擇無明的識體所耽著出來的這一分自性有到底存不存在，而且所耽著的這一分自性有一定要依著名言有。此如前說：瓶子上的自性有定是依著瓶子而現起，不可能會單獨現起一個自性有，故此分自性有雖不存在，然是依於存在的世俗法——瓶子或補特伽羅。補特伽羅是存在——名言有，但是我們會執補特伽羅為自性有，所以將此自性有遮除並沒有遮除世俗法——名言有，因為兩個（自性有、名言有）是不同的體性。因為此〝自性有〞是無明識體的耽著境，雖然無明識體的耽著境是自性有，可是此〝自性有〞一定要依在瓶子之上，而此〝瓶子〞是由名言識所安立。故應抉擇此無明識體的耽著境——自性有是否如同我們所見的那麼真實。

（p429+2）

如《四百論釋》云：「故以正理如是觀察，若根境識無有自性，則非性成，設若彼等由自性成，則以正理正觀察時，如其安住，應極明了見有自性，然不可得故成性空。

　　[釋]：如月稱論師所著《四百論釋》云：「故以實性正理如是觀察，若根、境、識（此三是因緣和合）無有自性，則非自性所成，設若彼等由自性所成，則以實性正理正觀察時，如其自性而安住，應極明了見有自性，然不可得，故成自性空。

（p429+4）

又色聲等諸世俗法，雖其是有，非觀真實或觀有無自性正理之所成立，故正理觀察不於彼轉，此大論師曾數宣說。又以正理觀察時，若以正理未能獲得，便壞彼諸世俗法者，說是對於建立世俗未獲善巧。」

　　[釋]：又色、聲…等諸世俗法，雖其是有，然非以觀察真實或觀察有無自性正理之所成立，而是由世俗名言所成立。故實性正理觀察不於彼轉，即以實性正理觀察不破彼色、聲…等諸法，因為實性正理是觀察自性的有無，並不是觀察色…等諸法的有無。此是月稱大論師曾數數宣說。又以正理觀察自性有無時，若以正理觀察未能獲得自性，便破壞彼諸世俗法者，說此類是對於建立世俗未獲得善巧——落入斷滅見。」

（p429+6）

若觀有無自性之理能破彼等，則正理觀察於色受等諸世俗法亦極應轉。然此論師之論中，於一切種畢竟破除，故說觀察有無自性正理未得之義，即是正理破除之義者，是極漂流中觀之外。

　　[釋]：本宗釋云：若觀察有、無自性之正理能破彼等諸世俗法，則正理觀察於色、受…等諸世俗法，亦極應轉（世俗諸法亦會被破除）。然此月稱論師所著之諸論中，對於一切種破除自性有即破除一切法之邪見，將其畢竟破除，故說觀察有、無自性正理未得之義，即是正理破除一切諸法之義者，執此見者是極漂流中觀應成派殊勝見解之外。

(p429-5)

如是根本聖智，是未見色等生滅，豈彼是見生滅等無？

　　［釋］：此句是破斥《廣論》p410-2 自許中觀應成派之西藏學者所說：「又見真實之聖智，全不見有生、滅、繫縛、解脫等法，如彼所量應是真實，故無生等。」故**如是根本聖智，是未**能**見色…等生滅，豈彼是見生滅等**全**無**？是破斥自許中觀應成派之西藏學者。意謂：聖者心相續當中的根本聖智中，雖無法見到色…等生滅之世俗法，然並非見到生、滅…等世俗法全無。此中之理如前所說，抉擇勝義理智是在抉擇自性的有無，而此自性有是無明識體的耽著境。識體會成為顛倒無明，是來自於對境的不清楚，對所顯現自性有又如實而耽著。故須透過勝義理智的抉擇以後，將此自性有遮除。將此自性有遮除後，才能斷除無明的識體而跳出輪迴生死。故於抉擇自性有的這一分時，尋找不到即是證空性，因為此時是全然耽著於空性當中，故世俗諸法不可能顯現。假設可以顯現的話，則是除了佛之外，沒有一位有情在現量證空性的同時又能夠緣到世俗法的。

　　又，佛是一切種智，而一切種智又分二：如所有性智、盡所有性智。佛的〝如所有性智〞是以無二顯而通達空性；佛的〝盡所有性智〞是以相似二顯而見一切法。如果站在〝如所有性智〞跟〝盡所有性智〞來說，也不可能有一法既是如所有性智也是盡所有性智的。故若說：現量證空性時一切世俗法皆不顯現就〝全無〞的話，反之，你是否要說：現量證空性時世俗法也要存在？但這是不可能的。

(p429-5)

觀察有無自性之理，亦是未能得生滅等，非是量定生滅等無，故未辨別不堪忍正理觀察與正理所破。根本聖智未見生滅與見無生滅，觀察有無自性，理智未得生滅與得無生滅，混執為一。況現在人，即諸先覺亦有誤解，故具慧者應細觀察，善辨彼等。

　　［釋］：所以，在**觀察有、無自性**之正理**之時，亦是未能**獲**得生、滅…等，**然無法獲**得生、滅…等，並非是量定生、滅…等**全無，**故**自許解釋中觀義之西藏學者及實事師，**未能辨別**諸**不堪忍正理觀察與正理所破**之差別。而**將根本聖智**〝**未見生滅**〞與〝**見**全**無生滅**〞，**觀察有、無自性，理智**〝**未**獲**得**自性有之**生滅**〞與〝**得**全**無生滅**〞，**混執為一。**

況現在人，此種觀點，**即使諸先覺**（往昔自許中觀應成派之西藏學者）**亦有此誤解**，〝更何況現在人〞，**故具慧者應細觀察，善辨彼等**。即是要將〝勝義理智抉擇找不到自性有之生滅〞及〝全無生滅〞等應明辨。此如 p427-4 所說：「若能如是分辨有無與有無性」若要獲得中觀應成派見，此應分辨清楚。

　　補充：
　　p428+4「〝不堪正理觀察〞與〝正理所破〞誤爲一事」
　　會將此二誤爲一事者，主要是指實事師——指唯識派以下。唯識派以下認爲：依他起性（世俗諦法）一定要勝義有自性。所謂的勝義有自性，就是以抉擇勝義理智尋找時一定要找得到，如果找不到，此法就不存在，此是實事師的見解。若以此種見解來看中觀派，則中觀派就會變成斷滅見。

　　何謂中觀？何謂唯識？所謂〝中觀〞的定義就是：在勝義當中沒有絲毫一法的存在。所謂的〝勝義〞就是以勝義理智抉擇沒有任何一法存在。又，唯識派爲什麼不名爲中觀呢？因爲唯識派的定義是：諸法是唯識體上的習氣所變現。故此二部派的見解是完全不相同的。

　　以實事師而言：世俗諦法——即依他起性，一定要勝義有自性。既然是勝義有自性，就一定要堪忍正理觀察，因爲尋找得到，若尋找不到，此法就不存在，故認爲：〝不堪正理觀察〞與〝正理所破〞是爲一事。

　　中觀應成師認爲：〝不堪正理觀察〞是說，若以勝義理智抉擇，不可能會有任何一法能勘忍抉擇（尋找）得到。故中觀應成派才會說，你實事師將〝不堪正理觀察〞與〝正理所破〞誤爲一事。中觀應成派認爲：一切諸法是唯名言假立，些許的自性都沒有。故若是非唯名言假立，則會成爲自性有，而此自性有即是勝義理智所抉擇的範圍，抉擇以後肯定是尋找不到的。因爲中觀應成派認爲，沒有一法是以自性有而存在的。前有說，之所以會有自性有的顯現或執其爲存在，是因爲我們無明耽著的識體，它是顛倒、錯誤的。可是這一分在唯識派來說就不認爲是無明所耽著，而認爲這是正確的心識。但在中觀應成派來說，這一分是無明顛倒的耽著識，而所耽著的〝自性有〞的這一分是屬於勝義

理智抉擇的範圍，然勝義理智並沒有抉擇〝名言有〞。但是，以實事師來說：只要是存在的法（依他起、圓成實）就一定要勝義有。亦即依他起、圓成實一定要由勝義理智抉擇所獲得，找不到的話就變成不存在了。故此處應成本宗才會說：你實事師將我中觀派〝不堪正理觀察〞與〝正理所破〞誤為一事。

中觀自續派：

以勝義理智抉擇亦無自性存在。因為〝勝義有自性〞是中觀自續派空性之所破，故若以勝義理智抉擇，不可能會有一法存在。因為如果有一法存在，此法就會變成勝義有自性了。

唯識派：只要是法、存在——依他起、圓成實，就一定要勝義有自性。

中觀應成派、中觀自續派：任何一法的存在，以勝義理智抉擇就不可能存在，但是世俗名言有，如瓶子於世俗有存在，然非是勝義有自性。假若是勝義有自性，就要堪忍勝義理智抉擇而存在，可是，以勝義理智抉擇時卻尋找不到！勝義理智抉擇雖尋找不到〝勝義有〞，然並沒有尋找〝世俗有〞，既然沒有尋找〝世俗有〞的話，那〝勝義有自性〞不堪正理觀察怎可以說是為正理所破呢？所以不能把〝不堪正理觀察〞與〝正理所破〞誤為一事。譬如：眼識見色境，雖不得聲境（耳識所緣），然卻不能說聲境不存在，故〝不堪正理觀察〞與〝正理所破〞是兩個不相干的事情，你不能把它誤為一事。故 p428 的這一段是在說明：中觀派與實事師之間的差別。因此，首先對於中觀、唯識的定義應分辨清楚，由中觀與唯識定義的不同而來理解何謂〝不堪正理觀察亦為正理所破〞；或是〝不堪正理觀察不為正理所破〞，你實事師不要把這誤為一事，就我中觀派來講是不一樣的。

〝不堪正理觀察〞 與 〝正理所破〞

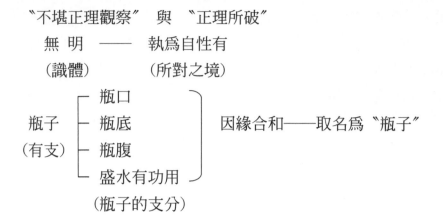

無　明 ──── 執爲自性有

（識體）　　　（所對之境）

瓶子　┌── 瓶口
　　　├── 瓶底　　　　　因緣合和──取名爲〝瓶子〞
（有支）├── 瓶腹
　　　└── 盛水有功用
　　　　（瓶子的支分）

無明（識體）──耽著 ┌ 瓶子
　　　　　　　　　　├─ 一體 →於識體前方而有（自性有）
　　　　　　　　　　└ 瓶子的支分

以正理去觀察境（瓶子）於無明識體的顯現、耽著中是否爲自性有？

將此自性有破除（尋找不到自性有）──正理所破──證空性。

正理 ┌ 並沒有觀察〝瓶子〞──不堪正理觀察；非是正理所破。
　　　│　　　　　　　└→（世俗名言所安立）
　　　└ 只觀察〝自性有〞所成立的瓶子──不堪正理觀察，亦爲正理所破。

故不應將〝不堪正理觀察〞 與 〝正理所破〞誤爲一事。

　　實事師認爲：若有某一法不堪正理觀察，即爲正理所破。所以，唯識派認爲（1）在依他起上遍計由無方分極微所構成的外境，或（2）不待分別心假立，由自性有所成的外境，此二者都是遍計執，皆爲所破。破除此自性有以後，同時也把名言識所安立的法也破除，依此安立爲法無我圓成實。以實事師認爲只要法的存在一定要自性有，若自性有不存在，此法當然也不存在。因爲若有某一法不堪正理觀察，即爲"正理所破"。

　　中觀應成派認爲：諸法的存在僅唯名言假立而已，無些許的自性存在。雖然破除自性有，但是，並沒有破除名言識所安立的諸法。因爲應成派認爲不堪忍正理觀察，不一定爲"正理所破"。依此理由，故中觀應成派說：依他起性上遍計自相有的這一分雖被破除，但也不會破除名言識上所安立的諸法。因爲抉擇勝義理智之正理，只是將顛倒識耽著某一法爲自性有的這一分"自性有"遮除，而成爲"非自性有"，此分非自性有即爲勝義諦，並沒有遮除名言識所安立的諸法。因爲名言識所安立的諸法不是由抉擇勝義理智所成立，以抉擇勝義理智只抉擇自性有或無而已，並不是抉擇名言識所安立的諸法或有或無。雖然如此，依此理由來看，我應成派也不是說：名言識較勝義量大或可以破勝義量。

（p429-1）

由是因緣我非是說，較勝義量，諸名言識勢力強大，及非是許，諸名言識破勝義量。

　　[釋]：**由是因緣我**應成派並**非是說**，比**較勝義量**，則**諸名言識**的**勢力**就很**強大**，此如前說，抉擇勝義理智並沒有破除名言識所安立的諸法。但唯識派認爲：抉擇勝義理智所抉擇的這一份自性有若不存在，同時名言識所安立的諸法也會被破除。而應成派認爲：不可能破除名言識所安立的諸法。雖然如此，但並不是說比較勝義量而言，則諸名言識的勢力強大，**及非是**承**許**，**諸名言識**能**破勝義量**。因爲以中觀應成派來說：名言識與勝義量二者所建立的並不相同。世俗諦法

是由名言量所安立；勝義諦法則是由抉擇勝義理智之量所安立。故說此二者並不相同，所以我並沒有你唯識派所問難的：名言識較勝義量大，且會有破除勝義量的過失。

（p430+1）

然汝若說：觀察真實之正理，觀察名言色、受…等境，若彼未得即是彼正理之所破者，非但不能破除於他，返以世間共許之量破彼破者。

[釋]：**然汝**唯識派**若說：觀察真實之正理，觀察名言色、受…等境，若彼**自性**未**獲**得**，則色、受…等諸法**即是彼正理之所破者。**本宗認為：**非但不能破除於他**——世間名言所安立的色、受等諸法，且**返以世間共許之量破彼破者**。因為如果透過正理，能夠破除世間名言所安立的諸法，就表示現在所看到的這一切名言所安立的諸法並不存在。但是，名言所安立的諸法都是世間所共許，可以見的到，既然眼睛可以見到，若說它不存在，是不合理的。

（p430+2）

《入中論》云：「若世於汝無所損，應就世間而破此，汝先與此世間諍，我後當依有力者。」

[釋]：《入中論》之偈頌顯示：唯識派破除世俗名言犯世間相違，而應成派不犯。因為中觀應成派承許依他起無自性，此是觀待勝義簡別而說，故不與世俗相違。因此，抉擇勝義理智之正理，僅抉擇自性有、無，不抉擇世間名言有無，故絕無汝唯識派與世間相違的過失。所以，此論偈頌云：**「若世**間**於汝**唯識派承許沒有外境若**無所損**害的話，那麼，**應就世間**名言**而破**除**此**外境，**汝**唯識派**先與此世間**人**諍**辯到底有、無外境，如果世間人隨順你唯識的見解，那麼**我**中觀應成派之**後**亦**當依有力者。」**

也就是中觀應成派、唯識派都承許依他起。然中觀應成派所許之依他起是觀待而有，唯名言假立，是無自性；而唯識派所許之依他起是勝義有自性，因此，因果也會成為有自性。中觀應成派承許世俗法是唯名言假立，故勝義理智抉擇僅破除勝義有、自性有，不會和世間相違。而你唯識派之勝義理智抉擇自性有不存在，同時名言識所安立的諸法也被破除。

因此，中觀應成派對唯識派說：若汝唯識師觀待世間名言而破除世俗諦，絕對會犯世間相違之過失。因為唯識派於名言識所安立的諸法，一定要有自性。若無自性，則名言識所建立的諸法也會被破除。故中觀應成派才會說：觀待世間而破除世俗諦，絕對會犯世間相違的過失。若唯識派不犯世間相違之過失，當可依世間名言而破世俗諦。但是，世俗諦之"諦"之義，乃是於執實心前而安立。我等欲破除此執實心，此是修道所斷，非正理所破，故須經多劫修學，豈是以名言識即可破除世俗諦！如果如同你所說那麼容易的話，那麼我等也不需為了破除顛倒識體而經長時劫修習了！我等從無始以來，正為不能破此世俗諦，而流轉於生死。汝唯識派試著先與世間人諍論說：沒有名言有的外境！最後若世間人隨順你唯識派，表示你唯識派有力能勝，那麼我應成派當順從你唯識派，因為我等多劫修行正為求破除妄執為外境實有的那一分世俗諦故，但，不是破除名言識所安立之諸法。若汝唯識派破除名言識所安立的諸法，絕對會犯世間相違之過失，故我中觀應成派不順從汝唯識派而破世俗諦也。

（p430+3）

其《釋論》云：「我為破除世間世俗住極艱辛，汝今當破世間世俗，設若世間於汝無損，我亦於汝當為助伴，然彼世間定能損汝。」

　　[釋]：其《入中論》之《釋論》云：「我中觀應成派為破除世間世俗（錯亂二顯自性有之識）住極艱辛，汝唯識派今當破世間世俗，即當破除自性有，而無錯亂二顯外境自性有之識體，設若破除名言識所安立的外境諸法之世間世俗於汝唯識派無損，我應成派亦於汝唯識派當為助伴，然彼世間世俗定能損汝唯識派所承許的沒有外境。」

（p430+4）

此說：「我為破除世間世俗住極艱辛」者，是說為淨此眼識等錯亂心故，及色塵等錯亂境故，策勵修道，不許彼是正理所破，是由修道所破之事。次言：「汝今當破世間世俗」等者，是中觀師破彼實有依他起性。

［釋］：此《入中論自釋》說：「我應成派為破除世間世俗住極艱辛」者，是說為淨此眼識…等二顯自性有之錯亂心故，及色塵…等錯亂自性有之境故，而策勵修道，不許彼眼識等錯亂執實之心是為正理所破，而是由修道所破之事。次《入中論自釋》又言：「汝今當破世間世俗」等者，是中觀應成師破彼唯識師所許實有之依他起性。因為中觀應成派承許境觀待有境，有境亦觀待境，是相互觀待全無自性。如持瓶之識體，是觀待瓶境而成立；瓶是觀待執瓶之識體而成立，故中觀應成派承許世俗之依他起全無自性。然，唯識派許境觀待有境而成立，而有境不觀待境而成立，而是尋找到有境最究竟之本質——自性有而成立。如瓶之境觀待執瓶識體之有境，而執瓶識體之有境不觀待瓶之境，故唯識許依他起實有自性。

（p430+7）

彼云，我亦以正理破汝世俗出相同過。

［釋］：彼唯識師云：汝中觀應成派亦許依他起，然汝破我所許之依他起，故我唯識派亦以正理破汝應成派所許之世俗依他起，而出相同之過失。

（p430+7）

答曰：如我能破依他性，若汝能以正理破除世俗，我當於汝亦為助伴。此說若理能破，我亦不須為破彼故，修道難行是為所欲，故顯正理非能破除諸世俗法。又說非但不能破除，若強破者反為世間共量所害。

［釋］：中觀應成派答曰：如我應成派能破你唯識師所許實有之依他性，若汝唯識派能以正理破除世俗之依他起性，則我中觀應成派當於汝唯識派亦為助伴。此答之義是說：若以正理能破彼世間世俗諦，我應成派亦不須為破彼世間世俗諦故，而修道難行是為所欲，故顯示正理——勝義理智抉擇之正理非能破除諸世間世俗諦法。又說：非但不能破除，若強破除者反為世間名言共許之量所損害。

（p430-5）

由名言識能害如是相似之正理，故較彼等亦許力大。

[釋]：**由名言識能**損害**如是**唯識派所出**相似之正理，故較彼等**（唯識派的名言識）**亦許**為**力大。**為何正確之名言識較唯識派相似正理之錯誤名言識為大呢？因為你唯識派許世俗名言識可以將世俗諦法破除，但是，這種說法以中觀應成派來看僅是相似之正理。既然是相似正理，絕對是錯亂識。既然是錯亂識就絕對不會妨害正確的名言識。故我應成派正確的名言識絕對可以妨害你唯識派相似之正理。因此，相較之下，當然正確的名言識會妨害你相似正理的錯亂名言識，故說力大。

（p430-4）

諸實事師以正理觀察，破外境等世俗法時，僅是彼理未能獲得，非彼能破。

[釋]：**諸實事**唯識**師以正理觀察，**而**破除外境**…**等世俗法時，僅是**以**彼正理未能獲得**自性有，**然非彼**正**理能破**名言識所安立的外境…等世俗諸法。

（p430-2）

有說於名言中不破色等之義，是依牧童等世人不破，觀察實性正理能破。極不應理。

[釋]：**又有一類人說：於名言中不破色**…**等之義，是依牧童**…**等**不具宗義見之**世人不破，**但又認為**觀察實性正理能破。**自宗說：這種說法**極不應理。**

（p430-1）

具觀慧者，是於觀察實性正理能不能破而有疑惑，未由宗派改變心者，不能破除，無所疑故。

[釋]：**具**宗義見之**觀慧者，是於觀察實性正理**中**能、不能破色**等之義**而有**所**疑惑，**至於**未由宗派**之見**改變心**——未學習宗義**者，不能**（不會）去**破除色**…等之義，所以，對他們來說是**無所疑故。**

(p431+1)

若觀實性正理能破，須於名言而破除故。觀察實性正理，非能破一切生者，月稱論師明了宣說。

　　[釋]：若觀察實性正理能破世俗，須於名言而破除故。但是，觀察實性正理，是破除自性有，非能破一切名言生、滅…等諸法者，這一點月稱論師明了宣說。

(p431+2)

《四百論釋》云：「若此觀察破一切生，顯示有為皆無生者，爾時彼等不應如幻，應以石女兒等而為量度，然恐違犯無緣起過，故不順彼喻，令如幻等，不違緣起。」

　　[釋]：如《四百論釋》云：「若實事師依此實性正理觀察破一切生、滅…等，顯示有為皆全無生者，爾時彼等有為法若如汝實事師所說能為實性正理所破除，就不應如幻，而應以石女兒…等而為譬喻、量度，然本宗認為：實事師的說法恐會違犯無緣起的過失，故本宗不順彼石女兒之譬喻——不存在，而令有為法順如幻…等之譬喻——存在，故不違緣起。」

(p431+3)

言此觀察者，謂觀察真實之正理。言破一切生者，謂於所破不加簡別，凡是有生，一切皆破。言石女兒等者，謂破一切生，如石女兒及兔角等，一切作用空成為無事。

　　[釋]：本宗對於《四百論釋》作解釋：言此論所說之“觀察者”，謂觀察真實之正理。又，言“破一切生”者，謂於實性正理所破不加簡別，凡是言“有”之生，一切皆破除。而言“石女兒等”喻者，謂破一切生、滅…等，此生、滅就如同石女兒及兔角等，一切緣起作用空成為無事、無作用——全無。

（p431+5）

若如是者，恐犯斷無緣起之過，故不同彼，永離一切作用功能石女兒等之無生，當如幻等，破除實有或自性生。

　　[釋]：本宗認為：若如是抉擇勝義理智是破一切生…等者，恐犯斷無緣起之過失，故應成本宗不同彼實事師所說：一切緣起作用空而成無事，而永離一切作用、功能如石女兒…等之全無生，且當以如幻之喻等，來說明：實性正理是破除實有或自性生，非破緣生。

（p431+6）

又《四百論釋》云：「設若眼等非有，何故建立眼等諸根業異熟體。我等豈破此異熟體。若破眼等彼何非破。我等觀察唯為尋求自性故，我等於此破除有性諸法，非破眼等所作緣起業異熟體。彼可容有，故有所說異熟眼等。」

　　[釋]：又《四百論釋》云：「實事師反問：設若眼等非有自性，何故建立眼…等諸根、業、異熟體？實事師之意謂：如是即破眼…等諸法。《四百論釋》之論主說：我等豈破此眼…等諸根、業、異熟體！實事師又反問：若破眼等自性有，彼何非破，意即若破自性有，即破眼等諸法。論主云：我等實性正理之觀察唯為尋求自性故，我等於此正理唯破除有自性之諸法，非破眼…等所作緣起、業、異熟體。彼眼…等、業、異熟體可容有作用，故承許有所說之異熟、眼等。」

（p431-5）

此顯然說，以諸正理齊此破除，齊此非破，如此辨別一處說已，餘未說者一切皆同，定須了知。

　　[釋]：本宗說：此論主——月稱論師顯然是說：以諸實性之正理，齊此自性有應破除，齊此諸根、業、異熟體之名言有非應破，如此辨別應破、不應破之後，於一處說已，餘未宣說者一切應破、不應破皆同，定須了知。

(p431-4)

故自尋求時，境上有性，正理能破，非破其有。說諸正理唯為尋求自性為勝，故彼正理，是為尋求自性有無。說正理破，亦是破除自性之義，故當分辨彼二差別。

　　[釋]：故應成自宗以正理尋求時，是尋求境上有自性，此自性有是為正理之所能破，然正理非破其緣起名言有。說諸正理唯為尋求自性，破除顛倒識為殊勝，故彼正理，是為尋求自性有、無。因此，說：正理能破，亦是唯破除自性之義，故當分辨彼自性有、名言有二者之差別。

(p431-2)

非但不破如斯業果，說中觀師定須受許，即彼論後又云：「是故智者於世間義，莫以所說順見真實正理觀察，應當受許不可思議諸業異熟，如從變化起變化理，一切世間皆當受許。」

　　[釋]：此實性正理非但不破如斯名言有之業果…等，並說中觀應成師定須受許名言有之業果…等，亦即彼《四百論釋》後文又續云：「是故智者對於世間緣起義以世間名言承許即可，莫以名言所說、所承許再隨順著見"真實正理觀察"，應當受許不可思議諸業異熟…等，如從變化起變化之緣起生滅正理，一切世間名言皆當受許。」

(p432+1)

如是自己建立二諦，若以決擇勝義之理，妨害自所建立世俗，建立二諦自內相違，豈可稱為安立二諦殊勝智者。若二建立無少相違，則以決擇勝義之理，破除世俗建立而成相違。

　　[釋]：本宗說：如是自己依教依理建立二諦之後，若再以決擇勝義之理智，妨害自所建立之世俗，如此建立二諦，則是自內相違，豈可稱為安立二諦殊勝智者。若二諦建立無少相違，則又以決擇勝義之理，破除世俗之建立而會有勝義與世俗成相違之過失。

(p432+3)

《明顯句論》云：「汝於勝義及世俗諦，不善巧故，則於一法以理觀察，由非正理破壞其法，我善安立世俗諦故，住世間品。

正法解行林

[釋]：月稱論師又於《明顯句論》中云：「汝（自續派及實事師）於勝義及世俗諦，不善巧安立故，則於此“世俗”一法，以實性正理觀察，由非正理（即相似正理）破壞其世俗諦法，而我中觀應成派承許世俗諦諸法非由實性正理所成立，故實性正理非觀察世俗諦法，乃是由世俗名言善巧安立世俗諦故，而住（承許）世間品。

(p432+4)

汝為破除一分世俗立餘道理，我以餘理而返破除。如世耆長，唯為破汝失世間法者，非破世俗。」

　　[釋]：汝（自續派及實事師）為破除一分世俗，而立其餘自性有之道理，我中觀應成派以（依）你所立之餘自性有之理而返破除你。

　　此中所說“汝為破除一分世俗，立餘道理”，是因為佛教內部均許由世俗諦而入勝義諦，然，中觀自續派及實事師於世俗諦中承許世俗為自性有，此分世俗自性有是為“名言理智所安立”，非為“勝義理智”所觀察的範圍。而勝義理智所觀察者是另外遍計出來的實有，故非是俱生實執任運而起之自性有。故中觀自續派及實事師的勝義理智是觀察另外遍計出來的實有，故說：「汝（自續派及實事師）為破除（另外）一分（遍計出來的）世俗」，而「立餘道理」。此所立之餘道理，是指：對於俱生實執任運而起的自性有，若將此分自性有依世俗名言理智安立為有——世俗有，而這一分自性有在世俗名言是應該具有的，故此分自性有並不是實性正理所應破除。所以，中觀應成派就依著自續派及實事師於世俗名言有當中所立自性有之理，而反破云：若世俗法名言有自性的話，則會破除一切世俗諦法的安立。

　　此如世間之耆長說：不要做壞事！這麼說，並不是叫你不要做事。此應分辨清楚。依此譬喻來說明：我中觀應成派唯為破汝（自續派及實事師）以相似理失壞世間世俗法者，非破世俗名言。」

(p432+5)

此說唯破失壞世俗諸宗論師，不破世俗。若以觀察實性之理破壞世俗，說是不善安立二諦，故以正理破世俗色等，決定非此論師真意。

[釋]：此《顯句論》所說：唯破除**失壞世俗**之**諸宗論師**，但，不破名言有之**世俗諸法**。故若以**觀察實性**之正理破壞世俗，論主說：此是不善巧**安立二諦**。**故本宗認為**：若有說以實性**正理破壞世俗色**…等諸法之見者，**決定非此月稱論師**的真意。

(p432+8)

總之，非唯中觀論師，凡是自部印度諸宗，許有二諦建立者，雖可由他補特伽羅於自所立二諦建立出相違過，然彼自於所立二諦，許勝義理破世俗義，我敢斷言定無一人。

[釋]：宗喀巴大師說，**總之，非唯中觀應成論師，凡是**佛教**自部印度諸宗**，皆承**許有二諦**之**建立者，雖**於辯論時，**可由他**宗論師之**補特伽羅於**我中觀應成**自宗所立二諦**之**建立出相違**之**過失，然彼**（印度當時所有佛教自部之諸宗義者及中觀應成論師）各宗對於其**自宗於所立**之**二諦**，又承**許**以**勝義理智破壞世俗義**，**我**宗喀巴大師**敢斷言**當時印度是**定無一人**會作如是承許。此意謂：自許中觀應成派的往昔西藏論師他們雖承許世俗諦及勝義諦，但，卻於承許無自性的當下，又破除了一切世俗諸法的安立。因此，無法正確的安立世俗諦。這種承許諸法無自性，又破除世俗諦諸法的說法，宗喀巴大師認為在印度並沒有，只有在西藏才有。

《菩提道次第略論釋》說：「若善知此理，則知印度佛子凡說實有法者，則定說有為法實有，名“實事師”。此指“說一切有部”及“唯識師”，於有為法事事物物，決定說為實有者，即稱之為“說實事師”，此印度通例。」《略論》之本文中說：「其（又）有說：有為法非實有者，亦必不許任何法為實有，（即使是此種說法，亦）實較藏地之任意談說者，超勝多矣。」此於《略論釋》中解釋云：「藏中如覺朗派，說俗有真無（即世俗有不存在），或說非有非無，雖亦自命（為）中觀應成派，而（其見解）實不及印度之犢子諸部，何況有部、唯識諸宗。唯識師所據仍是佛說，不過非佛之不共密意而已。有部諸師所據教理，乃佛初轉法輪所說。唯識所據，乃佛末轉法輪所說。雖各宗所許了義不同，然皆根據佛說，無謬無亂。且通達下部見，乃通達上部之基礎。至藏中自空、他空，非有非無諸說，則直是臆說，於佛三時教中皆無根據。」

前已將第一個科判「觀察堪不堪忍正理思擇而為破除，然不能破」解釋竟。在進入(p432-4)第二個科判「觀察由量成不成立而為破除，然不能破」之前，先對於"量"作個簡略的說明——

量在梵文當中有二義：（1）新生不欺誑；（2）於其主要境不欺誑之識。中觀應成派採取第（2）種說法，即只要是於最主要境不欺誑，即為量。但是，中觀自續派以下，並不止於以最主要境不欺誑就滿足，而須進而尋找在不錯亂的識體續流當中找到一個以自力不觀待他而得的識體，既然這樣的話，就只有第一刻的識體才有辦法不觀待，即所謂的新，而成為量。由於第二刻以後的識體都必須觀待之前。雖然是不錯亂，但因為是再次抉擇的識體，故非是量。

又，於其主要境不欺誑之識——就中觀應成派而言，只取於主要境不欺誑就可以為量。其主要境又分：顯現境及執持境。

就識體於其顯現境而言：識體觀待於顯現境全部都是量，譬如：
（1）執持兔角的識體觀待於不存在的兔角，於其兔角之顯現境而成為
　　　量；因為執持兔角的識體對於兔角之顯現境不欺誑故。
（2）執持瓶子的識體觀待於存在的瓶子，於其瓶子之顯現境而成為量；
　　　因為執持瓶子的識體對於瓶子之顯現境不欺誑故。
（3）執持色之常的識體觀待於不存在色之常，於其色之常之顯現境而成
　　　為量；因為執持色之常的識體對於色之常之顯現境不欺誑故。
（4）執持色之無常的識體觀待於存在的色之無常，於其色之無常之顯現
　　　境成為量。因為執持色之無常的識體對於色之無常之顯現境不欺誑
　　　故。

故不論其執持境存不存在，以觀待其顯現境皆沒有是量、非量的差別，全部都是量。

就識體於其執持境而言：識體觀待於執持境會有存在、不存在之差別。
譬如：

（1）執持兔角的識體觀待於不存在的兔角，於其兔角之執持境觀待世俗是倒世俗；因為執持兔角的識體對於兔角之執持境不存在，欺誑故。

（2）持瓶子的識體觀待於存在的瓶子，於其瓶子之執持境觀待世俗是正世俗；因為執持瓶子的識體對於瓶子之執持境存在，不欺誑故。

（3）執持色之無常的識體觀待於存在的色之無常，於其色之無常之執持境觀待世俗是正世俗。因為執持色之無常的識體對於色之無常之執持境存在，不欺誑故。

（4）執持色之常的識體觀待於不存在的色之常，於其色之常之執持境觀待世俗是倒世俗。因為執持色之常的識體對於色之常之執持境不存在，欺誑故。

故觀待執持瓶子、兔角、色之常、無常的執持境、觀待世俗有顛倒及不顛倒的差別。其中執持瓶子的識體與執持色之無常的識體觀待其執持境瓶子及色之無常是存在，且不欺誑，觀待世俗是不顛倒；而執持兔角的識體與執持色之常的識體觀待其執持境兔角及色之常，不存在，且欺誑，故觀待世俗是顛倒。

總之，以上所作差別之理，乃是因為中觀應成派於量的建立不同於中觀自續派以下各宗派的見解。因為中觀應成派認為除了佛以外，一切有情，包括十地菩薩以下之聖者菩薩在內，除於現量證空性之外，所有的識體全然是都錯亂於二現自性有。因此，世俗名言識的顯現絕對會錯亂於二現自性有，然其存在的執持境絕對是正確無誤的。譬如境上的瓶子於執持瓶子的分別心而言，此執持瓶子的分別心，於其執持境——瓶子是存在的，也是量成，以是緣起法故。然而，境上的瓶子在執持瓶子分別心的顯現境來說，不僅會顯現瓶子，同時也會顯現自性有。雖然，分別心會顯現自性有的瓶子，但觀待執持瓶子的分別心，其顯現境亦是量成，以其是為名言識所成立故。而自性有的瓶子，其自性有是否存在，則非是名言識所能成立。以自性有不是世俗名言識主要所觀察之境，世俗名言識主要觀察之境為瓶子，此自性有必須觀待勝義理智抉擇其有

否。所以，在分別心上顯現自性有的瓶子，觀待執持瓶子的分別心可為量成。但，觀待勝義理智而言，即非量成，因自性有不存在故。此處可與前第一科判中所說：「堪不堪忍勝義理智觀察」配合思考。以自性有之瓶子，是為勝義理智尋找無法獲得，故為不堪忍，觀待勝義理智非量成。然瓶子存在，是為世俗名言識所成立，故觀待執持瓶子之名言識體是量。

（p432-4）

第二、觀察由量成不成立而為破除，然不能破。

　　[釋]：中觀應成派對於〝量〞的定義是於其主要顯現境不欺誑；自續派以下對於〝量〞的定義，則是新不欺誑。自續派以下所謂的〝無欺誑〞，即是於其境之自性有不欺誑。故自續派以下對於世俗，分為：正世俗及倒世俗。其中正世俗之〝正〞是指有自性。故某一法於執持某一法之名言識顯現自性有，是為不錯亂、不欺誑，亦為正世俗。因此，任一法的存在於名言識的顯現，若為無自性，即成為顛倒錯亂，即不存在，而成為斷見。反之，名言自性有不滿足，而認為法的存在於其自境全然而有——勝義有，則成常見。

　　以中觀應成派而言，觀待勝義理智即使正世俗之色…等諸法亦皆非量。因為世俗不論正、倒，都會錯亂顯現自性有。但是，由於中觀應成派對於〝量〞的定義是：於其主要顯現境不錯亂。所以，即使鏡中影像、兔角…等倒世俗，觀待其執持影像、兔角識體之顯現境皆是量，至於正世俗觀待其顯現境當然亦是量，因為皆符合〝量〞的定義。所以，以中觀應成派來說，凡是世俗不論正、倒，觀待勝義理智皆非量。雖然世俗諸法觀待勝義理智非量，但並不妨害色…等諸法的建立。何以世俗諸法觀待勝義理智皆非量呢？因為只要是世俗就一會錯亂顯現為有自性，然抉擇勝義理智尋找自性有所成立的諸法，皆不存在，故說：世俗皆非量。然非說：世俗名言色…等諸法不存在，以色等諸法觀待世俗名言識皆是量成，存在故。因此，中觀應成派主張：若執有自性，即成常見；若許無自性，即為名言全無，則墮入斷見。

　　由此，自續派以及實事諸師，便站在量的角度來問難中觀應成派，認為中觀應成派許無自性就無法成立諸法。

因此，**第二科判實事師觀察由量成、不成立諸法而為（來）破除**中觀應成派，**然不能破。**

（p432-4）
許有色等，非許量所未成要許量成。若爾論云「世間皆非量」，云何應理？

[釋]：因此，實事師問難中觀應成派：在承**許有色**…**等**諸法時，**非許**正**量所未能證成**，即是說：若無量成，即無法成立色等諸法，故**要**承**許由量來證成。**既然如此，則汝中觀應成派承許色…等諸世俗法存在，就要許其是由量來證成。**若爾**（如果這樣的話）汝中觀應成派月稱論師為何於《入中**論**》當中**云：「世間皆非量」，此種說法云何應理？——**

此可參考《廣論》p411+1 所說：「如是若許有生等為量成不成，若有量成不應正理，見實性智見無生故。許若由名言眼識等成者，彼是能成之量不應道理，彼等是量已被破故。」——此是觀待見實性之理智色等諸法皆非量成。

又，如《三摩地王經》云：「眼耳鼻非量，舌身意亦非，若諸根是量，聖道復益誰。」而《入中論》所云：「世間皆非量。」意謂：於見實性理智中，色等生滅諸法全無。所以，色…等生滅諸法，皆非是量。勝義理智抉擇自性有的色…等諸法不是量，但它只是抉擇由自性有所成立的諸法，並沒有抉擇瓶…等諸法。此於前引月稱論師所著的《入中論》當中所說：「世間皆非量。」亦是此義。然實事師及自許為中觀應成派者，因為不了解月稱論師所說的涵義，就以此而來破斥中觀應成派說：既然是非量，怎麼能夠承許有色…等生滅諸法的存在呢？反之，若你要承許色等諸法是存在，則要成為量，而此量是須於勝義理智抉擇而成為量。

中觀應成派——

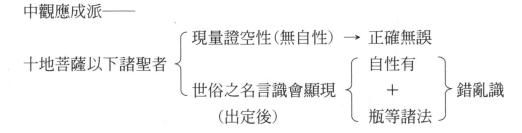

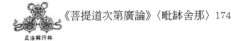

錯亂識（世俗之名言識）定會顯現〝自性有〞的〝瓶等諸世俗法〞。

此〝自性有〞 { 是屬於【勝義理智】所抉擇的範圍

非是屬於【世俗名言】所抉擇的範圍

【世俗名言】所抉擇的範圍：唯有〝瓶等諸世俗法〞。

此〝瓶等諸世俗法〞 { 是屬於【世俗名言】所抉擇的範圍

非是屬於【勝義理智】所抉擇的範圍

此〝自性有〞與〝瓶等諸世俗法〞二者，應區分清楚。

故顯現〝自性有〞的〝瓶等世俗諸法〞以勝義理智抉擇時，是尋找此分〝自性有〞到底存不存在，最後尋找不到而證入空性（先比量證，後現量證）。然因為此時識體的膠著力都是在尋找自性的有無，而證入空性──無自性，再現量證空性。故於現量證空性時，瓶等世俗諸法皆不顯現。雖說瓶等世俗諸法皆不顯現，然瓶等世俗諸法並不是勝義理智所抉擇的範圍，因為瓶等世俗諸法是由世俗之名言識所安立的，故此二者（勝義理智所抉擇的、世俗之名言識所安立的）是沒有關聯的。因此，出定後世俗名言所抉擇的範圍即是〝瓶等諸世俗法〞。出定後雖然還是會顯現〝自性有〞，但此〝自性有〞是屬於【勝義理智】所抉擇的範圍，而不是【世俗名言識】所抉擇的範圍。故〝自性有〞及〝瓶等世俗諸法〞雖會同時於名言識上顯現，然此二者應區分清楚。雖然世俗之名言識同時會顯現〝自性有〞及〝瓶等世俗諸法〞，但我們要證空性之前一定要先抉擇此〝自性有〞，而不是抉擇〝瓶等世俗諸法〞。

抉擇【自性有】　　　──【勝義理智】所抉擇的範圍
抉擇【瓶等諸世俗法】──【世俗名言識】所抉擇的範圍

中觀自續派——

〝自性有的瓶等世俗諸法〞是屬於：【世俗名言識】所抉擇的範圍。

因爲，他們認爲：瓶等世俗諸法若無自性則成斷滅見。
故【勝義理智】所抉擇的範圍：是〝勝義有〞，而不是〝自性有〞。

因此中觀自續派才會說：若世俗名言識之諸法沒有呈現〝自性有〞，則會成爲無自性；若是無自性，則此法即不存在；若諸法不存在，則會成爲斷滅見。又，若於世俗名言識所呈現的〝自性有〞還不滿足、還要〝勝義有〞則會成爲常見。然中觀應成派認爲：諸法的存在連些許的自性有亦無，若無自性有即無名言有則成斷見。

故此二部派的看法，在我們識體的認知就牽扯到中觀應成派所認爲的量成、非量成及中觀自續派所認爲的量成、非量成的差別。

(p432-3)
此破世間眼等諸識於真實為量，非破於一切境為量。
　　[釋]：本宗應成派回答：**此**《入中論》所說「世間皆非量」是**破世間眼…等**諸世俗識（名言識）的含義，主要是觀待**於真實**之理智而破其自性有**為量**成，然**非破眼…等**諸世俗名言識**於**其所對之**一切境為量**。因爲世俗名言識觀待其所對境，雖皆錯亂於二顯自性有，然於世俗名言識觀待其顯現境，以中觀應成派而言，皆爲量成，但，此分〝自性有〞觀待真實之理智則非爲量成。因爲以真實之理智雖通達此〝自性有〞不存在，然並無抉擇色等諸法。故說：非破色…等生、滅諸世俗法於名言識爲量成。

(p432-2)
《入中論釋》云：「如是思維真實，唯諸聖者乃為定量，非諸非聖，為說世間諸違害故。」若觀察真實許世間見亦為定量，故云：「設若世間是定量，世見真實聖何為？諸餘聖道何所作，愚蒙是量亦非理。」

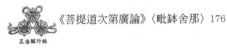

[釋]：應成本宗又引月稱論師所著《入中論釋》云：「**如是思維真實**（空性），**唯諸聖者乃為定量，非諸、非聖之異生及聖者後得定之世俗名言識，觀待眞實亦非量。然，以為說眞實於世間諸名言識有相違害**，以世俗皆會顯現自性有，**故**說世間皆非量。」此釋論是間接破斥中觀自續派及實事師所許而說：**若觀察眞實，許世間見亦爲定量。**以中觀應成派而言：觀察眞實，世間皆非量。然中觀自續派及實事師認爲：觀察眞實，亦許世間皆是量。因爲彼等之"量"是於其自性有不錯亂。然應成本宗說：經論當中所談到的名言識之世俗心並非正量，因爲只要是世俗心皆是錯亂於二顯自性有，當然這一點主要是觀待眞實義而說，並不是說名言識本身不是正量。但是，中觀自續派及實事師認爲：觀待於眞實義顯現自性有之正世俗之名言識亦是量。故中觀應成派認爲：若觀待於眞實義，顯現自性有正世俗之名言識是"量"的話，則世俗名言識就不是錯亂。若不錯亂，即等同眞實義之智。如是修道應成無義。以顯現自性有之正世俗名言識是爲量故。故本文說：「若觀察眞實又許世間之見亦爲定量。」故《入中論釋》續云：「**設若世間**名言識觀待眞實義之智，**亦是定量**，那麼**世間**名言識所**見**，則應**爲眞實**，則等同眞實義之智，若如是辛辛苦苦的修行**聖道有何所爲**義呢？**諸餘聖道何所作**，因爲**愚蒙**之名言識觀待眞實之智，亦許**是量**，然此**亦非理**。」

（p433+1）

釋云：「若唯眼等能定眞實，爲證聖道力勵持戒聞思修等應非有果，然非如是。」故云：「世間皆非量，世無害眞實。」

[釋]：《入中論釋》又云：「**若唯世俗眼**…**等諸名言識能定見眞實**，亦即若觀待眞實義之智，仍能許名言識爲正量所成，則**爲證聖道，力勵持戒、聞、思、修**…**等應非有聖果，然並非如是。」故《入中論》又云：「世間**名言識觀待眞實義之智，**皆非量**成，然，又許**世**間諸名言識本身爲量，亦**無違害觀察眞實**之義。」

因爲中觀應成本宗承許：世俗諸名言識本身爲正量，乃是因爲瓶…等諸法的存在，是由瓶…等諸法的名言識來成立，非由眞實義之智而來成立，故《入中論》頌云：「世無害眞實。」

雖然，名言識緣瓶…等諸法時，同時亦會顯現爲自性有。然此自性之有無，並非以瓶…等諸名言識來作抉擇，而是以觀察勝義理智來抉擇其或有、或無。因此，承許世間諸名言識本身是量，並不會妨害勝義理智抉擇自性之有、無。反之，中觀自續派及諸實事師承許世俗之名言識於自性有不欺誑爲量成，反而會妨害觀察眞實。以中觀應成派本宗認爲：自性有不是世俗名言識所成立，而是由勝義理智抉擇所成立。

（p433+2）

《六十正理論釋》云：「若見彼等有，則非見眞實，故世尊謂眼耳鼻等皆非量。」引此等證，顯然是於勝眞實境破彼爲量，非於餘境。

　　[釋]：《六十正理論釋》云：「**若見彼色**…等諸法爲緣起名言**有，則非見眞實**。因爲見眞實的當下，非能見緣起有——色等諸法，**故世尊**才謂：觀待眞實，**眼、耳、鼻、舌**…**等諸名言識皆非量**。」**引此等**世尊所說而來**證**明，如《廣論》p411+3《三摩地王經》云：「眼耳鼻非量，舌身意亦非，若諸根是量，聖道復益誰。」**顯然是說：於觀待勝義理智抉擇之勝眞實之境來破彼**眼…等諸法於名言識見眞實（自性有）**爲量，非破於餘**眼…等諸名言識於一切**境**爲量。

（p433+4）

若不爾者，則說：「若眼等識，於色聲等名言義境是定量者，爲見眞實，不應更求聖道。」全無關係，等同說云：「眼識見色，爲聞聲故，耳應無義。」

　　[釋]：**若不爾者**（如果不按照這樣作解釋的話），**則說：「若眼等諸名言識，於色、聲**…**等名言識本身於其義境是爲定量者，則爲了見眞實**空性，**不應更求聖道。」**文中所說**全無關係**是指：諸名言識本身於其境許爲量，而且現證眞實亦許爲量，此二者皆是量，並無關係、全無相違。因爲觀待空性而言：名言識不是量，乃是因爲世俗名言識會顯現自性有而來說的。但是，中觀自續派及諸實事師依此便問難說：觀待空性來說，若世俗名言識不是量，則世俗名言識所量之諸法就不存在。若又要許其存在的話，則須承許其爲正量所成立。

　　但，中觀應成派認爲：諸法於名言識雖會顯現爲自性有，然此自性有並非是由名言識所成立，而是觀待勝義理智而來說其爲有或是無。

故成立名言識本身是量，是觀待色⋯等諸法的顯現境而成為量，並不是觀待自性有而成為量。因此，成立名言識本身是量，及成立現證真實之空性也是量，所以成立這二者是不同的。但是，中觀自續派及實事師會認為：現證真實時，觀待眼⋯等名言識所成立的諸法也是量——以自性有而為成量之處。所以，中觀應成派才會說：假若如彼等所說，眼⋯等名言識所成立之諸法觀待現證真實（指自性有）亦是量，則表示在現量證空性時此分自性有可以尋找得到；若此分自性有可以尋找得到、是真實存在，則名言識顯現自性有的這一分應是無錯亂；既然是無錯亂，那就沒有必要再去求聖道了。所以，本文接著說：世俗名言識本身是量，並不是觀待現證真實，因為世俗名言識的抉擇與勝義理智的抉擇二者並不相干，且其建立並無相違之處。因此，若如同你自續派及實事師所說：名言識所成立的法觀待現證真實也是量——此自性有觀待真實亦是量，則前《入中論》及《六十正理論釋》所說的，就成為〝全無關係〞了。這種說法**等同說云：「眼識能見色法，為聞聲故，**而說**耳識應成無義。」**意謂：見色是為眼識的作用，而聞聲為耳識之作用，故見色之時耳識應成無義。依此眼識見色來形容——諸實事師之名言識所安立的諸法，若觀待勝義諦也是量的話，則勝義諦就如同耳識非見色一般，毫無意義。因此，中觀應成派破斥自續派及實事師所說：名言識所安立的諸法必須要自相有，且觀待勝義諦亦為量成。若如是安立世俗諦法，則修行聖道應成無義。

(p433+4)

若不爾者，則說：「若眼等識，於色聲等名言義境是定量者，為見真實，不應更求聖道。」全無關係，等同說云：「眼識見色，為聞聲故，耳應無義。」

[釋]：**若不爾者**（如果不按照這樣作解釋的話），**則說：若眼等**諸名言識，**於色、聲…等名言義境是**自性有觀待空性而成為**定量者**，就表示自性有存在，如是，則眼…等諸名言識即應非錯亂、不顛倒。然中觀應成派認為此自性有是為勝義理智所抉擇的範圍，而不是名言識所抉擇的範圍。假若觀待空性此名言識於自性有不錯亂、不顛倒，則**為現見真實不應更求聖道**，因為更求聖道就沒有意義了。所以，前引《入中論》說：「世間皆非量」，及《六十正理論釋》亦云：「世尊謂眼、耳、鼻等皆非量。」就會成為**全無關係**。若如同你實事師所認為的：諸法存在必須量成，無量成諸法就不存在。諸法存在必須量成，這一點亦是我中觀應成派所承許，然而月稱論師為何又在《入中論》及《六十正理論釋》當中說：世間皆非量呢？這不就成為矛盾了嗎？然我中觀應成派諸師怎麼可能會承許世俗諸法不存在且無量成呢！這是絕對不可能的！故月稱論師所說：「此世間皆非量」是觀待於勝義理智抉擇而來說世間皆非量。為什麼？因為世俗諸名言識，定會錯亂於二顯自性有，故觀待勝義理智抉擇說其自信有為非量，然不是觀待世俗而說世俗名言識非量。所以，論上才說：眼等諸名言識於色、聲等義境，若以自性有而成為量，而此自性有又為勝義理智所抉擇的範圍，那就表示此自性有存在。若自性有存在，即意謂著眼等諸名言識觀待勝義理智抉擇是為無錯亂、無顛倒，而成為量，因此，才說：為見真實不應更求聖道。若不這樣作解釋，則所引的《入中論》就會成為全無關係，**等同說云：「眼識見色，為聞聲故，耳應無義。」**意謂：見色是為眼識的作用，聞聲則為耳識的作用，故見色之時耳識應成無義。以耳識的作用並非是見色故。依此來形容——諸實事師之名言識所安立的諸法，若觀待勝義理智也是量的話，則為求聖道——證勝義諦就如同耳識非見色一般，毫無意義。因此，中觀應成派破斥中觀自續派及實事師名言識所安立的諸法必須要自相有，且觀待勝義諦而為量成。若如是安立世俗諦法，則修行聖道應成無義。

對於中觀應成派來說：諸名言識本身於其顯現境許爲量，及現證眞實許爲量，二者皆是量，並無相違。然，爲何前引《入中論》…等說：「世間皆非量」呢？此乃是觀待現證眞實之空性來說：名言識不是量。爲什麼觀待勝義理智抉擇名言識不是量呢？因爲只要是世俗名言識定會錯亂顯現自性有，而此自性有是勝義理智所抉擇的範圍，並不是名言識所抉擇的範圍。諸法於名言識，雖然會顯現爲自性有，但自性有並非由名言識所成立，而是觀待勝義理智來說其爲有或無。故中觀應成派認爲：成立名言識本身是量，及成立現證眞實之空性也是量，並無相違之處。因爲成立名言識本身是量，是觀待色…等諸法之顯現境而成爲量（勝義理智抉擇之名言識，於執持自性有，觀待世俗亦是量，於觀待空性亦是顚倒。但勝義理智抉擇之名言識，其執持無自性，觀待空性其境是量（隨順勝義），但識體非量，以其錯亂二顯自性有），並不是觀待現證之空性之眞實而成爲量。

中觀自續派及實事師會認爲：眼…等諸名言識須於色等自性有觀待空性而成爲量。而中觀應成派則認爲：此自性有是勝義理智抉擇的範圍，假若眼…等諸名言識於色等自性有觀待空性而成爲量的話，豈不等於是承許諸名言識觀待現證眞實亦成爲量了嗎？如果眼等名言識所成立之諸法觀待現證眞實亦是量的話，那就沒有必要更求聖道了。

（p433+6）

若謂：「爲觀色聲等尋求聖道應無有義」是所樂許，由此豈能成所非欲。

[釋]：若中觀應成師**謂**：「他宗說：**爲觀色聲等尋求聖道應無有義。」**意謂：安立色、聲…等法觀待勝義諦爲量成，就不應尋求聖道。這種說法對我實事師來說，根本無法成立，這一點**是**你中觀應成派**所**必須承許、必須**樂許**的。怎麼可以說：安立色、聲…等法觀待勝義諦爲量，爲證聖道就無意義，故沒有必要尋求聖道！爲什麼？因爲獲得聖道必須證到空性（勝義諦）即可，這是內道所共許，但，若依你中觀應成派所說：觀色、聲等法，爲求聖道就會成爲沒有意義的話，那麼，難道你中觀應成派要說：緣色、聲…等法，就可以獲得聖道嗎？然世尊說：世俗諦都是虛妄如幻，唯有勝義諦方是眞實。故獲得聖道必須現量證空性。當然以此來說與觀色、聲等法並不相關，所以，並無意義。

因此，你中觀應成派以「為觀色、聲等尋求聖道應無有義」這句話來說，對我實事師來作破斥是無法成立的。但，應成本宗說：世尊所言世俗諦虛妄如幻，是指識體顯現自性有，然是如現非有，而說為如幻。並不如同你實事師以自性有的基礎而來成立如幻，這是有很大的差別。

(p433+6)

《四百論釋》云：「若彼於此諸根識等增益為現，又許為量，極無係屬。不欺誑識世見為量，然世尊說此識是有為故，是虛妄欺誑法，猶如幻事。」

　　［釋］：故月稱論師於《四百論釋》中云：「若彼（自續派及實事師）於此諸根識等增益自性有為現前，且又承許其為正量所成，但是，名言識的成立與自性有一點關係都沒有，故你實事師所承許的諸根識須以自性有而成為量，此二者——名言有和自性有，根本是極無係屬。不欺誑識世俗名言識觀待其所見之主要境，當然可以成為量，如眼識見色境。持色之眼識觀待色法來說當然可以成為量，雖可成為量，然此是依名言識而來說的。然世尊說此名言識是有為法故，既然是有為法，不是勝義諦就是虛妄欺誑之法，因為如現非有，猶如幻事。」

(p433-6)

若是虛妄欺誑之法及如幻者，非不欺誑。以住此相之事，現餘相故。若如是者，計執為量不應道理，餘一切識皆成量故。總破眼等諸識是量，如何會解？

　　［釋］：若是虛妄欺誑之法及如幻事者，即是如現非有，非不欺誑。何謂欺誑？即是以本住此無自相之事，而顯現餘有自性之相故。若如是者，即計執此自性有是如現非有之欺誑識，其觀待勝義諦為量成的話，是不應道理。同樣顯現自性有的餘一切錯亂識皆應成為量故。故此總破眼…等諸名言識是量，又承許眼等諸名言識是存在，然若存在定需量成，但觀待勝義諦又不是量，此應如何融通會解？

(p433-3)

此與眼耳鼻等，皆非量等不同，是大疑處，故當詳釋。如是破諸識等是現及量者，是破分別師許，故當先述彼宗。

[釋]：此《四百論釋》破眼、耳、鼻等皆非量，與前《六十正理論釋》所引《三摩地王經》所說：**眼、耳、鼻、舌…等，皆非量**等是**不相同的**，此**是極難理解之大疑處，故當詳釋**。前《三摩地王經》說：「眼、耳、鼻等非量」是觀待現證眞實而言；**如是此處**《四百論釋》所說：欲**破諸識等是現**前顯現自性有**及量成者**，此乃**是破分別師**（自續派及實事師）所承**許**在自性有上成立如幻，**故當先敘述彼**等之宗見。

(p433-2)

如《四百論釋》云：「**此分別師全未熟悉世間義故，如諸愚童，最初唯應令練習彼，為顯此故詰問觀察。汝現云何？答謂現識。為何等識？謂離分別。分別為何？諸於境義增益名種，散動轉想。五種根識由離彼故，於不可議境自相轉，故名為現。**」

[釋]：首先對於〝現前與現前識〞的差別作解釋——

中觀應成派認爲：現前是安立在〝境〞上，並不是安立在〝心法〞上，故現前不是現前識。因爲中觀應成派認爲一切諸法是唯名言假立，故〝境〞在心識顯現自性有的這一分以〝唯〞字遮除，故現前完全是在境上安立。因此，現前不是現前識。

中觀自續派及實事師則認爲：任一法的安立必須有其自性在心識上顯現，故其現前是安立在〝心法〞上，而不安立在〝境〞上，故現前即是現前識。

如本文所引《四百論釋》云：「**此分別師**（實事師）**全未熟悉世間**名言識如何安立諸法之含**義故，如諸愚童**般，**最初唯應令**其**練習彼**世間諸名言識、現前及**量，為了顯此**名言識眞正的含義，**故**用**詰問**的方式來**觀察**實事師的看法。

應成本宗問：汝實事師所謂的〝**現前**〞云何？

實事師答　：**謂現識**。

本宗問　　：**為何等現前識**？

實事師答謂：**離分別**。

本宗問　　：**分別為何**？

實事師答　：**諸於境義增益名**——音共相、**種**——義共相，非直接見境，而是以義共相引領而見境之耽著識分別心安立，此即第六意識分別心之**散動轉想**。

但，由於**五種根識由離彼分別故，於不可思議境**之**自相**有而**轉、而成立，故名為現**前識。」

(p434+1)
謂離分別無錯亂識許為現識。無錯亂者，謂於境自相如實而取，由五根現識量度自相，故色聲等自相是彼五現識之所量。五識成量之處，亦即五境之自相也。

　　[釋]：此中謂(1)**離分別**；(2)**無錯亂**之**識，許為現識。無錯亂者**，何**謂離分別**？即沒有前文所謂的：於境義增益名種，散動轉想。**無錯亂者**？**謂於**之**境自相如實而取，由五根現**前**識量度自相，故色、聲**…**等**之**自相是彼五現**前**識之所量。五現**前**識**的**成量之處，亦即**色…等**五境之自相**有**也**，故名為無錯亂。

(p434+3)
然此論師如下所說：雖於名言亦不許有自性、自相，豈許諸根識於自相為量？故此破除根識為量者，是破許彼等於五境自相為量。

　　[釋]：**然此**月稱**論師**之見**如下所說：雖於名言亦不許有自性**有**、自相**有，**豈許諸根識於自相**有、自性有而成**為量**呢？**故此**《四百論釋》破除根識為量者，是破許彼等**(根識…等)**於色…等五境〝自相〞為量，**非破彼等根識於色等〝五境〞為量。

(p434+5)
破除之理，即引世尊說：彼諸識虛妄欺誑而破。由說欺誑破不欺誑即是破量，以不欺誑是量相故。欺誑之理，即住此相之事，現為餘相。謂色聲等五境，實無自相，於諸根識現有自相，故說彼等於自相境非是正量。

　　[釋]：**破除之**正**理，即引世尊**所**說：彼諸識虛妄欺誑而破**(虛妄欺誑的解釋在《**廣論**》p433+8「以住此相之事，現餘相故。」)。**由說欺誑**而來**破除**自續派以下所許於自性有**不欺誑，即是破**自續派以下所許——於自性有而成為**量，以**(因為)自續派以下於自性有為**不欺誑**之了別**是量相**(量的定義)**故。**

　　何**謂**世尊所說**欺誑**之理？**即住此**無自性**相之事，現為**有自性**相**之**餘相。謂**於**色、聲等五境，實無自相，於諸根識現有自相，故說彼**眼…等諸名言識**於自相境非是正量。**

（p434+7）

總此意趣，謂諸根識於五境自相非是正量，以待五境所現自相是欺誑故。五境
實空無自相，現自相故，如現二月之識。

　　［釋］：**總此意趣，謂諸根識於**色…等**五境之自相非是正量，以**觀**待五境所**
現之自相是欺誑故——如現非有。**色…等五境實空無自相，而**顯**現有自相故，**
如現二月之錯亂識。

（p434+8）

其實事諸師，謂：色、聲等若無自相、自性，則說彼等空無一切作用、功能而
成為無事。故若不於五境自相為現量，則於五境無成量之處。若於五境成量，
亦許於彼自相成量。

　　［釋］：**其實事諸師，**問難**謂：色、聲**…**等若無自相、自性，則說彼**色、
聲…**等空無一切作用、功能而成為無事**（全無）。**故**自續派以下說：**若不於**色等
五境之自相為現量，則於色等**五境**就**無成量之處，**即不存在。**若於**色等**五境成**
為量（存在），**亦**須**許於彼**色等**五境自相**有而**成為量。**

　　　實事師認為　　　：存在的法一定要量成，只要是量成就一定要自性有。
　　　中觀應成派認為：世俗名言識是於色…等境而成為量，然此色…等境顯現自
　　　　　　　　　　　性有的這一分，並不是名言識所能成立，而是觀待勝義理
　　　　　　　　　　　智抉擇來成立。此二是不相干的。

（p434-4）

此論師謂：若有自相，或有自性，則成實有，安立實境之量，雖須於自相為
量，然境虛妄，故立此境之量不須於自相為量。

　　［釋］：**此**月稱**論師**於《四百論釋》**謂：若有自相，或有自性，則**會**成**為**實**
有，安立實有之**境之量，雖須於自相為量，然境**是**虛妄，故立此境之量不須於**
自相而**成為量。**

（p434-3）

《四百論釋》云：「以世間見，遣真實見，亦非正理。彼唯於世間立為量故，彼
所緣義，亦是虛妄欺誑法故。」

［釋］：如《四百論釋》云：「以世間名言識之**見**，並非能遮**遣**名言識之**真實所見**──色…等諸法，若遮遣**亦非正理**。彼眼…等名言識對於色等諸境，**唯於**不觀不察而成立，因此而將**世間名言識立為量故**，然**彼**名言識**所緣義，亦是虛妄欺誑法故**，以仍會顯現自性有故。」因為世間眼…等名言識所見色…等為虛妄，既然是虛妄就不可能是自性有。然自續派以下認為：若無自性有則一切諸法即不存在。故本文中說：以世間名言識，並非能遮遣名言識所見真實存在的法，若遮遣即不應正理。彼眼…等名言識對於色等諸境，唯於不觀不察的情況之下，就能安立出來，當然所現起的色…等諸法可以定為正量。彼眼…等諸識對於其所緣之色等諸法是因緣和合，雖為量，然於眼等名言識仍會顯現自性有，故亦是虛妄欺誑之法，因為仍會顯現自性有。

（p434-1）

故破於自相為量，非須全破於其是量，故非總破名言諸識為量。

　　［釋］：**故**此乃是**破除**色…等諸法**於眼**…等諸名言識顯現**自相為量，非須全破**色…等諸法**於眼**等名言識顯現**其是量**。因為眼…等名言識是於色…等諸法為量，並非是於自相有為量，**故非能總破名言諸識為量**。

（p434-1）

若不爾者，則說：「不欺誑識世見為量」不應正理。一切名言識，破為量故。

　　［釋］：**若不爾者**（是指《廣論》p434-2《四百論釋》所說，若不這樣作解釋，而將名言諸識全部破除的話），**則**《廣論》p433+7《四百論釋》**說：「不欺誑識觀待世間見為量」**，則會成為前後相違而**不應正理**。因為**一切名言識，**全**破其為量故**，而說一切名言識皆非量。如此的說法就會與經論所說相違。

（p435+1）

《明顯句論》云：「故由如是四量，安立世間通達諸義。」與此建立之現、比、教、喻四量相違故。

　　［釋］：本宗又引月稱論師所著**《明顯句論》云：「故由如是四量**──現量、比量、聖教量、譬喻量，而來**安立世間通達諸義。」**若解釋為總破一切世間名言識為量的話，則**與此**《明顯句論》所**建立之現、比、教、喻**四量成為**相違故**。

不論是《明顯句論》或是《四百論釋論》都是月稱論師所造。月稱論師不僅在《四百論釋》說有正量，而且在《明顯句論》當中很清楚的說：有四種正量。所以，若解釋《四百論釋》時說：總破除一切名言識為量的話，就會跟《明顯句論》所說的相違，同時也違背了《四百論釋》的含義。且通達現前分，是為現量；通達隱蔽分，是為比量；通達極隱蔽分，是聖教量；同時又可由譬喻量證成現量、比量、聖教量。所以，若說一切名言識皆非量，就會有四種量相違之過失，且有無法通達世間諸義之過患。

（一）：說明 p434-1：世間皆非量——非總破一切名言諸識為量

他宗引月稱論師所著之《入中論》云：「世間皆非量」

應成派——

世間皆非量：非說一切世間名言識皆非量

　　　　　　　是說一切<u>世間名言識觀待勝義諦</u>皆非量

　　　　　　　　　└→ 顯現自性有 → 非量；

　　　　　　　　非總破一切名言諸識為量

凡夫異生及十地菩薩以下（出定後）：

名言識 → 顯現自性有 → 錯亂識會執其為眞實 → 執為**非緣起**

　　　　　　　　　　　　　　　　　　　　　　　　（自性有）

緣起 → 如幻 → 須觀待他法而存在 ←→ 無自性有的存在

　　　↓　　　　　　　　　　　　　　　└→ 於緣起法中不存在

　　（如現非有：於識體上會顯現<u>自性有</u>，然實非自性有）

　　　　　　　　　　　　　└→ 不觀待他法而獨自存在

故月稱論師所著之《入中論》云：「世間皆非量」

是破名言識所顯現**以自性有為量**的這一分，而說「一切**世間**名言識**皆非量**」

實事師認為——

諸法的存在，其體性定須是自性有，此法才得以存在。

　　　　　瓶 ←──→ 瓶之支分（此定須有瓶子自性有的這一分體性顯現）

　　　　　　↓

　　　名言安立為瓶

故須以五境之自性為成量之處。

（二）：說明 p435+2：**現量、比量、聖教量、譬喻量**

現量通達——如：持瓶之眼識，是直接見境且於瓶顯現境無錯亂。

（1）　於其顯現境無錯亂；

（2）　且（2）非以有分別（無分別）而來通達此事物——顯現分

比量通達——如：瓶之無常、無自性——根識無法現見

依正確之理由透過第六意識分別心去觀察，將常、自性有遮除，而於心識上顯現無常、無自性。依此正因所通達者——於其隱蔽分不欺誑之耽著識。

聖教量通達——極隱蔽分。如：布施，意樂有差別，所感得果報亦有差別。依佛之聖教思惟後之比量所生決定解。

　　　　　　└→《釋量論》：「正義無欺故，亦比知所餘。」

　　　　　　└→《四百論》：「若於佛所說：不現事生疑，

　　　　　　　　　　　　　　當依於空性，令彼唯信此。」

譬喻量——如：一切有爲法　如夢幻泡影。

以「夢幻、泡影」之喻而令理解——有爲法爲何是「如現非有」而令心識生起正確的認知。

（p435+2）

又破有性能量所量，不破緣起觀待所立能量所量，即前論云：「此等皆是觀待假立，若有能量乃有所量義；若有所量義乃有能量，能量所量非有自性。」

[釋]：又此是**破有**自性之能量、所量，不破緣起觀待所立之能量、所量，即前《明顯句論》續云：「**此等**四量安立世間通達諸義**皆是觀待假立，若有能量乃有所量義；若有所量義乃有能量**，所以，**能量、所量**是相互觀待唯名言假立**非有自性。**」

(p435+4)

故無翳等內外錯亂因緣損害諸根識等，唯無明力錯亂，執取實無自性現有性境，此不能害無倒名言。

　　[釋]：**故**上面所述，中觀應成派以世間名言的角度來說：**無**眼**翳**…**等內外**暫時**錯亂因緣損害**之**諸根識**…**等，唯**是由**無明**之**力**究竟**錯亂因緣，執取實無自性現有**自性**境，此**無明執取自性有之錯亂識**不能違害無**顛**倒**之**名言**識。

(p435+5)

《入中論》云：「許妄見有二：根明有過根。諸有過根識，望善根識倒，諸無損六根，所取世共證，就世為諦實，餘就世立倒。」

　　[釋]：此如《入中論》云：「**許**無明錯亂之**妄見有二**：(1)**根明**，即明利根，或稱正世俗；(2)**有過根**，此為暫時錯亂因緣所損之眼…等諸識，是為倒世俗。如眼翳。暫時錯亂因緣所損之**諸有過根識，望善根識倒**（即觀待明利根——正世俗，則有過根為倒——倒世俗），**諸無**暫時錯亂因緣所**損**之**六根**——名言識，其**所取**色等六境為**世**間所**共證**、共許，**就世**間成**為諦實**——正世俗，**餘**（有過根）為暫時錯亂因緣所損之諸根識**就世**間而**立**為**倒**世俗。」應成本宗認為：若無內外暫時錯亂因緣所損，只是因為無明之力而現有自性，並不能破除世間名言共許的正世俗，因為世間名言所安立的正世俗、倒世俗，不是以有否自性來作區別，而是以有、無內外錯亂因緣而作區別。然，不論正、倒世俗觀待空性真實義來說，皆是倒。因為只要是世俗，不論正、倒皆會顯現為自性有。

(p435+6)

此說名言識境，待名言識各立二類，謂：倒無倒內身所有損根因緣。《入中論釋》云：「若諸翳膜黃眼等病，及食達都羅等，是為內有壞根因緣。」

　　[釋]：**此說名言識**及**境，觀待名言識各立二類，謂**：(1)**倒**，及(2)**無倒**。其〝**倒**〞者，即**內身所有損根**暫時錯亂因緣。如《入中論釋》云：「**若諸翳膜**（眼翳）**、黃眼**（黃膽）…**等病，及食**用**達都羅**水果所產生之幻境…**等，此是為內有壞根**暫時錯亂**因緣**所損。」

（p435-6）

身外有者，如前論云：「由油水鏡及空谷等發言說聲，又由日光處時差別，正現前等，是為外有損根因緣。內雖未有損根因緣，由此諸緣而於影像谷響陽燄，亦成妄執水等因緣。如是幻師等所配咒藥亦當了知。

　　［釋］：又，身外有者——境，如前論（《入中論釋》）云：「由在芝麻油、水、鏡…等上所顯現的影相，以及空谷…等發言說之回聲，又由強烈之日光之處所——如沙漠。時間——如正中午…等之差別，這些因緣具足正現前等，是為外有損根因緣。此時內身雖未有損根暫時錯亂因緣，但是，由此諸外在因緣而於影像、谷響、陽焰…等，亦成妄執真實水…等因緣而產生之錯亂識。同樣的，如是幻師…等所配咒、藥等，見非真實象馬而為有真實象馬，亦當了知。

（p435-4）

能損意者，謂前諸事及諸邪宗，諸似比量。」此說邪宗及諸似因，皆是損害意識因緣。

　　［釋］：又，能損意者，謂前內、外暫時錯亂因緣所損的諸事及諸邪宗，安立諸似比量——即以非正因建立自己的見解。」此說邪宗及諸相似之正因，皆是損害意識之因緣。

（p435-3）

又睡眠等，是損夢中意識因緣，故無明所執之境，如下當說雖於名言亦無，然由無明所作損害，非此所說違害因緣。

　　［釋］：又睡眠…等，是損夢中意識因緣，故無明（究竟錯亂因緣）所執之境，如下當說，無明所執自性有之境，雖於正量所成之名言識當中亦無（於名言識當中不存在），然由無明所作究竟錯亂因緣之所損害，非此處所說的違害之暫時錯亂因緣。

　　以上所說〝邪宗及諸相似因〞，皆為損害意識之因緣。下面引宗喀巴大師所著之《辨了不了義善說藏論》作進一步的解釋：論中引《護國問經》云：「空性寂靜無生理，眾生未解故漂沒，悲尊以多百方便，及百正理令彼悟。」宗喀巴大師於後釋云：謂諸法真如，極難通達，若不通達，極難脫生死。

由見此故，大悲大師——佛陀，以多方便及多正理之門，令有情解悟。故諸智者，應當勵求了解通達佛經所說眞實空性之方便。故應先辨別佛經之了不了義的差別，才能眞實悟入眞如。然辨別諸經爲了、不了義時，非唯依經的字面所說：此是了義，此非了義，便能辨別。

若直接看經文之文字就可辨別的話，佛所授記之諸大論師——龍樹菩薩、無著菩薩等，造論分辨經文所說是了義、不了義，皆成無意義。故經中安立了不了義之理，多不相同。如經說：此是了義，此是不了義，僅依經文字面之語，並不能決定：此是了義、此是不了義。

所以，宗喀巴大師說：總相而言，經中安立了、不了義既然不能肯定，那麼別相於各部經中所說了、不了義，若僅依經文字面所說：此是了義，此爲不了義者，亦不能成立故。故佛授記能辨佛語了不了義諸大論師，如龍樹菩薩、無著菩薩…等，能解釋諸經之了不了義。此中了義經義者，若作餘解，會有違難，故不作餘解，因爲義理已定。以所有能立之正因，皆已圓滿善抉擇。故當隨龍樹菩薩、無著菩薩所造之論著而求諸經所說了不了義之密意。

又，究竟而言，即使以龍樹菩薩、無著菩薩…等所造之論著爲主，仍須以其無垢正理而來辨別。若宗見所立違背正理，則如此之師不堪爲定量。諸法眞實空性，必須要有證成之正理而來成立，非唯依經論即可。佛陀就是由於見此道理，故於經中說：「苾芻或智者，當（以正理）善觀（察）我語，如鍊、截、磨金，（非唯有）信受，（亦）非唯（恭）敬。」意謂信受、恭敬均須依經依論，由正理抉擇而生起。

（p435-1）

設作是念：「若五根識，無餘錯亂，因緣損害，便於名言為不錯亂，則彼所現自相於名言中，亦應許有，然此師不許，故須許為錯亂。

　　[釋]：本宗說：假設自續派以下**作是念：若五根識，無**其餘之暫時**錯亂因緣**所**損害，便於**名言識顯現自性有之相**為不錯亂，則彼**名言識**所顯現自相**有，**於名言中亦應**承**許**其為自相**有，然此**月稱論**師不**承**許**於名言識顯現自性有為不**錯亂，故須許**顯現自性有**為錯亂。**意謂只要不是現證空性的智慧，其餘之識全部都是錯亂識。以顯現自性有，故中觀應成派承許任何名言識觀待空性皆是錯亂，但名言識觀待其顯現境皆不錯亂。中觀自續派以下名言識無暫時錯亂因緣所損，顯現自性有觀待空性皆非錯亂。

（p436+1）

若如是者，則此諸識為於名言安立色等之量，不應道理，以於名言色等亦錯亂故。」

　　[釋]：自續派以下問難：**若如是**於名言識顯現自性有為錯亂**者，則此諸識為於**名言識**安立色等**諸法而成為**之量，不應道理，以於**名言識顯現**色等**諸法亦**錯亂，故**無法成立世俗諸法。

（p436+2）

答曰：清辨論師許色等境，於名言有自相之性，破唯識師於遍計執。由無自相之性，謂相無自性時，於遍計執設能計所計雙關觀察，若能遍計自性差別之名覺，許於名言無自相之性者，則謗依他起事，是顯然許依他起性，於名言中有自相性。

　　[釋]：此處宗喀巴大師以大乘中觀應成派、中觀自續派及唯識派中各部派所主張之三性——遍計所執性、依他起性、圓成實性，來顯示名言識安立諸法錯、不錯亂之差別。故本宗回**答曰：**中觀自續派**清辨論師**承**許色…等境於名言有自相之性，破唯識師於遍計執，**承許**由無自相之性**（即承許遍計執之自性有之

相，非由自立之相，以需觀待分別心安立為自性有之相。若非觀待分別心而有自立之自相有之相，即為所應斷），**謂相無自性時，於遍計執假設透過能計**（即能詮之聲及能安立之分別心）、**所計**（即能詮之聲及能安立之分別心所安立之法）這二種方式作**雙關之觀察，若能遍計之自性**（即色法於執持色法分別所依處自相有），及**差別**（如色之生、色之滅…等）**之名**（能詮之聲）、**覺**（即能安立之分別心），**若許於名言**（色法於執持色法分別所依處）**無自相之性者**（亦即所遍計無自相），則能詮之聲及能安立之心亦無自性。為什麼？能、所相互觀待故。因為若所遍計無自性，則能遍計亦應無自性。然能遍計之能詮聲，及能安立之心是依他起。故若許遍計執無自相，則依他起亦無自相，若依他起無自相，**則毀謗依他起之事**，由是可**顯然**了知中觀自續派清辨論師承**許依他起性，於名言中有自相性**。然唯識派卻不這麼認為，唯識師說：諸法是唯識體的習氣所變現，若名言安立諸法時，此諸法之自性有若非觀待分別心而有的自立之相，則此自立之自相有是顛倒錯亂於外境有，此為所應斷。然，生起顛倒錯亂外境實有自性所依之因——依他起，應為不觀待分別心而有自立之自性相，故觀待世俗諦依他起是勝義真實有，遍計執則是世俗假有。故說：諸法遍計所執之相是由假名安立為相，非由自立之相安立為相。又說“相無自性性”時，並非謂：由此遍計所執相無自性而來說依他起性為無自性。因為遍計所執是由不清淨的依他起所生。然，中觀自續派清辨論師論認為：若由遍計所執相無自性，則說：依他起亦無自性。由此可以了知唯識、自續二部派對於遍計所執及依他起性的安立有所不同。

（p436+5）

第二十五品《般若燈論》云：「若謂說色意言言說遍計執性皆為無者，是謗有事。毀謗意言及言說故。」

　　［釋］：此於解釋《中論》〈第二十五品〉《般若燈論》中清辨論師云：「**若謂：說色之意言**（能安立之分別心）、**言說**（能詮之聲）**遍計執性皆為無**自性**者，是謗有事**（即謗依他起）。（為什麼？以）**毀謗意言**（分別心）**及言說**（能詮之聲）**故**。以分別心及能詮之聲皆為依他起。」因為唯識派承許遍計所執相無自性性故。以由遍計所執是依他起所生，而遍計依他起，故中觀自續派說：若遍計所執相無自性，則依他起亦應為無自性性。

（p436+6）

《觀禁大疏》云：「此文顯示瑜伽諸師謂遍計執，由相無自性性，故說為無性。若於說色自性差別，意言分別言說名言能遍計性，謂由相無性性故，無自性者是謗世俗依他起事，不應道理。」此說"名"、"覺"所攝依他，若於名言許相無性，則成誹謗。其相無自性之"相"者，即是自相或名自性。

[釋]：又，清辨論師的大弟子觀音禁論師所著《觀禁大疏》對於《般若燈論》作解釋云：「此《般若燈論》之文是在顯示唯識派瑜伽諸師謂遍計執，由相無自性性，故說為無自性。若於說色之自性、及色之差別，意言之分別心及言說之名言能詮聲之能遍計性，謂由所遍計相無自性性，故此能遍計亦無自性者，如是則毀謗世俗依他起事，不應道理。」此文中所說之"名"是為能詮之聲、"覺"則為能安立之心，此二所攝為依他起，故若於名言許相無自性性，則成誹謗。其相無自性之"相"者，即是自相或名自性。

（p436-5）

唯識諸師說遍計執無彼自相，於依他起有彼自相故有自性，然從他生，無自然性，說名無生性。《解深密經》亦如是說。謂一切法皆無自性，是密意說。

[釋]：唯識諸師說：諸法是唯賴識體上的習氣所變現，然其自性須觀待名言識或分別心。若名言識安立諸法其自性不觀待名言識或分別心而有自立之相，則非由習氣所變現，而成為外境有。故其錯亂顛倒執外境有所依之錯亂依他起自立之自性相，是為遍計所執假有法之所依因。故遍計執無彼不觀待分別心自立之自相有之自相。而所謂的依他起性，是指依他顯現二相錯亂之不清淨心識，即所謂由不清淨的依他起，而生妄計外境有之遍計執。且定應承許不清淨的依他起是有自立之自性有。何以有此顛倒錯亂不待分別心自立之自性有之遍計執呢？因為此遍計所執是由依他所生之果。此因生果事實上是存在的，是不錯謬的。由於不清淨的依他起是能生因，故是假法所依。依此錯誤的二取相顯現錯亂之不清淨心識為因，能夠生起執持異體能取、所取假有法的錯誤分別心的法我執。

論式為：

不清淨依他起的體性為顯現外境的錯亂識體（有法）是自立之自性有

因為能夠生成其果之假有法——二取異體能取、所取之法我執

譬如以繩為因緣誤以為蛇。若無盤繩為所依處，則必不生誤認為蛇的情
況。

　　故說遍計所執無彼自立之相，然**於依他起**則**有彼**不待分別心安立之**自相**有
之自立之相，以依他起是依他緣力而有，即是依自性異之因生自性異之果，**故**
定須許**有自性。然從他生，無自然性**。意即若依他起由自性一之因而生自性一
之果，則成為自生；若其不由與自己本質相同的因緣而產生，則成外境有，故
說名無生性，或無自然性。以上**《解深密經》亦如是說。謂一切法皆無自性**——
遍計所執性相無自性性、依他起性生無自性性、圓成實性勝義無自性性。雖依
此而說：諸法無自性，然本宗認為：此等非佛究竟了義之說，故**是密意說**。

（p436-4）

**蓮華戒論師云：「彼經顯示三種無性所有密意，開顯遠離二邊中道，故是樹立了
義之宗。」若於勝義增益依他有自性者，是遍計執，故彼非有。由於名言依他起
性有自相故，遣除損減，故許顯示中道之義，故此論師亦於名言許有自相。**

　　[釋]：一般會認為《解深密經》是唯識派所依據的主要經典，事實上，《解
深密經》也是中觀瑜伽行自續派所依據之主要經典，故中觀瑜伽行自續派**蓮華戒
論師云：「彼**《解深密經》解釋《大般若經》**顯示三種無**自性**所有密意，開顯遠
離**常、斷二邊之**中道，故是樹立了義之宗。」**也就是：若安立諸法時不觀待不錯
亂心安立，則**於勝義增益依他有自性者**——勝義有自性，此**是遍計執**，執此則
墮入常邊，**故執彼勝義有自性非有**。此破實事師認為諸法的存在不需觀待名言
而全然從境上而有。然自續派認為：**由於名言依他起性有自相故，遣除損減**
——斷滅邊，**故許勝義無自性**——離常邊，許名言有自性——離斷邊，是**顯示
中道之義，故此蓮花戒論師亦於名言**承**許有自相。**

（p436-1）

《入中論釋》云：「如於繩上蛇是遍計，於實蛇是圓成實。如是自性，若於緣起諸所作性依他起上是為遍計，於佛行境立為圓成，如是了知三性建立。

　　[釋]：中觀應成派月稱論師以繩與蛇之體性或特徵來作譬喻，於其所著《入中論釋》云：「如於繩上安立為蛇，以繩無蛇之體性、特徵，故是遍計，若於實蛇安立為蛇，以蛇具有蛇之體性，故是圓成實。如是自性的特徵——常、非所作、不觀待他，若此自性於緣起諸所作性依他起上而有，是為遍計執，然此自性之常等特徵若於佛一切種智之如所有性智的所行境，則安立為圓成實性。即於依他起性上遍計為有自性，即是遍計執；若於名言上不許依他起有自性、有自相，而此無自性、無自相是為圓成實，亦是無自性相，如是安立應了知是為中觀應成派三性的建立皆無自性。」

（p437+2）

次當解說經中密意，『若經所說非實意，知不了義當引釋。』」謂《解深密經》立三自性是不了義。

　　[釋]：《入中論釋》又云：「次當解說《解深密經》經中密意：『若經所說非究竟實意，應知是為不了義，故當引經論依正理來作解釋。』」中觀應成派月稱論師依理抉擇謂：《解深密經》所立之三自性——遍計所執性、依他起性、圓成實性是不了義。

（p437+3）

自宗之遍計，謂於依他執有自性，故於名言亦不許依他有自相之性。

　　[釋]：中觀應成自宗所謂之遍計，謂於緣起依他起執為有自性，以自性有之特徵為常、非所作、不待他。然，緣起必定是無常…等，故於名言亦不承許依他起有自相之性。此中依他起的"他"是指有境之名言識，唯名言假立之緣起。意謂中觀應成本宗承許諸法不論勝義諦、世俗諦皆唯名言假立。

此中世俗諦皆唯名言假立令其體性成立；勝義諦是唯名言假立，故說依他之"他"是名言識，而說：一切諸法皆唯名言假立，故中觀應成派承許三性——遍計所執性、依他起性、圓成實性皆無自性。至於中觀自續派則承許依他之"他"爲支分緣起，雖是由名言來安立諸法，然此法之體性必須要在心識顯現不錯亂之自性有，故說支分緣起，承許三性爲勝義無自性、名言有自性。唯識派則承許依他之"他"爲因果緣起，意謂由自性異之因生自性異之果，諸法僅唯賴習氣所變現而成立，故依他起、圓成實勝義有自性，遍計所執相無自性性。

（p437+4）

唯識諸師除遍計執，不許依他及圓成實相無自性。故許彼二，是有自相或有自性。正依《解深密經》，故許彼二是勝義有。

　　［釋］：而**唯識諸師除遍計**所**執**相無自性性外，**不許依他及圓成實相無自性。**此遍計所執之相無自性，此自性相是指不觀待分別心假名安立，然此自立之相是不存在的，故說相無自性性。然非說遍計所執連些許的自性相都沒有。因爲若些許的自性相都沒有的話，就表示觀待分別心而有的這一分自性相也沒有，則遍計所執就會如同兔角般的不存在。若如是，則此遍計所執不存在，若不存在亦當無圓成實，然唯識師又不承許依他起及圓成實是相無自性。**故許彼二**（圓成實、依他起），**是有自相或有自性。**但此自性、自相，是不觀待分別心以自立之相而有，此安立之理是**正依《解深密經》，故許彼二**（依他起、圓成實）**是**自立之自相有，即是**勝義有。**

（p437+5）

佛護論師月稱論師，謂若有自相所成實體，則是實有，清辨論師等，唯爾不許是勝義有。

　　［釋］：中觀應成派**佛護論師、月稱論師，謂若**許**有自相所成**之**實體，則是**眞**實有。**意謂以中觀應成派來看，自性有、自相有、勝義有、眞實有…等都一樣，而中觀自續派**清辨論師**、蓮花戒**論師等**，則於名言許有自性，**唯爾不**承**許是勝義有**自性。

或有問：學習各宗派之建立，於修行上有何作用呢？殊不知修學佛法最主要的目的是為了解脫成佛。想要解脫，首先應斷除無明之顛倒識體。無明之顛倒識體在佛教內部各宗派均有其不同的說法，故必須依據三轉法輪由唯識、中觀諸論師所造之論著來了解何謂無明之識體，並且依著唯識、中觀所開出之正理遮除無明識體之耽著境，種下未來解脫成佛的資糧。在修學的過程當中，即使學習了唯識、中觀等諸多論著，但是，若不了知各部派對於無明識體之耽著境，及正理之建立為何，或對於各部二諦之建立不清楚，即使廣閱三藏十二部經典，仍無法種下未來解脫成佛的資糧，更何況未經學習，或僅略學，就遑論要解脫成佛了，此理乃是諸佛菩薩於經論中所說。

菩提道次第廣論卷十八終
菩提道次第廣論卷十九

（1）承許無外境之宗派，如唯識宗，其宗派之見為：萬法皆由習氣為近取因所生，全無外境，以色等諸有為法全由內識現起，此為有為法之建立；又，由習氣為近取因所引生之諸無為法，亦與其能緣量為同一體性，此為無為法之建立。

（2）承許有外境的宗派均認為：要生起"根識"必須要有"增上緣"，以及"所緣緣"，當此二因緣聚合的同時，根識才能在心識當中生起。五根取境時，就如同鏡子一般，外境的色法…等，會在鏡子當中顯現出影像，這種影像的顯現，就是內心當中所謂的"根識"。因此，根識的形成除了本身的等無間緣之外，還必須要以五根為增上緣，以及色等外境作為所緣緣，才有辦法形成。此中（1）增上緣：謂能作因。即要生起眼識…等，須有眼…等諸根為能作因。（2）所緣緣：謂六識所緣境一切法。而其中之"所緣"，即指對境。第二個"緣"是指能緣的心。（3）等無間緣：是指心法之相。此中所謂"無間"就是前後沒有間隔，其他的心無有空隙可趣入阻隔。了解以後，小乘部派有部、經部他們認為一切色法是由外境的極微塵積聚之後所形成的個體，能夠作為根識的所緣緣，也就是根識的所緣境。因此，承許色法是外境有。唯識宗的諸論師他們不認為色法是由外境的極微塵積聚而成，而認為色法只不過是識體上的習氣殆盡以後所變現的境，是有差別。

唯識派對於小乘部派——有部、經部的見解加以破斥。故唯識師說：「一一極微非根識境，不顯現故。」以此破除有部之見；又說：「眾多積聚亦非彼境，無實體故，如現二月。」以此而來破除經部之見。唯識師破除小乘部派以後，宗喀巴大師又引中觀自續派清辨論師所著的《分別熾燃論》破斥唯識不承許外境有之見解，且認為微塵積聚，或和合體的個別細微之微塵都是根識的所緣緣，以此作為生根識之因，而許有外境。清辨論師所承許個別微細之微塵雖為實質有，但不是勝義有，而是世俗有，以中觀自續派承許一切諸法皆無勝義有，亦無實有。

(p438+2)
又唯識師云：「一一極微非根識境，不顯現故。眾多積聚亦非彼境，無實體故，如現二月。」

　　[釋]：首先解釋唯識師破有部的部分——**又唯識師**引《唯識二十頌》破有部，而立論式**云：「一一極微非根識境，不顯現故。」**此為宗、因、喻三支比量之論式。依此破除有部認為：根識可以緣到實體之極微。

　　論式——【宗】極微非所緣【因】彼相識無故【喻】猶如眼根…等。

　　極微無法在眼…等五識顯現出極微之相，以其鄰乎虛空故。其為法處所攝色，故是第六意識所緣，非眼等五根識之所能緣，故不能使心識的見分挾帶相分生起。

　　唯識問難：假若極微有實體，就能為識體所緣而生五識，然其並非所緣。如極微所構成之眼根等並非眼識等之所緣，故眼不自見、耳不自聞、鼻不自嗅、舌不自嚐、身不自觸。以於眼等五識，並無眼等五根之相，既無相分，又何來的見分？又，因為識體不自生，生時必帶起相分為其所緣之境。且相分不自起，生起時必引見分作為能緣之心。

　　又續破經部云：**「眾多積聚亦非彼境，無實體故，如現二月。」**此為宗、因、喻三支比量之論式。依此破除經部認為：根識可以緣到眾多極微之積聚之境。

論式──

【宗】極微積聚非所緣緣【因】彼無實體以極微不存在故【喻】如現二月。

經部宗以為極微積聚有粗分形狀的顯現，能作為眼等五識之所緣之緣。但，唯識派認為極微積聚粗分之形狀，僅可作為五識之"所緣"──境，但沒有"緣"，以無法生識故。前五根識緣境唯是現量，離長短、高下、大小之分別，而且極微積聚之粗分形狀是為假法，以其非有實體。故假法不可作為生識之緣，僅能作為所緣，譬如二月。二月本非實有體，故僅能作為所緣，而無法作為生識之緣，故非是量，意即其不存在。

(p438+3)

《分別熾燃論》答云：「若成未積單位極微非諸根境，是成已成。」

[釋]：中觀自續派清辨論師所著**《分別熾燃論》**針對唯識派對小乘部派的問難作回**答云：「若**如同你唯識在破除有部：**若成未積聚的單位極微**，此一一極微塵，並**非諸根**識之**境**，這一點**是**你唯識派**已成立**，我清辨論師亦**已成立**你唯識派所成立之見解。」

(p438+3)

答後難云：「若以積聚一種極微為宗，說此非因，無實體故，而立因者，其因是他不極成。」

[釋]：雖然清辨論師承許《唯識二十頌》前二頌破有部之說，但，不承許後二頌破除經部宗時所說之：「眾多積聚亦非彼境，無實體故如現二月。」故清辨論師僅回**答後難**，而**云：「若以**眾多極微**積聚**成為**一種極微**個體而成**為其宗，說此**積聚**非**根識所緣之**因**，以**無實體故，而立因者**，其唯識所立的**因是他**──清辨論師所不許、**不極成。」**

(p438+4)

「謂一種類極微體性，彼彼皆有益境功用，故彼皆為境體支分。於極微塵生起現似積相之覺。」

[釋]：清辨論師接著說：「**謂**同**一種類**眾多的**極微體性**，彼此之間由於慢慢的積聚，便成為所緣境的一個因緣。之所以會有外境，乃是眾多之極微積聚而成。而這些極微不僅是形成外境最主要的因緣，也是能夠生起緣外境眼識的因緣，故說其有"益境"之功用。即本文所說：「**彼彼皆有益境功用，故彼**極微**皆為境體**之**支分**」，而**於**眾多**極微塵**積聚之後，方能**生起現似**個體積聚之**相**——外境，而有眼識…等緣外境**之覺**知。

(p438+5)

「從其積聚一類極微而成瓶等，我等亦許彼為實有，猶如極微。」

[釋]：又云：**從其積聚**同**一類**眾多**極微**塵而成的個體**而成**，如**瓶等**，清辨論師說：**我等亦許彼**瓶等**為實有**——實質有，以其乃由極微塵所構成，故許由極微塵所構成的瓶等亦為實質有，**猶如極微**。此乃是以極微作為譬喻瓶等個體亦是實有——實質有。

(p438+6)

「何以故？猶如極微亦是八微積聚為體，許其實有。故和合體所有瓶等，亦是實有，單不可成。」

[釋]：清辨論師再作解釋，說：「**何以故**而舉極微來說明瓶子為實質有呢？因為**猶如極微亦是**地、水、火、風、色、香、味、觸等**八微積聚為**一極微塵**體**，又**許其為實有**，故粗分的**和合體所有瓶等，亦是實有**，也就是說：**單一極微不可**（無法）形**成**為一個粗分瓶等個體，故單一極微不存在。」意謂：形成瓶等粗分之個體必須具備眾多的因緣條件，而來說明：必須由眾多的無方分微塵積聚起來，才有辦法形成。

(p438-6)

此說積聚一一極微，皆是根識之因，復是實有。又許彼是微塵究竟，故許無分極微是所緣緣。

[釋]：宗喀巴大師作解釋：**此**《分別熾燃論》**說**，所**積聚**的**一一極微**塵，**皆是**能生起**根識之因**，也就是說其能夠成為根識的所緣緣，而此中微塵**復是實有**。**又許彼**無方**分極微是**微塵的**究竟**，亦即其為最究竟之微塵，**故**承**許無**方**分極微是所緣緣**。由此可了知清辨論師亦承許積聚個體的這些無方分微塵同時也是根識的所緣緣。此中"無分"，就是指藉由八微所成的極微塵，此極微塵已無法再分析至更小的微塵了。

(p438-5)

是故根識，若無前說內外亂緣之所損害，許為無亂，許於名言是所緣緣，與經部同。

[釋]：**是故**自續派的諸論師認為：**根識若無前**面所**說的：內、外**暫時錯**亂因緣之所損害**，則**許為無**錯**亂**，並承**許**由極微所積聚的粗分實有的個體，**於名言**皆**是有所緣緣**，這種承許的方式**與經部**諸師所說相**同**。也就是說：中觀自續派的論師與經部宗的諸論師均許根識須有所緣緣，而諸法必須藉著根識緣著所緣緣才有辦法生起。但是，唯識派諸宗論師則不認為如此，而認為不論是青色以及緣青色的眼識都是由內心的習氣顯現而形成，都是心的本質，不需要觀待離心識外而有之所緣緣就能夠形成。

以上所說之極微並非現今科學家所研究出來之夸克、粒子、以太…等，因為小乘部派所說的極微，必須修得初禪根本定，獲得天眼通，才能見到。因為在經論上都說：獲得天眼通以後，不僅可見到最微細的微塵，同時也可以見有情死亡之後的中陰身所投生之處。假若如同某些學者所說，小乘之極微是為現在科學家所說的夸克…等，那麼是否可用儀器觀察有情死亡之後中陰身的投生之處呢？

　　中觀經部行自續派所承許的外境是由極微積聚所成粗分實有的個體，此分與經部宗相同，因此，有一類中觀自續師（即清辨論師、蓮花戒論師及追隨彼等之弟子…等）認為：有部、經部所承許的無分方極微，及自相之法為勝義有。也就是經部宗論師所承許的勝義之法，就是中觀論師所許之世俗法。月稱論師於此《入中論釋》說：如果這樣詮釋的話，表示這一類中觀自續師並沒有真正的瞭解龍樹菩薩所造《中論》的真正內涵。因為中觀應成師，雖然承許有外境，也有所謂的所緣緣，然中觀應成師所承許的外境，以及所緣緣，與經部、有部所許的方式並不相同，故中觀應成論師雖於名言亦不受許由極微所積聚而成的外境。此在清辨論師所著的論著當中認為：經部宗所認為勝義有的自相諸法，以中觀自續派的角度而言，承許為世俗，且非以勝義有存在，而是以自相有而存在，然中觀應成派的論師認為一切諸法不僅非以勝義、諦實、真實而存在，也非以自性有、自相有、自體有等而存在，因此，以中觀應成派的角度而言，經部論師所承許之勝義有的自相之法不僅不存在，且自續派認為經部宗許自相之法為世俗，亦根本不存在。由此了知中觀應成派安立諸法唯名言假立、唯分別心假立，只要在心識上稍微往前推的那一分，即是自性有。由這一分自性有引生非理作意，於順境生起貪煩惱，於不順境則生瞋煩惱。

（p438-3）

《入中論釋》 云：「有說經部師宗說為勝義，中觀諸師即許彼法而為世俗。當知此說是未了知《中論》真實。有說婆沙諸師所說勝義，中觀諸師許為世俗，此亦未知論之真實。說出世法與世間法而相同等，不應理故。故諸智者決定當知此宗非共。」

　　［釋］：月稱論師所著《入中論釋》云：「有一類自續師說：**經部師宗說為勝義**、或某些勝義，**中觀諸師即許彼**經部所說勝義之**法而為世俗**。若如是說**當知此種說法是未了知《中論》真實**含義。又**有**一類自續派師**說：婆沙諸師所說的勝義**或某些勝義，**中觀諸師承許為世俗**，此種說法**亦未知《中論》之真實**究竟之含義。論中之"亦"字是說：之前也有一類宗義論師作如是承許。

故本論說：**出世法**——指中觀應成派不共的見解，**與世間法**——中觀自續派以下諸宗之見解，**而說出世法與世間法相同等，不應正理故**。也就是不論有部或經部所說的勝義，或是中觀自續派所說的世俗皆不合理。所以，說：出世法與世間法相同是不應理。**故諸**有抉擇力之**智者決定當知此**中觀應成**宗非共同**自續派以下之處。」

（p438-1）
此顯彼諸部宗，不共假立"無有方分"能所取等，雖於名言亦不受許。

　　[釋]：**此顯示彼**自續派以下**諸部宗，不共假立"無有方分"之能取**（心識——無時分剎那）**、所取**（境——無方分極微）**等，雖於名言**應成派**亦不受許**。然此無時分剎那、無方分極微不但有部、經部承許，即使中觀自續派中不論是清辨論師或是蓮花戒論師也都承許。

　　又，分成三點來解釋——(1)勝義；(2)某些勝義。
(1) 若全部不加勝義簡別：經部宗許眼等諸法為勝義有，但，自續派是許眼等諸法為世俗有。
(2) 若加勝義簡別：經部宗許勝義眼等諸法為勝義有。可是加了簡別以後，自續派是不承許勝義眼等諸法為世俗有。
(3) 某一些勝義來講：①以經部宗所許的自證分是為勝義有；瑜伽行自續派是許為世俗有。②有部許無方分極微為勝義，經部行自續派許為世俗。

（p439+1）
《四百論釋》云：「自部諸師如勝論師，許實極微不應正理。」此說不許無分極微，前二部師許為勝義，中觀諸師雖於世俗且不許者，謂無方分等事，非說彼二所許實法，中觀諸師於世俗中皆悉不許。如色聲等彼許實有，中觀諸師許為世俗。

　　[釋]：**《四百論釋》云：「**佛教**自部四派諸師，如果如**同外道之**勝論師，承許實**有**極微，實不應正理。」**

此月稱論師說不承許無分極微，前有部、經部二部師許極微為勝義，然中觀應成諸師雖於世俗且不承許者，即所謂無方分、自相之法…等事，以有部、經部而言許極微為勝義，中觀自續派則承許為世俗，然中觀應成派認為彼等於世俗皆不存在。前有部、經部所說之勝義，中觀應成諸師於世俗法不完全承許為有，但沒有闡釋到的"不是完全都不是中觀應成派所談的世俗，所以，非是說彼二（有部、經部師）所許諦實有作用之法，中觀諸師於世俗中皆悉不承許。也就是有一些法有部、經部諸論師承許為勝義，這一類法以中觀應成派而言許為世俗，如色、聲等諸法，彼有部、經部諸師許為勝義，或實有作用之法，而中觀應成諸師承許為世俗。此意謂《入中論釋》及《四百論釋》並不是說：有部、經部所承許的勝義有的法，以中觀應成諸師的角度而言在世俗中完全無法安立，而是說以無方分極微而言，其於世俗當中都不承許為有。

(p439+4)

《四百論釋》，就諸根微塵積聚位，破許一一是根識因。

　　[釋]：前面說到清辨論師認為"五根"是由眾多極細微塵所組成。所以，"根"是色法，也是外境。然，此處月稱論師所著《四百論釋》當中破除清辨論師承許外境的觀點，而說：(1)諸根由微塵積聚而成。亦破(2)一一極微是生根識之因。

(p439+4)

又即諸根與諸微塵，若即若離皆不得成。故依彼假立為識所依。如是諸境亦依他立而為假有，是根識境。

　　[釋]：又即諸根與諸微塵之方式若即——諸根與諸微塵是一、若離——諸根與諸微塵是異，皆不得成。以諸根非是微塵，故不是一；又，離開微塵，諸根亦不能獨自形成，故依彼眾多微塵組合之有方分之個體上，名言假立為諸根，而此諸根是為諸識之所依，意指根為根識的不共增上緣。也就是心識生起，必須藉由所緣緣、增上緣、等無間緣。

此意謂根作爲根識的不共增上緣，並不是說"根"在組成根的極微當中而有，而是說：依著眾多微塵，由分別心假立之後，而說根爲根識的不共增上緣，**如是**如同五根的其它**諸境，亦**是**依他**（依分別心）安立而爲假有，是根識境**，即所緣緣。

而所謂根識境是透過分別心安立，如瓶子等外境，瓶…等亦可作爲根識的境界。故不論是五根，或外境都是由分別心安立而成。進一步來說，諸色等外境，以及諸內根，彼等本身雖是眾多的有方分微塵積聚而成，但是並不是在微塵及微塵積聚上而有，即是有支並不是在支分上而有，是觀待而有。也就是有支並不是於支分上而有，而是**觀待**而有。如果是在微塵及微塵積聚上而有的話，就是從自己方面成立，即爲自性有。但其非自性有，而是唯名言假立而有。

（p439+5）
此許諸識是假現，諸境是真現，故此論師與清辨論師雖二同許諸外境義，然其安立根境道理，極不相同。
[釋]：中觀應成派認爲：現前是安立在"境"上，並不是安立在"心法"上，故現前不是現前識。因爲中觀應成派認爲一切諸法是唯名言假立，故"境"在心識顯現自性有的這一分以"唯"字遮除，故現前完全是在境上安立。所以，諸識是假的現前，也就是只是一個名詞的安立而已，並非是眞實的現前。而眞實的現前是在諸"境"上，很眞實的呈現出來，故稱爲"現前"。而心本身不能夠稱爲現前。但，中觀自續派以下諸師極不同於中觀應成派，因爲任一法的安立必須有其自性在心識上顯現，故其現前是安立在"心法"上，而不安立在"境"上，故現前即是現前識。

故此中**假現**之"**現**"即是指現前。自續派以下諸論師，認爲"現前"即"現前識"，是一種離分別，而且無錯亂之識體。但以中觀應成派而言，"現前"並不是依"有境"之心而安立，而是"境"。以"境"即是現前的緣故，所以，當見境時，就可以稱之爲"現前"，但，其並非眞實的現前。故文中說：「**此許諸識是假現**」，而境是如實的顯現，故說「**諸境是真現**」。

故此月稱論師與清辨論師，雖然，二者皆共同承許諸外境義。然其安立根、境道理，極不相同。

又，以清辨論師而言，所謂的外境及諸根是於極微積聚中而有。當尋找時，會尋找到一個最究竟、最微細的無方分極微的真實之境。但，月稱論師認為：若外境及諸根是於極微積聚中而有，就會成為由自己方面而有。月稱論師認為：依著有方分極微積聚的個體，唯由分別心安立，才有所謂的外境及諸根。故本文說：「然其安立根境道理，極不相同。」

(p439+7)

前破根識於自相境為量之時，說「住餘相事現餘相故」，謂色聲等境，於根識前現似有自相，然如所現，雖於名言亦定非有，故此論師雖於名言亦許諸識皆是錯亂。

[釋]：前《廣論》p434+6 **破根識於自相境為量之時，說「住餘相事現餘相故」**，此亦可由前 p433+6《四百論釋》云：「若彼於此諸根識等增益為現，又許為量，極無係屬。不欺誑識世見為量，然世尊說此識是有為故，是虛妄欺誑法，猶如幻事。」若是虛妄欺誑之法及如幻者，非不欺誑。以住此相之事，現餘相故，若如是者，計執為量不應道理（觀待勝義諦又許為量），餘一切識皆成量故。佛說有為諸法皆是虛妄欺誑之法，若是虛妄欺誑之法，以是住此相之事現餘相故，若觀待真實計執為量不應道理。

前《四百論釋》云：「若彼於此諸根識等增益為現，又許為量」，此是自續派以下諸論師於安立現前時，會安立為心，故所謂現前即是現前識，是遠離分別且於自性沒有錯亂。然中觀應成論師會把現前安立為境，意謂現前並非是現前識。因此，由中觀應成派來看自續派以下所安立的現前並不是真正的現前，是一種增益的安立，實際上並不存在，故許為量不應道理。此乃是中觀應成派「破根識於自相境為量時」，依"住餘現事，現餘相"之理而加以破除。因為根識在對境之時，於境之上有自相的這一分並非正量。因此，根識對於境自相有的這一分必須加以破除。

謂不論是**色、聲等境**，此等境**於根識前會現似有自相，然如**其所現自性相，**雖於名言亦定非有**，一切有情除了現量證空性之根本定之外，一切的心識，在緣境時都同時會顯現自性有，然此自性有非名言所能安立，**故此月稱論師雖於名言亦許**此諸根識皆是錯亂，以顯現自性有故。

（p439+8）

然諸根識於名言中，是能立色、聲等境之量，無不應理。

　　［釋］：根識於緣色、聲…等境的同時，會現起色、聲…等上有自相的這一分，雖然這一分自相有不存在，然能夠安立色、聲…等境為正量，亦非不合理。也就是說雖**然諸根識於名言中**會顯現自相有這一分，但，不因為如此，便說根識對於色、聲…等境不是量。因為色、聲…等諸根識雖同時會顯現自相有，然此自相有的存在、或不存在，並非由色、聲…等名言諸識能安立，是由理智才能安立。因為色、聲…等境須由色、聲等名言識安立，因此，雖然同時會顯現自相有，但不能因為顯現自相有而說色、聲…等諸根識對於色、聲…等境不是正量。因此，**是能立色、聲…等境之量，無不應理。**

（p439-5）

立彼諸識錯亂之因，謂如所現無自相義，此乃觀察有無自相之理智所能成立，非名言量之所能成，故待名言量，非為錯亂。

　　［釋］：前說諸根識非是錯亂，是以名言量的角度來說，此處又安**立彼諸**根**識是錯亂**之因，是由於諸根識於緣境的同時顯現有自相，然實際上，境並沒有自相，故**謂如所顯現無自相義**，所以，內心所顯現與境本身存在的方式完全是不符合的，然**此無自相義，乃是觀察有無自相之理智所能成立，非名言量之所能成立，故觀待名言量**，諸根識於名言中能安立色、聲…等境，**非為錯亂**。但，以觀察有無自性之理智而言，諸根識是為錯亂。到此為止是在說明 p435+4 所說：「無翳等內外錯亂因緣損害諸根識等，唯無明力錯亂，執取實無自性現有自性境，此不能害無倒名言。」

（p439-4）

現第二月及現影像等諸識，如所現義無第二月及本質等不待理智，即名言量便能成立。故此諸識與前諸識為正倒世俗之差別，亦皆應理。

　　[釋]：由內外暫時錯亂因緣所損諸根識等，顯現第二月及顯現影像…等諸根識，如所現義無第二月及影像本質…等，不觀待實性理智，即名言量便能成立其為錯亂——倒世俗。故此影像本質、二月…等諸識，與前色、聲…等諸識，為正、倒世俗之差別，亦皆應理。也就是之前緣色法等之諸根識，在名言量安立的當下並沒有錯亂而為正世俗。之後所說：緣著二月或影像的心，以一般的名言量即可以證成其為錯亂，即為倒世俗。

（p439-1）

若謂由依理智及名言量，通達錯亂雖有差別，然如實無現似本質等義，如是亦無現似自相之義。如有自相所空之色等，如是亦有本質所空諸影像等，是故諸識觀待通常之名言覺是倒非倒悉無差別。

　　[釋]：他宗問難：若依你應成本宗謂由依理智抉擇及名言量，通達錯亂雖有差別，似是有理，意謂：持色等諸識與鏡中臉相等諸識，無法分別一者是量，一者非量，故皆顛倒。然如實無真實之臉，現似有真實臉之影像本質等義，如是心緣境時亦無自相，現似有自相之義——以上為如現非有，即不存在。如是現有自相但為自性所空之色…等，如是亦有真實容貌顯現本質，但為影像所空之諸影像等——以上為如現而有，故真實存在，是故存在的顯相自相有為自相所空之色…等，及存在顯現真實容貌本質為影像所空之諸影像…等，此二者於諸根識觀待通常之名言識之覺知是倒、非倒，悉無差別，以其皆存在故。

（p440+2）

若爾反問：自相之體與現似本質之義，於名言中二者同無，色等像等於名言中二者同有。

　　[釋]：若爾（若如同他宗所問：本無真實的臉，顯現真實臉的本質，及本無自性，顯現有自性之義——此二者皆不存在。

又，自相所空的色等，及眞實容貌本質所空諸影像等──此二者皆存在），故應成本宗便**反問**他宗：**自相之體與現似容貌本質之義**，於名言中二者都無法安立爲有，故**同無**，但，**色、聲…等及影像、谷響…等觀待**於名言當中二者**皆同可成立爲有**。

（p440+3）
則《入中論釋》云：「緣起影像及谷響等略為虛妄，具無明者亦可現見，然青等色及心、受等略現諦實，其真自性具無明者一切不現，是故此性與於世俗現虛妄者非世俗諦。」安立青等為世俗諦，不立像等為世俗諦，如此差別不應道理。當有何答。

　　〔釋〕：則**月稱論師**所著之《**入中論釋**》云：「**依著緣起而有之影像及谷響**（回聲）**等略為虛妄**（即粗分虛妄），**此具無明者亦可現見**其為虛妄，**然青…等色及心受…等略現諦實**（即細分虛妄），**其**存在**真實**究竟之**自性**──無自性，**具無明者一切不現**見、無法了解，**是故此**諸法存在真實最究竟之**性**──無自性，**與於世俗顯現影像虛妄者，皆非世俗諦。」此論安立青…等為世間世俗諦**，**不安立影像…等為世間世俗諦**，然而他宗說：色等與影像二者皆存在，並無差別。而此論作**如此之差別**豈是**不應道理**嗎？你（他宗）**當有何答**覆呢？

（p440+6）
若謂此二，於名言識雖同顯現，然影像等由世間識能達為妄，故不立為世間俗諦，青等雖妄，然其為妄由世間識不能證知，故安立為世間俗諦。如彼二境待名言識諦妄應理，如是二心待名言識，是倒、非倒亦應正理。

　　〔釋〕：他宗回答：**若謂此二**（色等及影像），**於名言識雖同顯現**而有，**然影像等由**一般**世間**名言**識能通達**其**為妄，故不立為世間**世俗**諦**；**青等雖妄，然其為妄**，由一般**世間**之名言**識不能證知**其為妄，**故安立為世間**世俗**諦。如彼**青色、影像之**二境**，**觀待**世間**名言識**，能分辨出一者為**諦**、一者為**妄**，是為應理**，**如是二心**──執持青色之心，及執持影像之心，**觀待**世間**名言識**，影像是**倒**、青…等為非**倒，亦應正理**。

（p440+8）

若謂待名言識既不顛倒，於名言中錯亂相違。

　　［釋］：他宗接著作二個問難：第(1)個觀點：**若謂觀待名言識既不顛倒**；第(2)個觀點：又，**於名言中錯亂，則成相違**。因為他宗認為：既然觀待名言識是不顛倒，怎麼又說在名言當中是錯亂呢？這二個論點是從 p439-6「故此論師雖於名言亦許諸識皆是錯亂」及 p439-4「故待名言量，非為錯亂」）此二句皆為應成本宗所許，他宗則認為此二相違。

（p440+8）

若於名言說為錯亂，錯亂之名言與待何識立不顛倒名言之識，二者是一，則犯相違，然彼二種名言各別，有何相違。

　　［釋］：應成自宗回答：**若於名言**當中**說諸根識為錯亂**，而此**錯亂之名言與觀待何名言識**又安立為**不顛倒名言之識**，當然此**二者**如果**是**同指一事，**則我犯相違**的過失，**然彼錯亂之名言**及觀待何識立為不顛倒名言之識，這**二種名言**是**各別**不同的內涵，既是各別，**有何相違。**

（p440-4）

謂以正理破除色等有自性體時，非就勝義，須就名言，於此名言識，則諸根識皆是錯亂，除此所餘，於諸通常名言識則非錯亂，故不相違。

　　［釋］：自宗安立無相違之理──**謂以實性正理觀察破除色等有無自性體時**，是正在觀察自性有、無，此時**非就**證空性**勝義**的當下，故此時仍**須就名言**識作自性有、無的觀察，**於此**時之**名言識**，仍是取自性相，如是**則說諸根識皆是錯亂**，除此名言識正在觀察自性有、無之**所餘，於諸通常名言識則非錯亂，故不相違。**

　　此中觀察自性有無之名言識說其為錯亂，乃是觀待理智抉擇自性有無，而說其為錯亂；然說「諸通常名言識非錯亂」則是以不觀待理智抉擇自性有無，僅就一般通常名言識而說其無錯亂。若不如是抉擇，則會有"觀察自性有無之名言識"說其為錯亂，然"諸通常名言識，卻非錯亂"，則會產生矛盾。因為前說依正理抉擇時，此時之名言識仍取自性有，而諸通常名言識，亦取自性有，何故前者為錯亂，後者卻立為不錯亂？其錯不錯亂乃是因為前者觀待抉擇自性

有無而說其為錯亂，後者是觀待通常名言識不抉擇自性有、無而說其為不錯亂。若後者“觀待通常名言識”，以前者“觀待抉擇自性有無”來看，後者觀待通常名言識是錯亂。若前者“觀待抉擇自性有無的名言識”以後者“觀待通常名言識”來說，並無錯亂。

(p440-3)
譬如世間言說中，說幾人有及幾人無，說云幾者，其語雖一，然所有之幾與所無之幾，不立為同。

　　[釋]：譬如世間言說中，說：幾人有及幾人無，皆說云：“幾”者，其語雖一樣都是“幾”，然所有之幾與所無之幾，不立為同。

(p440-2)
又彼“非”錯亂是待通常世識，非中觀師許彼不錯，如云「唯由世為諦」等。故中觀師立彼錯亂，然以安立諸虛妄境，亦無相違，若立實境許以亂心而安立者，則成相違。

　　[釋]：又說彼（持青色的眼識同時顯現自性有）識本身非不錯亂，然說彼識非錯亂，是觀待無暫時錯亂因緣所損之通常世間名言識，然非中觀應成師許彼世間名言識不錯亂，因為觀待勝義理智亦許彼為錯亂。如《入中論》云：「唯由世間名言識執為實有，故說為諦」等，故中觀應成師立彼（持青色的眼識同時顯現自性有）為錯亂。然以安立諸青色…等是虛妄之境，因為境本非實有，心識妄執為實有，所以，說：心識為錯亂，境是虛妄，亦無相違；若將“境”安立為真實之境，而許以錯亂之心而來安立者，則成相違。

(p441+1)
又於名言，許一切法皆如幻化，故於名言皆是虛妄，然立彼等為世俗諦，亦不相違。

　　[釋]：中觀應成派又於名言承許名言識所安立的一切諸法皆如幻化，而所謂的幻化，就是其“境”顯現的方式，不如同其顯現真實而存在，故於名言皆是虛妄，然立彼色等虛妄之法為世俗諦，以世俗諦之“諦”字，乃是以顛倒執實心執其為真實存在而言，故說：亦不相違。

由於某一法的存在不是勝義諦，就是世俗諦；不是世俗諦就是勝義諦。並不會因爲其爲世俗諦就安立其爲眞實，或眞諦，故說其爲虛妄。所以，當安立某一法爲虛妄，又說此法爲世俗諦，並不相違。

（p441+2）

如云「無明障性故世俗」，於無明世俗立爲諦實，與破諸法有自性時，於彼世俗立爲虛妄，二無違故。

　　[釋]：**如**《入中論》云：「**無明**（癡）**障性故世俗**」，於無明世俗立一切諸法**爲諦實**，即如前所說於顛倒執實心前立爲諦實，**與破諸法有自性時**，即破除顛倒執實心執爲諦實，以其非眞實存在，故**於彼世俗立爲虛妄**，此二並**無相違故**。

（p441+3）

又說於世俗中現虛妄者非世俗諦，謂以名言量能達虛妄者，非說凡於名言爲虛妄者。

　　[釋]：**又說於世俗中現虛妄者非世俗諦**，是解釋 p440 +4 所說「是故此無自性與於世俗現虛妄者非世俗諦」，**謂以名言量能**通**達**影像、谷響…等爲**虛妄者**，故不立爲世間世俗諦，因爲此由未證得空性的名言識，亦能了知其爲虛妄，然**非說凡於名言**皆**爲虛妄者**，皆非世俗諦，如瓶子…等於名言中是虛妄，然其能成爲世俗諦。

　　修學佛法是否真能種下將來解脫成佛之因，必須清楚的了知識體對境時所產生的作用。所以，修學佛法不僅僅只是作外相的持咒、念佛、打坐…等等，必須對於世俗名言識是正確與否、或錯不錯亂、顛不顛倒的認知更是格外的重要。如果在修行時，對於自己識體的運用是落入了常見，亦或是斷見都不清楚的話，那要如何解脫成佛呢？更可怕的是自己已落入邪見，卻誤以為是正見。

（p441+5）

如是中觀師於名言中，自宗安立生死涅槃眾多建立，及於名言破實事師所樂不共妄計諸義。此諸道理極難通達，故能無倒通達二諦建立者，絕無或有。

　　〔釋〕：**如是中觀應成師於名言中，自宗安立生死涅槃**及一切萬法在名言當中之**眾多建立，及於名言破**自續派及**實事師所樂不共妄計**無方分極微及自性有**諸義**。意即應成自宗能夠於名言上安立生死涅槃，同時又能夠破除自續派及實事師所提出無方分極微及自性有不共諸義，**此諸道理極難通達，故**在名言上破除自性有…等，又**能無倒通達**勝義、世俗**二諦之建立者，絕無或有**（相當稀少）。

（p441+6）

謂於世俗破實事師所許諸法，須以正理觀察而破，然自於世俗許生滅等。亦作是念，具觀慧者許與不許，是由有無能立，能立復待隨正理行。

　　〔釋〕：有謂：**於世俗**中欲**破除實事師所**承**許之諸法，必須以正理觀察**有能力**而破除，然**破除之後自宗**於世俗**中承許、安立**生滅等**時，同時**亦作是念：具觀慧者**於承**許與不**承**許**某一法存在，**是**觀待**由有、無能立**之正因，而此**能立**之正因又**復觀待隨正理行**（即思惟觀察）。此觀點當然應成自宗也承許，即於破除自續派及實事師時，對於彼等所提出來的論點，都必須藉由正理觀察，才有辦法破除。而自宗在承許生、滅等諸法的當下，也必須透過各種正因，才有辦法證成這一切都是存在的。然法的存在有顯現法及遮遣法，以正因所成立的法，皆是屬於遮遣法。此正因是依著正理於心識思惟觀察，有所破必須有所立。如

瓶子及瓶子上的空性，瓶子是顯現分，瓶子上的空性是隱蔽分。又，生起大悲心及念死無常不但沒有相違，而且是相屬，這也必須依正理思惟觀察而來成立。

　　以上之觀點就應成自宗來看，當然是正確的。但是，某類西藏學者於此產生了誤解，認爲：藉由正理觀察破除他宗安立諸法的觀點，同樣的，依此破除他宗的正理來觀察自宗所安立的生滅…等諸法時，亦無法建立。因爲依著正理尋求破除他宗所承許之諸法，同樣的依此正理觀察自宗，自宗所許之生滅諸法亦無法安立。這種誤解最主要是來自於《廣論》p428+3「我（應成師）亦不許色等之生堪忍以彼正理觀察」即一切諸法皆不堪忍正理觀察。因此，西藏學者及自續派以下諸宗認爲：若不堪忍正理觀察，即爲正理所破。因此，就沒有一法的存在。因爲皆爲正理所破。依此類推，由依此正理來觀察自宗所安立的諸法時，西藏學者也認爲，諸法若不堪忍正理觀察，即爲正理所破。既然被正理所破，就無法安立生滅等諸法。但，應成本宗認爲：不堪正理觀察不一定爲正理所破。存在之諸法必須由正理思惟觀察而成立，若爲正理所破則無法成立諸法。

（p441+8）

故本文說：**次以正理正觀察時，見自所許諸世俗法，與實事師遍計所執，若正理害二俱妨害，若不妨害二俱不害。**

　　［釋］：**次以正理觀察時**，某些西藏學者認爲：**見自宗所承許的世俗諸法，與實事師遍計所執**所安立之諸法，這二者之間，**若**一者爲**正理**所違**害**，二者皆會**俱**爲正理所**妨害**，而無法安立諸法。反之，**若**以正理觀察**不妨害**自宗所安立之諸法，同樣的，實事師所安立的諸法也應該能夠成立，而爲**二俱不害**。然這種見解，是將二者混爲一談。因爲應成本宗認爲：諸法不堪正理觀察，但不一定爲正理所害，而實事師認爲若不堪正理觀察，必定爲正理所害。故西藏學者認爲：若如應成派承許：不堪正理觀察，不一定爲正理所害，而能成立諸法，則實事師亦應如是承許。反之，由於實事師認爲：不堪正理觀察，定爲正理所害，則不能成立諸法，那麼應成派也應如是承許。此即爲西藏學者所認爲的：若一者爲正理所害，二者必爲正理所害，而無法安立諸法。若一者不爲正理所害，二者必不爲正理所害，而可安立諸法。

然，此見解乃是極大錯謬，以此類學者，根本不了解佛教四部派安立諸法之規則。所以，修行時若不了解各宗各派如何以正理安立諸法，也無法以正理對於心識作思惟觀察，絕對無法了知自己的識體是顛倒錯亂，同樣的，也無法轉化煩惱的識體。更何況通達了義空正見。

(p441+9)

次見大自在天及自性等，於名言中若許為無，則自色等亦須許無，若於名言許色等有，則自在等亦須許有，二者相等。

[釋]：**次見**外道所承許的**大自在天及自性等**，此**於名言中若許為無，則自**宗所安立之**色等**諸法，**亦須**同**許為無，若**自宗**於名言許色等**諸法為**有，則**大自**在天及自性**等亦須許有，二者相等。**

此處之所以會有這種問題產生，最主要是由於無法分辨不堪正理觀察，及正理所破。不論自宗、他宗，若承許諸法不堪正理觀察，但是否為正理所破，自宗與他宗就有差別。因為他宗認為諸法的存在必定要自己方面成立的緣故，而由自己方面成立，就是由正理觀察時而能獲得者。假若正理觀察無法獲得，即為正理所破。然以自宗而言，諸法的存在是非由自己方面成立，僅唯名言假立，故非由勝義理智所成立。因此，透過正理觀察雖然無法獲得，但，無法獲得並不能代表即為正理所破，此是自宗與他宗最大的不同。所以，對於此二的差別若不能分辨，便會產生「若正理害，二俱妨害；若不妨害，二俱不害」的過失。

(p441-4)

故覺自宗任於何法此是此非皆不可說，恃為獲得中觀真實。又有隨順如此誤解，住無所取，便為修習清淨正見尤為眾多。

[釋]：由前所說分不清不堪正理觀察是否定為正理所破的過失，**故**於某類西藏學者**覺**其**自宗任於何法**無需分辨**此是此非**，意即不論對於是、非，或有、無等，**皆不可說**、皆不需思惟觀察分辨，自**恃為獲得中觀真實**正見者。**又有隨順**此類見解者，作**如此之誤解**，認為各宗相互觀察辯論，只會令內心產生分別，對於修行不僅沒有助益，反而有害，而誤認為於觀修時應**住無所取**、無需分別，此**便為修習清淨**之空**正見**，此類見解者**尤為眾多**。

(p441-2)

諸如此類，非是智者所愛正論，由未了知如前所說正理所破，遂以破除自性正理破壞一切名言建立。是執正見與諸邪見，錯則俱錯，不錯則俱不錯，大邪見故。故如此類雖長時修，非但不能略近正見返漸遙遠，由與自宗緣起正道，可許一切生死涅槃緣起建立，極相違故。

　　[釋]：**諸如此類**往昔西藏學者等的見解，**非是智者**（佛）**所喜愛正確之論點，由於未了知如前** p428+4 **所說**何者為**正理所破**、何者不能為正理所破，將不堪正理觀察與理所破，誤為一事，**遂**自以為**破除自性**之**正理**同時亦**破壞一切**世間**名言**的**建立**。如果無法區分這二者的差別，則會**是執正見與諸邪見**，邪見**錯則**二者**俱錯**，若正見**不錯則**二者**俱不錯**，如此則成**大邪見故**。

　　也就是觀察有無自性之正理作觀察時，事實上，諸法"不堪忍正理觀察"並不等於為"正理所破"。如果"不堪忍正理觀察"即等於"正理所破"的話，就會產生"錯則俱錯，不錯則俱不錯"之邪見。**故如此類**之見解者，**雖然**花了很**長的時間修**學，**非但不能略近**中觀應成派最究竟的空**正見，返漸遙遠，由與**中觀應成**自宗緣起**無自性之**正道，可許一切生死涅槃緣起建立，極相違故**。所以，作任何法門的行持，如念佛、持戒、參禪…等，都是為了要解脫成佛，故必須先具有中觀派、唯識派他們所開出屬於他們自己的緣起正見，而來念佛、持戒、參禪…等，甚至修習密乘，如此才是智者佛所喜愛之修行次第。

(p442+3)

《入中論》云：「無知睡擾諸外道，如其遍計妄計我，幻陽等諸遍計，此於世間亦非有。」此說外道不共欲樂及如前引自部實事諸師不共欲樂諸遍計執，於自世俗亦說非有，此義當釋。

　　[釋]：《入中論》云：「被**無知**（無明愚癡）**睡眠**所干擾的**諸外道，如其遍計妄計**與諸蘊體性異之常一自在**我**及一切法，是由能造者大自在天或自性所生，如同夢**幻、陽**焰…**等諸遍計**為真實或水，**然此**遍計觀待**於世間**名言**亦非有**。」**此說外道不共欲樂**（不共之見解）遍計常一自主的我**及如前引**佛教**自部實事諸師不共欲樂諸遍計執**自性有及無方分極微之不共見解，觀待**於**中觀應成**自宗於世俗**名言**亦說**外道等所遍計者皆非有，**此**世俗名言之**義應當**作解**釋**。

(p442+5)

此於名言許有、許無，為從何門而安立耶？謂若有一於名言識是所共許，如所許義，餘名言量無能違害，及能如理觀察真實或有無自性，以此正理亦無違害，則於名言許彼為有，與此相違，即許為無。

　　[釋]：此中觀應成派於名言許有、許無，為從何門依何方式而安立耶？此中以中觀應成派的角度而言，任許一法的存在必須具備三種條件：（1）謂若有安立一法時，此法必須於世間名言識是所共許，如瓶子即為名言識所共許；（2）如前第（1）世間名言所共許之義，自或他之餘名言量無能違害，如繩安立為蛇即為餘名言量所違害；及（3）能如理觀察真實或有無自性，以如此正理尋找，亦無違害此名言量，如唯名言假立之瓶，非正理所能違害；若非唯名言假立自性有之瓶，則為正理所違害。具此三條件，則於名言許彼為有，與此三條件之任一相違，即於名言許彼為無。

(p442+7)

其名言識，謂任於何法，唯如所顯隨順而轉，不更觀察其所現義，為唯於心如是現耶？抑為彼義實如是耶？名"不思擇真實義識"，非是一切全無觀察。

　　[釋]：其名言識，謂心緣任於何法，如瓶境，唯如心所顯現之瓶"境"一般，於心顯現境之後，隨順而轉、而趣入，不更觀察其心所顯現境究竟之含義，為唯於心如是顯現耶？抑為彼境非唯名言安立還有其究竟之義實如是顯現耶？名"不思擇真實義識"，即不觀察所破為何，或名言安立之外，還有何種存在假立義，雖如是說，然非是一切全無去、來…等世間名言之觀察。

(p442-5)

此唯如世間共許，或如名言識顯現而轉，非觀真理為何而隨轉故，亦名世許。故如此識遍於宗派，變未變心一切皆有。任於誰身，皆名世許或名無觀察識。莫執唯於世間常人未以宗派變心者乃有，即由宗派已變心者，雖有眾多有觀察識，謂觀唯如名言許耶？抑於真實如是住耶？然非彼一切識，皆是觀察實理之識。

　　[釋]：此去、來…等世間名言識唯如世間共許，或如名言識緣境顯現而轉、趣入，非以觀察自性有無究竟真理為何，而隨轉故，此亦名世間共許。

故如此之世間共許之名言識遍於有、無宗派見解者，或因宗見而變心者，或未以宗見而變心者一切皆有，任於誰身，皆名世間共許之名言識，或名無觀察究竟之名言識。莫執唯於世間常人未以宗派變心者乃有此世間共許之名言識，即使由宗派已變心者，雖有眾多有觀察之名言識，謂僅觀察唯由如名言安立而承許耶？抑或觀察於究竟真實如是安住耶？然具有宗義者非彼一切名言識，皆是觀察有無自性究竟實理之識。

（p442-2）
故問何為世共許，非是唯問離諸宗派世間老人，即可觀察立、敵身中無觀察識，如何而轉，言於彼識共許，謂所顯現或所領納設名言處。

　　［釋］：故若欲問何為世間共許？非是唯問離諸宗派之世間有學問的老人，即可觀察立、敵雙方身心相續當中都會有無觀察識，即雙方都會有不抉擇究竟本質的名言識，而此名言識在修學宗義者的心續當中，是如何緣境而轉，言於某一法的存在與否必須觀待彼名言識是否為世間所共許，謂彼法是否為名言識所顯現之境義，如瓶…等，或是否為名言識所領納，如順境之樂、不順境之苦——即其是否成為心之執持境之名言施設處。

（p443+1）
又諸業果及地道等，雖於庸俗未能遍許，然由聽聞及領納等，緣彼境時，於諸通常不觀實理之識，亦能顯現，故無世間不許之過。

　　［釋］：又諸非眼識所能見極隱蔽分之業果及十地、五道（資糧道、加行道、見道、修道、無學道）…等種種功德，雖於一般未修學宗義世間庸俗之人，由未能了解故未能遍承許，然由聽聞及思惟、領納，而生起地、道等功德，及生起聞慧、思慧、修慧，於緣彼業果、地、道…等諸境時，於諸通常不觀察究竟實理之名言識，亦能顯現，故無世間不共許之過失。

　　此中"名言識是世所共許"宗大師於文中強調：是透過名言識"所顯現"，或"所領納"。而此中所謂的"共許"，是於"境"上來作討論，也就是名言識所共許的內涵，是在"境"上而有。其能在"有境"上顯現的，即稱為"境"。

以廣義而言，一切萬法都包含在“境”當中，故存在的法一定能在有境上顯現，但在有境上顯現的，則不一定存在。故必須再以第(2)個條件來區判是否爲正確的名言量。

正法解行林

(p443+2)

餘名言量所違害者，譬如於繩妄執為蛇及於陽燄妄執為水，雖是未觀實理識所執取，然彼所取義，由名言量而能違害，故於名言亦無彼等。

[釋]：其餘之名**言量所違害者**，是於所依處違害，**譬如**蛇是依於蛇之支分，非依於繩，故**於繩妄執為蛇，及於陽燄妄執為水**，此二**雖是未觀**察究竟**實**義正**理**之**名言識所執取，然**執彼繩為蛇、陽燄為水，為**所取義，由**餘**名言量而能違害，故於名言亦無彼等**妄執繩為蛇、陽焰為水…等。

(p443+4)

如理觀察有無自性之正理無違害者，謂於名言所立諸義，雖名言量之所成立，然正觀察有無自性正理之識，於一切種定須無害。若由彼理之所成立，是由自性成立為有，則違名言之義。

[釋]：任何一法的安立是不能夠被**如理觀察有無自性之正理**所**違害者，謂於名言所立**萬法**諸**境**義，雖**是藉由**名言量之所成立**，然非是**正觀察有無自性正理之識**所安立，故**於一切種**（任何情況之下）在觀察有無自性正理時，**定須無違害。**若諸法是**由彼**究竟**正理之所成立**，就會成為**是由自性成立為有，**如是**則**會有**違害名言之義**。因為世俗諦是虛妄，若世俗諦是為觀察自性有無之正理所安立的話，則成為真實自性有就應非虛妄，那就應成為勝義諦。又，因為若諸法是自性有就不能稱為是名言所安立之境，以名言所安立之境是在不觀擇所破之心的當下所安立出來的境。假若諸法是以觀察有無自性之識所安立出來的話，怎麼又能說是以不觀察，而唯由名言識所假立出來的呢？因為二者相違。

(p443+6)

故無妄執理智無害與彼所成二事為一，說於名言，從諸善惡感生苦樂與自在自性造生苦樂，是則俱是，非則俱非，邪分別處。自在自性造生苦樂與善不善感生苦樂，二雖俱非觀察有無自性正理之所成立，然以正理違不違害，於一切種不相等故。

[釋]：**故無**須如同往昔西藏學者及實事師**妄執**觀察有無自性之**"理智無害"，與彼理智所能成立，二事混為一**。也就是諸法雖然不會被理智所違害，但也不一定為理智所成立。故不應妄執理智無害與理智所成為一。有一類學者**說**：(1)**於名言**安立**從諸善惡感生苦樂，與**(2)勝論派所謂的大**自在**天及數論派認為由**自性**所造、所**生**之苦樂，此二者若**是**於**(1)名言能安立從善惡感生苦樂，**則由**(2)自在天、自性造作所生苦樂**俱是**可安立；若**(2)**非**可安立自在天、自性造作而生苦樂，**則**(1)從善惡感生苦樂**俱非**可安立，如此則成為**邪分別**之**處**。故**自在天自性造生苦樂與善不善感生苦樂，二者雖俱非觀察有無自性正理之所成立，然以正理違不違害，於一切種不相等故**。以自在天、自性造作苦樂是為正理所害，但名言所安立之善、不善感生苦樂，非正理所成立，故非正理所害。

此二者——(1)名言能安立從善惡感生苦樂；(2)由自在天、自性造作所生苦樂皆非是由理智所成立。雖皆非理智所成立，但是，一者——從善惡感生苦樂，不會為理智所損害，以於世俗名言當中存在；另一者，自在天、自性造作而生苦樂，為理智所損，此於世俗名言當中不存在。因此，若對於"理智無害"與"理智所成"無法區分，意即若對於由世俗名言成立，及非由世俗名言所成立，二者無法區分，就會生起"善惡感生苦樂"，以及"自在自性造生苦樂"是則俱是，非則俱非，二者全無差別之大邪見。意謂：若於學習佛法時，無法於自心相續當中破邪顯正，當然就無法建立正見，既然無正見，那麼所行持之種種法門，就與解脫成佛無關。而於破邪顯正時，破其所破所依之理，皆來自於對於中觀見及唯識諸見的聞思，尤其對於中觀應成派所安立二諦的建立，應精勤聞、思。

(p443+8)
又自他部諸實事師，不共欲樂遍計無時分方分之能取所取，及神我自性大自在等，彼師立時，是以道理已觀自性是否如是，次自亦謂是由如是觀察正理，已得彼義而後安立。故於彼義，以餘觀察有無自性正理觀察，亦應受許，以許彼義是堪正理所觀察故。如是觀時，若不能堪無垢正理觀察重擔，故彼非是正理所得，即便遮遣，以彼若有，須此正理所獲得故。

[釋]：又佛教自部及**他部**…等**諸實事師**，不共欲樂遍計無剎那之**時分**、無**方分**之能取所取之境。及外道常一自在之**神我、自性、大自在天**…等，彼自他部諸論**師**安立諸法**時，是先以**計執"有自性"之**道理已**，再**觀察無分、自性、大自在天是否如是**而安立，次自亦謂：安立任何一法是由如是觀察正理，已得**彼自性有**之境**義而後安立爲有。故於彼自性之境義，以餘觀察有、無自性之正理觀察，亦應受許**此法存在，以承許安立**彼諸法之境義是堪正理所觀察故。如是觀時**，若不能堪無垢正理觀察重擔，故彼非是正理所得，即便遮遣，以彼若有，須此正理所獲得故。如是以正理觀察時，任一法**若不能堪無垢正理觀察之重擔，故彼非是正理所得，即便遮遣**所破，以彼若有無剎那之時分、無方分之能所取，或者是神我、自性、大自在天等等這一切的法，**須此觀察正理所獲得故**。

(p443-2)

色聲等者，唯於無內外亂緣所損名言諸識，如其共許而為安立。非觀彼等唯名言耶？亦實義如是耶？由彼觀察獲得自性，然後乃許。故於彼等，不可以觀察有無自性之理而為觀察，以未許彼義堪忍正理觀察故。

[釋]：然以中觀應成自宗而言：色、聲等諸法**者，不一定要爲理智成立之後才安立其存在。唯於無內**身損根因緣，及**外**暫時錯亂因**緣所損之**名言諸識，**如其**名言識顯現領納**共許而為安立**之法許爲名言有。因爲色、聲等法的存在，與理智抉擇毫無關係。怎麼可以用毫不相關的理智抉擇，去安立某一法的存在與否呢？故非進一步以正理**觀察彼色、聲等法唯名言耶？亦究竟眞實境義如是**存在**耶？而由彼**自性有無正理**觀察**獲得自性，然後乃**承許爲有。故於彼色、聲等諸法，不可以觀察有無自性之**正理而為觀察，以未許彼色、聲**…等之境義堪忍正理觀察故**。

(p444+2)

等如有人，說此是羊，不可觀察是馬是象。又於世間，雖是無始共許之義，若理所害則於名言亦定非有，如由無明於諸法上增益自性，及薩迦耶見執有自性我及我所，及執昨日山為今日山等諸境界，故非世間所許一切，中觀諸師便於世俗而遍受許。

[釋]：此等如有人，說：「此是羊！」就不可觀察是馬，或是象。因爲是不相關的觀察，故名言所安立之諸法是由理智抉擇而有，此爲不合理。又於世間，雖是無始共許之義，即名言有必須爲名言識所共許，若爲正理所害，則於名言亦定非能安立爲有，如由無明於諸法上增益自性，及薩迦耶見執有自性之我及我所，及執昨日的山爲今日山…等諸境界，此等雖是世間無始以來所共許，但爲正理所損害，以其非名言有，故非世間人無始以來所許一切，中觀諸師便於世俗而遍受許爲世俗有。

（p444+5）
又色、聲等，於名言中與諸外道妄執假立，有無不同之理，有說前者，一切世間皆可共許，後唯邪宗乃稱說故。此未能判別，若不爾者，於名言中應無如幻色等，應有自性所成，此過繁多。

　　[釋]：又色、聲…等諸法，於名言中與諸宗義師及外道妄執假立，於名言中一者有、一者無，此不同之理，有些學者說：前者色、聲…等法是名言有，因爲一切世間皆可共許，後者宗義師及外道妄執假立於名言無，以是唯邪宗義師乃稱說共許故。應成本宗認爲：僅此是未能判別何者爲名言有？何者爲名言無？若不爾者，則於名言中應無如幻色…等諸法，以色…等如幻，是爲宗義師所共許，若如汝所說：後者宗義師所許爲不存在，則色、聲…等諸法應成有自性所成，此種過失極爲繁多。意謂：一切世間人共許者，未必一定存在。然宗義諸師所承許者一般世間人未必承許，但其未必不存在。

世間人認為存在，但就其體性來說，並不一定存在；世間人認為不存在，但就其體性來說，不一定不存在。

(p444+7)

《六十正理論釋》云：「又顛倒者，謂執樂等，雖於世俗諸法亦非住彼性故。不顛倒者，謂執苦等，於世俗中諸法容有彼體性故。」此說常恆等四，雖於世間共同稱許，然執是為彼雖於世俗亦說為倒，無常等四，雖於世間未遍稱許，然執是彼則不顛倒。

[釋]：應成本宗引《六十正理論釋》云：「又顛倒者，謂世間人於苦諦上**執常、樂、我、淨…等，雖於世俗諸法亦非住彼**常、樂、我、淨之**體性故**。因為集諦為苦之因。苦諦為苦之果，若因未淨除，而說果為常、樂、我、淨是為顛倒。此於世俗名言亦不存在。因為世俗諸法是虛妄法，假若倒執為真實，則定起妄計為常、樂、我、淨，故是顛倒。

不顛倒者，謂執無常、苦、空、無我**等，於世俗中諸法容有彼**無常、苦、空、無我之**體性故**。有為世俗法是虛妄、是無常；若倒執為真實，妄執為常，則定生苦；以不自主故，亦無真實清淨之我，故空；亦無真實之我，故無我。」**此論是說：常、恆…等四，雖於世間人共同稱許**，然執是為彼常、樂、我、淨，**雖於世俗亦說為倒；無常、苦、空、無我等四，雖於世間人未遍稱許**，然**執是彼**無常…**等四，則不顛倒。**

以下說明中觀應成派其雖是錯亂識又可以承許諸法的存在。意謂分別心顯現雖是錯亂，然其所執持之境無法以名言量安立其錯亂。但自續派以下，錯亂識是無法安立諸法的存在，因為自續派的不錯亂，是於自性有而不錯亂。

（p444-5）

如是執蘊為無常等之分別，雖於現境有所錯亂，然於執境無量能害，故名不倒或不錯亂。

[釋]：**如是執持蘊體為無常…等之分別心，雖於顯現境有所錯亂，然於執持境無量能害，故名"不倒"，或"不錯亂"。**為什麼說分別心於顯現境有所錯亂呢？因為分別心是以義共相於前方而有的方式趣入。然於執持境，執蘊為無常，並無其它的名言量，或正理能損害，故名不顛倒，或不錯亂。分別心對於其趣入境是以遮除的方式而趣入任一其所欲趣入之境。此不同於眼等諸根識。亦即遮除不是無常的那一分，並顯現剎那生滅無常之義共相，而執持境上的無常。此中何謂義共相？即於心上顯現境之大小、形狀，及體性…等。

分別心以義共相於前方而有的方式趣入蘊…等無常之境時，是以分別心證悟無常，故也錯亂於無常。為什麼？因為錯亂於無常之義共相及於前方而有之自性有。也就是說，除了顯現自性有之無常這一分外，同時也顯現境上之蘊…等無常的義共相。然以一般世間名言的角度而言，必須透過蘊無常的義共相，引領趣入而執取境上之蘊無常，非以自性有之蘊無常，也趣入蘊之無常。由此種方式漸次引領眾生能夠由分別心之比量而趣入現量，而現證蘊無常。所以，執持境上之蘊為無常的分別心，此無常之義共相並沒有任何名言量可以損害。雖然會顯現自性有，然僅靠著蘊無常之顯現來趣入境上蘊之無常，並不是靠著自性有的顯現來趣入無常。為什麼？以蘊存在即是無常，由蘊是無常，才有蘊無常之義共相，故由蘊無常之義共相引領而趣入蘊無常。因為分別心趣入某一法時，是以遮除而趣入，在遮除的同一時刻會使分別心趣入主要趣入之境。但趣入的方式又不如同眼識赤裸裸的顯現同時成立，而是以分別心的義共相趣入無常，如此也算是執持到蘊的無常，以境上的蘊存在即是無常。所以，是靠著蘊無常的義共相來趣入，而不是靠著蘊無常自性有的顯現來趣入蘊無常。因為蘊無常不是自性有。所以，就分別心來講，固然顯現蘊無常為自性有，及顯現蘊無常的義共相，二者都是錯亂，但在錯亂當下，依於蘊無常的義共相引領而趣入，於所執持蘊無常是沒有錯誤的。也就是說：靠著蘊無常的義共相來執持境上之蘊的無常，此為世間名言量故無法損害分別心執持蘊無常，故執持蘊無常的分別心可取名為不倒或不錯亂。

(p444-4)

諸根之識，於現境錯亂，又無所餘無錯亂分，故不名無錯亂。

[釋]：眼…等**諸根之識**緣取任何一法，固然有它的顯現境，然**於顯現境錯亂**，因為諸根之識不管顯現任何一法都完全會顯現為自性有。所以，除了在前五根識任何一者當中，緣取現見其顯現境為自性有的這一分之外，就無法如分別心顯現義共相而趣入差別相。只能總相緣取其境，不如同分別心能趣入所欲趣入之差別相。因為根識趣入境的方式是：境如何顯現，根識就如何緣取。並不如同分別心依義共相靠它自己的力量而趣入其所欲趣入之境。由於前五根識沒有如同分別心之義共相的顯現，僅僅錯亂於顯現自性有，靠著這樣錯亂的顯現不能帶領諸根趣入差別相，也就是靠著顯現自性有的這一分，並無法如同第六意識分別心趣入蘊無常之境，因為蘊之無常並不是自性有。可是它又沒有另外一個不為清淨名言量所損害的一些方式。譬如在前五根識，其顯現境為顯現自性有的這種錯亂，除此之外，它並沒有如同分別心有義共相的顯現引領趣入差別相，如執持蘊無常的分別心，既然沒有這種執持方式，就找不到一個立足點而說前五根識有某一種執持方式，不為世間名言量所損害。因為前五根識不如同分別心在不為名言量所損害的基礎之下，又可讓根識趣入於蘊無常之境，既然找不到這樣一個根據的話，**又無所餘無錯亂分**，也就是說：眼等諸根識沒有暫時錯亂因緣，又找不到異於顯現自性有的錯亂之外，還更有其它能取其為無錯亂的這一分。因為如果根識有的話，就會如同分別心以義共相的方式而趣入。所以，根識最主要的是顯現何事，即如是取何事。**故不名無錯亂**。也就是說，諸根識的顯現境是錯亂，所以在沒有暫時錯亂因緣之下，還是說它為錯亂，因為顯現自性有如是而緣取。以應成派來說，諸根識的顯現雖是錯亂，然不妨害其對於境上的認知。但，以自續派以下來講，諸根識若是錯亂，就不可能證知，所以，諸根識必須是無錯亂。因為應成派的"量"是於"自境"不欺誑，故即使心識顯現常、兔角等，觀待心識來說其顯現境亦無錯亂。然自續派以下的"量"是於"自性"不欺誑，如果沒有顯現自性有，即為錯亂，若是錯亂即不可能顯現自性有。

(p444-3)

又諸根識，於所顯現錯亂雖同，然如所顯義，就世間有無，則現影像等之根識，是邪世俗。除此諸餘無損根識，是正世俗。

　　［釋］：**又諸根識，**於總相而言，包括分別心之**所顯現**——二顯自性有**錯亂雖同，然如所顯現義**——二顯自性有，**就**觀待**世間有無，則現**鏡中**影像**或陽焰**等之根識，是邪世俗，**或稱倒世俗。**除此諸餘無**暫時錯亂**損根識**因緣，如持青色等之識體，此法於世間存在，雖其顯現自性有是為錯亂，但不妨害對於青色…等諸法的認知，故觀待世俗來說，**是正世俗。**故觀待世俗而言，又分為：倒世俗與正世俗二者。進一步來說，影像…等於執持影像分別心的顯現境雖無錯亂，亦為量成，然非說執持影像分別心的識體本身是量。然顯現瓶…等有自相，觀待世俗雖無錯亂，是正世俗。觀待真實理智而言，耽著其為自性有的識體，是顛倒識。所以，影像等觀待瓶等顯現自相有，影像等是為倒世俗。因為世俗名言識就可以了知影相為倒。瓶等顯現自性有，觀待影像等　，瓶顯現自相有為正世俗。因為世俗名言識無法了知瓶顯現自性有為倒。然，中觀應成派不承許諸法有些許的自性，故瓶等顯現自性有，觀待真實理智而言，其為倒。但，中觀自續派以下，瓶等顯現自性有，觀待真實理智而言，為正世俗，為不顛倒。

(p444-2)

又諸分別執蘊常等之境名言中無，故可破除。然執無常等之境名言中有，故非正理所能破除。

　　［釋］：**又諸分別執蘊常、**樂、我、淨**等之境**於**名言中無，故可破除。然執無常等之境**於**名言中有，故非正理所能破除。**

　　以應成派來講，分別心的顯現全部是錯亂。為什麼？因為分別心是以“義共相”而趣入。包括根識，雖然是現量境，但也會顯現為二現自相有。所以，應成派認為無論是根識，或是分別心，觀待勝義理智而言，全部都是錯亂，而非量成。但就算是錯亂，以顯現境來講，觀待世俗，有正、倒之分。顯現影像、陽焰等，觀待世俗，是不存在的，故為倒世俗。然說影像於分別心的顯現境是錯亂。為什麼是錯亂？因為以義共相引領趣入之“境”並不存在。

又，影像、陽焰…等，雖是錯亂，是倒世俗，但就分別心的顯現境而言，並沒有錯亂，故亦是量。至於色等諸法，觀待世俗，是正世俗，以其趣入之境是存在的。

（p444-1）

又於勝義，或由自性所成常等四法，而非是有，如是於彼二中，無常等四亦是非有，故觀待真實，執有彼八，全無是倒、非倒之別。故密意說：「隨行色常、無常，苦樂有我、無我，皆行於相。」

　　[釋]：**又於勝義，或由自性所成**立的常、樂、我、淨**等四法，而非是有，**即是不存在，**如是於彼二**——勝義有、自性有**中，**成立**無常、苦、空、無我等四法亦是非有，**即是不存在，**故觀待真實，**即在實有的基礎上，**執有彼**常、樂、我、淨及無常、苦、空、無我等**八**法，**全無是倒、非倒之別。**以其所執境不存在故。**故**經中**密意說：「隨行**執持色之**常、無常，苦樂有我、無我，皆行於**自相有。」此中"相"即是指勝義、自性的意思。因為自續派以下一定要尋找到一個自性有的基礎，於此自性有的基礎之上去安立無常、苦、空、無我等。而所安立的這種法無論是在勝義上，還是在名言上，以中觀應成本宗來看，都是不存在的。所以中觀應成本宗說：若在實有的基礎上，執常…等八法，則無"倒"與"非倒"之別，以全部都是顛倒、不存在故。此如《金剛經》云：「若以色見我，以聲音求我，是人行邪道，不能見如來。」此段經文之義乃是站在實有的基礎上而來說的。又如餘經亦云：「著施等是為魔業。」亦是站在實有之上而來說明。由此可了知念佛、持咒…等所有的行持，若在實有的基礎上而作修持，皆成為顛倒。雖然顛倒，但亦累積了福報，不過，其僅屬輪迴所攝之福。所以，要作實修之前，一定要將識體顛倒、正確與否弄清楚，才不會終生修行悉成過失。

（p445+3）

若謂若以正理，破於諸法增益自性無明之執，而不破壞名言諸義，二者相違。《入中論》云：「癡覆自性故世俗，由此偽法現諦實，佛說彼是世俗諦。」此說由無明增上安立色等為世俗諦故。

[釋]：若他宗問難謂：若以正理破於諸法增益自性無明之所耽著之境，而不會破壞名言諸義，此二者相違。因為你中觀應成派說：世俗諦是由執實心之前所安立。於是他宗便引《入中論》所云：「癡覆自性故世俗（無明癡障礙見自性——空性，故世俗），由此偽法（虛妄之法）現為諦實，佛於《楞伽經》說彼（無明所執之真實）是世俗諦。」

他宗解釋說：此論說：由無明增上安立色…等為世俗諦，故你中觀應成派說：以正理破於諸法增益自性無明之所耽著之境，而不會破壞世俗名言諸義，說此二者不相違，實則相違。因為與《入中論》所言不相符合。

（p445+5）

答曰：無過。立色聲等為世俗諦之諦，是由意樂增上為諦。此意須是諦執，故於增益自性無明而為諦。故於已斷染污無明二阿羅漢及八地以上諸菩薩前，所現諸法唯虛偽性非諦實性，以無諦實增上慢故。

[釋]：中觀應成派回答曰：無你所問難的過失！因為安立色、聲…等為世俗諦之"諦"，問難者汝應當了解：此"諦"乃是由意樂增上而安立為"諦"，故此意須是諦執，即執實、執為自性有。故由於增益自性之無明，而稱為"諦"。故於已斷染污無明聲聞、獨覺二種阿羅漢，以及八地以上諸菩薩前，所現色…等諸法唯虛偽性、非諦實性，以斷煩惱障，已無諦實增上慢故。若色身等世俗名言諸義由無明安立，則聲聞、獨覺阿羅漢會成為壞滅緣起因果之斷見者，以其已斷盡無明，既已斷盡無明，由無明所安立之世俗名言諸義就不可能存在，所以，無明或薩迦耶見之所依（所緣）及所斷，應該分清楚。故無明是依色、聲…等諸法執為諦實，然色、聲…等，非由無明執實之心所安立。

（p445+7）

論說於諸無實執者，唯現世俗，其理即此。故色、聲等，雖由無明立為諦實，然非由無明立色聲等，譬於執繩為蛇之邪識，雖繩為蛇，然繩非由彼邪識安立。

[釋]：諸論當中說：色等諸法於諸無實有執著聖者的心續當中，唯現世俗虛妄——即實無自性，顯現有自性，其理即此。

故色、聲…等諸法，**雖由無明立為諦實，然非由無明立色、聲…等。**"諦實"即於無明執實心執爲實有，然，色、聲等諸法，並非由無明安立，故本文才說：「非由無明立色、聲…等」意謂由無明緣色、聲…等法，並執其爲諦實，此即"世俗諦"。此中"世俗"乃是指無明，**譬**如**於執繩爲蛇之邪識，邪識雖執繩爲眞實之蛇，然繩**並**非由彼邪識**所**安立。**

　　此邪識是依繩妄執爲蛇，然繩非由邪識安立。同樣，無明緣（依）色、聲…等諸法，妄執色、聲…等諸法爲諦實，故色、聲…等諸法，非由無明安立而諦實，是爲無明之耽著境。

(p445-5)
其能安立色聲等之心，謂無損害眼等六識。故此所立義名言中有，非是正理所能破除，其無明所執，雖於世俗亦非有，以此是於諸法增益自性，如此自性，雖於名言亦定無故。

　　[釋]：**其能安立色、聲…等諸法之心，謂無**暫時錯亂**損害眼…等六識。故此**六識**所立**諸境**義於名言中有，**意即於世俗中有。而世俗有之"世俗"是指名言識。此名言識**非是正理所能破除，**正理所破除者乃是世俗諦中之"世俗"即是無明，及其所執諦實之境。**其無明所執**之諦實，**雖於世俗**有中之"世俗"**亦非有，以此**世俗諦之世俗**是於諸法增益自性**之無明，**如此**無明所增益之**自性，雖於名言**中**亦定無**有**故**。以世俗名言諸義定是虛幻，若是虛幻則非諦實，故諦實於世俗名言一定非有。此中世俗有之世俗即是指名言識，而世俗諦之世俗是指無明。

(p445-3)
是故正理雖於名言亦能破除，假若正理不能破此，則於名言不能成立諸法如幻。又於愚癡所增自性，次更增益愛、非愛等諸差別相起貪等，故以正理亦能破壞貪等行相。

　　[釋]：**是故正理雖於名言亦能破除**無明所執自性有，**假若正理不能破此**自性有，**則於名言不能成立諸法如幻**——如現非有。若不能成爲如幻諸義，則會成爲勝義諦。

又先於遇境時**愚癡所增**益**自性**，次非理作意**更增益愛、非愛…等諸差別相**，而生**起貪、瞋…等**，故以正理亦能破壞貪、瞋…等行相。此中"行相"，即指所著自性有之境。以順、不順境於識體前方而有，而生起貪、瞋，此於前方而有，即分別自性有，故以正理破增益自性有，亦能破貪、瞋等行相，以貪、瞋…等煩惱由此自性所引生。

(p445-1)

如《四百論釋》云：「貪等唯於癡所遍計諸法自性，而更增益愛非愛等差別而轉，故非異癡而轉，必依於癡，癡最勝故。」

[釋]：如《四百論釋》云：「**貪、瞋…等**煩惱的生起，主要**唯是於**愚**癡所遍計諸法自性**有，由於遍計有自性，**而更增益愛、非愛…等**非理作意**差別而轉，故非異癡而轉，必依於癡，癡最勝故。」**於此生貪、瞋等煩惱之前，是非理作意。而非理作意之前是遍計執為自性有，然，此中所說"非異癡而轉"，是說：貪、瞋…等煩惱的所緣境，並非異於癡的所緣境而轉。然，又不能說：貪、瞋的所緣境與癡的所緣境是一，因為貪心的所緣境是悅意境，瞋的所緣境是不悅意境，而癡的所緣境是自性有，並非是一。進一步來說，貪心的主要所緣境是悅意境，而此悅意境，定於前方而有，此即自性有，故說其非異癡而轉，瞋心亦復如是。又，由於貪、瞋等煩惱必定是由無明執為自性有而生起，是故必依於癡。由於以遮貪之理，未必能遮瞋；同樣的，以遮瞋之理，亦未必能遮貪，但，若能以正理斷除愚癡所執之自性有，貪、瞋…等諸煩惱，必定隨滅，故說癡為最殊勝。

　　無明的耽著境——自性有、實有，此是所應破。但無明的耽著境亦須依著存在的法而耽著它為自性有，如俱生無明緣色…等諸法而耽著其為自性有——由自性有所成之色等諸法。此自性有雖是不存在，然亦須依著存在，故將此無明的耽著境——自性有遮除，但並沒有遮除色…等諸法。因此，顛倒或錯亂的識體是依於不顛倒或不錯亂的識體，故何者是不能破，何者是所應破，應分辨清楚。

(p446+1)

此諸煩惱，雖是無始俱生而轉，然彼行相正理能破，故彼所著境，名言亦無。

　　[釋]：《四百論》之意，謂：**此諸貪、瞋…等煩惱，雖是無始俱生而轉，然彼貪、瞋所著之行相**（所著之境）**是正理能夠破除者，故彼貪、瞋等之所著境，於名言當中亦無。**此中於煩惱生起當下無須觀待任何因，其自然能夠生起，即所謂的"俱生執"。俱生執不同於遍計執，因為遍計執於生起的當下，須觀待因乃能生起，故俱生執是任運而起，無始而轉。又，本文中說：「彼貪、瞋…等煩惱生起必依於癡」，是故本文續云：「所著之境」即是說明：貪心所緣之悅意境是於前方而有，此分前方而有，即是指其乃由自性有所成立的悅意境，故此"自性有"所成立的悅意境，在名言當中並不存在。如石女兒本不存在，怎麼會有石女兒的手、腳呢！同樣的道理，自性有不存在，怎麼還會有自性有的順境、不順境呢！故本文說：「名言亦無」，但，貪煩惱之順境、瞋煩惱之不順境在名言當中存在。

(p446+2)

是故俱生心有二境，謂以正理能不能破。其能安立此色聲等諸名言量俱生之境，名言中有，非以正理所能破除。如是佛護論師及月稱論師宗中，雖於名言亦破自性，故名言諸義極難安立。

　　[釋]：**是故俱生心有二境**——所緣及所執：**謂(1)以正理能破**——俱生執自性有之心——所執；**(2)以正理不能破**——所緣。**其俱生心能安立此色、聲…等**

諸名言量俱生之境，於名言中有，非以正理所能破除。也就是說，所謂的“俱生名言量”之境於名言中有，是指緣著色法…等諸根識及安立色…等法之諸心，如是中觀應成派佛護論師及月稱論師宗中，雖於名言當中亦由正理破除境有自性，故破除之後於名言諸義中諸法極難安立。也就是說：諸法僅唯由分別心假安立，無些許的自性存在，因此，進一步要承許境的存在是相當困難的。所以，在禪宗之參話頭所產生的疑情，所要否定、所要破除的是俱生所執之境──獨立實體我，或補特伽羅之自性有。不能破的是俱生心所緣名言假立的補特伽羅。如果對於俱生心的所緣，及所執不清楚，又能開悟證空性的話，這是屬於過去世已經熏習習氣很濃厚，不按照次第的行者。譬如憍陳如。假若不屬於不按照次第的行者，必須將俱生心的所緣及所執弄清楚，才不致於破除俱生心所緣的緣起因果法，而墮入斷滅見。

（p446+4）

若未善知安立彼等離諸妨難，則於行品不能善得定解，現見多成毀謗惡見，故具慧者，應當善巧此宗安立世俗之理，恐繁不說。

[釋]：於安立無自性之後，**若未善**巧了**知如何安立彼**世俗諦…**等遠離諸妨難，則於行品**布施、持戒…等**不能善**巧獲**得定解**如實行持，而謂通達空性一法，即圓滿一切。此佛於《攝研經》云：「彼諸愚人作如是說，唯以一法而證菩提，謂以空法，此等未能清淨諸行。」因此，**現見**忽略布施、持戒…等行品，且以為行持行品是未了知空性者所應行持，或為漸修者所應修持，或唯於聞、思時所應修…等，**多成毀謗**之**惡見**，此是毀謗佛往昔行持布施、持戒、忍辱…等事，**故具**智**慧者，應當善巧**於**此**無自性**宗**，且又能如實**安立世俗之理，恐繁不說。**

（p446+6）

第三觀察是否四句所生而為破除，顯不能破。

[釋]：諸緣起因生果之諸法，有二類：其中(1)無自性有之生，即是緣生。(2)自性有之生：若為自性有之生，亦分為二：(1)無因生；(2)有因生。有因生，又分為：自生、他生、共生。故若因生果有自性，則定從四邊隨一而生。

此中無因生——即是指無前後世業力之自性因果，唯現前暫時因緣和合之因果。理由：如蓮莖之粗，蓮瓣之柔，未見有製造者。其瓣、鬚、蕊…等，顏色、形狀各別不同，亦未見作者。本宗破云：「若計無因而有生，一切恆常一切生，世間為求果實故，不應多門收集種。」；

自生——即是自性一而生的因中有果。應成本宗破云：「彼從彼生無少德。」所謂生的意義是從無而有，若有再生，就沒有意義了。故說：無少德。又，「生已復生亦非理，若計生已復生者，此應不得生芽等，盡生死際唯種生。」

他生——是指自性異的因生果。應成本宗破云：「若謂依他有他生，火燄亦應生黑暗，又應一切生一切，諸非能生他性同。」

共生——由於裸形派見自生、他生的過失，為遠離其過失，故承許共生。如慈氏彼命是自生，觀待生彼之父母，是他生。應成本宗破云：自生已破，如前所說：生應無用；他生亦已破，如一切生一切，故云：「各生未成況共生。」

中觀應成派諸論師不承許生是由四句所生，或四邊所生。因為中觀應成派許眾緣而生，以許四句任一所生必定要在實有的基礎之上而說有“生”，然，他宗（指佛教自部自續派以下以及外道諸師）承許“生”必定為四句任一所生。因此，認為“生”若非為四句任一所生，則無任一法之生，意謂生不存在。故他宗以**觀察是否四句生而破除**中觀應成派所認為的“生”。但，**顯然不能破**。

（p446+6）
由破自、他、俱、無因生，若能破生，則四句生雖於名言此宗說無，故於破生不須簡別。若不能破，則破四生亦不能破勝義之生。

[釋]：故他宗云：**由破自生**——外道數論派、**他生**——佛教自續派以下、**俱生**——外道勝論派、**無因生**——順世外道，**若能破任一法之生，則四句生雖於名言此應成宗說**全**無，故於破任一法之生**，即任一法皆無四句任一而生——此為前。此為後——故所破於任一法之上，即**不須加勝義簡別**。

若不能由破四句生而破任一法之生，**則破四句生亦不能破勝義之生**。參考p411+6「又若不許從自他等四句而（汝應成派又承許）生，則於勝義觀察四句，破除生時，應不能破，以（破）除彼（四句生）等（汝還承許）有餘生故。」

　　總之，他宗認為：若破四句生，則破生，則一切生就不存在。此時又何須加勝義簡別呢？但，應成派認為承許四生必定是自性有，故以理智觀察破四句生，並沒有破應成派所承許的緣生。以緣生即是無自性生。

（p446+7）
前說非許，當答後難。若許勝義之生，須許堪忍觀真實性正理觀察。爾時須以正理觀察自他等四從何句生，由許勝義生，故定須許四句隨一觀察。若僅受許依此因緣有此生起，未許實生。未許彼故，云何能以觀真實之理，觀從自他等何者而生，以不須許堪忍正理所觀察故。

　　[釋]：中觀應成派回答：前說他宗認為破四句生就能破任一法之生，此種說法**非**應成本宗所承**許，當答**彼**後難**——破四生亦不能破勝義之生。應成本宗認為：**若許勝義之生**，必須承**許堪忍觀察真實性**之正理觀察。爾時須以正理觀**察自**生、他生…等四從何句而**生，因為若由許勝義之生**，故定須承**許四句隨一觀察而生。若僅受許**某一法**依此法本身之因緣而有此法之生起**，此即是未承**許實生**，或勝義生。由**未許彼實生**，或勝義生**故，云何能以觀察真實之正理，觀從某一法是**自生、他生…等何者而生**呢？以此四句生**不須許四句中任一法堪忍正理所觀察故**。然應許無自性有之緣生，故生是存在的。以緣生非正理所成，亦非觀察正理所觀察。

（p446-3）
又依緣生，即能破除四句之生，《入中論》云：「諸法依緣起，非分別能觀，故此緣起理，斷諸惡見網。」故月稱論師，許依緣生破四句生，汝若許不從四句生則全無生，故違月稱所許而說。

　　[釋]：又一法的形成是**依**其本身之因**緣而生**——緣生，**即能破除四句之生**，因為若許四句任一之生，定須在實有、勝義之上而承許生。

故《入中論》云：「諸法依緣起，非依四句分別正理能觀察，故此緣起正理，能斷四句所生之諸惡見網。」故月稱論師，承許依緣生而破四句生，但他宗云：汝若許不從四句生則全無生，故此種說法是違背月稱論師所許而說。

（p446-1）
又彼論云：「無因自在等，及從自他俱，非能生諸法，是故依緣生。」如汝則成自語相違，故依緣而生之緣起，永離四邊。莫更問云：離四邊者為四何邊，此等亦是未分無生、自性無生二者差別而成過失。

[釋]：又彼《入中論》云：「外道之無因生及自在天，包括無方分極微…等，及從順世外道之自生、內道實事師之他生、勝論外道之俱生（共生），非由此四生，或四邊能生諸法，是故唯依因緣方能生諸法。」若如汝承許《入中論》所說，生是緣生，又承許生是四句任一而生，則汝所言成自語相違。故依緣而生之緣起，永離無因、自、他、俱而生之四邊。意謂：無四邊生的存在，故莫更問云：離四邊者為離四當中之何邊？因已全離四邊故。問此等是離何邊者亦是未分辨清楚無生自性及無生二者之差別，誤以為自性無生即為無生，而成過失。

（p447+2）
云何論說：「真實時若理，觀從自他生，非理以此理，名言亦非理。」此顯若許自相之生或實有生，則於名言由彼正理亦能破除，然非破生。

[釋]：云何《入中論》說：「真實，或勝義時若以正理作觀察，從自、他而生皆非理，以此正理於名言，以自生、他生安立為生亦非理。」此論顯示：若許自相之生，或實有之生，則於名言由彼正理亦能破除，然非破生。

（p447+3）
即彼論結合文云：「若謂染淨之因須實體生，此說唯餘言說存在，何以故，真實時等。」廣引彼頌，其釋又云：「故自相生，於二諦中皆悉非有，雖非樂欲，亦當受許。」故自性生是勝義生，若此許者雖名言許，如彼勝義生而當破除。是此論師所許勝處，故於名言亦不應許有自性生。

[釋]：即彼《入中論》之結合文破除中觀自續派承許自性生，而云：「若謂染（苦諦、集諦）、淨（滅諦、道諦）之因須實體生，此說唯餘言說存在而已（意謂其僅言語說說罷了。以既然不承許勝義生，怎麼可能又承許實體生！），何以故？"真實時"等（以下接 447+2）。」故廣引彼《入中論》之頌，其《入中論》之釋論中又云：「故自相生，於二諦中皆悉非有，雖非汝所樂欲，然亦當受許。」故以中觀應成派認為：自性生即是勝義生，若此（自性有）承許者，雖於名言當中亦許其為有，亦如彼勝義生而當破除。是此月稱論師所許殊勝之處，故於名言亦不應許有自性生。此處乃是針對中觀自續派於勝義雖不承許自性生，然於名言當中承許有自性之生。

菩提道次第廣論
毗缽舍那 NO.24

　　自續派在名言中許有自性，此點以中觀應成派來說是不存在的。亦即中觀應成派不僅不承許勝義有自性，連名言中也不承許有自性。

（p447+7）

　　《入中論》云：「如石女兒自體生，真實中無世非有，如是諸法由自性，世間真實皆不生。」若執自性無生或無生性謂全無生，反難緣生與無性生二者相違，呵為無耳無心。說無性生，未聞所說自性，妄執無生意謂無耳，及說自性未解其義，意謂無心。

　　　[釋]：《入中論》云：「如石女兒自體生小孩之事，真實勝義中無，世間名言中亦非有，如是諸法由自性生，世間名言、真實勝義皆不生。」若自續派以下及諸外道論師執自性無生，或無生性（無自性生），即謂全無生，依此而來反難緣生與無自性生二者相違，此應呵責為無耳、無心者才有的過失。所謂“自性”即是不依因緣，或不觀待他法，故說依緣而生，定為無自性生。反之，若有自性，則定非依緣而生。故怎麼能說緣生，與無自性生二者相違呢！故對於所說之“無自性生”一詞，若未聽聞其中所說之“自性”二字，而妄執為無生，意謂無耳。及說雖然聽到“自性”卻未能了解其義，意謂無心。

（p447-5）

　　如《六十正理論》云：「緣生即無生，勝見真實說。」其釋中云：「若見緣起諸法自性皆不可得，以依緣生者，即如影像，無性生故。若謂既依緣生豈非是生，云何說彼無生，若云無生則不應說是依緣生，故此非理互相違故。噫唏嗚呼無心無耳，亦相攻難，此實令我極為難處。若時我說依緣生法，即如影像自性無生，爾時豈有可攻難處。」故應珍重判彼差別。

　　　[釋]：如龍樹菩薩於《六十正理論》中云：「緣生即無自性生，勝見（佛）真實而說。」佛陀於經典當中如實而說，緣生即無自性生。其《六十正理論釋》中云：「若見緣起，諸法自性皆不可得，以依緣生者，即如影像⋯等，無自性生故。若謂既依緣生，豈非是生嗎？云何又說彼無生呢？若云無生，則不應該說

是依緣生，故此說非理，以互相相違故。噫唏！嗚呼！無心、無耳，汝宗亦依此而相攻難，此實令我應成極為難處，如何才能令汝理解呢！若時我說依緣生法，即如影像自性無生，爾時汝宗豈有能力提出可攻難之處呢！」故應珍重判彼無生及無自性生之間的差別。

（p447-1）

《無熱惱請問經》云：「若從緣生即無生，於彼非有生自性，若法仗緣說彼空，若了知空不放逸。」初句說言「緣生即無生」，第二句顯示無生之理云：「於彼非有生自性。」是於所破加簡別，言謂無性生。

　　[釋]：《無熱惱龍王請問經》云：「若從緣生即無生，於彼無生即非有生之自性，若法仗緣而生說彼自性空，若了知自性空，則於業果不放逸。」初句說言「緣生即無自性生」，第二句顯示無自性生之理而云：「於彼諸法非有生之自性。」此是於所破加自性簡別，故言謂無自性生。

（p448+3）

頗見一類，聞彼諸句未解彼理，專相違說「生即無生，依即無依」，狂言愈大，知見愈高。《明顯句論》引《楞伽經》云：「大慧，無自性生，我密意說一切法無生。」此說極顯。又破生等應不應加勝義簡別，義雖已答，然分別答至下當說。

　　[釋]：現今頗見有一類宗義論師：聞彼諸句未解彼理，專以相違之言，而說「生即無生，依即無依」，此意即為全無生。以為狂言愈大，知見愈高。《明顯句論》引《楞伽經》云：「大慧，無自性生，我密意說一切法無生。」此經所說無生即無自性生極為明顯，故非說全無生。又破生…等，應、不應加勝義簡別，由以上之義雖已回答，即是應加勝義簡別，然詳細之分別答覆至下當說。

（p448+5）

此等皆是，顯示彼一切能破，皆不能破無自性中因果建立。似能破中最究竟者，謂自破他如何觀察，即彼諸過於自能破無餘遍轉。汝等所立，即似能破最究竟者，以破他宗觀察正理害不害等皆被遮迴，其能破理成所破故。

[釋]：前引**此等**論著**皆是顯示彼**他宗**一切**之**能破**，即**彼等所作之問難，皆**不能破無自性中，且因果能**建立之法則，成爲**似能破**（即不具正理所作之問難）**中最究竟者，謂自破他**以理**如何觀察**彼等諸過失，**即彼**等之**諸過失**，卻**於汝自**身能破，無餘遍轉**。也就是：汝破除他宗的理由，此理由卻反將自身之過失完全暴露無遺，故汝破他宗**等之所立**，即成爲**似能破**當中**最究竟者**。爲什麼？以**破他宗觀察正理害、不害**應成自宗**等，皆被遮迴、破除，以**其能破**之理，成所**破故。

（p448+8）

若謂汝許有色等，故於彼等此觀察轉，我等無宗故，彼觀察不能轉入。此答不能斷彼諸過，於應成派及自續派，何決擇時茲當宣說。

[釋]：某些宗派云：**若謂汝許有**自性之**色等，故於彼**色、聲…**等**由此四句生之**觀察**而能**轉、能破除，我等**爲**無宗故**，於安立任一法其是、非、有、無等皆無所許，故**彼**四句生之**觀察不能轉入**，即於自己不能破除。中觀應成自宗說：**此種回**答不能斷彼**無宗之**諸過失**，詳見**於應成派及自續派**，以**何決擇時**，茲當宣說。

（p448-4）

第四 破除有事、無事、二俱、二非四句無能妨害。

〔釋〕：一般在勝義有，或自性有的基礎上承許有事，此分自性有的有事必須破除。破除之後，又於勝義有、自性有的基礎上承許無事的話，那麼仍然是要破除。又，在破除之後，又於勝義有、或自性有的基礎上承許俱有有事、無事，同樣必須破除。於破除之後，若又於勝義有、自性有的基礎上承許俱無有事、無事，亦須破除。由於一切事含攝有、無、俱有無、俱非有無四句，此四句於勝義有、自性有的基礎上，全然不存在。然而，在世俗名言上，破除有，定需許為無，破除了無，則需許為有，不可能有第三聚之亦有亦無，或是非有非無。即使"有無俱有"，或"有無俱非"，仍然是有、無所攝。若在名言上許有第三聚，實屬亂說。如《廣論》p423-5 所說：「許有第三聚之俱非之法，實屬亂說」，故在勝義有、自性有的基礎上**破除有事、無事、俱有、俱非四句無能妨害**應成本宗任一法的建立。

（p448-4）

若謂中觀諸教典中，破一切事，或破自性有、無、二俱、二非四句無不攝法，故以正理能破一切。

〔釋〕：他宗**若謂**：中觀諸教典中，破一切事，或破自性有、無、二俱、二非四句無不攝任一法，故以抉擇勝義理智之正理能破一切法。

（p448-3）

此如前說"事"有二種，若以自性所成之事，隨於二諦許何諦有皆當破除，能作用事於名言中非能破除。又無事中，若於無為許由自性所成無事，如此無事亦當破除，如是之有事無事二俱當破，有自性之俱非亦當破除。故一切破四句之理，皆當如是知。

〔釋〕：應成本宗云：**此如前說**：破一切事之"事"，是指有作用的法。其**有二種**：(1)**若以自性所成之事**，此有作用之事，即是能作、所作。若有自性的

話，則能作、所作成為一的過患，如能騎車者，及所作業之車，會有成為一的過患。故隨於二諦隨許何諦有皆當破除。若非以有自性而是以**能作用事**，以觀察有無自性之正理，**於名言中非能破除**。(2)**又無事中，若於無為許由自性所成無事，如此**自性所成之**無事亦當破除**，以無事是依有事而引生，若有自性則無事與有事即成為一。**如是自性有之有事無事二俱亦當破除；有自性之有事、無事俱非亦當破除。故一切破四句之理**，是於自性有的基礎上而來破除，**皆當如是了知。**

(p449+1)

若未能加如此簡別而破四句，破除有事及無事時，作是破云「俱非彼二」，次又破云「亦非非二」，是自許相違。雖知如是而云無過，強抵賴者，我等不與瘋狂共諍。

　　[釋]：**若未能加**勝義有、自性有的**如此簡別而破四句**，或**破除有事及無事時**，而**作如是破云「俱非彼二」**——俱非"有事及無事"；**次又破云「亦非非二」**——亦非非"有事及無事"，此種說法**是自許相違**。因為如前所說，若未加勝義有、自性有的簡別，在名言上破除時，不是有，就是無，不是無就是有，不可能會有第三聚。故俱非"有事及無事"的"俱非"，及亦非非"有事及無事"的"非非"。由於俱非——無，及非非——有，此二者相違，故於名言上破除俱非——無，定為非非——有；破除非非——有，定是俱非——無，則會成為自許相違，而會有第三聚的過失。因為於名言上不是有，即是無而已，不會有第三聚（非是說有而是非無，非是說無而是非有，或有無皆無）。故自宗云：**雖汝已知，如是而**又**云無**有**過**失，進而**強抵賴者，我等**（自宗）**不與瘋狂**者共諍。

(p449+3)

復次破蘊自性之體，或破其我便發智慧，了無自性或了無我。若復破慧無自性境，是為破壞中觀正見，由破能達諸法無性智慧境故。

　　[釋]：**復次**抉擇勝義理智**破蘊自性之體，或破其**有自性**之我，便**引**發智慧，了**達**無自性或了**達無我。若復破**智**慧**之**無自性境，是為破壞中觀**應成之**正見，由**破壞**能**通達諸法無**自**性**之**智慧**所緣之**無自性**境故**。

因為有些論師主張：空慧所通達的無自性之境若存在，則必定要有自性；若無自性，則空慧所通達之無自性境就不存在。本宗認為無自性境若不存在，則破能通達諸法無自性之智慧，此種主張破壞中觀正見。

(p449+4)
若許雙破有無自性，應問彼云：決定諸蘊無自性慧，其境無性如何能破？應當宣說。

　　[釋]：本宗認為**若**承**許雙破有**自性、**無自性**，即是破有自性，則成無自性，又承許無自性為有自性，此即是破無自性，故說雙破。**應問彼**宗**云：決定諸蘊無自性**之**慧，其境無**自**性**為存在，**如何能破**呢？**應當宣說**如何破無自性之境。

(p449+5)
若謂《中論》云：「若少有非空，亦當有少空，若無少不空，空亦云何有。」全無不空故，無自性空亦非有。

　　[釋]：**若**他宗**謂《中論》云：「若少有非空**（若有些許的自性——非空），則**亦當有少空**（亦當有自性有之空），**若無少不空**（若無些許的自性。不空即自性有），**無自性之空亦云何有**呢！」他宗認為《中論》說如果一切都是自性空，那麼空性也就不應該存在。所以，**全無不空故**（全空故），所以，**無自性空亦非有**。

(p449+6)
此中空、不空者，謂有自性空與不空，全論前後一切皆然。故性不空即是有性。若謂無少自性無性之空亦非有者，更有何事尤為可笑。

　　[釋]：應成本宗認為：**此中空、不空者，謂有自性空與**自性**不空，全論前後一切皆然**（都應該作如是解釋）。**故性不空即是有**自**性。若**他宗**謂：無少自性**，就認為**無自性之空亦非有者，更有何事**比此**尤為可笑**的呢！因為無少自性，即為無自性，所以，無自性應該存在。應成自宗認為：諸法既然沒有自性，就表示有遮除自性而呈現無自性的這一分無遮分，即空性。這一分是存在的。

因為往昔的某些西藏論師認為：諸法若是無自性，那麼緣著諸法無自性心識之所緣境一定不存在。假若緣著無自性的境存在的話，那就應該有自性。所以，他們說：若諸法沒有任何自性的話，那麼無自性之空性也不存在。所以，本文他宗說：「若謂（諸法）無少（許之）自性，則無自性之空，亦不存在。」以應成本宗來看，此種觀點並不合理。

（p449-6）

如於苗芽執無自性時，此決定解唯於苗芽執性非有，俱不執云，其無自性為有為無，應當閉目向內觀之極易明了。

　　[釋]：自宗云：**如**以正因證成**於苗芽執無自性時，此決定解唯於苗芽執**自**性非有。俱不會**再**執云：其無自性**到底**為有為無**，也就是透過抉擇有無自性之正理遮除有自性這一分時，會在心中顯現無自性之無遮分，其所緣境僅是境無自性的這一分，絕對不會再觀察這一分無自性之境是有自性、或是無自性；是有、或是沒有，你**應當閉目向內**觀察之，這是**極容易明了**的。因為他宗認為：透過正理觀察諸法沒有自性，但又認為諸法無自性被證到時，此無自性若存在，就應該有自性，但是，應成本宗認為證到無自性境之智慧本身不會再去觀察無自性境是有自性，或是無自性，及其是有、是無。

（p449-5）

由是因緣，於無自性不可執有，為遣更執無性為有，故以正理破有空性。縱使應理，然亦唯是更以餘心，破除另執無性為有覺心之境，若破通達苗芽無性智慧之境極不應理。

　　[釋]：**由是因緣，於無自性不可執**為諦實**有，為了遮遣更執無**自**性為有**自**性，故以正理破**除**自性有之空性。所以，破除緣空性是自性有之執，而不是破執無自性之空性，**縱使應理，然亦唯是更以餘心**（緣無自性有之心——唯名言假立空性之心）**，破除另執無**自**性為**諦實**有**的**覺心之境，若破除通達苗芽無**自**性智慧之境極不應理。**

（p449-3）

我等破除苗芽自性，便決定解自性非有，次由餘心縱執無性是有，然所執境亦非正理所破。若許空性是有自性，則當破除。

　　[釋]：我等以正因破除苗芽自性，便決定解自性非有，次由餘心縱執無自性是有、是存在，然所執無自性之境亦非正理所破。若承許空性是有自性，則當破除。

（p449-2）

若爾於無自性云何能起有自性執，謂緣苗芽無自性時，雖不執苗有自性，然能起執苗之無性是有自性。如於無瓶，雖不執謂瓶實是有，然能執謂無瓶是實。

　　[釋]：有問：若爾於無自性云何能起有自性執呢？謂緣苗芽無自性時，雖不執苗有自性，然能起執苗之無自性是於有自性的基礎上成立其存在。如於無瓶，雖不執謂瓶實是有，然能執謂無瓶是實有。也就是以一般而言，若說：無瓶，不會再去執瓶是有，但會執無瓶這一分是真實存在。但由錯亂心識的作用，會將無瓶這一分執為真實存在於前方而有，即執無瓶為真實有自性。依此來說明：以正理抉擇遮除諸法自性有的無遮分，當下這一分即為無自性。若此分無自性又顯現於前方而有，即執無自性為有自性，而成為非遮。

（p450+1）

由是若說，以無少許非自性空，故芽無性空亦無自性，是為正因。《四百論釋》說，是破有性之空，如云：「若所說空少有自性，是則諸法亦當有性。」為顯非有，故說頌言：「若無不空者，空復從何生，如無餘所治，能治云何起。」

[釋]：**由是若說，以無少許**法**非是自性空**，即無一法不是自性空，**故芽無自性之空亦無自性，是為正因。**故**《四百論釋》說，是破有**自性**之空，如云：「若所說**之**空有少許**的有自性，是則諸法亦當有自性。」為顯非有**自性之緣故，**故說頌言：「若無**一法不是**空者**（空性亦成自性有），**則**自性空之**空性復從何生，如無**其餘之**所治，能治云何**生**起？」如無所治之常，能治之無常如何生起。同樣的，無所治無明所執之自性有，即自性有是存在的，則能治之自性空如何生起？

（p450+3）

不爾若破無性之空，則無無性。若爾則當有自性體，於一切種性不可破。如《迴諍論》云：「若即無自性，能遣無自性，遮無自性已，即成有自性。」

[釋]：**不爾，**若自性空之空性無法安立，而**破無**自性**之空**（即是又許有自性），**則無無**自性。**若爾，則當**成為**有自性體，於一切種**自性有**不可破。如《迴諍論》云：「若即無自性，能**遮**遣無自性**而為有自性，遮**除**無自性已，即成**為**有自性。」

（p450+5）

自釋亦云：「如云莫言即言遮言，如是若以無自性語遣法無性其喻應理。然此唯以無自性語，破諸法性，若無性言即能遣除諸法無性，破無性故諸法有性，有自性故即非是空。」此說極顯。

[釋]：**《迴諍論**自釋》**亦云：「如云：莫言**（言：不說話）**！即是**以言**遮言，如是若以無**自性語**遮**遣法無**自性，而成有自性，則**其以言遮言之譬喻即**應理，以言語於所知存在。**然，**事實上，並非如此。以自性有於所知不存在，**此唯以無**自性之語，令解自性無而**破除諸法**有自性。若無**自性**之言，即能**遮**遣除諸法無

自性，則破無自性故，成諸法有自性，有自性故，即非是空。」此說極爲明顯。意謂是以無自性遮除諸法有自性，非以無自性語遮諸法無自性。也就是以正理通達諸法無自性，不要又執諸法無自性爲有自性。因爲若執諸法無自性爲有自性，即非自性空。

（p450+7）

故前所引《中觀論》云：「空亦云何有，」其後又云：「諸佛說空性，為出一切見，若復見於空，說彼無可治。」此說見於空者，非說凡見自性為空，是說於性空之空執為諦實或見為實事。

　　[釋]：故前 p 449+6 所引《中觀論》云：「空亦云何有？」即說無一法非空，即成自性有，若是自性有，空性怎麼會有呢？其後又云：「諸佛說空性，為出一切執自性有、名言無之見，若復見於空（若又將空性執爲自性有、諦實有），則說彼無可治。」此說見於空者，非說：凡見自性為空，而是說於自性空之空又執為諦實，或見為實事。

（p450-5）

佛護論云：「若執諸法有性為彼說空，謂由緣起因緣增上假名有事，非是諸事實有自性，由顯諸法自性空故，能遣彼執。若有於空執為實事，誰亦不能破除其執，譬如說云：悉無所有。若復乞云：其無所有願當惠施。何能令彼了解為無？」及喻顯說。

　　[釋]：《佛護論》云：「若有執諸法有自性者，應為彼說自性空，其理由謂：由緣起因緣增上假名有事，非是諸事實有自性，由顯示諸法自性空故，能遮遣彼自性有之執。若有於自性空執為實事、諦實有之事，則任誰亦不能以正理破除其自性有之執，譬如說有乞丐乞食，告云：我悉無所有。若乞丐復乞云：其無所有願當惠施予我（即執無所有爲有）。何能令彼乞丐了解何為無所有呢？」及喻明顯的說明：若將空性執爲自性有的人，就很難再以正理使其通達自性空。

(p450-2)

若不爾者，喻則不合，猶如有一向他乞財，說無財時，若作是念，此人無財，此執非過。若於無財反執為財，爾時不能令知無財。若問：諸法有無自性，告曰：無性！若執無性，說者實欲令起是解，彼豈是過？然於無性反執有性，是為過失。若依汝意說，無財時執為無財，亦當被破，故依我說最為端嚴。

　　〔釋〕：若不爾者（若不如是解釋），法喻則不合，猶如有一乞丐向他人乞財，他人說：無財時，若作是念：此人無財，此執無財即非有過失。若於無財反執為財，爾時不能令其了知無財。此即如同若有問：諸法有無自性？告曰：無自性！若執無自性，說者實欲令起是無自性解，彼豈是有過失耶？然若於無自性反執為有自性，是為過失。若依汝他宗之意而說：無財時，他人又執為無財為有財時，此亦當被進一步的破除，故依我自宗所說依緣起正因證成諸法無自性最為恰當、亦最為端嚴。

(p451+2)

《明顯句論》云：「於空執事」非是破空，故唯見空亦非有過。故《般若攝頌》說：「菩薩若執此蘊空，行相非信無生處。」《寶鬘論》說：「諸見我無我，故大能仁遮。」諸餘經論說，不可起空無我見，皆如前說應當了知。

　　〔釋〕：《明顯句論》云：「於空執為真實無自性之事」此非是破空，故唯見無自性之空亦非有過失。故《般若攝頌》說：「菩薩若執此蘊自性空，為自性有之行相，於自性空非有信心，亦無生起信心之處。」意謂菩薩是以斷所知障為主。而斷除所知障必依於自性空而加以斷除，故若執諸法為自性有者，即無法斷除所知障。故若菩薩不住於自性空之慧者，則不能信解大乘，不能生大乘。《中觀寶鬘論》說：「諸見真實之我、或無我為自性有，由此故大能仁（佛）說應遮除其自性見。」故諸餘經論說：不可起空性及無我見為自性有，皆如前說應當了知。

(p451+4)

若不爾者，則舍利子問觀自在，欲行甚深般若波羅蜜多當云何學，答云：「應正隨觀彼諸五蘊皆自性空。」《攝頌》云：「遍知諸法無自性，是行般若波羅蜜。」《入中論》云：「故由觀我我所空，此瑜伽師當解脫，」此等多能與彼相違。

　　[釋]：若不爾者，還要執無我及無自性為有自性的話，則《心經》當中舍利子問觀自在菩薩，欲行甚深般若波羅蜜多當云何學？回答云：「應以正理隨觀彼諸五蘊皆自性空。」《攝頌》云：「遍知諸法無自性，此乃是行般若波羅蜜。」《入中論》云：「故由正理觀察我及我所自性空，此瑜伽師當解脫」此等經論多能與彼執自性有相違。

(p451+7)

是故一切衰損根本，即是增益自性無明，而能與彼行相正反，拔除彼者，唯達無性或無我慧。若破此相即破真實義見，雖非所樂然須受許。

　　[釋]：是故一切衰損之根本──輪迴之根本，即是增益自性有之無明，而能與彼無明行相正反，拔除彼無明者，唯達無自性或無我空慧。若破此無自性及無我相，即破真實義見，即破除無我慧之境義，此種說法，雖非汝所樂許，然汝須受許。因為往昔某些西藏論師，他們本身也會闡釋中觀正見，也承許無明是一切輪迴的根本必須斷除。亦由緣起正因，再闡釋諸法無自性。然於闡釋無自性時，卻又認為無自性需有自性。因此，應成本宗認為：承許無自性的空性又為有自性的話，即破除通達無自性智慧之境。故說若破此相，也就破了無自性及無我智慧之境，如是則破真實義見。

(p451-5)

《四百論》云：「無二寂靜門。」釋云：永盡貪愛是能證得涅槃之因，除無性見更無少法，是能如是盡貪之因，故無自性為相無我，是無第二寂靜之門，趣涅槃城，此乃無等唯一之門。

[釋]：在《四百論》當中有云：「無二寂靜門。」此中所謂"寂靜"即是解脫。必須藉由觀修無我或無自性道的力量，將煩惱斷盡，故說為解脫。故《四百論釋》云：永盡貪愛是能證得涅槃之因，除無自性見更無少法，是能如是斷盡貪之因，故無自性為相無我見，是無第二寂靜之門，趣入涅槃城，此乃無等唯一無二之法門。

(p451-3)

雖亦有空、無相、無願三解脫門，然唯無我正見最勝，由了諸法悉皆無我，一切法貪無餘永盡，豈於少法見少可求或相可緣。故唯無我是無第二寂靜之門。

[釋]：諸經論經雖亦有說：空——如瓶之本體為無自性、無相——生成瓶子的因是無自性、無願——瓶之果是無自性，此三解脫門，然唯無我正見為最殊勝，由修三解脫門了知諸法悉皆無自性、或無我，於一切法之貪愛無餘永盡，豈於少法見有少自性有可求——無願，或自相有可緣——無相，故唯無我是無第二寂靜之門。

(p451-2)

是故《菩提資糧論》云：「無自性故空，是空取何相，遣一切相故，智者何所願。」此將經說三解脫門，與此處說唯性空見一解脫門，斷相違失，以教理成此為解脫門。

[釋]：是故龍樹菩薩所造的《菩提資糧論》中云：「無自性故空——空解脫門，是空取何相——無相解脫門，遣一切相故，智者何所願——無願解脫門。」此論將經所說的三解脫門，與此處《四百論》及《四百論釋》所說「無二解脫門」即唯自性空見是唯一的解脫門，並斷除三解脫及無二寂靜門會有相違的過失，以藉由前所引之諸教及諸正理成立此無自性為唯一解脫門。

（p452+1）

斷性之境何須更破以證彼者即能對治二我相執，於彼全無相執氣故。若於如此分別亦見過患，善惡分別悉破除者，顯然欲樹支那堪布所遺教規。

　　[釋]：應成自宗認為：證得無我，或無自性之智慧是唯執此無自性，並不是執持無自性境為諦實有，故無需要正理來破除，故**斷除自性有之境何須更破！以證彼無自性者，即能對治二我相執，於彼**無自性之境**全無**自**相執之氣故**。往昔某些西藏學者，認為：不論緣著無自性的善分別，或是緣著諸法有自性的惡分別，皆應破除。因為他們認為只要是分別心即是相執。故**若於如此分別**無我、無自性之境是諦實有，**亦見**其**過患**，固應需破除，對於**善**——執無自性之慧；**惡**——執無自性為諦實有之**分別皆悉破除者，顯然欲樹立支那堪布**和尚**所遺**之**教規。**

　　以應成自宗而言：在抉擇自性有無之正理時，通達諸法無自性，此無自性雖會顯現於前方而有，即有二顯，然此為名言識所安立。雖然如此，卻不一定會耽著二顯這分實有，以此無自性是為比量理智抉擇所執持。故名言識與比量理智二者當作明晰之分別，否則會誤認為善、惡分別皆當破除，如是便會如同支那堪布和尚一般的執持無所有之見。

（p452+4）

第二破所破太狹。

　　[釋]：**第二破所破太狹**——即世俗名言仍有自性。

　　參考《廣論》p410+8——「第二、遮遣餘派未明所破而妄破除，分二：

　　一、明所破義，遮破太過——世俗名言無法以量來成立，即名言全無；

　　二、明所破義，遮破太狹——即名言有自性。

　　　　初（遮破太過）又分二：一、說其所欲；二、顯其非理。」

　　此中：一、明所破義，遮破太過。前已解釋完畢，其總攝為二類：

　　（1）自許中觀應成派的往昔西藏學者，彼等雖與中觀應成派同許一切諸法無自性。但，認為一切諸法非堪忍勝義理智所抉擇，且為正理所破，由此可以了知此類學者根本無法以量正確的建立世俗諦法，而有遮破太過成為斷見之過失。

（2）中觀自續派及實事師，承許一切存在的法定須有自性。若無自性，一切法皆不存在，不但有遮破太過成為斷見之過失，亦會有此科判所說遮破太狹而成為常見之過失。

應成本宗在本論 p410+5 說：「其所破之差別雖無邊際，然於總攝所破根本而破除者，則能滅一切所破除。又若不從究竟微細所破樞要而滅除者，有所餘存便墮有邊耽著實事，終久不能解脫三有。」此文中明顯的指出：中觀自續派及實事師不從究竟微細所破樞要加以滅除，有所餘存即是在名言承許有自性，而墮入有邊成為常見，因此，繫縛輪迴生死，終不得解脫。此理於此所破太狹之第二科判當中會加以說明，並予以破斥。

龍樹菩薩於《中論》云：「不依俗諦，不得第一義，不得第一義，則不得涅槃。」，或其所說：「由世俗諦而入勝義諦。」意謂對治無明唯依無我空慧，因為無明識體對於所緣之瓶等世俗諦諸法耽著為自性有。由於耽著為自性有，故於順境起貪，不順境起瞋，而造業輪迴生死。故必須依著勝義理智抉擇遮除無明所耽著的自性有即世俗諦，而通達一切諸法無自性即勝義諦，依此而獲得涅槃，故論說不依俗諦，不得第一義。或說由世俗諦而入勝義諦。又若許世俗諦諸法有自性，則無法通達自性空而獲得涅槃，此即本科判所說所破太狹。

又，薄伽梵說：「諸佛出世若不出世，諸法法性，恆常安住。」
意謂法性——空性其特徵是常，既然是常，就非因緣所生，亦不觀待他立。然，無明耽著一切諸法為自性有，此自性有的特徵與空性的特徵同為常、非因緣所生，亦不觀待他立。以無明的顛倒識體會執一切諸法不待分別心安立，真實存在於前方而有——自性有。故所謂的世俗諦是於顛倒執實心前安立如其所現而真實存在。然觀待勝義諦而言，於顛倒執實心前安立如其所現執為真實存在的這一分自性有雖然具有三特徵——常、非因緣所生、不觀待他立，然，事實上，並不存在。但顛倒無明的識體，會執其為存在，依此而起貪、起瞋，造作輪迴生死之業力。依著無我空慧所通達遮除顛倒無明識體所執的這一分自性有，而通達無自性、空性，同樣亦具有三特徵——常、非因緣所生、不觀待他立，這一分如其所顯現真實存在，故龍樹菩薩說：「不依世俗諦，不得第一義。」，或云：「依世俗諦而入勝義諦」之含義。

雖然經論皆說空性是無分別，其含義是指"無自性有分別"，不應僅依字面而總相的執其為無分別。所以，無自性有之分別雖是無分別，但無分別卻不一定是無自性之分別。因為其內涵差別甚大。故初業有情於修學空性解脫之法門時，不可於一開始即依文解義而以無分別而修。雖然無分別是空性的特徵，然亦為修無想定之特徵，但，二者所修、所依據的道理並不相同。因為通達空性的正理是依緣起，並不是依無分別；而修無想定是將其思惟的心所壓伏，令分別心不起現行。所以，在現量證空性當下其特徵雖是無分別…等，但其乃是指無自性有之分別，然欲現量證空性之前也必定有比量證，即依緣起正因思惟分別，這是所有印度諸大論師，不論中觀、唯識…等皆承許。因此，初業學者若一開始即以無分別修而欲證空性，此乃錯謬之修法，終究無法生起一絲絲獲得空正見的氣味。

前以無我空慧遮除無明顛倒識體執為自性有，此分自性有，雖具有三特徵——常、非因緣所生、不觀待他立。故遮除自性有即遮除此三特徵，是通達中觀應成派所立之空性。但，通達具有此三特徵之法，不一定能夠通達中觀應成派以無我空慧遮除自性有之空性。譬如通達有為之世俗諦法，定是無常，亦為因緣所生，且須觀待他立。同時，亦遮除有為諸世俗諦法不具三特徵——常、非因緣所生、不觀待他立，但，通達有為法不具三特徵是為佛教內部派所共許。如此，難道中觀自續派以下諸師，也通達了中觀應成派所建立無自性之空性嗎？

中觀應成派所依據的經論當中皆說：諸法無自性，緣起故。然，中觀自續派及實事師於成立諸法時，均安立為有自性。此自性有之三特徵為：常、非因緣所生、非觀待他立。因此，中觀應成論師對於中觀自續派以下所承許的自性有的三種特徵視為最究竟的所破，並因此而證到諸法無自性。然而，具有常、非因緣所生、非觀待他立之三特徵，並不即等於是中觀應成派所欲破除之究竟所破。如中觀自續派於名言上不觀待不錯亂心顛倒執之勝義有自性是為其空性之所破，此分勝義有自性，亦具有三特徵。又如唯識派不觀待分別心安立之自立之自相有的這一分遍計執，是為空性所破。此分自相有，亦具有三特徵。因此，破除具此三特徵之事，並不即等於破除中觀應成派究竟所破之自性有，如中觀自續派及唯識派所承許的空性。

由此可了知，佛教各部派所承許的緣起法有粗分之因果緣起、中等之觀待緣起，及微細唯名言假立之緣起，由此引申出各部派皆有其不共的所破。因此，而有此所破太狹之科判來作進一步的解釋。此即如前（《廣論》p410+5）所說：「若不從最究竟所破樞要而滅除者，有所餘存，便墮有邊，耽著實事，終久不能解脫三有。」

（p452+4）

有作是言：所破自性具三差別：一、自性非由因緣所生；二、時位無變；三、不待他立。

　　[釋]：故有一類論師談及所破時，**有作是言**：彼等認為**所破之"自性"須具有三差別**（即三特徵）：**一、自性非由因緣所生；二、時位無變**——常；**三、不觀待他**法而安立。此類論師所云：應破之"自性"，於月稱論師所著之《四百論釋》有云：「若法自性、自體、自在，不仗他性。」釋論意謂自性、自體、自在為彼諸異名，其特徵為：不仗他性。所謂不仗他性，並非僅謂不仗因緣，而是有境名言之識為他，非由彼增上安立，即為不仗他。而"不仗他性"之"他"，有中觀應成派、中觀自續派及唯識派等不同的解釋。

　　中觀應成派認為此"他"為名言識，或分別心之緣起。亦即非唯名言或分別心假立，從其境上而有，此分自性有具有三特徵。

　　中觀自續派則認為"他"是指觀待支分之緣起。亦即若不觀待支分於識體顯現自性有，全然從境上而有，此分勝義有自性亦具有三特徵。

　　唯識派則許"他"是由自性異之因生自性異之果的因果緣起。若許由自性一之因生自性一之果，此分自性亦具有三特徵。

　　故如前所說，破除了具有常、非因緣所生、非觀待他立之三特徵，並不即等於中觀應成派所欲破除之究竟所破。同樣，破除了不仗他性亦不即等於是中觀應成派所欲破除之究竟所破。

（p452+5）

如《中論》云：「自性從因緣，出生則非理，若從因緣生，性應成所作。若性是所作，云何應道理。自性非新作，及不觀待他。」

[釋]：此類論師以論來作引證，而說：**如《中論》云：「自性從因緣，出生則非理，若從因緣生，性應成所作。若性是所作，云何應道理。自性非新作，及不觀待他。」**此類論師以為：能空掉具有三差別之自性有，或實有，即為證空性。這種見解如上所說是錯誤的，因為能空此三差別之自性有，並不一定能夠通達《中論》所說的自性即是空性，此如《廣論》p436-1 月稱論師所著之《入中論釋》，此文乃是解釋《中論》之自性即是空性，而云：「如於繩上蛇是遍計，於實蛇是圓成實。如是自性，若於緣起諸所作性依他起上是為遍計，於佛行境立為圓成。」如是以真理之自性——特徵，是非所作性故。既非所作定為常、非因緣生、不觀待他立，這一分於佛如所有智所行境上乃是真理。此分自性若於現見之緣起所作如幻之上妄執為自性有者，則為遍計執。所以，《中論》所說之自性，事實上，是指空性。意謂一切法之究竟本質乃是以空性為其自性。此中自性即指空性之特徵——常（空性境不是修來的，但通達空性境之智才是以道次第修來的，故佛出不出世，空性境本自恆常存在）、非因緣生（若因緣生，則成有為法剎那生滅）、不觀待他而立（若觀待他而立，則他緣消失空性亦消失），並非如此類學者所說：破除具此三差別者，即為中觀應成派所說究竟所破之根本。

（p452+6）

若許芽等內外諸法有如是性，中觀諸師雖亦須破，然於此中明所破者是當明其所破根本，由破彼故，須於相續生中觀見，證法無性。

[釋]：應成本宗又進一步說明：**若**承許有為**芽…等內、外諸**世俗法有如是三種特徵之自**性**，具此三特徵之有為法於世俗當中並不存在，此即遍計執，是**中觀諸師雖亦須破，然於此中**顯**明所破者**，不僅具有三種特徵，更重要的**是當**顯**明其所破根本**，即是否為最究竟之所破，**由破彼**究竟所破**故**，必**須於**心**相續**當中**生中觀**正**見，證法無**自**性**。所破之自性有、實有…等，雖亦皆具有三特

徵，然具有三特徵者，並不一定是中觀應成派的究竟所破——非唯名言安立從其境上之自性有，故須從其定義而說，如中觀自續派空性之所破除之勝義有自性，及唯識派所破之不觀待分別心假立之遍計自性有，此等皆具有三特徵，此亦如瓶子本身是事物，亦定是無常，此是以能遍的角度來說，雖然所遍之事物是無常，然，是事物、是無常，並不一定是瓶子，以不是瓶子的定義，如柱子——即是事物也是無常，但不會因為是事物也是無常，瓶子即等於柱子。

(p452+7)

諸有為法是因緣生及有變壞，自部諸師皆共極成，對彼不應更成無性，彼亦應達諸法無性。有是等過，故彼豈是不共所破。

[釋]：本宗繼續說：**諸有為法是因緣生**——是所作性**及有變壞**——是無常，此為佛教**自部諸師皆共極成**，由於共極成，同時亦證成諸有為法不是常、不是非由因緣所生、不是不觀待他立，若如是，**對彼**自續派及實事師**不應更**以此三差別來**成**立中觀應成派不共之**無**自**性**，若如是則**彼**自續派及實事師**亦應通達**中觀應成派所成立之**諸法無**自**性**。會有如**是等過**失，**故彼**中觀應成派所破之自性有**豈是不共所破**呢！

(p452-6)

雖中觀論多難彼云：「若有自性，應不待因緣及不變等。」是就能遍說彼過失，非就所破當體而明。又勝義有及真實有並諦實有，亦應不由因緣生等，然彼非是勝義等義。

[釋]：**雖然中觀**應成派諸**論**師**多問難彼**自續派及實事師**云：「若法有自性，應不觀待因緣及不變（常）等。」此是就能遍**的角度而**說彼**等之**過失，然非就所破之當體而**來說**明**。因為自續派及實事師認為諸法的存在一定要有自性，若無自性，則一切諸法皆不存在。因此，中觀應成論師以能遍的角度而來問難說：若諸有為法是自性有、實有，那就會有不待因緣及不變等諸過失，此是就能遍來說，而非是就諸法所破之當體來說。由於各部派成立諸法皆有其宗派不共之見，然，各部派於爭辯時，一開始不應以成立諸法之當體而來進行論辯。以若一開始即以當體來論的話，則無討論之空間及其必要性，更無法依此而來破邪顯正，引導對辯者進入正確的見解，故首先必須依他宗所許，如此，立敵雙方乃有討論之空間。其次，再依理說明：若依他宗所許，則會有如是、如是等諸

過失。令他宗思惟觀察其自派之認知是否具有缺失。故此處才說：是以能遍的角度而來說彼過失，而非就所破的當體而來說明。假若將能遍的角度誤認爲是所破當體的話，則**又會有：勝義有及真實有並諦實有，亦應具有不由因緣生…等三差別，然彼具有三差別並非定是**中觀應成派所言之**勝義**——空性…**等義。**意即其並非中觀應成派當體的所破。

(p452-3)

譬如於瓶雖遍無常，然非無常即是瓶義，雖立大腹等為瓶之義。如是若勝義有等，雖應許為無方分法，然非無方分法即根本所破，以彼唯是宗派妄執不共假立，此執非諸有情繫縛生死之本故。

　　[釋]：**譬如**只要**於瓶**（有法）一存在其本身**雖定遍無常，然**並**非是無常，即是瓶**之定**義。又雖**安立**瓶**之**大腹**、瓶底、瓶耳及裝水…**等**功能**為瓶**之定**義，即瓶之本身雖是無常，然，無常並不能安立爲瓶之定義。同樣的道理，一法的形成若是勝義有，就必定不爲因緣所生，但，不能說不由因緣所生，就說其是勝義有的定義。爲什麼？因爲勝義有和不由因緣生並不相同。勝義有是不待名言安立本自安住不共之體性，然不待因緣而生是指不待他緣而生，**如是若勝義有、自性有…等，雖應許為無方分法**，或無分之法，**然非無方分法**（無分法），**即爲根本所破。**因爲以中觀應成派而言，任一法的形成，若是依勝義簡別而推論到最究竟時其特徵必須是無分，但，無分這一點，並不一定是中觀應成派的根本究竟所破。中觀應成派認爲諸法若非唯名言假立，不論是勝義有、自性有等其特徵均爲無分，亦皆爲空性之究竟所破。然，以中觀自續派則認爲並不相同，因爲其空性之所破是勝義有自性，其特徵亦是無分。但，自續派認爲勝義有自性是指諸法若不觀待不錯亂心安立，方爲空性的根本所破。故中觀應成派及自續派空性之根本所破，其特徵雖然皆爲無分，然根本所破完全不同。更何況唯識以下各宗。爲什麼？**以彼**中觀自續派及實事師所立之根本所破，**唯是宗派妄執不共假立，此**無分**之執並非諸有情繫縛生死之根本故。**

(p452-1)

又雖決擇彼無自性極善修習，然於無始無明妄執全無違害，即使究竟現證彼義，然終不能遣除俱生諸煩惱故。

［釋］：**又雖**以正理**決擇彼**宗派不共假立遍計執無分法是**無自性，極善修習，然於無始無明妄執全無違害，即使究竟現證彼**宗派不共假立遍計執無分法是無自性**義，然終不能遣除俱生**實執所引生之**諸煩惱故**。因為觀修無分法抉擇之心識，於無始以來，無明所執之境二者並不是正相違，如果欲斷除引生煩惱無明之我執，那麼所觀修的境，必須是以空性究竟所破無明我執之境正相違。

此中俱生實執，即使是無宗派、無宗義見者亦共同具有，乃是不依任何理由於心中任運而有之實有之我執。而遍計執是依宗派之理由而起之實執，譬如唯識師依著唯識之理而生起唯識見，依彼宗執為應理。隨教行唯識師主張：依第七末那識之見分執第八阿賴耶識之見分而妄執有一獨立實體我，此分是不存在的，是所應破。但此派又承許實有之阿賴耶識是真實之補特伽羅。如是之承許即為依宗派之理所生之遍計執。又，中觀自續派主張：諸法的存在必須自性有、自相有、自體有，故必須觀待不錯亂心而安立，若不觀待不錯亂心而安立，即為空性之所破。此亦是依著宗派之理所生的遍計執。

（p453+1）
故以正見善決擇時，若不了知正為決擇俱生無明所執義無，於彼支分破除分別所執諸境，不破俱生無明行相。

　　［釋］：**故若**以中觀**正見善決擇**空性究竟所破**時，若不了知**此中觀正見**正為決擇俱生無明所執**之境**義無，**而**於彼**俱生無明之**支分破除分別**，或遍計**所執諸境，**仍**不破除俱生無明**所執之**行相**，也就是未破除俱生無明所執之境。此如《入菩薩行論》所說：「離於空性觀證心，滅已仍復生起故，如人入於無想定，是故應當修空性。」意謂離於通達補特伽羅及蘊自性空之觀證之心，雖已暫滅現行煩惱，仍復能生現行，如住無想定者。是故決定應許不惟求證一切種智，即求證隨一阿羅漢果，亦須修能破微細所破之空性。

(p453+2)

破人我時，惟破常一自在之我，破法我時，唯破無分極微所取，及破能取無分剎那，並破具三差別自性等宗派假立諸法，於一切種決定不可。

　　[釋]：如上所說，在抉擇善修習時，未抉擇俱生無明所執之境，僅破除彼之支分，如**破人我執時，惟破常一自在之我，破法我執時，唯破無方分極微所取**之境，**及破能取**之**無時分剎那，並破具有三差別**之**自性**…**等宗派假立諸法，於一切種**（任何情況之下）**決定不可**能破除俱生無明所執之境義——即無法破除輪迴生死之根本。

(p453+4)

若不爾者，決擇見時唯決擇彼，修時亦應唯修習彼，以決擇見義為修故。故修已觀證及修究竟亦唯應爾，如是由見無彼分別執計二我，便謂已斷俱生煩惱，太為過失。

　　[釋]：**若不爾者**（若不分清楚俱生無明所執，及遍計所執），於聞、思**決擇正見時，唯決擇彼**宗派遍計執，如是，則汝於觀**修時亦應唯**抉擇**修習彼**於聞、思時所抉擇之宗派遍計執，**以**聞、思所**決擇**之**見義為**因，作爲觀修之果**故。**此如《俱舍論》所說：「佛正法有二，以教證爲體。」除其教證二聖教外，別無聖教。教正法者，謂是決擇受持道理修行正軌。證正法者，謂是如其前決擇時，所決擇已而起修行。故彼二種，成爲因果。蓮花戒論師所著《修次第後編》云：「復次，聞及思慧之所通達，即是修慧之所應修，非應修餘。」**故**依著聞、思所抉擇，僅破常一自在之我，或無方分極微…等宗派遍計執，而作觀**修已獲得觀證及修**習至**究竟，亦唯應爾。**亦即僅唯破宗派遍計執而無法斷除輪迴究竟生死之俱生我執故），**如是由觀見無彼分別**、遍計之**執**所妄計之**二我，便謂已斷俱生煩惱，**此種說法**太為過失。**意謂在聞、思抉擇見時，僅將分別，或遍計我執認爲是證空性獲得涅槃之所應斷，此如斷樹枝葉，未斷樹之根本，後仍重發無甚大益。如經云：「眾生由不知空及無生之理，起惑造業，沉淪生死苦海，不能出離。於諸無自性本空之理，由俱生無明障蔽而不了達。」經中所說出離輪迴生死主要是斷除俱生無明，非由斷除分別或遍計無明而能脫離輪迴生死。然此中所謂無大益，並非連絲毫利益皆無，因爲宗派遍計執仍爲應修，然不能執爲應斷。因爲通達下下部派之宗見，乃是通達上上部派之根本。若不通達下下部派之見，亦無法通達上上部派之究竟義。

《菩提道次第廣論》〈毗缽舍那〉260
正法解行林

　　如前一類論師認爲：空掉具有三差別之自性有或勝義有，即爲證空性。故引《中論》云：「自性從因緣，出生則非理，若從因緣生，性應成所作。若性是所作，云何應道理。」但本宗認爲：能空掉具有三差別之自性有，或勝義有，並不一定能夠通達《中論》所說的自性。因爲，此自性是指空性，所以，破具有此三差別之自性有，更重要的是應明其所破是否爲究竟根本之所破。因爲，勝義有…等，雖許爲無方分法亦具有此三差別，然非無方分法即是究竟根本之所破，以其是爲宗派遍計執不共假立，故破人我時，惟破常一自在之我，破法我時，唯破無分極微所取，及破能取無分刹那，並破具三差別自性等宗派假立諸法，在任何情況之下，決定不可能破除俱生無明所執之境，亦即無法破除輪迴生死的根本。所以說，《中論》所說的自性是指空性，具有三差別，然主要是指其所破是究竟根本之所破。故《中論》云：「自性非新作，及不觀待他。」此中〝非新作〞——無作，又包含二個特點：(1)不爲因緣變化而產生——排除了有爲法；(2)空性爲諸法之究竟本質，於心識所呈現的究竟本質如其所現的眞實存在，且不須要觀待分別心的安立而令其體性成立；反之，事實上其並非究竟本質，而卻現起究竟本質之分別心，由這樣的分別心所安立之事物而令其體性成立，如：無爲虛空、實有——排除了非究竟本質無爲的事物。此中無爲虛空與空性皆符合第一個條件——不爲因緣變化而產生，然無爲虛空不同於空性，以其非究竟本質，而卻於分別心顯現爲究竟之本質，以〝不觀待他〞而來論其所以，因爲只要存在的法，一定要觀待他法，如：長觀待短；短觀待長，唯分別心假立，且能以量證成。空性也要觀待他法，然此處之他系指分別心，故空性的存在必須觀待分別心假立，若不觀待分別心假立，則空性就變成實有。然空性的體性是不觀待分別心安立而令其體性成立，因爲，空性的反面是實有，不會因爲分別心執持到實有就會損害到空性見，因爲，實有無法以量證成，但執持實有的當下，不會生起空性的見解。又，執持到長，就會損害到短；執持到短，就會損害到長。因爲，長與短皆能以量證成，故長與短皆須觀待分別心安立而令其體性成立。

同理，無爲虛空之反面爲質礙，執持到質礙時，就會損害到無爲虛空，如：執持到瓶子則遮除了瓶上之無爲虛空；執持到瓶子上之無爲虛空則遮除了瓶子。故瓶子及瓶上之無爲虛空皆能以量證成，且是須觀待分別心安立而令其體性成立。故無爲虛空雖符合第一個條件，然不符合第二個條件，實有亦然。但空性不僅符合第一個條件，也符合第二個條件，所以說《中論》所說的自性就是指空性，且是根本究竟之所破。所以，雖然所破具有三差別，第一、非由因緣所生；第二、時位無變；第三、不待他立，但仍然要觀察其是否爲根本究竟之所破。空性之自性是唯分別心假立，此自性於勝義中有，即圓成實。此自性若非唯分別心假立從其自境中而有，則於勝義法性中皆無，即遍計執。

（p453+6）

《入中論》云：「證無我時斷常我，非許此爲我執依，故達無我爲盡拔，我見根本最希有。」

　　[釋]：《入中論》云：「於證無我時，依理抉擇**斷**除**常**一自主之**我**，或獨立實體我，然**非許此**常一自在之我**爲**俱生**我執**之所**依**、所執，**故**爲斷除俱生我執所執之境而通**達無我**，以**爲盡拔常**（無增長、無損減）**一**（不待他法）自主（無支分——非因緣所生）、或獨立實體**我**之**見**，即能拔除生死之**根本**，此乃**最爲希有**——此爲不可能之事。」

（p453+7）

《釋論》亦云：「爲以喻門顯示此義互無繫屬，故說頌曰：見自室有蛇，除畏云無象，謂能除蛇怖，奇哉爲他譏。」此雖是說補特伽羅無我，然法無我亦同。可作是說：「證無我時斷妄我，不許此爲無明依，故知無我謂盡拔，無明根本甚希有。」

　　[釋]：《入中論釋》亦云：「爲以譬喻之門來顯示此宗派遍計我執、俱生我執之義，根本是**互無繫屬**、無任何關係，**故說頌曰：見自室有蛇**，爲除蛇之怖**畏**，而**云無**大**象**，**謂**如即**能**去**除於蛇**之**怖畏**，此種見解是**爲奇哉**，必**爲他**人所譏笑。」此《入中論》說：「證無我時斷常我」，**雖是說補特伽羅無我，然法無我亦同**。亦可將前引《入中論》所說之偈頌「證無我時斷常我…」等，改爲：「**證無我時斷妄我，不許此爲無明依，故知無我謂盡拔，無明根本甚希有**。」同樣的，爲證得俱生法無我，而斷除妄我。此中“妄我”即斷除無方分極微及無時

分剎那，及有三差別之自性等宗派假立諸法。然不應許此宗派遍計假立諸法爲俱生無明之所依、所執，故證知無宗派遍計假立之諸法，而以謂已盡拔俱生無明之根本，此種見解是甚爲希有——根本爲不可能。所謂"最希有、甚希有"並非是形容外道者具外道見者，即最希有、甚希有。最希有、甚希有則乃是指內道佛教徒具外道見，才是此中所說：最希有、甚希有。由上可了知唯識派、自續派，雖皆承許應通達無我、無自性，然其所承許之緣起並不是最微細的緣起。故龍樹菩薩所著《六十正理論》云：「諸不許緣起，著我或世間，彼遭常無常，惡見等所劫。若有許緣起，諸法有自性，常等過於彼，如何能不生。若有許緣起，諸法如水月，非眞非顚倒，彼非見能奪。」月稱論師所著《入中論》云：「出離龍猛論師道，更無寂滅正方便。」又云：「彼失世俗及眞諦，失此不能得解脫。」因此，不論是小乘部派還是大乘部派的中觀自續派、唯識派，都是正解脫之前方便。所以，修習究竟圓滿之空性者，於無明所執之境，須依各部派之定義而非僅以其特徵去了解，並且以各部派通達空性之正理去觀察無明所執之境爲有、爲無而斷除之，此方是眞正通達空性之義也。

　　若於過去心不可得、未來心亦不可得、現在心亦不住而顯現心性修法，彼等自謂心不攀緣，安住於此，空性自然顯現，即謂證空，或謂空性本境離言，任何亦不作意，即於不作意中安住於此。又，於我所執之境不依教依理觀察爲有、爲無，僅將心此放彼收。如於可貪之境，心馳於彼，知不如理，立即將心收回，善亦不思、惡亦不思、遮可貪境亦不思，將所有的心不隨妄念而轉，安住於任何不思之境。此種安住，不能許爲安住無我之空性也，以未破除我執自性成就之我故。凡此種種修法，皆不得名爲修空性義，亦皆不得爲通達眞實義，以於無明二種我執所誤執之自性實有之境，是如何而執，如其所執觀察其究竟爲有、爲無，皆未能認識，故不能摧毀俱生我執無明。若欲摧毀俱生我執無明，必於二種我執所誤執之境，抉擇其爲、無有，此乃爲眞實修空性義，乃爲眞實第一之義。

（p453-5）

若爾論師如前所引，說非新作及不待他為自性相，此說為就觀察門耶？抑為許有如是性耶說彼即是諸法法性，即於彼上立為自性，非是新作非依仗他。彼性是有。

　　［釋］：有論師問云：若爾龍樹論師如前所引《中論》說：非新作及不觀待他為自性相，此種說法為就觀察自性有、自性無之門耶？（若是觀察門，則爲遍計執）抑為諸法許有如是自性耶？（許是有此自性則爲圓成實）本宗說：彼《中論》所說自性，即是諸法之法性，即於彼諸法法性之上立為自性，此自性非是新作、非是依仗他。彼自性是有、是存在。

（p453-3）

《入中論釋》云：「論師許有如是差別行相性耶，世尊依何增上廣說，隨諸如來出不出世，諸法法性恆如是住，有彼法性。所言法性，此復云何，即此眼等自性。眼等自性復為何等，謂彼非新作性無待於他。離無明翳智所證性為有此耶？誰云其無。彼若無者為何義故，諸菩薩眾修習波羅蜜多諸道，為證法性。故諸菩薩發起如是多百難行。」並引經證而善成立。

　　［釋］：本宗引月稱論師所著之《入中論釋》云：「龍樹論師承許此自性有如是三種差別之行相性耶，世尊亦依何增上廣說：隨諸如來出、不出世，諸法法性恆如是住，有彼法性。故此自性有三特徵之法性，非許不觀待分別心令其體性而成，是許唯分別心假立而有。問云：汝所言之“法性” 存在， 此法性復云何？即此眼…等自性。又，反問：眼…等自性復為何等？謂彼非新作性、無觀待於他。即是離無明翳無漏智所證法性，為有此法性耶？答：誰云其法性無呢！反問：彼法性若無者，所修聖道為何義故？答：諸菩薩眾修習波羅蜜多諸道，是為證此法性故。故諸菩薩發起如是多百難行。」並引《寶雲經》證之，而善成立。如《寶雲經》云：「善男子！當知勝義，不生、不滅、不住、不來、不去。非諸文字所能詮表，非諸文字所能解說，非諸戲論所能覺了。善男子！當知勝義不可言說，唯是（寂靜）聖智各別內證。善男子！當知勝義，若佛出世，若不出世，爲何義故。諸菩薩眾，剃除鬚髮，披著法服，知束縛之家非解脫之家，正信出家。既出家已，復爲證得此法性故，勤發精進如救頭然，安住不壞。善男子！若無勝義，則修梵行徒勞無益。諸佛出世亦無有益。由有勝義，故諸菩薩，名勝義善巧。」

（p454+2）

於前豈非破一切法有自性耶？我等豈未多次宣說諸法，若非由內心立其自性
有，塵許亦無，於如此性，雖法性勝義諦亦無少許，況諸餘法。

　　[釋]：之前所說諸法的法性是指自性，其具有常、非造作、不待他立的特
徵，此分於圓成實性存在，談到"自性"，故有學者問：**於之前**汝中觀應成派
豈非破一切法有自性耶？**我等**（宗喀巴大師）**豈未**曾多次**宣說諸法若非由內心**假
名安立，而**其自性有**，微**塵許亦無**、不存在。意謂一法的形成若非唯觀待分別
心假立，些許的自性都不存在，**於如此**非唯分別心假立之自**性**，**雖**於**法性勝義
諦**當中**亦無少許**，更何**況諸**其餘世俗**法**。

（p454+4）

《明顯句論》云：「三世無亂非由新造作火之本性，此非先無後新生起，非待因
緣。"非"如"水"熱性，或彼此岸或長與短，當知說此名為自性。火如是性為可
有耶？然此亦非由自性有亦非全無，雖然如是，為令聞者離恐怖故，增益強說
世俗中有。」即於此性亦破自性說名言有。

　　[釋]：以火之熱性來作譬喻，由於火形成存在的當下就一定有熱，故說不
須觀待其它因緣之"自性"，雖然說其為"自性"，但此自性並非是非由名言
假立之自性有所成，亦是非由分別心假立令其體性成立。依此來說明，具有三
特徵之自性，亦非"非名言假立之自性有"所成，然非由分別心假立令其體性
成立。《明顯句論》云：「火的熱性於**三世**——過去、現在、未來**無錯亂**，即其
並**非由新造作**成立**火熱之本性**，此火的熱性**非先無後新生起**，意謂火一形成之
熱性並**非觀待因緣**而成為熱性。此火之熱性，非**如水**之**熱性**，因為水要成為
熱，要觀待火的燃燒，**或彼**岸觀待**此岸**而成立，此岸觀待彼岸而成立，**或長**觀
待短而成立**與短**觀待長而成立。但，火之熱性，並不須要觀待他緣而有，故**當
知說此**不觀待他緣而**名為**"自性"。火本身**如是**自性**為可有耶**？當然是有！**然此**
熱之自性**亦非由**非唯名言假立之**自性有**而成立，**亦非全無**，即唯由分別心假立
而有。**雖然如是，為令聞者離恐怖故，增益強說世俗中有**。（恐怖者乃是指未能
接受自性空甚深空性之法要者，為這一類有情宣說自性有之部派宗義）」**即於此**
自性之三特徵**亦破**非唯名言假立之**自性**有而**說名言有**。

此中所謂“增益強說世俗中有”是在說明：世俗諸法於空性當中本不存在，故世俗的存在是“增益語”，意即是增益而說。雖然是增益而說，但不代表其不存在，因為增益有二義：（1）本無而強說有；（2）由分別心安立。如果於“增益強說”之法，就認為其本不存在而強說為有，是如同從兔角生出的話，那龍樹菩薩在《中觀寶鬘論》當中說：「先增上生法，決定勝後起，以得增上生，漸得決定勝。」提婆菩薩於《四百論》說：「先遮止非福，中間破除我，後斷一切見，若知為善巧。」此類“增上生法”及“先遮止非福”等，佛陀所說斷惡行善持戒…等增益之法皆不存在，以其並非決定勝──空性故。因為龍樹菩薩又說：「由世俗諦而入勝義諦。」《心經》亦云：「色即是空，空即是色。」意謂勝義諦若不觀待世俗諦，勝義諦也不存在；世俗諦若不觀待於勝義諦，世俗諦也不存在。同樣的道理，色法須觀待色法之法性，色法才能存在；色法之法性，必須觀待色法，色法之法性才能存在。

有些部派之宗義雖為增益強說，但不能說其為增益強說便不存在，譬如以自續派之宗義為例，依其宗派建立之教言雖無法獲得解脫，雖然不能如同中觀應成派一般究竟解脫，而增益強說其宗義，但不能說其宗見不存在，以其宗派之見有某類根器者可以依此而得以種下未來解脫之因緣。

（p454+7）

若謂此說為斷聞者恐怖故，增益說即不許有。此不應理，餘法皆是為彼假說，彼亦應無。

　　[釋]：故本宗云：**若謂此增益強說是為了斷除**不具有**聽聞**甚深自性空義**者之恐怖故，**而宣說之一切法**皆為增益說即不許**其**有**、不存在。

　　本宗說：**此不應理。**也就是佛陀為了斷除無法接受甚深自性空之宗義者，所宣說之**餘法**──有二：（1）自續派以下的宗義；（2）行善斷惡，布施、持戒…等，**皆是為彼**增益**假說**，如是，**彼亦應**皆全**無**、皆不存在。然此種說法並不應理。

　　由前所引《明顯句論》中所謂"增益強說世俗中有"是在說明：世俗諸法於空性當中本不存在，然不存在並不代表就全無，故世俗的存在是"增益語"，意即是增益而說。假若說"增益強說世俗中有"即不存在等同兔角的話，則佛陀及龍樹菩薩諸大德所說的"增上生法"及先遮止非福之斷惡、行善、持戒⋯等增益之法皆不存在。故世俗諦法若不存在，則勝義諦亦不存在。

　　有些部派之宗義雖為"增益強說"，但不能說其為"增益強說"便不存在，如《妙法蓮華經》說：「諸佛方便力，分別說三乘；唯有一佛乘，令息故說三。」故佛依眾生之根器三轉法輪。第一轉法輪之所化機唯有小乘，以其無法接受法無我，故唯說補特伽羅無我，依此而分聲聞乘及獨覺乘。若謂"增益強說而有"即謂全不存在，則第一轉法輪所詮諸法及所化機全不存在，以觀待第二轉法輪及第三轉法輪之大乘法，第一轉法輪即是為"增益強說而有"。又，三轉法輪所詮之空性中，第二轉法輪所詮為最了義、最圓滿之空性。如此，第一轉法輪所詮之空性及第三轉法輪所詮之空性，則成為"增益強說而有"。如此，依著佛經所建立之宗派如：中觀自續派、唯識派、經部、有部，則亦成為"增益強說而有"，故本宗說，如此說法並不合理。

（p454-6）
又如前引，若無彼義，則修梵行應空無義，說彼過難，成立此有。
　　[釋]：**又如"前"引**《入中論釋》於 p453-3~p454-2，**若無彼**名言假立增益強說空性**義**，或具有三種特徵之自性，及諸般若波羅蜜多，**則修梵行應成空無意義，說彼**問難者的**過難**，而來**成立此**名言假立增益強說其為**有**。或者認為只有勝義諦才有辦法建立，而世俗諦是沒有辦法建立的。為什麼？因為世俗諦是增益強說。以現證空性的時候，沒有世俗諦。然而，假若世俗諦不存在，那麼勝義諦也不存在。勝義諦若不存在，則涅槃也不存在。因此，若是"增益強說"就依文解義，說其不存在的話，便直接毀謗了世俗諦，間接亦毀謗了勝義諦。

（p454-6）

《入中論釋》云：「又此自性非唯論師自許，亦能教他受許此義，故此自性，是於兩俱建立極成。」不爾則應許中觀宗不得解脫。

　　[釋]：《入中論釋》云：「又此具三特徵的**自性非唯**是龍樹**論師自**所承**許**，**亦能教他**有情**受許此**自性**義，故此自性，是於兩俱**（立、敵）**建立極成**，即立、敵雙方均承許。」因為中觀應成派所開出的空性——具有三特徵的自性，是一切有情本自具有，故 p453-2《入中論釋》云：「隨諸如來出不出世，諸法法性恆如是住，有彼法性。」故此自性在一切有情（包括自續派以下之宗義者）之身中本自具有，故說於立、敵二俱極成。**不爾**（如果不是這樣的話），**則應許中觀**應**成宗**所開說的空正見是**不得解脫**。以輪迴之根本只有一種，故解脫亦唯有一種。所以，中觀應成派所開出的空性，在一切有情之心續中本自俱有，若不是的話就不是最究竟、最圓滿、唯一解脫之道。

（p454-4）

得涅槃者現證涅槃，復說涅槃即是滅諦。又說彼是勝義諦故。無勝義諦故，得涅槃時必須現證勝義滅諦，《六十正理論釋》以多力勵已善成立。

　　[釋]：**得涅槃者**（獲得解脫者）須斷盡煩惱障，故其已**現證涅槃，復說涅槃**的本身**即是滅諦**的內涵。因為已將煩惱障滅除，由於沒有煩惱障，故說為涅槃。**又說彼**滅諦**是**二諦中之**勝義諦故**。因為滅諦所依的是空性，而煩惱於空性中消融，故說滅諦是勝義諦。然若說具有三特徵的自性不存在，或增益強說亦不存在，就**無法安立勝義諦故**，所以，獲得解脫時必須證到涅槃，當然現證**涅槃時，必須現證勝義滅諦**，滅除煩惱障。此理於《六十正理論釋》中以多力勵已善成立。如論云：「若諸佛宣說，唯涅槃真實，智者誰復執，餘法非虛妄。」

（p454-3）

由是眼等有為，於自性體非可為有，於以法性所立性中，亦不可有，故隨於何性皆悉不成，真勝義諦雖於法性所立性中，而可為有，然立此性非由新作及不待他，於自性體亦無少許，故亦唯於名言說有。

　　[釋]：**由是眼等有為**是因緣所生之法，於此因緣所生法，中觀應成派所破之**自性體非可為有**，此為執實心所耽著之自性體，其體性是非唯名言假立，此自性體**於以法性所立性中，亦不可為有**。眼等諸有為法雖具有法性，但，眼等

諸有為法本身並非法性，故所破之自性於眼等諸有為法，或眼等諸有為法具有的法性來說，二者均不可為有，**故**說所破之自性**隨於何性**（眼等諸有為法，或其法性）**皆悉不成，**真勝義諦雖於法性所立自性中，而可為有，然立此自性非由新作及不待他，於非唯名言假立執實心所執之**自性體，**意即所破之自性**亦無少許，**故**法性所立之自性中**亦唯於名言假說**為有。以不是非唯名言假立之執實心所執之境。

（p455+1）

言新作者，謂先無新生之所作性。不待他者，謂不待因緣。色等諸法，於二自性，悉不成立。故於法性所立自性，為見彼性而修諸道，所修梵行非空無義。又說畢竟不許諸法有自性體，與今忽爾許有自性二不相違。

[釋]：言 "新作" 者，謂某一法先前無由因緣和合而**新生之所作性。**所謂**不待他者，謂不觀待因緣。色...等諸法**及其法性，於此二之自性是所破之**自性，悉不成立。故於法性所立自性，**是為諸法最究竟的法性，此自性亦唯名言假立，非所破之自性，**為見彼性而修諸**大乘**道，所修梵行非空無義。**此是回答 p454+2 之問難**又說：畢竟不許諸法有自性體，與今忽爾許有自性二不相違。**

（p455+3）

《入中論釋》云：「奇哉錯誤，若已不許少許實事，忽許自性非由新作不觀待他，汝乃專說互違義者，茲當宣說。」

[釋]：《入中論釋》云：「他宗感嘆說：**奇哉錯誤！若已不許少許實事，**即不許自性有，**忽**然又承**許自性**是存在的，且**非由新作，**及**不觀待他，故汝**中觀應成派**乃專說互違之義者，茲當宣說。」**由於他宗不知中觀應成派所依《中論》中所說之自性，是指諸法最究竟的本質，以常、非因緣生、不待他之特徵來形容。故此自性非是非唯名言假立之自性有。

自 性 —— 具有三個特徵：

1、不待他

2、常

3、非因緣生

法的存在：

1、真　實　→　空性(勝義諦)
2、非真實　→　如幻　→　瓶…等世俗諦法
　　　　　　　　　└── 瓶的施設處(支分)
　　　　　　　　　　　　　└→瓶口、瓶底、瓶腹…等

瓶子於瓶子的施設處中而有　→　自性有　→　不須名言假立
瓶子的施設處　→　無少許自性　→　唯名言假立

現證空性　→　具有自性的三個特徵　→　唯名言假立　→　此種自性是存在
自性　→若是非唯名言假立，則成顛倒無明之耽著境　→此種自性不存在

（p455+4）

「汝未了知此論意趣，此論意趣謂說眼等緣起本性，愚稚異生所能執取。若彼即是彼法自性，其性顛倒，為證彼故而修梵行，則空無義。由非即彼便是自性，故為見自性，修淨梵行則有義利。」

　　[釋]：「汝下部派未了知此《中論》之意趣，此論之意趣謂說：眼…等緣起法其究竟之本性──自性，非愚稚異生即是無明顛倒識所能執取。若彼愚夫所執取即是彼眼等諸法究竟本性之自性，其性顛倒，為證彼故而修梵行，則空無義。由異生所執取者非即彼便是諸法宗本性──自性，故為見諸法究竟本性之自性，則修淨梵行，則有義利。」

（p455+6）

「此復我由待世俗諦，說非新作及不待他。若性非是愚夫所見，此為自性亦應正理。僅以此故勝義非事，亦非無事。此即自性寂靜性故。」此中有事無事，如前宣說二邊時說，謂自性有及畢竟無。

　　[釋]：「此顛倒之自性復我由觀待世俗諦安立，而說：非新作及不觀待他。若《中論》所說此自性非是愚夫之所能見、所能執取，修此大乘道為見此自性亦應正理。僅以此理修大乘道為見自性故此自性勝義非有事──意謂非勝義有自性，即是無非唯名言假立之自性，亦非無事──亦非全無，即唯名言假立而有。此諸法最究竟的本質，即自性，是為寂靜之體性故。」此論自性之三種特

徵當**中**有論及**有事、無事**之差別，**此如前** p422+6 **宣說有、無二邊時**所**說**相順，**謂自性有——有事，及畢竟無——無事**。由於《中論》所談的自性是以法性的角度說來說，故其所談的自性並非之前於法上所應破除之自性。雖然不是前面所談的自性，但也不能說以法性的角度論及自性時，而說自性不存在，以法性俱有此自性之三特徵。又，以法性的角度論及自性存在時，當然也不能說此自性就是之前所要破除的自性，以之前所破的自性，是非唯名言假立，唯顛倒執實心之境，然此法性之自性，是唯名言假立，不是顛倒心的執實之境。

（p455-5）
如是決擇諸法無微塵許自性實體，此由自性所空空性，於色等法差別事上，此為能別法。故於一心之境，有彼二事，非為相違。

　　[釋]：**如是**以中觀應成派之正見**決擇諸法無微塵許自性實體，此由自性所空之空性，於色等諸法**不同之**差別事上**，空性是**為能別法**。世俗諦任一法的形成當下，其最究竟的本質——法性，也同時形成，**故**此最究竟之本質——法性，在世俗諦任一法上，能成為每一法上的共同特徵，故說其為能別法。故**於一心之**所對**境**，顯現**有彼**差別事、能別法之**二事**，這一點**非為相違**。以於佛智當中無相違故。也就是在因位抉擇正見時，於二我相所緣之事，一面定解其無微塵許實有自性，一面於從此生此之功過得失，亦生定解，二者互不相違。此於世出世一切法之本體中，抉擇其無少許自性，成立勝義量，次於因果法各各決定，毫無紊亂，成立因果名言量。此二量不但能生起，又能互助不相違。於此決定，始為通達二諦，得佛真意。即真實獲得正見。

（p455-4）
由其未能遣二相故，此空是為假勝義諦。若修能達無性正見，現證彼義實無自性，現似有性一切亂相於彼悉遣。

　　[釋]：由於比量是依著義共相而通達法上空性之心識，於通達時會同時顯現有法及有法上的空性。為何會同時顯現有法及有法上的空性呢？乃是**由於其**雖通達空性，然**未能遣二相故**。就空性的角度來說，比量通達境上的空性，與現量所證之空性雖然相同，然通達空性的心識並不相同，故說**此比量所通達之空性是為假勝義諦**。也就是說：比量雖然以義共相通達空性，仍存有二顯錯亂之心，此錯亂心是分別心，然比量智所通達的空性，此空性與現量智所證的空

性是一樣的，此比量智也不是此錯亂心。此二顯錯亂之心，於現量證悟空性之中，便會消失。也就是當依著義共相所通達之空性越來越清晰、越來越清晰時，此二顯錯亂之心便會逐漸消失。當義共相消失時，錯亂二顯之心同時也消失，此刻即爲現量證空量，故本文說：**若修能通達無自性正見，現證彼義實無自性，現似有自性一切錯亂二顯相之心，於彼**現量證空性的情境中**悉被遣**除。

　　於一心之所對境，顯現有彼色等諸法〝差別事〞及色上之空性…等〝能別法〞之二事（自性空、緣起有），這一點非為相違。因為於佛智（緣空性之如所有性智及緣世俗諦之盡所有性智）當中無相違故。所以凡夫異生發願成佛，於因位時所種下成佛的資糧——即智慧資糧、福德資糧，也必須正確無誤，意即眼…等諸根識緣色…等自性有之諸法，第六意識了知其自性空之幻有。如蓮花戒論師所著的《修次中篇》云：「若於錯因殷重修習，雖極長時終不能獲所欲得果，譬如從角而搆牛乳。」也就是在因位修學抉擇正見時，於二我相所緣之事，一面定解其無微塵許實有自性，一面於從此生此之功過得失，亦生定解，二者互不相違。此於世出世一切法之本體中，抉擇其無少許自性，成立勝義量，次於因果法各各決定，毫無紊亂，成立因果名言量。此二量不但能生起，又能互助不相違。於此決定，始為通達二諦，得佛真意。即真實獲得正見——聞所成慧。

　　如何來成立緣起因果法？
　　差別事 ── 色等緣起法 → 無量無邊
　　能別法 ── 自性空（法的究竟本質）→ 一味

　　因 ── 果　　　　依緣起，成立自性空
　　自性一、自性異　　　　　　　~~自性有~~ → 無明的耽著境

　　名言量：出離心 → 行苦 → 不自主（被業及煩惱所控制）
　　　　　　菩提心 → 1、為利有情心續之涅槃
　　　　　　　　　　2、希求佛果

　　此中世俗名言量是指出離心、菩提心所攝之六度萬行。若勤修此生真實菩提心，雖施烏鴉少許飲食，由此攝持亦能歸入菩薩行數，若無此菩提心，縱將珍寶充三千界而為布施，亦不能入菩薩之行。

如是淨戒、忍辱乃至智慧，修諸本尊氣、脈、明點…等，皆不能入菩薩之行。猶如世說刈草磨鐮，若此菩提心未生起，任經幾久勵修善行，無甚進趣，如以鈍鐮刈諸草木。若令此菩提心生起，亦如磨鐮雖暫不割使其鋒利，其後刈草雖少時間，能刈甚多。一一剎那亦能速疾淨治罪障，積集資糧，雖微少善能令增廣，諸將盡者能無盡故。如寂天菩薩所著《入菩薩行論》云：「大力極重惡，非大菩提心，餘善何能映。」《入菩薩行論》又云：「此如劫火一剎那，定能燒毀諸罪惡。」

又，凡夫異生發願成佛，於因位時如何種下成佛正確的資糧，以《中觀寶鬘論》說：「要之佛色身，從福資糧生；要之佛法身，從慧資糧生。」如是聞、思空性之智慧，若勢猛利，次於布施、禮拜、旋繞、念誦…等時，緣此諸布施…等心雖非空解，然與空解勢力俱轉，實無相違。又如聞、思菩提心猛勢為先，次入空性解時，其菩提心雖非抉擇空性智慧所執持，然由此菩提心之勢力所攝持亦無相違，亦名無緣施。故《修次中篇》云：「此即大悲，或住定中，或於一切威儀之中，於一切時一切有情，皆當修習。」又如大德月大論師云：「心樹自從無始時，煩惱苦汁所潤滋，不能改為甘美味，一滴德水有何益。」意謂無始煩惱苦味，薰心相續，少少修習慈悲等德，悉無所成，是故應須相續修習。若由未串習或少串習如是希有難行諸行，而生憂惱，應念諸佛菩薩於最初時亦不能行，然由先知所作願境漸次修習，久習之後，不待功用能任運轉，故其串習極為切要。

（p455-3）
故此現證法性之智，不見色等。如是之法及法性，於彼慧前二皆非有。故立彼二為法及法性者，是就其餘名言識立。由是因緣，勝義諦者，是於寂滅一切自性戲論之上，更離無性現似有性一切戲論，而為安立。故許彼有，豈須許有自性自體。

[釋]：**故此現證**有法之**法性之**根本無漏**智**，是**不見色等**差別事。**如是之**世俗色等之有**法及其法性，於彼**根本無漏智**慧前**世俗色等有法及其法性，**二者皆非有**同時存在，以無一法既是勝義諦亦是世俗諦，故於根本無漏智之前，所證的全然唯有法性而已。**故**安立**彼二**色等諸法及其上之空性**為有法及法性者，是就其餘**比量智，或後得智之**名言識**安立。**由是因緣，勝義諦者，是於寂滅一切**

自性戲論之上，更遠離了無自性現似有自性之一切戲論顯相，而為安立。故許彼有法性真勝義諦，豈須承許不待名言假立有自性之自體，此是顛倒識所耽著之境，而是許此勝義諦之自性是唯名言假立之自性，此自性具有常、非因緣生、不待他之三特徵。

（p456+1）

《明顯句論》云：「無明翳力緣諸事相，由不見彼，此性即是離無明翳，聖人之境，即立此性為彼自性。」

　　[釋]：前引月稱論師所著之《入中論釋》，此處再引其所著《明顯句論》云：「無明翳力及比量緣空性之識體緣有為、無為諸事二顯之世俗相，然由不見彼世俗二顯之相，此性即是遠離無明翳，聖人根本無漏智之境，即立此體性即不見世俗二顯之相為彼自性。」故此自性亦是以其特徵而來說明，其特徵為無世俗二顯之相，此自性同樣的也不是"非唯名言假立從其境上而有——為顛倒識所耽著之境"，而是諸法最究竟的本質為其自性。

　　前《入中論釋》說：現證有法之法性之根本無漏智，是不見色等差別事。如是之世俗色等之有法及其法性，於彼根本無漏智慧前世俗色等有法及其法性，二者皆非有同時存在，以無一法既是勝義諦亦是世俗諦，因其定義不同的緣故。何謂世俗諦？以觀擇名言之量所量得的任何事物；而此「觀擇名言之量」是因為對應於其所量得之事物而成為「觀擇名言之量」；這就是世俗諦的定義。例如：瓶。又，何謂勝義諦？以觀擇究竟之量所量得的任何事物，而此「觀擇究竟之量」，是因為觀待於其所量之事物，而成為「能觀擇究竟之量」，這就是勝義諦的定義。例如：瓶無自性。

　　故於根本無漏智之前無世俗諦法，亦即無心、心所行，所證的全然唯有法性而已。故安立彼二色等諸法及其上之空性為有法及法性者，是就其餘比量智，或後得智之名言識安立。所以說：由是因緣，勝義諦者，是於寂滅一切自性戲論之上，更遠離了無自性現似有自性之一切戲論顯相，而為安立。故許彼有法性真勝義諦，其勝義諦之自性僅唯名言假立，此自性具有常、非因緣生、不待他之三特徵。《顯句論》又說：其自性是指〝無世俗二顯之相〞。如論云：無明翳力緣諸世俗二顯之相，然由不見彼世俗二顯之相，此性即是離無明翳，聖人之境，即立此性為彼自性。

```
                                                  ┌→法性
                        ┌→ 無漏智→無自性→無二顯之相
龍樹菩薩云：「依世俗諦而入勝義諦」
                 └┐ └→ 執自性有為真實存在
                  └→ 錯亂二顯之相(存在) → 自性有(不存在)
```

空性之自性，有三個特徵：
1、常；2、非因緣生；3、不待他法 →《顯句論》無二顯之相

（p456+2）

又云：「諸事之無生自性，此復俱非。唯屬無事無體性故，非於諸事自性中有。」

[釋]：《明顯句論》又云：「諸所作緣起事之無生自性，此無生自性復俱非諦實。此中"俱"即指所作緣起之事及其無生自性二者皆非諦實，即皆唯名言假立。其無生自性唯屬於無事之無遮之體性故，並非於諸事自性中而有。」意謂不待名言假立執為自性有這一分，於所作緣起事及其無生自性二者皆非有。故說皆唯名言假立，此〝唯〞字即遮除不待名言假立之自性有，此自性是無明顛倒心所執之境。

（p456+3）

又有許勝義諦，不於所斷二我戲論而為安立，謂於能證真實之心無亂境中，自現在相，如青黃等。

[釋]：往昔西藏之論師又有承許勝義諦，不僅於所斷二我戲論而為安立，此觀點與中觀應成派相同，雖同，然西藏學者又謂：於能證真實之心無錯亂之境中，自現在相即以自主之行相（非是遮法）而安立，就如同青、黃…等成立法。意謂往昔之西藏論師認為空性是成立法。

（p456+4）

又以知如是有，便為通達深義正見。又謂通達內外諸法，有情執為二我所依，為無自性，是正見歧途。

[釋]：又此西藏學者主張：以知於能證真實之心無錯亂之境中，以自主之行相而安立如是而有之空性，便為通達甚深義之正見。不但如此，反而又謂：通達內外諸法，有情執為人、法二我之所依，為無自性，是為正見歧途。意謂西藏學者認為：空性是以自主之行相，並以成立法安立，是為正見。他們認為：二我執所依之法與補特伽羅，若是無自性，此種見解乃是正見歧途。此中若說空性是以自主之行相，則會成為性空之空又執為諦實。此如《中論》云：「諸佛說空性，為出一切見，若復見於空，說彼無可治。」又空性以成立法安立，則違背龍樹菩薩所說：「由世俗諦而入勝義諦」。意謂著由顛倒執實心，其所執持自性有之境，依著勝義理智抉擇自性有無，將自性有遮除所顯現無自性之無遮分而通達空性，而不是以成立法而通達空性。

（p456+5）

此出一切大乘小乘經教之外，由許破除一切有情繫縛生死根本我執。然說通達我執所計我事，無性不能遣執，而說通達與彼無關餘實有法，反能遮遣我執縛故。

　　[釋]：應成本宗破斥云：**此西藏學者所安立之空性見是超出一切大乘、小乘經教之外**，等同外道之見。**由**此類學者雖承**許破除一切有情繫縛生死根本是我執**。當然就此觀點來說本宗亦承許為正確，**然**卻顛倒說：**通達我執所計人、法二我之事**，以**無自性是不能遮遣**二**我執，而**另**說通達與彼真實空性無關**之其**餘實有法**，意即其不許空性是無自性之無遮分，反而承許空性乃是以自主之行相且以成立法而安立，如是**反能遮遣二我執繫縛故**。此見以本宗來看，不僅不能遮遣二我繫縛，反被二我執所繫縛而不能跳出輪迴生死。此如《金剛經》云：「凡所有相，皆是虛妄，若見諸相、非相，即見如來。」此亦不能如言執義的說：只要有相，皆是虛妄。而應說：凡所有二顯之相，皆是虛妄。因為，〝相〞有分：(一)有漏相；及(二)無漏相。其中(一)有漏相又分：有分別及無分別。其中有分別二顯之相，如執持瓶子、無常的分別心；無分別二顯之相，如見青色之眼識。(二)無漏相：如現證空性無二顯之相。又，經文說：「即見如來」意謂著見諸法實相——空性，故若有此〝見〞則必定有相；反之，若無相則必定無見。故所謂的〝見諸法實相〞即是見〝無二顯之相〞。由此可知，要見〝無二顯之相〞之前，定須先顯現〝有二顯之相〞，依著勝義理智抉擇有或無此二顯之相而通達無二顯之相。假若依文解義而說：只要有相，皆是虛妄。就會把所有的相全部遮除掉。然，瓶…等諸法之緣起相並無錯亂，僅錯亂於自性有之相，所以要遮除的是自性有之相，而不是遮除瓶…等諸法之緣起相。若把所有的相全部遮除掉，則會墮入斷滅見，因為遮除了瓶等諸法之緣起相。

（p456+7）

譬如東方無蛇，妄執為有恐怖憂苦，為遣彼苦，而說令達東方無蛇，不能遣其蛇執，當令別執西方有樹，方能除遣蛇執憂苦，與此說者全無差別。

　　[釋]：此類西藏學者的主張，就**譬如東方無蛇，妄執為有**蛇，而起**恐怖憂苦，為遮遣彼**妄執為有蛇之**苦，而說令**怖者**達東方無蛇**，並**不能遮遣其蛇執**所產生的痛苦。反而**當令別執西方有樹，方能除遣蛇執**之**憂苦**，此類西藏學者之主張**與此**譬喻所**說者全無**有**差別**，根本是牛頭不對馬嘴之說法。

（p456+9）

諸自愛者，應當遠棄如此邪執，次於破除繫縛生死，一切衰損根本無明行相之方便，謂當依止建樹諸了義經，及將經義不令向餘引轉諸正理聚聖者龍猛父子論典，度越三有大海彼岸。由於所破破除邪執，是於得中觀斷除歧途，最為切要，故今廣說。

　　[釋]：宗喀巴大師於此教誡說：**諸**欲脫離輪迴生死之**自愛者，應當遠**離捨**棄如此**之**邪執，次於破除繫縛**輪迴**生死，一切衰損根本無明行相之方便，謂當依止建樹諸了義經，及將**此了義**經義**（如第二轉法輪之《般若經》）**不令向餘**不了義（如第三轉法輪之《解深密經》）而**引轉，**此諸正理聚聖者龍猛、提婆父子**所著之**論典，令自他**度越**輪迴生死**三有**之**大海彼岸。由於**其**所破，破除**顛倒執持所破內涵的**邪執，**除了破除自續派以下之內道諸師及外道以外，尤其是要破除自許為中觀應成派之見解者，**是於得中觀**正見**斷除歧途，最為切要，故今廣說。**

菩提道次第廣論卷二十

（p457+1）

第三　明自宗所破分三：一、正明所破義；二、於餘所破加不加此之理；三、釋於所破應不應加勝義簡別。　今初

　　[釋]：此科判參考前 p409-2：「午初、正明正理所破」當中的第三個科判：「自派明顯所破之理」即是「**第三、明自宗所破**」分三：一、**正明所破義**；二、**於餘所破加不加此之理**；三、**釋於所破應不應加勝義簡別**。
今初（正明所破義）

（p457+4）

總所破事略有二種：謂道所破及理所破。

　　[釋]：**總**的來說，**空性**（即抉擇自性有無之理智）**所**欲**破**之**事略有二種：謂**（1）**道**之**所破，**及（2）**理**之**所破。**

　　（1）**道之所破中的〝道〞總相是指識體，即指顛倒執為實有之識體──煩惱障，及二現實有之識體──所知障。

（2）理之所破是指依著正理思惟觀察抉擇顛倒執爲實有之識體，對於其所緣執爲實有之境，抉擇是否如其所執的眞實存在，當尋找不到境上的這分實有，即理之所破。然道之所破是指顛倒錯亂的識體，既然是識體就一定存在，欲破除顛倒錯亂的識體，仍然要依著理由，因爲識體會顛倒，是來自於所對之境。依著理由觀察顛倒錯亂識體的執持實有之境，這一分實有依著正理觀察尋找不到，而通達非實有，即是空性，此分破除之理即爲理之所破。依著理之所破通達空性，依此空性的勢力，將顛倒錯亂執爲實有的識體斷除，即名爲道之所破。道之所破雖然主要是欲斷除顛倒錯亂執爲實有的識體，然仍要依著理之所破。如無常執爲常、苦執爲樂之顛倒識。

理之所破：破「識體之所對境」　→　對於境的觀察

道之所破：破「顛倒識體」　　　→　斷除識體上的垢染

　　　　　　　　　　　　　　　　　　　　　┌→法性
　　　　　　　　　　　　┌→　無漏智→無自性→無二顯之相
龍樹菩薩云：「依世俗諦而入勝義諦」
　　　　　　　　　│　└→　執自性有爲眞實存在
　　　　　　　　　└→　錯亂二顯之相　→　自性有（不依他）
　　　　　　　　　　　　　　　　　　　　　　　　　┌　有支：補特伽羅
　　　　　　　　　　　　　　　　　　│→自性一┤
　　　　　　　　　　　　　　　　　　│　　　　└　支分：蘊體
　　　　　　　　　　　　　　　　　　└→自性異

正法解行林

〝道之所破〞雖然主要是欲斷除顛倒錯亂執爲實有的識體，然仍要依著理之所破。故於聞思依著正因通達〝法無我〞之比量產生後，到了第二刹那即成已然概念化的「再決識」。此「再決識」之生起，僅憑直接憶持，不須依正因推理，它不但是量，而且是現量——即是有分別之現量。若將此了悟〝法無我〞之再決識，於定中（先修止，次修觀）相續憶持下去，即可趨入止觀雙運之世第一法；進而無間趨入見道位，轉成現觀〝法無我實相〞的瑜伽現量。然此是依道次第因果的根器而言——也就是先從聞到聞所成慧，次從思到思所成慧；再次從修到修所成慧而言。故此處非說不依道次第因果的根器者而言，如喬陳如尊者，僅聽苦諦三次：是苦你當知、是苦你當修、是苦你當證，就現量證空性獲得見道位了。就時間而言，由聞思入小乘資糧道，最快三生獲得聲聞阿羅漢果，此是就利根者而言。由聞思入大乘資糧道，必須經過一大阿僧祇劫才獲得見道位。

（p457+3）

初如《辨中邊論》云：「於諸煩惱障，及以所知障，此攝一切障，盡此得解脫。」謂煩惱及所知二障，此所破事於所知有，此若無者，應一切有情不加功用而得解脫故。

　　[釋]：**初**——道所破，**如**慈氏五論當中的**《辨中邊論》云：「於諸煩惱障，及以所知障，此攝一切障，**依抉擇自性有無之理智通達空性之勢力**盡此煩惱障，**獲得阿羅漢果之**解脫道，並斷除所知障獲得佛陀的果位。」謂煩惱及所知二障，**此二障是顛倒的識體，既然是識體，此分**所破事**當然**於所知**中有、存在，故說道之所破。此不同於顛倒錯亂識體的耽著實有之境，這分實有並不存在，故說理之所破。**此道所破的顛倒錯亂識體若非所知，而無者，則應有一切有情不加功用**無始劫以來，**而早已得解脫**之過失**故。因此，修解脫者當以理之所破爲主。如《入行論》云：「未觸假設事，非能取事無。」然而，此理之所破須依著中觀、唯識抉擇勝義理智之正理，抉擇錯亂識體的顯現自性有之境或耽著自性有之境而通達自性無。

所謂的"煩惱障"是指遇緣能轉成執實識體的二顯錯亂種子，此分能障解脫；而所謂的"所知障"是指遇緣不會轉成執實識體的二顯錯亂種子，此分是成佛之障。

（p457+5）

理所破者，如《迴諍論》云：「又有於化女，起實女邪執，以化而破除，今此亦如是。」

[釋]：**理**之**所破者**，如前所說理之所破，是以正理抉擇顛倒錯亂識體所耽著實有境中之這分實有到底真實存在與否，然此實有本不存在，故於所知中無。論中以變化出來婦女來譬喻實有，**如《迴諍論》云：「又有於化女**——本不存在由變化而有之婦女，**起**顛倒執持化女為真**實**之婦**女**，而生起**邪執**，然**以變化而**有之理來**破除**執為真實之婦女，**今此**理所破**亦如是。」**

（p457-6）

自釋中云：「若有士夫，於自性空變化婦女，謂是實女而起邪執，邪執彼故遂起貪愛。次有如來或如來弟子變一化身，以此化身遮彼邪執，如是我語空如變化，於一切法無性本空，等同化女，遮遣邪執為有自性。」

[釋]：**自釋中云：「若有一士夫，於自性空**（即譬喻本自不存在）**而變化**出來的**婦女**，顛倒謂：**是真實婦女而起邪執**，依此**邪執**而執**彼婦女故**，**遂起貪愛。次有如來或如來**的**弟子變一化身，以此化身遮彼**顛倒執為真實婦女之**邪執**，如前所說以變化之理而破除，**如是**經典所開示無自性字句之**我語**，自性**空如變化**之婦女**，**於一切法無**自性本空，**等同**此**化女**本無，然依此無自性之字句，可**遮遣邪執為有自性**的顛倒識體。」

（p457-4）

此說邪執為所破事，及彼所執實有自性亦為所破，故有二種。

[釋]：**此**中所**說理所破**：顛倒錯亂自性有之**邪執為所破事，及彼**顛倒錯亂所執境之**實有自性，亦為所破，故有二種。**

即顛倒錯亂自性有之識體——有境，及彼識體耽著實有之境——境。

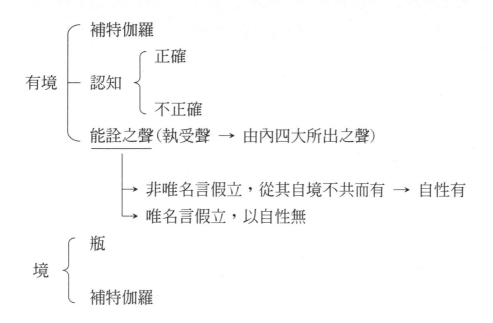

（p457-3）

然正所破厥為後者，以破顛倒心須先破彼所執境故。如緣起因破人法上所有自性，故此所破須所知中無，有則不能破故。雖如是無，然能發生增益執有，故定須破。

　　[釋]：**然正所破厥為後者**——即顛倒錯亂識體所執實有之境，**以欲破除顛倒錯亂之心識**——有境，**必須先破除彼**顛倒錯亂識體**所執**實有之**境故**——境。由於對〝境〞愚癡妄執為實有，令識體成為顛倒錯亂，故必須先對於實有之境以正理觀察思惟，將不存在顛倒執為真實存在的實有破除後，以此勢力才能斷除顛倒錯亂的識體。因為識體的顛倒是來自對於其所對境的顛倒，**如依緣起正因破除人、法**上的**所有自性**，遮除當下即為無自性，亦是空性，所以要通達空性——無自性，必須先了知所空之自性有。要了知此自性有又必須先在自己的心相續當中顯現，次依著緣起正因思惟觀察而遮除。**故此所破**顛倒錯亂執為實有之境當中的這分實有，**須於所知中無，若有則不能破故**。如執持瓶子的分別心，不能以緣起正因而破除，因為瓶子於所知中有，若破則破壞緣起因果法，而成為斷滅見。故所破除之界限——什麼是所破？什麼是所遮？此必須依教依理釐清。如云：「過去心、現在心、未來心不可得。」此是指自性有的心不可得，非說心不可得。又云：「不思善、不思惡，當下見本來面目。」此亦非說沒有善、沒有惡，是說不取自性有的善、不取自性有的惡。若於名言上說沒有心、沒有善惡，則成為斷滅見，何來的當下見本來面目呢？**雖**然顛倒錯亂所執

持實有境之實有，**如是**於所知中**無，然能發生增益執**爲諦實**有**令有情輪迴生死，**故定須破。**

（p457-1）

破除之理，亦非如以錘擊瓶，是於無令起知無定解。若定解無，即能遮遣執有亂識。如是以理成立，亦非如種發芽先無新生，是於如是法起決定智，知其如是。

　　［釋］：故理之所破，**破除**實有**之理，亦非是如以錘擊瓶，**而令瓶無，**是於**諸法本**無**自性顛倒執爲有自性，依正理觀察**令起知無**有自性之**定解。若定解**自性是**無，即能遮遣執有**自性之顛倒錯**亂識。**意謂會生起顛倒錯亂識是來自於對境的顛倒錯亂，既然了知於境顛倒錯亂執爲自性有的這分自性不存在，當然，顛倒錯亂識體，亦被遮除。**如是以**正理**思惟觀察成立**無自性，然並不是本無自性，而以正理成立無自性，而是本無自性令定解自性本無，故**亦非如種子發芽**般的，**先無**芽而令**新生**芽，而**是於如是**本無自性之**法**生起無自性之**決定智，知其**本無自性**如是**而已。若不是本無自性而以正理成立無自性，則會成爲全無，故說本無自性而以正理觀察令解無自性。

（p458+1）

《迴諍論》云：「雖無能破語，其無亦成立，然此語云無，令解非令除。」

　　［釋］：此可參考 p413+2。由於實事師對於中觀應成派所說：「諸法無自性」，而產生辯論，實事師說：「若諸法無自性，汝中觀應成派所說辯論之語亦無自性，若無自性即全無，即全然不存在。若不存在，則不能破除自性有。」故此處《迴諍論》云：「他宗問難：**雖無**自性**能破**之法語，**其無**自性即全無**亦能成立。**其意謂：無自性即全無。中觀應成派答云：**然此**無自性之法**語云：無**自性，是要**令解**悟無自性，並**非**如同**令**有爲之事物**破除**一般而成全無，而是本自無自性，故此無自性之語是令解無自性。」意謂自性若有，則理智尋找定能獲得，然無法獲得，故此無自性之語是令解本無自性。

（p458+2）

自釋中云：「雖無汝語，若(除語而)無之滅亦本成立，何為更說一切諸法皆無自性，汝說彼語有何作為。」

　　[釋]：《迴諍論自釋》中云：「實事師問難：雖無汝能破無自性之法語，若(除語而)無自性之滅亦本自成立為無自性，則此滅即不存在，亦即除了言說而已，此滅本無其存在的體性，因為無自性即不存在，何為更說一切諸法皆無自性，因為一切諸法本是無自性，即不存在，故汝說彼諸法本自無自性之法語有何作為、有何意義呢？因為若許無自性一切諸法皆不存在，如是，還有什麼好說的呢！」

（p458+3）

「此當為釋說一切法皆無自性，非由此語令一切法成無自性，然說諸法皆無自性，是令了解諸法無自性。」

　　[釋]：「中觀應成本宗，答云：此當為汝解釋而說：一切法存在的究竟本質皆無自性，非由此無自性之法語令一切法本非無自性而成為無自性，然宣說諸法皆本自無自性，是為了令汝了解諸法本自無自性。」此意謂諸法存在的究竟本質皆無自性，並不是有自性而由無自性能破之法語，令有自性而成為無自性。

（p458+3）

「譬如天授原未在家，有云家有天授，有於無彼說云其無，此語非令天授成無，唯顯天授家中非有。如是說云，諸法無性，非由此語令其諸法成無自性，然一切法皆無自性。」

　　[釋]：「譬如天授原本即未在家，有不知者云：家有天授。然有知者對於無天授在家，不會如彼不知者說，而直云：其無（天授不在家），此不在家之語非令天授本在家而成無在家，唯顯示天授家中非有（唯顯示天授不在家）。如是同前說云：諸法無自性，非由此無自性之法語令其諸法有自性而成為無自性，然一切法皆本自無自性。」

（p458+7）

「如於幻士原無真實士夫實體，而愚有實體故，諸愚眾生，為無明蔽增益自性，唯為令解自性非有。故汝說云：若性非有，即無語言，不假語言，自性非有亦極成立。說無自性此語何為。此諸言說皆不應理。」此說極顯，當如是知。

　　[釋]：「如於幻術之士依著木石，幻化出**原無真實士夫之實體**，而觀眾**愚有**真實之**實體故**，此如同**諸愚**癡**眾生**，**為無明**障蔽而於本無自性之諸法**增益**為有**自性**，故宣說無自性之法語是**唯為令解**顛倒耽著自性有，然此**自性**有非有。**故**依此破他宗：以**汝**（他宗）**說云**：若**自性非有，即無**有**語言**，不須**假**借無自性的**語言，自性**本**非有，亦極**能**成立**其不存在。**說無自性**之**此語**有**何**作**為**、有何意義呢？**此**明他宗之**諸言說，皆不應理。」此說極顯，當如是知。

（p458-6）

故有說云：有不能破，無不須破，離諸破立，以多破立正理觀察，唯練名言，此全未見正理及道破立影像相違亂言，自現宣說，有不能破無不須破之因，破斥他人破立觀察，而謂不應破立故。

　　[釋]：**故有**他宗**說云**：**有**就**不能破**，譬如瓶子；**無即不須破**，如無自性，本不存在。因此而說：遠**離諸破立**，若**以**眾**多破立之正理**思惟**觀察，唯練名言**而已。中觀應成派破云：**此種說法全未見正理**，**及與道**之**所破**、**所立之影像**（義共相）而說此**相違之亂言**，不合道理，乃是你依**自己**的意思而**現宣說**：**有不能破**、**無不須破之因**，而來**破斥**反對**他人破**、**立**思惟**觀察**，**而謂不應**該有破、立之行**故**。此如 p457-2「雖如是無，然能發生增益執有。」意謂世俗諸法非是常、樂、我、淨，然會顛倒執為常、樂、我、淨而造業輪迴生死，受盡輪迴之苦。若如他宗所說「無即不須破」，則顛倒執為常、樂、我、淨而造業輪迴生死，受盡輪迴之苦，就沒有必要去遮除了。又，倒執常、樂、我、淨的顛倒識體是存在的，若如他宗所說「有即不能破」，同樣的道理，此顛倒識體令有情輪迴生死，受盡無邊的痛苦也沒有必要去斷除了。然而，哪有任一眾生是不除苦引樂的呢？故此「有即不能破」「無即不須破」之說，純屬亂說，不合正理。

（p458-3）

又以所立之因，破斥他許之破立，不應正理。有不能破無不須破故。

　　［釋］：應成自宗反難：你若不許破、立之觀察，然汝卻**又以所立之因，破斥他**（我應成自宗）所**許之破立，汝不應正理。**此理如同汝所云：**有不能破，無不須破故。**

（p458-3）

以正理破者，是為遮遣顛倒錯亂之分別。以正理立者，是能引發無倒定解之方便。故欲遣邪執及欲生正覺，定當隨行龍猛等之正理眾論，於無倒破立引生定解。

　　［釋］：應成本宗又云：**以正理破者，是為遮遣顛倒錯亂之分別。以正理立者，是能引發無倒定解之方便。**欲破邪顯正，必須依著破、立之正理思惟觀察，**故欲遣**除**邪執**解脫成佛之障，**及欲生**解脫成**正覺**之因，**定當隨行龍猛**菩薩、佛護論師、寂天論師、月稱論師、…**等之正理眾論，於無倒破立引生定解。**

有學者說：「有不能破，無不須破」而否定以正理觀察破、立的重要性。因為，要在自身心續上生起正確的見解，定須依教依理觀察、思惟破除顛倒錯亂分別之邪執——執自性有，同時成立正確無倒之定解自性無——即顯正，亦即破邪顯正。此又必須在基位聞思之階段，隨行於龍樹菩薩、月稱論師…等諸傳承師長所著之論，修學思惟引生無倒破、立之見解。此無我智慧破立之正理抉擇，以及業果能取能捨之抉擇，如於基位聞思時之見，即應抉擇二諦之理而依教依理證之，即於世（世俗諦）出世（勝義諦）一切法之本體中，抉擇其無少許自性，成立勝義量，次於因果緣起法各各決定，毫無紊亂，成立因果名言量。此二量不但能生起，又能互助，於此決定，始為通達二諦，得佛真意。又複當知，此處名言量非唯指瓶…等，乃專指緣起因果而言，通達勝義諦愈了知世俗因果，通達因果愈了知勝義諦，故於因果無惑。此通達勝義諦須依破立之正理抉擇，如緣起正因。而通達緣起因果須業果能取能捨之抉擇，如布施、持戒…等。

（p459+1）

如是以正理破，若是由破倒執，為欲引發無倒定解者，當以正理破何心之境耶？總所破分別，雖無邊際，然以何顛倒分別而為一切過失之根本，當先明彼，破其所執之境，若能破彼，則一切過失悉遮遣故。

[釋]：**如是以正理破**除所破，主要是破自性有，**若是由破顛倒執著**之境，是**為欲引發**於無自性生**無倒定解者**，此**當以正理破何**種顛倒執著**心之境耶？總**相而言，**所破顛倒執著分別，雖無邊際**，如不是常、樂、我、淨，卻顛倒執為常、樂、我、淨，或者顛倒執人、法…等，**然以何**種**顛倒分別而為一切**顛倒執**著**分別**過失之根本，當先明彼**根本所執而**破其所執之境**，由破彼究竟之所破故，於相續中生中觀正見，證法無自性，故**若能破彼**根本所執之境，**則一切過失悉**皆**遮遣故。**

（p459+3）

經說貪等諸餘對治，是一分之對治，說無明對治是一切過失之根本。

[釋]：經說貪、瞋…等諸餘對治，僅是一分之對治，然說無明對治是一切煩惱過失根本之對治。以無明即是一切煩惱過失之根本。要如何認識染污無明呢？首先須知諸法存在的界限，唯由分別心假安立，則其反面──非唯由分別心假立，執彼諸法由其不共自體本自安住，此執即是自性執。凡情器世間，乃由吾人分別心，將名字與之安立過去，非由彼等本身成立過來，換言之，謂由分別心安立名字於彼施設處之上，非由有支與支分如水與乳般的自性成就而顯現於前方。

（p459+4）

如《明顯句論》云：「佛依二諦說：契經等九部，就諸世間行，於此廣宣說。其為除貪說，不能斷瞋恚；為除瞋故說，亦非能盡貪，為斷慢…等說，彼不壞餘垢，故彼非廣遍，彼皆無大義。若為斷癡說，彼盡壞煩惱，諸佛說一切，煩惱皆依癡。」

[釋]：如《明顯句論》云：「佛依二諦──勝義諦、世俗諦說：契經等九部，是就對治煩惱所攝貪、瞋…等諸世間行，於此佛於經典廣為宣說。然其為除貪所宣說之法，不能斷瞋恚；為除瞋恚故所宣說之法，亦非能盡除貪，為斷慢…等所宣說之法，彼不壞諸餘煩惱垢染，故彼所宣說之對治法非為廣遍，不能斷盡一切煩惱過失之根本，彼所宣說一分之對治觀待斷盡煩惱過失之根本而言，皆無大義。若為斷愚癡所宣說之法，彼斷除無明愚癡，則盡壞一切煩惱過失，故諸佛說一切，煩惱皆依於愚癡而生。」此中無明愚癡是識體，其所執境為自性有，因執自性有而生貪、瞋等。故俱生煩惱亦複依於俱生無明執自性有之境，如緣悅意自性有之境則生貪，緣不悅意自性有之境則生瞋。亦即由執悅意及不悅意為自性有之力隨於彼境，由不如理作意而生起各種貪著行相之心（欲取、趣入之力）。其執自性有之心以為彼自性有之順境，於自己可生各種利樂。同樣的，由執不悅意境為自性有之力隨於彼境，起種種不如理分別，無些許功德且不利於我起遠離之力而生起瞋恨行相之心，其執自性有之心以為彼自性有之不順境，於自己可生種種損害。故貪煩惱執自性有亦執悅意境，二者不分。瞋煩惱執自性有亦執不悅意境，二者不分。故唯通達自性空方能斷一切煩惱，以一

切煩惱皆與執自性有相應故，此意謂：具有所緣順不順境執為自性有之心者，一切煩惱皆叢生。故說，若不以無我空慧斷自性有為主，僅以業果除貪、瞋、慢…等有漏之善業，皆無大義。

貪之耽著境為順境，此順境於前方而有

瞋之耽著境為不順境，此不順境於前方而有

　　　　　　　　　　　　　　→ 自性有

以思惟業果調伏貪瞋，僅一分 → 有漏善業

以思惟緣起正因遮除自性有，通達無自性有 → 無漏業

修慈若無空慧攝持，則易成貪。

（p459+6）

何者為癡？謂執內、外諸法由自相生，增益自性之心，此為無明。如《四百論釋》云：「若識增益諸法自性，由彼染污無知增上貪著諸法，是為流轉生死種子，於一切種永滅除故，即便安立生死還滅。」

　　[釋]：何者為愚癡？謂執內、外諸法由自相生，增益自性之心，此心為無明。如《四百論釋》云：「若識增益諸法**非唯名言假立，於前方而有之自性**，由彼**增益自性之染污無知增上而貪著諸法**，此增益諸法自性之染污心，**是為流轉生死種子**，於一切煩惱根本三有之**種**即人我執及法我執之顛倒識體及其種子，並種子遇境生貪、瞋、痴三毒及其種子，此等皆是煩惱障**永滅除故，即便安立生死還滅**。」

正法解行林

（p459-5）

「為顯此義故說頌云：『三有種為識，境為彼行境，若見境無我，三有種當滅。』此顯由見境無自性，於一切種破除貪因三有種識，安立聲聞獨覺及得無生法忍菩薩生死還滅。」

　　［釋］：「《四百論釋》為顯此義故，引說《四百論》根本頌云：『三有種子即為無明愚癡之識，自性有我之境即為彼無明識體之所行境，若以正理抉擇見境無自性之我，三有輪迴種子當滅除。』此顯示由見境無自性，於一切種破除生貪之因的三有種子無明愚癡之識，安立聲聞、獨覺解脫阿羅漢果位，及得無生法忍第八地菩薩之生死還滅。」

（p459-4）

又即說彼是為實執，如身根於身，愚癡遍安住，故壞癡能壞，一切諸煩惱。《四百論釋》云：「癡於諸法分別諦實極愚蔽故，遂於諸法增益實性而轉。」

　　［釋］：此論又即是說：彼愚癡無明之識體即是為實執，如同身根遍於身上所有一切處，不同於眼根…等，只限於眼根…等之處，不會在耳根等其它處，無明愚癡亦如是遍安住於一切煩惱中，故壞愚癡無明能壞，一切諸煩惱。」《四百論釋》云：「愚癡即是於諸法分別為諦實，是極為愚癡、暗蔽故，遂於諸法增益諦實自性而轉、而耽著。」

（p459-1）

如是若無明是生死根本，則《入中論》與《顯句論》，說薩迦耶見為生死根本不應道理，主要之因無容二故。

　　［釋］：實事師問難：如是若如前《四百論》及《釋》所說無明是生死根本，則《入中論》云：「慧見無餘煩惱過，皆從薩迦耶見生」，與《顯句論》，所說：「薩迦耶見為生死根本」，不應道理，主要之因無容二故。因為輪迴生死主要的根本是薩迦耶見，或稱煩惱障。但，實事師承許法我執之無明是所知障，是障成佛，而非障解脫，故無明不是輪迴生死的主要根本。輪迴生死主要根本是人我執之煩惱障，即是薩迦耶見。若說無明也是輪迴生死的主要根本，則會變成有二個輪迴生死的過患。因為實事師依所斷不同而來安立人我執——煩惱障、法我執——所知障。人我執是執獨立實體我，此為所斷。法我執是執為諦實有，此亦為所斷。但，中觀應成派不以所斷來分，是以所依處來分。因為所斷

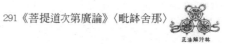

一樣，都是諸法非唯名言假立，從其境上而有的自性有。此自性有在人上是人我執，在法上是法我執，故所斷都是自性有，皆是煩惱障，因此，立人我執、法我執皆是輪迴生死的主要根本。所以，不會有實事師問難，而成為二種輪迴生死的過患。

（p460+1）

其無明與薩迦耶見，餘師所許中士道時已宣說訖。

　　［釋］：**其無明與薩迦耶見，**自續派以下諸**餘師所**承**許**於本論 p171+8「第二如何生起次第者」**中士道時已宣說訖。**由於實事師許薩迦耶見有特殊的耽著境，是屬於智慧的心所，以其所執是獨立實體我。又彼等許無明是一種暗蔽的心所，於種種理事，不能辨其相，故無特別的耽著境。

（p460+1）

此說月稱論師所許，餘中觀師許為所知障之執法諦實，此許為無明，且是染污無明。如前所引《四百論釋》，說為染污。

　　［釋］：**此**處所**說**主要是闡釋**月稱論師所**承**許**者，法我執亦是染污無明，其**餘中觀**自續**師**以下**許為所知障之執**諸**法諦實**亦即法我執，**此**執法諦實之法我執於應成派**許為**十二有支初支**無明，且是染污無明，**即煩惱障，**如前** p459 +7 **所引《四百論釋》，說為染污。**增益諸法有自性，即是無明。亦即執法諦實。此於應成派許為染污，故人我執、法我執皆是煩惱障。

　　若識增益諸法非唯名言假立，於前方而有之自性，由彼增益自性之染污無知增上而貪著諸法，此增益諸法自性之染污心，是為流轉生死種子，亦即十二因緣初支染污無明或稱薩迦耶見，其所執之境為自性有。又說，若見境無我或無自性，則輪迴三有之種子當滅。然因有情之根器、福德資糧不同，一類有情喜聞實有，一類有情喜聞非實有，故佛為令有情解脫生死，應機說法，宣說無量無邊法門。法門雖多，但總的來說，依著三轉法輪所開出來的四大部派，他們的宗見所建立的諸法分為二類：一類是於無自性之上而來建立緣起因果諸法；一類是於自性有之上而來建立緣起因果諸法。中觀應成派月稱論師的見解是許於無自性之上而來建立緣起因果諸法，且由此亦可推知，龍樹菩薩的見解也是承許無自性，因為，在密續的經論中皆說，月稱論師是龍樹菩薩最後一位親傳弟子，此於月稱論師所著的《入中論》云：『出離龍猛論師道，更無寂滅正方便。彼失世俗及真諦，失此不能得解脫。』此論則說若遠離龍猛菩薩的見解，亦即遠離甚深自性空之智慧，則無三乘解脫方便，不能證得三乘涅槃。而龍樹菩薩又是佛於顯、密經論中所授記，且於佛陀滅度後能開演最究竟、最圓滿遠離常、斷二邊的空正見。故依著三轉法輪雖亦有自續、唯識、經部、有部之見，然其皆是於自性有之上而來建立諸法，故其所開出的空性見，僅是成熟之前方便而已，皆非遠離常、斷二邊之寂滅正方便。印度大論師阿底峽尊者亦云：「解釋無倒真實義，龍猛直傳唯月稱，若不依於尊教授，定不能得佛涅槃。」此中不依於〝尊教授〞即是指月稱論師，故依著月稱論師所著之論來理解二諦是非常重要的，因為，《辨了不了義善說藏論》及《菩提道次第略論釋》等論皆說，若於二諦差別，未善了知，雖博通三藏，猶是愚迷。因一切佛語，以甚深般若空慧勝義諦為最重要。故雖精通五明，已得共通成就，若於此不辨，猶未善知佛語，亦不能出離生死。

正法解行林

（p460+3）

《入中論釋》云：「由此能令諸有情類，於觀如所住事而起愚蒙，故愚痴無明，法非有性而強增益，於見自性障覆為性，名曰世俗。」

　　［釋］：且於《入中論釋》云：「由此執法諦實能令諸有情類，於觀如所住事——心識之所取境，而起愚蒙，故何謂愚痴無明？即諸法本非有自性，而顛倒強增益為有自性，於見自性——空性，障覆為其體性之心，即障覆現見空性之心，名曰世俗。」

（p460+4）

又云：「如是由有支所攝染污無明增上力故，建立世俗諦。」說為十二緣起初支，故是染污非所知障。

　　［釋］：又云：「如是執法諦實之法我執，由十二有支所攝初支染污無明增上力故，建立世俗諦。」此說執法諦實之法我執即為十二緣起初支無明，故是染污，是煩惱障而非所知障。此中法我執及法有何差別，所謂〝法〞即遍一切所知，故包括補特伽羅亦是法，然〝法我執〞所緣非通指一切法，是除了補特伽羅之外的一切法皆為法我執的所緣。又，人法二我執所緣三境——順境、不順境、非二境（非順境亦非不順境）。此中所緣若是〝非二境〞執為自性有則會引生痴煩惱；所緣若是順境或不順境執為自性有，則會引生貪煩惱及瞋煩惱，故說人我執由法我執所引生，然其所執皆是自性有，皆會引生煩惱，由煩惱故造業繫縛輪迴生死，故說法我執亦是染污無明。

（p460+5）

若爾，何為所知障耶？此後當說。故十二支中初無明支，是生死根本，又說薩迦耶見為生死根本者。以無明是總，薩迦耶見是別，故不相違。

　　［釋］：他宗問：若爾，你中觀應成派何為所知障耶？即二顯錯亂自性有之習氣，此後 p530+4 當說。故《四百論》及《釋》所說：十二支中初無明支，是生死根本，《入中論》及《顯句論》又說：薩迦耶見為生死根本者。這種說法他宗諸論師認為不合理，但應成自宗說：以無明是總，薩迦耶見是別，故不相違。所謂無明是總、薩迦耶見是別的說法，不但中觀應成派如是承許，實事師也會這麼承許。因為薩迦耶見是由無明所生，所以，中觀應成派認為與你實事師所說相同，故不相違。只不過中觀應成派不以所斷——自性有來分總（法）、

《菩提道次第廣論》〈毗鉢舍那〉294
正法解行林

別（人）。而是以所依處來分人、法。所以，執自性有都立爲煩惱障，皆是輪迴生死的根本。但，**實事師**是以所斷來分總（法）、別（人）。所斷若是獨立實體我，即屬於人。所斷若是諦實有，即屬於法。所以，立人我執爲煩惱障，法我執爲所知障。唯有人我執輪迴生死的根本，法我執並不是生死輪迴的根本。但中觀應成派許人我執、法我執皆是生死輪迴的根本，以其所執皆是自性有。

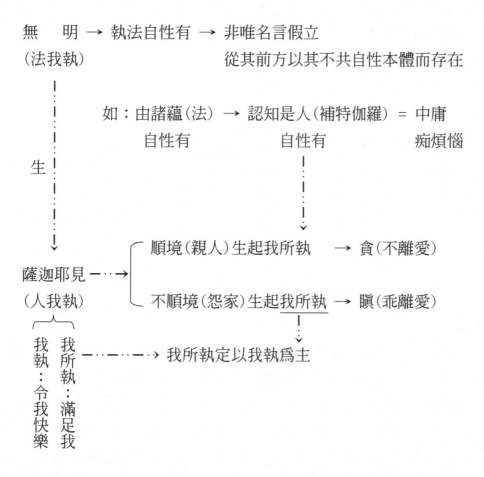

（p460+7）

其無明者，謂明相違品，其明亦非任隨何明，是了無我真實義慧。其相違品，非唯無慧及所餘法，是須與彼相違執者，即增益有我。

［釋］：**其無明者，謂**與**明**是直接**相違品，其明亦非任隨**任**何**一境而**明**了，而**是**唯**有**了**達**無**自性之**我真實義慧**，爲此處所說無明之直接相違品——**"明"**。其無我真實義慧的直接**相違品**，非唯總說**無慧**，**及**無慧**所餘**之其他任一**法，是須與彼**無我空慧直接**相違**所**執**之境者，**即增益**有自性之我。所謂的相違，即是二個事物沒有共同的事例。如瓶、柱，沒有一個事物是瓶也是

柱，故是相違。此瓶、柱可同時存在雖是相違，然非直接相違。但，所謂的直接相違是二個事物，不僅沒有共同的事例且其中一者存在必遮除另一者的存在，如明與暗、欺誑與不欺誑或了知無自性之我的眞實義慧與增益有自性我之無明…等。此中欺與不欺必須依業果之理抉擇，遮除欺誑而取不欺誑，若不依業果之理抉擇，僅遮除欺誑則成無記。同樣的，以緣起正因之理智抉擇遮除增益自性有即成立無自性。故不論是業果的抉擇，或是空性的抉擇，皆須依龍樹、月稱…等眾論之正理，於無倒破立引生定解。

破 立 ── 破邪顯正
相 違：二個事物無共同事例
1、相違：可同時存在 → 如：瓶與柱
2、直接相違(正相違)：不可同時存在 → 如：
　　　├─ 非遮：以業果抉擇 → 如布施、持戒…等
　　　└─ 無遮：以抉擇自性有無之理智

　　　　　　　　└→ 無明 ── 自性有 ── 自性無 ── 明

（p460-6）
此復有二，謂增益法我及增益補特伽羅我。故法我執與補特伽羅我執，俱是無明。是故宣說薩迦耶見為餘一切煩惱根本，非不宣說無明為本。

　　[釋]：此無明增益有自性之我，復有二：謂(1) 增益諸法非唯名言假立而有自性之我，及(2)增益補特伽羅非唯名言假立而有自性之我。故法我執與補特伽羅我執，此二皆執自性有，故俱是染污無明。是故宣說薩迦耶見為餘一切煩惱根本，非不宣說無明為煩惱之根本。

中觀自續派及唯識派等諸實事師認為，人我執所緣為假有的補特伽羅及實有的補特伽羅，執為補特伽羅獨立實體我，此為薩迦耶見，引生煩惱的根本，亦是輪迴生死的根本。然法我執所執的是諦實有，此非輪迴生死的根本。但中觀應成派主張人我執、法我執都是染污無明，因為人、法二我執所緣是名言假立的補特伽羅及名言假立的的諸法，皆執為自性有，都會引生煩惱，故說薩迦耶見為生起一切煩惱的根本。同樣，無明也是生起一切煩惱的根本。

（p460-4）

「乃至有蘊執，爾時有我執，」此說法我愚之無明，為補特伽羅我愚之因，顯示無明內中二執因果之理。故說薩迦耶見除無明外，為餘一切煩惱根本，皆無相違。

　　[釋]：因為《中觀寶鬘論》云：**「乃至有蘊執，爾時有我執」此說法我愚**（即法我執）**之無明，為補特伽羅我愚**（即人我執）**之因，顯示無明內中二執**——人我執、法我執**因果之道理**。也就是說：人我執是由法我執所生，而人我執和法我執所耽著之境都同為自性有。若法我執所執的自性有沒有斷除，人我執所執的自性有，也不能圓滿的斷盡。故《中觀寶鬘論》才會說：「乃至有蘊（法）我執，乃時定有人我執。」所以，斷除薩迦耶見，亦定須斷除無明。反之，若無明——法我執未斷除，薩迦耶見也不可能斷。所以，宣說薩迦耶見為餘一切煩惱根本，非不宣說無明為煩惱之根本。以薩迦耶見及無明都是煩惱的根本，缺一則無法斷煩惱障。**故說薩迦耶見除無明外，為餘一切煩惱根本，皆無相違。**然如前言所說，自續派、唯識派等實事師認為法我執是執諸法實有，人我執是執補特伽羅獨立實體有，故所執不同。因此，斷除一切煩惱僅斷人我執即可斷除生死輪迴的根本，無須斷法我執。所以，依著中觀應成派的道理可以先修人無我次轉所緣法無我；或者先修法無我次轉人無我。如：法我執所緣為蘊體，執此蘊體與其支分是以無分非唯名言假立顯現於前方自體而有，以抉擇自性有無一異之理智，抉擇蘊體與其支分，若以自性一而存在的話，則應成為（1）支分多，蘊體就成為多；（2）蘊體一，支分就成為一的過失。故此蘊體與其支分若是自性一，則是不存在的。

其次，若以自性異而存在的話，則離開蘊體的支分，若還有蘊體的存在的話，則除了蘊體的支分之外的任何事物皆可成為蘊體。然，除了蘊體的支分之外，無任何一個事物可以成為蘊體，故自性異亦不存在。因此，以抉擇自性有無一異之理智抉擇自性有的蘊體是不存在的而通達了無自性，次抉擇人我執所緣為依著蘊體名言假立之我，執此我於蘊體中是以無分、非唯名言假立而有，以抉擇自性有無一異之理智，抉擇我與蘊體若以自性一而存在的話，則應成為(1)蘊體多，我應成為多；(2)我一，蘊體就成為一的過失。故我與蘊體若是自性一，是不存在的。其次，若我與蘊體是以自性異而存在的話，則離開蘊體若還有我的存在，那除了蘊體之外的任何一個事物皆可成為我。然，除了依著蘊體之外，無任何一個事物可以成為我，故自性異亦不存在。如上所說，先修法無我次修人無我，通達人、法二無我；或者依上說之理路，先思惟修人無我次修法無我，以自性的我都不存在了，怎麼還會有自性的我所的事物存在呢？譬如，若無車子，又何來車子的支分呢？

（一）：「乃至有蘊執，爾時有我執」

1、有情 → 定離不開蘊體 → 須依蘊而有

2、若離開蘊體 → 則定無有情之存在

　蘊（法）→ 唯名言假立 ── 執為自性有（法我執）→ 引生人我執

　有情（人）→ 依〝蘊〞而安立為我 → 如：依手痛而說我痛

（二）：「乃至有蘊執，爾時有我執」

1、先修法無我，後修人無我
2、先修人無我，後修法無我 ｝二者皆可

如何了解法無我？

只要是存在的事物，於分別心的顯現，不是〝一〞，就是〝異〞（多）。

如：教室 → 於分別心的顯現 → 一

　　教室之支分 → 地板、桌子、椅子…等 → 於分別心的顯現 → 異

教室　　　　　異：教室不是教室之支分 → 分別心安立爲異 → 反體異
教室之支分　　一：無教室之支分則無教室　　　　　　　　　體性一
　　　　　　　　　無教室亦無教室之支分

（三）：「乃至有蘊執，爾時有我執」

法
蘊體 → 於分別心的顯現爲〝一〞　　　　　　　　　　　　　存　在
　　　　　　　　　　　　　　　　　　　　　　　　　　　　唯名言假立
蘊體之支分（色、受…等）→ 於分別心的顯現爲〝異〞

自性有
自性一
蘊體〝一〞，則蘊體之支分亦成一　　　不存在
蘊體之支分〝多〞，則蘊體亦成多　　　法無自性
自性異：離開了蘊體之支分，亦無蘊體

※只要是談〝有情〞，一定離不開〝蘊體〞（五蘊或四蘊）

人（我）
一：我於分別心的顯現爲〝一〞　　　　　　　　存　在
　　　　　　　　　　　　　　　　　　　　　　唯名言假立
異：我與蘊體於分別心的顯現爲〝異〞

自性有
自性一
1、以〝我〞爲主而來觀察：
　　我一，則蘊體亦成一
2、以〝蘊體〞爲主而來觀察：
　　蘊體多，則我亦成多　　　不存在
　　　　　　　　　　　　　　人無自性
自性異：離開了蘊體，亦無有情

正法解行林

（p460-3）

若不了知如是解釋論師意趣，則說生死有二根本，其相違過極難斷除。如是明無明之理，乃是龍猛菩薩所許。如《七十空性論》云：「因緣所生法，若分別真實，佛說為無明，彼生十二支，見真知法空，無明則不生，此是無明滅，故滅十二支。」

[釋]：若不了知如是解釋月稱論師的意趣，則說生死有二個根本，其相違過失極難斷除。如是月稱論師所顯明無明之理，乃是龍猛菩薩所承許。除了前所引《中觀寶鬘論》之外，又如《七十空性論》云：「因緣所生法，若分別執為非所作及不待他…等特徵之真實，佛說為染污無明，彼染污無明生十二緣起有支，見真知因緣起所生法為真實空——自性空，無明則不生，此真知法空是令無明永滅，故也能滅十二緣起有支。」

（p461+1）

《中論》二十六品云：「若永滅無明，諸行當不生，能滅無明者，由知修真實。由前彼彼滅，後彼彼不生，純一大苦蘊，皆當如是滅。」又與「乃至有蘊執」說執蘊為生死根本，極相符順。

[釋]：《中論》二十六品云：「若永滅無明，十二緣起之第二支諸行亦當不生。所謂行即是業，能引六趣輪迴之果。此業有引業及滿業。又，能滅無明者，是由了知修真實——究竟了義的空性。由前彼無明彼行滅，之後彼無明彼行永不生，執自性有之名色…等純一大苦蘊，皆當如是永滅。」此又與《中觀寶鬘論》所云：「乃至有蘊執」說執蘊為生死根本，即執諸法有自性之染污無明，極相符順。即月稱論師所說的，諸法非唯名言假立從其不共自境自性而有，就是所謂的無明，此與龍樹菩薩所造的《七十空性論》、《中論》、《中觀寶鬘論》所說義理都是一樣的。

（p461+3）

又是聖天所許，如前所引「如身根於身」等，及「生死本為識」等，顯了宣說。

[釋]：又是聖天（提婆）菩薩所許，如前 p459 -3）所引《四百論》「如身根於身」…等，及 p459 -5「三有種為識」，或說「生死本為識」等，顯了宣說。由上了知龍樹菩薩於《中論》、《中觀寶鬘論》、《七十空性論》，及聖天菩薩所著《四百論》、月稱論師所著《四百論釋》、《明顯句論》等皆宣說人我執、

法我執均為一切煩惱的根本——煩惱障。此中聖天菩薩所著的《四百論》中說：「三有種為識」，或說：「生死本為識」等之〝識〞皆是指痴。又，《四百論》中說：「如身根於身，愚痴遍安住」亦是在形容〝痴〞。月稱論師如何解釋此中之痴？謂執內、外諸法由自相生，增益自性之心，此為無明。如《四百論釋》云：「癡於諸法分別諦實極愚蔽故，遂於諸法增益實性而轉。」故月稱論師與聖天菩薩所說皆同。

（p461+4）

又阿闍黎於《中論》等盡其所說，破除所破，所有正理，一切皆為破除愚痴，於諸法上增益自性，而顯諸法皆無自性。故所說種種正理，皆是唯為破無明執。

　　[釋]：又龍樹阿闍黎於《中論》等中觀理聚六論盡其所說，破除所破，所有的正理，一切皆為破除無明愚痴，即是於諸法上增益自性，而來顯示諸法皆無自性。故所說的種種正理，皆是唯為破無明所執著之境。此正理如 p459+1 中說：如是以正理破，若是由破倒執，為欲引發無倒定解者，當以正理破何心之境耶？總所破分別，雖無邊際，然以何顛倒分別而為一切過失之根本，當先明彼根本所執，而破其所執之境，若能破彼根本所執之境，則一切過失悉遮遣故。經說貪等諸餘對治，是一分之對治，說無明對治是一切之對治。無明即是一切過失之根本。

（p461+6）

如《佛護論》云：「為何義故宣說緣起？答云：阿闍黎耶大悲為性，見諸有情為種種苦之所逼切，為解脫故，欲顯諸法真如實性，隨說緣起。故云：見非真繫縛，見真實解脫。何為諸法真實性？答曰：謂無自性。諸不智者，由愚痴暗障蔽慧眼，而於諸法分別自性。由是彼等遂起貪，若時了知緣起，發慧光明除愚痴暗，由智慧眼照見諸法無自性性，爾時無所依處，貪瞋不生。」

　　[釋]：如《佛護論》云：「為何所為義故宣說緣起？答云：龍樹阿闍黎耶大悲為性，見諸有情無明愚癡為種種痛苦之所逼切，為令解脫故，故欲顯示諸法真如實性——即無自性，隨說緣起為正因。即以緣起正因通達無自性。故云：無明增益見非真，亦即非自性有執為自性有，而被繫縛，見真實即見諸法自性空，則能解脫。何為諸法真實性？答曰：謂無自性。諸不智者（即是指自續派以下），由愚痴暗障蔽見空性之慧眼，而於諸法分別執有自性。由是彼等執有自性

遂起貪、瞋，若時了知細分緣起正因，引發無自性之智慧光明，即能遣除愚痴黑暗，由智慧眼照見諸法無自性性，爾時斷除無明，則貪、瞋無所依處，貪、瞋即不生起。」

　　再進一步來說明〝緣起〞之差別，因為只要是內道佛教徒，定須承許緣起，然中觀自續派及唯識派，都必須在自性有的基礎上而來承許緣起，但中觀應成派認為必須在無自性有的基礎上才能建立緣起，故其所許之緣起又分為粗、中、細。此中唯識派以下是許粗分之緣起，其以自性異之因生自性異之果而來承許因生果的緣起；而中觀自續派是許中分之緣起，其認為被安立法的本身，必須在心上顯現自性成就如現而有，能安立的心本身也必須於自性有沒有錯亂，故稱為觀待緣起；而中觀應成派是許細分之緣起，其認為不論是因生果或是法的本身及能安立法的心，皆唯名言假立，故稱為唯名假立之緣起。故此處所說的〝依緣起正因通達無自性〞而來斷除愚痴無明，令貪瞋永不生，即是指細分之緣起。故通達了緣起不一定就是通達了細分的緣起。

（p461-4）
第二十六品結合文云：「問云：汝已宣說以大乘數，轉入勝義，汝今當說以聲聞教轉入勝義，答曰：無明覆後有」等。

　　［釋］：《佛護論》對於《中論》第二十六品結合文的解釋云：「問云：汝已宣說以大乘數（大乘教），轉入勝義，汝今當說以聲聞教轉入勝義。答曰：無明覆後有。」等。此明聲聞勝義，同大乘教，皆是空性。其正對治為十二因緣之無明。

（p461-3）
第二十七品結合文云：「問云：汝今當依順聲聞乘契經邊際，顯示惡見行相非有，答曰：說過去時生」等。

　　［釋］：《佛護論》對《中論》第二十七品結合文的解釋云：「問云：汝今當依順聲聞乘契經邊際，顯示惡見執自性有之行相非有。答曰：說過去時生」等。此時間是不相應行法，亦是屬於法我執所緣。此亦說明：諸法執自性有為聲聞乘契經邊際所顯示的惡見行相。

（p461-2）

故佛護論師，亦許增益諸法自性，為十二支初支無明，及許聲聞、獨覺證法無我，極為明顯。是故聲聞獨覺證法無性，最大能立，當知即此以法我執為十二支無明之理。

［釋］：故佛護論師，亦許增益諸法自性，為十二有支初支無明，及承許聲聞、獨覺亦證法無我，極為明顯。是故聲聞、獨覺證法無自性，最大能立之正因，當知即此以法我執（於法上增益執為自性有）為十二有支初支無明之理。

中觀應成派認許人我執及法我執皆是煩惱障，亦是十二因緣初支染污無明，此亦是分別心所執取。如是執諸法非唯分別心增上假名安立，由彼諸法不共自體本自安住，此於人上為人我執，於法上為法我執，皆是分別心所執取。然分別心並不一定周遍是人、法二我執，如執瓶之分別心、執無常之分別心。所以，了知分別心的定義、所緣、所執，及其顯現相、執持境的差別是非常重要的。此中分別心的定義，如《釋量論》云：「若識執聲義，彼即是分別。」此意謂：是以合雜聲（名言）義（境）能執之心說為分別心。也就是分別心會顯現境的大小、形狀、顏色或體性，以遮除的方式趣入於境或對境耽著，如執持瓶之分別心、執持無常之分別心、執持空性之分別心。然分別心的顯現相亦即義共相，此意謂：只要是分別心一定會有義共相。此不同於眼…等前五根識唯有顯現相，但不名為義共相，因為，義共相是分別心對境，以遮遣作用而趣入，但眼…等前五根識不具有此作用，全然的無分別。

因此，要現量證空性，轉凡為聖前，定須依賴分別心以理思惟顯現空性之義共相為前提，這是決定的。故一般而言，有說：動念即乖。經論亦有說：分別心皆是錯亂。然此錯亂皆是指分別心之義共相。此中所謂的義共相，定有二顯錯亂於顯現境，如執持瓶之分別心，以顯現瓶子的義共相引領趣入於瓶境，此中執持瓶之分別心於其所執持境——瓶子是無錯亂，因為，並沒有其他的名言量或正理能損害。然，分別心顯現瓶子的義共相並不是瓶子，以瓶子的義共相是常法，但境上的瓶子是無常法故。而且顯現瓶子定有二顯錯亂於前方——自性有，此二顯自性有的瓶子是錯亂的，因為，觀待勝義理智的抉擇，自性有的瓶子是不存在的。因此，分別心的執持境（瓶子、瓶子上的無常、瓶子上的空性）是沒有錯亂的，然其顯現境（瓶子的義共相、無常的義共相、空性的義共相）是有錯亂。

《四百論》云：「縛為分別見，彼是此所破。」其分別者，非說一切分別，是說增益諸法自性之分別。《釋論》云：「分別者，謂增益非真自性之義。」又許彼是染污無明，若說凡是「念此為此，」一切分別之境，皆是正理所破者，是全未詳細觀察。

　　[釋]：提婆（聖天）論師所著《四百論》云：「於輪迴所繫縛**是為分別**增益諸法自性有之**見**，**彼**分別增益諸法自性有之見**是此**分別諸法無自性見之**所破。」**其《四百論》所說：**分別者，非說一切分別，是說增益諸法自性之分別。**月稱論師所著《四百論》之《釋論》云：「**分別者，謂增益非真**自性而有**自性之義。」**又許彼**增益諸法有自性**是染污無明**，即十二有支初支無明，故**若**總**說凡是「念此為此」，一切分別之境，皆是正理所破者，**此是有些西藏大德對於《四百論》所說的「縛為分別見，彼是此所破的含義」**全未詳細觀察**，且依文解義的認為：所有一切分別都為正理所破。」此中〝非說一切分別〞是指布施、持戒…等，乃至執持布施、持戒…等上，三輪體空的比量智雖亦是分別心，然皆非正理所破。若執自性有的布施、持戒…等，乃至執持瓶子上的空性為自性有的分別心，皆是為正理所破。此如蓮花戒論師所著的《修次下篇》云：「此修雖是分別為性，然是如理作意自性，故能出生無分別智，樂此智者當依彼修。」又《修次中篇》云：「若不修習以慧觀察諸法自性，唯一修習棄捨作意，終不能滅所有分別，終不能證無自性性，無慧光故。」

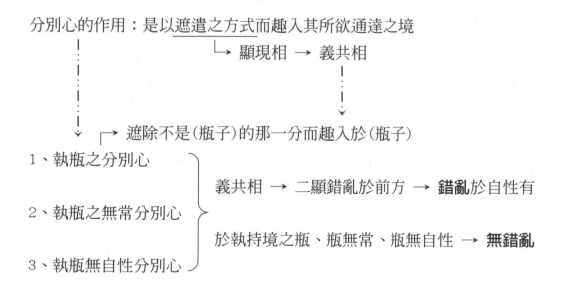

分別心的作用：是以遮遣之方式而趣入其所欲通達之境

　　　　　　　　　　　　└→ 顯現相 → 義共相

　　　　　　　　┌→ 遮除不是（瓶子）的那一分而趣入於（瓶子）

1、執瓶之分別心

　　　　　　　　義共相 → 二顯錯亂於前方 → **錯亂**於自性有

2、執瓶之無常分別心

　　　　　　　　於執持境之瓶、瓶無常、瓶無自性 → **無錯亂**

3、執瓶無自性分別心

《四百論》云：**彼是此**所破

      └→ 分別諸法無自性 → 通達空性

    └→ 分別增益諸法自性 → 十二因緣初支 → 染污無明

如：布施 ┌ 非唯名言假立於前方而有 → 自性有 → 錯亂

      └ 三輪 ┌ 能施之我 ┐
             ├ 所施之境 ├ 執持境 → 無錯亂
             └ 施之作用 ┘

（p462+4）

若不爾者，其真實義，於諸異生非現見故，除分別外無餘方便能解空義。若謂一切分別之境，皆理所違害，則定智之境，亦如增益自性錯亂邪識。若爾，應無正見導赴涅槃，於中觀等論勤聞思等一切無果。

[釋]：**若不爾者**（如果不是如同本宗所說的《四百論》所謂的分別見是指增益諸法自性有之分別，而誤認為是所有一切分別），**則其真實**空性**義，於諸異生**是屬於**非現見**之隱蔽分**故**，亦即需以比量證成。也就是說：必須以分別心正理思惟觀察而去通達，**除此分別**心之**外，無餘方便能**了**解空性義。若謂：一切分別之境，皆是正理所違害，則此比量定智之境，亦如增益自性錯亂邪識。**也就是說：在未獲得見道位聖者之前，若以正因比量思惟通達空性之境，則越思惟就越增益自性之錯亂邪識。**若爾**（若是這樣的話），於因位思惟修，**應無獲得正見引導赴**向**涅槃**之果，且**於中觀等**論**勤聞、思**…**等一切無果**。則佛陀、龍樹菩薩、無著菩薩…等就無須安立五道中之資糧道及加行道，因為此二道仍然是以分別思惟為主體，如是就會成為沒有意義，以其全部為顛倒識。又，聞思之比量智是分別心，但分別心不一定是比量智。此又如現證空性是無分別，但無分別不一定是通達空性的相順因，若通達無自性有之分別即是通達空性的相順因。如前引蓮花戒論師所著之《修次下篇》云：「此修雖是分別為性，然是如理作意自性，故能出生無分別智，樂此智者當依彼修。」

1、聞思之比量智是屬於分別心；但分別心不一定是比量智。

比量智(識體) —— 無自性(空性)

└→ 分別心 → 有二顯，錯亂於前方 → 自性有

2、現證空性是無分別；(無自性有之分別)

但無分別不一定是現證空性；亦非現證空性之相順因→如：重睡眠。

（p462+6）

《四百論》云：「言我般涅槃，非不空見空，如來說邪見，不能般涅槃。」又以前說無明所執之境為根本，自他宗部諸師，而更增益眾多差別。

[釋]：如《四百論》云：「言我（佛陀）般涅槃，非不空（自性有）而見為自性空，若本是自性有而見為自性空者，如來說此是邪見，不能般涅槃。」謂諸法存在的本質是自性空，此又以前《四百論釋》說：「分別者，謂增益非真自性之義。」無明所執諦實自性有之境為根本，此為自——內道，及他宗——外部諸師，而更增益神我、共主，或心、意識、阿賴耶識為真實補特伽羅之眾多差別。此中所說之涅槃又分：有餘涅槃及無餘涅槃。何謂有餘涅槃：即有二顯自性有之顯現，但執自性有的識體及其種子已斷盡。又，何謂無餘涅槃：即無二顯自性有之顯現。

（p462+7）

若拔無明所執之境，如拔樹根，則由宗派一切假立一切俱斷，故具慧者當知俱生無明所執之境，為所破之根本，不應專樂破除宗派妄計分別。

[釋]：若拔無明所執自性有之境，如拔樹之根，則由宗派一切假立增益之種種差別一切俱斷，故具慧者當知俱生無明所執自性有之境，是為一切所破之根本，即俱生我執，故不應專樂破除由宗派之力所生之妄計分別，即遍計所執。

以破所破者，非無事而尋事，是見邪分別心執所破事，繫縛有情流轉生死，故破其所境。能於生死繫縛一切有情者，是俱生無明故。分別無明唯宗派方有，為生死本不應理故。故能於此分別決定，極為切要。

[釋]：**以**緣起正因**破所破者，非**平常事情作完以後，**無有事作而**無聊的**尋找事作，是見邪**執**分別心執**持非唯名言假立而於其自境存在**所破**自性有之**事，由此**繫縛有情流轉生死，故破其**顛倒**所**執自性有之**境。**此能於生死繫縛一切有情者，即是俱生無明故。而此分別無明——遍計無明唯宗派方有，若執為生死輪迴之根本不應理故。**故能於此** p409-2 第二正抉擇真實義三科判當中的第一、正明正理所破是何種行相，**分別**了知**決定，極為切要。**

　　能繫縛有情於輪迴生死的根本是俱生無明——即是俱生我執，此含攝人我執及法我執，亦即人法二我執所執的皆是自性有，這是中觀應成派所安立的。而能繫縛有情於輪迴生死的根本並不是宗派所安立的分別無明——遍計無明，此即人我執不含攝法我執。以人我執是執補特伽羅獨立實體我，而法我執是執諸法諦實有。因此，若說斷除宗派所安立的遍計無明即可跳出輪迴生死，無須斷除法我執，此以中觀應成本宗來看：僅斷除遍計無明就可跳出輪迴生死，是不合理的。以中觀應成派所安立的諸法存在的界限是唯名言假立。反之，若非唯名言假立從其境上不共而有，此即自性有。此在人上即為人我執，在法上即為法我執。又，從能破所破的角度來看，所破之境為無自性或無實有，此以中觀應成派、中觀自續派以及唯識派來說是共的，但能破有境之識是否自性有則為不共，以中觀應成派而言：不僅所破皆無自性，其能破之所立應成論式或正因論式皆無自性。然中觀自續派及唯識派，唯所破無自性，能破之心識必須有自性。此種觀點以中觀應成派來看是屬於宗派遍計執。

　　我們的識體對境有三：順境、不順境、非二境。於順境起貪並執為自性有，故貪愛與愚痴之所緣非別異而轉，此中所說〝非別異〞非謂愚痴與貪的所執行相是一。於不順境起瞋並執為自性有，此與貪之行相皆同。於非二境顯現非唯名言假立並執其為如所顯現於前方而有，此即愚痴。若非二境順於己則起自性有之我所欲——此即人我執，由此而生貪。反之，不順於己則起自性有之非我所欲——此即人我執，由此而生瞋。宗派遍計執於非二境顯現實有並執其為如所顯現於前方而實有，若非二境順於己則起獨立實體我所欲此即人我執，由此而生貪，反之，不順於己則起獨立實體我非我所欲此即人我執，由此而生瞋。因此，是不是成為究竟所應破必須分清楚且極為重要。

（p462-2）

如是計執所破，究竟之邪分別，即十二支之初支。俱生無明，分別所破，亦以彼為根本，唯是增益。故根識等無分別識，一切行相終非正理之所能破，故正理所破之心，唯屬分別意識。

　　[釋]：**如是**如前所說**計執所破**，生死根本**究竟之邪分別，即十二支之初支**——無明，亦即**俱生無明**，宗派**分別所破**——遍計執，雖需破除，然**亦是以彼**俱生我執、俱生無明**為根本**，以其**唯是增益**。生死輪迴的根本為俱生無明，即第六意識耽著自性有之顛倒識，**故前五根識等**之**無分別識**，一切顯現相及所取相之**行相**，此處所說要破除的是分別心之耽著境，不是前五根識無分別心，故**終非正理之所能破**，此意謂：以前五根識雖顯現自性有，雖正理亦能破，然非如第六意識分別心耽著自性有之輪迴生死主要之顛倒識，**故正理所破**行相**之心**，以俱生我執及遍計我執**唯屬**第六意識之**分別意識**。

（p463+1）

後以二種我執或於我執所計之境，增益差別諸分別心，非謂一切分別。由彼無明如何增益自性之理者，總此論師之論中，雖於諸世俗義，亦云自性或自體等，設立多名。

　　[釋]：**後**之第六意識分別心是指**以**人、法**二種我執**，**或於**二我執**所計**自性有之境，**增益差別諸分別心**，**非謂一切分別**心皆是所破。**由彼**輪迴生死根本之俱生**無明如何增益自性之理者**，**總此**月稱**論師**所著之諸**論中**，**雖於諸世俗義**，其體性**亦云自性**、**或自體**…**等**，**設立多名**。此中自性，或自體，由以諸法存在的究竟本質而說自性，此自性是唯名言假立，故此自性即是空性。有以世俗存在的作用及特徵說明為其自性，此自性是唯名言假立，如瓶能裝水，是為瓶之自性。亦有以勝義、世俗皆不存在的增益之事說為自性，此自性非唯名言假立，如人我執、法我執之耽著境。

然此中者，謂於諸法或補特伽羅，隨一之境非由自心增上安立，執彼諸法各從自體，有本住性即是其相。如彼取境之諸法本體，或名曰我或名自性，是就假觀察而明。如云：「此皆無自在，是故我非有」。《四百論釋》云：「若法自性、自體、自在、不仗他性。」此說彼諸異名。

　　[釋]：**然此**勝義、世俗皆不存在的自性，或自體**中者，謂於諸法或補特伽羅，隨一之境非由自**分別**心增上安立，執彼諸法各從自體，有本住性**──自主成立，**即是其相。如彼**非唯名言假立之顛倒識所**取境之諸法本體，或名曰我，或名自性，**此是就假設此我、自性存在去**觀察而顯明**其體，即所謂理所破。如《四百論》云：「**此皆無自在，是故**所破之**我非有**」此我即是自性之我。《四百論釋》云：「若法自性、自體、自在、不仗他性。」**此論所**說**乃是**彼諸異名**同義之詞。

不仗他者，非謂不仗因緣，是說有境名言之識為他，非由彼增上安立為不仗他。

　　[釋]：**不仗他者，非謂**僅**不仗因緣，是說有境名言之識為他，**即是指**非由彼**名言識**增上安立**本自成立，即**為不仗他。**此中"非謂不仗因緣"是指：不僅僅不觀待因緣──此即指自續派，或者是果不觀待因而生──此為實事師。以諸法的存在，若不仗因緣，即為空性之所遮，故若僅是不仗因緣則唯識派就以證到最究竟、最了義的空性，如此，就沒有必要再建立中觀應成派。因為唯識師亦於"瓶"了知為因緣所生，亦了知其作用亦是依他緣。且要分別內外道，依是否承許緣起而有所差別，但於內道要分別所破是否為真正輪迴生死的根本──俱生無明，或者僅是宗派遍計執，僅以緣起是不夠的，故因緣所生，分為：因生果之因緣所生，此是唯識…等諸實事師所許。及觀待自性有之因緣而生，此是中觀自續派所許。及觀待分別心假立之因緣，即有支及支分皆唯名言假立，此是中觀應成派所許。故文中所說：「非謂不仗因緣」，是說：不僅僅不觀待因緣，或者果不觀待因而生，而是說：有境之名言識。故依他之"他"，即指名言識，或分別心。意謂：非唯分別心假立，執彼諸法從其境上自體本自存在。此是最微細的緣起，唯有此緣起才能破除輪迴生死究竟根本之緣起正因。

俱生我執所耽著之境

- 自體：凡不依因，自能成就者。因←→果：如自之惡報現前。

- 自性：凡不依因緣，本自成立者。有支←→支分：如瓶不待瓶之支分。

- 自相：不須名言安立於彼自能成立者。
  瓶相不待心之顯相及義本自成立

不仗他者，非謂不仗因緣 —— 緣起

內 道	外 道
1、唯識諸實事師因生果之緣起	因中有果
└→識上之習氣所生	

2、觀待支分之緣起 { 自性有之支分

於不錯亂識顯現

3、唯名言假立之緣起 { 有支

支分

（p463+6）

言自在者，謂彼諸境各本安住不共體性，即彼亦名自性自體。此如計繩為蛇，其蛇唯就執之心假計而立；若觀何為彼蛇自性，則於境上蛇全非有，故彼差別無可觀察。

[釋]：**言自在者，謂彼諸境**不依名言安立，**各本安住**其**不共**之**體性，即彼亦名自性、自體。**亦即非唯分別心假立，而自主成立。**此如**妄**計繩為蛇，其蛇**唯就妄**執之心假計而**安立；若觀何為彼蛇**世俗義非唯名言假立之**自性，則於境上蛇全非有，故彼**蛇之形狀、顏色…等支分**差別無**蛇之自性**可觀察**得到。此說計繩為蛇的譬喻，需知是顯示諸法唯分別假立之義。然非是說唯分別假立而無

其體性存在及支分之安名處，此體性及支分之安名處亦是唯名言假立。又，雖說：以計繩爲蛇來譬喻諸法唯名言假立，但仍有是量、非量的差別。亦即成立世俗名言有三條件：其中(1)名言識所共許；(2)如所許義名言量無能妨害，如計繩爲蛇之例，此是爲顯示諸法唯名言假立之義。然，若以世俗名言有三條件而言，依繩安立爲蛇，是不符合世俗名言有的第(2)個條件，故不名爲量。因爲蛇並非依繩而安立，蛇乃是依蛇之體性，或蛇之支分而安立。如是乃名爲量。雖說依蛇之體性或蛇之支分，然皆唯名言假立方有。

（p463-6）

如是諸法，亦唯於名言識，如所顯現觀察安立，若於境上觀察諸法本性如何，全無所有。不如是執，謂非唯名言識增上安立，執彼諸法各由自體有可量見本安住性。

　　[釋]：**如是諸法，亦唯於名言識，如所顯現**分別**觀察**假名**安立，若於**其支分，或安立處之**境上觀察諸法本性如何**，即獨立由自方諦實存在**全無所有**。不會有**如是顛倒執，謂**諸法**非唯名言識增上**假名**安立，執彼諸法各由自體有可量見本安住性**，即由自方獨立存在。

（p463-4）

如《四百論釋》云：「唯有分別方可名有，若無分別則皆非有，此等無疑如於盤繩假計爲蛇，定非由其自性所成。」此說自性所成之相，故若非由內心增上安立，於其境上就自性門，有所成就。說彼爲我或名自性，若於差別事補特伽羅境上無此，名補特伽羅無我，若於眼等法上無者，名法無我。

　　[釋]：**如《四百論釋》云：「唯有分別**假立**方可名有**——亦即存在的任何一法，不論是勝義諦或是世俗諦，皆唯分別假名安立才有，**若無分別**假立而有一定是自性有，**此則皆非有**，亦即能安立的有境及所安立之境或有支及支分，此二皆唯名言假立，**此等無疑如於盤繩假計爲蛇**，於假名施設處全無蛇之自性，故諸法的存在**定非**不待名言假立，而**由其自性所成。」此是說自性所成之相，故若非由內心增上**假名**安立，於其境上就自性門，有所成就。說彼爲我或名自性**。若於差別事補特伽羅境上無此自性，**名補特伽羅無我**；若於眼等法上無此自性**者，名法無我**。

（p463-1）

由此當知，若於法上及補特伽羅執有此性，是二我執。如四百論釋云：「所言我者謂若諸法不依仗他自性自體，若無此者是為無我。此由法與補特伽羅有差別故，當知有二名法無我及補特伽羅無我。」

［釋］：由此當知，若於法上及補特伽羅執有此不待名言假立從其境上之自性，是人、法二我執。此如《四百論釋》云：「所言我者，謂若諸法不依仗他，從其境上有其自性、自體，若無此自性、自體者，是為無我。此無我由法與補特伽羅有差別故，當知有二名，即法無我及補特伽羅無我。」

由於中觀應成派本宗承許補特伽羅及補特伽羅之外的一切諸法皆唯分別心假立，其反面非唯分別心假立於彼諸境各自安住其不共體性，即是染污無明。亦即情器世間乃唯由分別心，將名字與之假安立過去，非由彼等不共體性顯現存在於前方，此分不共體性即是自性有。此自性有於自心相續是為補特伽羅我執，於他有情亦是補特伽羅我執。然而中觀自續派以下認為：補特伽羅我執即是執獨立實體我，執他有情為實有，故於自心相續執為有一個獨立實體的我即是薩迦耶見，但執他有情為實有並不是薩迦耶見。由此對比中觀應成派，執自心相續自性有是為補特伽羅我執即是薩迦耶見，然執他有情自性有是補特伽羅我執是否是薩迦耶見就成為問題了。因為，薩迦耶見是建立在補特伽羅能成為我（自己），但他有情不可能成為我，怎可稱他有情自性有之補特伽羅我執為薩迦耶見呢？因為，他有情並不能安立為我！所以，就產生問難了。

（p464+4）

若謂執補特伽羅有自相，為補特伽羅我執，不應道理。若不爾者，緣他補特伽羅執有自相，亦應是補特伽羅我執。若爾應成薩迦耶見，彼不執我薩迦耶見，不應理故。

　　〔釋〕：他宗問難：**若謂執補特伽羅有自相，為補特伽羅我執，不應道理。若不爾者，緣他補特伽羅執有自相，亦應是補特伽羅我執。若爾**緣他補特伽羅自相有**應成薩迦耶見**，然**彼**緣他補特伽羅自相有**不會生起執我**或我所**薩迦耶見**，因為緣他補特伽羅不是自相續，所謂薩迦耶見是生起此補特伽羅是我或自相續，**不應理故。**

（p464+5）

執補特伽羅有自性者，理應許為補特伽羅我執，如前說補特伽羅有性，為補特伽羅我故。然非補特伽羅我執，皆是薩迦耶見。

　　〔釋〕：本宗回答：**執補特伽羅有自性者，理應許為補特伽羅我執，如前**p464+1《四百論釋》：**說補特伽羅有**自性，**稱為補特伽羅我執故。然非補特伽羅我執，皆**一定**是薩迦耶見，如他相續之補特伽羅我。**

（p464+7）

若爾何為薩迦耶見我執，薩迦耶見分別我執。如正量部一分說緣蘊執我，雖無決定，然俱生我執，《入中論》中破蘊為所緣，釋說緣依蘊假立之我，故非緣蘊，唯緣補特伽羅，復須可執為我之補特伽羅，故他補特伽羅亦非所緣。

　　[釋]：**若爾何為薩迦耶見我執，薩迦耶見分別**（或遍計）**我執**。薩迦耶見我執又分俱生薩迦耶見及遍計薩迦耶見。此中遍計薩迦耶見**如正量部**有一**部分說緣蘊執我**（緣蘊有分：緣五蘊或緣心），此**雖無決定**，**然**至於**俱生**薩迦耶見**我執**的所緣，於**《入中論》中破**承許**蘊為**薩迦耶見的**所緣**，**《入中論釋》說**薩迦耶見**所緣是依蘊假立**名言**之我，故非緣蘊，唯緣**假立之**補特伽羅，復須可執為我**（自己）**之補特伽羅，故他補特伽羅亦非**薩迦耶見**所緣**僅為人我執所緣。故此論所破分二：一、破許薩迦耶見緣蘊體，而成立依蘊緣假立名言之我。二、破緣他補特伽羅自性有是補特伽羅我執又是薩迦耶見，以緣他補特伽羅無法執為我（自己）故。

◎ 薩迦耶見（顛倒見）：緣補特伽羅——自心相續，執有一自性之我。

◎ 〝我〞定須依於蘊，若無蘊體則無〝我〞；若談我則定離不開蘊體。

◎ 薩迦耶見：是依蘊體而執為有一個〝我〞；
　　　　　　　而此我又離不開蘊體，故蘊體即成〝我所〞。

薩迦耶見 ⎰ 我執
　　　　 ⎱ 我所執

◎ 〝薩迦耶見〞之所緣：一、應成派；二、自續派以下之差別。

應成派：

薩迦耶見 ⎰ 所緣：依著蘊體「唯名言假立之我」→ 存在 →非所斷
　　　　 ⎱ 所執：執「名言之我」爲「自性有」→ 此爲所斷

　　⎡ 人 —— 所斷 —— 自性有
　　⎣ 法 —— 所斷 —— 自性有
　　⎡ 執「自相續」爲自性有 → 是補特伽羅我執；亦是薩迦耶見
　　⎣ 執「他有情」爲自性有 → 是補特伽羅我執；然非薩迦耶見

※ 是補特伽羅我執，不一定是薩迦耶見 —— 如：他有情 ※
　　因爲：緣他有情不會執爲「我自己」的緣故
　　所以：執他有情自性有，不是薩迦耶見

自續派以下：

薩迦耶見 ⎰ 所緣：蘊 ⎰ 假立之補特伽羅 → 存在 ⎱ 非所斷
　　　　 ⎱ 　　　　 ⎱ 實有之補特伽羅(第六意識) ⎰
　　　　 　 所執：獨立實體我 → 此爲所斷

　　⎡ 人 —— 所斷 —— 獨立實體我
　　⎣ 法 —— 所斷 —— 實有
　　⎡ 執自相續 → 獨立實體我 → 薩迦耶見 → 補特伽羅我執
　　⎣ 執他有情 → 實有 → 法我執

※ 是補特伽羅我執 —— 即是薩迦耶見 ※
　　因爲：補特伽羅我執是以「我爲主；蘊爲僕」我可以主宰我的蘊體，
　　　　　但不可能他執有情的蘊體可以被我主宰。
　　所以：在他有情身上不可能執爲獨立實體的我。

（p464-5）

於此所緣執相云何，入中論釋云：「薩迦耶見執我我所行相而轉。」謂非但執有自相，須執為我。

　　［釋］：於此薩迦耶見所緣所執行相云何，《入中論釋》云：「薩迦耶見執我及執我所行相而轉。」所謂薩迦耶見執我及執我所行相非但執補特伽羅有自相，又必須執為是我(自己)。

（p464-4）

入中論釋云：「唯薩迦耶見是所應斷，此由悟入無我之我，即能斷除。」此說通達所緣之我，無其實我或無自性，由其行相相違而斷，故是執著慧相違品，此亦是執補特伽羅有自性，即是執有自相之我，執有我所薩迦耶見，亦當了知。

　　［釋］：《入中論釋》云：「唯薩迦耶見所執是所應斷，此由悟入無薩迦耶見所緣我(此我是名言之我)之自性我，此第二個我——自性我即能斷除。」此說通達所緣第一個我之名言我，無其諦實之我或無自性之我，由其無自性我與薩迦耶見行相之我即自性之我相違而斷除，如 p460+7 無我眞實義慧，其相違品是須於彼(無我眞實義慧)相違執者，即增益有我。故是執著與無我眞實義慧相違品，此亦是執補特伽羅有自性，即是執有自相之我，於所依境緣名言假立之我所執有自性之我所薩迦耶見，亦當了知。

（p464-1）

若不執為我及我所，唯執實有補特伽羅，即愚補特伽羅我之無明，非不染污。

　　［釋］：若不於自心相續執為我及我所，唯執他有情實有補特伽羅，雖非薩迦耶見，然即是愚補特伽羅我之無明，非不染污。因爲由此愚補特伽羅我爲我所，會引生貪、瞋…等煩惱。

（p465+1）

由是因緣，以有自性所立之我及念我心取境之我，二中初者是正理所破，後者許名言有，故非所破。此顯不破薩迦耶見俱生所緣，然非不破彼執行相自性之我。譬如不破執聲為常所緣之聲，然破彼執境之聲常，無有相違。

[釋]：由是因緣，以有自性所立之我及**緣**念我心取境之我，**然**此二者中初者**自性所立之我**是正理所破，後者**緣念我心取境之我**許名言有，故非**正理所**破。此顯不破薩迦耶見俱生所緣**名言之我**，然非不破彼**薩迦耶見所**執行相自性之我。**此即是前** p464-3《入中論釋》云：「此由悟入無我之我」之第二個我。譬如不破執聲為常所緣之聲，然破彼執境之聲常，無有相違。**如《入行論》云：**「未觸假設事，非能取事無。」**故於自心相續當中，若未現起染污無明所耽著自性有之境，則無法獲得通達空性之正見。**

（p465+3）

故聖父子及此二論師之論中，「若自性有，若自體有，若自相有，若是實有。」其自性等應知如前所說。顯無彼之句義，當知亦是顯示無明所執之義無。

[釋]：故聖**龍樹、提婆**父子及此**佛護、月稱**二論師之論中，「若自性有，若自體有，若自相有，若是實有。」其自性等應知如前 p463+4《四百論》**及《四百論釋》**所說。顯無彼**自性有**之句義，當知亦是顯示無明所執**自性有之境**義無。

◎ 有自性之我　→ 俱生薩迦耶見〝所執〞（不存在）→ 是正理所破
（非唯名言假立）

◎ 念我心取境之我　→ 俱生薩迦耶見〝所緣〞（存在）→ 非正理所破
（名言假立之我）及我的車子（名言假立之我所）…等

◎《入行論》云：「未觸假設事，非能取事無」

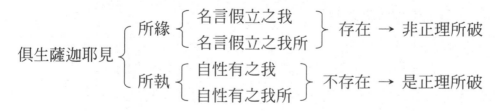

補特伽羅我執於自心相續上，是為薩迦耶見，於他相續上，非是薩迦耶見，而此薩迦耶見所執是於自心相續上執我非唯名言假立而有其不共體性之自性有，此執是輪迴生死的根本，此執之耽著境——自性有，雖是不存在的，然此不存在的必須依於存在的假立名言之補特伽羅——名言有。故以自性所立之我，是為勝義理智抉擇所應破，然名言假立之補特伽羅非所應破，故於所破上必須加勝義或自性之簡別。然而不存在的事物就無所謂的簡別了，直說無即可，譬如：兔角。

（p465+6）

第二於餘所破加不加之理。

[釋]：此科判是從 p457+1「第三明自宗所破分三」之第二科判。而此「第三明自宗所破」是來自於 p409-1 之「第三自派明顯所破之理」。由於第二科判「遮遣餘派未明所破而妄破除」說明之後，必須顯明自宗所破之見解，故由 p409-1 之「第三自派明顯所破之理」來說明。p457+1 此科判分三：一、正明所破義，此科判已敘述完。今天進入**第二科判「於餘所破加不加之理」**。此中所破即是指理所破，此所破即是指所執不存在的事物——自性有。又此所破必須依著存在的事物——所緣名言有。所以，理所破是以正理思惟抉擇去觀察此自性有，而非思惟觀察抉擇存在的事物名言有。若以理思惟抉擇存在的事物名言有，則會破除此存在的事物而成為斷滅見。因此，破不破除應有所簡別。所謂的簡別，即是特別說明所要破除的那一分，如生及自性生，理所破所要破的是自性生，故於破生時須加自性之簡別。因此，理所破所要破的是自性生而非破生，以生是名言有——是所緣非所破。

簡　別：理智抉擇所應破的那一份
法　　：分勝義諦及世俗諦
　　　　└→ 顛倒識體依著所緣之事物上（如瓶）
　　　　　　增益不存在的事物（如自性有）

（p465+6）

若石女兒及兔角等，諸畢竟無直可云無，不須簡別。如是雖於所知有，然依時處有有，有無，若說彼時處無，亦不須簡別。

　　［釋］：**若**像**石女兒及兔角等，諸畢竟無故**直可云無——不存在，**不須加勝義等簡別**——如石兒女是於勝義無，兔角於勝義無，只要直接說石女兒無、兔角無即可。**如是雖於所知有，然依時處有**的**有，有**的**無，若說彼時處無，亦不須**加勝義等其它**簡別**。前所說之石兒女及兔角，於所知中是不存在的，故直說無即可。然此於所知中雖有，亦直說無，不須加其它簡別。如有些花或芽，在時間上，夏天才有，冬天沒有；或某地方有、某地方沒有，故於陳述時就不須加勝義簡別。

（p465+7）

若中觀師雖於名言不許彼有，唯由自他實事諸宗，不共增益，破彼等時雖就意樂，有時須加，然實無須新加自性簡別，以彼諸宗已許彼義故。

　　［釋］：**若**就**中觀**應成**師雖於名言不**承**許彼**實**有**自性，**唯由自**部**他**部**實事諸宗**師，**不共增益**如共主或無方分極微、阿賴耶識，在**破彼**外道之共主、內道之無方分極微**等時**，於特殊少數情況下，**雖就意樂，有時須加**勝義或自性簡別，**然**在一般情況之下**實無須新加自性簡別，以彼諸宗**在一般情況**已許彼**共主或無方分極微、阿賴耶識**義故**。所謂的一般情況之下，即是要觀待他們的意樂才加上勝義或自性的簡別。如此才能令他們對於自宗所承許的產生懷疑，進而導引他們生起正確的見解。但在一般的情況之下，在破除他們所承許的共主及無方分極微等，不須要再加上勝義或自性的簡別。因為，就他宗而言，已承許他們存在，故本文才說：「以彼諸宗已許彼義故」，只要直接說：「無」即可。上面所說的於特殊少數情況下，雖就意樂，有時須加勝義或自性簡別，譬如對外道數論派，以其承許自生，而生即是自生，故破自生即破生。若對其出論式——瓶等有法非自生，此易令外道墮斷邊，故必須加勝義有。如瓶等有法勝義非自生，故破此自生並非破生。

（p465-5）

除彼所餘中觀諸師，於名言中所立諸義，任破何義皆須簡別。若不簡別，則於能破之正理，過失同轉唯成似破。

［釋］：之前破**除**石兒女、兔角等及根本不存在的事物，不須加上勝義等簡別而直接說：「無」。除此**彼所餘**如瓶、柱、補特伽羅等諸法類，**中觀諸師，於名言中所立**此於所知存在之**諸義，任破何義皆須簡別。若不簡別，則於能破之正理**，若破除此名言有之諸法，此種**過失同轉**於自身之上，此種正理**唯成似能破**。如下部派認爲：破自性有即破名言有。故中觀應成派於所知中所破若不簡別，則他宗認爲破自性有亦破名言有的過失，於中觀應成派自己亦犯此過失，以無名言有則成斷滅見故。

（p465-4）

又如前說中觀諸師，於名言中所立諸義，必須觀察有無自性之正理及名言量所不能害。

［釋］：此於所破不犯他宗破自性即破名言有的過失，如前所承許於名言中所存在的諸法，在安立他爲名言有時，**又如前說中觀**應成**諸師，於名言中所立**世俗名言有**諸義**之三條件，**必須**在**觀察有無自性之正理及名言量所不能**違**害。此中第一個條件是名言識所共許，如瓶子；反之兔角。第二個條件是爲餘名言量所不能違害，如執繩爲蛇。第三個條件觀察有無自性之正理無能違害，此三條件即是簡別。

〝唯〞名言假立；或〝唯〞分別假立
　　　　　　└→ 是遮自性有
　名言（或識體）對境所安立
　　　　　└→ 有名言所安立之自性，如：瓶
　名言有的三個條件：
　1、是名言識所共許
　2、餘名言量無能違害
　3、觀察有無自性之正理無能違害

(p465-3)

若不爾者，則於名言不許大自在等，而許色聲等所有差別全不得成。云此是道此是非道。此宗應理此不應理等，世出世間，皆無安立之方便。於自性空生死涅槃一切建立，皆應正理之特法不可成故。

[釋]：若不爾者，即是無名言三條件之差別及正理所破之簡別，則自宗於名言不承許大自在天等，而承許色聲等所有差別全不得成立。又云此是無漏道此是非無漏道。又此宗應理此宗不應理等，世出世間差別，皆無安立之方便。且於自性空生死涅槃一切建立，皆應正理之特法不可成立，以皆是由名言量或觀察自性有無之正理所違害故。此即如前文所說：「能破之正理，過失同轉唯成似破」。故於名言中所立諸義，任破何義皆須簡別。

(p465-1)

若量無害而欲破彼，是為智者輕笑之處，故破彼時定當簡別。《四百論釋》及《六十正理論釋》，破所破時有極多處，加彼簡別。中觀本論及佛護釋，明顯句釋，並入中論本釋等中，亦多處加，因見文繁及多已加，意其未加亦易通達。故未加處亦定須加，由彼無少加與不加差別理故。

[釋]：若所承許之法是為量無所違害而又欲破除彼法，是為智者輕笑之處，故破彼某一法時應是量所違害故定當簡別自性有或勝義有。《四百論釋》及《六十正理論釋》，破所破時有極多處，加彼諦實或自性、自相、自體…等簡別。中觀本論及佛護釋，明顯句釋，並入中論本釋等中，亦多處加諦實或自性、自相、自體…等簡別，因見文句繁多及多處已加，此意謂其未加簡別亦易通達。故未加之處亦定須加，由彼無少加與不加差別之理以其內涵無差別故。

（p466+3）

又云「觀察非有」，亦有多加觀察之簡別者，此如前說，若有自性，須許觀察實性正理之所能得，由未得故則無自性當知與說無有自性，同一宗要。如四百論釋云：「設此諸法，非如火輪及變化等，唯現欺誑而無實事，爾時若以正理觀察，定如金等自性可緣最極顯現，然彼唯由顛倒因生，若以觀察慧火燒煉，其性非有。」

　　　　[釋]：又論云「觀察非有」，此句於月稱論師所著論中，亦有多加觀察之簡別者後而破除，此如前說，若任一法有自性，須承許於觀察實性正理之所能得，由未得故則無自性當知與說無有自性，同一宗要。如《四百論釋》云：「設此諸法，非如圓形火輪及咒術變化等，唯現欺誑而無實事，即是圓形火輪非如其所現圓形火輪真實存在，或咒術所變現之象馬，非如其所變現象馬真實存在。爾時若真實自性存在則以正理觀察，定如火燒、水洗後之純金等自性可緣最極顯現，然彼自性有唯由顛倒因而生，若以正理觀察慧如火燒煉，其自性或假立義非有。」

（p466-6）

第三釋於所破應不應加勝義簡別。

[釋]：此科判是從 p457+1「第三明自宗所破分三」其中「第一正明所破義」及「第二於餘所破加不加此之理」已解釋完畢，現在從**第三科判釋於所破應不應加勝義簡別**開始做解釋，然此第三科判敘述「應不應加勝義簡別」是來自於前面 p410-6「第二、遮破他派未明所破而妄破除」。因為現今有些自許為解釋中觀義者，他們認為：「就真實義觀察生等有無之理，從色乃至一切種智一切諸法，皆能破除。」所以，破生時不應更加勝義簡別。因為，隨許何法，若以正理而正觀察，皆無塵許能忍觀察。又認為：「所破冠加勝義簡別語者，唯是中觀自續師軌」。然此種說法於前「第二、於餘所破加不加此之理」的科判中已破斥，p465-5「除彼（石兒女、兔角等）所餘中觀諸師，於名言中所立（瓶等世俗）諸義，任破何義皆須簡別。若不簡別，則於能破之正理，過失同轉唯成似破。」意謂若所承許之法是不為量所違害，欲破彼時，應當簡別自性有或勝義有。由此引申：若說所破加勝義簡別只有中觀自續派，是不合理的。因為，屬於中觀應成派的經論中，亦有諸多勝義簡別。若無簡別，則破除他宗的所有過失亦會在自宗產生。

以佛果位之一切種智有二：一切種智之盡所有性智及一切種智之如所有性智。此中一切種智之〝盡所有性智〞是正確無誤的通達一切世俗諦法，由行世俗之方便行之因而獲得色身；又一切種智之〝如所有性智〞是正確無誤的通達一切世俗諦法皆無塵許之自性，由此之因而獲得法身。再進一步來說，果位時得法身即得色身，得色身即得法身，二身互用，且不相違。如單修空慧不知方便，不但不得色身，即法身亦不能得。然此又必須在因位獲得正確的認知，即應抉擇二諦之理而以教理證之，亦即於世出世一切法之本體中，抉擇其無少許自性，成立勝義量，次於因果法各各決定，毫無紊亂，成立因果名言量。此二量不但能生起，又能互助，於此決定，始為通達二諦，得佛真意。故若如自許為解釋中觀義者所說，於所破不加勝義簡別，則無法安立世俗名言量。

若無法安立世俗名言量，則於果位時就無法獲得一切種智之盡所有性智；若沒有獲得一切種智之盡所有性智，則亦無法獲得一切種智之如所有性智。假若又說，雖能通達世俗諦法，然非由量來成立，若如是，則一切種智之盡所有性智就會有成爲錯亂之大過失。

（p466-6）

說於所破加勝義簡別，唯是中觀自續派者，極不應理。入中論釋引佛母云：「長老須菩提，豈無所得無所證耶，須菩提曰：長老舍利子，雖有所得亦有所證，然非二相之理。長老舍利子其得證者，是依世間名言而立。預流一來不還阿羅漢獨覺菩薩，亦依世間名言而立，若勝義中無得無證。」須如是許，豈謂入中論釋所引爲自續派之經耶，如是諸了義經加勝義簡別者，實亦繁多。

　　[釋]：他宗有一類學者說於所破加勝義簡別，唯是中觀自續派者，此〝唯〞字即是說中觀應成派於所破不應簡別，本宗云：「此種說法極不應理」。此於月稱論師所著《入中論釋》引佛母（般若經）云：「舍利子對**長老須菩提**提出疑難，**豈無所得**（資糧道、加行道、解脫道…等）**無所證**（種種功德或佛果）**耶**，如《金剛經》云：「世尊問：須菩提！於意云何？須陀洹能作是念，我得須陀洹果不？須菩提言：不也。世尊！」此意謂：於勝義中無所得亦無所證。故**須菩提曰：長老舍利子，雖有所得亦有所證，然非**以勝義有、自相有**二相之理**而存在。**長老舍利子其**所得所證者，是依世間名言而假立。**預流一來不還阿羅漢獨覺菩薩，亦依世間名言而假立，若勝義中無得無證。」此於所破之上加勝義簡別，**須如是**承**許，豈謂**中觀應成派月稱論師所著《入中論釋》所引《般若經》之經文**爲自續派之經典耶**，不僅如此，其餘**如是諸了義經加勝義簡別者，實亦繁多**。故非只有中觀自續派才有簡別。

依世俗諦而入勝義諦
└→ 執其眞實存在 → 即由自性有成立
└→ 二顯錯亂自性有、自相有、自體有
有所得所證是名言識安立

（p466-2）

七十空性論云：「住生滅有無，劣等或殊勝，佛依世間說，非是依真實。」寶論云：「言有我我所，此於勝義無。」又云「若種子虛妄，其生豈諦實。」又云「如是世如幻，雖現有生滅，然於勝義中，生滅皆非有。」於所破加勝義諦實真實者極多，未加彼時亦多加無自性自體自相等簡別。

　　　［釋］：七十空性論云：「住生滅有無，劣、中等或殊勝，佛依世間名言假說，非是依真實。」《中觀寶論》云：「於世俗言有我我所，此我我所於勝義無。」《中觀寶論》又云「若種子情器世間是虛妄幻化所生，其生豈諦實。」《中觀寶論》又云：「如是情器世間如幻，於名言中雖現有生滅，然於勝義中，生滅皆非有。」此於經論所破加勝義、諦實、真實者極多，未加彼（勝義、諦實、真實）時亦多加無自性，自體、自相…等簡別。

（p467+2）

佛護論云：「諸佛說正法，正依於二諦，世間世俗諦，及以勝義諦。」若以世間世俗諦故，可說有瓶有席，即以此故，亦可說彼無常瓶壞席燒。若時意依真實，爾時瓶席唯是假名且不應理，況其壞燒云何應理。

　　　［釋］：《佛護論》中引《中論》之文云：「諸佛說正法，正依於二諦，世間世俗諦，及以勝義諦。」若以世間世俗諦故，可說有瓶有草席，即以此為因緣和合故，亦可說彼無常瓶壞、席燒。若時意樂依真實，爾時瓶、席唯是假立名言且說勝義有不應理，更何況其勝義有瓶壞，勝義有席燒云何應理。

（p467+5）

復次，如來若以世間世俗增上可說無常，謂如來老及說如來已般涅槃。若時意樂依於勝義，爾時如來且不應理，況老涅槃云何應理。月稱論師說破實生，非破有生。

　　　［釋］：復次，如來若以世間世俗名言增上可說無常，謂如來老及說如來已般涅槃。若時意樂依於勝義，爾時「如來且不應理，況老涅槃云何應理」。月稱論師解釋說此是破諦實之生，非破名言有之生。

依 世 俗 諦 而 入 勝 義 諦
　　└──┐　　　└──→ 執其自性有眞實存在
　　　　└──→ 二顯錯亂自性有

如：臉之影像

緣生與自性無生 → 不相違
　　　（自性有）

（p467+7）

如六十正理論釋云：「若於何相影像可得，緣生虛妄，我不說彼現可得者，名為無生，然於何性立為無生，即於彼性說為無生。為於何性立無生耶，謂許實自性非虛妄性，以許彼於妄性為緣起故。」此說不破虛妄幻生唯破實生，故說緣生與性無生二不相違。

　　[釋]：如《六十正理論釋》云：「若於何相影像可緣得到，因緣和合而生虛妄，我不說彼因緣和合緣生之法類現可緣得到者，名為無生（沒有生）——此是說前非破名言有之生，然於何諦實或自性可立為無生（不存在），即於彼諦實或自性說為無生（不存在）。為於何種特性立無生耶？謂許諦實存在之自性非虛妄性，以許彼諦實自性於妄性（如現非有）為緣起故。」此說不破虛妄幻生——即非破名言有之生，唯破諦實之生，故說由因緣而生與自性無生，此二是不相違。

（p467-5）

即前論云：「生與無生二境異故，有何相違。」又云，「若時我說緣生，即性無生，猶如影像，爾時何有攻難之處。」此答緣生與性無生相違之諍。

　　[釋]：即前《六十正理論釋》云：「因緣和合而生與無自性生，此二之境是異故，有何相違。」又云，「若時我說緣生，即自性無生，猶如鏡中影像，爾時何有攻難之處。」此答因緣和合而生與自性無生相違之諍難。

《佛護論》云：「諸佛說正法，正依於二諦，世間世俗諦，及以勝義諦。」此意謂：佛所宣說之正法依於勝義及世俗二諦，此二諦亦是依於內心所證所知，如《父子相會經》云：「所知亦唯世俗勝義二諦中攝。」由此即可了知，在因位時必須建立何謂世俗、何謂勝義、且勝義與世俗是不相違之見。故說由緣起之正因而來通達一切諸法皆是自性空，次由自性空而來圓滿的安立緣起。又所謂的世俗諦，即是一切諸法本無自性然由錯亂顛倒之識體執為有自性，故說緣生虛妄。又何謂虛妄呢？以抉擇勝義理智了知此自性空，此自性空即是勝義諦，而此勝義諦與世俗諦能於任一法上成立其為不相違且又能互助，故說生與自性無生是沒有相違的。此種不相違的認知若能於心識上建立，即能獲得龍樹菩薩所建立中觀應成派不墮常、不墮斷中道之見，由生起此種認知之始，才能真正趣入解脫成佛之道次第。

（p467-3）

《入中論》云：「由此次第，當知法實性無生，世間生，」此於無生加實性簡別。又云：「如此瓶等實性無，而於世間許為有，如是一切法皆成，故無過同石女兒。」此說內外一切諸法，於真實無，於名言有，故非於所破不加勝義之簡別。

　　[釋]：《入中論》云：「由前所說**此次第，當知**因緣所生之**法實**有自性**無生，世間**名言而有**生，」此於無生加實性簡別。又云：「如此瓶等實**有自性**無，而於**世間**名言**許為有，如是一切法**或勝義諦及世俗諦**皆可**成立，**故無**過失如同石女**兒**般的。」此《入中論》、《六十正理論釋》**說內外一切諸法，於真實無，於名言有，故非於所破不加勝義之簡別。

（p468+1）

總於所破，若全不許加勝義簡別，則不可立二諦差別，謂於勝義如此如此，及於世俗如此如此，全未說有如此之中觀師，故唯邪分別。

　　[釋]：總於所破，若全不許加勝義簡別，則不可立二諦差別，謂於勝義如此如此的行相，及於世俗如此如此的行相，全未說有如此在所破不加勝義簡別及不安立二諦之中觀師，故若如是不加簡別，則唯有邪分別即無法安立二諦。

(p468+2)

《明顯句論》破「於所破加勝義之簡別」者，是就破自生，非唯破生，釋中極顯。

　　[釋]：《明顯句論》破「於所破加勝義之簡別」者，此句若是就破自生而言，則不須要勝義簡別，以於世俗名言有不存在如同兔角，直說無自生即可。然非說唯破生不須要簡別——是須於勝義或自性之簡別，以生是於世俗名言是有的，此於前面之解釋中極為明顯。

(p468+3)

《入中論》云：「阿黎耶未加簡別，總云『不自』而破其生，若簡別云，『諸法勝義不自生，有故，如有思，』當知其勝義之簡別，全無義利。」

　　[釋]：《入中論》云：「龍樹阿黎耶於《中論》破四生時未加勝義簡別，總云『不自』而破其自生，若簡別云，『諸法勝義不自生，有故，如有思，』當知其論式勝義之簡別，全無義利，以自生於世俗不存在故。」此中所破未加簡別，雖只說是自生，然事實上破四生皆是無須勝義簡別的。以四生中之共生及無因生，是無須簡別。然內道所許之他生亦無須簡別，因為，他生與眾緣而生是不同的，故可直云：「無他生」，以許他生定是自性有。

(p468+4)

故中觀自續師與應成師，非就於所破加不加勝義簡別判之為二，然於名言破不破自性則有差別。

　　[釋]：故中觀自續師與應成師，非就於所破加不加勝義簡別判之為二，然應成師與自續師於名言破不破自性則有差別。

由世俗諦而入勝義諦。

世俗名言有 → 存在

名言自性有無 → 應成派 → 自性簡別，故世俗名言無自性

                 → 世俗名言無自性
                 → 勝義亦無自性

名言自性有 → 自續派 → 勝義簡別，故勝義自性無

                          → 破唯識派勝義有自性

                 → 世俗名言有自性
                 → 勝義於名言安立亦有自性

（p468+6）

若於內外諸法破自性時，如應成派則不須新加或勝義或真實或諦實之簡別，以有自性，即已成為勝義等故。若自續派於彼不加勝義等者，則不能破，故加勝義或真或諦。然於生滅及繫縛解脫等，若不簡別或云勝義或自性等而說能破，兩派中觀俱所不許。

[釋]：**若於內外諸法破自性時，如**中觀**應成派則不須新加或勝義或真實或諦實之簡別，以有自性，即已成為勝義等故。若**中觀**自續派於彼**名言有**不加勝義等**簡別**者，則不能破，故加勝義或真**實**或諦**實**。然於**名言所安立之**生滅及繫縛解脫等，若不簡別或云勝義或自性等而說能破，兩派**應成派及自續派之**中觀師俱所不**承**許。**由此進一步的來說明：中觀應成派空性的所破——自性有，即是諸法非唯名言假立從其自境不共而有。中觀自續派空性的所破——勝義有，即是諸法不觀待不錯亂心安立從其自境不共而有。也就是一切法的名言安立必須具備二種條件：第一、被安立的法的本身，須有其能在心上顯現自性有之體性；第二、能安立的心亦必須沒有錯亂，即是要顯現自性有。唯識派說不依內識顯現，而有能取、所取異體之實有色等外境，譬如色離能見色之心而實有者，意謂：成立色⋯等法，不須觀待名言識安立從其自境不共外境而有。也就是，唯識師說：由第八識過去薰習力顯現為藍色的體性但不是藍色，須觀待分

別心安立後乃名為藍色。

　　再來解釋〝勝義〞二字，而勝義即是空性，是大乘行者主要所修的，其目的是為了要斷除成佛之所知障。然而經論所說的〝勝義〞此二字，非唯指聖者無分別智現量所證之空性，亦是指異生聞、思、修空性之比量智，因為，現量證空性之前必定要先有比量證。

（p468-5）
若爾何為勝義無之義，此中義謂所知，勝謂第一，二同一事。又勝謂無分別智，彼智之義或境故名勝義。又無分別智現證勝義，順彼之慧說名勝義。

　　[釋]：**若爾何為勝義無**或勝義中非有、無彼說之勝義**之義**，此勝義有三種解釋：第一、以境的角度而言──**此中**勝義之**義謂所知**，即存在的法。**勝謂第一**（殊勝），此**二**是所知，又是第一殊勝，即是指甚深空性，故說此二者**同一事**。第二、以有境的角度而言──**又勝謂無分別智，彼**現證空性無分別**智之義或境故名勝義**，亦是指甚深空性。彼現證空性無分別智，不以義共相來證其所執空性境。

　　由第一、境的角度引申第三、順彼無分別智所通達之境；由第二以有境的角度引申第三、順彼無分別智所通達之有境；故第三、**又無分別智現證勝義，順彼**無分別智現證勝義**之**聞、思、修有分別之智**慧說名勝義**，此亦是指甚深空性。何謂聞、思、修有分別之智慧？即以義共相來證其所執空性境。何以由第一、境的角度；及第二有境的角度而來論及第三、順彼無分別智所通達之境及有境呢？因為於經論當中所說〝勝義〞二字，非唯指空性，仍須論述通達空性之智慧。因為，智慧有二：勝根本無分別智及依正因而通達空性有分別之智慧。

　　　　勝義──
　　　　1、境　　→　空性之境
　　　　2、有境　→　通達空性之智慧
　　　　3、隨順　→　(1)空性之境 (2)通達空性無分別智之有<u>分別智</u>
　　　　　　　　　　　　　　　　　　聞、思、<u>修</u> →比量（有分別）
　　　　　　　分別心定有<u>義共相</u> → 顯現境之大小、顏色、義理等。

　　勝義無或勝義中非有,由境——空性及有境——無漏智的論述而來成立隨順勝義。以凡經論所說之勝義,非僅是論述現證空性時,由無漏智所通達之空性境而已,還必須論述到有境。如前所說,有境之智慧又分二:聖者現量證空性之無漏智及凡夫異生由聞、思、修所證空性之比量智。因為,由聞、思、修所證空性之比量智,其所通達之境與聖者無漏智所證之空性境是一樣的,其差別只是在比量智是有分別,聖者之無漏智是無分別而已。由此來論述,由分別思惟修才能生出無分別之無漏智,反之,若說有分別皆是錯誤、皆是所應斷或說是漸教,此種觀點是錯誤的。因為由聞、思、修證空性之比量智皆是分別,若說有分別皆是錯誤、皆是所應斷,則聞思經論應成增長顛倒見,如是則凡夫異生就無任何因緣可轉凡為聖,斷輪迴趣入涅槃。故若於一開始時以無分別而修而否定了分別思惟,此種認知不僅破壞了世俗諦也破壞了勝義諦。因為布施、持戒…等皆會變成非解脫、成佛之正道而破壞了世俗諦;又,由聞、思、修等分別思惟之比量而現量證空性之次第亦被破壞,此即是破壞了勝義諦。

（p468-4）

如云:「此中諸地等,於勝義無生。」《熾然分別論釋》云:「言勝義者,是所知故名義,即所觀所了之增語。勝是第一之異名,略云勝義。謂此是義復是最勝故名勝義。又勝之義,以是無分別勝智之義故名勝義。又順勝義,謂於隨順能證勝義之慧,有彼勝義故名順勝義。」

　　[釋]:如《中觀心要論》云:「此中諸地、水、火、風等,於勝義無生。」亦即於勝義理智抉擇無地、水、火、風等,故說勝義無生。又《熾然分別論釋》云:「言勝義者,是所知(為心之所行境)故名義——境,即所觀——對境觀察,所了——對境所了知之增語,亦即境或義。勝是第一之異名,略稱云勝義。此是解釋前說勝義有三種之第一種。謂此是義復是最勝故名勝義。第二種、又勝之義,此勝是指無分別智,義是指無分別智之境。以是無分別勝智之義或境故名勝義。此亦是指甚深空性。第三種、又順勝義,謂於隨順能現證勝義無分別之智慧,以其有彼勝義甚深空性故名順勝義。」此中隨順即是說:由異生之資糧道及加行道,聞、思、修所生證空性有分別之智慧。

如云於勝義非有。或說云無彼說之勝義，即最後者。如此論云：「若爾，勝義超一切心，破法自性是文字境，是故豈非無可破耶。勝義有二，一謂無作行轉，出世無漏無諸戲論，二謂有作行轉，福智資糧隨順清淨，名世間智有諸戲論。此中立宗取彼差別故無過失。」此取聞思以上，如理觀察真實義慧，不應唯取聖後得智。

[釋]：如前云於勝義非有。或說云無彼說之勝義，即前三種勝義所解釋的最後一者順勝義。如此《熾然分別論》云：「他宗問云：若爾，勝義根本無分別智超一切二顯分別錯亂之心，然遮破法有自性是屬於文字境（以理路分別思惟破除法上之自性，即是依著正確的理由在分別心思惟觀察生起無自性有、無諦實有之義共相），若勝義只安立它為勝義無分別根本智，即是現量證空性，是故豈非無可破耶。自宗答云：勝義有二，一謂無分別作行轉，出世無漏無諸戲論，二謂有分別作行轉，福智資糧隨順清淨，名世間智（聞慧、思慧、修慧）有諸戲論。此中立宗取彼一、二之差別，故無他宗所說的勝義唯有聖者無分別智所通達之空性境之過失，還有以聞、思、修由其義共相引領而通達空性之境。」此隨順勝義取聞思以上之智慧，如理觀察真實空性義慧，不應唯取聖者後得智之隨順勝義。以五道而言，先由資糧道而入加行道，再入見道、修道最後是無學道，同樣的以通達空性境的智慧而言，亦定須先有比量證才能現量證。比量又分：聞、思、修所成慧，此皆須依教依理思惟抉擇，於心相續中無誤的通達所欲了知空性之境義。

比量所思惟之論式——【諸法無自性，緣起故，如虛空】此論式中，由緣起正因之勢力而現證空性，非由緣起之正因而現證空性，以緣起之正因是有為法，與現證空性無為法之體性相違，故說由緣起之正因而遮除其反面非緣起——自性有，依此勢力而現量證空性。意謂：由比量所產生法無我的認知，到了第二剎那即成已然概念化的「再決識」。由於此「再決識」之生起，僅憑直接憶持，不依間接推理；因此，它不但是量，而且是現量——有分別之現量。若將此了悟"法無我"之再決識，於定中相續憶持下去，即可趨入止觀雙運之世第一法；進而無間趨入見道位，轉成現觀"法無我實相"無分別的瑜伽現量。所以，自宗說勝義有二：（一）謂無作行轉，出世無漏無諸戲論；（二）謂有作行轉，隨順勝義，故無他宗問難的過失。

比量（聞、思、修）→ 現量

- 有分別之現量 → 異生位
  ↓
- 無分別之現量 → 聖者位

（一）無作行轉：出世無漏、無諸戲論。

（二）有作行轉：福智資糧隨順清淨，名世間智有諸戲論。

（p469+4）
《中觀光明論》云：「言勝義無生等，其義通許一切聞思修所成慧，皆名勝義，無倒心故。是此之勝義故，現與不現而有差別。由彼增上知一切法，皆唯無生，故說勝義無生者，是說彼等由正知故生皆不成，」與前說同。

　　[釋]：《中觀光明論》云：「言勝義無生等，其涵義通許一切聞思修所成慧，皆名勝義，無顛倒心故。是此無倒心識之勝義故，有現（無以義共相來證其所執空性境）與不現（以義共相來證其所執空性境）而有差別。由彼現與不現增上知一切法就空性境中而言，皆唯無生、無滅，故說勝義無生者，是說彼聞慧、思慧、修慧等由正知故生、滅…等皆不成，亦即生、滅…等於空性境中皆不存在，然非說於名言不存在。」與前《中觀心要論》及《熾燃分別論》所說皆同。

（p469+6）
《中觀莊嚴論釋難》云：「何為無自性性，謂於真實。言真實者，謂隨事勢轉，比量所證真實義性，真實義相觀察即空。由此宣說真實及勝義等。

　　[釋]：靜命論師所著的《中觀莊嚴論釋難》云：「何為無自性之體性，謂於真實（隨於勝義理智觀察如其所顯現勝義無自性真實存在或勝義簡別）。言真實者，謂隨具體的事實勢力而轉，比量（依著正因於其所欲通達之隱蔽分不錯亂之了知）所證真實義性即是真實，此真實義相觀察的心識如其所觀察的自性不存在即是自性空。由此自性空而宣說真實及勝義等。

（p469+8）

又唯真智說名真等，是彼所緣故。由此真智意樂增上，名無自性，非由世俗識增上。」於無自性加真等簡別，《般若燈論》《熾然分別》，二論亦有多說。

　　［釋］：又唯真智——聖者根本定之智說名為真等，此真實——無自性是彼聖者根本定之智所緣故。由此真智意樂增上即是指聞、思、修之理智，而此自性並不是由觀察勝義理智所成的緣故名無自性，此無自性亦非由世俗識來增上安立自性是沒有，是由此真智意樂增上聞、思、修安立為無自性。」此是說於《般若經》所說無自性應加真實…等簡別，清辨論師所著的《般若燈論》及《熾然分別》，此二論亦有多說。此中〝亦〞者，是說不僅《中觀莊嚴論釋難》有說，包括《般若燈論》及《熾然分別論》亦有多說。

（p469-5）

猶如般若燈論釋十五品云：「若無自性，云何是事，若是事者應非無性，故以彼語有謗自宗。」謂立宗云事無自性，則有自語相違過失。

　　［釋］：猶如般若燈論釋十五品云：「下二部論師問難云：若無自性，云何承許是事呢？若是事者應非無自性，故以彼語（承許是事定有自性，不應許無自性，若許是事又許無自性，則有自語相違）有謗自宗之過失。」謂立宗云許是事又許無自性，則有自語相違過失。

（p469-3）

即前論中答此諍云：「非許勝義諸事有性，次立宗說彼無自性，故無謗宗義。非因不成，故此無過。」

　　［釋］：即前《般若燈論》中答此諍辯云：「非許勝義諸事有自性之簡別，次立宗說彼諸事無自性，故無誹謗宗義。非正因不成，以若先說勝義有自性，後說勝義無自性，則自語相違，然說無自性是有勝義或真實之簡別，故勝義無自性之正因可成立，故此無你所說之過失。」

（p469-2）

謂許諸法勝義無性，非毀謗故。若於名言謂無自性，許為毀謗極為明顯。

　　［釋］：本宗總結：謂許諸法勝義無自性，非是毀謗故。若於名言謂無自性，許為毀謗極為明顯。

（p469-1）

又彼論云：「勝義諸內法皆無自性性，所作性故，殊勝言說待所依故，譬如幻師所化人等。」此破自性決定當加勝義簡別。

〔釋〕：又彼《般若燈論》云：「勝義諸內法皆無自性性，所作性故，殊勝言說就是指正因之論式，是觀待所依之差別因──所作性之造作者故，譬如幻師所幻化之人等。以此喻證成無諦實。」此破自性決定當加勝義簡別。

（p470+1）

言勝義無者，義謂若以如理觀察之正理，觀實性時見彼非有。此諸論師一切皆同。

〔釋〕：言勝義無者──參考 p468-5「何謂勝義無」，義謂若以如理觀察之正理，觀察實性時見彼非有自性。此中觀應成派、自續派諸論師一切皆同。

（p470+2）

故清辨論師論中，立世俗時，亦說不以順見真實觀察，破自性時，多說以理觀察為無，此與前說皆同。

〔釋〕：故清辨論師所著之論中，安立世俗時，亦說不以順見真實觀察即是不觀察有無真實或有無勝義而安立，然破自性時，多說以理觀察為無，此以理觀察為無與前 p469+6《中觀莊嚴論釋難》所說勝義或真實簡別皆同。

（p470+3）

然凡有性，堪忍觀察實性正理推察，許否不同，此二論師若有自性，則定須忍觀察實性正理推察，故亦定成勝義中有，如前數說。

〔釋〕：然凡有自性，堪忍觀察實性正理推察，中觀應成派（許堪忍實性正理觀察──勝義理智所成立）與中觀自續派（非許堪忍實性正理觀察──非勝義理智所成立，而是由世俗名言所成立）許否不同，此月稱、佛護二論師若有自性，則定須堪忍觀察實性正理推察，故亦定成勝義中有，如前數說。

此處 p470+5 之科判是由前 p409-2 之科判——「第二　正抉擇眞實義」而分出。正抉擇眞實義又分三：「一、正明正理所破」——已釋竟。現在的進度是從「二、破所破時應成自續以誰而破」開始。

「正抉擇眞實義又分三：一、正明正理所破。」〝正抉擇眞實義〞即是抉擇空性之義，欲抉擇空性定須依著〝正理〞。故此處先明〝正理〞有二：

1、觀察思惟抉擇遮除其無明所執所應破的那一分，是屬於智慧之抉擇——智慧資糧。

2、於煩惱思惟觀察抉擇轉化或厭離，是屬於方便分之抉擇——福德資糧。

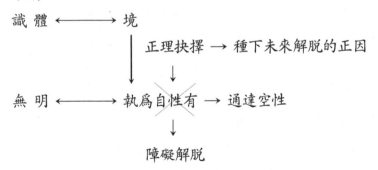

智慧之抉擇：

此中「一、正明正理所破」主要是善明所破輪迴生死的主要根本，因爲各部派都會論及輪迴生死之根本，但須明辨哪一部派才是最究竟、最圓滿。故若正理所破遮破太過，則會變成世俗名言全無，而成爲斷滅見；若正理所破遮破太狹，則會變成世俗名言是自性有，而成爲常見。故若是遮破太過或是遮破太狹，皆無法獲得中觀應成派之正見，於此獲得暇滿人身時，則無法種下未來解脫成佛之正因。此正因於《菩提道次第廣論》〈毗鉢舍那〉主要是分辨中觀應成派及中觀自續派之間的微細差別，及破斥自許爲中觀應成派者錯誤的見解，而令自身能獲得中觀應成派之正見，且又能熏習行持菩薩道的資糧。以《現觀莊嚴論》云：「發心爲利他，欲正等菩提。」此中〝發心

爲利他〞即是利他有情心續之涅槃，故此論又云：「諸欲饒益眾生，由道種智成辦世間利。」此意謂：成辦菩薩求事所有方便，即是了知三乘道，遍攝三種種姓。又，〝欲正等菩提〞即是必須斷除二障成就佛果位，此又必須具中觀應成派之正見。

(p470+5)

破所破時應成自續，以誰而破分二，一 明應成自續之義，二 身生正見當隨誰行。

　　[釋]：此中〝破所破〞的重點在於：破邪顯正。所以，此科判特舉中觀應成派、中觀自續派的見解來說明隨何者更能顯示出最究竟的破除邪執。佛陀爲了令眾生了解如何去遮除生死輪迴的這一分執實，故三轉法輪而開出了有部、經部、唯識、中觀四部宗派之見。此中有部、經部、唯識對於諸法的建立是全然從境上而安立──即勝義有自性，並沒有觀待有境，此爲粗分之緣起。也就是以勝義理智抉擇，唯抉擇遍計所執，不抉擇依他起、圓成實。譬如唯識派所主張的依他起、圓成實勝義有，也就是不需要名言安立，全然從境中而有之勝義有、實體有。有部、經部也是一樣，許諸法有我（法實體有），理智唯抉擇人我執。但，中觀派不許勝義有自性，故遍計所執、依他起性、圓成實性皆爲勝義理智所抉擇。故中觀派所承許之緣起，比唯識派還要更深細。中觀自續派在安立某一法時，除了從境上而有之外，同時〝境〞還要觀待〝有境〞，此爲中等緣起。此種相互觀待之見解與中觀應成派之見非常的類似，然不同的是：中觀自續派諸法的成立，其境必須有其能力在心識上顯現，而這分能力恰恰說明了此派於名言上是定許有自性的，不像中觀應成派〝諸法不僅相互觀待，且皆唯名言假立〞此爲最細分之緣起。所以，中觀應成派、中觀自續派他們兩家由獲得這樣觀察的正見以後再住定實修，就有可能在根本定中遣除勝義有自性而通達無自性。於定中唯證勝義無自性──空性。此時固不現世俗法；但出定後，世俗緣起因果法不能沒有，既然有世俗緣起因果法，就必須要見它。如是，此二派於出定後見世俗緣起因果法的情況──是用什麼觀念來見世俗緣起因果法？兩派就大不相同了。中觀自續派是：一方面見爲如幻，一方面又感覺這如幻是有自性的──即世俗名言有；其只把勝義有自性的那一部分遮掉，而說勝義無自性。至於世俗緣起因果法，是決定有自性的。中觀應成派是：根據在定中盡破諸法實有自性之力，出定後見到世俗緣起因果法，除現爲「唯假世俗法」外，連些許的自性也沒有。也就是說：中觀應成派見世俗就是見世俗，絕不同時感覺有什麼自性──除非完全失掉了定中執持無自性的餘力。

粗分緣起：勝義理智抉擇有所獲得，若有即勝義有自性 —— 勝義有。
　　　　　此是唯識派實事師以下所許。

　　唯識：雖許法無我，然其法無我唯遮遍計所執，故許依他起性、圓成
　　　　實性爲勝義有自性。
　　有部、經部：許法有我、法實體有、法實質有，唯說人無我。

緣

起

　　　　　　　　　　　遍計所執 ┌ 所　斷 —— 不得義相遍計所執→勝義理智所抉擇
　　　　　　　　　　　　　　　　└ 非所斷 —— 假立名言遍計所執→要自體有

　　　唯 識 派 ── 依他起性 ┌ 勝義理智抉擇有所獲得，故不須觀察 → 勝義有
　　　　　　　　　　　　　　└ 其自體性不須觀待有境，從其自境不共而有
　　　　　　　　　圓成實性

── **中等緣起**
　　（自續派）　┌ 勝義理智抉擇無所獲得，故說勝義無自性 —— 非勝義有，
　　　　　　　　└ 此是中觀派之〝中觀〞。

　細分緣起
　（應成派）

　　　　　　　　　　　遍計所執 ┌ 自續派：勝義有
　　　　　　　　　　　　　　　　└ 應成派：自性有
　　　　　　　　　　　　　　　　┌ 自續派：名言有自性
　　　中 觀 派 ── 依他起性 ┤　　　　　　　　　　　　　境要觀待有境
　　　　　　　　　　　　　　　　└ 應成派：名言無自性
　　　　　　　　　圓成實性 ┌ 自續派：名言安立有自性
　　　　　　　　　　　　　　└ 應成派：唯名假立無自性

　　　　　　　　── 自 續 派：勝義無自性
　　　　　　　　── 應 成 派：無自性

中觀分應成派與自續派，此二派於勝義理智抉擇中同許無自性，唯於世俗名言安立上，中觀應成派許無自性。中觀自續派於世俗名言許有自性，若無自性，則不能安立諸法，故隨順何派的見解才能真正破除輪迴生死根本之邪執呢？首先，必須透過中觀應成派與中觀自續派的定義來了解中觀應成、自續所說〝破所破〞的三支比量——遍是宗法性、同品定有性、異品遍無性。

問：為何稱為應成派呢？
答：因為此派主張，單單用應成的破式，就能使對辯者心中生起了解我方論
　　點的比量，所以便如此稱呼。

所謂的〝單單用應成的破式〞即是指以依他所許為因，而破除他宗比量的所為義。譬如(1)外道立「聲是常」時，單單以應成式來說：若聲是常，則成非所作性。若是非所作性則如同無為虛空。故此即是依他所許而立出的破除他方見解的論式。

應成破式 → 依他所許
外 道 立：聲是常——雖許聲是常，然是所作
應成破式：若聲是常，則應變成非所作，如：無為虛空。

(2)內道唯識派認為：夢中的意識是實有自性的，以醒時能憶念夢中的領受
　　　　　　　　　故。因能憶念夢中的領受，故意識是實有自性。
【應成破式】：若醒時有領受就可以證明意識是實有的話，那夢中的大
　　　　　　　象，也會變成實有自性了。以醒時，亦可憶念夢中的
　　　　　　　大象故。

(3)實事師認為：諸法是實有自性，而又立眼不自見，但能見他。
【應成破式】：不能自見，亦不能見他。以汝立有自性故。因為有自性就
　　　　　　　不觀待因緣，不觀待因緣，眼既不能見自，亦不能見
　　　　　　　他。以皆不需要觀待因緣故。

所以，應成式是說：〝若依你所許，會變成……〞。因此，以應成式去破對方的時候，會令敵者於自己的宗見產生懷疑，這時，再立出真正的因三式。如上例所說：【眼不見自，能見他。以觀待緣起，無自性故，如：耳聞聲。】這種論式一旦立出，敵者內心原有的宗見一定會產生動搖，從而放棄錯誤的見解，而建立起正確的知見。這就是以應成式破除他宗邪執的所為義。

　　　　　　　　　　　　　　　　　　　　　　┌→ 無自性

眼不自見，但能見他 → 眼能見他，須觀待眾多因緣(空間、光明…等)

若許【眼有自性】……有自性即是不觀待因緣

若不觀待因緣眼能見他，為何眼不能見自？

同理：許自性有──眼不能見自，則亦不能見他。

　　然〝依他所許〞不僅僅只是〝唯依世俗所許〞且仍須〝量成〞，此中〝唯依世俗所許〞各宗派都會運用，然論及是否量成，除了中觀應成派之外的各宗派是無法以量來成立的。因為，中觀應成派量的定義為：於其顯現境不錯亂，故即使執持兔角的分別心亦是量，以兔角的顯現境觀待執持兔角的分別心為不錯亂，然非謂執持兔角的心識是量。但，自續派以下的量，是於識體上建立──即是於自性不錯亂。因此，前說單單用應成的破式所說的依他所許即可令敵方所成立的宗見產生疑惑，進而破邪顯正，不須要如同自續派以下，必須運用正規宗、因、喻因明的論式，且要在自性有的基礎上而來成立此論式，無法如同中觀應成派以依他所許之論式來破除他宗。因為，自續派以下諸宗對於量的定義：新，無欺誑(即是於自性有不欺誑)。所以，執持兔角的分別心非量成，不如同中觀應成派。因此，也無法如同中觀應成派依他宗所許來破除。因為，若依他宗所許又許量成的話，則雙方已極成，那又何須再破呢？因為，其量的定義中之不欺誑是於自性有不欺誑。

依他所許——

中觀應成派：量的定義——於其〝顯現境〞不欺誑

世俗之識體 → 錯亂 → 觀待勝義諦，世俗之識體皆是錯亂
　　└→ 顯現自性有　　　　　└→ 無自性有

兔角的顯現境觀待執持兔角的分別心 → 無錯亂，是量成

中觀自續派以下：量的定義 —— 新、不欺誑
　　　　　　　　　　└→ 自性有 → 在識體上建立

世俗之識體 → 不錯亂 → 觀待勝義諦而言有一分識體是正確
　　└→ 顯現自性有　　　└→ 勝義無自性

⎧ 現證空性 → 勝義無自性
⎨ 出定後 → 名言安立有自性 → 正確 → 正世俗

兔角的顯現境觀待執持兔角的分別心 → 錯亂
　　　　　　　　　　　　　因為兔角不存在

中觀應成派，主要是依他所許而來破除他宗。故應成派又有譯爲：隨破派（指隨對方所立之見而去破他）、歸謬派（指應成派運用歸謬法這一直接反駁的推理形式，先承許對方所立，然後由此導出彼此正反兩面相互相違之理，亦即若承許彼即不應承許此，若承許此即不應承許彼。譬如：若許自生則生應無義、無窮；反之，若許生有義、有窮則不應承許自生。也就是承許有自生就不應該承許有義、有窮。若要承許有義、有窮就不應該承許自生。以此種依他所許（或隨破）而指出敵方的矛盾點——「以子之矛，攻子之盾」，使對方自知理虧，墮負而放棄自己的立場。

又自續派，有譯爲：自立量派。此派主張：必須運用因明的正規格式（宗、因、喻），立出正確的因量，才能有效地破他立己。此中因明「宗、因、喻」三支中的因支，必須是「三條理則」，然後才能成爲一個正確無誤的因（稱爲〝眞能立〞）。這三條理則也就是陳那《因明入正理論》中所說：「因有三相（或說眞能立有三相）。何等爲三？謂：遍是宗法性，同品定有性，異品遍無性。」

聲	無常	所作性	如瓶 —— 同品
（有法）	（宗法）	【因】	【喻】

　　　┗━【宗】━┛

反之：	常	非所作性	如虛空 —— 異品

前山	有火	有煙故	如：灶上之煙
反之：	無火	無煙故	如：水

因爲，自續派主張破他須自立量（即：以宗、因、喻三支比量破他宗時，宗、因、喻三支皆須立有〝自性之量〞），因此必須承許自立之因與喻是實在的——於自性有不欺誑，立量才有意義（也就是說，雙方必須對宗、因、喻有自性的這一點有所共許）。故主張：構成正因的三條理則，有其自相，而非唯假名施設的。

因明的宗支、因支、喻支。其宗支屬於所立，它是要表達所建立的主張。而因支、喻支屬於能立。【因】是直接證明【宗】的，而證明〝宗〞時，還必須以【喻】來說明宗支、因支之間具有相輔的關係，所以，喻也是一個因。譬如前山有火。「前山」是前陳有法，「有火」是後陳能別——宗法。前陳有法加上後陳能別即是〝宗〞。這裏爲什麼說〝有火〞是「能別」呢？因爲要標明山具有什麼含義，所以用〝有火〞來規範所立的宗體。然後再立因說：前山有火，因爲前山有煙。但由於因支與宗支有共同證成的主題——「前山」，所以，把因支的〝前山〞去除，則爲「有煙必有火」，也就是說，必須由能立之因來證明前山有火。因爲，「前山有火」這個宗體是立敵雙方要討論的！所以，即便你所立的因是我所共許的，你也要有一個〝喻〞來證明它是同品定有性。故舉「灶」之喻來說明：灶上有煙，一定有火。然而，「前山」與「有火」，各別雖然是雙方所共許的，但把前陳、後陳加起來而變成「前山有火」這個所立宗時，一定是順自違他，也就是隨自己想要立的宗，而這個宗與對方所立的宗是相違的，這樣才有討論的空間。如果「前山」與「有火」二者中有一者是不共許的，那就沒得辯了。又，雙方在共許「有煙必有火」之下，在譬喻上也要共許，且由譬喻去證明有煙必有火。所以，「喻」有：宗同品及因同品。因爲喻是連繫宗與因之間相屬關係的，雖然喻不是直接因，但它也是因。如：前山有火，因爲有煙，譬如：灶上之煙。灶上之煙是同品定有性。而異品：沒有煙就一定沒有火，沒有火一定沒有煙，譬如：水——這稱爲異品遍無性。故眞能立門中的三相，〝所立因〞一定要有〝遍是宗法性〞，且因的本質一定要遍於宗法——相互等遍，〝所立因〞不能大於〝宗法〞（如：聲是無常，以是所知。其過失：以是所知不一定遍是無常，如虛空）或小於〝宗法〞（如：聲是無常，以是色法。其過失：以是無常非唯遍色法，如心法、不相應行法）。

總之，自續派的三支比量一定要立有自性之義，而應成派的三支比量是不會立有自性的。因爲，所謂〝自續〞之義者，非謂自他相續，乃謂自續、自在、我（自性）增上三義，總爲自性義。彼自續派雖屬中觀，然以自性爲定論。此自續派認爲由此自性有之三支比量可以通達眞實空性義，故稱爲中觀自續派，亦稱自性派。

自續派之〝自續〞義——

自續、自在、我(自性)增上三義——總說爲〝自性義〞

名言識安立諸法 —— 一定要顯現有自性

任一法的存在 { 有支：名言之能詮
支分：有支之自體性在支分上而有 } 名言有

立：名言有—— 一定要有自性

破：勝義有自性

因爲凡夫異生會在〝名言有〞上顛倒妄執爲〝勝義有自性〞。

所以要依著正因的論式(此論式一定要自性有)而來破除顛倒執出來的
　　　〝勝義有自性〞。

自續派認爲：由此自性有之三支比量可以通達眞實空性義，故稱爲中觀自續派，
　　　亦稱自性派。

反之，不依自性爲定論，而依應成進修者，即稱中觀應成派。故此中觀應成派不
許諸法有自性，唯名言假立。

中觀應成派——不承許有自性，故其所立之〝正因論式〞亦不許有自性。

爲何要依著應成來修呢？此即牽扯到——何謂自性有！

因爲〝名言識〞只要一起作用，一定會耽著爲〝自性有〞。

自性有——非僅唯名言假立，此法之自體性須於其支分或施設處不共而有。

　　此即是依著應成來修 ——

　　諸法除了唯名言假立之外，若如同心識所耽著——此法的自體性於其支分
　　或施設處不共而有，那就應該要變成……，此即是應成式。

若此法之自體性於其支分或施設處不共而有——

1、則〝支分〞多，〝有法〞亦應成多。以是自性有故。

2、則〝有法〞一，〝支分〞亦應成一。以是自性有故。

正法解行林

今初（明應成、自續之義）

佛護論師釋中，未明分別應成自續，建立應成。然於解釋「非自非從他，非共非無因，諸法隨何處，其生終非有」時，唯依說舉他宗違害而破四生。清辨論師出過破，謂全無能力成立自宗及破他宗。然佛護宗無如是過，月稱論師廣為解釋，謂中觀師自身發生中觀方便，須用應成，自續非理，破他宗已顯應成宗。

[釋]：**佛護論師**在解釋《中論》之《佛護論》**中**，並**未明**顯的**分別應成派**及**自續**派，而來**建立應成派**是應理。**然於解釋**《中論》所說的「**非自生非從他生，非共生非無因生**，內外**諸法隨何**時間、**處**所、派別，**其四生終非有**」時，**唯依說舉他宗違害而**遮**破四生**。因為自生——數論派；他生——佛內道自續派以下；共生——裸行派；無因生——順世派；是建立在〝自性〞之上的，有這四生就絕對有自性，故破〝四生〞即是破〝自性有之生〞。不過，要先說明：清辨論師本身是自續派的，但他卻誤認為佛護論師跟他是同一宗派，所以，在佛護論師依他所許而出簡略的應成論式而來破除他宗時，**清辨論師**認為佛護論師在立論的文字上有不圓滿之處，故指**出佛護論師之過**失而**破云，謂全無能力成立自宗及破他宗。然**月稱論師認為：**佛護宗無如是**清辨論師所說之**過失**，因為，若依他所許而來破除他宗時，對方還不能捨棄自已宗見的話，即使你出再多的論式，他也不一定能接受啊！此於**月稱論師**所著《明顯句論》中已**廣為解釋，謂中觀師自身發生中觀**正見**之**方便，必**須用應成，自續非理，**於**破他宗**自續派就**已顯**示**應成宗**才是應理。因此，當時印度佛教的中觀宗到了月稱論師才明顯的分出自續派與應成派，故一般共稱月稱論師為中觀應成派的開派祖師。

此處略說四生——自生、他生、共生、無因生

因 ——— 生 ——→ 果

（能生果）　　　　　　　　　　（由因所生）

自生 →　於因位時已有果之自體性 →　果之體性 →　已顯現
　　　　　　　　未顯現 ↵

佛護論師破之 　　【若因中已有果之自體性，則再生應成無義、無窮】

他生 →　有自性(之他因) →　有自性(之他果)

〝自性〞之體性：即是不轉變、不依他、能獨立的存在、能自主的。若許自性有，
　　則因果應成毫不相干，如：石頭與水。若毫不相干之因又能生毫不相干之果，
　　則應成為……。
1、是因非因皆能生是果非果，而成為因果錯亂。
2、火焰亦應能生黑暗，而成為一切生一切。

共生 ——→ 由自、他共生
無因生 ——→ 現世的因生果，並不是從過去而來，這一世也不會
　　　　　　　到下一世，唯說現世因果。

說明：佛護論師所出的論式，清辨論師針對此論式的問難，及月稱論師
　　　又是怎麼駁斥清辨論師的。

【中觀宗不許〝自續〞的問題】
　　佛護論師解釋《中觀論》〝諸法不自生〞說：「諸法不從自生，(若從自生)，生
應無用故，生應無窮故。」此論式是針對數論派所主張的〝因中有果論〞提出(生應無
用、生應無窮)兩種過失而加以破斥。

薩迦耶見所緣：假我及實有之神我

　　　　假我→執為真實之我

　　　　神我→不生他法，亦非由他法所生

　　　　　　└─ 離蘊、與蘊不相干之我

　　數論派主張一切果法的生起──除了〝我〞（即薩迦耶見所緣之我，其本性為不生，亦非他生）以外，其它一切世間諸法都是由自性所變現而生起的，此自性即二十五諦之一。自性中已經有了一切果法的自體性存在──世間萬法的自體性本來就存在於自性當中，所以才能變現而生起，此稱為〝因中有果論〞。但因中的果法，其體性是隱密而不顯現的，更要由眾緣的助力使它生起來，才能顯現為人們所了知。然而，已顯之後的果法和未顯之前的因法同是一個體性，意即果與因雖行相、特徵…等皆不相同，然其體性是一，故就體性來說，是毫無區別的。所以，在果位上來說，又稱為〝果法自生論〞。

　　　　┌→ 不生他法；　　　　┌→ 能生一切法；

　　　　└→ 亦不為他法所生　　└→ 但不為他法所生。

除了〝我〞之外，世間萬法是由〝自性〞所變現。

我：假我 ──執為── 真實之我

世間萬法 ──執為── 我的──→起貪、瞋、痴──→ 於輪迴生死中受苦。

依上師開示的口訣 → 修苦行 → 獲得禪定，定解：「世間萬法是由〝自性〞所變現。」 → 遠離世間萬法，〝神我〞獨存 → 解脫。

故外道不承許緣起有，是許諸法是由自性變現而有。

佛內道自續派以下雖亦許自性有，然不同於外道是許由自性所變現，

而是承許依他緣起而有──假必依實。

假　立
↓
自性有(須有其自體性)
　　　　　├→ 是須觀待分別心而有
　　　　　└→ 非是不觀待分別心以其不共之體性而存在於支分之上

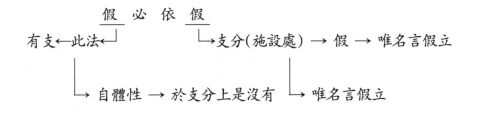

　　　　　　　假　必　依　實
有 ← 此法 ←┘　　　　　　└→支分(施設處)→ 不觀待分別心 → 眞實
　　　　└→自體性，須於支分或施設處而有→ 須觀待 → 假

中觀應成派則不許自性有，而是承許諸法唯依名言假立緣起而有——假必依假。

應成派不許自性有——許唯名言假立。

　　　　　　　假　必　依　假
有支←此法←┘　　　　　└→支分(施設處) → 假 → 唯名言假立
　　　　└→ 自體性 → 於支分上是沒有 └→ 唯名言假立

瓶 ── 依 ──→ 瓶之支分(瓶口、瓶底…)
　└→ 唯名言假立 → 依著支分而安立，在支分上沒有自性有，
　　　　　　　　　故瓶不是瓶之支分。

自續派以下 ：瓶子除了名言安立之外，瓶子是於支分中而有
應 成 派 ：瓶子除了名言安立之外，瓶子的支分不是瓶子
自 續 派 → 依著宗、因、喻三支比量(立自性之量)而來破除，除自性有外
　　　　　之耽著而證得眞實之空性義 → 解脫。
應 成 派 → 諸法除了唯名言假立之外，若還耽著有一點自性，將此自性有
　　　　　破除 → 解脫。

佛內道：

中觀應成派：許緣起有，但不許自性有——諸法唯依名言假立緣起而有；故名言假立必依假有之支分或施設處——假必依假。

因生果 ⎰ 果須觀待因而安立 ⎱ 因亦須觀待果而安立 ⎰ 因果是相互觀待唯名言假立而有

許因緣和合唯名言假立而生——緣生。

自續派以下：許緣起有，且是有自性——依他緣起而有；故名言假立必依實有之支分或施設處——假必依實。

因生果 ⎰ 果須觀待因而有——以果由因生故 ⎱ 因不須觀待果而有——以因非由果生故

許果由因生，且果位之體性與因位之體性是相異，故許由自性異之因生自性異之果——他生。

外道：

不承許緣起有，是許諸法是由自性變現而有——自生。

因生果——果由因生，果之自體性於因位時即已具有——因生果是自性一。

佛護論師出論式破云：「諸法不從自生，生應無用故，生應無窮故。」

意謂若諸法已有自體，復更生則成無用；若有已復生，則終無不生矣——意即會變成生無窮了。

這就是用它未顯現位的果法(因中有果論——於因位中已有果之自體性),和已顯現位的果法(果法自生論)同是一個體性的關係(即是指因果自性一),來破它那在因位就有未顯現位的果法——即已經有了果位自己的體性,因此,就不用再生了。因為已有故,若再生就會變成無用。因為生的目的,就是從未得到自體而得到自體,這才叫做生。這一種在因位已經有了果法的體性,若再從緣生,便成了無用而多餘。又,若是說在因位已經有了果法的體性,還須從緣再生過才能顯現,那就應該生生不已永遠在因位繼續生下去,這樣便成為無窮無盡的事了。

外道認為:於因中已有果之體性,且是自性有——因果是體性一。

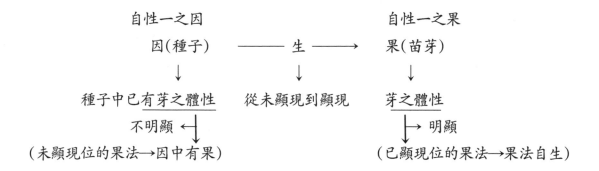

自性一之因　　　　　　　　　　　自性一之果
　　因(種子) ——— 生 ———→ 果(苗芽)
　　　↓　　　　　　　↓　　　　　　　↓
種子中已有芽之體性　　從未顯現到顯現　　芽之體性
不明顯 ←┘　　　　　　　　　　└→ 明顯
(未顯現位的果法→因中有果)　　(已顯現位的果法→果法自生)

(一)因生果 → 以〝世俗〞名言來說 { 因的特徵、形狀 / 果的特徵、形狀 } 不一樣

1、種子位中雖有芽的體性然尚未顯現,故須從緣再生過,芽的體性才能顯現
　　以〝芽之體性〞:從〝不明顯〞到〝明顯〞之故 ——→ 生有用。
2、芽時位中已經顯現出來〝芽之體性〞不會再繼續生下去,因為〝已生〞
　　以〝芽之體性〞已生不復生之故 ——→ 生有窮。

若〝種子〞中已有〝芽之體性〞,則應為眼識所取 → 以眼識所見即可破除。
1、以種子位而言:若於種子上不能見芽,則種子亦應無 → 俱無
2、以芽時位而言:若芽有,則種子亦應同時有(同時見) → 俱有

(二)因生果 → 以〝勝義〞的角度來說

　　1、〝自性〞中〝已有的芽〞，因爲〝尚未顯現〞，故必須再生，才能〝顯現〞
　　　　出來爲人所了知 → 有用。

　　2、〝自性〞中〝已顯現出來芽〞不會再生 → 有窮。

　　自性有 → 不觀待他緣、能獨立自主的存在。

　　若以〝自性有〞而言：1、已有體性之事物就不應該再生 → 以自性有故。

　　　　　　　　　　　2、如果還會再生，定犯二過。

　　　　　　　　　　　　① 已有的體性，再生無義 → 無用。

　　　　　　　　　　　　② 無法遮止其復生，會一直生下去 → 無窮。

　　譬如種子生芽，若因位之種子中已有果位芽的體性，還能再生的話，那就永遠都
在因的種子位了，這樣就會變成無窮盡。所以，若許自生就會有〝再生無用〞與〝再
生無窮〞這二種過失，而這兩種過失是數論派所不能接受的。因爲數論派說：自性中
已有的果法必須再生，才能顯現出來爲人所了知，這是有用的；又說已經顯現出來的
果法，當然不會再繼續生下去，這是有窮的。但實際上，站在自性有的角度來說，已
經有了體性的事物就不應該再生，如果還要再生，就必定會犯〝無用〞和〝無窮〞的
兩種過失。這就是佛護論師給數論派出的兩種自相相違的攻難——意即佛護論師依他
所許而來攻他宗，也就是所謂的以子之矛攻子之盾。

　　倘若數論派自己能了解這兩種過失，就會知道，若要承許〝生是有用〞和〝生是
有窮〞，那就絕對不是從已有的自體而生，也就會放棄那種不合理的〝自生〞的主
張，而承許〝諸法不從自體生〞正確的認知。這也就達到了《中論》破自生的目的。
故佛護論師只用很簡單的應成論式而來破數論派自生的主張，並沒有用一般因明的三
支比量的方式，更談不上自相、自續的宗因喻了。因爲自相、自續的宗因喻是承許諸
法各有自相，而用在因明方式上，若認爲不管敵者的主張如何，只要能立之因及所立
之宗，包括喻等，由其自相的條件合成，就能引生敵者的比量智，這就是自續的因明
方式。

論　式：【諸法不從自生　生應無用　生應無窮】——依他(數論派)所許而破。

數論派許：諸法從自生。

佛護論師破：　┌→ 因中已有果之自體性 → 自體成就
【若從自生　生應無用　生應無窮】——簡略的應成論式
　此雖是簡略的論式，然實際上已含攝了因明的三因式 ↵

　　　　　　┌────→ 皆有〝芽之自體性〞←───┐
如：芽已自體成就　不復再生　已有體故　如已顯之芽
　　（有法）　＋　（宗法）　【因】　　【喻】
　　　　　　　└─【宗】

　　清辨論師不了知佛護論師的不共意趣(即是指佛護論師根本不承許自續的三支比量)，他以爲佛護論師和自己的見解是一致的，只是認爲佛護論師破自生的方式在字面上不夠圓滿，故加以駁斥。如清辨論師所造的《般若燈論》云：有異釋(即是指佛護論師的解釋)曰：「諸法無有從自體起，彼起無義故，又生無窮故。」彼不相應——意即清辨論師認爲佛護論師所說的〝諸法若從自體起，生則無用〞是不相應的。此義云何(意即爲什麼清辨論師認爲佛護論師有錯誤呢)？

　　理由：

　　(一)不說因及譬喻故——即指佛護論師沒有使用因明之因三式。

　　(二)又不能避他說過故——即指不能避開他宗反問的問難。如佛護論師說：若有自生，生則無用、無窮。清辨論師反問說：那你是在因上或是在果上說呢？所以，清辨論師認爲佛護論師沒有避開他人的反問。

　　(三)此破顯示顛倒成就過——何謂顛倒成就過？是指沒有遮擋掉〝宗反〞之義的過失。譬如：諸法不從自生，生應無用、無窮。此論式之〝諸法不從自生〞以其反面來說，就是諸法自生，生應變成有用、有窮。這樣的話，不就可以證明數論派所說是對的了嗎？故清辨論師認爲佛護論師沒有把〝宗反〞之義遮擋掉。清辨論師認爲第三點的過失所說之〝顛倒〞云何？意謂從他起體之過失及生有果之過失；又生有窮之過失，皆違悉檀多(意指違背世間的常理)故。又，若以宗反之義作爲所立者，由其法之

宗反是謂〝諸法應從他生〞（也就是說，如果不從自生，那就是從他生），則生應有義、生應有窮。然龍樹菩薩在《中論》說〝諸法非自生、非他生〞，由宗反之義顯示佛護論師成立他生，此是否意謂了破龍樹菩薩之宗呢？故違龍樹自宗。因此，清辨論師才說佛護論師破自生的語言不夠圓滿，而給佛護論師出了這三種過失。

【宗反】之義 ——

(一) 如：破外道所許之〝自生〞時，

　　　　　　【宗法】　　　【能立因】

　　　　　　　　　　┌→ 由〝自生〞所產生的二個過患

　正面：　諸法不從自生　(復)生應無義　生應無窮

　　　　　　　　↓　　　　　　↓

　反面：　諸法從自生　(復)生應有義　生應有窮 → 此反義應成本宗不許。

＊不僅應成本宗不承許，即使是一般的世間人或是外道、內道，沒有任何一個人會承許〝已生復生〞是有意義的，因為，〝已生復生〞是與世間常理相違背的。

由〝自生〞所產生的二個過患——

1、(復)生應無義：生，是從無而有，生方有用。若已有，則復生應成無用。

2、(復)生應無窮：生已復生

　　① 無何理能遮種子復生而許生芽 → 永遠無法生芽 →不生同類果。

　　② 盡生死際唯種生 → 種子生種子，永遠在種子位 →唯無間生同類因。

以內道來說：

【諸法自生　生應無用　生應無窮】

　　　　　╲＋╱ ＝復生

故諸法無自生，以若有自生，則生無義，且生無窮。

反 義：【諸法他生　生應有用　生應有窮】→ 此反義應成本宗亦不許。

清辨論師說：

其〝有用、有窮之生〞，既然不是自生，其反面應成為他生。故本是破自生，卻以〝有用、有窮之生〞而成立了他生。 此違龍樹自宗。以龍樹菩薩云：「諸法非自生、他生…。」

中觀應成派說：

此宗反之義的過失（太過反義），唯汝宗方有，以汝許有自性之他生故。於我應成派則無，以我不許自性有故，故我無此宗反之過。

(二) 如：破內道所許之〝他生〞時，

自續派以下許：

自性有之他因，生自性有之他果。自性異之因，生自性異之果。

有自性即是不觀待他，若許自性有，則因果應成毫不相干。若毫不相干之因又能生毫不相干之果，則火焰亦應能生黑暗。

反 義：【因果自性無　火焰不能生黑闇】→ 此反義應成本宗亦許
　　　　【因果自性有　火焰應能生黑闇】
反 義： 應成派承許　 → 如破他生之反義。
　　　　 應成派不承許 → 如破自生之反義。

再進一步說明這三種過失——

1、佛護論師破自生的論式中，並沒有說明以什麼為因，用什麼為同法喻。也就是說，不合因明論中之真能破的方式。成立所立宗之能立之三因式（即：遍是宗法性，同品定有性，異品遍無性）時，即可證到根本宗。所以，「若是有自生，則有生無義，且生無窮。」此論式的能立之因為生無義、生無窮，依此因而證到根本宗，然此並非正因，因為諸法的存在不可能生無義、生無窮，故此論式根本不合乎成立所立宗的因三式。又，以「若有自生，則生無義，且生無窮」為能立之因，亦不能證到佛護論師所立的根本宗——芽等有法不自生。

【論式】：芽等有法無自生，因為若有自生，則生無義，且無窮。

2、佛護論師所出的論式，不能解釋數論派所提出的反難。意謂數論派言：「汝所立者立宗〝諸法不自生〞是何等涵義？是為果體(指已經顯芽)名自生耶？是為因體(指不明顯的芽)名自生耶？此中反難的過失：

若立果體為自生者，而立宗說不自生，我亦共許——因為已生而又再生的話，我也不會同意，所以這一點我跟你是極成共許的。既然是極成共許的話，那你又何必出此論式呢？

若立因體為自生者，而立宗說不自生，則與它的涵義相違，以因中有體故，意謂要生起〝法〞的話，一定要有自體，若因中沒有其體，那與之相隨順的這個法，它怎麼生起呢？如是一切顯現有者，應名為生起；或名為有。而汝佛護論師卻說：「不生起」，這怎麼合理呢？意謂：清辨論師認為佛護論師沒辦法擋掉數論派所提的反難，所以說：「汝佛護論師所出的論式是有過失的」。

因　生　果　→　體性相屬之因生果　→　如：火生煙(從生相屬)。

中觀應成派　→　因果相屬之體性　→　相互觀待唯名言假立

（無些許的自性）

相互觀待

因 ←──生──→ 果

（能生果）　　　（為因所生）

外　道：數論派 → 因果相屬之體性 → 自性有(非唯名言假立)

自性有

因 ──生──→ 果

（於因中已有果之體性）　　　（果之體性）

└→不明顯　　　　　　　　└→ 明顯

自性一之因　　生　　自性一之果

自續派以下 → 因果相屬之體性 → 自性有(非唯名言假立)

自性有──此體性須觀待分別心而有

因 ──生──→ 果

自性異之因　　生　　自性異之果

（果須觀待因而生、但因不觀待果）

357《菩提道次第廣論》〈毗鉢舍那〉

3、佛護論師的那幾句話，容有敵者求過失的方便。既說〝諸法自生，生應無用故，生應無窮故〞，則此論式的「反義」成為你自己的主張，就是「生是有用、有窮」。其有用、有窮之生，既不是自生，其反面便應當成為「他生」（這是它的反義）。因此，本來要破自生，結果卻以有用、有窮成立了他生，故此正因不是在破自生，而是在成立他生，即本來要破數論派的自生，結果反而成立與《中論》所說〝諸法非自非他非共，亦非無因生〞所要遮的他生。又，《中論》破四句生時，是屬於無遮法，現在卻成為非遮，而且成立了他生，這豈不是破了龍樹菩薩的宗嗎？

宗　反：有一些中觀應成派承許；有一些中觀應成派不承許。
反　義：芽依種子生　　以無有自體故 → 此反義中觀應成派亦承許
　　　　芽不依種子生　以有自體故

總之，清辨論師給佛護論師指出的這三個過失，實際上，他是不了解佛護論師不許自續因，同時也不了知佛護論師那段論式只是略說（即一般所說的因論式或自許應成），以此略說即可指出他宗相違的過失，不需要一定以因三式，即可破除其自生。清辨論師以為佛護論師也立破自生之因明論式，又以為佛護論師亦在名言中許有他生。但清辨論師所說的自生、他生皆是以有自相為基礎，而佛護論師於名言中是不許自相有的，故於名言中也不許他生。反之，正由於清辨論師在名言中許有自相，故他於名言中也許有他生。這也正是中觀自續派及中觀應成派的極大差別之處。所以，透過這個論式就可以說明：破他宗已而顯示應成宗才是應理。

清辨論師給佛護論師所出的三種過失：

1、沒有正式立因明之因三式。

2、沒有遮遣他宗的問難。

3、沒有遮擋宗反的過失。

　　月稱論師對於清辨論師給佛護論師所出的三種過失，皆作了詳細的解答，並說明了真正的中觀師是不應該承許〝自續因〞的。

　　【月稱論師解答第一個過失】：

　　佛護論師破自生時，不採用自續因喻並沒有清辨論師所說的過失，以破自生時，不用自續因喻，僅給對方指出自宗相違的過失（即依他所許的宗而破除他），也就足以破除對方的妄執，非絕對須用自續因喻故。假若對方已經了知自己所計自生的過失，而猶堅執不捨自己的妄執，那麼，縱使你採用自續因喻，也是不能使其棄捨自生的妄執。在龍樹菩薩所著的《中觀論》中，破除對方的妄執時，皆是直指對方妄執的過失而破，並不用因明三支的方式，若如清辨論師所說的話，那豈能說龍樹菩薩所著的《中觀論》全無破除妄執的作用呢？假如認為：一定要用因明的比量方式才算圓滿，則佛護論師所出的簡略的應成論式中，就已經有足夠破自生的他比量方式了。因為依他方所許的比量，亦可同時成立一個三支比量，而不是說佛護論師沒有三支比量！所以，依他所許，同時成立的這三支比量是一種〝廣式〞，並不像佛護論師破數論派時所用的那種〝簡略式〞。因此，如果你清辨論師堅持認為用因明的三支比量方式才算圓滿的話，則簡略的應成論式中亦具足三支比量。

　　前說：【諸法已有自體，若「復」更生，則成無用乃至無窮】。

　　此簡略之論式，實已具備因明他比量的文義。其量式為：

　　【宗】：芽已自體成就 —— 前陳（有法），不應復從種生 —— 後陳（宗法）

　　【因】：已有體故

　　【喻】：如已顯的芽

【宗】：芽已自體成就　　　不應復從種生
　　　（前陳）　　　　　　（後陳）

【因】：已有體故 ——————→ 遍是宗法性

【喻】：如已顯的芽 ————→ 同品定有性

　　　　　　　　　——————→ 異品遍無性

【宗】：芽非自體成就　　　應從種生

【因】：無有體故

【喻】：如未生之芽

　　此中立〝芽已自體成就〞，是遮擋前所問難〝是果體生，抑或因體生耶〞。此意謂：不明顯的芽是遮除外道〝爲因體名自耶〞的問難。又，不應〝復〞從種生，已經有了，就不能再生，因爲已有體故。〝已有體故〞這個因，與〝顯現的芽〞不會再生的這個喻，你外道也都承許的呀！也就是說，這種〝顯現的芽〞，你也同意，爲什麼？因爲已有體故。同樣的，你外道在立自生的時候，是有自體。那有自體〝再生〞的話，就變成無用、無窮了，你也應該同意呀！因此，這三支比量就成爲依他所許而成立的論式，此中亦有宗、因、喻。這裏即以〝已有體〞爲因，以他所計的〝已顯的果法〞爲喻，而用以他所計的〝已成就自體的果法，不應更從因生〞之宗。故佛護論師的解釋，顯然沒有〝不說因、喻〞的過失。

　　【月稱論師解答第二個過失】：
　　又佛護論師也沒有〝未除他難〞的過失。因爲佛護論師並不許有自相的宗、因、喻，所以數論派對承許有自相的宗、因、喻出過難，佛護論師並沒有解答的必要——因爲你的論式是有自相，而有自相是我沒辦法跟你極成共許的，我又何必答復你呢？若就義理來說，佛護論師對於數論派所提出的反難，已經作了解答。即上面所舉的他比量，以他宗所許〝已顯的果法，不再顯者〞爲喻，以他所計〝已有體性猶未顯的果法〞爲宗的（前陳）有法，以破彼法之〝再生〞爲宗的後陳法。合起來，破他宗所計〝已有體性不顯果法之復生〞，此即是其所立宗。這是對於外道所說〝若約果體爲自〞，說不自生，即犯相符極成的過失——這一點外道認爲與佛護論師極成共許；又〝若約因體爲自〞，說不自生，則犯與義理相違之過失。此佛護論師以數論派所立的

比量論式，而來破除他，也就是以敵者所計因體為有法而出其相違的過失了。

【月稱論師解答第三個過失】：
　　佛護論師破自生時，也沒有必要許「宗反」之義——是指清辨論師所說的第三種過失，即〝此破顯示顛倒成就過〞。因為破自生時，其它比量中的「宗反」之義（如：宗法正面為「不自生」，其反面即是「自生」；其能立因，正面為「無用、無窮」，其反面即是「有用、有窮」。），〝復生而有用、有窮〞是數論派自己所許的。但，佛護論師並不許〝已有體性的事物復生而有用、有窮〞，故「宗反」之義，也唯屬數論派自己所許，與佛護論師無關。如《顯句論》說：「太過反義，亦唯屬他（宗），非是我等，自無宗故。」又云：「說無自性者，為說有性者出太過時，何能成為太過反義呢？也就是說，破有自性所成立的反義，即〝諸法自生，有自體，復生或說再生〞，此於許無自性者，是不會共許的，因為說無自性僅是遮除有自性而已，所以我應成派沒有太過反義的過失。」故說〝復生而有用、有窮〞是數論派自己所許。

　　若清辨論師所說〝生應無用、無窮〞的反義為〝生有用、有窮〞應是佛護論師所許，則佛護論師應許〝他生，有用、有窮〞，那就違背自宗了——即是指違背龍樹菩薩於《中論》所說〝諸法非自非他非共及非無因生〞。然，這是對佛護論師的誤解。所以，月稱論師說：其宗反之義，唯屬他派，非屬我宗，以自無宗故。如《回諍論》云：「若我有少宗，則我有彼過，然我無所宗，故我唯無過。」又《六十正理論》云：「諸大德本性，無宗無所諍。」此意謂：諸應成派大德的本性是不許有自性，故說無自性宗。此無自性與諸法存在的本質相隨順，並沒有你所說的過失，所以沒有什麼好諍辯的。又云：「彼尚無自宗，豈更有他宗。」意謂：我連絲毫實有自性之宗都不承許了，哪有可能承許你立的有自性之宗！又《明顯句論》說：「自無宗故」此句亦非全無自宗之根據，而是說無自續之宗故。所以，很多人一看到應成派的論著講〝自無宗〞，就認為應成派在名言上無宗、無所立，只會破他宗。這是不了解應成派所產生的錯誤的見解。

無 遮：破除所應破而不再引申任一法。

破【自生、他生、共生、無因生】時，有二種破法：

(1)就字面上依你所許的而來破除

(2)以自性有來破

龍樹菩薩所著之《中論》中，破自生、他生…等，是以(1)字面上依你所許的宗見而來破除。於破除〝四生〞時，亦間接破除了〝自性有〞。

自性有：諸法非僅唯名言假立 而有其<u>不共之自體性</u> 在其支分或施設處上

法：一定要由〝<u>名言假立</u>〞——任何部派皆共許

└→ 若無其自體性，則成兔角。

故任一法的存在，定須有其〝<u>自體性</u>〞。

└→ 1、唯名言假立

└→ 2、非唯名言假立

└→ 此體性定是〝自性有〞

自 續 派：並不會說「某一法之支分，即是某一法」，而是會說「某一法之支分，有此法之自體性」

應 成 派：會說「某一法之自體性，是唯名言假立」，

如：瓶 ——依→ 瓶之支分，瓶(法)是依〝瓶之支分〞而安立，

故 〝瓶〞定非是〝瓶之支分〞 → 共許。

自續派以下：〝瓶之體性〞若不在〝瓶之支分〞上則無法安立，故〝瓶之體性〞

是在〝瓶之支分〞上。 （自性有→須觀待不錯亂心）←

應 成 派 ：若〝瓶之體性〞在〝瓶之支分〞上，即是往前推而成為自性有。

故 〝瓶之體性〞不往前推，而是唯名言假立。

若〝瓶之體性〞在〝瓶之支分〞上，則應觀察此〝自性有〞。經觀察後，找不到此〝瓶自性有之自體性〞而將此〝自性有〞空掉，不再引伸，當下的認知即是 ——無遮。

此〝自性有〞空 → 當下即是〝無自性〞，並不是還有一個〝無自性〞被我證到——不要再引申。因為若再引伸，則會變成非遮。

但應注意，這只是說前破自生時，宗反之義與應成自宗自己立論無關，不是說：一切破他宗的反義，應成自宗皆不許——亦即若破自生的反義而成立〝有自生〞的話，那就不是應成派所要承許的。但是，破他宗的反義，應成派也不是全不承許。如對計芽有由自體所成之自性者，破云：〝芽應不依種生，以由自體有故〞，此宗因相反的〝芽依種生故〞之因，成立「芽無由自體成就之自性」之宗，則亦是中觀應成宗自己所許也。又應注意到：佛護破自生時的宗義，是在說〝「復」生，應無用、無窮〞，而不是在說〝生應無用、無窮〞。故彼宗法相反之義是〝復生有義和有窮〞，這只是屬於數論派的主張，爲佛護論師所不許，故中觀應成派之諸論中均說「無宗」，即是此義，非說全無自宗。《入中論善顯密意疏》亦云：「今此二太過之反義則自宗亦許。故當知能破之反義，有自許、不許之二類也。」故破自生…等的反義，有一些應成派承許，而有一些應成派是不承許的。

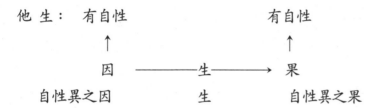

自　性：不待他、不轉變、有自主性。
稱爲〝因〞，是因爲觀待果，若因不觀待果，如何能稱爲因呢？
稱爲〝果〞，是因爲被因所生，才能稱爲果，故是因果相隨順。

若因有自性、果亦有自性即是不待他，若因不待果、果不待因，則應各自存在而變成不相干，如瓶與柱。若不相干又能生，則是相順之因可生，不相順之因亦可生，而成爲一切生一切如是，則：

　　　┌───→ 不相順 ←───┐
(1) 〝火焰〞亦應能生〝黑暗〞 ——→ 反　義：火焰不生黑暗

(2) 一切生一切 ————————→ 反　義：一切不生一切　無自性故
　　　　　　　　　　　　　　　此二之反義，應成派亦承許。

前已將中觀自續派的清辯論師對於中觀應成派的佛護論師破外道的論式,包括中觀應成派的月稱論師做進一步的解釋,已略說中觀應成派及中觀自續派之差別。此處再進一步的說明:何謂〝中觀〞?

中觀
- 勝義理智抉擇無任何一法存在。
  - 〝勝義理智〞的抉擇:主要是在抉擇世俗諦 → 由世俗諦而入勝義諦
  - 依〝勝義理智〞抉擇世俗諦而通達勝義諦 ←
    - 錯亂 ← → 通達 → 正確
- 不許任何一法是勝義有自性 → 勝義有(實體有、實質有)。
- (唯識、經部、有部:許緣起因果法 → 勝義有自性、實體有、實質有)

唯識
- 依他起性 → 勝義有自性(因為若以勝義理智抉擇是可以獲得的),故唯識宗不堪稱為〝中觀〞派。

中觀
- 自續派:名言〝許〞有自性、自相、自體。
  - (中觀 → 〝不許〞勝義有自性)
  - → 非謂自他相續,乃謂自續、自在、我增上三義,總為〝自性〞義。
- 應成派:名言〝不許〞有自性、自相、自體。
  - → 依他宗所許而來破除他宗。即依他所許的,再舉出其自相矛盾之過失,而令其對自己的宗見產生懷疑,故是依子之矛,攻子之盾。

```
        ┌勝義諦
        │
    法 ┤      ┌自續派：許有自性→於名言中許有自性、自相、自體。
        │世俗諦┤
        │      │應成派：許無自性
        │      └→ 即使於名言中亦不許有自性、自相、自體。
        │
        │  識體對境──→顯現自性有、執爲自性有
        └                令有情輪迴生死←┘
```

　　　故認爲：若於名言上許有自性，則會產生種種過失。

（p470-4）

安立應成自續兩派分二：一　破除他宗；二　安立自宗。初又分二：一　出計；二　破執。

　　〔釋〕：**安立**中觀**應成**及**自續兩派分**二個科判而來做解釋：**一　破除他宗；二　安立自宗。初破除他宗又分二：一　出計**：說其所欲，**二　破執**：顯其非理。這個科判是從 p470+5 「一、明應成自續之義」而來，本要說出應成與自續二派之間的差別。但是，宗喀巴大師先舉出當時印度克什米爾的大論師──慶喜師及其弟子與追隨者，他們都是自許爲中觀應成派者，且亦破除中觀自續派錯誤的觀點。故慶喜師及其弟子⋯等，是否具有中觀應成派正確的見解是很難辨別的，所以，宗喀巴大師先對這些自許中觀應成派的觀點作進一步的辨別，其目的是爲了要建立眞正的中觀應成見。

（p470-4）

今初　雖有多種安立應成自續之理，然彼一切孰能盡說，故當於中略說少分。

　　〔釋〕：**今初**（出計）**雖有多種**不同的說法而來**安立**何謂**應成**、何謂**自續之理，然彼一切**不同的說法**孰能盡說**（無法一一詳盡的說明），**故當於**眾多不同的說法**中**取其一些**略說少分**，故於此科判中，宗大師共略述了四家的說法，之後，於第二個科判「破執」時，再對此四家一一的加以破斥。此如本論 p404-4 所說：「總其印藏自許爲中觀之論師，雖亦略有如是許者（指 p404+7 又有一類先覺知識作如是言），然僅決擇龍猛菩薩弟子之中大中觀師有何宗派，若諸細流誰能盡說。」

其慶喜師所說《入中論疏》云：「有作是言，若許應成因，其因為量成耶抑未成耶，若謂已成，爾時俱成，云何他許，若謂未成，則他不許，云何他許。

[釋]：從此處開始，是宗大師開始說明——第一家：慶喜師的看法。其往昔印度大論師**慶喜師所說《入中論疏》云：「有作是言，若**所承**許的應**成正因論式——三因式：遍是宗法性，同品定有性，異品遍無性。**其因為量成耶？抑未量成耶？若謂已量成，爾時**立敵雙方俱量成，既然雙方俱量成，那就應該雙方皆承許，如此云何說依他**所**許？若謂量未成，則他**亦不承**許，既然不承許，如此云何說依他**所許？

「第一家：慶喜師」的看法——

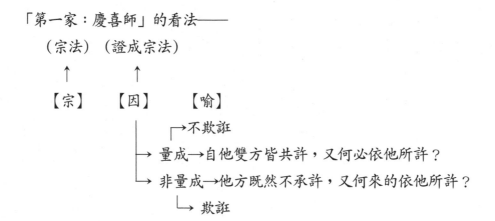

慶喜師認為【因】非量成，故依他所許之正因論式只能放在〝世俗所許〞，
不能論及所謂的〝量成〞。

為何不能論及〝量成〞呢？因為——
① 自方：有〝無明習氣〞 → 如何能說是量成呢？
② 他方：心識的認知 → 是否量成，亦非自所通達之境，因為沒有他心通。

所以，站在【因】上來說，是非量成。
此是依著 ①自方；
　　　　　②他方之理由而來說沒有量成，只能依世俗所許——依你所許。

各部派，對於【量】的定義：

中觀應成派——【量】：於其〝顯現境〞不欺誑。

　　　　　　　　　　　┌→ 觀待〝勝義諦〞而言　　→非量
　　　　　　　　　　　└→ 觀待〝世俗之名言識〞而言→是量

　　　　　┌ 正　確 → 如：執瓶之心
　世俗 ┤　　　　　　　　　　　　　　┐→觀待其〝顯現境〞而言，是量。
　　　　　└ 不正確 → 如：執兔角之心┘
法 ┤　　　　　　　　　└→ 觀待〝世俗之名言識〞而言→非量
　　　　　└→ 觀待〝勝義〞而言，〝世俗〞皆非量
　└ 勝 義 ——　正　確 → 是 量(是真正的量)。

如：執持兔角之分別心對於兔角的顯現境 → 不欺誑 → 量成
　　├ 此雖是〝量成〞→是以〝顯現境〞而言，非以〝識體〞而言。
　　└ 觀待〝世俗之名言識〞而言，是錯誤的 → 〝非量成〞。

如：執持瓶子之心對於瓶子的顯現境 → 觀待世俗而言，是正確的。
　　執持兔角心 → 觀待世俗而言，是不正確的。
　　〝正確的顯現境〞若觀待於〝識體〞而言，仍然會執持、呈現自性有；
　　故識體執持自性有、顯現自性有→觀待勝義諦來說，皆是錯亂的。
真正的量 → 唯有勝義諦，餘之世俗皆非量(觀待勝義而言，世俗皆非量)。

中觀自續派——【量】：新、不欺誑。
　　　　　　　　　第一刻 ↵ └→ 於其自性有不欺誑 → 牽扯到〝識體〞
自 續：觀待〝勝義諦〞而言，於自性有不欺誑 → 正世俗 → 是量。
應 成：觀待〝勝義諦〞而言，現證空性之無漏智是正確無誤的。
　　　　　觀待〝勝義諦〞而言，世俗皆是倒，故世俗不分正、倒。
　　　　　觀待〝世俗〞而言，則有分正、倒。
自 續：世俗觀待〝勝義諦〞而言，有正、有倒。

＊站在佛果位而言：勝義、世俗皆是量，此處就不談佛果位。

此處先略說：應成派不共的正世俗、倒世俗的安立——

＊ 因爲〝正〞字是代表〝自性有〞的意思 ＊

自續派：諸法的存在，定是自性有；若是自性無，則緣起諸法就無法安立。

　　　　故於世俗中許有正世俗、倒世俗。

應成派：諸法的存在，定是無自性；若是自性有，則緣起諸法就無法安立。

　　　　故於世俗中不許有正世俗。

因爲自性有是不存在的，是顛倒識所妄執出來的。既然〝自性有〞不存在，所以〝自性有的世俗〞也不存在。

一般來説，應成派不承許正世俗，故説：凡是世俗皆是倒。因爲無任何一法能如同有情心續當中如其所顯(顯現自性有)而存在的世俗，即世俗中無任何一法是以自性有的方式而存在。

以總相來説，都承許有正世俗、倒世俗。因此，應成派雖不許有正世俗，然許觀待於世間有正、倒——此是觀待世間而來解釋世俗諦之差別。

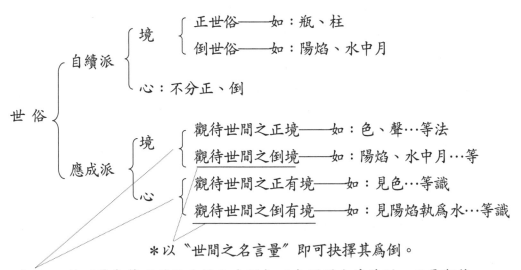

世　俗
　自續派
　　境
　　　正世俗——如：瓶、柱
　　　倒世俗——如：陽焰、水中月
　　心：不分正、倒
　應成派
　　境
　　　觀待世間之正境——如：色、聲…等法
　　　觀待世間之倒境——如：陽焰、水中月…等
　　心
　　　觀待世間之正有境——如：見色…等識
　　　觀待世間之倒有境——如：見陽焰執爲水…等識

＊以〝世間之名言量〞即可抉擇其爲倒。

此 四：並不是觀待現量證空性之無漏智而來開闡出其差別；而是觀待

　　　〝世間之名言量〞開闡出其差別。

爲何不說〝觀待世間之正世俗〞要說〝觀待世間之正〞？

因爲並沒有一個觀待世間之〝正〞，且又是〝世俗〞的。故不說〝觀待世間之正世俗〞；而說是〝觀待世間之正〞。

爲何此二(觀待世間之正、倒)之差別，不是觀待聖根本智而安立的呢？因爲若是觀待聖根本智而來安立，則根本就分不出所謂的正、倒了。因爲一切世俗法，觀待於聖根本智而言，全部都是顛倒的，故如何能說觀待於聖根本智可以分出正、倒？因此，應成派才會說：凡是世俗皆是倒。但，若觀待〝世間之名言量〞來區分，則可分出正、倒。

故觀待世間之正境、觀待世間之倒境、觀待世間之正有境、觀待世間之倒有境，此四是應成派觀待世間而開闢出來的世俗諦的差別。以上即是應成派不共的正世俗、倒世俗的安立。

（p470-1）

當答彼曰：凡量所成應是俱成，此非我知，諸立論者立能立時，其所立因自雖量成，然他量成自何能知，他心差別非自現量，比量境故。

[釋]：慶喜師於其所著之論中**當**回**答彼**問**曰：凡正量所成應是**立敵雙方**俱成，此**點非我慶喜師所**知**(有否定的意味)，理由：**諸立論者立能立**之正因論式**時**(如：聲無常，所作性故)，**其所立因**——所作性，立論者自己**雖**以量來證成此因——所作性，**然他**人是否用**量來證成此因**——所作性，立論者**自己云何能知**他人是否用量來證成此因？因爲**他人心續當中差別**的想法並非立論者**自己的**心續當中**現量**之境，也不是自己心續當中**比量**之**境故**。

（p471+1）

又自量成亦何能知，錯謬因緣長夜攝持，有欺誑故。故唯由其立論對論，許量之力，許諸法性，故依所許破除他宗。」

[釋]：**又於自己所立之因，是否由量來證成自己亦如何能知？**理由：由於識體**錯謬因緣長夜攝持**，如經常改變、放棄自己認爲正確的想法——無明習氣，**有欺誑故**。**故唯由其立論**者與**對論**者，以承**許**成立所立之正因，然此正因非以正**量之力**所證成，**許諸法性**(指依自、他所許諸法的體性)，**故依他所許破除他宗。」**

此說因於敵者量成不成，立者不知，以彼意樂，俱非立者二量成故。自亦不知因是量成，自雖決斷是量所成，亦有欺誑，故無雙方量成之因。就許為量量雖未成，然就所許破亦應理。

[釋]：宗喀巴大師對於《入中論疏》作進一步解釋慶喜師的看法，**此說因為立論者於敵者**對於其正因是否由**量**所**證成、不證成，立論者不知**，故**以彼**敵者之**意樂**是否以量證成此正因，**俱非立論者**現、比**二量**所能**證成故**，如前 p471+1 所說：「他心差別非自現量、比量境故」。立論者**自己亦不知**此因是否**由量證成，自己雖決斷是由量所證成，然亦有欺誑，故無**立敵**雙方由量證成之正因，僅以承許所成所立之正因。就所承許的正因為量**（存在）**量雖未證成，然就所承許而破亦應理。**

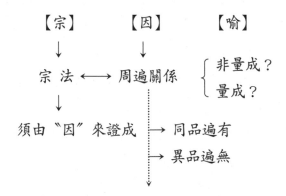

慶喜師認為不可能由量證成——非量成，僅以世間所承許的而來承許而已。

因為，若是量成，則此周遍之理，當下應遍一切時、處、法。故此周遍之理，當下只能於某一法上成立而已，無法周遍於一切時、處。如：此法的成立——此法是於今天的某處成立，如此而已，無法遍於一切時、處。

因為：無法周遍於一切時、處，故非是量成。

反之：要周遍於一切時、一切處、一切法，才是量成。

因明學上所說〝證成之理〞的周遍關係——是遍一切時、處的，非僅於某一時、處上成立而已，而是說此理於任何時、處上成立皆是合理的。

如：聲是無常，所作性故——所作性即是無常——周遍於一切有為法。

中觀自續派──【量】：新生、不欺誑

　　能自主 ← 第一刻 ↵　　　└→ 於其自性有不欺誑

　　　　第二刻 → 非量 → 因為要觀待第一刻 → 再決識

　　　　　　　　　　　　　　　└→ 故不能自主

同品定有性
異品遍無性 ｝周遍關係 → 慶喜師認為：非量成

（p471+5）

又於自續之因宗云：「若因與所立以量成遍，（即同品定有異品遍無也）爾時當許自續之能立，然遍不成，謂能成遍之量或現或比。

　　[釋]：慶喜師**又於自續**能立**之因**及所立**之宗云**：「**若能立之因與所立之宗以量成立週遍**──（**即同品定有、異品遍無也**）爾時**意謂：由正量成立正因，及由正量成立週遍，如此**當**承**許自續之能立**正因，**然**而週**遍亦不能由量成立**，**謂能成立週遍之量**亦即以正量來成立週遍只有二種，要嘛**或**是**現量**，要嘛**或**是**比量**。

中觀自續派──【量】：新生、不欺誑

　　能自主 ← 第一刻 ↵　　　└→ 於其自性有不欺誑

　　　　第二刻 → 非量 → 因為要觀待第一刻　→ 再決識

　　　　　　　　　　　　　　　└→ 故不能自主

　　故慶喜師認為若許其周遍關係是量，則是屬於自續派。

（p471+6）

現且不能成其為遍，謂於灶房由現可緣不可緣故，遂謂火煙，此有則彼有，彼無則此無，通達無則不生，然非於一切境，亦非由比。彼境定故，

　　[釋]：**現量且不能成其為週遍**，理由：**謂於灶房由現**前**可緣**（見有煙必定有火）**及不可緣**（不見有火必定無煙）**故，遂謂**火與煙，**此**煙**有則彼**火**定有，彼**火**無則此**煙必定**無，通達無**火則**煙不生，然**有煙必定有火的這一點，僅於灶房中了解，**非遍於一切境**，意謂：並不是在一切時、處當中通達無火則無煙，或是在一切時、處當中通達有火必有煙，同理，此種週遍關係**亦非由**比量通達。**彼境固定故**，意謂：唯在某一境上或某一處上證成其相屬關係。譬如：有煙的山必定有火，如灶房，此正因論式是說明：要證成山上有火，其證成有火之正因是──有煙，這一點可以在灶房中去理解。

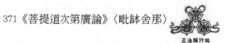

慶喜師亦承許可以在灶房這個境上去通達有煙則定有火的這種週遍，但他不認為，能夠用正量來成立有煙則定有火的這種週遍關係。為什麼？如果能夠用正量來證成有煙則定有火的這種週遍，就必須在任何時、處去證成有煙定有火。

然，並沒有辦法以正量來證到任何時、處有煙的地方則定有火，僅能在灶房中來通達。故本文中「謂於灶房由現可緣不可緣故」意謂：由現前可緣到有煙則必定有火，由現前不可緣到火，則必定無煙。又，本文中「遂謂火煙，此有則彼有，彼無則此無，通達無則不生，然非於一切境。」意謂：火與煙，此煙有則彼火定有，彼火無則此煙必定無，通達無火則煙不生，然有煙必定有火的這一點，僅於灶房中了解，非遍於一切境，故說此非由現量來證成。又，聲有法是無常，以是所作性故，如：瓶。此正因論式，慶喜師也認為，凡所作性定是無常的這種週遍，僅是在聲音上證成，也沒有辦法在一切境上通達凡所作性定是無常的這種道理，故說凡所作性定是無常的這種週遍，也不是用比量來證成的，故本文中云：「亦非由比」。又，從有煙必定有火及所作定是無常，僅能在某一個所依境上證成其相屬關係，無法在一切境上去證成，故本文說：「彼境定故」。

(p471-6)
謂比量境非通一切，何以故，若有所立相屬之因，唯於彼生無常等智，非一切時處，故唯依世許，成立為遍非以量成，故應成因破除他宗，如何非理。

　　[釋]：以道理所通達的所作性定是無常，僅能在瓶子的所作性則遍瓶子是無常，但無法通達一切的所作性則遍無常，故**謂比量境非通一切，何以故？若有所立**——瓶子上之無常，與其**相屬之因**——瓶子之所作，此相屬之關係**唯於彼**瓶**生無常等智**，然**非一切時處**之所作成立，一切時處之無常。**故**成立所立之正因，其週遍**唯依世**間而來承**許**，所立之正因，其**成立為**週**遍**亦**非以量**證**成**，**故**由此**應成**之正**因**來**破除他宗，如何非理**呢？意謂：不承許由自續之因來破除他宗，而是承許由應成之正因來破除他宗，這一種承許是合理的。

此說有火，遍於有煙。及無常性遍於所作，若以量成則自續應理，然非量成。若以量成，應須成立一切時處有火無常遍煙所作，然以現比於灶瓶等成其為遍，是一分故。故遍亦唯就許而成。」此說若用量成三相是自續派，畢竟唯用他許三相是應成派。

　　[釋]：此說有火遍於有煙。及無常性遍於所作，此二若以正量證成則自續因承許就應理，然實際上非由正量來證成。若以正量來證成的話，應必須成立一切時處有火或無常必遍煙及所作，然以現前比量推理僅於灶房、瓶子等成立其煙與火、所作與無常為週遍，僅是一分故非遍一切處。故此週遍亦唯就承許而證成其週遍性，非由正量來證成其週遍。」此中說若用正量來證成三相即是自續派，不承許由正量來證成三相畢竟唯用依他所許之三相即是應成派。所謂三相：遍是宗法性、同品定有性、異品遍無性。亦即所立之宗與其能立之因的週遍性。

前 p470-4 科判──安立應成、自續兩派，分二：

「第二家慶喜師之弟子」說：

以〝勝義理智抉擇〞時　{ 唯破他宗　自無所許　（亦無所立）}　此即是其所認爲的〝依他所許〞，
若有所許有所立，則會變成自續因。

然於〝世俗名言〞則是──有所許、有所立。

四　生──自生、他生、共生、無因生──定是〝自性有〞。
（故破四生──即破自性有）

以勝義理智抉擇──破他宗。如：破自生，即是破〝自性有〞，
　　　　　　　　　　破〝自性有〞後，同時證到〝無自性有〞。}　正確

第二家慶喜師之弟子認爲：
若以勝義理智抉擇破除了〝自性有〞，又證到了無自性，則會成爲自續派
──即有所立、有所許。因爲，於現證空性當下，無任何一法存在。

〝勝義理智抉擇〞──抉擇自性的有無，既然已將〝自性有〞遮除，
　　就是都不存在，怎麼還會有任何一法可以被你所成立、所證到呢？
　　如果在〝勝義理智抉擇〞當中，還有一法被證到，就會成爲自續派了。

另一角度說：若以〝勝義理智抉擇〞，抉擇〝自性有〞不存在時，沒有證到任
　　　　　　何一法，則是否只是破除了〝自性有〞，並沒有〝空性〞被證到？
　　　　　　若有所破，即應有所證。

第二家說：「有破，沒有證。若有證，即是有立。若有立，則會成爲自續因。」
　　　　　　故認爲有遮、有破，但沒有證、沒有立。

以〝勝義理智抉擇〞時　{ 唯破他宗→有遮、有破　自無所許、亦無所立→沒有證、沒有立。}

慶喜師之弟子 ──

唯將〝自性有〞遮除，並無證到空性，若有，則成自續因。

破 斥：是否以〝勝義理智〞遮除〝自性有〞後，無〝空性之境〞為所證？

　　　　　若無〝空性之境〞可證，則同時亦應無〝無漏智〞。

第一家：慶　喜　師 $\begin{cases} 因　\to 無量成 \\ 周遍 \to 無量成 \end{cases}$

第二家：慶喜師之弟子 $\begin{cases} 勝義理智抉擇 \to 無所許 \\ 世俗名言 \to 有所許 \end{cases}$

慶喜師之弟子(第二家)認為 ——

於勝義理智唯破他宗,自宗不許亦不立,以若有所許、所立,即是自續因。

└→ 意謂:〝勝義理智〞唯遮、唯破 → 沒有所證、所立。

(p471-1)

彼之弟子諸譯師云:「中觀師者,唯破他許餘無自宗。其有法等二無共許故,自續非理正理(觀察)之果亦唯令捨他宗,除彼之餘,自無所許,故一切種不應宣說自續之因,唯用應成。

[釋]:此是第二家,即**彼**慶喜師**之弟子諸譯師**之怙多德巴云:「**中觀師者,唯破他**宗之承許除此之外**餘無**立**自宗。**理由:**其有法**或因及所立法…**等,**立敵二家無共許**故,**若有許自宗,則成自續派,故**自續非理。**又,理由:**正理**觀察**之果亦唯令**敵者**捨他**自宗,除彼之餘,**自宗全**無所許、亦無所立,**故一切種**(一切時、處)**不應**承許**宣說自續之因,唯用應成**論式而已。

(p472+2)

又能立應成,即自續究竟,故唯應許能破應成。其因及遍就現前許或究竟許(應成),非由量成。

[釋]:又破他宗之應成,若許**能立應成**(所謂能立應成即能引能立之應成,亦即能引自續之應成),**即自續究竟**(承許能立應成,究竟而言,就是承許自續因),**故唯應許能破應成**(所謂能破應成:是唯破他宗,令他宗棄捨自己所承許,且自無所許、自無所立)。**其能破應成之因及**週**遍是就現前**承**許或究竟**承許**應成,然非由量**所**成。**以若許由量成,則定有所許、有所立——亦即在理智抉擇當中,若有所許、有所立,就會有所證。然,以勝義理智破除以後,不能有所證,若有所證,就會有所立(立:無自性)。若立無自性,則是屬於〝能立之應成〞。但,只有〝能破應成〞而已。此處應明辨何謂〝能立應成〞及何謂〝能破應成〞。

能立應成 —— 自宗:有所立、有所許 → 自續究竟　　　✕

能破應成 —— 自宗:只破、不立,亦無所許 → 唯應許此　　○

配合「第一家：慶喜師」來說：

此 "能破應成" 之 "因" 及其 "周遍" 關係，亦僅是就現前承許，非由量成。

以若是由量成，則自須先有所承許、有所立故。

(p472+3)

依此因緣略有四門，斷他所許或斷戲論。一、舉違應成，謂他所許生有盡有義，若許自生，舉相違云，若從自生是有而生，生應無義及無窮盡，故許有義有盡不應正理。若許彼者，而云自生不應道理，令他知已捨宗為果。

　　[釋]：依此所承許 "能破應成" 之因緣，略有 "四門" 來斷他宗所承許或斷他宗之戲論。一、舉違應成，謂他所許生是有盡(生了不會再生)有義(從無而有，亦即有義意)，若許自生——外道數論派許自生，且有義有窮，如是自宗則舉其相違而問難云，若許內外諸法從自生亦是在自性有的基礎上由自之體性而生，則生應無義及無窮盡，故許自生而謂有義有盡是不應正理。若許彼有義有窮者，而云自生是不應道理，令他宗知相違已而捨棄自宗為果。意謂：若許有義有窮，則唯應承許 "生" 而不應承許 "自生"。若許 "自生"，則不應承許 "有義有窮"。


```
已顯之芽 → 有芽之自體性 ┐
 ┌→（未顯之芽）          ├ 再生無義、再生無窮
種子位之芽 → 有芽之自體性 ┘
```


此處之義是說：唯破他宗所許之自生，以若許有自生則會成為生無義且無窮。

　　　　　　破自生——即是破 "自性有之生"。

　　　　　　　　反義： "無自性之生"。

此派(第二家)言：反面之 "無自性之生" 亦不承許——無所許，若有所許

　　　　　　　　(許無自性之生)，則會變成自續因。

若於 "勝義理智抉擇" 中有所許——自續因。

故許於 "勝義理智抉擇" 中——唯破 "自性有" → 只破 ┐
　　　　　　　　　　　反面 "自性無" → 不許 ┘ 第二家

此有何過？

若〝勝義理智抉擇〞只破(唯有遮)、不立(沒有證)，則有〝無空性境〞之過失。

若〝無空性境〞，則亦〝無證空性(無我)之智慧〞，以無所許故。

然汝(第二家)又說：於〝名言〞上有所許。

即於〝勝義理智〞中——不許——勝義無自性→只破、不證、不立、不許，

於〝世俗名言〞中——有許——無自性

破 斥：若是勝義中有，則世俗中亦應有 —— 此有，故彼有。

若是勝義中無，則世俗中亦應無 —— 此無，故彼無。

(p472+5)

二、他許比量，如云許自生芽應不自生，自體有故。舉說他許有法因等，而反破他。雖云無自生，亦唯破他許之自生，非自成立無自生義，故自無宗。

　　[釋]：依所承許〝能破應成〞之因緣，略有〝四門〞來斷他宗所承許或斷他宗之戲論——**二、他許比量**，即是依他宗所承許的有法及因，如云：「**許自生芽之有法應不自生，自體有故**」。此是**舉說**他宗所承**許之有法及因等，而反破他宗。雖**對他宗**云無自生，亦唯破**他宗所**許之自生，然**非自**宗成立無自生義，**故自無宗。**此中之〝唯〞字，僅破除他宗所承許之自生，不會再承許無自生義。意謂：只破不立，即是 p472+1「正理(觀察)之果亦唯令捨他宗，除彼之餘，自無所許。」

(p472+6)

三、能立同所立，他為成立自所宗故，所立因喻一切如前皆不極成。

　　[釋]：依所承許〝能破應成〞之因緣，略有〝四門〞來斷他宗所承許或斷他宗之戲論——**三、能立因等同所立宗**，亦即**他宗為成立自所立宗故**，而其**所立之因及喻一切如前所立宗皆不極成。**譬如：瓶子有法應是諦實有，以是緣生有自性故，如苗芽。其中所要證成的宗是——瓶子是諦實有，其證成之因是——緣生自性有。但是，對於應成自宗而言，所要成立的宗〝諦實有〞及能立之因〝自性有〞是一樣的，因此就會成為能立等同所立，及他宗所舉〝苗芽〞之譬喻即不是諦實有，也不是自性有，故所立的因及喻都是不成立的。必須再依理由來證成，故說能立等同所立。

(p472+7)

四、因相相等，謂若許彼，即當許此因相無別，令其相等。

　　[釋]：依所承許〝能破應成〞之因緣，略有〝四門〞來斷他宗所承許或斷他宗之戲論——**四、因相相等**，意謂：**若承許**諸法**彼**是勝義有、自性有，則彼此作用應無差別，亦**即當許此因相**(理由)**無差別，令其**彼此作用**相等**。譬如：若眼根有法於勝義能見色，則耳根亦應能見色，以是根故。意謂：眼根之作用，必須觀待空、明…等因緣和合才能見色，若承許眼根是勝義有或自性有，則不觀待因緣和合即能見色。若眼根不觀待因緣和合能見色，則耳根亦應能見色，因為皆是根故。若許地有法於勝義中堅硬為性，則水亦應是堅硬性，以皆是大種故。意謂：地之體性是觀待於堅硬，若許地是勝義有，則不須觀待，若不須觀待堅硬性，則水亦應是堅硬性，因為皆是大種故。

(p472-6)

若爾汝有無欲破他所許，有即是宗，應有立彼自續之因，無則不應宣說正理，破他所許。

　　[釋]：此問難是對第二家所承許〝唯破他宗，餘無自宗〞，意謂：自宗全無所許。**若爾汝**(第二家)**有**欲或**無欲破他**宗**所**承**許**，若**有即是**有許自宗，**應有立彼自續之**正**因，無**欲破除他宗**則不應宣說**此四門之**正理**，而來**破他所許**。

(p472-5)

答：「**觀勝義時，若許無性或以無生為所立者，則須受許自續宗因，然不許彼故無過失。若略有欲即有所宗，則一切欲皆應有宗。**」

　　[釋]：答：「**觀**察**勝義時，若**承**許無**自**性或以無**自性之**生為所立**自宗**者，則須受許自續宗**之正**因，然不**承**許彼**(亦即在觀察勝義時，若承許無自性或以無自性之生為所立自宗)**故無過失。若略有欲**望破除他宗**即有所宗，則一切欲**望**皆應**成**有**自宗，就會成為無量無邊的自宗了。」此從 p472+1 所說「正理(觀察)之果亦唯令捨他宗，除彼之餘，自無所許。」可推知此宗認為：有所欲望破除他宗，並不代表是自有所許、自有所宗。

（p472-4）

此說自己無所立宗唯破他宗，雖有所欲亦無所宗。又自無宗，是就觀察勝義之時，謂不立宗無自性等，非說一切全無所許。故於觀察勝義之時，若許無性為所成立，而於自宗成立無性是自續派，若自無許唯破他欲是應成派。

[釋]：本宗總結此第二家說自己無所立宗唯破他宗，雖有所欲破他宗亦無所立宗。又自無所立宗，是就觀察勝義之時而言，意謂於勝義觀察之時不立宗——不立無自性等宗，非說一切全無所許，意謂：名言有所許。故於觀察勝義之時，若有許無自性為所成立之法，而於自宗成立無自性此即是自續派，若自無所承許唯破他欲是應成派。

現證空性之前 ：須先遮除自性有→ 遮法 → 無遮：將自性有遮除，不再引申。
　　　　└→ 反面：自性有

故第二家認爲：
若將自性有遮除，還有所成立、有所證，則會變成不是無遮法而成爲非遮。
又，若成爲非遮，則必須要有所成立——此是屬於〝自續因〞。
因爲，自續派於比量依理由遮除時，是——

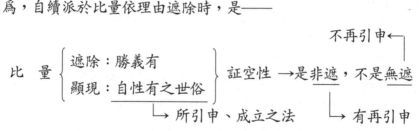

故以第二家來說：若還有再引申、成立，就會成爲自續派。

第二家認爲：若還有成立，就是有再引申，若有引申就不是中觀應成派所說之無遮。

宗大師認為——

無遮 { 破(遮)：自性有 → 有所破、有所遮 ——〝遮〞其一
       當下証：無自性 → 有所立、有所證 —— 須〝表〞其一

故有破定有立，有遮定有証。但，有証、有立並不代表就是〝引申〞。

所以，他(第二家)是對於遮法、非遮法，產生了誤解。

當我們依著〝勝義理智〞在抉擇自性有無時，將此〝自性有〞遮除，當下若有將心識耽著為〝自性有〞的執實遮除，同時，心識會証到〝自性有空〞——會有〝表義〞。

何謂表義？

就是在心中現起所遮或是所成立，其所顯現的相。故分別心識上的表義有非遮，有無遮，也有成立法。

1、非遮的表義 ：前因是以非遮的方式，在心中所顯現的相，有間接暗示或直接顯示——有另外再顯示任何一法的，就是屬於非遮之相。

　　　　　　　【間接顯示他法】，如：

　　　　　　　　此酒鬼白天不喝酒 → 間接顯示他晚上會喝酒。

　　　　　　　【直接顯示他法】，如：

　　　　　　　　　有無我 → 將我遮除，直接顯示〝有〞這個〝無我〞。

{ 〝無我〞是無遮，將有我遮除即是無我，不再另外顯示任何一法，
  但若加一〝有〞字則是屬於非遮，有再另外顯示一法。 }

2、無遮的表義 ：前因是以無遮的方式，在心中所顯現的相，是不再間接或直接暗示、另外再顯示任何一法，僅僅是無遮而已。

　　　　　　　如：無我、法性、空性。

3、成立法的表義：前因是以成立法的方式所顯現出來的相，就是屬於成立之相。如：瓶子。

雖非遮、無遮、成立法都有表義，但，非說：有表義就是非遮所引申的那個成立法。故將自性有〝遮除〞時，心識會對〝自性有〞的這一分執實空掉——此即是〝表〞無自性義。假設沒有表義，心識又沒有去証到的話，就會成為無分別。可是，無自性有分別的表義跟無分別的表義又有不同，此是應注意之處。

第三家
- 於〝勝義理智〞：無所許 → 此與第二家相同
  └─ 不錯亂
- 於〝世俗名言〞：亦無所許 → 以世俗名言皆是錯亂故
  └─ 錯亂 → 錯亂於〝自性有〞

若於名言有所許，則須許〝自性有〞，若許〝自性有〞即是自續之因。

真正的〝中觀應成派〞→ 名言有所許 → 如：許瓶子

瓶
- 名言所許之〝瓶子〞→ 不錯亂 → 是名言量
- 同時顯現 <u>〝自性有〞</u> → 是錯亂 → 是染污的種子所顯現
  - → 跟〝世俗名言〞不相干，因爲名言無法決斷自性有無
  - → 是〝勝義理智〞所抉擇的範圍

故於〝世俗名言〞雖會顯現自性有，然不會障礙其所安立之瓶成爲量。

第三家認爲：〝世俗名言〞皆是錯亂於自性有；故若有所許，則會變成許自性
有。並引中觀應成派諸論師所著之論來證明其說。

（p473+1）

現在自許是應成中觀者，作如是說隨依勝義及依名言，雖於名言自宗無許。若有
彼宗，亦須許有能立因喻成自續派，故應成派全無自宗。

[釋]：此爲第三家，不僅勝義無所許，即使是名言亦無所許。故本文說：**現在自**
許是應成中觀者，作如是說：**隨依勝義及依名言，雖於名言自宗**亦**無所許**。因爲**若**承
許**有彼**所立**宗，亦**必**須許有能立因**及喻，如是則**成自續派，故**中觀應成派不論是勝義
或是名言**全無自宗**。亦即不立宗、因、喻，唯依他許而來破除他宗。

（p473+2）

如《回諍論》云：「若我有少宗，則我有彼過，然我無所宗，故我唯無過。若以現量等，略見有少法，或立或破除，無故我無難。」

[釋]：第三家引龍樹菩薩所造的論著且依文解義而說，如《回諍論》云：「若我承許**有少許宗**（即有許宗、因、喻），**則我有彼過**失，**然我無所**承許自宗，**故我唯無過**失。**若以現量等，**〝等〞字亦包括比量，於此二量**略見有少法，或立或破除**，如此則會被他宗防難或問難，然實際上此二量皆**無**見到少許之法**故**，對**我**而言是**無**有被防**難**之**過**。」

然，真正中觀應成派對於此論的解釋如下——此論中「**若我有少宗**」即是指：若我宗有少許之自性成立宗的話，「**則我有彼過**」那麼我必有承許自性有所產生的過失，「**然我無所宗**」然我應成自宗並沒有承許自性所成立的宗，「**故我唯無過**」故我應成自宗無自性有所產生的過失。「**若以現量等**」若以現量及比量，「**略見有少法**」略見有自性有之少法，「**或立或破除**」或成立或破除，「**無故我無難**」然實際上此二量都沒有見到自性有少許之法，故對我而言是沒有被防難的過失。此中所謂的〝無故〞是因為自宗不承許自性有，由於這樣的原故，承許有自性有所產生的過失會為他宗所問難的這一點，在應成自宗是不存在的。

（p473+3）

《六十正理論》云：「諸大德本性，無宗無所諍，彼尚無自宗，豈更有他宗。」

[釋]：第三家對《六十正理論》依文解義而云：「**諸大德本性，**即是指中觀應成派之智者，是**無**承許自**宗無所諍**論，**彼**中觀應成派既然**尚無**承許自**宗，豈**會**更**承許**有他宗。**」

然，真正中觀應成派對於此論的解釋如下——此論中「**諸大德本性**」即是指中觀應成派之智者，「**無宗無所諍**」是指無承許自性有之宗，故於自性有所產生之過失無所諍論，「**彼尚無自宗**」彼中觀應成派既然不承許自性有之宗，「**豈更有他宗**」怎麼會更承許有自性有的他宗。

(p473+4)

《四百論》云：「若有無二俱，誰全非有宗，雖長時於彼，不能舉過難。」說中觀師無宗無立故。

[釋]：第三家又引聖天菩薩所造的《四百論》且依文解義而云：「若有（自性有）無（自性無）二俱（既是：俱有——自性有、自性無。俱無——自性有、自性無），對於自宗而言，誰也全非許有此有、無、二俱之宗，他宗雖長時間於彼自宗尋求過失，然不能舉自宗之過失及問難。」依此而說中觀應成師無所宗無所立，故我是依他所許。

然，真正中觀應成派對於此論的解釋如下——此論中「若有無二俱」是指若有（自性有）無（自性無）二俱（既是：俱有——自性有、自性無。俱無——自性有、自性無），「誰全非有宗」對於應成自宗而言，誰也不會承許自性有、也不會在自性無當下又承許自性有（就是在自性有之上而來承許自性無）、及二俱（自性有、自性無——俱有。自性有、自性無——俱無）之宗，「雖長時於彼」他宗雖長時間於彼自宗尋求自性有的過失，「不能舉過難」然不能舉出自宗的過失及問難。「說中觀師無宗無立故」依此而說中觀應成師：無自性有之宗及無自性有之所立故。

(p473+5)

《明顯句論》云：「凡中觀師，理不應用自續比量，不許他宗故。」

[釋]：第三家又引月稱論師所著的《明顯句論》云：「凡中觀應成師，理不應用自續比量或自續正因，因為不承許他宗故。」此如 p473+4 所說：「彼尚無自宗，豈更有他宗。」

然，真正中觀應成派對於此論的解釋如下——此論中「凡中觀應成師，理不應用自續比量或自續正因，」到此和第三家字面上的解釋是一樣的，然所不同者，真正的中觀應成派其所立的理由——是「不承許自性有的他宗故」，並不是「不承許他宗」。

真正的中觀應成派而言：非全無所許，但若是〝自性有〞，則我全不許。

　　　　　自性有 → 是所破

　　　　　名言有 → 非所破 → 並沒有破一切法 → 故有所承許。

（p473+6）

又云：「**應成破義亦唯屬他，非屬我等，自無宗故。**」

[釋]：此中所謂的〝應成破義〞，主要是指 p472+3 佛護論師為了要破除數論派所承許有自生所出的應成論式即是應成破義，亦即【若許內、外諸法有自生，則生應無義及無窮】，然數論派承許內、外諸法其生是有義有窮。因此應成自宗就反問：既然承許內、外諸法其生是有義有窮，那就不應該承許自生。因為應成自宗根本就不承許自生，故《明顯句論》**又云：「應成破義**所生之過失**亦唯屬他**宗，此過唯屬他宗才有，**非是屬於我**應成宗**等**，因為**自無**承許自生之**宗故**。」又有說：若不許自生，則應承許他生；若承許他生，則違背龍樹菩薩之宗，以其破四生中之他生所產生之過失。以龍樹菩薩在《中論》所破四生中之他生，是指自性有之他生。然中觀應成宗不承許自性有，故若說：「不許自生，則應許他生。」——此過失唯屬他宗，非屬我中觀應成宗，因為我自宗不承許自性有。

然第三家對此論解釋云：「中觀**應成破義**所產生之過失**亦唯屬他**宗，非是**屬於我**應成宗**等**，因為**自無**所**宗**、無所許**故**。」

佛護論師所出的論式：【諸法不自生　若生則無義且無窮】

反義：【諸法自生　　若生則有義且有窮】→ 我應成派不許。

（p473+7）

《入中論》云：「**能破所破不會破，及會而破所說失，若定有宗彼成過，我無彼宗故無失。**」說自無宗過不轉故。故中觀師一切建立皆唯就他而立。

[釋]：此論所說是中觀應成派在破中觀自續派以下，在自性有的基礎上來承許因生果而產生的過失。因為中觀應成派承許因果是相互觀待假立而成，觀待果而成立因、觀待因而成立有果，故因果相互觀待假名安立皆無自性。然中觀自續派以下承許因果各有自性，若有自性的話，就是不觀待他、不依他，如是則因是從果而有或是果從因而有呢？假若先唯有果，那又何必觀待於因呢？假若先唯有因，云何能生果呢？若無果之時，則因又是誰的因呢？進而又破，若因果各有自性，則因果是會合而生果或是不會合而生果呢？若是因果會合而生果的話，則因果應成為一。若是因果不會合而生果的話，則一切是因、非因皆能生是果、非果。

於是他宗反難中觀應成派說：汝中觀應成派以因果會合、不會合而來破我所立的因果，同樣的道理，我亦以因果會合、不會合而來問難汝中觀應成派云：汝能破之理，於所破——我所承許之因果，為會合而破？或是不會合而破？若會合而破，則能破所破成為一，即能破等於所破。若不會合而又能破，則一切能破一切，此非為你我所共許。

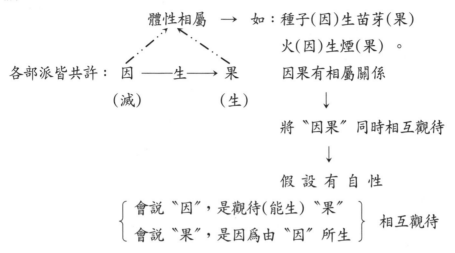

體性相屬 → 如：種子(因)生苗芽(果)
　　　　　　　　火(因)生煙(果)。
各部派皆共許：因 ——生——→ 果　　因果有相屬關係
　　　　　　　（滅）　　　　（生）　　　↓
　　　　　　　　　　　　　將〝因果〞同時相互觀待
　　　　　　　　　　　　　　　↓
　　　　　　　　　　　　假設有自性
　　　　　　　　　　會説〝因〞，是觀待(能生)〝果〞
　　　　　　　　　　會説〝果〞，是因為由〝因〞所生　　相互觀待

故若有自性，則不須觀待，因果各自應是毫無關係，如瓶與柱。若説〝有自性〞且〝因又能生果〞，則因與果各有自性。

因 ——生——→ 果
（有自性）　　　　　（有自性）
　　　　　　　├→會合而生？
　　　　　　　└→不會合而生？

問：若因與果各有自性，則你的因果到底是會合(碰觸)而生或是不會合(不碰觸)而生？

答：若是會合而生，則因果相合。若因果相合，則應變成一。如是，則何者是因、何者是果，應無法分辨清楚。若是不會合而生——因果毫不相干又能生，則一切〝是因〞亦可生一切是果、非果，一切〝非因〞亦可生一切是果、非果，如是則成因果錯亂。

故若承許〝自性有的因生果〞所產生的過失，於我中觀應成派不會產生。因為我是許因果〝相互觀待〞無自性故。

中觀應成派：

相互觀待

因 ←── 生 ──→ 果

（能生果）　　　　　　（爲因所生）

依著果假名安立爲因
依著因假名安立爲果 ｝ 相互觀待，唯名言假立，故我無汝所犯之過失。

故你所許「自性有的因生果」──依他起的緣起因果法是不存在的。

下部派認爲：你破斥我，則我亦依同樣道理而來破斥你──

你破我時，有你的能破之理及所破之我，若如你所說，則你的能
破所破，到底是會合而破或是不會合而破？

若是會合而破，則你(能破)跟我(所破)應變成一。若成爲一，則
你跟我都一樣，又爲何還要破？

若是不會合而破，則不管合不合理亦皆應能破，所以你也會產生
這種過失。

因此《入中論》答云：「**能破所破不會**合**而破，及會**合**而破所說之過失**，是說若
定有自性**宗**則成**彼他宗問難所成之過失，而我無彼**自性有之**宗故無此**問難之過失。」
此中意謂：此因生果會、不會合所產生的過失，是在承許自性有的基礎之上，然眞正
的中觀應成派是沒有這種過失的，因爲不承許自性有。

然第三家卻解釋爲「**能破所破不會**合**而破，及會**合**而破所說**之**過失**，是說**若定承
許有**則成**彼他宗問難所成**之**過失，而我無**承許**彼宗故無此**問難**之過失。」**此中意謂：
此會、不會合所產生的過失，是在承許有自宗者所產生的過失。因此，第三家**說自無
宗**故他宗所問難**之過失**於我宗**不轉故。故**中觀師一切建立皆唯就他宗而立，自無所
宗、自無所立，故我無過失。

第三家 —— 自許中觀應成派，所許之宗見。

$$不論\begin{cases}勝\quad義\\名\quad言\end{cases}皆無所承許$$

若有所承許，亦唯是依他所許。因爲，只要自宗有所許，即是屬於〝自續因〞。故，自許中觀應成派——第三家引《迴諍論》、《四百論》、《入中論》…等，而來証明其所認爲的：何謂依他所許及自宗全無所許。

(p473-6)

《入中論》云：「如汝依他事，我不許世俗，果故此雖無，我依世說有。」

[釋]：第三家又引《入中論》而解釋云：「**如汝**所承許世俗之**依他事**——依他起性緣起之事，然**我**自宗**不許世俗，果故**（以究竟承許而言）**此**世俗**雖無**所許、無所立，然**我依**汝所許之**世俗而說有。」**此意謂：自宗全無所許、全無所立，然一切的建立，皆是唯依他安立，如此而已。

然眞正中觀應成派的解釋爲：「**如汝依他事**」——《入中論》此處是：破唯識宗之因生果——自性有之因生自性有之果，此是依於識體。

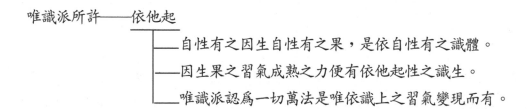

```
唯識派所許——依他起
        ├── 自性有之因生自性有之果，是依自性有之識體。
        ├── 因生果之習氣成熟之力便有依他起性之識生。
        └── 唯識派認爲一切萬法是唯依識上之習氣變現而有。
```

「**如汝依他事**」如汝唯識派所承許自性有之依他起，「**我不許世俗**」我中觀應成派不承許如此自性有之依他起的世俗。「**果故此雖無**」以究竟而言，自性有的依他起是不存在的。「**我依世說有**」我中觀應成派唯依世間說彼依他起爲有，此〝世間〞——即是世間名言假立。

(p473-5)

《回諍論》云：「所破無所有，故我全無破，是故云能破，是汝興毀謗。」說破他宗亦非有故。

[釋]：第三家對《回諍論》作解釋云：「由於不承許他宗故所破無所有，即使能破之自宗亦不承許，故我全無能破、所破——所破之他宗不承許，故能破之自宗亦不承許。因為，只要一有所承許即是自續因，是故若云有能破，是汝他宗對我宗興毀謗——如果你認為我中觀應成宗除了破他宗之外，還有承許能破，則是你對我應成宗興毀謗。」此意謂：說破他宗亦非承許有故。此 "亦" 字即是連自宗都無所許，故能破亦無，若說有能破，即是對我宗興毀謗。

然真正中觀應成派的解釋為：「所破無所有」——不僅所破無自性有，能破亦無自性有，此是以破除俱生實執為主，即是破以能增益自性有之心識——有境為所破，而非僅以增益有自性之境——遍計執為所破，故此中 "所破" 又分：有境的所破及境的所破。「故我全無破」故我中觀應成派全無自性有之能破。「是故云能破」是故汝唯識宗云：有自性有之能破。唯識宗所破是：由無方分極微所構成的外境（破下部派）及與識體異體自性有之外境——所破是無自性有，但許能破之心是自性有。故本宗云：「是汝興毀謗」是汝唯識宗對我中觀應成派興毀謗。此意謂：說能破之中觀應成宗及所破之他宗亦皆非有自性故。亦即以真正的中觀應成派而言，能破、所破皆無自性。

唯識宗 ｛ 所 破：無自性
　　　　 能 破：有自性 →能依之正理、能依之心是有自性的。

應成派 ｛ 所 破 ｝
　　　　 能 破 ｝ 無自性

總 說： 自許中觀應成派者(第三家)——

｛ 勝 義 ｝
　 名 言 ｝ 皆無所宗、無所立、亦無所許，故一切建立皆唯就他而立。

又昔西藏中觀智者，隨行月稱論師善破諸宗，說中觀師自無所宗及無能立之量。

　　[釋]：從此處開始是在敘述第四家的看法——**又**往**昔**某些**西藏中觀智者**，他們是**隨行月稱論師**而**善破**前三家**諸宗**，

　　　第一家：正因及其週遍是無法量成。〝所立之正因〞爲何無法量成？因爲，

　　　　　　他方是否量成，自己不清楚　　　——（他心差別）；

　　　　　　自所立之正因是否量成，自亦不知 ——（有無明長夜攝持）。

　　　第二家：唯破他宗，餘無自宗。亦即，

　　　　　　〝勝義觀察〞：不立自性宗 → 因爲若有所立，則成自續因。

　　　　　　但於〝名言〞有所承許。

　　　第三家：不僅〝勝義觀察〞不立自性宗；〝名言〞亦無所承許。

　　　所以，此三家說中觀應成師自無所宗及無能立之量。

　　　第四家：〝名言〞在不推察之下許有自相；然又說，此自相不堪正理觀察。

次自宗時破以正理，觀擇自相所許能量所量建立及事力轉現比二量，然許名言不加推察，世間共許能量所量。

　　[釋]：**次**第四家說：**自宗**破他宗**時破以正理**（以勝義理智抉擇有破：1、事勢比量：實際存在的方式——如：聲是無常，所作性故。及 2、自相所許能量所量之執持境，故此二亦不堪忍正理觀察）之後，自宗（指第四家）又做如是承許——**觀擇自相所許能量所量建立及事力轉**（事勢比量：即是以實際的情況，如：所作，因是無常。又如：苗芽無諦實有，以是緣起故）來成立**現量比量二量，然**此種承許是就**名言不加推察，世間**所**共許**之**能量所量**而言。也就是承許在名言中無堪忍觀察之自相，但於名言安立時，一定要有自相。然，以眞正的中觀應成師來看此第四家，是把〝正理所破〞與〝不堪正理觀察〞誤爲一事，亦未了知世俗及勝義觀察有無之差別，以及應成派與自續派成立諸法的界限。

何謂〝正理所破〞與〝不堪正理觀察〞誤爲一事？爲何要以〝正理〞來破呢？

以<u>正理</u>破者：是爲了要遮遣顛倒錯亂之分別 → 破除邪執(顛倒心)。

唯識 ┌ 由名前覺無 → 成稱體相違 ┐
　　├ 由多名　　 → 成多體相違 ├ 破離識異體之外境
　　└ 由不決定　 → 成雜體相違 ┘

極微既然是〝無分〞，則二者相合亦是無分｛無方分極微
若一極微能與另一極微相靠，則應成有方分｛極微所積集之外境

自續 ｛勝義有一
　　　 勝義有異｝破勝義有

應成 ｛自性一
　　　 自性異｝七相觀察→ 破自性有

故所破事有二 ｛理所破：破〝境〞上之〝實有〞。
　　　　　　　　(境→本是緣起無自性，然而顛倒心識卻妄增益其爲有自性)
　　　　　　　 道所破：破〝有境〞上之〝實有執〞。

(有境 → 分別心妄執緣起諸法爲有自性)

正理所破：本來不存在的，但識體會增益它爲存在的這一分 → 此爲所破分。

唯識：破離識異體之外境 ┐
自續：破勝義有　　　　 ├ 依其所依之正理尋求觀察此到底是有是無，
應成：破自性有　　　　 ┘ 當尋找不到時，便能將此所破分一一破除。

　　故應成自宗以彼〝正理〞尋求觀察時，是爲了要尋找境上自性的有無——是尋找此法存在的究竟本質，並不是要去尋找世俗的有無。因爲，說諸正理唯是爲了要尋求自性，破除顛倒的識體是爲最殊勝，而不是爲了要尋求世俗、破壞緣起世俗有之諸法。

　　故中觀應成派所依之正理，是爲尋求自性的有、無(唯識派是尋求離識異體之外境的有無；自續派是尋求勝義有的有無)。因此，如果尋找不到自性有(勝義有、離識異體之外境)，此自性有(勝義有、離識異體之外境)即是爲正理之〝所能破〞，然此正理非破緣起名言有。

何謂堪、不堪忍正理觀察之義？

即是以〝勝義理智〞觀察抉擇諸法存在的眞實本質之理，以有所得或無所得而來說堪、不堪忍。

以勝義理智抉擇 → 有所得 → 堪忍觀察
以勝義理智抉擇 → 無所得 → 不堪忍觀察

〝勝義理智〞觀察的界限 → ┬ 唯識：離識異體之外境
                          ├ 自續：勝義有
                          └ 應成：自性有

雖以〝勝義理智〞依著正理去觀察、抉擇——諸法存在的眞實本質時，並無少分的生、滅…等的自性可以獲得，便名爲〝不堪忍觀察〞。然，非是〝唯〞由彼正理觀察所未能獲得者，彼生、滅…等即被破除。

因爲，生、滅…等存在的法，若是須由〝觀察勝義之理智〞依觀察實性之正理而來成立，然〝以觀察勝義之理智〞依著正理去觀察生、滅…等，卻無所獲得時，才能說：彼生、滅…等法被破除。可是，色…等有爲法之生、滅是由〝世俗名言識〞所成立，非由〝勝義理智〞所成立。

因此，若以〝勝義理智〞依正理觀察尋求時，雖無所獲得，然又怎能說是名爲正理所破呢？因爲，色…等有爲法之生、滅是存在的，且是由〝世俗名言識〞所成立的，故非是〝勝義理智〞所要抉擇的範圍。譬如：眼識雖無法聽到聲音，然不會因爲眼識聽不到聲音就能把聲音破除而讓聲音變成無。

正法解行林

一、
法 { 是由〝觀察勝義之理智〞依〝觀察實性之正理〞所成立
以〝觀察勝義之理智〞依〝正理〞觀察此法，無所獲得 } 便名爲正理所破

二、
法 { 非由〝觀察勝義之理智〞依〝觀察實性之正理〞所成立
以〝觀察勝義之理智〞依〝正理〞觀察此法，無所獲得 } 不名爲正理所破

世俗有 {
由〝世俗名言〞而來成立 ——

以〝勝義理智〞依正理觀察，**無所獲得** { 雖**不堪忍正理觀察**
然非正理所破 }
}

＊以世俗有非由〝觀察勝義之理智〞依〝觀察實性之正理〞所成立故 ← ─

自性有 {
由〝勝義理智〞而來成立 ——

以〝勝義理智〞依正理觀察，**無所獲得** { 是**不堪忍正理觀察**
亦是正理所破 }
}

＊以自性有是由〝觀察勝義之理智〞依〝觀察實性之正理〞所成立故 ← ⋯─

→ 將不存在增益爲存在 →所破

自許中觀應成派(第四家) { 正理所破
不堪忍正理觀察 } 誤爲一事

眞正中觀應成派 { 正理所破
不堪忍正理觀察 } 此二者不同

正理所破 { 是破：自性有→本來不存在，但倒執其爲存在的這一分
非破：世俗有

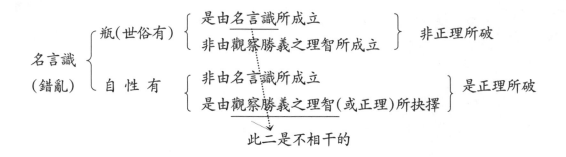

名言識
（錯亂）

瓶（世俗有）
- 是由名言識所成立
- 非由觀察勝義之理智所成立 } 非正理所破

自性有
- 非由名言識所成立
- 是由觀察勝義之理智（或正理）所抉擇 } 是正理所破

此二是不相干的

若〝瓶子〞的存在是〝有自性〞，則應思惟觀察，此種思惟觀察——抉擇〝自性〞的有無，是屬於〝正理觀察〞。

為何要以正理觀察？

因為我們會執諸法為〝自性有〞，而此自性有是不存在的。若自性有是如同我們所執的真實存在，則諸佛菩薩修行又有何用？因為諸佛菩薩於無量劫中修行，即是為了要破除此自性有，故——

自性有
- 是屬於〝正理觀察〞→ 是正理所要觀察的範圍、界限
- 亦是屬於〝正理所破〞

因為〝自性有〞是由〝觀察勝義之理智〞依〝觀察實性之正理〞所成立。如果以〝觀察勝義之理智〞依〝正理〞觀察此自性有，無所獲得時（不堪正理觀察），此自性有就會被正理所破除。

瓶子
- 不屬於〝正理觀察〞→ 不是正理所要觀察的範圍、界限。
- 亦不屬於〝正理所破〞。

因為〝瓶子〞並不是由〝觀察勝義之理智〞所成立。所以，如果以〝觀察勝義之理智〞依〝正理〞觀察此瓶子，無所獲得時（不堪正理觀察），此瓶子並不會被正理所破除。因為〝瓶子〞是由〝世俗名言識〞所成立的。

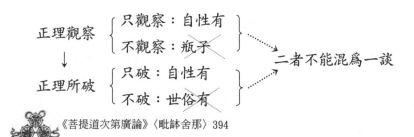

正理觀察
↓
正理所破

- 只觀察：自性有
- 不觀察：瓶子 } 二者不能混為一談
- 只破：自性有
- 不破：世俗有

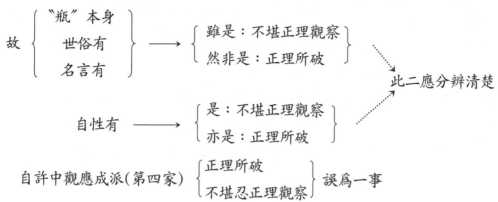

不堪正理觀察 ⎰ 自性有
　　　　　　⎱ 世俗有(瓶)⎱ 皆不堪正理觀察

如：瓶 →若以正理觀察 →尋找〝瓶〞本身有爲法究竟的本質 →不存在

故 ⎰ 〝瓶〞本身
　　⎱ 世俗有　⎱ ⟶ ⎰ 雖是：不堪正理觀察⎱
　　⎱ 名言有　⎱　　　⎱ 然非是：正理所破　⎱
　　　　　　　　　　　　　　　　　　　　　　　⟍此二應分辨清楚
　　　自性有 ⟶ ⎰ 是：不堪正理觀察⎱
　　　　　　　　　⎱ 亦是：正理所破　⎱

自許中觀應成派(第四家) ⎰ 正理所破
　　　　　　　　　　　　⎱ 不堪忍正理觀察⎱ 誤爲一事

第四家：

亦未了知世俗及勝義觀察有無之差別，以及應成派與自續派成立諸法的界限。

　　首先，先來了解唯識宗以下——

　　唯識宗以下的各派，勝義諦及世俗諦都是在自體成就的先決條件上建立，勝義諦是勝義有自性，世俗諦中之依他起亦是勝義有自性，因爲勝義諦及依他起是不觀待名言安立從其自境全然而有，故說勝義有。但世俗諦中之遍計執，其自體成就必須觀待名言假立而有，故說：凡有，即有自體、自體成就。這是成立一法時最基本的條件。由此來看此第四家——自許爲中觀應成派者，對於勝義諦及世俗諦名言的安立，遠不及唯識派以下的各派。

　　中觀應成派及中觀自續派——

　　以中觀應成派而言：如果覺得諸法〝唯名假立〞不夠，而一加尋求其假立義，就是〝觀察勝義〞的界限，那被觀察的事物只要有一點足資尋求——即是由尋求而有所獲得時，這被尋求的事物就叫〝堪忍觀察〞，也就是堪忍觀察的界限。這樣，不問其尋求〝自性〞的程度與方式是如何，不問其由尋求〝自性〞所獲得的東西是什麼，總而言之，唯名言假立還不滿足，於假立義〝稍有所得〞，就叫堪忍觀察，於此假立義〝一事尋求〞，這就是勝義觀察。

對比第四家 —— 自許中觀應成派 → 承許名言要有自性，但又許此

(名言有自性)是 〝不堪正理觀察〞，即成為 〝正理所破〞。

中觀自續派說：

如是名言假立還不滿足，於假立義稍有所得(自性有)之正理，此乃名言量，非如同中觀應成派所說的，是觀察勝義之理。以彼尋求有所得者，亦非中觀應成派所說的堪忍正理觀察之義。如是尋求，乃是名言量。故補特伽羅非唯名言假立，仍須有其假立之義——即是安立意識為真實補特伽羅之義耳。故中觀自續派說：若覺 〝諸法非由於無錯亂心顯現自性有之力而安立〞者，觀察 〝彼法是否由其勝義有之本性而成立〞，乃是觀察勝義之界限。倘若以彼理尋求，覺 〝彼所觀察事有勝義有所得〞者，乃是堪忍正理堪察之義也。

中觀自續派 → 承許名言一定要有自性
　　　　　　　　　　└→ 但此名言有自性非觀察正理之所破

唯識派 → 實事師：法的存在，其體性是不須觀待名言假立全然存在於境上。

任何一法的存在一定有它的體性，而此法的體性存在的方式，總說有三種：

一、此法存在之體性是：無有自性（相互觀待唯名言假立）→ 中觀應成派。

二、此法存在之體性是：自性有 → 中觀自續派。

三、此法存在之體性是：勝義有 → 唯識派以下實事諸師。

一、中觀應成派——

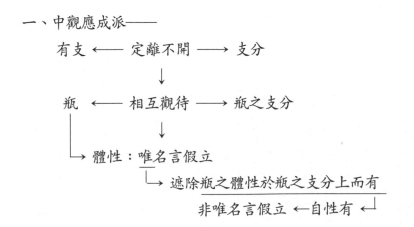

將〝瓶之支分〞上的自性有遮除，故〝瓶之支分〞上無〝瓶子〞的體性，但瓶子的體性又不能沒有。若無，則會變成斷滅見。故瓶子的體性，其存在的方式──唯名言假立，相互觀待，這樣安立過去而已。只有名言安立過去，而不是瓶子和瓶子的支分於前方顯現過來被我們看到。

二、中觀自續派──

　　　　有支 ←── 定離不開 ──→支分

　　　　瓶 ──── 依　著 ──→ 瓶之支分
　　　　　　　　　　　　　　└→ 要有瓶之體性在心識上顯現起來
　　　　└→名言安立還不夠，瓶子的體性→於前方瓶之支分上而有→自性有
　　　　　　　　　　　　　　　　　　非唯名言假立 ←┘

　　　　此自性有(瓶之體性)是須觀待名言而有，非全然與瓶之支分融在一起
　　　　　　　　　　　　　　　　　　└→ 勝義有

　　　　瓶 ──── 依　著 ──→ 瓶之支分(有瓶之體性)
　　　　　　　　(顯現↓過來)
　　　　　　　　　須觀待 →自性有
　　　　　　　　(安立↑過去)
　　　　　　　　　名　言

三、實事師：唯識派以下諸宗──

　　　　有支 ←── 定離不開 ──→ 支分

　　　　　　　　　　　　｛ 瓶之支分　　　┌→不須觀待名言
　　　　瓶 ──依　著──→｛　　　　　　融在一起，全然的在前方
　　　　　　　　　　　　｛ 瓶之體性　　　(全然在支分裡 → 勝義有)
　　　　　　　　　　　　　　　↑
　　　　　　　不須觀待→勝義有、實體有
　　　　　　　　　　　　　　↑
　　　　　　　　　　　　　名　言

（p473-1）

次中觀師自於敵者建能立言，以真正因立無實義，然非自續，以就世間共許之量，未加推察而安立故。

　　［釋］：**次**第四家認為**中觀應成師自宗於敵者**所**建立之能立言**——即是論式如：聲是無常，所作性故，如瓶。或苗芽無諦實有，緣起故，如影像。**以真正之因**來成立此能立言為**無實有之義**，**雖然**成立此能立言，**非是自續**之因，亦非有自續之過失，**以就世間共許之量**，未加勝義理智**推察而安立故**。

（p474+2）

　　第二破執分四。「**第一家——慶喜師**」的宗見：

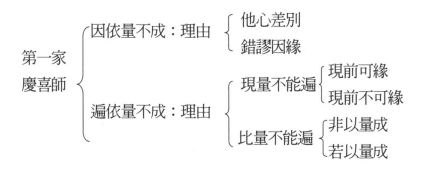

【因依量不成】：凡正**量所成應是立**敵雙方**俱成**，此點非我慶喜師所**知**。

　　理　由：【他心差別】：（因為沒有他心通，故〝所立之因〞無量成）。
　　　　　　　　諸立論者立能立之正因論式（如：聲無常，所作性故）**時，其所立因**（所作性），立論者自己**雖以量**來證**成**此因（所作性），**然他人是否用量**來證**成**此因，立論者自己如**何能知**他人是否用量來證成此因？因**為他人心續當中差別**的想法並**非立論者自己的心續當中現量**之境，也不是自己心續當中比量**之境故**。

　　【錯謬因緣】：（因為有無明長夜攝持，故〝所立之因〞無量成）。
　　　　　　　　又於自己所立之因，是否由量來證**成自己亦如何能知**？
　　　　　　　理由：由於識體**錯謬因緣**長夜攝持，如經常改變、放棄自己認為正確的想法——無明習氣，**有欺誑故**。

結　論：**故唯由其立論**者與**對論者，以承許**成立所立之正因，然此正因非以正量之力所證成，**許諸法性**（指依自、他所許諸法的體性），**故依他所許破除他宗**。

《菩提道次第廣論》〈毗鉢舍那〉398

【遍依量不成】：若能立之**因與所立之宗以量成立週遍**（即同品定有、異品遍無也）。

爾時由正量成立正因及由正量成立週遍，如此則應**當**承許**為自續之能立正因**，然而週遍亦不能由量成立，**謂能以正量來成立週遍之量**唯有二種，① **或是現量**；② **或是比量**。

理　由：【現量不能遍】：**現量且不能成其為週遍，**

謂於灶房由，{**現前可緣**}　——　見有煙必定有火，

{現前**不可緣**}　——　不見有火必定無煙**故**。

遂謂火與煙：**此煙有，則彼火定有**　——　同品定有性，

彼火無，則此煙必定無　——　異品遍無。

雖**通達無**火則煙亦**不生**，然此理僅能於一個時、處、境(灶房)中了解，非周遍於一切時、一切處、**一切境**中都能通達——

$\left\{\begin{array}{l}\text{有火必有煙——同品定有性}\\ \text{無火則無煙——異品遍無}\end{array}\right\}$ 此二只能固定在某一時、處、境去證成而已。

同　理：【比量不能遍】：**亦非由比量能成立此種週遍關係。彼境固定故，**

僅能於一個時、處、境上而來證成其相屬關係。

{非以量成}：**謂比量境**(聲有法是無常，以是所作性故，如：瓶)。

非通一切，何以故？若有所立(無常)，**與其相屬之因**(所作性)，此相屬之關係**唯於彼聲音而生無常等智**，然**非於一切時、一切處、一切境中成立所作性遍是無常。**

結　論：**故**成立所立之正因，其週遍關係是：**唯依世**間而來承許，所立之正因，其能**成立為週遍亦非以量證成，故由此應成之正因來破除他宗，**如何非理呢？

意謂：不承許由自續之因來破除他宗，而是承許由應成之正因來破除他宗，這一種承許是合理的。

{若以量成}：**若以正量證成，則自續因承許就應理，然實際上非由正量來證成。若以正量來證成，應必須成立一切時處有火或無常，必遍煙及所作，然以現前比量推理僅於灶房、瓶子等成立其煙與火、所作與無常為週遍，僅是一分故**非遍一切處。

結　論：**故此周遍的相屬關係亦唯就世許**(或他許)之力**而來證**成其周遍性；由正量來證成其周遍性。

總　結：**此中說若用量成三相**(所立之宗與其能立之因的週遍性——遍是宗法性、同品
　　　　定有性、異品遍無性)**即是自續派，不承許由量成三相畢竟唯用依他所許之三**
　　　　相即是應成派。

（p474+2）

第二破執分四。破第一家，入中論疏派，說因遍非由量成，說因非以量成之理，
且不應理。以許因須由立敵俱用量成之家，非由立者未知敵成便不許因，故汝彼
理不能破，須敵者以量成故。

　　[釋]：前 p470-4 第一科判「出計」已將四家之宗見皆敘述完畢，此**第二科判破除**
錯誤的執著亦分四家。破第一家慶喜師，**於入中論疏派，說**正因及週遍之關係**非由量**
成，此中說正因非以量成之理，宗大師認爲**且不應理**。就**以**陳那論師之師承而言，在
許正因論式時也必**須由立敵**雙方**俱用量成之家**，此〝家〞即是指陳那論師之師承，在
立正因論式時並**非由立者未知敵者**成立否**便不承許此因非量成**——亦即此因還是可以
以量來成立的，**故依汝**第一家所說**彼道理不能破**以量來成立此因，且定**須敵者以量來**
成立故。也就是立論者雖不知敵者心續當中有否成立此正因之正量，此點仍然可以成
立。

（p474+4）

又以未知敵者他心，立爲不知他用量成者，亦不應知他許彼義，則以他許而破他
等，亦非理故。他雖說云，我如是許此句現可決定，然如所說非定許故，及不知
他心故。

　　[釋]：**又若以未知敵者他心**，來**成立爲不知**他心續是否**用量成者**，而唯以他許故
無量成，同樣的道理，**亦不應知他許彼義，則**雖**以他許而破他等，亦非**道**理故**。因爲
都是未知敵者他心。**他雖說云，我**雖**如是**確定**許**聽到**此**句論式，同樣的**現可決定**此句
論式是有的，**然如**其**所說**的此句論式**非定**於內心就承**許故，及**無法了知他人內心是否
有所承許，因爲**不知**他人**心續**差別的**緣故**。

【周遍之理】──

　是　說：取此理（成立某一法所依之理由）若能於某一處周遍，則餘法亦可
　　　　周遍，可遍一切處──此即是量學所要成立的道理。

　非　說：此理僅侷限於某一處、某一法，若要證成此理時，則須再以另一法
　　　　來證成──此非是量學所說之理。

（p474+5）

說遍非以量成之理亦不應理，以於灶上成立有火遍有煙時，灶是所通達處，其上
所達之義，唯取有火遍於有煙，非取灶中有火遍灶有煙，豈取時處一分之遍。

　[釋]：又說週遍非以量成立之理，此種說法亦不應理，以於灶上成立有火遍有煙
時，灶是所通達此理所依之處，於其灶上所要通達之義，唯取有火遍於有煙之周遍，
非是如第一家慶喜師所說的：取於灶中有火周遍灶有煙呢？此種有火必有煙的周遍豈
是唯取一時或一處一分之週遍呢？

（p474+7）

若不爾者，灶非此遍已定之處，須更顯示已定之處。如於聲上，所定所成立法無
常，須於聲瓶二事隨轉，非立聲上一分無常。由此道理，許無比量成立能遍，亦
當了知不應正理。

　[釋]：若不爾者──若不承許唯取「有火遍有煙」遍一切處之義，而侷限說於「灶
中有火遍灶中有煙」，然此灶非此遍一切處，因已定一分之處，若要證成有煙定有
火，必須再更進一步的顯示其他已定之處。如於聲上為所依處，於其上所定、所成立
法──無常，此無常須於聲、瓶二事隨轉（成立），亦即於聲上所成立之無常，是遍於
一切有為法皆可成立，非僅於立聲上一分無常而已。由此上所說的道理，許無比量成
立能遍，亦當了知不應正理。

　　　　　　　沒有「存在」也沒有「所知」；沒有「所知」也沒有「存在」
　　　　　　　沒有「量所成」也沒有「所知」；沒有「量所成」也沒有「存在」
　　　　　　　故若說沒有量所成，即是立敵所破的皆不存在，那要破什麼？

（p474-5）

如是有說非由量成，唯由立敵所許而成，亦不應理。唯以彼許為因，不能破他。以他所許其義即成，量於自他俱非有故。

[釋]：**如是有說非由量成，唯由立敵所許而成，亦不應理。**因為**唯以彼**他**許為因**，**亦不能破他**宗。因為無成立所立之量故，若無量成則立敵雙方所許之事物皆不存在，以不存在故，又何來的破立呢？譬如，聲常無法以量來證成，因為聲常不存在。**以他所許其義即成**立所立或者能破所破都無法成立，因為**量於自他**雙方**俱非有故。**

（p474-3）

若謂所許而分差別，如此則成，此則不成者，如是分別。若以所許為因等同所立，若以量有無而分，失量無欲。

[釋]：**若謂**由所承**許**而來**分差別，**意即**如此則**成立，**如此則不成**立**者，如是分別。若以所許為因**則**等同所立**，也就是無法成立所立來破除他宗，意謂：若僅以承許是無法破除他宗，因為沒有量成。**若**汝又轉變而承許**以量**的**有無而來分差別**，則汝一開始說〝沒有量成，唯他許〞的根本宗就站不住腳了，故本文說：**失量無欲。**

　　自許中觀應成派的學者——共分爲四家，前已將第一家解釋完畢，現在進入第二家。

法的存在 { 〝勝義〞的體性
　　　　　 〝世俗〞的體性

第 二 家 { 於勝義 → 無所許 → 以若有所許，則成自續因故。
　　　　 { 於世俗 → 有所許

龍樹菩薩說——

由　世俗諦　而入　勝義諦
　　└→ 顛倒識體 ── 對境 → 執爲自性有 → 世俗諦
　　　　　　　　　　　　　　 ↓　　　　 ↓
　　　　　　　　　　　　 無自性 → 勝義諦

入 〝勝義諦〞之前 → 須先觀察 → 其如何顛倒、如何執？
　　1、先：於心識現起 ──自性有，見到此〝自性有〞。
　　2、後：以中觀應成派之正理來抉擇。

正理觀察唯推求自性的有無，非以正理尋求空性的有無。
1、若以正理尋求空性的有無，則空性就會成爲勝義有。
2、若不許「以正理遮除自性有，即是成立無自性」，則無法證到無自性。
　　若無法證到無自性，則空性就會變成不存在。若空性不存在，則無漏
　　智亦應變成無。又，抉擇勝義之理智就會變成無法成立空性。

中觀應成派：

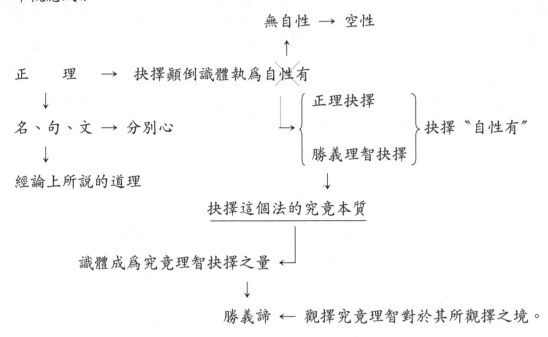

（p474-1）

破第二家，觀真實時以不許無自性宗。

　　［釋］：前已敘述第二家是認為：正理觀察之果為令敵者捨棄自宗，故除令敵者捨其宗見之外，自宗全無所許。意謂：若以正理觀察勝義時許無自性，或以無自性之生為所立宗者，則必須受許自續之宗、因及其過失。宗大師於前已對此宗之見加以說明：此第二家自己無所立宗，唯破他宗。然，前有學者問難第二家說：汝有無欲望破他所許？若有欲望，則有承許自宗，就會有立自續之正因。若無欲望破除他宗，則不應宣說正理破他所許。此是宗大師說明第二家的看法——第二家認為：雖有所欲破他宗所許，然自亦無所宗——即使有所欲也不一定是有所許。故此處宗大師**破第二家**，謂：**觀察真實時以不許無自性宗**。此〝不許無自性宗〞是就觀察勝義之時而謂不立無自性宗等，非說一切全無所許，亦即名言有所許。

(p474-1)

謂不立自續宗之義者，為以理智觀有無自性，不能立宗，故不許彼宗耶，抑以觀真實時故為因，不許彼宗耶。

[釋]：本宗問難第二家所**謂**：由前所說：若以正理觀察勝義時許無自性，或以無自性之生為所立宗者，則必須受許自續之宗、因及其過失。故**不立自續宗之義者**，(1)**為以理智觀察有無自性，不能成立**無自性**宗**，若有成立無自性宗，則成自續因。如是，則空性會變成是由勝義理智所獲得而成為勝義有，**故不許彼**無自性**宗耶**？(2)**抑**或是**以**正在**觀察真實**有無的**時位故為因**，不承**許彼**有自性之**宗耶**？

(p475+1)

如初說者，若以理智不能成立無性宗義，則以理智亦不能破有性宗義，因相等故。

　　分別心依理由在抉擇有、無時，

遮除		當下成立
有	→	無
無	→	有
勝義諦	→	世俗諦
世俗諦	→	勝義諦
常	→	無常
無常	→	常

[釋]：**如初說**(1、為以理智觀有無自性，不能立無自性宗，故不許彼無自性宗)**者**，應成本宗則破曰：**若以理智不能成立無**自性之**宗義，則以理智亦不能破有**自性之**宗義**，因為在心識的執持當中，錯亂與不錯亂或者正確與不正確，不可能同時存在。亦即存在的諸法，找不到一法是錯亂也是不錯亂；是正確也是不正確。同樣的道理，識體在安立錯亂時，必定同時遮除不錯亂；或者在安立不錯亂時，必定同時遮除錯亂。識體在成立正確時，必定遮除不正確；或者在成立不正確時，必定遮除正確。反之，不能成立不正確(錯亂)亦不能遮除正確(不錯亂)，譬如：沒有一法是常亦是無常，也沒一法不是常亦不是無常，以存在

之法，若不是常就是無常，絕無第三種。所以，當識體證成某一法是無常時，必定是遮除常；又，識體證成某一法是常時，必定是遮除無常。反之，識體不能證成某一法是無常時，必定沒有遮除常；又，識體不能證成某一法是常時，必定沒有遮除無常。所以，本文說：理智不能成立無自性宗義，則以理智亦不能破有自性宗義，**因相等故**。故論云：「破有即立無，破無即立有」。

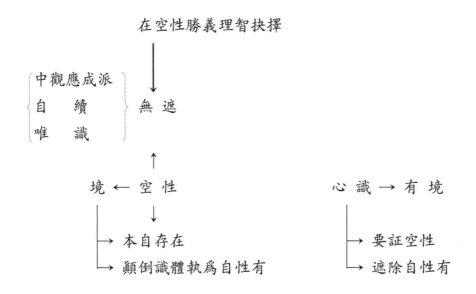

（p475+2）

若謂觀察真實義時，亦不能破有性宗義，極不應理。前說以諸正理觀察破他宗故，無觀察心不能破他宗故。若不爾者，何須別說自宗無立，即破他宗應成亦不許故。

　　[釋]：初說：「為以理智觀有無自性，不能立無自性宗，故不許彼無自性宗？」已破完，本宗又進一步的來破斥而出第二個問難曰：「抑或是以正在觀察真實有無的時位故為因，不承許彼有自性之宗耶？」也就是**若**第二家又**謂**：正在**觀察真實義時，亦不能破有**自性**宗義**，因為有破即是有立，若有所立則成自續因，故說：亦不能破承許有自性之宗義。宗大師說：此種說法**極不應理。前**（p472+1「正理觀察之果，亦唯令捨他宗」及 p472+3「舉違應成…令他知已捨宗為果」）**說以諸正理觀察**依他所許而來**破他宗故**有所破，所以**無觀察心就不能破他宗故。若不爾**（若不許正在觀察勝義之時，可破自性之宗義或他宗）**者**，則前說正理之論式「唯破他宗，自宗無許」，這種說法就沒有意義。也就是說，不僅

自宗不許——自無所宗、自無所立，就連破他宗亦不許。若如是，則又**何須別說自宗無立唯破他宗，即使破他宗之應成**——能破之應成**亦不許故**。

(p475+4)

若許應成破他宗者，則破有性即立無性，如前《回諍本釋論》說，於此更無第三聚故。若不爾者，則翻說云，是立無性非破有性，有何答難，若謂決斷無性定遮有性，則遮有性定成無性，理相等故。

　　[釋]：若汝又**許有應成論式破他宗者**——即前面所說「唯破他宗」，也就是唯破自性有之宗，**則破有自性**同時**即成立無自性，如前**(p423-4 及 p450+4)**《回諍本釋論》說，於此更無第三聚故。若不爾者**(即是說第二家唯有破他宗，然自宗全無所許，即不許無自性)，**則翻說**(反過來說)**云，是成立無自性非破有自性，你有何答難，若**你第三家回答謂：**決斷無自性定遮有自性，如是本宗則說：遮有自性定成立無自性，理由相等故。**

(p475+6)

若謂是觀真實義時，故不可立無性等宗，更當宣說其中因相，若謂觀真義時，有所立者即勝義有，故不應許，此不應理。

　　[釋]：前 p472-5 第二家回答：「觀勝義時若許無性或以無生為所立者，則須受許自續宗、因」故應成本宗說：若**第二家謂是於觀察真實義時，故不可立無自性等宗，汝更當宣說其中因相，若**第二家**謂觀察真實勝義有無時，有所立無自性者即勝義有，故不應許**立此無自性，故應成本宗說：**此回答不應理。**

　　中觀應成派 → 依你所許破除他宗。
　　論式：【 諸法不自生　生無用、無窮 】
　　反義：【 諸法自生　　生有用、有窮 】→ 自宗無許

　　論式：【 諸法不自生　生無用、無窮 】
　　反義：【 諸法從他生　生有用、有窮 】→ 自宗不許，若許則成自續因。

《廣論》〈毗缽舍那〉主要是針對自許中觀應成派和自續派，最主要是破這兩部派，當然也含攝唯識派。

(p475+7)

若亦不許觀真義時，應許全無以中觀理觀察時位。若立彼時，亦定須許能觀之人，觀察之理，所觀之事，與誰同觀之敵者等。爾時所有，何須一切皆勝義有。

　　[釋]：是依他所許才有所觀察，若不許他宗，又何來的觀察呢？故**若亦不**承**許觀察真實義**之**時**位時，則**應許全無以中觀**正**理觀察**勝義有無之**時位**。**若**汝第二家承許**立彼**觀察勝義有無之**時**位時，**亦定須許**有**能觀之人**的存在，及**觀察之理，所觀**所依**之事，與誰同觀之敵者等。爾時所有**承許存在的能觀之人、觀察之理、所觀察之事、同觀之敵者…等，又**何須**於觀察勝義有無之時位時說，若有所許，則**一切皆成勝義有**？所以，此第二家認為：勝義無所許，因為若有所許則成勝義有。此種說法是不合理的。

(p475-5)

又說應成，唯就他許或究竟許，雖無量成而能出過，非能滿意，如破初家而當破除。又若立云，觀真實時無所受許，名言有許。亦不應理。其觀真實時，非於勝義須於名言，此相違故。

　　[釋]：**又說**所謂的能破之**應成**論式，是**唯就他許或究竟許**之能破應成，**雖**於因及週遍**無量成而能夠出**敵者之**過**失，此種說法**非能**令人**滿意，如** p474-5 **破初家而**應**當破除**。意謂：若無量成即不存在，又何來的所破呢？又第二家**若立云**：正在**觀真實時無所受許**——不許無自性，**名言有許**——有許無自性。**此亦不應理**。**以其觀察真實**有無**時**位**之時，非於勝義**所許是**須於名言**所許，然汝前說：正在觀察真實時無所許，故汝說：非於勝義所許是須於名言所許，**此種說法是相違故**。因為，正在觀察真實時，不許無自性，即是不許勝義無自性，若不在勝義上承許勝義無自性，難道你要在名言上承許勝義無自性嗎？若於名言上承許勝義無自性，則中觀自續派亦如是承許，如是，則無法區分中觀應成派及中觀自續派之差別。

又若觀真義時無，即勝義無之義，凡中觀師全無受許勝義有者，非應成派殊勝法故。

[釋]：**又若觀真義時無**所承許，**即**是**勝義無**自性**之義**，此點**凡中觀**應成派及自續諸**師全**都**無受許勝義有**自性**者**，故汝第二家說：觀察真實有無時無所受許，此非中觀**應成派殊勝法故**，因為中觀自續派亦是承許勝義無自性。要不然，難道你第二家要說：中觀自續派要承許勝義有自性才能區別出中觀應成派的殊勝法嗎？若如是，你倒不如說：中觀自續派不是中觀宗，因為他承許勝義有自性，如同唯識諸實事師。

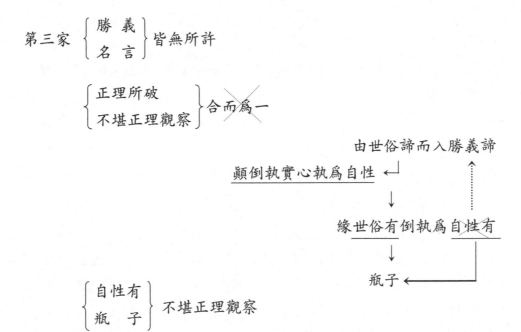

破第三家，說中觀師雖於名言亦無許者，是如前說未善明了正理所破。

　　［釋］：破第三家，第三家說：中觀應成師雖不僅於勝義無所許，就連名言亦無所許者，此種說法本宗認為是如前所說未善明了正理所破。亦即 p410-4 本文所說的：「現自許為釋中觀義者，多作是言，就真實義，觀察生等有無之理，從色乃至一切種智一切諸法，皆能破除。隨許何法，若以正理而正觀察，皆無塵許能忍觀察。由破一切有無四邊，非有一法此不攝故。又見真實之聖智，全不見有生滅繫縛解脫等法，如彼所量應是真實，故無生等。」及 p428+4 中所說的：「若彼不堪正理觀察，理所破義云何能有。此是於不堪正理觀察與理所破誤為一事。」

以破自性理破除他宗，翻難自時便見自宗，亦如是轉，不知安立自宗離過，生死涅槃一切緣起與大自在，有無相同，是故此乃謗中觀師最鄙惡心者，破除此執前已廣說。

　　［釋］：由上所說第三家未善明了正理所破。理由：以破自性理破除他宗，他宗翻難自時便見自宗，亦如是隨過失而轉，也就是這些自許為中觀應成派的學者，以種種無自性有的正理破除他宗所承許的有自性，然而破除自性有之後，沒有辦法安立諸法緣起作用在名言當中是存在的。也就是破除承許自性有所產生的種種過失，自宗也無法遠離此種過失，故不知應如何安立令自宗遠離承許自性有所產生的種種過失，因此，顛倒認為生死涅槃一切緣起與大自在天，有無相同，是故本宗云：此生死涅槃一切緣起與大自在天，有無相同之見解，乃是誹謗中觀應成師最鄙惡心者，破除此種錯誤的邪執前已廣說。如 p441+8~p442+2 本文中云：「次以正理正觀察時，見自所許諸世俗法，與實事師遍計所執，若正理害二俱妨害，若不妨害二俱不害。次見大自在天及自性等，於名言中若許為無，則自色等亦須許無，若於名言許色等有，則自在等亦須許有，二者相等。故覺自宗任於何法此是此非皆不可說，恃為獲得中觀真實。又有隨順如此誤解，住無所取，便為修習清淨正見尤為眾多。諸如此類，非是智者所愛正論，由未了知如前所說正理所破，遂以破除自性正理破壞一切名言建立。是執正見與諸邪見，錯則俱錯，不錯則俱不錯，大邪見故。故如此類雖長

時修，非但不能略近中觀應成派正見反漸遙遠，由與自宗緣起正道，可許一切生死涅槃緣起建立，極相違故。」及 p443+6 中本文說：「故無（須如西藏學者及實事師）妄執理智無害與彼（理智）所成二事（混）為一，說於名言，從諸善惡感生苦樂與自在自性造生苦樂，是則俱是，非則俱非，邪分別處。」

「第一家：慶喜師」的看法 ──（1）因成立宗法、非量成
　　　　　　　　　　　　　　　（2）所作與無常是周遍、非量成

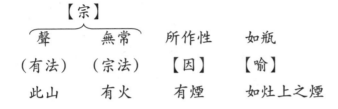

【宗】			
聲	無常	所作性	如瓶
（有法）	（宗法）	【因】	【喻】
此山	有火	有煙	如灶上之煙

第三家：

不僅於勝義無所許 ——以有所許則成勝義有；

連名言亦無所許 ——以若有許定是量成。 然，世俗名言皆是錯亂，故無量成。若有量成則有所許，有所許則成自續因。

中觀應成派 ↓ { 勝義 → 有所許 / 名言 → 有所許 } 皆唯名言假立

量 → 於其顯現境不錯亂不欺誑

識 { 體 → 觀待世俗名言識，全部都是錯亂

不觀待識體 → 對於識體的顯現境全部都是量成，但在世俗上 { 正 / 倒

執持兔角的識體 { 觀待其顯現境的兔角不錯亂是量成

觀待世俗名言識是顛倒 → 是錯亂

執持瓶子業果的分別心 { 觀待其瓶子業果的顯現境是不錯亂是量成

觀待世俗名言識是正 → 不是倒

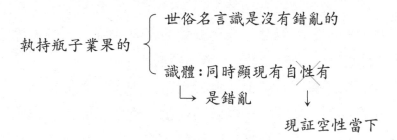

執持瓶子業果的 {
　世俗名言識是沒有錯亂的

　識體：同時顯現有自性有
　└→ 是錯亂　　　↓
　　　　　　現証空性當下

觀待空性 {
　世俗名言識 → 全是錯亂
　　↓
　自性有錯亂
　不是指世俗名言識是錯亂　　如：執持瓶子
　　　　　　　　　　　　　　　　　↓
　　　　　　　　　　觀待世俗並沒有錯亂

第 三 家 {
　世俗名言皆是錯亂，故無量成
　若許有量成 → 就有所許，定要自性有，則成自續因
　錯解中觀應成派對量成與有所許之間的差別

第 三 家 {
　勝 義 }
　　　　} 皆無所許
　名 言 }

中觀應成派 {
　勝 義 {
　　不一定要勝義有
　　空性的存在是唯名言假立　　　　} 皆有所許
　名 言 {
　　觀待空性是錯亂於自性有
　　不是錯亂世俗名言識所安立的世俗有

(p476+2)

觀中觀師有許無許，由具何事，名中觀師，則定當受許彼為中觀。須許通達全無塵許勝義中有及許名言緣起之義，一切如幻，故有所許。

[釋]：**觀察中觀應成師**是否**有**所承**許或者無**所承**許，由具**足**何種條件之事**——亦即符合中觀應成師的定義，才可**名為中觀應成師**，則定當受許彼為中觀應成師。此定義必須承**許**於勝義中**通達全無塵許勝義中有**——遠離常邊，**及**承**許名言**量成**緣起之義，一切**諸法**如幻**——遠離斷邊，**故**中觀應成師**有所**承**許**。以此簡別 p475-1 第三家認為：所謂的中觀應成師是：不僅於勝義無所許，於名言亦無所許。

(p476+4)

又安立此，亦須破除彼二違品，許勝義有及名言無諸惡言論。故有正量通達立破，如自所證，以中觀語無倒教他，亦可得故。建立此等，無一敵者而能如法求少分過，是故此宗最極清淨。

[釋]：**又安立此**遠離常斷之二邊，**亦須破除彼二**（無自性及名言有）**之**相**違品**，亦即破除諸實事師所承**許**之**勝義有及**破除第三家不僅於勝義無所許，於名言亦無所許，並破中觀自續諸師所承許——若無自性則**名言皆無**之**諸惡言論**。由於遠離了常斷二邊**故有正量**或者名言識**通達**成立法**——如瓶子，及遮破**法**——如瓶子上的空性，此中以量所成立的遮破法及成立法於中觀應成派是存在的，亦**如**於**自心續所證**，以一切眾生皆具自性空、名言有，故以闡述空正見經論之**中觀語無倒教他**宗——實事諸師，**亦可得**成立**故**。建立此**中觀應成語**等**，無任**一敵**論**者而能**如理**如法求**其**少分過**失**，是故此**中觀應成**宗最極清淨**。此中所謂的〝中觀語〞即是對實事諸宗成立諸法皆無自性。如：凡是緣起，皆非諦實存在，譬如影像。苗芽及補特伽羅皆是緣起。

中觀應成派 ：唯名假立之緣起 →法的體性　如：瓶子

　　　　　　任一法的存在　→有支　支分(施設處)

↓

於前方沒有法的體性　　如：瓶口不是瓶子

在世俗名言識是存在，僅唯名言假立

緣起

自續派以下 ：有支　支分(施設處)

體性一定要在支分或施設處上

↓如：瓶子的體性絕對在瓶口等等之上

是觀待瓶子施設的分別心而安立上

名言假安立且自性有

（p476+6）

由是因緣，若自不知安立離過智中觀宗，莫謗為無，應當受許緣起正理，斬斷一切諸惡見網。賢正慧者，應立中觀宗離一切違，不應專求抵賴為能。

　　[釋]：由於第三家破除自性有之後，不僅於勝義無所許，即使於世俗名言上亦無法建立緣起因果，因為第三家連世俗名言都無所許。**由是因緣，若自不知安立**名言，**無離過**失之**智**——極端清淨的**中觀**應成**宗**。雖不理解清淨之中觀應成宗亦**莫謗為**全**無**所許、全無所宗，且**應當**有所**受許緣起正理，斬斷一切**凡有即自性有之常見，若無自性名言即全無之斷見**諸惡見網**。俱有**賢**能抉擇是非**正確**之**智慧者，應**建立清淨之**中觀**應成**宗**，遠**離一切**相**違，不應專求**無任何所許、無任何自宗之**抵賴為能。**

(p476+7)

《明顯句論》云：「如是我宗最極清淨，一切建立無違而住，與彼自宗具粗近過，有相違時，愚蒙不見功德過失如何而住，汝自諸過失」等。如前所引，此說於中觀宗，由決擇勝義之量及名言量道所興建立，無過可設，最極清淨。生死涅槃一切建立，皆可安立，當得定解。

[釋]：月稱論師所著之《明顯句論》云：「如是我中觀應成宗所許緣起以無自性故，由無自性成立緣起，此為最極清淨，一切諸法（勝義諦、世俗諦）的建立皆無相違而安住，與彼他宗許緣起有定須有自性，若無自性則全無之自宗具粗近之過失，於有相違時，愚蒙不見何為功德何為過失又應如何而安住，汝——自許中觀應成師及實事諸師自諸過失」等。此如前 p420+2《中論》二十四品所引所說：不知自宗的過失，而將自宗之過失歸於中觀應成宗，然此處所說於中觀應成宗，不僅承許由決擇勝義之量及名言量道所興建立，且無過失可設，是最極清淨。於生死涅槃一切建立，皆可安立，汝當獲得定解。

(p476-4)

若不爾者，謂中觀師全無自宗無過可設，則說一切語言皆是妄語，亦全不能破，以一切因相悉相等故。

[釋]：若不爾者，此是破第三家所主張的所謂中觀應成師全無所宗、全無所許，故中觀應成自宗無過失可設，則本宗反問若有說：「一切語言皆是妄語。」此句亦全不能破，以一切因相悉相等故。意謂：就如同你第三家所說的無自宗、無所許故自宗無過失可設，同樣的，若有說：「一切語言皆是妄語。」此句亦全不能破，因為此句「一切語言皆是妄語」本身就是有問題的，此就如同第三家所說的，無自宗、無所許，故無過失可設。以此〝妄語〞之正反面即是〝非妄語〞，故〝非妄語〞則亦應成為〝妄語〞，因為此句〝非妄語〞亦是妄語，就如同你所說的「一切語言皆是妄語」，故無法破除此句「一切語言皆是妄語」。

(p476-3)

又不可說，於無所許不可以有許征察，故無過設，無所許故。若如是者，則說一切語言皆虛妄者，亦說一切語言皆妄，不當觀察彼言為實，不能顯其自語相違。

　　[釋]：**又不可說**——即不可成立、不被允許，於「**無任何所許**」此句本身，**不可以有許**來**征察**，即是承許「無任何所許」**故無過失**可**設**，以**無所許故**。本宗云：**若如是者，則**有**說「一切語言皆虛妄者。」亦**對於所**說「一切語言皆妄。」不當觀察彼言**（一切語言皆虛妄）**為真實**否？故**不能顯**此說**其自語相違**。此就如同——不可以有許來征察「無自宗、無所許」。

(p476-1)

《入中論》云：「**若我少成實有事，如心應非不可說。**」如犢子部許有實我，而不可說與蘊一異。

　　[釋]：本宗就引**《入中論》**此論亦是自許為中觀應成派者所承許，以此論而來破除自許為中觀應成派的第三家。論云：「**若**補特伽羅**我少成實有事，如心應非不可說。**」此句意謂：若承許補特伽羅我實有，就應如心一樣，非不可說。如**犢子部**承許補特伽羅**有獨立實體我，而又不可說**此獨立實體我**與蘊是一**或是**異**，是常或是無常。

(p477+1)

破云，若是實有，當說與蘊或一或異，云於此中俱不可說不應道理，則不能破。

　　[釋]：因為補特伽羅是依蘊而有，若承許補特伽羅為實有，則與蘊不是一就是異，不可能有第三種——不是一也不是異；或不可說常亦不可說無常。若有第三種則不能破。故**《入中論》破云，若**許補特伽羅**是實有，當說**補特伽羅**與蘊或是一或是異**，若**云於此**一異**中俱不可說**是**不應道理**的，因為若有第三種——不是一也不是異，就不能觀察正確與否，故說**則不能破**。

(p477+2)

彼可答云，我說實我，若一若異俱不可說，不可推察或一或異，令有說故。

　　[釋]：以上對犢子部所作的問難，**彼**犢子部諸師亦**可答云**，**我說**補特伽羅獨立**實**體**我**，此獨立實體我與蘊**若一若異俱不可說**，**不可推察**與蘊體**或一或異**，而**令**補特伽羅獨立實體我成為**有**一或異之**說故**。所謂「令有說故」意謂：必須承許一或是異二種抉擇而成為有所說。因為犢子部雖許補特伽羅獨立實體，然是不可說。

(p477+3)

若言：「若說實有補特伽羅，不可說與蘊若一若異，則成相違，俱不可說不應正理，故此觀察可於彼轉。」則云無許，已漸有許，亦不可說全無所許，理相等故。

　　[釋]：**若**破犢子部所**言**：「**若說實有補特伽羅**，且**不可說**補特伽羅**與蘊若一若異**，**則成相違**，故**俱不可說**，此**不應正理**，**故此**一異之**觀察可於彼**犢子部破除而**轉**，以決定〝一〞定遮除〝異〞；反之，決定〝異〞定遮除〝一〞，故絕無第三種──不可說。」汝自許為中觀應成派的第三家**則云無許**，**已**成**漸**漸**有許**，即許無所許，故**亦不可說全無所許**，以〝無許〞即遮〝有許〞，意謂：有遮定有立，故〝無許〞亦是有所承許，此理於汝自許為中觀應成派的第三家破除犢子部之道**理相等故**。

(p477+5)

若作是言，「云我無財，乞云願施無財之財，我說無許教許無許，二說相等。」此乃未解敵者即前宗之意，我非總說令許無許。若爾云何，汝云無許由此言語，顯示須許無許，故不能斷自語相違。

　　[釋]：**若**你自許中觀應成派反難我應成本宗而**作是言**，「**云我無財**，**乞云願施無財之財**，**我**（自許中觀應成派者）**說無許**而**教許無許**，這二種說法**相等**。」**此**種反難**乃是未解敵者即前宗**（應成本宗）**之意**，**我**應成本宗**非總說令許無許**。自許中觀應成派者說**若爾**則汝應成宗之意**云何**，應成本宗說，以**汝自許為**中觀應**成派者云**〝**無許**〞，**由此**無許之**言語**，**顯示須**承**許**〝**無許**〞──即有所許，**故汝**自許為中觀應成派者**不能斷**自**語相違**。

意謂：從你自許中觀應成派者認為：說出自宗無有任何承許或無所立宗的時候，就表示承許「自宗無有任何承許或無所立宗」，故並不是我應成宗教你承許無許，而是你自宗認為或說出：「自宗無有任何承許或無所立宗」的時候，就是你所立的、所承許的宗，故你不能斷除自語相違的過失。

（p477+7）

若汝此說非中觀宗，則引聖父子等正教成立，而成相違，不可立為月稱師宗。又非所餘佛弟子宗，故汝已出此法之外。若是中觀，尤是月稱宗者，許自無宗則成相違。

　　[釋]：若汝第三家於**此闡釋所說**的皆**非中觀**應成**宗，則**之前汝所**引龍樹**、聖天**聖父子等正教**來**成立，而成相違，**同樣的，你也引了月稱論師的《入中論》來證成，然你又不許你所說的是中觀應成宗，故汝亦**不可立為月稱**論師之**宗。又非所餘**中觀自續派、唯識派…等**佛弟子之宗，故汝**之見已超**出此**佛正**法之外**而成為外道。若你認為你的觀點**是中觀**應成宗，**尤其是許為月稱論師之宗者，又承**許自無宗則成**絕對的**相違**。

（p477-5）

如是意欲解脫有許，云諸建立唯就他立亦不應理。說唯就他許有色等，此縱未許色等是有，然就他立定須受許，故終不能免脫有許。爾時就誰安立之他及能安立之自等，皆須受許。故說唯就他許，於自無宗非但無益，且有違害。

　　[釋]：**如是**你第三家**意欲解脫**（跳脫）**有**所**承許**的過失，而**云：「因果諸法的建立是唯就他**而安立，自身無任何所許。」此如 p473+8「故中觀師一切建立皆唯就他而立」，然依你第三家之見來說**亦不應理**。雖然你第三家**說：「唯就他許**而**有色**…等諸法」，此說**縱未承許色**…等諸法是有，**然就**依他安立，**汝定須受許**「依他安立」，**故終不能免脫有**所**承許**。**爾時「就誰安立之他」**——即此法是由他人來安立，**及能安立之自**宗等，雖**皆**是由他人所成立，然此等亦定**須受許**。**故**為了跳脫有所承許而**說**一切唯就他宗所安立而成立**唯就他許，又說：「無所許、無所宗」，此**於自無宗非但無益，且有**自語相**違害**之過失。

(p477-3)

若云：「我全未說無有自宗，唯就他許，唯汝自現。」順世外道，尚所不能抵賴現事，汝全抵賴，汝自所說自無所覺，由我聽聞汝乃了知，實為希有。若如是者，何須定說無許等言，隨說何事後抵即足，無過難故。

　　[釋]：以上是盡破承許無自宗、無所許所產生的過失，假若他宗——第三家又云：「我全未說無有自宗，也全未說唯就他許，會有〝無有自宗及唯就他許〞這一切皆是唯汝自己顯現——是你自己說的。」應成本宗說：順世外道雖不承許有過去世及未來世，尚所不能抵賴現前之事，汝第三家全抵賴，汝第三家自己所承許說如前 p473+1「隨依勝義及依名言，雖於名言自宗無所許。若有彼宗，亦須許有能立因及喻就變成自續派，故應成派不論勝義或名言全無自宗。」自己確無所覺知，而由我應成本宗聽聞汝所說，汝第三家乃能了知，實在是甚為希有。若如你第三家所說為是者，之前又何須定引龍樹菩薩、月稱論師所著之論而說無所許無所宗等言，故汝一開始時隨說何事，事後抵賴即足，無任何過難故。

(p477-1)

若說應成亦說他立，自宗不許，則亦何須破自續派，樹應成教，信月稱宗。如於自宗不許自續，如是應成亦不可許。

　　[釋]：若汝第三家說應成論式亦即說唯他方所立，自宗全不承許，同樣的亦不承許自續之正因，既然無自續之正因則亦何須破自續派呢？汝又不承許自宗，又何須破自續派而來樹立應成教派，而信月稱論師所執持的中觀應成宗呢？理由：就如同於應成自宗不承許自性所成立的自續正因，如是於自宗應成論式亦不可承許，以自無宗故。所謂的應成派就是依著應成的論式而來破除他宗，既然如是，就必須在自宗承許應成論式才可以，然而你第三家連應成論式於自宗都不承許，那要樹立應成派而破斥自續派的宗見就沒有意義了，以有所破必有所立——即是破自續因而成立應成宗。

（p478+2）

如就他前可許應成，如是就他所須增上，亦須許自續故。如於自宗不許唯識，唯就他許不可立彼為唯識師，如是自若不能立，以應成理抉擇中義，唯就他立，則亦非是應成派人，亦非自續，顯然自說非中觀師。

　　[釋]：**如**之前你第三家所說的，唯**就他**人之**前可**承**許**所謂的**應成論式**，也就是應成論式所作的承許，事實上是依他人所許、依他人所建立的。**如是就他**有情的根器無法接受自性空，依他有情根器**所須**要的**增上**安立自性有，因此，對某一些所化機的根器差別**亦須**受**許自續**之正因**故**。此**如**同**於**某補特伽羅**自宗****不**承**許唯識**，然若云：「**唯就他許**」不可立彼補特伽羅**為唯識師**，因為他不承許唯識之見，僅是依他人所許而已。**如是**你第三家**自宗**都無所許，假**若不能成****立，以應成**正**理抉擇中觀之義，唯就他立**，則汝第三家**亦非是**中觀**應成派人，****亦非**中觀**自續派**，由此**顯然**你第三家**自己所說**的並**非是中觀論師**。

《菩提道次第廣論》卷二十　終

正法解行林

自許中觀應成派（第三家）$\left\{\begin{array}{l}勝\ 義\\[6pt]名\ 言\end{array}\right\}$ 皆無所許

（p479+1）

《菩提道次第廣論》卷二十一

又云：「果故此雖無，我就世說有。」此義非說一切建立唯就他立，以諸法無性，須以如理觀察有無自性理智安立，非於庸常名言識前能安立故。若彼能立無性，理智應無義故。論云：「我就他說有。」此說立有色等就世立故。

[釋]：因為自許中觀應成派的第三家他們主張：自無所許、自無所宗，而又引月稱論師所著的《入中論》而來作引證，如前 p473-6 又《入中論》云：「如汝依他事，我不許世俗，**果故此雖無，我就世說有。**」

　　此段論文真正的涵義如下所說——

　　若如汝唯識師所計：世俗依他起之事是有自性。如是有自性之世俗依他起，非我中觀應成派之所承許也。如論之偈頌「如汝依他事，我不許世俗。」但中觀應成派本宗說：此蘊…等世俗依他起諸法皆無自性，雖說無自性，然非全無，是唯由世間共許為有。故我應成本宗唯依世間說彼為有。此中顯示世俗蘊…等依他起諸法，是依世間名言安立，此世間名言安立有二種道理：

　　一、屬於中觀應成師自宗之所化機所安立之世俗依他起，是依名言量安立，非依理智安立。所謂的〝依名言量安立〞亦即〝唯名言假立〞，此中之〝唯〞字，是遮除自性有。雖是唯名言假立，然亦須符世俗名言之三條件：(1)是世間所共許，如瓶。(2)餘名言量不能損害，如執繩為蛇。(3)勝義理智抉擇不能損害。

中觀應成派 ---

勝義理智抉擇 --- 抉擇自性有　　　　　　　←找不到、沒有自性

世俗依他起　→　假若非唯名言假立←　要自性有　　←同時破壞掉

　　　　　　　　　　　　　　　　　　　　　↓
　　　　　　　　　　　　　　　　└→所成立的世間世俗法

　　　　　　　　瓶
　　　　　　　　↑
　　　　　　　　┊　　　　不是世俗名言識顯現
世　俗　諦：錯亂二顯自性有　是染污的垢染而顯現
　　　　　　　　↑　　　　　└→會被勝義理智抉擇空性的智慧斷除掉。
　　　　　是理智觀察的

二、不屬於中觀應成派自宗之所化機，有時應成師爲了教化引導所化機增上，亦會安立蘊…等有自性者，是唯就他力而立，非是自宗所許。此如頌云：「果故此雖無，我就世說有。」

故破此二各有不同——

(1)是依世俗名言安立的角度而來破除世俗是有自性的。

(2)唯就他立，是爲了要令他方了解自所立之自性宗與世俗名言會產生矛盾。

唯就他力而立者，論曰：「果故」此〝果〞字之義，是有所爲義而安立，即是爲了要令所化機捨棄自我執持之邪宗，而漸次通達究竟眞實義之方便也。

故**此**論〝依他所許〞之**義**非如汝第三家所**說：一切建立，皆是唯就他立**（他宗安立諸法皆有自性），自宗皆無所許、皆無所立。又，他宗安立諸法皆有自性，亦非如汝第三家所說之唯就他立，因爲應成本宗**以許諸法無**自性，但此自性有無**須以如理觀察有無自性之理智而安立，非於庸常**世間**名言識**前能安立故。若彼庸常名言識**能安立無**自性，則勝義**理智**之慧應成**無意義故**。《入中論》云：「我**就他說有。」此說是立有色**…等諸法，是唯**就世**間名言識而安立故**。此世間名言識安立之理，如上所說之二種道理。

(p479+3)

言不許世俗者，謂如唯識宗所許依他，自不許之義，非說自宗不許世俗，故云如汝依他事。

[釋]：又《入中論》中所言之「我不許世俗」者，此世俗是謂：若如同唯識宗所許自性有之依他起事，此為我應成自宗所不承許的世俗之義，非說我應成自宗不承許世俗之依他起事，故《入中論》云：「如汝依他事，我不許世俗。」故此中所說之〝不許世俗〞，亦非如汝第三家所解釋的：應成自宗不僅勝義無所許，連世俗亦無所許。而是不許如同唯識派所承許的自性有之依他起的這種世俗法。

(p479+4)

又即彼論連續文云：「若汝正理能遣依他，我即以汝正理遣汝世俗。」為答此諍，如汝所許依他實事，堪忍正理之所觀察，我諸世俗未如是許，正理能不能破有所不同，是此義故。

[釋]：又即彼《入中論》自釋之連續文云：以唯識派說「若汝中觀應成派以正理能遣唯識派所許世俗之依他起，我唯識宗亦即以汝正理遣汝中觀應成派所許世俗之依他起。」故應成本宗為答此諍辯而云，如汝唯識師所許依他起是實有自性之事，即應為理智堪忍正理之所觀察，然我應成自宗所說，諸世俗之依他起未如是許自性有，故正理能不能破（正理能破者：是自性有。正理不能破者：是名言有）有所不同，故汝唯識師派破我應成宗名言有之依他起、及我應成宗破汝唯識宗自性有之依他起亦有所不同。故《入中論》所說：「不許世俗」就是此自性有之世俗依他起的涵義故。

(p479-6)

言就世者，非說就他而非自宗，是於無損名言諸識，安立一切世俗義有，皆就此故。諸中觀師自身亦有此諸安立名言量故。

[釋]：《入中論》中所言〝就世〞者，即是 p479+1「我就世說有」非如他宗所說：一切就他而安立，亦非說自宗皆無所許、無所立。而是於無暫時錯亂因緣所損之名言諸識，安立一切世俗諦之涵義唯名言假安立而有，皆是就此理而安立故。諸中觀應成師自身之心相續亦有此諸安立世俗諦之名言量故。

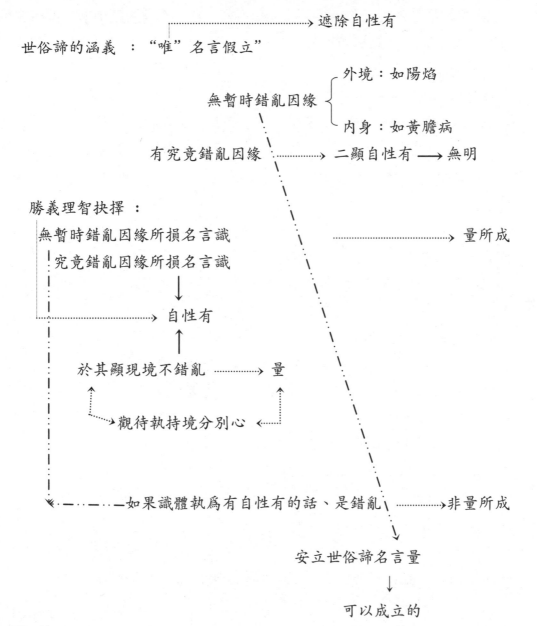

世俗諦的涵義 ："唯"名言假立" ·········→ 遮除自性有

無暫時錯亂因緣 ⎰ 外境：如陽焰
⎱ 內身：如黃膽病

有究竟錯亂因緣 ··········→ 二顯自性有 ⟶ 無明

勝義理智抉擇 ：
無暫時錯亂因緣所損名言識 ·········→ 量所成
究竟錯亂因緣所損名言識
⟶ 自性有
↑
於其顯現境不錯亂 ·········→ 量
↑ ↑
觀待執持境分別心

如果識體執爲有自性有的話、是錯亂 ·········→ 非量所成

安立世俗諦名言量
↓
可以成立的

(p479-5)

言雖無者，是自相無，不可釋爲雖自相無，然於彼有，及雖無而有。

[釋]：《入中論》中所言〝雖無〞者，即是 p479+1「果故此雖無」此無是指**自相無**，然此論中雖說：「果故此雖無，我就世說有。」此論前說〝無〞後說〝有〞，**不可**如同第三家解釋爲：**雖自相無**——即全無，故全無所許，**然於彼有**——即唯依他安立而有，**及雖**於勝義、名言中**無**所許，**然**而是依他所許而**有**。

故論中所說「果故此雖無」真正的涵義——〝無〞即是指自相無，後所說「我就世說有」之〝有〞即是指名言有。

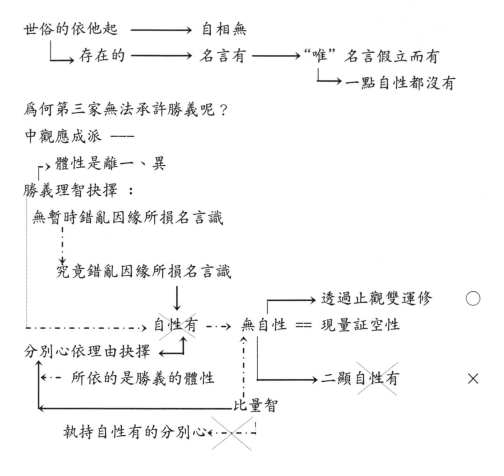

世俗的依他起 ──────→ 自相無
　　└→ 存在的 ──────→ 名言有 ──────→ 〝唯〞名言假立而有
　　　　　　　　　　　　　　　　　　└→ 一點自性都沒有

爲何第三家無法承許勝義呢？

中觀應成派 ───

　┌→ 體性是離一、異

勝義理智抉擇：

無暫時錯亂因緣所損名言識

究竟錯亂因緣所損名言識

自性有 --→ 無自性 == 現量証空性 ──────→ 透過止觀雙運修　　○

分別心依理由抉擇 ←───

←-- 所依的是勝義的體性　　　　　　　　　　二顯自性有　　×

　　　　　　　　　　　　比量智

執持自性有的分別心 ←----

第三家認爲 ───

遮除自性有不能成立無自性 ---→ 二顯自性有 ---→ 自續因。

（p479-4）

以是自宗立名言義之理，其自相有，雖於名言亦非有故。釋論引經證云：「世許有無，我亦許爾。」不可無故。故如常說，「於勝義無，然世俗有。」其有無義異故無過失。

[釋]：**以是**應成**自宗於**無損名言識上成不成**立名言義之道理，其**所謂的**自相有，雖於**無損之**名言識亦非有**此自相**故**，此〝亦〞字含攝自相有於勝義中亦無。《入中論》自**釋論引**《三律儀經》**證云：「世間名言許有**——杯子；**許無**——兔角，**我**（佛）**亦許有、許無爾。」**故於世間名言許有者，**不可**立為**無故。故如**一般**常說，「雖於勝義中無，然於世俗中有。」**與「果故此雖無，我就世說有。」**其有無之義雖異**，然〝有〞是指名言有；〝無〞是指自相無，應成本宗以〝自相無、名言有〞而來詮釋，**故無過失。**

（p479-2）

若爾迴諍論說，無宗無立，其義云何，應當宣說。若立宗云芽無自性，次辯因云是緣起故，喻如影像，皆須受許。如是三相之因及因所成立之宗，並依能立言令諸敵者生悟彼之比量，亦須受許。爾時唯瞋自續之名，何故劬勞破自續耶。彼中雖有如汝所引似說無宗無立之文，然亦多說須立自許。故僅引彼文，豈能立為自無所宗。然許無性宗，則成自續，實有此疑，此乃最細難解處故。立自宗時當為答釋。

[釋]：他宗問難云：**若爾**，前 p473+2《**迴諍論**》**說：「若我有少宗，則我有彼過，然我無所宗，故我唯無過。」**及《六十正理論》云：「諸大德本性，無宗無所諍，彼尚無自宗，豈更有他宗。」**此二論所說之**無宗無立，其義云何**？汝應當宣說**其中之理。他宗又說：**若汝應成派立宗云：「芽無自性」，次辯因云：「是緣起故」**，喻如影像**，此正應成或正因論式，汝應成本宗**皆須受許。如是三相之因**——即宗法與因之同品遍有、異品遍無週遍之理，**及此正因所成立之宗，並依能立言**——即正因論式，亦即凡是緣起定遍無諦實，如影像，苗芽即是緣起，**令諸敵者生**起了**悟彼**能立言**之比量**，證苗芽無自性，此**亦須受許**，既然受許，就是承許自續之因，然而月稱論師又云：「須用應成，自續非理」。**爾時唯瞋自續之名，何故劬勞破自續耶**？應成本宗答云：**彼**第三家所引之論**中雖有如汝**第三家所引似說無宗無立之文，**然**這些論師於其所著作中**亦多說須立自許**，即有所立、有

所宗。**故僅引彼文，豈能**成立為汝第三家所說的**自無所宗**。然承**許無自性宗**，
則成為**自續**，此種說法**實有此疑**，因為承許自續因與正因不能混為一談，**此處乃**
是**最微細最難理解**之處故。於 p485+4 安立**自宗時**當進一步**為解答釋**疑。

下部派認為 ————

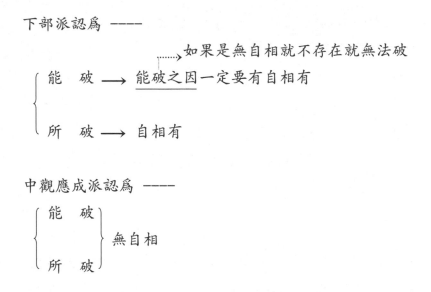

（p480+4）
　《回諍論》說無立宗者，謂中觀師說法無自性，實事師難云：「如是立宗之言，
若有自性，說一切法無性非理，若無自性，則不能破法有自性。」乃是從此諍辯
而出。雖無自性，立破作用皆應理者，如前所引《回諍本釋》。
　　［釋］：以下是應成本宗破斥第三家自許中觀應成派者引屬於中觀應成派的
論著而來證成汝第三家所認為：應成派皆無自宗、無所許的觀點。其破斥的方式
是由透過實事師來破斥中觀應成派的論著——若許無自性則諸法不存在，若諸
法不存在又何來的破有自性而成立無自性呢？由此間接破斥第三家自許中觀應
成派者認為：「中觀應成派是無自宗、無所許」而來成立這些論著所說的無自宗
並不是在說如汝第三家所認為的〝自宗〞有或無，而是在說〝自性〞有或無。故
p473+2**《回諍論》**云：「若我有少宗，則我有彼過，然我無所宗，故我唯無過。」
此論所**說**之**無立宗者**，應成本宗**謂中觀應成師**是**說法無自性**，故**實事師**便問**難
云：「如是立無自性宗**之言說，此言說是有自性呢？或無自性呢？若此言說是**有
自性**，又**說一切法無**自性則成相違，此說非理；若此言說是**無自性**，則說一切法
無自性之言語應成無作用，無作用即不存在，以作用不存在故**不能破法有自

性。」實事師的問難乃是說一切法皆無自性之言說，此言說是有自性呢？或無自性呢？從此角度的諍辯而出。中觀應成師認爲：雖無自性，然立破的作用皆是應理者，如前 p415-2 所引《回諍本釋》。此《回諍論》自釋中云：「汝（實事師）由未解諸法自性空義，故汝（實事師）難云，『汝語無性故，應不能破諸法自性。』

(p480+6)

故有無宗者，非總諍有無，是於宣說一切諸法皆無自性，立宗之言諍性有無。若於如斯立宗之言許有自性，則與立一切法皆無自性，我有相違之過。然我不許爾，故無彼過。是顯此義非立無宗，無與無性二者差別，極重要故。

　　[釋]：故《回諍論》所說有無宗者，非總諍論有自宗或無自宗，而是於宣說一切諸法皆無自性，立此無自性宗之言而諍辯此無自性之言或有自性或無自性。應成本宗說若於如斯立無自性宗之言又許有自性，則與立一切法皆無自性，我有相違之過。然我應成本宗不許此無自性之言爲有自性爾，故無彼實事師所說之過失。而是顯示此無宗之涵義——即是宣說諸法無自性之言亦無自性，非如汝第三家唯立無宗，故全無所立全無所許與全無自性二者之差別，是極重要故。

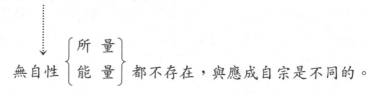

量 ：能量 ⟷ 所量
　　　　　　相互觀待（無自性）

並不是他宗認爲：量到所量境 ⟶ 有自性

無自性 ⎨所量 / 能量⎬ 都不存在，與應成自宗是不同的。

(p480-6)

又「若由現等義」等文，說現量等無少可緣者，亦如前引《明顯句論》，是顯能量所量無自性之能緣所緣，非顯全無緣起之能量所量。

　　[釋]：又「若由現等義」等文——即 p473+3《回諍論》云：「若以現量等，略見有少法，或立或破除，無故我無難。」此論所說〝現量等無少可緣者〞，亦如前 p435+1 引《明顯句論》云：「故由如是四量——現量、比量、教量、譬喻量，安立世間通達諸義。此等皆是觀待假立，若有能量乃有所量義，若有所量義乃有能量，故能量所量是觀待而有，非有自性。」此論是顯示能量所量是無自性之能緣所緣，非顯示全無緣起之能量所量。

(p480-4)

又此論意，是答他難，他意中謂，若由現量立法自相，次破應理。然中觀師說一切法皆自性空，是則現量及所量境，法所攝故亦當性空，若爾則無，故不能破。《回諍論》云：「若現量緣法，次乃能遮遣，然能緣諸法，其現量全無。」其釋亦云：「若汝現量緣一切法，次遮一切諸法皆空，乃可應理，然彼非理。何以故，一切法中攝現量故，亦應是空。能緣法者，此亦是空，故量無所緣。若無所緣，破亦非理。故彼說云一切法空不應道理。」《四百論》說：「有無及二俱，」等者，釋說，「於說空者，雖經長時，不能破責。」汝說雖空亦復不許，云何能於全無許者，而資左證。

　　[釋]：又此《回諍論》之意，是應成本宗在回答他(實事師)的問難，先說他實事師之意中謂，若先由現量及現量所緣境立法有自相，次破諸法有自相才應理。然中觀應成師說一切法皆自性空，是則現量及現量之所量境，此現量及現量之所量境皆為法所攝故亦當自性空，實事師云：若爾自性空則全無，故不能破有自性宗。故實事師引《回諍論》以自己的意思而解釋云：「若現量及現量所緣境皆是自性有之法，次乃能遮遣自性有，然汝說現量能緣諸法皆無自性，則其能緣諸法之現量全無。」其《回諍論》釋亦云：「下部派說：假若汝應成派說現量緣一切法有自性，次遮一切諸法皆自性空，乃可應理，然汝應成派許彼諸法皆自性空，此是非理。何以故，一切法中亦含攝現量故，現量亦應是自性空，若自性空則全無。

現量能緣法者，此亦是自性空亦即全無，故量無所緣無能證到境。若量無所緣無能證到境，則破有自性亦非理。故彼應成派先說云一切法自性空不應道理。」

第三家又引《四百論》說：「有無及二俱，」等者，《四百論釋》說：「於說空者，雖經長時，不能破責。」此中〝空者〞即是指承許自性空。然汝第三家說雖自性空亦復不承許，以汝不許勝義故。如是，云何能引此等論著於汝第三家全無所許者，而資左證呢？

　　以正因論式之因三相破他宗及此正因所成立之宗，於自許爲中觀應成派的第三家認爲：唯破他宗，然自宗不立亦不許，故說自無所宗、自無所許。以若有許者，則成自續因，且引諸多中觀應成師所著之論中所說之〝無宗、無許、無立〞而來證明。

　　然本論之作者宗喀巴大師對於自許爲中觀應成派者所引之諸論，更進一步的來作正確無誤的解釋，並破除自許爲中觀應成派錯誤的見解。

（p481+3）

《入中論釋》云：「於說假有此二邊論皆不應理。故依二邊，若破若答，於中觀師畢究無難，」如聖天云：「有無等」引此四句，謂引此證於破自性所成實物許假有者，諸實事師許有自性，及無事師斷遮色等一切諸法所有作用二不能破，故亦不成無宗之據。又有無等宗，是二邊論宗，最極明顯，如前破四句生及破有無論時所說。

　　［釋］：《入中論釋》云：「於說假有之中觀應成師**此二邊論**（即是指實事師所許之名言有定是自性有，自性無即名言全無──應成本宗認爲此是墮常斷二邊）故**皆不應理。故依二邊，若破若答，**此於中觀應成**師畢究無**法問**難**。因爲應成本宗不承許自性有」如聖天菩薩所著之《四百論》云：「**有無等**」此意謂：任誰全非有由自性所成立的有、無、二俱、二非等四句，故雖長時於彼，不能舉過難…**引此**有、無…**等四句，謂引此**四句最主要是**證成於破自性所成實物**且承**許假安立而有者**，故**諸實事師許有自性，及**名言皆無之**無事師斷遮色等一切諸法所有作用**，此二者皆**不能破**中觀應成師，**故**所引之論**亦不能成**爲第三家所說的**無宗之根據**。又自性**有**之常邊及若自性**無**則名言全無之斷邊**等宗**，此是實事師所許，墮常斷**二邊論**之宗見，**最極明顯**，故應成自宗所說之〝無宗〞之宗…等，即是指〝無自性有之宗〞，而非如同自許爲中觀應成派者所說〝全無所許、全無所立〞。此**如前** p446+6 **破四句生**（自生、他生、共生、無因生）**及** p448-4 **破有、無、**有無二者俱有、有無二者俱無之**論時所說**，皆以破自性有爲主。

實事師認爲只要存在一定要有自性，應成派皆把它破除——

〝有〞 —— 有自性 ～～→無自性（應成派）

〝無〞 —— 無自性還是有自性

$$\left.\begin{array}{c}有\\\\無\end{array}\right\}有自性$$

〝俱有〞 —— 有無合起來俱有，也是要在有自性的基礎之上

└→中觀師也是要破不能有自性

└→無自性也是有自性

〝俱無〞 —— 有無合起來俱無，如果也是有自性的話，也是要破

└→也是無自性

　　在我們的心識上，〝有〞〝無〞是正相違，遮除了有一定是成立無，遮除了無一定是成立有，雖然有〝俱有〞〝俱無〞這兩個，還是離不開有跟無，所以俱有破除了還是要破除俱無。因此，自許中觀應成派所引的論著裏面的破四句生或破有無等等，都是要以破自性有爲根本爲主。

(p481+7)

《六十正理論》所說者，如其釋云：「若時由見無事無自他宗，爾時見者當斷煩惱。」無宗之因說爲無事，此以自相或以自性安立爲事，若以作用爲事，說見無彼能滅煩惱成相違故。故以不許自性法宗，說爲無宗。即彼論前文，《六十正理論釋》云：「諸未測此緣起法性遍計諸事，有自相者，若許有實事，決定生貪瞋，執怖暴惡見，從彼起諍論。」說於諸法增益自相，爲許事故。故此諸教，非顯中觀全無自宗。

　　[釋]：如前 p473+3《六十正理論》所說：「諸大德本性，無宗無所諍，彼尙無自宗，豈更有他宗。」者，如其《六十正理論釋》云：「若時由見無事（無自性）亦無自性有之自宗及無自性有之他宗，爾時見無自性者當斷煩惱。」故《六十正理論》及《六十正理論釋》所說無宗之因皆說爲無事，此無事之〝事〞是以自相或以自性安立爲事，若以作用安立爲事，說見無彼事——無作用，就能滅煩惱則成相違故。故是以不承許自性有法之宗，而說爲無宗。即彼《六十正理論》前文之意，此由《六十正理論釋》解釋云：「諸未測知此緣起法性而遍計諸事爲

有自相者，若許有自性有之**實事**（即增益執為自性有），**決定生貪瞋**，執此自性有之**怖暴惡見**，從彼自性有之執著而生**起**與無自性宗之**諍論**。」此是**說於諸法增益自相**，**為許**自性有之**事故**。總結而言，**故**第三家於 p473 引**此**《回諍論》、《四百論》、《六十正理論》、《入中論》等**諸教**，**非顯**示如同第三家所說的，**中觀**應成師是**全無自宗**。

所 破 能 破 ——

（佛教內部派）

中觀應成派 ———→ 承許無自性

自續派以下 ———→ 承許有自性

無 我 ——→ 正破有我 ←—— 所 破（自性有是共許）

正 因 ←—— 能 破 ←·········· 能破之正因

除了中觀應成派，自續派以下都要有自性

應成派：所破境上的自性有

自續派：所破勝義有自性

唯識派：所破離開心識外有二取能取自性有的外境

※應 成 派：

能 破

} 皆無自性、如同幻化　　　※所破一定觀待能破

所 破　　　　　　　　　　　　※能破一定觀待所破

※自續派以下：

能 破

} 皆有自性　　　　　　　　　※所破就不需觀待能破

所 破　　　　　　　　　　　　※能破就不需觀待所破

站在這個角度來說明所破能破 ——

以正理來說，有能破一定有所破，有所破一定有能破，是相互觀待，

如果有自性的話，怎會有能破所破相互觀待？

故《顯句論》中引《迴諍論》及《四百論》已，「不許他宗故」之義，當如是知。又云：「所破無所有，故我全無破」者，所破有二，若以增益有性境界所破，以彼無為因說不破者，不應正理。故以能增益之心為所破。其釋又說「能破亦非有。」彼二無者，是說無自相之能破所破。

[釋]：故前 p473+5《顯句論》中所引《迴諍論》及《四百論》已，此論中所說「不許他宗故」之涵義，當以不許自性有之他宗或自性有之自宗而如是了知。此「不許他宗故」亦是出於《顯句論》，如論云：「凡中觀師，理不應用自續比量，不許他宗故。」又，前 p473-5《迴諍論》又云：「所破之自性無所有，故我全無自性有之能破」者，此中之所破有二：理之所破及道之所破，若僅以增益有自性之境界為所破，以彼境無自性有為因，而說不破有境自性有之心者，不應正理。故亦以能增益自性有之執實心為所破——意謂：以破自性有之境是共，但識體是否為自性有則為不共。因為實事師認為：不論是應成論式或能破之正因都是自性有。但應成派認為：能破之正因及所破之境皆非自性有。所以其《迴諍論釋》又說：「應成論式或證成無自性之正因之能破亦非自性有。」彼二能破所破無者，即是說無自相之能破所破。

從世俗諦而入勝義諦

世俗諦一定要有能所 ⟶ 勝義諦

能所顯現 ————

自續派以下一定要自性有

唯識派一定要勝義有

應成派絕對不能有自性（相互觀待）

識 體 ⟶ 會顯現能所有自性，是識體的問題

　如：境上杯子 —— 杯子會在心識顯現於前方而有

　　　　　　　心識也會顯現杯子於前方而有

　　　　　　　　└── ⟶ 是識體的問題、不是杯子

杯子自性有：

1、 不是境上杯子的問題

2、 是心識顯現境上自性有————主要是心識

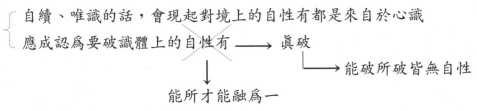

顯現自性有是存在的、所以破另一個
自續破勝義有自性、不是破自性有

唯識外境自性有是心識的顯現、不可能真的成為外境有
唯心識習氣所變現、承現外境自相有是錯誤的
　　　　　　　　　　　- - - ➔ 識體還是有自性

自續、唯識的話、會現起對境上的自性有都是來自於心識
應成認為要破識體上的自性有 ——➔ 真破
　　　　　　　　　　　　　　　 └—➔ 能破所破皆無自性
　　　　　　　　↓
　　　　　能所才能融為一

(p482+1)

汝妄執有，謂以彼破此而興誹謗，然非不許彼二如幻。如《迴諍論》云：「如以化破化，及諸幻士夫，以幻破其幻，此破亦如是。」又云：「此執若有性，應非從緣起，若執是緣起，即此豈非空。若執有自性，誰能遮其執，餘執理亦然，故我無彼難。」此說執陽焰為水，若有自性不應依自因緣而生，此執任誰不能遮故。《明顯句論》說「自無宗故，」亦非全無自宗之據，此是說無自續之宗故。

　　[釋]：汝實事師妄執為有自性，意謂以彼自相之能破所破，破此自相存在之所破而興誹謗，因為汝承許能破是有自性故。然應成本宗之能破、所破皆無自性，非不許彼能破所破二者是如幻——即是以能破所破皆無自性，而來成立如幻之義。如《迴諍論》云：「如以幻化破幻化，及諸幻化之士夫而來破幻化之士夫，故以幻破其幻，此以幻化之能破來破幻化之所破亦如是。」《迴諍論》又云：「此執陽焰為水之執若有自性，應非從緣起而生，若此執是緣起，即此自性有豈非空。若執陽焰為水之執有自性，任誰無能遮其執，餘幻化、士夫、象馬…等執之

理亦然——即是執幻化…等識亦皆無自性，以我應成派不承許此自性有之執**故我無彼所問難之過失。**」此執是**說執陽焰為水之執，若有自性則不應依自因緣而生，**反之，若是依自因緣而生，則定是無自性。若執**此無自性為有自性之執，**則**任誰亦不能遮**其過失故。所以**《明顯句論》**所說「**自無宗故，**」亦非是第三家所說的**全無自宗之根據，此自無宗是說無自續**（自性有）**之宗故。**

（p482+6）

《入中論》說「**無宗**」者，是說自宗能破所破，俱許無性，汝許因果由自性有，故以正理推察征破因能生果為會不會，故其能破不於我轉，未許能堪理推察故。故全非說無有自宗。

[釋]：前 p473+7《入中論》云：「能破所破不會破，及會而破所說失，若定有宗彼成過，我無彼宗故無失。」此論所說之「**無宗**」者，是說應成**自宗能破所破，俱許無**自性，然**汝實事師許因果由自性有，**因為實事師：許一切諸法有自性，若無自性則名言全無。**故**應成本宗**以抉擇自性有無之正理推察征破**實事師所說之**因能生果**是**為因果會**合呢？或是因果**不會**合呢？而來破斥實事師承許一切諸法有自性的觀點，**故其**以此種種**能破**之方式所產生的過失**不於我**應成自宗而**轉，**因為我應成自宗**未許**諸法**能堪**忍正理**推察故**——即不承許有些許的自性存在，然你實事師是承許諸法堪忍正理觀察——即承許諸法定須有自性。**故《入中論》**中所說之「**無宗**」者，即是破斥實事師所許〝自性有之宗〞而成立〝無自性之宗〞，故此論**全非如**自許為中觀應成派的第三家所說之〝**全無有自宗**〞的根據。

前 p473+7《入中論》云：「能破所破不會破，及會而破所説失，」能破所破會產生作用到底是不會合（碰觸），有沒有碰觸而來破或者是不碰觸而來破？所以說不會而破，及會而破，所說的過失，「若定有宗彼成過，」能破所破或者因生果等等都有自性的話，有自性的基礎來說，因生果能破所破，是不會合而破或會合而破，都會產生過失。「我無彼宗故無失。」我中觀應成派不承許有自性有，所以沒有自性有所產生的過失。

【因　生　果】

如果因生果 ⟶ 有自性 ⎰ 自　生

⎱ 他　生

如果由他因而生果的話 ⟶ 有自性

↓

不觀待

{苗芽由苗芽的種子而生，苗芽的種子生苗之芽}

如果有自性、就不必要牽扯到相互觀待的因果相順了，

↳ 不依他

若有自性、苗芽和苗芽的種子就不相干

↳ 又能生

若承許自性有、在世俗名言又是能因生。

以勝義的角度來說　　 —— 若承許有自性、又變成不依他了。

以世俗名言的角度來說 —— 又是因能生果 ……⟶ 苗芽由種子生

{是他的相順因也生，不是他的相順因也生} 不觀待因 。

苗芽的種子能生苗芽，爲什麼不能生石頭，苗芽的種子不可能生石頭，因
爲不相順，這叫觀待。

　　能破和所破，也是要相順，如果不相順又能破的話，那所有都能破了，所
有都不存在了，破邪顯正，是因爲你錯我才破，觀待你不究竟我才破，自性有
就不必要觀待，又能破，所有一切正因不正因，相順不相順果，全部都能破，
那就全不存在了，因此如果承許自性有，就會產生種種的過失，這種過失，在
我應成派是不可能產生的，因爲我不承許有自性。

(p482-6)

即彼釋云：「於我宗中過不同轉，何以故，以我宗中能破所破，會亦不破，能破所破未會亦不破，能破所破俱無性故。故會未會俱不應思。」謂實事師所設正理推征不轉之理，是無自性，未立無許故。

[釋]：即彼《入中論釋》云：「此種能破所破、相會不相會的種種過失，對於我應成自宗中此種過失不同轉——即無過失，何以故？以我應成宗中能破所破，會合亦不能破，能破所破未會合亦不能破，因爲我應成自宗能破所破俱無自性故。故會合未會合俱不應思——即是不承許諸法爲堪忍正理觀察，以不承許有自性故。」此謂實事師所設堪忍正理推征於我應成自宗不轉之道理，即由自性有所成的過失，於我應成宗是不存在的。爲何說此過於我應成宗不存在呢？因爲我應成本宗最主要是許無自性，而不是如同自許爲中觀應成派的第三家所說的〝全未立宗亦無所承許〞故。

(p482-4)

又爲證此引《佛母經》舍利子問須菩提云：「生無生法，由何而得證無生法。」雙破以彼二得。次舍利子問云：「若爾無得證耶。」次如前引彼二雖有，然非由二邊。又是名言，非於勝義，引此爲喻自如是許。

[釋]：又爲了要證此能破所破、相會不相會，故《入中論釋》引《佛母經》舍利子問須菩提云：「生、無生法，由何而得（獲得滅諦或涅槃）證（現證或道諦）無生法。」雙破（生法證得無生法及無生法證得無生法）以彼自性有之二得皆不存在故。次舍利子問云：「若爾無得證耶。」次如前 p466-5 佛母云：「長老須菩提，豈無所得無所證耶，須菩提曰：長老舍利子，雖有所得亦有所證，然非二相之理。長老舍利子其得證者，是依世間名言而立。預流、一來、不還、阿羅漢、獨覺、菩薩，亦依世間名言而立，若勝義中無得無證。」由此即可了知，前文「若爾無得證耶。」是觀待無漏智而問，非以空性之境而問。引彼二（得、證）雖有，然非由自性有之能所二邊而證、而得。又此得、證是世間名言所安立，非於勝義中而有，引此生、無生法爲喻，應成自宗如是承許不應以自性有而來說能破所破、會合不會合。

無得無証是觀待無漏智而非以空性境而來問--

二得 —— 生　法 ⟶ 無生法

　　　　　無生法 ⟶ 無生法

　　　　獲得滅諦或涅槃或現証或道諦。

①以無漏智及識體的角度——

空　性 ⎨
　觀待被無漏智証到
　是存在的，要被証到
　識體會成爲無漏智是觀待現証空性
　體性是恆常存在，沒有所謂得不得
　有無獲得（觀待還未得）以無漏識體來說
　無二顯自性有在心識上顯現 ⟵⋯
　無二顯無自性有無二相而獲得
　　　　　　　　　　⟶ 以前沒有現在有

空 性 境 ⎨
　觀待無漏智（識體）
　有漏 ⋯⋯⟶ 二顯自性有 ⋯⋯⟶消磨掉

②以無漏智和空性境來說——以世俗名言來解釋體性。

無漏智 ⎨
　論識體
　空性有無被証到
　無二顯自性有在心識上顯現
　　　　　　　以前沒有現在有
　以無二顯無二相無戲論而獲得

空性境 ⎨
　全然空性

　不論識體（世俗諦法）

無漏智和空性境 ———— 勝義諦皆在根本定當中

出定以後 ＿＿＿＿

世俗名言識 {
安立勝義諦
是 錯 亂 的 ……………→ 顯現自性有
是在安立世俗法 …………→ 不是在成立自性有有無
安立預流果、一來果、不還果、阿羅漢、獨覺、菩薩
只要名言安立的話，一定錯亂二顯自性有
}

觀待世俗名言識來說 ……………←……→ 不能說是錯誤

觀待

觀待無漏智的識體來說 → 名言識還是錯亂 → 顯現自性有

存不存在
與世俗名言識是不相干 ←…………

現証空性的話，獲得預流果、一來果、不還果、阿羅漢、獨覺、菩薩。

生　法　………→　無生法

　　　├─之間要有獲得的作用（解脫）
　　　　　若沒有、就無法獲得無生法。
　　　├─若有自性的話，作用只能一個，那作用要放在那
　　　　　　　＊放在生法也不對，因為生法是異生
　　　　　　　　　異生怎會有獲得解脫的作用
　　　　　　　＊放在無生法也不可，即然獲得解脫作用，何須再獲得
　　　　　　　　　那就會變成解脫者還要再解脫一次
　　　　　　　　　就會產生這種過失。
　　　├─若沒有自性的話，
　　　　　異生要獲得無生法觀待獲得解脫的作用
　　　　　獲得無生法是觀待獲得無生的作用
　　　　　觀待生法要獲得無生法，若沒有獲得無生法的作用要如何獲得。
　　　└─唯名言假立的話，絕對沒有你自性有所產生的過失

加行位的識體　　　　　　　　　　見道位斷掉垢染的滅諦
　　　└──→ 見道位的識體　　　　　└──
　　　　　　　　　　　　　　　　　　　　└──→ 修道位斷除垢染的滅諦

（生法）………→（無生法）　　　　（無生法）………→（無生法）

　　前《入中論》本文中所說之〝無宗〞是指：不承許自性有之宗。若是不承許自性有，即是承許無自性，故是有所許。非如同第三家所說的：應成自宗全無所宗、全無所許。此《入中論》又引《佛母經》（即是《般若經》）云：「雖有所得亦有所證，然非二相之理。」而來證明：有所得亦有所證，然非是以二相之理而得而證，並且依世間名言安立有所得、有所證。

(p482-2)

《入中論釋》云：「此顯墮二邊過，俱破以生法或無生法得，然彼二無亦不應理，故未推察於世名言而許有得。如是能破與所破非會未會，然於名言應知能破破其所破。」此顯然說，以會未會正理觀察，於彼二中雖俱無破，然彼不能遮其有破，故於名言許破他宗。

　　由因生果來說明或生法得無生法或無生法得無生法：

　　緣起因果法 ……………▶ 要依他

　　└────▶若承許自性有 ─────▶ 不依他、則因生果的角度來說：

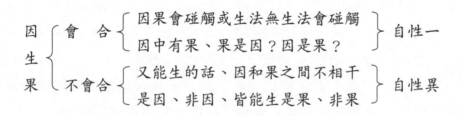

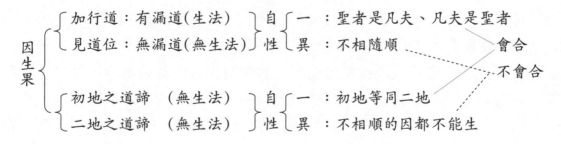

[釋]：《入中論釋》云：「此顯墮二邊（會合、不會合）之過失，即是許有自性而尋求其假立義，說由生法或得或證無生法，還是由無生法或得或證於世俗名言無亦不應理，故未以勝義理智推察（即不尋求其假立義——自性有）於世俗名言而承許有所獲得。由生、無生法如是能破與所破皆非自性有之會與未會，然於名言中應知能破破其所破是存在的。」此顯然說能破所破，以會而破、未會而破之正理觀察其假立義自性有或堪忍正理觀察，於彼能破所破二中，雖俱無能破所破之自性，然彼不尋求的當下是不能遮其有能破所破，即是在無自性的當下才能成立能破所破，故於名言中是承許有破他宗。

(p483+2)

又非唯此，亦許以因成立所立，即前所引無間又云：「復次如日輪上有差別，蝕時汝能見於影，日影會否皆非理，唯依緣有名言生。如為淨相雖無實，有用如是亦應知，能淨慧面諸正因，離實而能證所立。猶如影像全非有故，觀察其生為與日輪會與未會，於一切種雖全非有，然由色緣現前影像可得，決定能令達所樂義。如是以性空之能破破其所破，及以性空離實能立之因，成其所立，無二邊過，故於我語謂過同等當知非理。」此說破他之理，於自不能同等俱轉，作如是答，未說無宗。

[釋]：又破第三家無所宗、無所許亦無以正因而來成立所立時，非唯如上所說，由破此自性所成之〝生法〞、〝無生法〞而已，且應成本宗亦承許以正因而來成立所立，即前所引之《入中論釋》無間又云：「復次如日輪（太陽）於水上有太陽之影像，依此而來觀察形狀的差別，日蝕時汝能見於水中之日影，日輪上有黑點，水中日影亦有黑點，此日影以自性有無之正理觀察會合與否皆非理（即非是尋找其假立義），唯依緣起有名言假安立而生。如是為清淨臉相，鏡中之臉雖無真實，然是依真實之臉而現有虛假之臉，故鏡中之臉雖是虛假，然亦有淨臉之作用，如是亦應了知，依著水上的日影能夠了知日輪的差別。故如同能清淨慧面之諸緣起正因亦能證成無自性有，故說離實有而能證所立之無實有。意謂：實有自性是無法以正因來證成的，但是無實有自性是可依正因而來證成的。此正因即是〝離一異之正因〞或是〝緣起之正因〞。猶如影像全非真實有故，觀察日輪影像其生為與日輪會合與未會合，於一切種雖全非自性有，然由

《菩提道次第廣論》〈毗缽舍那〉444

色…等眾緣現前而有非真實之虛妄影像可得，由此決定能令通達所樂——淨臉及日輪有作用之要義。如是以自性空之能破而來破其所破，及以自性空是遠離實有能立之因，而來成立其所立是無實有，故無二邊（會與未會、能破所破、生法無生法）自性有之過失，故於不承許自性有之我語，便謂此與自性有之過失同等而有，因為他宗認為：若無自性則諸法全無。當知此種說法非理。」此說破他自性有之理所生的過失，於應成自宗不能同等俱轉，故應成本宗作如是回答，諸法雖無自性——無真實臉，然有緣起作用義——能清淨慧面之緣起作用。故未如同第三家所說的〝全無宗〞。

(p483+7)

又許因果有自性者，因生果為會未會觀察破除，其過於自不能轉者，亦以自許無性為因而離其過，非謂無宗而能遠離。《入中論釋》云：「汝云何許，謂此等法俱如幻化，故我無過亦有世法，若如誰宗能生所生是有自相，則此觀察於彼可轉。若如誰宗諸法如幻，遍計所生是無生性，雖無自性是分別境無可思察，如眩翳者見毛輪等，故我非有所說過咎。諸世間法未加觀察，亦是有故，一切皆成。」此說過失於他轉之理，謂許自相，自無過理，謂許如幻。

　　[釋]：又許因果有自性者，因生果為會合與未會合觀察而破除，其過失於應成自宗不能轉者，亦以應成本宗自許無自性為因而離其過失，非如第三家謂無宗而能遠離自性有所產生的過失。《入中論釋》云：「於汝中觀應成派云何所許，應成本宗謂此因果等法俱如幻化無真實有，故我應成本宗無承許自性有之過失，亦許有因果世俗諸法，若如誰之任一宗其能生所生是有自相，則此會合與未會合之觀察於彼可轉其過失。若如誰之任一宗承許能生、所生諸法如幻，十二因緣初支遍計無明所生是無生之自性，雖諸法幻化無自性是分別心之境，此因果、能生所生…等世俗諦法是由世間名言量不以自性有無觀察而安立，故說無以自性有可思察，如同眩翳者見毛輪…等，此毛輪本不存在，故我應成本宗非有汝下部派所說——因果有自性之過咎。諸世間法是以未加自性有無觀察而安立，然於世俗亦是有故，一切皆可成立。」此說過失於他轉之理，即所謂的承許自相有之他宗，然於自宗無此自性有所生過失之理，即所謂的承許如幻。

緣起因果法：

一定要有能所，能一定觀待所，所一定觀待能，有因一定觀待果，果一定觀待因，是相互觀待的，則就不承許有些許的自性，因爲若承許有自性，會合就碰觸，因生果到底是要碰觸而生或是不碰觸而生，自性有就是不依他又有碰觸就變成一了，那如果不碰觸又變成不相干了。

（p483-1）

如是知已應當了悟，安立中觀離過之宗。了義諸經中觀諸論，凡說此為如是此非如是，此及此無，此及此有，總有無邊，此等皆是造者所許，無須特外引教成立。若不爾者，則諸教中未說受許，如彼之處，釋彼義時，則不能辨此是造者所宗所許，此非宗許。

〔釋〕：如是知已應當了悟，安立中觀應成派是離所有一切自性有所生過失之宗派。於了義諸經典及中觀諸論，凡說此為如是，此非如是，此及此無，此及此有，總有無邊，此等皆已表示是造者所許，無須特別另外引教成立——由此顯示破斥第三家認爲必須特別加上「我承許」、「是我宗」才可承許，才是我宗。若不爾者，如第三家所說的，則諸多教典中如《般若經》、《中論》、《六十正理論》於字面上亦未說「受許」，如彼教典之處，在解釋彼教典之涵義時，若依第三家之見則不能辨別此是否爲造論者之所宗、所許，此非造論者所宗、所許之差別。

（p484+2）

設若定須云許云受及云所宗差別語者，亦多宣說。如《回諍論》云：「若不許名言，我等不能說。」《六十正理論》云：「如於法生滅，假名之為滅，如是諸善士，亦許如幻破。」又云「若法依緣生，猶如水中月，許非真非倒，此不被見奪。」《出世讚》云。「若法從因生，無因則非有，顯同影像性，何故而不許。」又云，「無所受無受，故受性無我，佛意許此受，自性全非有。」又云：「作者及業性，佛依名言說，互觀待為性，是為佛所許。」又云「且從已壞因，生果不應理，從未壞亦非，佛許生如夢。」又云：「若是緣起生，佛即許是空。」《入中論釋》云：「諸聽智者，當思此宗無過有德，定當受許。」又云：「是故如許緣起唯有此緣，如是唯許依緣假立，故於我宗一切名言無斷滅失，他亦應當受許此宗。」說定須許，如是等類餘尚繁多。

［釋］：設若如第三家所說的，定須云許、云受及云所宗之差別語者，則於龍樹菩薩及月稱論師所著之論中亦多宣說。如龍樹菩薩所著之《迴諍論》云：「若不承許於名言上有所安立，我等則不能說。」此中亦有〝許〞字。《六十正理論》云：「如於法生滅，假名之為滅，如是諸善士，亦許諸法如幻而破除自性有。」此中亦有〝許〞字。《六十正理論》又云：「若法依緣而生，猶如水中月，許非真實自性有，亦非顛倒——即名言有，此不被常斷見所奪。」此中亦有〝許〞字。《出世讚》云。「若法從因生，無因則非有，顯示如同影像如幻之體性，何故而不許無自性。」此中亦有〝許〞字。又云：「無自性有之所受，無自性有之能受，故受性無自性有之我，佛意承許此受，自性全非有。」此中亦有〝許〞字。又云：「作者及業性，佛依名言而說，相互觀待為其體性，是為佛所承許。」此中亦有〝許〞字。又云：「且從自性有已壞因，生果不應理，從自性有未壞因生果亦非理，佛許生如夢幻。」此中亦有〝許〞字。又云：「若是依緣起而生，佛即許是自性空。」此中亦有〝許〞字。月稱論師所著之《入中論釋》云：「諸聰智者，當思此應成宗無有許自性有之過失，且有無自性又能成立名言有之功德，故定當受許無自性。」此中亦有〝許〞字。又云：「是故如許緣起則唯有此眾緣，如是唯許依緣名言假安立，故於我應成宗一切名言無有斷滅之過失，他宗亦應當受許此無自性之宗。」此中亦有〝許〞字。故若說定須有〝許〞字，如是等類之教典餘尚繁多。以上屬於中觀應成派之諸論中，在字面上皆有所承許，故非如第三家所說的〝皆無所許〞。

（p484-4）
《入中論釋》云：「已說四宗，次以正理為成彼故，頌曰：此非自生豈從他，亦非由俱豈無因。」此說四宗，《明顯句論》亦同彼說，故龍猛菩薩及月稱宗中，是有自許自受自宗。

　　［釋］：《入中論釋》云：「已說自生、他生、共生、無因生之四宗，次以正理為成立無彼四生故，頌曰：此非自生豈會從他生，亦非由自他俱生豈會由無因而生。」此說四宗，《明顯句論》亦同彼《入中論釋》所說應該要承許，故龍猛菩薩及月稱論師之應成宗中，是有自許、自受、自宗。

(p484-1)

破第四家，此於名言許有自相，然於名言亦破自相堪理觀察，非為善哉，前已廣說。又說月稱論師宗中，許諸中觀師對實事師，以他比量成立宗時，許有兩宗極成三相之因，不應正理。《明顯句論》於如是因分別破故。若許此因，雖未立名事力轉因，然是自續之因，無可遮故，此等且止，後當廣說。

[釋]：破第四家，此於名言不加推察又承許有自相，然於名言亦破自相堪忍正理觀察，本宗說，此種承許非為善哉，如《入中論》云：「痴障性故名世俗，假法由彼現為諦。」《入中論自釋》云：「由有支所攝染污無明增上之力，安立世俗諦。」

自許中觀應成派(第四家)：
於世俗名言許有自相，但又說此自相不堪正理觀察。

龍樹菩薩說：依 世俗諦 入 勝義諦 ←‥‥‥‥‥‥‥
　　　　　　　‥‥‥→識體會錯亂二顯自性有 —→ 無自性
　　　　　└‥→ 依執實心 前 而安立為世俗諦
　　　　　　　　　但不是由執實心安立為世俗諦
　　　　　　　　　　　→耽著境是自性有
　　　　　　　　　　　→而安立一切諸法，若是，則自性有
　　　　　　　　　　　　　　　　　┌ 一定要依在存在的
　　　　　└‥→ 執為自性有 ┤ 依在名言有前而安立為諦
　　　　　　　　　　　　　　　　　└ 心識而輪迴生死

許名言有：1.絕對無法成立勝義諦
　　　　　　2.若無勝義諦也不可能成立世俗諦　　　應成自宗
於世俗名言許有自相 ✕ 空性　　　　　　　　　　的過失
但又說世俗名言所許的自相，此自相不堪正理觀察

自許中觀應成派對於 量 錯誤的認知

依他許比量而來成立宗：

依他許比量是在 顯現境 而說共許
　　　　　　┗→ 應成派的量於其顯現境不錯亂
非於識體上而說共許
　　└─ 因為以他宗承許有自性（在識體上不存在）
　　　　若依他許比量有極成共許三相（自性有），是不合理的
　　└─ 若是這樣，那應成派就變成實事師了

由有支所攝染污無明增上之力，安立世俗諦
　　┊　十二有支
　　┗→ 的第一支

　　　　　　　┊┈→執為自性有
　　　　　　　　┗┈→ 由世俗諦轉為勝義諦
若如第四家所說 ：
自性有是不堪正理觀察可以破除掉
又在世俗名言上許有自性
世俗諦和勝義諦就不相干了
世俗諦法這個名言要有自相 ……→ 矛盾的不合理

　　此中何者應破、何者不應破之理，於**前** p417-2 **已廣說**。又說月稱論師宗中，**承許諸**立論之**中觀師對實事師**，以他許比量成立自宗時，是觀待其顯現境的角度而說共許，然若以識體的角度所現之自相有而來承**許有兩宗極成三相之因**，這種說法**不應正理**。此在《明顯句論》於如是兩宗極成三相之**因分別破除故**，若以識體的角度承許此有自他共同顯現有法，即是承許自續之正因，此點是月稱論師特別要破除的。**若於識體承許此**二宗極成自性有三相之因，**雖**於名言**未安立名事力轉因**（此事力轉因，即是以實際的情況來安立，如：瓶是因緣和合），故名言雖未安立現比二量之名，**然是自續之因，無可遮故，此等且止，後當廣說**。

p470+5 破所破時應成自續以誰而破分二，一「明應成自續之義」， p470-4
安立應成、自續二派分二，第一「破除他宗」，即是先破除自許中觀應成派，到
此已經解釋完畢，接下來進入第二「安立自宗」。

（p485+4）

第二安立自宗。述應成派破自續宗而立自宗，二宗俱解，當如是說。《明顯句
論》多說此事，然恐文繁，今於此中略顯宗要。此中分二，一　正破自續，二
自不同破之理。　初又分二，一　顯示所依有法不極成之宗過，二　由此過故
顯示因亦不成。　初又分二，一　出計，二　破執。　今初

　　［釋］：前 p470-4 安立應成、自續二派分成二個科判：第一個科判是破除他
宗，即是先破除自許中觀應成派，到此已經解釋完畢。接下來介紹**第二個科判
安立應成自宗**。然中觀宗有分應成派及自續派，故由敘**述應成派破自續宗而安
立應成自宗**，由此破立能於此**二宗俱解**其差別，**當如是說**。由《明顯句論》多說
此中觀應成應理、自續非理之**事，然恐文繁，今於此中略顯**此二派之**宗要。此
中分二，一　正破自續派，二　應成自宗**不同自續派**破式之理。　初正破自續
派又分二，一　顯示**立敵雙方**所依有法不極成之宗的**過失**——由應成派駁斥自
續派認為的立敵雙方有共許極成的所依有法，以中觀自續派承許共許極成之
量。二　由此**自續派所認為有共許極成的所依有法的**過失故顯示**其所立**因亦不成**
立共許極成。　初顯示所依有法不極成之宗過**又分二，一　出計**——先說中觀
自續派清辨論師所許有極成的所依有法，二　**破執**。　今初（出計）

自續派—— 如何成立極成有法共許？

論　式：　　　　【宗】　　　　　　　　【因】　　　　【喻】

　　　　　　有　法：聲音　　　　　所作性　　　　瓶

　　　　　　所立法：無常

　　　　　　　　　　（共成）　　　　（無法共成）

要雙方同意一定要成立總相不能成立差別相

> 四大（地、水、火、風）所成之聲
> 空德（存在無爲虛空）所成之聲
> 顯聲　（有顯現的聲音）
> 非顯聲　（沒有顯現的聲音）

共成之義：即敵者以何量成立，則立者亦彼以量而成立

　　　量：新生（於自性）無欺誑 ……﹥ 識體

> 自性有亦可成爲量
> 正世俗 → 正確不顛倒的

眼識 ———

　　　顯現前方之瓶（瓶　自　性　有）…………………﹥境上（僅顯現非量）

　　　不如同分別心執持自性有（自性有之瓶）……﹥心識

第六意識分別心 ———　　　　　　　　　　　　　　共　　成

　　　詮瓶之聲：僅是緣到瓶 ……╳﹥ 量 ————　（內心承許）

　　　　　└── 彼聲無法証境　，識體才能証境

應成派 ——— 如何成立極成有法共許？

共成之義：依他所許

　　　量：於其顯現境不欺誑　…╳﹥ 不是在識體

　　　　　└……﹥有正倒世俗

> 只有在現量証空性才有
> 世俗都是錯亂顛倒

> 心識執持兔角的心對於兔角的顯現境可成爲量
> 執持瓶子的心對於瓶的顯現境皆可成爲量

不論取總相或差別相　，都可依你所許（共許），可是我跟你共許，不代表識體可以成爲量。以子之矛攻子之盾——依你所許的因破除你。

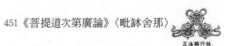

所以依他所許的量和自續派的共許之量就有差別。因此自續派所說的共成之義的道理，應成派的月稱論師就不承許，說你那來的跟敵方有共成呢？

　　先了解自續派是這樣成立的，它的合理是在那裏，如何成立跟對方有共成。應成派會認為說，你這個於瓶自性有於顯現的話你也沒有離開心識的推啊。應成派會以這個來破它。你的依他所許根本不可能有，別別破。你的有法是怎成立的？你的所立法是怎成立的？破完了以後，你根本不可能有依他所許。

（p485+6）

《明顯句論》所說此事，極難通達，當引彼文而為解說。如云：「若謂如說聲是無常，是乃取總法及有法，非取差別。若取差別能比所比名言皆無，若取四大所造聲者，於他不成，若取空德，於佛弟子自不極成。如是勝論立聲無常，取所作聲於他不成。若取顯聲於自不成，隨其所應壞滅亦爾。若有因者，於佛弟子自不極成。若無因者，他不極成，是故於彼唯應取總法及有法，如是此中亦捨差別，唯取有法。」

　　[釋]：《明顯句論》所說此自續派所犯不極成的過失之事，是極難通達，故當引彼清辨論師所著《般若燈論》解釋《中論》之文而為解說。如《般若燈論》云：「若有謂如說聲是無常，是乃取總相無常之所立法及聲之有法，非取聲及無常之差別相——此即是僅取總相的聲及無常。若取差別能比所比（即是遍是宗法性、同品定有性、異品定無性——因三式之能立言）於名言中皆無極成的存在，因為若取地水火風四大所造有法之聲者，則於他勝論派不成，以勝論派許聲是由空德所生（因為此派認為聲音是存在於無為虛空中才能傳播開來）。若勝論派取空德——即是由無為虛空所生的聲音，此於佛弟子自不極成，因為不許無為虛空（常法）中有聲音的存在之空德，而許聲音是由地水火風四大種所生。如是即使勝論派對數論派立聲無常為宗時，取所作聲於他（數論派）不極成，以數論派是承許聲音是待緣而顯。然而若不簡別所作聲僅取顯聲（先有由因緣而顯之聲）為有法於自勝論派又不極成，因為勝論派許聲為所作。隨其所應壞滅之無常法亦須取其總相爾。若壞滅須要有因而生者，則於佛弟子自不極成，因為佛弟子認為：某一有為法存在的當下，其體性就俱足壞滅，若其體性不是俱足生、住、壞，而是由他法而壞滅，此則是佛弟子所不承許。意思是說，某一有為法存在的當下

必定是要壞滅的，而此壞滅不須觀待他法之後所產生的其它法而令其壞滅。**若無他因者**，即是不須觀待他法之後所產生的其它法而令其壞滅，則數論派**他不極成，是故於彼唯應取總**的所立**法——無常；及有法——聲，如是此中亦捨差別，唯取總**的**有法。」**

(p485-3)
此中義者，謂佛弟子對勝論師立聲無常，若取大種造聲為有法者，勝論不成。若取空德聲為有法，於自不成。如是勝論對聲顯論立聲無常，若取所作聲為有法，聲顯不成。若取先有由緣顯聲而為有法，於自不成。故不應取不共別許而為有法。有法乃是立敵二家，觀察能別法之所依，必須兩家共極成故。如其有法必須共許，如是其法亦須共許，取總無常莫取差別。

　　[釋]：**此中之義者**，謂**佛弟子對勝論師立聲無常**時，**若取大種**所造**聲為有法者**，**於勝論師不極成，以勝論師取空德。若取空德**之**聲為有法**，**於佛弟子自不成**，以佛弟子許聲是由四大所成。**如是**外道的**勝論**派**對**外道的**聲顯論**師**立聲無常**時，**若取所作**之**聲為有法**，**於聲顯**的外道論師則**不極成。若取先有由緣**而**顯聲**（何謂顯聲：即是聲本來就已顯現有）**而為有法**，**於勝論派自不極成**，以勝論派承許聲是所作，不承許是由緣而聲顯。**故不應取不共差別**各自所**許而為有法。此有法**如聲**乃是立敵二家，觀察能別法**（如：無常）**之所依，必須**立敵**兩家共極成故。如其**聲之**有法必須共許，如是其**能別之**無常**法亦須共許**，然**取總**相之**無常莫取差別。**

(p486+2)
又於成立所立之前，於所立喻先須極成，如是中觀諸師，成眼等內處或色等外處，對他部宗立不自生及對自部實事諸師立無他生，取實眼等以為有法於自不成，取妄眼等以為有法於他不成。捨此差別唯將眼色立為有法，是中觀師與實事師，觀察有無自生等能別法之所依，須二共許故。共成之義，謂於敵者以何量成立，則於立者亦以比量而為成立。

　　[釋]：**又於**有法上**成立所立法之前**，如：聲無常，所作性故。立敵雙方**於所立之喻先須極成**，如：瓶子。**如是中觀諸師，成**立**眼等內**六**處或色等外**六**處，對**外道的**他部宗**成立**不自生及對**佛教**自部實事諸師**成立**無他生**，若**取**諦**實**之眼

等以為有法則於中觀師**自不成**，若**取無諦實之妄眼等以為有法**則於外道及實事師**他不極成**。**捨此差別唯將內眼外色立為有法**，是中觀師與實事師，觀察有無**自生等能別法之所依，須立敵二共許故**。故**共成有法之義**，謂於有法**敵者以何量成立，則於立者亦以比量而為成立**。

以中觀自續派來說：如在識體之前方有一個瓶子，此時的著力點是在瓶子（即是瓶子自性有）。然就分別心而言，事實上，已經是自性有的成立量了。若就眼識來看，它不會如同分別心去執持自性有，而所謂"不如同分別心去執持自性有"（即是自性有的瓶子）並不是說瓶子沒有自性有，而是說本來就是如此顯現了，本是如此，取名自性有的瓶子。又，中觀自續派認為：聲音說到瓶子時，觀待識體而言，不會說聲音證到瓶子而對其成為量，僅是緣到而已，與識體以量來成立是不一樣的。雖然嘴巴會說「瓶子」，但聲音是不會作任何差別的，也就是說，聲音不會去證到任何一法，稱為聲音的差別所別。此聲音的差別所別，沒有證到任何一法，各部派皆共許。但是自續派又說共許之量。若是量，則於識體不欺誑。

中觀應成派反問：雖如是說，但是聲音的推動是從哪裏來的呢？推動聲音而說出總相之名相時，是以何而來推動的呢？若是以眼之識體來現起總相之量，總相之量本身就已經現起自性有的瓶子了。也就是說，當汝中觀自續派說與敵者有一個共同量——即前面 p486+5 所說的「共成之義，謂敵者以何量成立，則於立者亦以比量而成立」，能證到總相之法，此量在與總相之法成為量時，同一時刻已經算是證成那一法是自相有了，因為當汝所謂的〝量〞能證到那一法的成立方式，就已經是非唯分別心所安立，且從其自境而有的瓶子。也就是說，此二種量（自相有的眼等有法——有境，與眼等自相有——境），剛好是一樣，分不出的。事實上，是一件事情，只是反體的不同——分別心的顯現不同而已。雖然在中觀自續派而言，不會認為聲音緣到就一定要證成自性有，但中觀應成派所要破斥的是：聲音緣到的本身，當下就要證到所緣的究竟本質了。故依汝中觀自續派而言，汝證到有法之量，是要以非顛倒心獲得眼等法之體性，故汝證成總相有法之量，應是其對於眼等有法之體性自性有這一分不錯亂的基礎上而證成的。換句話說，依汝中觀自續派而言，瓶子自性有（境）與自

性有的瓶子（有境），二者成爲相互之量（相互成爲各自之成立量），此心對自續派而言，爲非顛倒心。取名非顛倒心，是因其於境之本質自性有，此分不錯亂之增上門而來安立的。此非顛倒心並不是一般宗派所說無漏智之非顛倒心。此科判中所使用的非顛倒心之理，在月稱論師認爲：此自續派之非顛倒心才是眞正的顛倒心，因爲清辨論師所說的非顛倒心是於其自性不錯亂。然月稱論師認爲：非顛倒心唯於現量證空性之無漏智。故下文引《顯句論》來說明。

（p486+7）

第二　破執分二：一　義不應理，二　喻不相同。　今初

《顯句論》云：「此非如是，若許破生爲所立法，爾時眞實所依有法，唯是顛倒所得我事，悉皆失壞是此自許，倒與非倒互相異故。

　　[釋]：第二　破清辨論師認爲：有極成有法的執著分二：一、前說共成有法之義不應理，二、成有法之喻不相同。　今初

　　　《顯句論》云：「此之前 p486+5「共成有法之義」非如是應理，若許破生（自生或他生）爲所立法——無自性之生，爾時眞實勝義所依諸內根處或諸外色…等有法，唯是顛倒錯亂所得我事，又要如何極成呢？故經推論後，自續派清辨論師到最後不得不許極成有法悉皆失壞，並不是說清辨論師就直接承許悉皆失壞。故說清辨論師所說之極成有法悉皆失壞，是此清辨論師自觀察後不得不承許，因爲倒（如執持青色之眼識顯現自性有）與非倒（如證空性之智慧）此二互相異直接相違故。

（p486-5）

是故若時，如眩翳者見毛輪等，由顛倒故非有執有，爾時豈有少分實義是其所緣。若時如無眩翳見毛輪等。無顛倒心，不妄增益非眞實事，爾時由何而爲世俗，此非有義，豈有少分是其所緣。

　　[釋]：是故若以譬喻說明時，如眩翳者見毛輪等相，由顛倒故非有執有，爾時豈有毛輪（喻自性有）少分之實義是爲其所緣而存在，即此錯亂識無法成立自性有。若時如無眩翳見毛輪等相——亦即眼識無眩翳者，不會現見一絲毛輪。此無顛倒心（如無眩翳者），不會妄增益非眞實自性有（如毛輪）之事，爾時由何而爲世俗顛倒錯亂於自性有，此非有自性之義，豈有自性有（毛輪）少分是其無顛

倒錯亂心（無漏智）之**所緣**。也就是，不論世俗錯亂顯現之瓶或世俗諦眞實之瓶…等，皆非現量證空性無漏智的所緣。

(p486-3)

以是之故，阿闍黎云，『若由現等義，有少法可緣，應成立或破，我無故無難。』何以故，如是顛倒與不顛倒而相異故，無顛倒位其顛倒事，皆非有故。豈有世俗眼為有法，是故宗不成過及因不成過，仍未能遣，此不成答。」

　　［釋］：以是之故，龍樹**阿闍黎**於 p473+3《迴諍論》云：『**若由現**量比量**等**所緣之義，有自性有之**少法可緣**，**應成**自性有之**能立或能破**，此皆會有過失，然**我無**許自性有**故我無**汝所說之**過難**。』**何以故**？**如是顛倒與不顛倒而相異**（直接相違）**故**，在**無顛倒位**時（無漏智）**其顛倒**自性有之**事，皆非**於無漏智顯現爲**有故**。識體於無顛倒位之無漏智時，其所緣境**豈有世俗眼**之顛倒事**為有法**，**是故**清辨論師所說 p486+4「將眼色立爲有法，是中觀師與實事師，觀察有無自生等能別法之所依，須二共許故」。共成有法之**宗**有**不成立之過失及**成立有法之**因**亦有**不成立之過失**，故前 p486+1~+5 所說**仍未能遣**除過失，**此不成答**——即此回答是無法成立的。」

(p487+1)

此若例云：「色處無自生，有故，如現前瓶。」易於領解，當就此上而為宣說。此論答文，顯無極成有法之理。

　　［釋］：從此處 p487+1~p487-3 是宗大師對《顯句論》略作解釋而說**此**清辨論師所立的論式：「眼等諸內處　勝義非自生　有故　如已有之識」此中以眼識來說「眼等諸內處」比較難理解。若改成此**例**而**云**：「**色處無自生，有故，如現前**顯現之**瓶**。」則較**易於領解**，因爲色處是眼識直接所見境。故**當就此**論式**之上而為宣說**。**此** p486+8《顯句**論**》的**答文**：「此非如是，若許破生（自生——外道數論派。他生——內道實事師）爲所立法，爾時眞實所依有法，唯是顛倒所得我事，悉皆失壞是此自許（即清辨論師經推理後不得不承許），倒與非倒互相異故。」此是對於清辨論師所說極成有法的共成之義，而**顯示無極成有法**共成之**理**。

佛教內部派與外道辯論時，在量成的當下有沒有極成共許？

論　式：　　　【宗】　　　　　【因】　　　【喻】

有　法：色　　　　　有：存在　　現前瓶

所立法：非自生

非他生

　　中觀自續派清辨論師認為：立敵雙方在辯論時有共成之量——亦即敵者以何量成立，則於立者亦於彼量成立。然應成本宗說：清辨論師所說的共成之量是不合理的，並引 p486-6 月稱論師所著的《明顯句論》而來證成。如此論所說：「此非如是」。理由：若許破生（勝義自生、他生…等）為所立法（勝義無自生…等），爾時眞實（勝義）所依諸內根處及諸外色等有法，此眞實（勝義）之有法唯是顚倒錯亂所得之我事。因爲，無勝義自生…等。既然沒有勝義自生…等，則其所依有法若是眞實勝義有的話，則是爲顚倒錯亂所得之我事。既然是顚倒錯亂所得之我事，又何來的共成之量。如 p486-5 論中所說：「悉皆失壞」即是無共成之量。故應成本宗以此論式：【 色處無自生　有故　如現前瓶 】易於理解且來說明 p486-6《顯句論》答辯中觀自續派清辨論師所說的「極成有法之理」是不合理的。

（p487+2）

此復云何，謂顯極成有法與諸敵者不得成立。不能極成之敵者，《明顯句論》謂爾時是破自生之敵者，然總許諸法勝義有性諸實事師，及於名言許彼諸法有自相性自續諸師，皆是敵者。中觀自續，雖亦名爲無自性師，然此論中爲刪繁故，言無性師當知是說應成派師，言有性師當知是說實事諸師及自續師。

　　［釋］：此復云何，謂顯極成有法與諸敵者不得成立。此中不能極成之敵者，《明顯句論》謂爾時是中觀應成宗在破許自生之（色處非自生）敵者——數論師，然總許諸法勝義有自性之諸實事師——唯識派以下，及於名言許彼諸法有自相、有自性之中觀自續諸師，皆是敵者。

中觀自續師，雖亦名為勝義無自性師，然於名言中是許有自性之中觀師，故此論中為刪繁故，凡言無自性師時應當了知即是說中觀應成派師，言有自性師時應當了知即是說實事諸師及中觀自續師。

(p487+5)
若立色處以為有法，成立彼者，須以取彼眼識現量而為成立，此若不以無錯亂識而成立者，則非能立實義現量，故須無亂。彼等宗中，成無分別無錯亂者，謂於何處成不錯亂，定須觀待現彼自相，如現而有。

〔釋〕：假若立〝色處〞以為有法，是由眼識成立彼色處者，須以取彼眼識現量（新、離分別、無錯亂）而為成立，此若不以於自性有無錯亂之心識而成立者，則非能立實義現量——證成色…等諸法，故須無錯亂。彼敵者自續派以下等宗中，其所成立之無分別無錯亂者，謂於何處成不錯亂，定須觀待現彼自相，如眼識於色處自性有，耳識於聲處自性有…等，於其所現自性有如現而有。

(p487+7)
由是因緣，敵者何量成其有法，而於立者不許彼量。因於名言任隨何法，皆無自相所成自性，故無能成彼性之量，此阿闍黎以此密意破自續師。

〔釋〕：由是因緣，敵者中觀自續派以下以何量而成立其有法，也就是以自相有、自性有成為其量，然而於立者中觀應成派則不承許識體以彼自相有、自性有成為其量。因為於名言中任隨何法，觀待識體皆無自相所成自性，故無能成彼自性有之量，然非說不許前五根識及第六意識無量成。此月稱論師阿闍黎以此密意破中觀自續師——若觀待〝識體〞成為量，唯於現量證空性之無漏智才有，非於世俗名言識。

（p487-5）

此復是說，令他新生通達諸法無性正見支分之中，破說必須自續之理。若是中觀應成諸師，自內互相為生通達盡所有義比量支中，觀察須否自續之理，暫置未說。

　　[釋]：**此復是說，令他新生**起比量識**通達諸法無**自**性正見支分之中**，支分即是因，故亦可說正見之因即是此比量識，由此而**破說**通達中觀正見**必須**透過**自續之**正**理**。因為清辨論師認為，要生起中觀正見的比量識之因，則必須透過自續之正因，故本文說「破說必須自續之理」。**若是中觀應成諸師**，其自宗內互相為了**生起通達盡所有**性**義比量之支**（因）**中**，而非為了要生起中觀正見，而是生起其它法類，如**觀察聲無常**…等比量識**須否自續之理，暫置未說**。

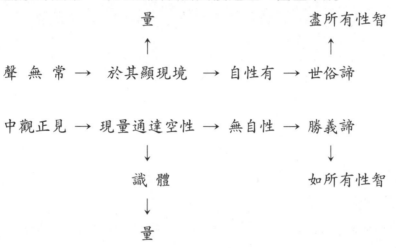

（p487-2）

此與論文合而釋之，從曰「若許」至曰「自許」，義謂所立法之所依有法，或眼或色等，失壞實有而不極成，此是清辯論師自許。何等有法，謂唯由無明損害顛倒所得我事，即眼識等名言諸識所立之義。

　　[釋]：宗大師在**此段與《顯句論》**文合而詳細**釋之，從** p486+8 **曰「若許」至曰** p486+9**「自許」，義謂所立法**無自生**之所依有法**，此有法**或**內——**眼、耳、鼻、舌、身等；**或**外——**色、聲、香、味、觸等，失壞實有而**不能**極成**，如毛輪，無眼翳者無少分毛輪所緣與見毛輪有眼翳者，何來的極成呢？以倒與非倒是直接相違，故**此有法**不能極成**是清辯論師自許**——本來清辨論師是承許有極成有法，然不得不承許：有法不能極成。因為真實所依有法唯是顛倒錯亂識所得我事。故

何等所依**有法**不能極成，**謂唯由無明**染污**損害顛倒錯亂所得我事**——內眼…等或外色…等，**即眼識等**五種**名言諸識**由分別心**所立勝義之色**…等**之義**。爲何此處要說：由分別心所立色…等之義？因爲眼識…等不會被勝義有所染污。

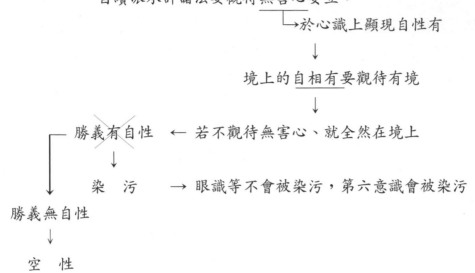

自續派承許諸法要觀待無害心安立。

└→於心識上顯現自性有

↓

境上的自相有要觀待有境

↓

勝義有自性 ← 若不觀待無害心、就全然在境上

↓

染 污 → 眼識等不會被染污，第六意識會被染污

勝義無自性

↓

空 性

（p488+1）

彼自許者，謂若已破於勝義生，其所立法，可依有法。言爾時者，謂以是故，若真實有爲彼所依，成相違故。

［釋］：前說**彼**清辨論師經推理於最後不得不承許，故說**自許者**，因爲之前的論式：【色等有法　無自生　有故】然於自續派要加勝義簡別，故「無自生」即是勝義無自生。此謂：**若已破於勝義**自、他**生**…等，則**其所立法**——勝義無自、他生…等，**可依於色**…等**有法**。**言爾時者**（p486-4 爾時豈有少分實義是其所緣），**謂以是之故**，自續派清辨論師承許與敵者有極成有法，是故，**若許諸法真實有**自性**爲彼**有法成爲所立法之**所依**，**應成相違故**。因爲之前已破了所立法——勝義自、他生，而又說所立法之所依有法有自相、有自性，此點於中觀應成派來說是無法承許的。因爲一方面承許有法是有自相、有自性；一方面又說依於有法之所立法是無勝義有自性，這是相違的。因爲中觀應成派認爲，勝義有、自相有、自性有都是一樣的，故本文才說「謂以是故，若真實有爲彼所依，成相違故」。

(p488+2)

若謂縱許爾當有何過，謂彼色等非真實有，非真實義，非無亂識所得之義。

　　[釋]：**若謂縱許爾**所立法——無勝義生，而所依有法自相有**當有何過**失呢？中觀自續派所**謂彼色**(聲、香、味、觸及眼、耳、鼻、舌、身識)**等**皆是**非真實有，**此**非真實義，非**是特殊**無亂識**(無漏智)**所得之義。**此即是 p487+7「彼等宗中，成無分別無錯亂者，謂於何處成不錯亂，定須觀待現彼自相，如現而有。」中觀自續派認為，緣色法之眼識…等，如其所顯現自性有、自相有是不錯亂的，以其如同本文所說「彼色等非真實有，非真實義，非無亂識所得之義。」此中之「無亂識」以中觀應成派而言，唯是指現證空性之無漏智，此如前 p432-3《入中論》云：「世間皆非量」此意謂：觀待無漏智世間皆非量。故中觀自續派所謂的：緣色法之眼識…等，如其所顯現自性有、自相有為不錯亂——此以中觀應成派來看仍然是錯亂的。

(p488+3)

是虛妄心名言諸識之所得境，故彼皆是無明染污錯亂。故無亂識所得之義，於錯亂識則不顯現，於錯亂識所現境義，無錯亂識則非能得。顛倒亂識與無顛倒不錯亂識，自境互異，趣異境故，即彼論說「倒與非倒相異」之義。

　　[釋]：而**是虛妄心名言諸**五根**識之所得**自性有之**境**(中觀自續派認為：名言諸根識不執自相有，但會顯現自相有，此是正世俗，非顛倒錯亂)，以中觀應成派而言：**故彼**自相有**皆是無明染污**顛倒**錯亂。故**通達色…等法無自性之**無亂識**(無漏根本智)**所得之**無自性**義，於錯亂識則不顯現**(因為錯亂識會顯現自性有)，又**於錯亂識所現**自性有之**境義，於無錯亂識則非能得**(因為無錯亂識是顯現無自性有)此唯於現證空性之無漏智才有，非於世俗諸名言識。故**顛倒亂識**自性有之境——是世俗諦**與無顛倒不錯亂識**無自性有之境——是勝義諦，錯亂識與不錯亂識各**自**之**境**義是直接相違**互異**，以錯亂識與不錯亂識各自**趣入異境故，即** p486-5 **彼《顯句論》說「倒與非倒相異」**之義。故自續派清辨論師所說的極成有法是無法成立的。

（p488+5）

又釋此義，從曰「若時」至曰「是其所緣」。言顛倒者，謂眼等名言諸識被無明亂。言由彼等非有執有者，謂色聲等無自性相根識執有。無分別識之所執者，是顯現義，謂即色等現似自相。

　　[釋]：又釋此倒與非倒之義，從 p486-5 曰「若時，如眩翳者見毛輪等，由顛倒故非有執有，」至曰「爾時豈有少分實義是其所緣」。其中所言之顛倒者，謂眼等名言諸根識被無明所染錯亂顯現自性有。此如同眩翳者見毛輪…等，由顛倒故。言由彼顛倒名言諸識等非有執有者，即謂色聲等本無自性相然於根識顛倒執為有自性相。前五根無分別識之所執者，其所執之義即是顯現義，謂即色等本無自相有而顯現似自相有。為何其所執之義即是顯現義呢？以前五根識非能顛倒執自性有，然唯是錯亂顯現自相有，故非是顛倒而是錯亂；而第六意識分別心會以所顯現的自性有而顛倒執為如其顯現有自性，故所執義即是顯現義。

（p488+7）

又言爾時豈有少分實義，是其所緣者，義謂如是實無自相，妄顯現故。此等諸識，豈能成立有微少義由自相有。無自相義妄現之喻，謂如毛輪等。此等是說，彼諸根識現色聲等，是錯亂故，不能成立境有自相。

　　[釋]：又 p486-4 言「爾時豈有少分實義，是其所緣者，」義謂如是實無自相，妄顯現有自相故。此等無分別錯亂諸識，豈能成立色…等諸法有微少義是由自相有。此無自相義即是以本無毛輪而妄現有毛輪之譬喻，謂如眼翳者見毛輪等。此等是說，彼諸根識顯現自性有之色聲等，是錯亂故，不能成立色聲…等境有自相，以眼翳雖見有毛輪，但不能成立毛輪存在。因為中觀自續派以下諸師認為：執持色法之眼識…等，必須於其色法…等境之自相有、自性有為成量之處。然中觀應成派認為：執持色法之眼識…等，於其色法…等境之自相有、自性有是無法成立的，因為自性有是不存在的，所以如何能於執持色法之眼識…等而成為量？故本文說「爾時豈有少分實義，是其所緣者」。

（p488-4）

次為顯示無錯亂識全不少執有色聲等，說云若時無眩翳等。不顛倒者，謂無亂識，此於現證真實乃有，餘者皆無。此不增益非真實者謂色聲等非真實義，而不增益不執為有。譬如清淨離翳眼識，則不能見毛輪亂相。

　　[釋]：其次為了要顯示無錯亂識全不少執有些許自性有之色聲…等——此無錯亂識即是指現證空性之無漏智，故 p486-4 本文說云若時無眩翳見毛輪等——即無眩翳者不見毛輪等。言不顛倒者，謂無亂識，此於現證真實空性時乃有此無錯亂識，餘未現證空性者皆無此無錯亂識。此 p486-4 所說之「無顛倒心」不會妄增益非真實自性有者即謂色聲等非真實自性有之義，而不妄增益不執為自性有。譬如清淨離翳之眼識，則不能見到毛輪錯亂之相。

（p488-2）

言為世俗者，謂色聲等虛妄之義。言非有者，謂無自相緣真實義無錯亂識，不能成立彼等少分，義謂色等非彼見故。

　　[釋]：又 p486-3 言「為世俗」者，謂五根識所對色聲等境虛妄之義即是世俗錯亂之義。何謂錯亂？即本無自性卻顯現為自性有——如現非有即是虛妄。又 p486-3 所言「非有義」者，謂無自相所緣真實義之無錯亂識，不能成立彼色…等少分自性有，此義謂色等諸法為世俗諦，非無錯亂識所緣，以其並非彼現證空性之無漏智所見故。以無漏智唯緣勝義諦故。故不論自性有、自相有、勝義有…等或色等諸法，皆不能為無錯亂識所緣，以非現證空性無漏之智慧所見，故 p486-3 的本文說「豈有少分是其所緣」即豈有少分自性有（毛輪）是無顛倒錯亂心無漏智（無眼翳）之所緣。

（p488-1）

證此諸義，次引龍猛菩薩論云「若等」，此說現量等四，不成少分有自相義，以此為據。

　　[釋]：為證此諸無錯亂識之境義，次引龍猛菩薩所者之《迴諍論》云「若由量等義，有少法可緣，成立或破除，我無故無難。」此意謂：若由現量、比量等義，有少法自性可緣，不論是成立或是破除，我應成本宗無許自性有故我無汝所說之過難。

此說現量、比量、譬喻量、聖教量等四——通達現前分者是為現量；通達隱蔽分者是為比量；通達極隱蔽分者是聖教量，同時又可由譬喻量證成現量、比量、聖教量。此四量不成立**少分有自相義，以此為根據**。如《入中論》云：「世間皆非量」及《三摩地王經云》：「眼耳鼻非量，舌身意非量」此二皆觀待無漏智而言，無少許自性可得，如無眼翳者無少許之毛輪可見。

（p489+1）
次云「何以故如是」等者，攝前說義。次言「豈有世俗眼為有法」者，非為顯示全無世俗眼等有法。義如前說，由自相有或無錯亂現量所立色等有法，名言亦無。

　　[釋]：次 p486-2 云「**何以故？如是顛倒、不顛倒而相異故**」等者，總**攝**前面所**說**，沒有如自續派清辨論師所說的有共成有法之**義**。次 p486-1 言「**豈有世俗眼為有法**」者，即是說識體在無顛倒位之無漏智時，豈有世俗眼等為有法，然並**非是為了要顯示全無世俗眼等有法**，因為現證空性之無漏智唯見無自性，雖色等名言諸法亦於現證空性之境性中不顯現，然非破除色等諸法於名言中全無。此中之**義如前所說，由自相有**所成立之色等有法**或由無錯亂現量**（無漏智）**所立色等有法**，此**於名言亦無**。因為色等有法若由無錯亂現量所立——即非由世俗名言識所成立，則色等有法應成勝義有、自相有，故色等有法唯由世俗名言所成立。

（p489+3）
言「是故」等者，義謂無自性師與實事師安立色處為有法時，無亂現量不得極成，於二宗中無量能立極成有法，故自續因於諸敵者，不能安立無過之宗。

　　[釋]：p486-1 言「**是故**」等者，**義謂**許**無自性**之應成**師與**自續派以下之**實事**諸**師安立色處為有法時，無**錯亂之**現量**於立敵雙方**不得極成**，即是之前所談到的論式【色處有法　勝義非自生　以是有故】，此色處有法無錯亂識之現量（此於應成派許無自性為無錯亂之識現量所緣；而自續派以下則許自性有為無錯亂之識現量所緣），故無自性與有自性是正相違，此於立敵雙方不共成，故**於二宗**（應成及自續實事諸師）**中無量能立極成有法，故**成立共成有法的**自續因於諸敵者**應成宗，則**不能安立無過之宗**。此即是 p486-1 本文所說「是故宗不成過及因不成過，仍未能遣，此不成答」。

（p489+5）

若作是念，於名言中不許自性之宗，雖則如是，然我於名言，不許如是有無過宗，許有自續有法等故。於名言許有如是性不應道理，前已廣說，後亦當釋。故汝此答不應正理。

　　[釋]：**若他宗作是念，於名言中不**承**許**有**自性之**應成**宗，雖則如是**說許自性有會有無法極成的過失，**然我**自續派**於名言**中是許有自性，因為你中觀應成派**不**承**許**有自性，故才會有此過失：有法無法共成。然我自續派不**如**同汝應成派**是許**無自性，故不許如是會**有無**共成**過失之宗，**而**許有自續**之**有法**及自續之因**等故。於**如此回答：**名言許有如是**自性**不應道理，以顛倒錯亂自性有(眼翳)與無顛倒錯亂自性有(無眼翳)此二是正相違，**前已廣說**無自性之理，**後亦當**再詳細解**釋**無自性之理。**故汝**中觀自續派**此**種沒有過失的回**答是不應正理**的。

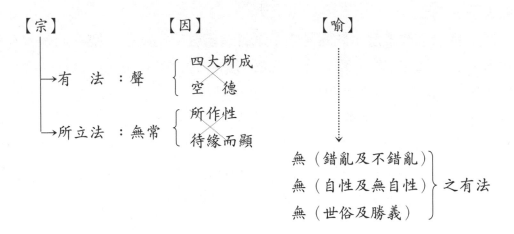

(p489+8)

第二喻不相同。《顯句論》云：「喻亦非等，於彼二者不說差別，許有總聲及總無常。如是總眼性空諸師與不空師，世俗不許，亦非勝義，故喻不同。」

　　[釋]：此科判是從前面 p486+7「第二、破執」所分出「第一、破有法共成之義」的**第二**個科判——共成有法之**喻義不相同**。此處續引月稱論師所著之**《顯句論》云**：「共成有法之**喻義亦非相等**，之前第一個科判「出計」中有論述到內道和外道勝論師，或外道勝論師對於聲顯論師在辯論時提到：聲是無常之論式，清辨論師說：若於有法加上差別所別〝空德之聲〞或〝所作之聲〞及所立法〝無常〞加上差別所別〝有因〞——先有後依因緣而顯，或〝無因〞——不須觀待後之因緣，**於彼**有法及所立法**二者不說差別**所別，**許有總聲**前陳有法**及總無常**後陳所立法，及所舉之喻來成立有法及所立法。此喻雖是正確的，然於此喻所成立之義，即是所要表達其定義，彼此立敵雙方是無法相同的，故說「喻亦非等」。**如是**不加差別所別之**總眼**自性空之**諸師**（中觀應成師）**與**自性**不空之諸師**（中觀自續派以下），他們在不加差別所別之總眼，也就是於**世俗不**承**許，亦非**安立為**勝義**，雖然所舉的例子本身沒有錯誤，可是於此處所要討論所舉例子的定義是不相同的，**故說喻不相同。」**此意謂：在討論有法之聲及所立法是否無常包括所舉之譬喻時，不用去檢查是由何量來成立，總的直接討論聲是否無常…等。

然而，在論述到〝共成之義〞時，如 p486+5 共成之義，就必須透過量來檢查所成立的量是否現起有自相如其所顯現的無錯亂或者是有錯亂。

（p489-5）
此中義者，非是顯示可有總聲，非大種造及非空德亦非所作先有緣顯，有總無常，俱非觀待不觀待因，而無實妄俱非眼等，此是立敵俱不許故。如是法喻，誰亦不能成非等故。

　　[釋]：**此中**共成之**義者**，若以量而言**非是顯示可有總聲**，**非四大種**和合所**造及非虛空**之**功德亦非所作**之聲，**亦非先有後**依**因緣**所**顯**之聲。**亦非顯示可有總無常，俱非觀待因**及**不觀待因**，**而**顯示**無有諦實虛妄俱非有此眼等**，**此種**〝**俱非**〞是內道、外道**立敵俱不**共**許故。如是**俱非的**法**及**喻**之義若存在，則**誰亦不能證成法**及**喻**之義非相**等故**。

（p489-3）
若爾云何，謂或曰大種所造之聲，或曰虛空功德之聲，不以隨一差別簡別而定有聲，立者敵者彼二宗中，皆可容有。性空諸師性不空師二者宗中，若非不亂識所成立，亦非錯亂識所成立，無量能成總眼或色。若由錯亂識所成立，敵者不成。由無錯亂識所得者，則為立者量所不成，故說其喻非可相同。

　　[釋]：**若爾云何，謂或曰**不加**四大種所造之聲**之簡別，**或曰**不加**虛空功德之聲**之簡別，**不以隨一差別簡別而定有**總相之**聲**，故**立者敵者彼二宗中，皆可容有**。然自**性空諸**應成**師**，自性不空自續…等**師二者宗中，若非不亂識所成立，亦非錯亂識所成立**，就**無有量能成立總眼或色。若**應成師許**由錯亂識所成立**之眼或色，則**敵者**自續以下諸**師不成。由**自續以下諸師許**無錯亂識所得**之眼或色**者，則為立者**應成師**量所不成，故說其喻非可相同**。

(p490+1)

無錯亂者，總謂現量緣勝義諦諸根本智。然此俱說於顯境自相無亂現量，及於著境自相無亂比量，能成有法及因三相，如此之量畢竟非有。故無亂識所得境義非是有法。

[釋]：**無錯亂者，**在中觀應成派**總謂現量緣勝義諦諸根本智。然此**自續派以下諸師**俱說於**諸根識**顯現境自相無**錯**亂之現量，及於**第六意識分別心所**著境自相無**錯**亂之比量，能成**立**有法及因三相，**識體於**如此**境自相有不錯亂**之量**以中觀應成派而言**畢竟非有。故**以此種**無錯亂識所得**自相有之**境義非是**能安立此處所說之**有法。**

(p490+3)

此言自相者，非同因明師所許有作用法。是如前說，隨於有事無事許各各自性之性，故有性師雖緣無事之比量，亦許於如是性所著之境，為無錯亂。若於彼性無錯亂識，隨於現境或於著境無有錯亂，則於真實須無錯亂，故許自宗無如斯量成有法等，非說立敵二者身中無名言量緣眼色等。

[釋]：**此言自相者，非同**於**因明師**(經部宗)**所許有作用**之**法。**因為經部宗承許有作用之法為事物的定義，且事物、自相、勝義諦皆是同義詞。然以唯識師而言，非許所有諸法皆是有自相不觀待分別心而有，如：遍計所執性。故此自性**是如前** p463-3 所**說，**「此說自性所成之相，故若非由內心增上安立，於其境上就自性門，有所成就。」及 p465+3 故聖龍樹、提婆父子及此佛護、月稱二論師之論中，「若自性有，若自體有，若自相有，若是實有。」其自性等應知如前 p463+4《四百論》及《四百論釋》所說。**隨於有事無事許各各自性之性，故有**自**性**之**師雖緣無事之比量，亦許於如是**自**性所著之境，**如其所顯現自性有**為無錯亂。**中觀應成本宗云：**若於彼**自**性無錯亂識，隨於**顯**現境或於**所**著境無有錯亂，則於真實**現證空性之根本智必**須**於其自性**無錯亂，**然於現證空性是見無自性，**故許**中觀應成派於**自宗**觀待識體而言，**無**以**如斯**自相有之**量**而來**成立有法等，**雖如是然並**非說立敵二者身中無名言量緣**或證成**眼色等。**

（p490-7）

敵者身中如前所說，無損根識所引定解，略有色等此定智境，理無違害。此若細釋，如執有芽，總有三種執取道理，一執芽實有自性，是執實有，二執芽無性如幻而有，是執妄有，三俱不執取實妄差別，唯執總有。雖尚有執芽常無常等，然若不執此三隨一，則無執取，故於此中不說彼等。

　　[釋]：**敵者**（自續派以下）**身中如前所說，無**暫時錯亂因緣所**損之根識所引定解，略有**執持**色…等**之名言識，**此定智之境，正理無能**違害。此**名言識**若細細的解釋，如執**持**有芽**之識，**總有三種執取道理：一、執芽實有自性，此是執實有**之識體——此有遍計執實有自性，此為凡夫異生。另外，俱生執實有自性此為七地菩薩以下之聖者。**二、執芽無**自性**如幻而有，此是執妄有**之識體，此種識體都是在證得空性之後才能生起執苗芽為幻有或妄有——此為聖者八地菩薩及七地菩薩以下之聖者出根本定及異生以比量證空性之力所攝持。**三、俱不執取**第一種**實**有及第二種**妄有、**幻有…等**差別，唯執總有**之識體——此為七地菩薩以下之聖者及異生，如執持苗芽、我行、我住、我坐、我臥…等。**雖尚有執芽常、無常**或執持其是否為所知…**等，然若不執此三**——執實有、執妄有、唯執總有**隨一，則無**有**執取，故於此中不討論**說彼**對於苗芽…等還有其它差別所別的執持方式。

（p490-4）

若有情身未生正見，通達諸法無自性者，唯有二執，一執總有，二執實有，不起如幻無性之執。未見諸法如幻有情，凡執為有諸分別心，說彼一切皆執實有，於一切種不應道理。於前解釋名言量時，及辨有無與性有無四差別時，已數宣說。

　　[釋]：**若有情**（除佛以外，十地菩薩以下均稱為有情）**身**相續中**未生**中觀**正見**之智慧，**通達諸法無自性者，唯有二**種**執**取，第一種是**執總有，**第二種是**執實有，不**生**起如幻無**自性**之執**——此是指執持空性之勢力消失，有第七地菩薩以下的聖者及凡夫異生。宗喀巴大師之前早期的一些論師認為：**未見諸法如幻**異生之**有情，凡執為有**之**諸分別心，**即**說彼一切**分別心**皆**是**執實有，**此種說法**於一切種不應道理。**此於前 p420+5 **解釋名言量時，及辨**名言有及全**無與**自性有及自性**無四**種**差別時，已數宣說。**

(p490-2)

若不爾者，未解無性正見之前，謂分別所設，一切名言皆是實執，如前所說，未為錯亂因緣所壞世間名言所建立義，中觀諸師於名言中所許一切，皆被正理之所違害，與大自在有無無別。此顛倒見，是證中觀義最大障礙故。

　　[釋]：**若不爾者**，如早期某些西藏學者所說，在**未**眞實**了解無**自**性**中觀應成派**正見之前，謂分別所設，一切**行、住、坐、臥…等**名言皆是實執**，如前 p435+7 **所說，未為**暫時**錯亂因緣所**損**壞**的**世間名言所建立**之**義，則中觀應成諸師於名言中所許、所建立一切**瓶…等諸法，**皆被正理之所違害**，以許理智抉擇實執所執之自性有，遮除自性有亦破壞世俗諸行之建立，如是，則**與大自在**天或**有**或**無應無差別**。以大自在天亦是由自性所成，若無自性則無大自在天，故**此顛倒**之**見，是證中觀應成派**所立之緣起空性**義最大**之**障礙故**。此是指往昔自許爲中觀應成派之學者。

(p491+2)

由彼等門邪解空性，所有相狀即先由分別所修行品眾多善行，後自妄為得正見時，見前一切皆是執相，生死繫縛。次生倒解，謂彼善行是為未得如此了義正見者說。遂於一切分別，妄見過失，由邪分別誹謗正法，現見多如支那堪布。

　　[釋]：**由彼**往昔西藏學者**等**認爲：一切分別皆是實執，此等之見皆是錯亂顛倒之**門邪解空性**，此邪解的**所有相狀即**是**先前由分別所修行品眾多善行，後自妄為得正見時**——以正確而言，本來獲得空性之見即同時能安立緣起之行品，然往昔西藏學者卻否定緣起之行品，故說其是妄得正見。此妄**見**是先**前**修行**一切眾**多善品**皆**認爲**是執相**而爲**生死**所**繫縛**，因爲都是分別心，**次生**顛**倒**之見**解，謂**修**彼善行是為**未獲得**如此了義**空性之正**見**者**而**說**，若已獲得了義空性正見，則應棄捨分別所修之一切行品。**遂於一切分別，妄見**爲**過失**而認爲沒有必要行持善品，**由此邪分別誹謗正法，現見**此顛倒見解**眾**多猶**如支那堪布**，以其亦認爲：一切分別皆是輪迴所繫縛，唯有無分別才能解脫成佛。

（p491+5）

又諸補特伽羅未得無性正見以前，不能判別唯是總有與自相有二者差別。凡是有者，即如前引《四百釋》說，遍計執為由自性有。由是因緣，於無自性執為遍無，故於性空起多攻端，謂因果等不可安立。

　　〔釋〕：又中觀自續派以下的**諸補特伽羅未得無**自性中觀應成派**正見以前**，是**不能判別唯是總有與自相有二者**之間的**差別**。因為，他們認為：**凡是有者，即如前** p420-5 **引《四百論釋》說：「**若有諸法即**遍計執為由自性有」。由是因緣，於無自性**倒**執為**一切名言**遍無**而成斷見，**故於**自性**空起多攻端，謂**若無自性則**因**果…等皆**不可安立。

三種執取：

＊世俗名言識不一定要執實，也不是所有的分別心都是錯誤的 。

（一）、執實有 { 偏計執 → 凡夫異生
　　　　　　　　俱生執 → 七地菩薩以下之聖者

（二）、執幻有 { 八地
　　　　　　　　七地菩薩以下之聖者其執無自性勢力未消失
　　　　　　　　凡夫異生比量執無自性勢力未消失

（三）、執總有 { 七地菩薩以下之聖者
　　　　　　　　凡夫異生

＊俱生執與偏計執的耽著境是一樣的。

（p491+7）

若於相續已生通達無性正見，此身可生三種執取。然生見已，乃至未失正見功力，若以正理觀察思擇自性有無，許有自性妄執實有，則暫不生，非彼不起俱生實執。以是正見通達無性，生已未失，其相續中執有芽心，非此一切皆執如幻。若不爾者，彼等心中實執現行，應不生故。

　　〔釋〕：**若於**心**相續**中**已生**起**通達無**自性之中觀應成派所建立之空**正見，此身可生**起前說**三種執取**（1、執實有。2、執幻有。3、執總有）。**然生**中觀應成派

所建立之空正見已，乃至未失此空正見之功力，若(非指一切時刻)以正理觀察思擇自性有無，執空性之勢力仍未消失，此時許有自性妄執實有之遍計及俱生之實執，則暫不生，以遍計執與俱生執之耽著境皆是自性有故，非彼一切時刻不生起分別(凡夫異生)及俱生(七地菩薩以下之聖者)實執。以是正見通達無自性，生已未失，其心相續中仍會生起執有芽之分別心及俱生執實心，非此一切時刻皆執第二種如幻。若不爾者(此是假設性)，彼等心中分別及俱生實執現行，應成不生之過患故。

(p491-4)
於名言中，許諸法有自性自相，清辨師等諸中觀師，於自宗中許自續之因者，亦因於名言許有自性自相，故於自宗安不安立自續因者，亦是至此極細所破。

[釋]：於名言中，許諸法有自性自相，清辨論師等諸中觀自續師，於自宗中承許自續之正因者，亦是因為於名言中承許有自性、自相，故中觀應成派及中觀自續派於自宗安不安立自續之正因者，亦是主要於名言安立諸法是否有自性，至此是極細所破。

中觀應成派說：若覺〝我造此業，我受此果〞…等唯名言假立猶不滿足，必須尋求彼名言假立義為一一蘊，抑諸蘊聚，抑離蘊別有者，即是推察勝義之界限。倘以彼理尋求後，覺彼所觀察之施設事有所得——自性之我者，即是堪忍正理觀察之義。

如果覺得〝唯名假立〞不夠，而一加尋求，就是〝觀察勝義〞的界限，那被觀察的事物只要是由尋求而有所得時，這被尋求的事物就叫〝堪忍觀察〞(經得起尋求)，也是堪忍觀察的界限。這樣，不問其尋求〝自性〞的程度與方式怎麼樣，不問其由尋求〝自性〞所得的東西是什麼，總而言之，於假立義〝稍有所得〞，就叫堪忍觀察，於假立義〝一事尋求〞，就叫勝義觀察。

中觀自續派說：如前中觀應成派所說之理，乃是屬於名言量的範圍，非觀察勝義之理，故許世俗是自性有。以彼尋求有所得者——自性有，亦非堪忍正理觀察之義。如是尋求，即是安立意識為補特伽羅之假立義耳。故中觀自續派

說：若覺〝諸法非由於無錯亂心顯現之力（顯現自性有）而安立〞者，此觀察〝彼法是否由其本性成立〞，乃是觀察勝義之界限。倘以彼理尋求，覺〝彼所觀察之施設事有所得〞者──不觀待無錯亂心於施設處全然而有之勝義有，乃是堪忍正理堪察之義也。

　　以理智觀察之力於定位中能遮遣「非由心力所安立之實有」，中觀應成、自續二宗雖無差別，然於後得位中，中觀自續派則許有「由自相成就之如幻性」；中觀應成派則謂：由於定中破彼實有，於後得位中，若觀更有餘物，則見唯留假名耳。此乃不共之差別。

(p491-2)
以是彼宗顯現自性無損根識，許於名言中對所現境不為錯亂。又執芽等，有如是性諸分別心，於所著境亦非錯亂。若不爾者，許彼錯亂，與實事師二宗何有極成之量。若如月稱論師所許，對實事師成立實無自性，現有自相妄現根識。若時有法已得成立即成無性，則自續因復何所為。

　　［釋］：**以是彼**中觀自續**宗於顯現自性**有**之無損根識**，承**許於名言中對**其根**識所現境**自性有**不為錯亂。又執芽**之分別心**等**，**有如是**自性**諸分別心**，**於**其所著境**之自性有**亦非錯亂。若不爾者**，如中觀應成派月稱論師**所許**，彼顯現自性有之根識及分別心於所著境自性有皆是**錯亂**，此中觀應成派**與實事師二宗何有極成之量。若如**中觀應成派**月稱論師所許，對實事師成立實無自性，現有自相**之**妄現根識**，**若時有法已得成立即成無**自**性，則自續因復有**何所**作為**。此意謂：在證成有法是無自性時，則自續之正因即成沒有作用或是不須要了。故無共成之量。

若謂於他自成即可，不須中觀與彼共成，此非自許，亦非正理。若如是者，一切因式唯就他許，是則隨順應成轉故。

[釋]：中觀應成派不承許有共成有法，而中觀自續派承許有共成有法。因此有些學者(不是清辨論師)說，若謂於他自成即可——即依他所許，不須立者中觀與彼敵者共成，此即是說：無須有共成有法。此種不許有共成有法的說法，非清辨論師自許，亦非正理。若如是如同其它學者所說，一切正因論式唯就他許，是則隨順中觀應成派而轉故符合中觀應成派的觀點。

靜命師等，許諸外境名言都無，然於名言許青等色，以識為體，同實相師，顯現青等所有根識，觀待青等是取自相義，故待青相是不錯亂。

[釋]：隨順唯識派之中觀瑜伽行自續派靜命、蓮花戒論師等，承許諸外境名言都無(隨順經部宗之中觀經部行自續派清辨論師，於名言承許自性有之外境)，雖中觀瑜伽行自續派承許諸外境名言都無，然於名言許青等色，以識為同體，此同唯識派之實相師，然所不同者，是於識體非許勝義有自性，是許世俗有自性。以其顯現青等所有根識，觀待青色…等是取自相義，如其所取、所執之行相一樣，故觀待青色之自性相是不錯亂。此中真相唯識承許持青色之眼識，如其所顯現青色而有，此中青色外境有是錯亂，但青色與識體同體性則為不錯亂，以是為習氣所顯故。又，假相唯識承許持青色之眼識，如其所顯現青色而非有。

若立眼等，不顯見事為有法時，雖彼不為現量親成，然其究竟根本能立，必至現量。是一切宗諸師共許，以諸比量，如盲相牽，故其根本能立，亦許至於現量為境。

[釋]：雖隱蔽分是須以比量而來證知，然，若唯由比量而來成立，則會有無法證成的過失，故若立眼根(此是屬於自內相續清淨之色法)等，不顯見事之隱蔽分為有法時，雖彼不為現量親證所成，也就是由比量證成，但是若唯有比量證則會成為無窮盡、無法證成的過失。然其究竟根本能立，必至現量來證成。

此是一切宗諸師共同所承許，以諸比量，如盲相牽，故其根本能立，亦須承許至於現量為境而來證成。

（p492+6）
爾時所許根本現量，或是無亂見分，或是無亂自證，復如前說，於所顯現自相之義，須於境上如現而有，是彼所許。

　　［釋］：爾時所承許之根本現量，或者說是無錯亂之見分，或者說是無錯亂之自證分，復如前所說，於其所顯現自相之義，須於境上如現而有，是彼自性師…等所承許。

（p492+8）
故彼諸師與無性中觀二宗之中，無立極成不亂現量。未至現量亦能答難，未許自性師，隨於有為無為量所成義，是須成立於諸境上有彼諸法各各實性，以諸正理能破彼義，故能立量不應道理。

　　［釋］：故彼實事或自性諸師與無自性之中觀應成師，此二宗之中，無法成立共同極成不錯亂之現量。未至此種於自性不錯亂之現量到底有否，而且不以此自性不錯亂之現量來做回答，中觀應成師亦能答他宗之問難，即未承許自性之中觀應成師，不如同自性師隨於有為無為量所成之義，是必須成立於諸境上有彼諸法各各實有自性，然以中觀應成師所許諸正理亦能破彼實有自性義，故實事師能立於自性有無錯亂之量，於中觀應成師而言，是不應道理。

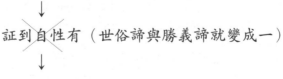

中觀應成派 ：
自性有不錯亂 → 現量証空性
　　　　　　　　　↓
　　　　証到自性有（各部派都不會同意）

自續派　　：
勝義無自性　→ 現量証空性
　　　　　　　　↓
　　　　証到自性有（世俗諦與勝義諦就變成一）
　　　　　　　　↓
　　　　世俗名言許有自性

(p492-3)

第二由此過顯因亦不成。

[釋]：**第二由此**共成之義的**過**失而來**顯示**所立之**因亦不**共**成**（參考 p485+6）。此科判是由「一、正破自續；二、自不同破之理。」之正破自續所分出。之前已經敘述清辨論師所說的「共成有法之義」無法成立的道理，依此理由，亦可證明「共成之因」也是不成立的，故說「第二由此許有共成之義的過失而來顯示其所立之因亦不成立有共成」。

(p492-3)

《顯句論》云：「即此所說所依不成宗過之理，亦當宣說其有故因不成之過。」此顯前說性空不空立敵兩宗，無量能成極成有法，故自續因中色處之有法及無自生之法，二合總宗或名所立皆悉非有。即以此理於兩宗中，亦無正量成其有故。極成之因立因不成之理，如前當知。

[釋]：《顯句論》云：「**即是此**他宗**所說所依**共成有法不極**成宗**的**過失之理**，同樣**亦當宣說其**〝**有故**〞之所立**因**（如 p487+1 色處無自性　有故）於立敵二宗有**不極成之過失**。」此處**顯示前** p489-5 所說：「如是總眼性空諸師與不空師，世俗不許，亦非勝義，故喻不同。」時所**說性空與不空立敵兩宗**，**無量能成立極成有法**，亦即無有一法是世俗不許、勝義亦不許之共成法，**故**承許**自續因中的**〝**色處**〞之有法及〝**無自性生**〞之所立**法**，此有法及所立法二者**合總名為宗或名為所立，皆悉非有**極成。**即以此理於**立、**敵兩宗中，亦無正量**共**成其所立之因**〝**有故**〞。此**極成之因**所**立因不共成之理，如前** p489+3 所說：「言「是故」等者，義謂無自性師與實事師安立色處為有法時，無亂現量不得極成，於立敵二宗中無正量能成立極成有法，故自續因於諸敵者（應成派），不能安立無過之宗。」及 p490+2「然中觀自續派以下，此俱說於諸根識顯境自相無錯亂現量，及於第六意識之分別心所著境自相無錯亂比量，能成有法及因三相，如此之量在中觀應成派而言，畢竟非有。」亦**當**了**知。**

(p493+1)

《顯句論》云：「如是彼過如所說義，此分別師自己許故。如何許耶，謂他安立諸內六處，唯有能生因等，如來如是說故。凡如來說，即應如是，如說涅槃寂靜，此於他之能立，舉過難云，汝所許因為於世俗如來說耶，於勝義如來說耶。若於世俗，則其因義於自不成。」

[釋]：《顯句論》云：「如是彼**共成有法之過**，**如**其**所說**之**義**，此可參考 p486+8《顯句論》云：「此之前 p486+5「共成有法之義」非如是應理，若許破生（自生或他生）為所立法——無自性之生，爾時真實勝義所依諸內根處或諸外色…等有法，唯是顛倒錯亂所得我事，如何極成呢？故此極成有法悉皆失壞，是此清辨論師自觀察後所必須承許，應成本宗認為：倒（如執持青色之眼識顯現自性有）與非倒（如證空性之智慧）此二互相異直接相違故。由**此分別師**（清辨論師）**自己**不得不承**許故**。清辨論師**如何**承**許耶**，謂他諸實事師**安立**前陳有法——**諸內六處**，所立法——**唯有**（諦實有）**能生因等**，此所立因——**如來如是說故**。亦即**凡如來**所**說**，**即應如是**正確無誤，譬如佛所說四法印中之**涅槃寂靜**，因此清辨論師對**於他**實事師**之能立之因**——**如來如是說故**，**舉**其**過**失而問**難云**，汝實事師**所許**之所立**因是為於世俗如來說耶**？或**是於勝義如來說耶**？**若**實事師答**云**：**於世俗**如來所**說**，**則其**能立之**因義於**實事師**自不成**立。」

(p493+4)

又云，「若於勝義，則彼所立能立不極成故，因犯不成及相違過。如是此師，自以此理許因不成，故凡立實事法為因，一切比量因等於自皆不成，故一切能立自皆破壞。」

[釋]：《顯句論》**又云**，「**若於勝義**如來說，**則彼所立能立**之**因**於自續派**不極成故**，由此可知於**因犯不**能**共成及相違**之**過**失。**如是此**清辨論**師**，**自以此**勝義無自性之**理許**其**所立因**（勝義如來說）**不極成**，**故**月稱論師認為：**凡立實事法為**所立**因**，**一切**所成**比量**之**因等**，**於**清辨論師**自皆不**得**成**，**故一切**所立**能立之因自皆破壞**。即無極成共許之因。」

（p493+6）

釋此義中，有諸自許隨月稱行者，作如是說，《分別熾然論》等立量說云，地於勝義非堅硬性，是大種故，如風。若於勝義立大種故，自所不成。若於世俗立大種故，於實事師敵者不成。若不由此立因不成，則說由此二門不成，則因遍不成自許相違。

[釋]：宗喀巴大師解釋此《顯句論》之涵義中，有諸學者自許爲隨順月稱論師之行者，作如是說，清辨論師於其所著之《分別熾然論》等立量論說云，地有法於勝義非堅硬性，因爲是大種故，如風。假若清辨論師於勝義立大種之因故，則於自所不成立。假若於世俗立大種爲因故，則於實事師敵者不成立。若此大種不由此勝義、世俗成立之所立因會有不共成的過失，則又說由此勝義、世俗二門簡擇，若不由此二門成立，則因的周遍有不成立的過失，因爲凡是所立因定周遍所立法，故會有與自許相違的過失。以世俗與勝義體性雖異，然不相違害且是相輔相成，譬如：諸法自性空，緣起故。若無緣起，亦無法成立自性空。故緣起之體性與自性空之體性雖是相異，然不相違害。

（p493-6）

又有說云，立唯大種，以理智未成而破。以此理破，全非論意，清辯論師非如是許。故於兩派，俱成倒說。

[釋]：又有學者說云，立唯大種無勝義、世俗之差別，以空性之理智未能證成而破。本宗（宗喀巴大師）說：以此二學者所說之理而來破除，因爲此二學者所說全非《顯句論》之意，且清辯論師亦非如是承許。此中第一個學者所說的錯誤，是因爲清辨論師於所立之因〝大種〞並不會有勝義或世俗的簡別，故此學者以假設性來推測清辯論師之意，是沒有義意的。因爲清辯論師於所立因之大種，不會取差別所別之相。又第二個學者所說的錯誤，是因爲清辨論師不會承許證空性的理智可證成大種，以清辯論師不許勝義有。故對於月稱論師於《顯句論》中解釋清辨論師所說的涵義，這兩派學者的解釋，俱成倒說。

（p493-5）

若爾云何，其「如所說義，此分別師自己許」文，如前說者，謂前所說有法不成及因亦立其不成，以前論無間說彼文故。

　　［釋］：若爾云何理解，其 p493+1《顯句論》中云：「如所說義，此分別師（清辨論師）自己不得不承許」之文義，此如前 p486-6《顯句論》中所說：「此共成之義非如是成立，因為若許破自生或他生為所立法，即無自性之生，爾時真實勝義所依諸內根處、或諸外色…等之有法，唯是顛倒錯亂所得之我事如何極成？故極成有法悉皆失壞是此清辨論師自己必須承許，因為倒與非倒是互相異、相違故。」者，意謂：前所說有法不極成及 p492-3 共成有法之所立因亦安立其不共成，以識體量成而言，若不是〝錯亂〞就是〝不錯亂〞，故無非錯亂亦非不錯亂。所以前面 p492-3《顯句論》無間於 p493+1 說彼文義故。即是「如是彼過如所說義，此分別師自己許故」。

（p493-3）

義謂成立有法及因所有現量，不出二類，謂錯不錯亂。若以錯亂識所得義立為因等，於實事師不能極成。若以無亂識所得義立為因等，自量不成。故自續因及有法等，前已宣說不極成者，是「如所說義。」之義顯由此門立為不成。

　　［釋］：此文義謂成立有法及因所有現量，不出二類，謂錯亂及不錯亂。若以勝義是錯亂識所得義而立為因等，則於實事師不能極成。若以勝義是無錯亂識所得之義立為因等，則中觀應成派自所許之量不能成立。故自續因及有法等，前 p489-1「若應成師說：自相有是由錯亂識所成立，則於敵者（自續師以下）不能成立。若由自續師以下說：自相有是無錯亂識所得者，則為立者（應成師）量所不能成立。」由此已宣說不極成者，故是 p493+1《顯句論》文中「如所說義。」之義即是清辯論師所許共成之義而來顯示由此門立為不共成。

（p493-1）

清辯論師如何許者，謂於如來如是說故，由二諦門而為推察。有說此義，謂徵難云如來是說世俗說故立為因耶，勝義說故立為因耶，全非論義。如前自立有法，謂不可加實妄差別，若異此者，便有立敵隨一不成，於因喻等亦許如是。於斯粗顯似破之理，巧慧圓滿，若此論師豈容錯誤。

[釋]：由此而來說明不共成之因。**清辯論師如何**承**許者，謂於如來如是說故，由勝義、世俗二諦之門而為推察。**然有學者**說此清辯論師所說的推察之義，謂徵難云：「如來如是說，是以如來世俗說故所成立為因耶？是以如來勝義說故所成立為因耶？**本宗**說：此學者所說之諍難並不是清辨論師之意，**故全非論義。如前** p485-4「是故以彼**為因取總的所立法及有法**，如是**此中亦捨差別，唯取總相之有法。」自安立有法，謂不可加實妄之差別，若異於此**唯取總相之有法者，便有立或敵者隨一不共成的過失，同理，於因及喻等亦許如是**不能異於此唯取總相之有法。**於如斯粗顯相似能破之理，對於巧慧圓滿**之清辨論師來說，**若是此巧慧圓滿**之清辨**論師豈容**有此種錯誤產生。

(p494+3)

故是問云：「如來說故」彼因之義二諦為何，若是世俗自不許爾，於自不成。若是勝義，我於勝義，破果從其有因無因及二俱生，故我不成。不許俱非二諦義故，無須明破。

[釋]：**故是**清辯論師應徵**問云：「如來所說故」彼因之涵義於二諦**中為何？若是世俗如來說，則於實事師自不承**許爾，故於自不成。若是勝義**如來說，則**我**清辨論師**於勝義，以是破果從其有因、無因、及二俱**(俱有、俱無)之生，故此勝義所成之因於我清辯論師不成立。又不許俱非二諦之義故，**因為沒有一物既非勝義亦非世俗，亦無一法於識體以量來成立時，既是錯亂亦是不錯亂，由此即可了知亦無任一宗派會如是承許，**故無須**舉出來**明破。**

(p494+5)

今自立云，是大種故。亦當如 前反詰彼云，彼因大種，二諦為何，若問「二諦大種立何為因，」是全未解立者之意。

[釋]：**今自所立云：「是大種故」。亦當如前所說反詰問彼云：「彼所立因之大種，於二諦中為何？」。若以差別所別而來徵問：「二諦中大種立何為因，」**此如 p494+1「如來是說世俗說故立為因耶，勝義說故立為因耶。」**是全未解立者**(清辯論師)**之意。**

(p494+6)

如是詰問二諦為何，若是勝義雖自不成，然是世俗云何可說於他不成。若不爾者，立諸內處為有法時，世俗有故，亦應敵者不極成故。

[釋]：**如是**以差別所別而來**詰問於二諦**中**為何，若是勝義雖**於自續派自宗**不成立，然是世俗云何可說於敵者**(實事師)**他不成立。若不爾**(若不是詰問於二諦中為何)**者，**若**立諸內處為有法時**，中觀自續派是承許**世俗有故**，然此世俗有**亦應於敵者**(實事師)**不極成故。**

(p494-6)

若爾如所說過，清辯論師為如何許，以二諦理推求他因耶。茲當宣說，此論師意以無錯亂識所得，名為勝義。以錯亂識所得名為世俗。問云：「二諦為何」，與問二識何者所得，同一扼要。以所立因義，俱非真俗因即不成，與所立因義俱非錯不錯亂二識所得，因亦不成二理相等，故說是此自許，非親許也。

[釋]：**若爾如**上**所說之過**失，此如 p493+4「若於勝義如來說，則彼所立能立之因於自續派不極成故，於因犯不能成立及相違之過失。如是此清辨論師承許勝義無自性之理來許其因不極成。」如是**清辯論師為如何**承**許，**及**以二諦理推求他因耶**？茲當宣說前《顯句論》之涵義，**此**《顯句論》月稱論**師之意是：以無錯亂識所得，名為勝義，**此如 p490+1「無錯亂者，在中觀應成派總謂現量緣勝義諦諸根本智。」；**以錯亂識所得名為世俗。**故徵**問云：「二諦為何？」，與問二識何者所得，同一扼要。**也就是，無錯亂識所得與勝義諦同一扼要；錯亂識所得與世俗亦是同一扼要。**以所立因**之涵**義，**若**俱非真**(勝義)**及世俗所立**因即不成**立，**與所立因**之涵**義俱非錯、不錯亂二識所得，**此**因亦不成**立，此**二**之**理相等，**也就是，俱非勝義及世俗所立因即不成立的道理，以及俱非錯、不錯亂二識所得，此因亦不成立的道理是相等的。**故說是此**清辨論師**自許，**此自許之理如 p493+1《顯句論》云：「如是彼過如所說義，此分別師自己許故。」此分別師即是指清辨論師亦**非**直接**親許也。**也就是，清辨論師不會直接承許某一法既非勝義諦亦非世俗諦。如：以瓶而言，清辨論師也不會承許此法既非勝義諦亦非世俗諦。同理，清辨論師也不會承許既非錯亂識亦非不錯亂識。

(p494-3)

次說「故立實事法為因」別說實法，清辯論師自立因中，有是無錯亂現量親成，及有以無錯現量為究竟能立，然此論師正為破彼。如前引說中觀師不許他宗，謂理不應許自相之義，為證此故，引「若由現等義」等文，說無能量自相之量，是對執清辯論師一方而成立故。

　　[釋]：次說「故立實事法為因」別說實事法，此如 p493+5「故月稱論師認為：凡立實事法為因，一切所成比量之因等，於清辨論師自皆不得成，故一切所立能立之因自皆破壞。」故清辯論師於自立因之中，有些是無錯亂現量親自所證成，及有些是沒有辦法直接以無錯亂的現量證成，但最後仍以無錯亂現量為究竟之能立，此如 p492+5「雖彼不為現量親成，然其究竟根本能立，必至現量。是一切宗諸師共許。」雖如是，然此月稱論師正為破彼清辨論師所說：「以無錯亂現量親成」。因為月稱論師認為：以無錯亂現量唯有親證空性才能成立。此如前 p486-4 此無顛倒心，不會妄增益非真實自性有之事，爾時由何而為世俗顛倒錯亂於自性有，此非有自性之義，豈有少分自性有（毛輪）是其無顛倒錯亂心（無漏智）之所緣。引說中觀應成師不許他宗，謂理不應許自相之義，此如 p490+2 然此自續派以下諸師俱說於諸根識顯現境自相無錯亂之現量，及於第六意識分別心所著境自相無錯亂之比量，能成立有法及因三相，如此之量以中觀應成派而言畢竟非有。故以此種無錯亂識所得之境義非是能安立此處所說之共成有法。為證此義故，引「若由現等義」等文，此於 p486-3 龍樹阿闍黎於 p473+3《迴諍論》云：『若由現量比量等所緣之義，有自性有之少法可緣，應成自性有之能立或能破，此皆會有過失，然我無許自性有故我無汝所說之過難。』何以故？如是顛倒與不顛倒而相異（直接相違）故，在無顛倒位時（無漏智）其世俗顛倒錯亂自性有之事，皆非顯現為有故。識體於無顛倒位時豈有世俗眼顛倒之事為有法，是故清辨論師所說共成有法之宗有不成立之過失及共成有法之所立因亦有不成立之過失。由此而說無能量自相之量，此是針對執持清辯論師一方之見而成立故。

自續派以下立敵雙方在討論的時候，所出的論式當中的有法、因、喻，
必須在雙方共成之下，會有不極成的過失，而應成自宗沒有不極成的過失。

自續以下 ：

> 共許量成 → 於識體量到自性有不欺誑

應成自宗 ：

> 共許量成 → 於顯現境不欺誑
>
> 　　　　　非於識體量到自性有不欺誑。
>
> 依他所許 → 於顯現境不欺誑 → 共許之量
>
> 　　　　　　　　　　　　　　　　　↓
>
> 　　　　　　　　　　　　　　非在識體之量
>
> 故依他所許而言共許 → 於顯現境言共許。
>
> 以識體不欺誑 → 唯於現量証空性。

（p495+2）

**第二自不同過。若謂於他比量，說有有法及因不成等過。於自比量，豈非亦
轉，是故於他不應徵難。答云，他有彼過，是因他許自續比量，我等不許自續
比量，故無彼過。此中比量是說論式。若許自續，則立自相之量先須立敵極
成，次以彼量立敵二家成立三相再成所立。若無彼量，則有法等皆不得成。**

　　[釋]：前正破自續已解釋竟。接下來解釋**第二、自不同過**。此可參考 p485+5
科判「今於此中略顯宗要。此中分二，一　正破自續，二　自不同破之理。」有
學者反問本宗：**若謂於他比量**（他宗所出的論式），**說有**共成**有法及**共成之**因**喻會
有**不成立**等**過**失。同理，**於自比量**（自宗所出的論式），**豈非亦**有同樣的過失會
於自宗而**轉**嗎？**是故於他**宗**不應**該以此方法而來**徵難**。

應成本宗答云：他宗有彼不共成之過失，是因他宗承許自續比量，我應成本宗等不許自續比量，故無有彼(他宗)不共成之過失。又，〝自續〞即是自相、自性、自體之義。此中比量就是說論式或是說能立言(參考 p473-1 如：聲無常，所作性故，如瓶)。若承許自續，則立自相之量先須於立敵雙方共同極成，次以彼自相之量立敵二家成立三相之後再成立正因論式所立之宗。若無此自相之彼量，則論式之有法及因喻等皆不得成立。

(p495+5)

若不許自續，則依實事師他自所許彼量而成，於自不須以彼量成故。諸論中所說比量，亦皆唯為破除他宗是他許比量，非自續量。如《中論》第三品云：「此見有自體，於自不能見，若不能自見，云何能見他。」如以不能自見為因，成立眼等不能見他，自許此因宗之見他無性中觀師亦許，此等量式名他比量。

[釋]：若自宗不許自續，則依許自相有之實事師他自所許彼自相之量而成，然於自宗不須以彼自相之量成立故。中觀應成派於諸論中所說比量之論式，亦皆唯為破除他宗是破他宗許自相之比量，故說依他所許為共許之量成，然非自宗承許自續之量，以自宗不承許自相為量故。如《中論》第三品云：「此眼雖見有自相體之色等他法，然於自不能見，若許自體有又不能自見，云何能見色等他法。以自相有即是不觀待他法故。」此論意是說，如以他所許不能自見為因，而來成立眼等亦不能見色等他法，如論式：【眼等不見自相成立之色等他法，以是不能見自故】此以實事師自許此因——眼等不見自，而來成立眼不能見自相之色等他法。宗之眼見色等他法，此無自性之中觀應成師亦皆承許，然此等依他所許自相之量式名他許比量。

(p495-6)

《顯句論》云：「我等不用自續比量，以諸比量唯破他宗而為果故。」此許立論皆非自續，及許唯為破除他宗，故非全不立論。

[釋]：《顯句論》云：「我等中觀應成宗不用、不許自續比量，唯以他宗所許諸自續比量唯破他宗令其棄捨自相之執而為果故。」此中論師所說承許所立論式皆非是自續之因或自續之論式，及許唯為破除他宗所許自相所成之量式，故中觀應成宗或月稱論師非說全不立論，是立非自相所成之論式。

(p495-4)

安立論式破他宗者，如彼又云：「謂他分別眼是能見，彼亦許眼是不自見法，若無見他法，則許不生。是故破云，若彼彼法不能見自，則彼彼法不能見他，譬如瓶等。眼亦不能見自，故此亦不見他。故不見自，而見青等相違之他，違自比量，是以他已成比量而為破除。」在敵者名自許，觀待立者諸中觀師名曰他許，二同一義，立他許量破除邪執，極為切要，故當細說。言「他已成」者，非謂有法眼同喻瓶不自見因，及所立法不見青等，自宗不許，唯是他宗，故因三相名唯他成。

[釋]：此中觀應成派安立量式破他宗者，如彼《顯句論》又云：「謂他分別實事師許眼是能見，彼亦許眼是不自見之法，若無見自性有之他法，則許他法不生，即是他法不存在。是故中觀應成本宗破實事師云：若彼眼識之彼法不能見自之自性，則彼眼識之彼法亦不能見自性有之色等他法，譬如瓶無見境之作用等。眼亦不能見自之自性，故此眼亦不見自性有之色等他法。故若共許不能見自，而能見青色等相違自性有之他法，則違自許比量，此是以他已成、他所許，見自性有之色等他法之比量而為破除以眼不能自見為因。」此論式（眼能見自性有之色等他法）在敵者而言是名為自許，但觀待立者諸中觀應成師名曰他許，此二者是同一義（皆是同一個論式），故宗大師說，此《顯句論》所立他許比量破除他所許之邪執，極為切要，故當細說。《顯句論》中所言「他已成之比量」者，非謂應成本宗對於 (1)有法之眼等 (2)同喻之瓶 (3)不自見之因，及 (4)所立法見、不見青等，此四種應成自宗皆不承許（亦即應成本宗也承許），而說：「唯是他宗所承許，應成本宗不承許」，故說正因論式之三相名唯有他成。也就是，此四種以他宗而言是承許自性有，此於應成本宗亦承許，因為是依他所許。以應成本宗依他所許之量成，是許於顯現境不欺誑，故此四種於他宗許自性有，應成本宗亦如是承許，因為是依他所許，故無不共許之過失。

(p496+2)

若爾云何，彼等自宗亦許，然能成立彼等之量，若量自性所量雖於名言自宗亦無。諸有性師成立彼時，定須彼量乃能成立，故無兩宗極成之量而量自性。故非共許，唯名他許或唯他成。

[釋]：若爾前說不許自相之量式，然又說有共許，此道理的內涵云何，彼(1)有法之眼等　(2)同喻之瓶(3)不自見之因，及　(4)所立法見、不見青等四種正因論式之三相，應成自宗亦承許，然能成立彼等正因論式之量，若觀待識體而言，能量自性之所量雖於名言應成自宗亦無。以自相有於應成本宗而言是屬於勝義理智觀察的範圍，非是由世俗名言所成立。然諸有自性師成立彼正因論式時，觀待識體而言，定須彼量自性所量乃能成立，以此自性是世俗所成立的範圍，故中觀應成師與自性師以識體而言，無兩宗極成之量而量自性。以世俗皆是錯亂顛倒，而勝義是非錯亂顛倒，故非二宗共許。因此於顯現境自相不欺誑為量而來說唯名他許或唯他成。進一步來說，即是依他宗所許之論式而來破除他宗心續中之邪執。

(p496+4)

若於名言亦無彼量，則由彼所成，應如增益自性，為正理所害，則依彼等，云何能得中觀正見。若所依理為量所害，而能獲得無謬正見，一切邪宗亦當得故。

　　[釋]：有學者提出疑難：若汝應成派觀待識體以勝義理智觀察而言，於名言中亦無彼自性有之量，則又說由彼(他許)所成，則應如同所增益之自性，就應該成為正理所違害，如是，則依彼顛倒錯亂識等，即是依他所許之論式，云何能得中觀應成正見。若依他所許之論式所依之理為量所害之顛倒錯亂識，而又能獲得此無錯謬之中觀應成正見，則一切邪宗亦當得此正見故。

(p496+6)

謂彼敵者，許眼有法不自見因，如瓶之喻，並所立法不見青等，此執之境，自宗亦於名言許有。故以正理非能害彼。

　　[釋]：謂彼自性師之敵者，承許眼之有法不自見之因，如瓶之喻，並所立法不見青等，此四種有法、因、喻及所立法的所執之境，於應成自宗不承許自性有，然此四種亦於名言中許有。故以正理非能害彼名言有。

（p496+7）

然由敵者未辨彼等有與有性二者差別，故執彼等由量自性所量之量所成立。

　　［釋］：**然由**承許自性有之**敵者未辨彼**有法、因、喻及所立法**等**四種，**有**（名言有）**與有**自**性二者之差別**，因為他們認為〝有〞（名言有）即是〝自性有〞，**故執彼**有法、因、喻及所立法**等**有或存在，即是要**由量**到**自性所量之量所**能**成立**。

（p496-6）

於彼執境正理違害，豈以正理破他身中無損名言諸識所成。

　　［釋］：雖**於彼**自性師之敵者所**執**自性有之**境**是為**正理違害，豈以正理**能**破**自性師之敵者**他身中**一般**無**正理所**損名言諸識之所成**。此名言諸識，從凡夫異生乃至於佛任一補特伽羅身中皆有，此有亦非自性有。

（p496-6）

故自他宗未能共許能量自性所量之量，故非自續所能成立，唯當顯他自許相違。

　　［釋］：**故**中觀應成**自宗與他**自性有之**宗未能**有**共許能量自性所量之量，故非**由**自續**之因**所能成立**共許之義，**故唯**依他宗所許自性有之下**當顯他**宗**自許相違**。故此即是應成本宗所說依他所許。

（p496-5）

此如前立他許量式，眼有法上不能自見之因，於名言可有。其有自性能見青等，於有法上名言亦無，故前能破後。

　　［釋］：**此如前** p495+6《中論》第三品云：「此見有自體，於自不能見，若不能自見，云何能見他。」而來立**他許量式**，前──**眼有法上不能自見之因，於名言可有**。後──**其有自性能見青等，於有法上名言亦無，故前**眼有法上不能自見之因，於名言可有。**能破後**其有自性能見青等，此於有法上名言亦無。

(p496-4)

若於眼上因及所破，有則俱有，無則俱無，彼二豈成能破所破。

　　[釋]：然《中論》第三品云：「若不能自見，云何能見他。」此論式即【眼有法　應該成為不能見他　以不能見自故】。反之**若於眼上之因**——眼能見自，**及所破**——指能見自性存在的青色。故若他宗承許眼睛若**有則**定**俱有**自性有——有則俱有，若「**無法見到自性有的青色**」則「**眼睛無法見自就無法成立**」而應該成為**俱無**——無則俱無，故**彼**眼不能見自之因（他宗須許見自性有之色），以及所要破能見到自性有存在的青色，此**二豈能成**為相順之**能破**（眼不能見自）、**所破**（許見自性有之色）呢？此二若要成為相順之能破、所破，則必須安立眼不能見自而能見無自性有之色。若安立見自性有之色等，以自性有即是不觀待他法，故若許眼不自見，則亦不能見他。

(p496-3)

故他許論式之有法及法因等須名言有，非唯由他許有便足，眼等有法他已許有，中觀論師何須更成。若強抵賴謂我不成，更當成者，是則全無不賴之事，與此辯論徒勞無果，誰有智者與斯對論。

　　[釋]：**故此依他許論式之有法及**所立**法、因、喻等**四種，**須於**自宗及他宗之心續中**名言有，非唯由他**宗承**許有便足，然眼等有法他**宗已承**許有**（從凡夫異生乃至於佛皆許有），**中觀應成論師何須更成**立，然若有即是自性有的話，則依他所許而來破除自性有，非破名言有，亦即共許名言有。**若**誤解依他所許而**強抵賴謂我**全**不成立論式，更當**全是依他所許而**有所成立者，即是**自全無所許，若有所許唯是依他所許，此說**則全無不抵賴之事，與此**種人**辯論徒勞無果，誰有智者**如何會**與斯**抵賴之人而相**對辯論**呢？

(p497+1)

此又有說，若由他許眼不自見及見青等有自性體，顯示相違，其相違義由何而知。

　　[釋]：到**此又有**他宗問難**說，若由他**宗承**許眼不自見及見青**色…**等有自性體，**來**顯示**眼不自見及見青色…等有自性體，此二者是**相違，其相違**之**義由何而**來了**知**。

正法解行林

（p497+1）

若相違義由量成者，須兩極成，則不應說是他所許。

　　[釋]：若汝應成宗認為：眼不自見及見青色…等有自性體，此二者是**相違之義**而又是**由量成者**，以共成之義須由量成，就必**須**是立敵**兩者**共同**極成**，**則**汝應成宗**不應該說是**唯由**他所許**的論式來證成。因為，汝應成自宗亦承許。

（p497+2）

若由他許立相違者，則他自許不能自見及能見他，二不相違，故以他許而立相違不應道理。

　　[釋]：假**若**於自宗非量成、無共許，而**由他**所**許**來成立立敵**相違者**，**則由他自**所**許**不能自見及能見他，此二者於敵者他宗是**不相違**，**故**汝應成宗**以**他宗所**許**不相違**而來**成立相違**，是**不應道理**。

（p497+3）

若由自許立相違者，太為過失。以於敵者云何可說，汝許此義不相違者不應正理，我等說此犯相違故。

　　[釋]：**若**唯由汝自宗所**許**而來成立他宗所許**相違者**，**太為過失**。以汝對於**敵者云何可說**，**汝**（指敵者他宗）**許此**眼不自見及見青色…等有自性體，此二者之**義不相違者**，亦即問難敵者他宗所說：「(1)眼不自見(2)能見自體性之青色，此二不相違。」為不正確。進一步再問，為何不正確呢？因為，我認為不正確！此種問難是**不應正理**，**故我等**應成本宗**說此**唯由汝自宗所許而來成立他宗所許相違者，是**犯相違**之**過故**。

（p497+4）

此過非有。若不自見而有自性，犯相違過是由量成，非唯他許而為安立。

　　[釋]：應成本宗說：**此**種問難的**過失非有**。若不自見而又能見他方**有自性**，此二者**犯相違之過失**，此種相違之過失**是由量**所**成立**，**非唯他許**或自許**而為安立**。

(p497+5)

若爾，於他顯示彼量，令其了知相違便足，何須依止他所許耶。

　　[釋]：他宗又問難云：若爾，於他宗以眼不能自見的這一點直接顯示彼所成立之量——眼不自見而能見青色…等有自性體，而來令其了知此二者是相違便足，何須先許依止他宗所承許耶？

(p497+6)

於實事師成立相違之量，須待彼許量自性所量乃能成立。若彼亦無唯由自許，如何於彼能成相違。

　　[釋]：應成自宗答云：此依他所許於實事師要成立其相違之量，必須觀待彼所許量到自性之所量乃能成立其相違。若彼亦無此量到自性之所量，唯由應成自宗所許，如何於彼他宗所立之量能成相違呢？

(p497+7)

若他已許所量無性及立能量無相違過，則由彼量成立相違他已獲得通達諸法無性正見，何須更成，若不自見見有自性而為相違。故欲通達月稱師宗，當於彼等審細觀察而求定解。

　　[釋]：應成自宗又答云：若他宗已承許所量無自性及成立能量亦無自性，此無相違之過，則由彼無自性之量而來成立眼不自見而能見青色…等他方有自性之體，此二者相違，然此時他宗已獲得通達諸法無自性中觀應成之正見，何須又更成立，若不自見而見有色之自性而為相違呢？故欲通達月稱師之宗，當於彼月稱論師所造之論著等審細觀察而求定解。

(p497-5)

若爾云何依他自許，顯示若不自見定無見他性耶。若《佛護論》說，「譬如有水見地滋潤，由有火故見水溫熱，由有蔻花見衣香馥，共見定須水等三上有潤等三，汝亦自許，如是諸法若有自性，自性於自理當先有，次於餘法乃見有彼。若先於自不見有者，云何於餘而見有彼。如於蔻花不見惡香，於彼香衣亦無惡臭。」此就敵者自許正理，隨有逆無先令決定。

[釋]：又問：若爾云何依他宗自所承許，而來顯示：「若眼不能自見則定無法見到他方之自性」耶。應成本宗答：此若如《佛護論》所說：「不加勝義簡別而以世俗之理而言，譬如俱有水溼潤之特性才能見地滋潤，同理，由俱有火燒熱之特性故才能見水溫熱，由俱有蔻花香之特性才能見衣香馥，共同之見定須水、火、蔻花等三上有滋潤、燒熱、香等三特性，此喻汝(他宗)亦自許，如是諸法若有自性，此自性於自理應當先有，次於餘法乃見有彼自性或特性。若先於自不見有自性或特性者，云何於餘而見有彼自性或特性。如於蔻花不見惡香(眼不自見)，於彼蔻花香馥之衣亦無惡臭(亦不見他)。」此就敵者自所承許之正理，隨有——蔻花有香之特性…等三，才能見衣香馥…等三，逆無——蔻花自無惡香之特性…等三，於彼香衣亦無惡臭…等三，先令決定。

(p497-1)
次合法時，「是故於眼若有見性先於自見，次色等合而見色等乃應正理。然由彼眼不見自故亦不見他。」《四百論》亦云：「若法有自性，先當於自顯，是則眼於眼，何故而不取。」

　　[釋]：次結合法喻時，「是故於眼若有見他方有自性，先應於眼能自見，次於色等會合而見色等諸法有自性，此乃應正理。然由彼眼不見自，故亦不見自性有之他方。」同理，於《四百論》亦云：「若法有自性，先應當於自顯現，是則眼於眼，何故而不取(不見)。」

立敵雙方於討論或辯論時，各自所依的有法、因及喻，必須是雙方所共許的。

自續派清辨論師認為：
所謂的共成之義，是敵者以何量成立，則於立者亦以彼量成立。

中觀應成派的月稱論師則認為：
以自續派及實事師所承許的量之不欺誑是於自性有不欺誑，此是無法有共成之義的。

有學者反問中觀應成本宗：
若說於他比量有共成有法及因喻會有不共成等過失，於汝應成自宗所自許之比量也同樣會有不共成的過失啊！

中觀應成本宗回答：
他宗會有不共成等過失是因為他宗許自續比量，但我應成自宗不許自續比量，僅依他宗所許而說共許。

如敵者出論式【眼能見自性之色等諸法】，
此在中觀自續派承許此論式──自許，在敵者為他許。
此在中觀應成派承許此論式──他許，在敵者為自許。
以此來說明：自續派以下所說的共成之義是無法成立的。然，以中觀應成派
　　　　　　來講是可以成立的。

　故，依敵者所出的論式【眼能見自性之色等諸法】，在中觀應成派承許此論式是依他所許，故說他許，在敵者來講是自許。故，我應成自宗無此學所問難的過失。

(p498+3)

若謂如火不自燒而能燒他，如是眼不自見而能見他亦無相違。非是總破火能燒木，眼能見色，是破眼有見他之性。

　　[釋]：若實事師破救舉例謂：**如火不自燒而能燒他**，因為喻亦是證成宗法之因，**如是**舉例而來證成**眼不自見而能見他亦無**汝中觀應成師所說**相違**之過。中觀應成本宗回答：我對汝實事師所提出的問難並**非是**於名言**總破火能燒木，眼能見色**，而**是破眼有見他之**自**性**簡別，故並不是於名言總破眼能見色。

(p498+4)

若如是者，須以火有燒木自性而為同喻，爾時引喻等同所立，不應道理。

　　[釋]：中觀應成本宗又云：**若如**汝實事師作**是說者，須以火有燒木之自性而**作**為**相同之譬喻而來證成〝眼不自見而能見他〞。然，自宗所要破的是〝眼有見他之自性〞，故若眼有見他之自性則應先能自見，然眼能自見是不合理的，汝實事師亦承許眼不能自見。同理，依汝實事師所舉之例說〝火有燒木之自性〞，如是，若火有燒木之自性則應先能自燒，然火能自燒亦不合理。同樣汝實事師亦承許火不自燒。故說**爾時**汝實事師所**引**〝火不自燒而能燒他〞是於自性有之譬喻，則**等同所立**之〝眼不自見而能見自性有之他〞，因為，所舉之譬喻本是證成宗法之因，若此因仍須再以因而來證成此喻，則會有能立等同所立的過失，故皆**不應道理。**

(p498+5)

謂火與木若有自性，自性不出或一或異。二者為何，若是一者火當自燒，復云何成火是能燒木是所燒。若能成者，今我翻云，火是所燒木是能燒，當如何答。

　　[釋]：中觀應成本宗又云：**謂火與木若有自性**，此火與木二者之**自性不出或一或異**。此自性一或自性異**二者為何**？**若是**自性**一者，火應當**會成為**自燒**之過患，或一切時處之木皆應有火之過失，以火與木是自性一故。**復云**：一般世間名言安立火為能燒，木為所燒，此火與木若是自性一，**如何能成為火是能燒木是所燒**呢？因為火要觀待所燒之木才能成為能燒。若許有自性，則火本身應能自燒，如是又何必觀待所燒之木呢？

然，若以世間名言而言，無所燒之木則定無能燒之火，如此要如何安立能燒及所燒呢？且火又怎麼會有自性呢？因為要觀待木，無木則無火。**若汝實事師又說：能成立能燒及所燒者，今我應成自宗翻問云，火是所燒木是能燒**，因為火與木是自性一則應無差別，那麼，汝實事師應**當如何**作回答呢？

（p498+6）

若性異者，則無木時火當可得，如無馬時可得其牛。《四百論》云：「火即燒熱性，非熱何能燒，是故薪非有，除彼火亦無。」

　　［釋］：一般而言，火與木二者是一種屬於〝無木則不生火〞之相屬關係，亦即〝若一者(木)無，則另一者(火)亦無〞之關係。又，**若承許自性異者，則火**與木二者應成為毫無關係之法類，若是毫無關係之法類，則**無木時火亦應當**有自燒**可得**，就**如**同馬與牛二者是毫無關係之法類，**無馬時**亦應**可得其牛**，以牛不須觀待馬而成立，因為你承許有自性故。如**《四百論》云：「火即是燒熱之體性，非**有燒**熱**之體性云**何能燒？是故薪非有**燒熱之體性，故云何能說與火是自性有之體性一呢？然**除**去木之所燒，則**彼火亦無**法存在。如何又能成為自性有之體性異呢？」

（p498-6）

如是於燒，若許自性，既不自燒不應燒他，如是若許眼有見性，既不自見不應見他，前過未移，由見如是為許自性所說過難，即能棄捨執有性宗。

　　［釋］：**如是於**火之**燒熱性，若**承**許有自性**，然火**既不能自燒**則亦**不應燒他**之木，同理，**如是若許眼有見**他之**自性**，既然**眼不能自見**則亦**不應見他**，此如p495+6《中論》第三品云：「此見有自體，於自不能見，若不能自見，云何能見他。」如以不能自見為因，成立眼等不能見他。故**前** p498+3 汝實事師所舉之喻「火不自燒而能燒他，如是眼不自見而能見他亦無相違」之**過失仍未**移除，**由見如是為**承**許有自性**所說**之過難**，因此，依他宗所許**即能令**他宗**棄捨執有**自性之**宗**。

（p498-5）

次亦能知無自性中，能作所作皆悉應理，辨了無與無性差別，故亦能分有性與
有。又能通達無性之量，而量無性所量事等。通達火薪無性之量，彼非現量當
許是比。

　　［釋］：由前承許自性有之過失而棄捨執有自性之宗，次亦能了知無自性中，
分別安立能作所作之差別皆悉應理，能辨別了知〝全無〞與〝無自性〞之差
別，故亦能分辨〝有自性〞與〝名言有〞之差別。又能通達無自性之量，而去
量無自性之所量事之能作、所作等。由自性一及自性異而通達火與薪是無自性之
量，彼於一開始時所通達無自性之量非是現量，應當承許是比量識。因為〝火
與薪無自性〞是屬於隱蔽分之法類，故於最初通達隱蔽分時，唯以比量方能通達。

（p498-3）

若爾所依因為何等耶。由見有性不出一異，破一異性定無自性，即成二相。決
定了解無一異性，即宗法性，故有三相之因。由此為依，決定火薪無自相者，
即是比量。

　　［釋］：若爾所依之正因論式為何等耶？由見有自性故不出一異二者，由破
一異有自性故定成無自性，即成同品遍有、異品遍無之二相。所謂〝同品遍有〞
即是：凡是非自性一、非自性異，定周遍於所立法──諸法無自性。又，〝異品
遍無〞即是：凡非所立法──諸法有自性，則定周遍是非〝非自性一、非自性異〞
之因。決定了解無一異之自性，即是宗法性──所立法，故有遍是宗法性、同品
遍有性、異品遍無性三相之因。由此三相為正因作為思惟觀察所依，決定火與薪
皆無自相者，即是比量識。

（p498-1）

由此當知前立他許三相量式及正引生比量之理。若有自性，性應一異，若一性
者，火應自燒。此等皆以他許為因，出他非樂，如是等類是為應成。以此為
例，諸餘應成皆當了知。

　　［釋］：由此三相之因當知前 p487+1 之論式【色處無自生　有故　如現前瓶】
成立依他許正因三相量式及由此三相正引生比量之道理。

同理，用於色等非自生的正因三相來生起證得〝色等非自生〞之比量，**若有自性**，其**自性應不出一異二者，若一性**（自性一）**者，則火應能自燒**，若是自性**異者，則無薪亦應有火。**此論式如同 p498+5【**以火之有法　應成自燒　以有自性一故】此等論式皆以他**宗所**許自性有為因**，而**出他**宗所**非樂許之事**，即自宗所許自性有之相違品，**如是等類皆是為應成論式。**亦即以他宗所許的觀點為因，而來證成他宗所不承許無自性有之事。**以此為例，諸餘之應成論式皆當**如是**了知。**

（p499+2）

由是敵者乃至未捨事實宗時，必待量度自性所量而成能量。若時以量達無少法由自性成，即便棄捨事實宗見。

　　［釋］：**由是敵者**（實事師）**乃至未捨事實**自宗所承許的諦實自性有**時**，其安立諸法**必須觀待量度自性**為其**所量而成立某法之能量。若**實事諸師由前所說之理破除自性正因之應成論式**時，以量通達無少法**是**由自性**所成，**即便棄捨**實事師所承許**事實**之宗見。

（p499+3）

《明顯句論》云：「**有以隨一所成比量，即彼比量而破他耶。答，有謂以自成因而反破自非由他成，即於世間亦現見故。猶如世間有時立敵以證為量，由證語斷或勝或負，有時唯由自語而斷，非由他語，或勝或負，如其世間正理亦爾。唯世名言，於正理論正適時故。」**

　　［釋］：此引**《明顯句論》**云：「**有說：**立敵雙方**以隨一種所成之比量，**即有由**彼之比量而破**敵者之**他宗耶？答：**隨立敵二者以隨一所成之比量而破除，此是**有的！謂以**這些宗派論師**自所成立之因而反破**這些宗派論師**自己，並非是唯由他成**即可，而是自宗亦承許之依他宗所承許而來辯論，此於世間世俗是否存在，此種依他所許，**即於世間**世俗**亦**共許是可**現見、存在故。**如前所引火及薪於一般世間世俗是存在的，其差別就是自續派以下的這些論師，其承許火燒薪是必須有自性的。故中觀應成派依自續派以下之實事諸師所承許的：火燒薪若是有自性，則應先能自燒才能燒他，如眼須能自見才能見他。此種辯論，**猶如世間有時立敵**雙方會**以**公證者為決斷勝負之**量，此由證語**之詞**或證**物而來判**斷或勝或負，有時唯由**自己辨論之論述**語而來判**斷，非由**公證者之**他語，**而來判斷

或勝或負，如是其依世間之正理而來裁斷勝、負時亦爾。不僅於世俗當中唯依世間名言之正理而來裁斷勝或負，此於世間名言正確之正理在佛教內部辯論時亦正適時（也是一樣）故。」

（p499+6）
此說可以他許為因，舉喻引證。諸分別師，說於敵者，以何等量成立三相，立者亦須彼量而成，故許立敵二者極成。

　　［釋］：此論是說可以他所許為因，亦即先不破他方所許，以他所許依理或喻而來令其了解自所承許之過失，故舉喻引證而破。諸分別師（自續師及實事諸師），說於敵者，以何等量成立三相，立者亦須以彼量而成立，此如 p486+5 所說「謂於敵者以何量成立，則於立者亦以彼量而為成立」。故承許立敵二者極成之理，此在中觀應成派亦承許，但不認為自續派以下有極成共許之量。故自續派以自所許之量式為自許，在敵者所許之量式為他許。然所不同者，即中觀應成派自宗自所許即為依他許故說他許，在敵者所許之量式為自許。

（p499+7）
又破彼欲，即此論云：「設謂能立能破，皆須二家共許，非隨一成，或猶豫性。彼亦當許如所宣說，依世比量，以教破者，非唯二家共許之教。若爾云何，亦以自許，自義比量，於一切種。唯以自許力強，非是俱成。故分別師所說之相，非所必須。諸佛亦以自許之理，於諸未知真實眾生，興饒益故。」

　　［釋］：又中觀應成師破彼諸分別實事師所欲承許共成有法等，即此《顯句論》破云：「設分別實事諸師謂：能立能破，皆須立敵二家所共許，並非是隨一家所許即可成立，或者一家二家猶豫性，因為若僅一家成立或猶豫，則無法成立破、立。然而彼分別實事諸師亦當承許如前所宣說：「猶如世間立敵雙方有時會以公證者為決斷勝負之量，此由證語之詞或證物而來判斷或勝或負，有時唯由自己辨論之論述語而來判斷，非由公證者之他語，而來判斷或勝或負，如是其依世間之正理而來裁斷勝、負時亦爾。不僅於世俗當中唯依世間名言之正理而來裁斷勝或負，此世間名言正確之正理於佛教內部辯論時亦是一樣。」故依世間比量，也就是，並不須要透過立敵二者共許而來成立，唯由依他所承許，此種方式分別實事諸師亦應認可。故以教破除他宗者，非唯由二家共許之教。也就是，

唯由一方的承許亦可破除即是依他所許。**若爾云何，亦以敵者自許**能夠達到破除的作用，此中**自義比量**（即唯有自許，無雙方共成），**此於**一切時處、**一切種種。唯以敵方自己所承許的力量最強，故依他所許之究竟義非是立敵雙方俱成。故分別實事諸師所說**立敵雙方以量共成**之三相，非是所必須。諸佛亦以特殊所化機**自己所承許之道理，亦是依他所許之比量，對於諸未知真實之眾生，依他所許而興饒益故。」**

(p499-4)

由是因緣，若以前說之量，立敵共成之因，成立所立，名自續因。若不以彼，唯由敵者所許三相，成立所立名為應成。此乃論師所有意趣最極明顯。

　　[釋]：**由是因緣，若以前** p495+4 所**說之量**，即「若許自續，則立自相之量先須立敵極成，次以彼量立敵二家成立三相再成所立。若無彼量，則有法等皆不得成。」**故立敵**於自性有之上**共成之因，成立所立**之因，**名為自續因。若不以彼**自續因，**唯由敵者所許之三相，成立所立之因名為應成。此乃**月稱**論師所有**究竟**意趣最極明顯。**

(p499-1)

第二、身生正見當隨誰行。如是隨聖父子大中觀師。若有應成自續二派，應隨誰進行耶，此中是隨應成派行。此如前說，於名言中破除自性，破自性後，須善安立生死涅槃一切建立，於彼二理，當獲定解。此二論師，論中數說，若許諸法有自性者，則以觀察實性正理可推察轉，與聖父子諸論善順。由見是故，當許彼宗，故如前說，當許應成宗派。

　　[釋]：此科判從前面 p470+5「破所破時應成自續，以誰而破分二：一、明應成自續之義；二、身生正見當隨誰行。」此中**第二、身生正見當隨誰行。如是隨順聖父**（龍樹菩薩）**子**（提婆菩薩）之**大中觀師。**此可參考前面 p404+3「《般若經》…等宣說諸法，皆無自性、無生滅等，其能無倒解釋經者厥為龍猛。解彼意趣有何次第？答：佛護、清辨、月稱、靜命等大中觀師，皆依聖天為量，等同龍猛。故彼父子是餘中觀師所依根源，故諸先覺稱彼二師名根本中觀師，稱諸餘者名隨持中觀師。」**此若有應成及自續二派，應隨順於誰的**見解而**進行耶？此中應是隨順於應成派而行。**

此如前 p420~p446+5 所說，如 p446+3 說：「如是佛護論師及月稱論師宗中，雖於名言亦破自性，故名言諸義極難安立。若未善知安立彼等離諸妨難，則於行品不能善得定解。」故**於名言中破除自性，破自性後，須善**巧**安立生死、涅槃、一切**法的**建立，於彼**破除自性有後又須能安立輪迴生死及涅槃二者之道理，**當獲**得定解。此佛護、月稱**二論師**，於所著之諸**論**──《佛護論》《明顯句論》**中數數宣說，假若**承**許諸法有自性者，則以觀察實性**之**正理可推察**違害而**轉**，證得諸法是無有自性，此**與聖父子**所著諸**論**──龍樹菩薩所著之《中觀理聚六論》及提婆菩薩所著之《四百論》**善隨順。由見此點是故，**宗大師認爲應**當**承許彼**中觀應成**宗，故如前** p405-6「故就名言許、不許外境定爲二類。若就自心引發定解勝義空性之正見而立名，亦定爲應成、自續之二。若爾於此諸大論師應隨誰行，而求聖者父子意趣？大依怙阿底峽尊者宗於月稱論師派。又此教授隨行尊者之諸大先覺，亦於此派爲所宗尙。」所**說，故應當**承**許**中觀應成宗派。

菩提道次第廣論卷二十一終

菩提道次第廣論卷二十二

(p501+1)

第三　依此能破於相續中生見之理分三：一　抉擇補特伽羅無我；二　抉擇法無我；三　修習此見淨障之理。初又分三：一　正抉擇我無自性；二　顯由此成我所無性；三　此諸正理於餘例明。

　　[釋]：**第三、由依此** p409-2「第二、正抉擇眞實義」之第一、第二科判所說：破所破時，以中觀應成派之理而破承許自性有、自相有、自體有之他宗。也就是破除：非僅唯名言假立且從其自境以自之體性而有，此第三科判所破無自性**能破**亦無自性**於心相續中生**中觀應成**見之理分三：一　抉擇補特伽羅無我**：即薩迦耶見所緣唯名言假立之我而執爲自性有，亦即依蘊假名安立爲我還不滿足，而須更進一步的去尋求蘊的總聚或各個蘊即是我，以上所說之我，若以理智尋求，皆不存在，故說：補特伽羅無我。**二　抉擇法無我**：如瓶（有支）依瓶之支分（瓶口、瓶底…等）唯名言假立還不滿足，而須更進一步的去尋求支分的總聚之中或之上爲瓶的體性，此瓶的體性，若以理智尋求，皆不存在，故說：法無我。**三　修習此**無自性之**見能清淨二障之理**。初抉擇補特伽羅無我又分三：**一　正抉擇補特伽羅我無自性**：依自相續之蘊執非唯名言假立而有眞實之我，此即自性之我，此我若以理智尋求，皆不存在，故說：補特伽羅我無自性。**二　顯由此**補特伽羅無自性亦**成立**補特伽羅**我所無**自**性**：亦即依自性之我而執自相續我所之蘊體，其存在非唯名言假立從其自境而有不共之自體性，若以理智觀察，此自體性皆不存在，故說：補特伽羅我所無自性。此我所執不僅執自相續之蘊體，屬於我的一切法亦是我所執的範圍。**三　此**補特伽羅我及我所無自性之**諸正理於**其**餘**之**事例**而**說明**。

(p501+2)

初又分二：一　立喻；二　合義。　今初

《入中論釋》引經說云：「言我是魔心，汝昔起是見，此行蘊皆空，此中無有情，如依諸支聚，假名說曰車，如是依諸蘊，說世俗有情。」此如依自車輪等支假名為車，依於諸蘊假名為我或曰有情。

[釋]：初正抉擇我無自性又分二：一　立車之譬喻；二　由車之譬喻而來說明我與蘊體和合之義。今初立喻

《入中論釋》引經說云：「言執自性之我，此識即是魔心，亦即四魔之煩惱魔，汝昔（無始以來至未現證空性之前──即總相的一念無明）起如是之顛倒見──十二緣起初支染污無明之薩迦耶見，此行蘊皆自性空，此行蘊中無自性成就之有情，如依車之諸支聚，而假名說曰車，車之支分皆無車之自體性，若有則成自性有，如是依諸蘊，假名說世俗有情，於諸蘊總聚或各個蘊皆無有情之自體性。」此如車之譬喻，依自之車輪…等支分假名安立為車，車之支分皆無車之自體性，若有則成自性有。同理，依於諸蘊假名安立為我或曰有情，於諸蘊總聚或各個蘊皆無有情之自體性。此中之「行蘊」有說是除色蘊、受蘊、想蘊、識蘊之外的一切有為法皆含攝於行蘊，或有說行蘊之「行」是指惑、業。能造作、能積聚之有為法說為「行蘊」，亦即根、境、識三和合而起心所運作招感煩惱，即是指執自性有之心、心所。

(p501-5)

先說車喻。此中分四：一　顯車無性而為假有；二　於彼斷諍；三　由名差別皆得成立；四　依此速得正見勝利。　今初

《入中論》云：「如車非許離自支，亦非非異非具支，非依他支非支依，非聚非形此亦爾。」如車與自支，於一異等七中皆無故唯假有。我與取蘊說亦如是。

[釋]：先說車之譬喻。此中分四：一　顯車無自性而為假名安立而有；二　於彼他宗斷除諍難；從第一、第二科判許無自性於此第三　由名種種差別皆得成立；四　依此七相觀察自性有無速得中觀應成派正見之勝利。　今初顯車無自性而為假有。

任一法皆有其施設處，此法與其施設處在心識的呈現若不是一就是異。而所謂的一，是指此法與其施設處之體性有相屬關係；而所謂的異，即是此法與其施設處之體性相異。《入中論》云：「如車非許離自支——非異，亦非許非異——非一，非車具有其支分，非依他支——非能依之車，依他所依車之支分，非支依——非車之支分依於車，非聚——非車之支分積聚，非形——非車支聚之形狀，此我與蘊體亦如同車之喻爾。」如車與自之支分，於一、異…等七種正理觀察抉擇中皆無自性有之車，故車唯依車之支分假名安立而有。我與取蘊如車喻所說亦如是於七種正理觀察抉擇中皆無自性有之我，唯假名安立之我。

(p501-2)
此中若車有自體性，則以正理觀性有無，於一異等七相之中，定有所得，然於彼七皆非有故，定無自性。言車支者，謂軸輪轄等。

[釋]：此中若車不待唯名言假立從其車之施設處有其車之自體性成立，則以抉擇自性有無之正理而來觀察其車之自體性於其施設處到底是有或無，若有則於一異等七相正理抉擇之中，定有自性有之車的體性所得，然於彼七相正理抉擇車之施設處皆非有其車之自體性故，定無自性有之車，車唯是由名言假立。言車之支分者，謂組成車之軸、輪、轄…等。

(p502+1)
車與彼支自性非一。若性一者，如支眾多車當亦多，如車是一支亦當一，作者作業皆當成一，有此等過。

[釋]：車的體性與彼車之支分自性非一。若車之體性與車之支分自性是一者，則有三過。第一過：如車之支分眾多，則車應當亦成為多。第二過：如果車之體性是一，則支分亦應當成為一。第三過：作者與作業皆當成一，會有此等三種過失。

（p502+2）

又與自支體性非異，異如瓶衣各別可得，不可得故。亦當無有施設因故。

　　［釋］：又車與車自支分之體性非自性異，若體性自性相異，則應如瓶、衣不相干之體性異各別可得，然車與車自之支分於自性有之上體性相異，則離車之支分或施設處，車亦不可得故。亦當無有車之施設因而來施設車故。反之，無車亦無車之支分，因為，有車才能稱為車之支分。

（p502+3）

能依所依二品自非支依，如酪在盤，亦非依支，如天授在帳。若性各異，此二容有無別性故。此中非破互有，是破能依所依有實自相。所舉二喻亦就他許，謂有自相能依所依，如此一切當知皆爾。

　　［釋］：能依之車及所依車之支分二品自非支依──也就是非自性有的車之支分依於車，此如酪在盤中。亦非依支──自性有的能依之車依於所依車之支分，此如天授在帳內。若有自性成立各自相異，則以上所說此能依、所依二者如同譬喻般的容有，然實際上無各別自性之體性故。此中非破能依、所依相互觀待而有──名言有，是破能依、所依有實自相。所舉酪在盤中、天授在帳內二喻亦就他宗亦承許在名言中盤與酪是體性不相干之異，亦即謂有自相之能依、所依，如此一切當知皆如前所說而了知是破承許自性有，然非破能、所相互觀待而有之名言有爾。

（p502+5）

又具支者亦不應理，若車具支，應如天授具足牛等異體可取。如是車與自支各異亦應可取，然不可取故無具義。

　　［釋］：又具支者──自性有之車具有車之支分亦不應理，若車是以自性有的方式而具有車之支分，則應如天授具足牛…等不相干之異體可取──名言識應可現見，然實非可現見。如是若自性有之車與自之支分體性各異，則眼識亦應可取、可現見，然離車之支分車亦不可取，故無自性有之具有義。

(p502+6)

如云天授有耳，車有支者亦不應理，已破異性故。若此具支有自性者，應是一性前已破故。天授有耳，於名言有，此非所破，車亦許爾，故是破除自相之具。

　　[釋]：如云相屬之異天授具有天授之耳，車具有車之支分者。若有自性亦不應理，前已破自性有相異之相關或不相關之體性故。若此車具有車之支分有自性者，應是一性，此於前 p502+1 已破自性一故。天授具有天授之耳，於名言有，此名言有非所破，車具有車之支分亦許名言有爾，故是破除自相有之具有。

(p502-5)

餘二執者，如云：「若合聚為車，散住車應有，無有支無支，形車亦非理。」此有二執，謂以支聚及形差別安立為車。

　　[釋]：餘車之支分積聚、支分積聚之形狀，將此二執為即是車者，如《入中論》云：「若車之支分合聚即是堆聚為車，則車之支分散住（將支分拆散後隨便堆在一起之積聚）時車亦應有，然無有支之車亦無車之支分積聚——即是無有支則無支分之積聚。又支分聚合之差別形狀即是車亦非理。」此有支分積聚、形狀二種執著，謂以支分堆積聚合及支分聚合之形狀差別安立即是為車者，皆不合理。

(p502-4)

其中唯以支聚為車不應道理。此中有二，一違正理，謂輪等支分離散布，完聚一處亦應有車，以為支聚即是車故。

　　[釋]：其中唯以車之支分堆積聚合即是為車不應道理。此不應道理中有二：一、違正理，謂輪軸等車之支分分離散布於各處，之後完聚堆積於一處時亦應有車，以汝許為支分堆聚即是車故。

(p502-3)

二違自許，謂自部實事諸師，許無有支唯許支集。若爾，支亦應無，無有支故，是則亦無唯支合集，是故支聚亦不成車。

[釋]：二、**違汝自許**，謂佛教**自部實事諸師**之宗見，皆**許無有支**——以有支之實有是觀待名言而有，非以自立之體性而存在，故許假有——即不是真實之車。**唯許支分集聚為實有**——於名言安立任一法時，此法真實之體性是於支分積聚上而有。中觀應成本宗問難云：**若爾**，如汝實事諸師所許，則**支分亦應成無**——即是不存在，以**無有支故**，若無有支，**是則亦應無唯支分合集**之積聚，此中之〝唯〞字是遮除實事諸師所許有支不是車——若有支不是車，則支分積聚或形狀亦皆不是車。以〝支分〞是觀待〝有支〞而有，故若無有支則支分要觀待何者而成為有支之支分呢？**是故支**分堆**聚亦不能成**為**車**。

(p502-2)

破支聚為車，是此論師所許不須簡別，聚合是車施設事故。說蘊是我所施設事，非是我故。

　　[釋]：**破支分堆聚即是為車，是此月稱論師所許**：車之支分不即是車，此於名言即可破除，**不須加勝義簡別**，然支分**聚合是車之施設事**，車是依車之支分（車之施設事）而有，**故**車之支分非即是車。如是，依此道理而**說**：我之**蘊體是我所施設事**，也就是說，我是依我的蘊體安立而有，故我的蘊體**非即是我故**。

(p502-1)

若唯支集不許為車，以支合時形狀差別立為車者，此如前說無有支者，支亦無故，唯以支形安立為車，不應正理。此過違自許，亦字顯示非僅支聚為車非理。

　　[釋]：假**若唯支分集聚不**承**許即是為車**，而是**以支分合聚時形狀**之**差別安立即是為車者，此如前** p502-2 於破除時所**說**：「**無有支故，是則亦無唯支合集**。」故若無**有有支者**，則車之支分**亦無故**，依此道理而說：唯以支分聚合差別之特殊**形狀安立即是為車，不應正理**。因為，若無有支，則支分積聚之差別形狀亦無。**此種過失違**背汝實事諸師**自所承許**——以汝承許有支不是車故，此 p502-5 偈頌：「形車亦非理」之〝**亦**〞字是**顯示非僅由支分堆聚即是為車則非理**，支分聚合差別特殊之形狀亦非即是車。

此科判以車喻說明：蘊非即是有情，而是依蘊假名安立為有情。同理，車之支分或支分積聚、形狀皆非即是車，以支分積聚等非即是車故。因為，若無有支，則支分亦無。若無支分，則支分積聚、形狀亦無。前已將車與車之支分在實有自性上，不論是一、異、能依、所依、具有、積聚、形狀皆已破斥。

(p503+2)

又許形為車，為散支形耶為支聚形耶。

［釋］：又若**許**支分積聚差別之特殊形狀即是**為車**，則車之支分是**為散支**（即是指支分拆散或聚合之各個支分）**形**狀上之特殊形狀即是車**耶**？抑或是**為支分積聚**組合總的特殊**形**狀即是車**耶**？

(p503+3)

若散支形與先未合時形，無異形耶抑異先形有別形耶。

［釋］：若是**散支形**之特殊形狀——即是指支分聚合之支分各個形狀，則與支分**先**前**未聚合時**之形狀，**無**差別之**異形**（一模一樣）**耶**？**抑**或是**異**於**先**前未聚合**時**之**形**狀而**有別**的**形**狀**耶**？

(p503+3)

初有過云：「如汝各支先有形，立為車時形亦爾，如支分散不名車，如是合車亦非有。」此謂先未合時與後合時，輪等形狀全無差別。如分散時，其車非有，如是合時亦應無車。

［釋］：初「若散支形與先未合時各個支分形狀無異形」則會**有過**失。《入中論》云：「**如汝**所承**許輪軸**…等**各個**支分**先各有**其各自之**形**狀，車之支分組合安**立為車時**，車之支分**形狀亦爾**（都一樣），**如是支分分散時不名為車**，因為無特殊形狀即是**為車**。**如是**，依此道理而說：支分聚**合各個支分**之特殊形狀即是**為車**者亦非有。」此謂車之支分**先**前**未聚合時**與**後聚合時**，**輪軸**…等各個支分**形狀**全**無差別**。既然全無差別，**如**於各個支分**分散時**，其特殊形狀**為車**者非有，如是支

分聚**合時**各個支分**亦應無**特殊形狀即是爲**車**。

(p503+5)

若後合時與先未合輪等支形，有別異形立爲車者，亦有過失。如云：「若現成車時，輪等有異形，可取然非有，故唯形非車。」謂前後時，若輪軸等有別異形，理應可得，然任何觀終不可得，故異前形後形爲車不應正理。

　　[釋]：**若後組合時與先**前未組合時，**此輪軸等支分**形狀，**若有**與支分形狀各**別**不同之**異形安立爲車者，亦有過失。**如《入中論》云：「**若現**前支分組**成車時，輪軸等**支分**形狀有差別異形，現前可觀察取**得，**然非有異形，故唯形狀非**即是**車。」此謂前**支分未組合與**後時**支分組合時，**若輪軸等支分有別**於支分形狀之**異形，理應可得，然任何觀**察終不可得此異形，**故異**於前未聚合時支分的各個**形**狀與聚合**後有異於各個支分**形**狀之特殊異形**爲車，不應正理。**

(p503+7)

若各支形不許爲車，以諸支分合聚總形立爲車者，亦有過失。如云「汝聚無實故，形應非支聚，若依非實法，此中何有形。」此謂依支聚之形名車非理，聚非實故，依支聚施設形狀不應理故，承許一切假有所施設事要實有故。

　　[釋]：**若各個支分形**狀**不承許爲車**，不論是聚合前或聚合後，各個支分之形狀皆無異。同理，**以諸支分合聚**之後總的特殊**形狀立爲車者，亦有過失。如《入中論》**云：「**中觀應成自宗認爲：汝實**事師之支分**積聚是無實**之假有**故**，**車之形狀應非**安立於**支分積聚**假有之上，**若**所**依**事**非實**有之**假法**，於**此假法中如何能有實**有之**形狀即是爲車呢？」**此謂依支分積聚之特殊形狀即**名**爲實有之**車**非理，以積聚非是**實有**故，依支分積聚之假有而來**施設實**有之**形狀**即是爲車**不應理**故**，以實事師**承許一切假有所施設事**一定**要實有**故**。

（p503-4）

又支集聚無實自性，若有自性與能聚支，不能出於自性一異。若許爾者，如前破車時悉能破故。然於自宗假有所依不許實有，支聚形是車所依，車是依彼假立之假立法，非唯所依即許為車，故破聚形為車，亦於所破不須簡別。

　　〔釋〕：又支分集聚亦無實有自性，若支分集聚實有自性則與能聚支之車，定不能出於自性一或自性異二品。若許爾實有自性者，如前 p502+1 所說：「車與彼支自性非一。若性一者，如支眾多車當亦多，如車是一支亦當一，作者作業皆當成一，有此等過。」於破車實有自性時悉能破故。然於中觀應成自宗假有之車所依車之施設處不許為實有，支分集聚之形狀亦是車所依，車是依彼施設處假立之假安立法，非唯所依施設處或支分集聚組合形狀即許為車，故破支分集聚或形狀即是為車，亦（是指 p502-1 此論師所許不須簡別）於所破不須加勝義簡別。此中之〝亦〞字，即是說：以世俗名言識就能了知支分集聚或形狀皆不即是車。

（p503-2）

依無實聚，立無實形，無不應理，則依無實因無明種等，生無實果行及芽等，一切應理。如云：「如汝所許此，則依無實因，當知生一切，無實性諸果。」

　　〔釋〕：依無實有自性之積聚，立無實有自性車之形狀，或以無實有自性車之形狀假名安立為車，無不應理，則依無實有自性之因——即十二支因緣之初支無明或種子等，生無實有自性之果——即十二支因緣之第二行支及芽等，一切應理。以一切法皆唯名言假立無自性故。如《入中論》云：「如汝實事師所許此無實有自性，則依無實有自性之因——無明或種子，當知生一切，無實有自性之諸果——行或芽。」

(p504+1)

又此車喻，亦破色等八塵合集，立為瓶等。又破依於八種實塵，假立瓶等。又破依於實有色等形狀差別，假立瓶等，以色等塵自性無生，彼無性故實有非理。如《入中論》云：「由彼色等如是住，覺為瓶等不應理，性無生故色等無，形為瓶等亦非理。」

　　[釋]：此處是解釋 p504+3《入中論》。又 p502-5 破支分聚合即是為車，以此車之譬喻亦可破實事師於色等八塵(色、香、味、觸、地、水、火、風)合集，安立即是為瓶…等。又破實事師依於八種實有之微塵，假安立為瓶…等。又破實事師依於實有色等積聚形狀差別，假安立為瓶…等，以中觀應成本宗承許色等微塵自性無生——即許彼無自性，以彼微塵無自性，故許實有自性非理。

　　　如《入中論》云：「由彼八塵合聚為色等如是安住，而覺即是為瓶…等不應理，以自性無生，故色…等亦是自性無生，實有自性之色…等積聚之形狀即是為瓶…等亦非理。」

(p504+4)

若謂瓶若如車，非自支分合集形者，則腹大等應非瓶相，彼是形故。答，若法大腹長頸等相，許彼為瓶，非大腹等形狀為瓶。若異此者，理亦應許腹頸是瓶。

　　[釋]：他宗又問難，若汝中觀應成派謂：瓶若是如同車之譬喻，而說瓶非即是自支分合集形狀者，則瓶腹大…等應非是瓶之性相，因為彼瓶腹…等即是瓶腹…等之形狀故。中觀應成自宗答：若法(指瓶)之大腹、長頸…等性相，可許彼為瓶，然非瓶大腹…等之形狀即是為瓶。若異此(瓶腹…等非即是瓶)而解釋者，依汝實事師之理，亦應許瓶之大腹、長頸…等即是瓶。中觀應成本宗認為：瓶腹…等非即是瓶，以瓶及瓶腹…等是相互觀待而有，非有自性。因為，(1)瓶與瓶腹…等體性相順，此無故彼無，此有故彼有，唯名言假立為體性一，故非自性一。(2)瓶與瓶腹…等是異，以名言安立不同，唯名言假立為反體異，故非自性異。是故，瓶與瓶之支分若有自性則非理。

（p504+6）

第二於彼斷諍。諸實事師於彼難云，若以觀察有無自性之理，如前所說七門求車，由彼無得理應無車，則諸世間應無施設車名之處，然此非理，現見可云車來買車車持去等，故有車等。《入中論釋》答說，彼過唯實事師有，及自宗非有。

[釋]：有關此科判可先參考 p501-4 之車喻中，由第一科判「顯車無自性而為名言假立而有」。於是事實師對此問難諍辯，故此**第二**科判**於彼**事實師**斷**除其**諍難。諸實事師於彼**中觀應成自宗問**難云，若以**中觀應成自宗**觀察有無自性之理，如前** p501-3 **所說**以**七相之門尋求車**等假立義——即自性有之車，由彼七相之門尋求車等自性毫**無**所得時，**理應亦無**名言有之**車，以若無**假立義**則於諸世間**名言當中亦**應無有施設車名之處**——也就是沒有車子。**然**中觀應成本宗說：**此諍難**非理，因為世俗名言**現見可云：車子來、買車、車持去等**作用，**故應有車等。**事實師此種諍難於**《入中論釋》**回答說，**彼**世間應無施設車名之處的**過**失，**唯有汝實事師才有，及**中觀應成**自宗**非有此過失，因為，我中觀應成派不如同汝事實師名言假安立還不滿足，還要再去尋求有其假立之實有自性義。

（p504+8）

初者，謂世間名言說車來等，若如汝許理應皆無，以汝安立諸法為有，要以正理尋求有無自性而後安立，然以彼理七相推求車不可得故，汝又不許有餘方便安立事故，故車應無。若以尋求有無自性正理推求無所得者，車應非有。諸實事師所設征難，現在自許講中觀者，說中觀宗許有此難，若許如是，定犯一切名言建立皆無之過。

[釋]：**初彼過唯實事師才有者，謂世間名言說車**去、**來**之作用**…等，若如汝**事實師所**許**之**理**，車之體性非唯名言假立，於車之支分有車之自體性，則**應皆無**法安立車**…等，**以汝**事實師**安立諸法為有**時，還要再**以正理**去**尋求**其**有無自性而後**才能**安立，然，以彼**事實師所許車存在之**理，以七相之門推求車**之假立義**不可得故，汝**事實師**又不許有**其餘（唯名言假立）之**方便**而來**安立**一切**事**的緣**故，故車應無。**又有往昔的西藏學者——自許為中觀應成派者亦認為：**若以尋求有無自性**之**正理推求無所得者，車應非有。**對於**諸實事師所設**之**征難**云：若無假立義則無車**…等事，**現在自許**講解**中觀應成派者，說中觀應成宗亦許有此**事實

師所問**難**之過失，宗大師認爲：**若許如是，則定犯一切名言建立皆應成爲全無**
——斷滅之過失。

(p504-2)

二自無過者，如云：「或於實性或世間，雖以七相皆不成，若不推察就世間，此
依自支而假設。」義謂，若以尋求有無自性正理推求於七相中車，就二諦俱不可
得，雖於七相以理未得，豈能破車。以許有車，非由觀察有無自性正理所立，
是捨正理觀察，唯以世間尋常無損諸名言識之所成立，故建立彼是依自支立爲
假有。

　　[釋]：第二、中觀應成**自**宗**無有此車不存在之過失者，如**《入中論》云：「**或**
於勝義實性或於世間世俗，雖以七相之門**推察皆不得成立，若不以七相**之門**推**
求觀察而就世間世俗而言，**此**法是**依自之支**分而唯名言假立施設而有。」此論之
義謂，若以尋求有無自性之正理推求，於七相之門**中觀察車**…等，**就二諦**中而
言**俱不可得，雖於七相**之門**以理觀察未有所得，豈是依此七相之門即能破**世俗
名言有之**車呢？以**承**許有車，**此承許**非是由七相觀察有無自性之正理所能成**
立，而是捨棄自性有無**正理之觀察，唯以世間尋常無損諸名言識之所成立，故**
建立彼車**…等法是依自之支分名言安立爲假有。**

(p505+2)

若作是念，修觀行師如是觀察，以彼正理車無所得，雖車無性，然車支分自性
應有。燒布灰中尋求縷線，汝誠可笑。如云：「若時其車且非有，有支無故支亦
無。」若無有支，亦無支故。

　　[釋]：中觀應成自宗說：**若汝**實事師**作是念，修觀行師如是**以七相之門**觀**
察，以彼自性有無之**正理觀察車無所得**時，**雖說車是無**自**性，然車之支分自體**
性應有。中觀應成自宗便反問：**汝**實事師此種說法就如同**燒布**後於**灰中尋求縷線**
一般，**汝誠爲可笑。如**《入中論》云：「**若時其**有支之**車且非有，有支**之車**無故**
車之**支分亦**應成**無。」**若無有支**之中，則**亦無**車之**支分**故。

（p505+4）

若作是念，彼不應理，車雖散壞，輪等支聚猶可得故。然此非爾，唯先見車，乃執輪等是車之輪，餘則不執。如車壞時，輪等與車全無係屬，非車之支，是故非無有支之車而有車支。爾時其車支及有支，二俱非有，然彼輪等待自支分可名有支，餘分為支，故無有支不能立支。

　　[釋]：若事實師作是念，彼中觀應成自宗所說不應道理，有支之車雖散壞，但是輪…等車之支分積聚猶可得故。然實事師此種說法非理爾，因為，會執車之支分積聚為車，是唯先前已見車，後乃能生起執散壞之輪…等是車之輪。若餘先前未見車者則不會生起執散壞之輪…等為車之輪。如車散壞時，輪等支分與車全無係屬，非車之支分，是故非〝無具有支分之車〞而有〝車之支分〞——若無車定無車之支分，反之，若無車之支分亦定無車。爾時其車之支分及有支之車，二者（車之支分及有支之車）俱非有，然彼輪等觀待輪自之支分，此輪可名為有支，其餘之支分為輪之支分，故無有支則亦不能安立其支分。

（p505+7）

又無有支無支之義，如云：「譬如燒車無支分，慧火燒有支無支。」如此譬喻，應當了知。

　　[釋]：又此無〝有支〞亦無有支之〝支分〞義，如《入中論》云：「譬如燒車亦無車之支分，智慧火燒自性有的有支，則亦無自性有的支分。」如此車之譬喻，其餘安立之理亦應當如是了知。

（p505-5）

第三由名差別皆得成立。《入中論釋》云：「此宗非但由世共許假立車名顯然成立，即此諸名差別，由無觀察世間共許而當受許。」如云：「即此有支及有分，眾生說車為作者，眾生又許為受者。」此說車待輪等諸支諸分。共許名為有支有分。

　　[釋]：由前 p501-5 第一科判「一、顯車無性而為假有」及第二科判「二、於彼斷諍」，承許諸法無自性及此處第三科判「由名言種種差別皆得成立」。《入中論釋》云：「此中觀應成宗非但由世俗共許名言假立之車名顯然成立，即此諸名言所安立之差別，是由無以自性有無正理觀察，由世間所共許而亦當受許。」如《入中論釋》云：「即此有支及有分，以作用而言，眾生說車為作者，以能取支分作用，則支分為所取，眾生又許車為能受者，以觀待車之支分為所受。」此說車觀待車之輪等諸支或諸分。共許車名為有支或有分。

（p505-3）

如是觀待輪等所取之事，說名作者，觀待所受，說名受者。自部有說唯許諸支諸分合集，異彼別無有支有分，不可得故。

　　[釋]：如是觀待車之輪等所取之事，說車名為作者，觀待所受車之支分，說車名為受者。佛教自部實事諸師有說唯許諸支或諸分合集為實有之車，異彼諸支分合集別無有支或有分，因為不可得故，以有支或有分之體性是觀待名言而有，故是假有。

　　異彼諸支分合集別無有支或有分。
　　　├→　不相干之異　→　如：外道之常我
　　　└→　相　屬　之　異　→　如：中觀應成派唯名言假立之我

（p505-1）

如是唯說有業而無作者，又異所取不可得故，說有所取而無受者，彼皆倒說世間世俗。若爾，支等亦當無故。《入中論》於此密意說云：「莫壞世許諸世俗。」如於勝義無有支等，支等亦無，如於世俗支等可有，有支亦有，作如是說不壞二諦。

　　[釋]：以**如是**之理實事師**唯說有**實有之**業，而無**實有之**作者**，以是假有故。**又異**於**所取**之支分則能取**不可得故，說有所取**或所受**而無**能取或能**受者**，此種說法**彼**自部實事師**皆顛倒說世間世俗**。中觀應成本宗云：**若爾**，無有**支等**支分**亦當無故**。以若許緣起，彼此相互觀待而有，一者有另一者亦應有，一者無另一者亦應無。故**《入中論》**於此密意說云：「**莫壞世間所許諸世俗法**。」如於勝義理智推察**無**勝義之**有支等，支分等亦無**自性，**如於世俗支分等名言假立**可有，有支**名言假立**亦有**，若**作如是說**則**不壞二諦**。意謂：有支是假有，支分亦應是假有；支分是實有，有支亦應是實有。然實事師許支分是實有，而有支是假有，此則壞世間世俗。又若許支分是實有，有支亦是實有，亦壞世間世俗。以許實有，即是非緣起故。

（p506+3）

第四依此速得正見勝利。《入中論釋》云：「如是觀察世間世俗雖皆非有，若不推察，共許有故。修觀行者以此次第，觀察世俗速疾能測真實淵底。」

　　[釋]：**第四**科判，**依此**第一、二、三科判，就可迅**速獲得**空性**正見**之**勝利。**《入中論釋》云：「**如是**七相自性有無**觀察世間世俗雖皆非有**自性，**若不**以自性有無理智**推察**，世間名言**共許為有故。修觀行者以此次第**——依世俗諦而入勝義諦之理，**觀察此世俗**及勝義唯名言假立，以皆無自性故。**速疾能測真實**勝義諦之**淵底**——無自性。」

（p506+4）

如何而測，「七相所無如說有，此有觀行師未得，此於真實亦速入，此中如是許彼有。」此說由其觀車正理，速測真實無自性義，故彼正理極為切要。觀擇實義諸瑜伽師，作是思擇而生定解。

　　[釋]：如何而測知真實淵底，即由「七相推求所無之車如所說之自性有，非說無車，此自性有，修觀行師以七相推求未獲得，此於真實勝義諦亦（不損世間世俗）能速入，此中七相觀察自性有無，於如是世間世俗亦許彼為有。以七相之理非是觀察世間世俗法故。」此說由其七相觀察車之正理，迅速測知真實無自性義，故彼七相觀察之正理極為切要。觀擇真實義之諸瑜伽師，作如是思擇於無自性義而生定解。

　　　　　　無法承許無自性之眾生
　　　　　　├── 一般沒有宗派之見有情
　　　　　　└── 有宗派之見有情

（p506+6）

所謂車者，若有自性，由一異等七相門中，尋求有無自性之理，正推求時定無猶豫，七隨一中而能獲得，然於彼中皆無所得。雖由如是未能獲得，然車名言不可遮止。故言車者，唯由無明眩翳壞慧眼者分別假立，非自性有，此瑜伽師於真實義速能悟入。

　　[釋]：所謂車者依車之支分而安立，若車有自性，由一異等七相門中，於車之支分尋求有無自性之理，正推求時定無猶豫，於七相隨一相之中於車之支分而能獲得車之自性，然於彼車之支分中皆無所獲得車之自性。雖由如是未能獲得車之自性，然車之名言不可遮止。故言車者，唯由無明眩翳壞慧眼者前分別假名安立，以無明眩翳壞慧眼者所執唯自性有，然世俗有之車非由無明眩翳壞慧眼者所能成立，而是無明眩翳壞慧眼者依世俗有之車之支分前由分別名言安立，因為名言有的車子非是由七相之理所推求自性有所成立，故此瑜伽師於真實義速能悟入。

(p506-5)

頌言，「此於真亦爾。」亦字顯亦不壞世俗。破車自性最決斷者，七相推求，此最顯了破斥之理亦極明顯。故依此理，易於通達車無自性。

[釋]：《入中論釋》之頌言，「此於真亦爾。」此"亦"字如上所說，七相之理是抉擇無明眩翳壞慧眼者所執自性的有無，非抉擇世俗名言的有無，故是顯示亦不壞世間世俗。此破車自性最有力量決斷者，是七相推求，此是最顯了破斥自性有之理亦極明顯。故依此理，易於通達車無自性。

(p506-3)

總依前說車之建立有三功德，一，易破增益諸法自性常見功德。二，易破無自性緣起非理斷見功德。三，此二功德以何觀察易於生起修觀行者推察次第。初者，唯破一異而破有性，此理太略，難以通達，廣則太勞，七相推察極為相稱。第二者，從初破時即於所破簡別而破，由此門中雖破自性，不壞名言有能所作。第三者，若有自性，決定不出一異等七相，次於彼等一一逐次顯其違害，見七相中皆有妨害。

[釋]：總依前七相之理而來說世間世俗車之建立有三個功德，第一，易破增益諸法自性之常見功德。第二，易破無自性緣起非理斷見功德。第三，此非常見非斷見之二種功德，以何種觀察易於生起修觀行者推察次第。此第三種功德分三點：初者，唯破一異而破自性有，此理太簡略，難以通達，廣則太勞，故七相推察極為相稱。雖說七相，然亦不離抉擇自性的有無。第二者，從初破時即於所破而簡別自性有而破，故由此七相之門中雖破自性有，但不壞名言有之能作所作。第三者，若有自性，決定不出一異等七相觀察，次於彼自性有等一一逐次顯其相違害，即是無自性，故見此七相門中於自性有皆有妨害。

（p507+2）

由破能遍，所遍亦破，先知此已，次於無性多引定解。此後觀見如是無性，然車名言不可遮止，便覺甚奇，業惑幻師幻此車等，極為希有。以從各各因緣而生，無少紊亂，各各自性亦非有故。如是能於緣起之義自性無生獲定解故。如《四百論釋》云：「瓶等諸法，從自因生為一為異，五相觀察雖皆非有，然依緣假立，而能盛取蜜及水乳，作用皆成寧非希有。」又云：「若無自性，然亦可得，如旋火輪，自性皆空。」

[釋]：**由破能遍**車之自性，**所遍**車之支分自性**亦破**，**先知此已**能遍所遍皆無自性，以緣起相互觀待故。**次於無**自**性多引**生**定解**。**此後觀見如是無**自**性，然車**之**名言不可遮止，便覺甚奇，業惑**之緣起因果，**如幻師**所**幻此車**象馬**等，極為希有**──如其顯現自性有，然此自性是如現而非有。**以從**善惡**各各因緣而生**苦樂，如是因生如是果**無少紊亂**，然**各各**自性亦非有故。如是**根識雖顯現自性有，然第六意識**能於緣起之義自性無生獲得定解故。如《四百論釋》云：「瓶等諸法，從**自性之因而生**，其有支及支分**為一為異**，由七相之前**五相觀察雖皆非有**自性，**然依**眾**緣假**名安**立，而能盛取蜜及水乳，作用皆成立寧非希有。」**論**又云：「若無自性，然**世俗名言假立**亦可得，如**唯名言假立之**旋火輪**，其真實**自性皆空。」

（p507+8）

第二合義分二：一、合無自性義；二、合由名差別成就義。初又分四：一、破我與蘊性一品；二、破我與蘊性異品；三、由此亦能破諸餘品；四、依彼能見補特伽羅猶如幻化。 今初

[釋]：由前 p501+2 第一科判「一、正抉擇我無自性」，所立之車喻分四個來說明：第一、顯車無自性而為假名安立而有，第二、於彼他宗問難斷諍，第三、由名言種種差別皆得成立，第四、依此速得正見勝利。由此**第二**科判合車喻來顯明我與蘊體亦無自性**義分二：一、合**有支──我與支分──蘊體**無自性義；二、合**有支與支分**由名言**能所**差別成**就之**義。初又分四：一、破我與蘊**自性**一品；二、破我與蘊**自性**異品；三、由此**破一異品**亦能破諸餘**五**品**──1、我依蘊2、蘊依我3、具足品4、合集5、特殊形狀；**四、依彼**破一異等**能見補特伽羅猶如幻化**。今初

(p507-5)

總凡世間現見一法，心若決定彼為有對，遮其無對，若是無對，則遮有對。由此道理，總於一異或於一多，遣第三聚。有對無對即一多故。若能總於一多決斷，別於自性若一若異，亦能決斷，如是若我或數取趣有自性者，亦不能出若一若異，故當觀察我與取蘊，為一性耶抑為異性。

[釋]：**總凡世間現見任一法**，唯有分別心能安立，故分別**心若決定彼**法**為有對**——異或多，一定**遮其無對**(即一)，故一與異成為不可並存之正相違，**若是無對**(即一)，定**則遮其有對**(即異)。**由此道理，總於一異**此二法來決定，任一法的存在若是一，定遮除異。反之，若是異，定遮除一，**或於一多**也應如是，此理是**遮遣**顛倒之**第三聚**，也就是除了一或異決定之外，還有第三種情況——是一亦是異或是非一亦非異。**有對無對即一多故。若能總於一**或**多做決斷，別於自性若一**或**若異，亦能決斷**不會有第三種，**如是若我或數取趣有自性者**的話，**亦不能出若一**或**若異**來決斷，**故**若我非唯名言假立，則應**當觀察我與取蘊，為**自性**一性耶？抑為**自性**異性耶？**

(p507-1)

修瑜伽者先觀我蘊二是一性有何過失，於計一品當求過難。佛護論師於此宣說三種過失，謂計我無義，我應成多，應有生滅。

[釋]：**修瑜伽者**應**先觀**察**我與蘊**，此二**是**自性**一性有何過失，於計**自性**一品**當**求其過難。佛護論師於此**我與蘊體是自性一之體性，**宣說三種過失，謂**1、**計我無義，**2、**我應成多，**3、**應有生滅。

(p508+1)

其中初過，若許我蘊二性是一，妄計有我全無義利，以是蘊異名故，如月及有兔。《中論》亦說此義，二十七品云：「若除取蘊外，其我定非有，計取蘊即我，汝我全無義。」

[釋]：**其中初過**失許我無義，**若許我**與**蘊體**此二法**是**自性**一**，分別**妄計有我**則**全無義利，以是蘊異名故**，如月亮及有兔雖異名然同指一物。**《中論》亦說**此許我無義之因，**此**於**第二十七品云**：「**若**我與取蘊自性一則**除取蘊外，其我定非有**，**若妄計取蘊**即是真實之我，**汝**再安立**我**則**全無義**。」

（p508+3）

第二過者，若我與蘊自性是一，一數取趣如有多蘊我亦應多，如我唯一蘊亦應一，有斯過失。《入中論》云：「若蘊即我故，蘊多我應多。」

　　［釋］：第二過失者我應成多，若我與蘊自體性是一，則一位數取趣如有多蘊，我亦應成多，反之如我唯一蘊亦應成一，會有如斯之過失。《入中論》云：「若蘊即是我故，蘊多我亦應成多。反之，我一蘊亦應成一。」

（輪迴）　　　　　　　　　　　　（解脫）

龍樹菩薩　　由 世俗諦　　　　入　　　　勝義諦，此中『諦』：即眞實。

非唯名言假立，
此法之體性於前方施設處；
如水與乳融合爲一。

將執實自性有，以理遮除『自性有』之此無遮份
常，不待他，非造作。

（p508+3）

第二過者，若我與蘊自性是一，一數取趣如有多蘊我亦應多，如我唯一蘊亦應一，有斯過失。《入中論》云：「若蘊即我故，蘊多我應多。」

　　[釋]：第二過失者我應成多，若我與蘊自體性是一，則一位數取趣如有多蘊，我亦應成多，反之如我唯一蘊亦應成一，會有如斯之過失。《入中論》云：「若蘊即是我故，蘊多我亦應成多。反之，我一蘊亦應成一。」

（p508+4）

第三過者，十八品上云：「若蘊即是我，我應有生滅。」二十七品云：「取性應非我，我應有生滅。」應知此中取即說蘊。

　　[釋]：第三過失者，《中論》十八品上云：「若蘊即是我之假立義，蘊有生滅我亦應有生滅。以死亡時蘊即滅，或者第二刻之蘊體非即是第一刻之蘊體，因爲第一刻之蘊體已滅，故我亦應隨滅而成爲斷滅。」《中論》二十七品云：「取蘊之體性應非即是我，若是則我應有生滅。」應知此中取即是說蘊，此意謂著：下部派雖未名言蘊即是我，然許我與蘊爲體性一且是自性有，實在無異承許蘊即是我，若如是則蘊刹那生滅我亦應刹那生滅，因爲體性一故。

反之，若非體性一，則蘊生時自性之我不生，蘊滅時自性之我不滅，則會變成不相干之異，如是，則成為外道，以外道承許我與蘊體為不相干之異，故應許我與蘊體為體性一。

（p508+6）

如是許我剎那生滅當有何過，《入中論》本釋說三過失，一過，憶念宿命不應道理，二過，作業失壞，三過，未作會遇。

　　［釋］：**如是許**自性之**我**如蘊般的**剎那生滅當有何過**失，《入中論》本釋說有**三種過失**，第一種**過失**，所謂剎那生滅即是前後相續，若許有自性則前後變成不相干之異，自性有不相干之異的前後若能**憶念宿命不應道理**，第二種**過失**，若許自性有的我一一剎那生滅，則前後之我變成不相干之異，則前之我所造作之業會成為無法感果，因為前作業之我未受果報之前已壞滅，故有**作業失壞**的過失，第三種**過失**，因為前作業之我未受果報之前已壞滅，而後之我與前之我是不相干之異，若有後之我來受過報，則會有**未作會遇**之過失。

（p508+7）

初者，若我剎那生滅，我之生滅應自性有，前後諸我自相應別。若如是者，佛不應說爾時我是我乳大王，我乳之我與佛之我二相別故。譬如天授念宿命時，不作是念我是祠授，若不爾者，前者所受後者能憶，雖性各異，然不相違。則天授所受祠授不憶，亦當宣說不同之理，然不可得。

　　［釋］：**初者**憶念宿命不應道理，**若我**即是蘊則我有**剎那生滅，我之生滅應自性有**，則**前後諸我自**體**相應**成不相干之**別**別。**若如是者，佛不應說爾時**成佛之**我是**未成佛之前**我乳大王**，因為**我乳**大王之我與成**佛之我**此二自體**相**各**別故。譬如**今世之**天授**憶念宿命時，不應**作是念我是**前世之**祠授，若不爾者**，如實事師所說：**前者所受後者能憶**念**，雖**自體**性各異，然不相違**。如是（一般而言）**則**今生之**天授所受**與今生之祠授相互**不憶**念，因為自體性各異。既然前之自體性是各異——如汝實事師所說：今生之天授能憶念前生之祠授；如此與後之自體性各異——一般而言：今生之天授與今生之祠授未能憶念，二者同樣都是體性各異，為何一者能憶念一者不能憶念？汝實事師**亦當宣說**其中**不同**之**道理，然**此**道理不可得**。

(p508-4)

此如破他生之理，若他許種芽皆有自性而為因果，乃可難云，如此可成因果，則從火燄亦當生黑暗。然非許異皆有彼難。

[釋]：此如在《入中論》破他生之理，若他宗承許種芽皆有自性而成為種生芽的因生果相屬關係，乃可問難云，如此承許種芽自性有會成為各不相干之異，又可成為因生果的相屬關係，則從火燄亦當生黑暗。因為，皆是不相干之異。然非承許異皆定有彼自性有相異之過難。以承許異未必定是自性有不相干之異故，如種芽是異，但不是自性有不相干之異，而是相互觀待唯名言假立體性是彼生相屬之異。

(p508-3)

若爾，彼經顯示佛與我乳二為一耶。彼經唯是遮他相續，非顯是一，故彼經云：「爾時彼者莫作異念。」此即月稱論師所許。

[釋]：他宗說：若爾如你中觀應成宗所說，然彼經不是顯示佛與我乳大王二為一耶？本宗答云：彼經說一，唯是遮自性異之他相續，然說一亦非顯示是自性一，而是顯示唯名言假立之體性一。故彼經云：「爾時彼聞者聽到佛所說莫作自性有之異念想——不相干之異。」此即是月稱論師所承許。

(p508-1)

誤解彼經有作是云：「佛與彼諸宿生有情應是一人。經云，『我於昔時為彼說二是一』。又有為法剎那壞滅，是一非理，故彼二常。」此是前際四惡見中第一惡見。

[釋]：有誤解彼經而有作是云：「佛與彼諸宿生未成佛時的有情應是一人。因彼經云，「成佛時之我於往昔未成佛時之我為彼說二是自性有之一相續」。又有為法剎那壞滅之而說前後剎那之無常，是自性一非理，故而說彼二前後剎那是常則墮入常見。」此前後剎那為常是墮外道之十四無記中前邊際——我與世間是常、是無常、俱是、俱非四惡見中第一〝常〞之惡見。

(p509+2)

為破此故龍猛菩薩於二十七品云：「說過去已生，彼不應道理，昔時諸已生，彼即非是此。」若如是者，則一眾生應成六趣，彼等漸受六趣身故，前後諸人是常一故。如是亦破前後性別。若我有性，前後諸人或是一性，爾時應常，或是異性，則成斷見。故諸智者不當許我有實自性。

[釋]：為破此常見故龍猛菩薩於《中論》二十七品云：「說過去即是已滅，若和現在已生不論是一或是常，彼不應道理，昔時諸已生——即是已滅，彼已滅則成過去即非是此現在——已生。」假若如是過去（已滅）即是現在（已生）者，則一個眾生應成六趣之身，因為彼等漸受六趣身故，且前後諸人是常亦是一故。如是之理亦破前後有自性個別之一相續。故若我有自性，則前後諸人或是自性一性，爾時應成常則會有一眾生應成六趣身，或是自性異性，則成斷見。故諸智者不當承許我有實自性。

(p509+5)

二過作業失壞者，謂若許我一一剎那自相生滅，前我作業後我受果，如下當破。先造業果應無人受，作業之我未受果前已滅壞故，無餘我故。前後諸法其自性異，故除前我別無後來異性之我，前未受果果無受故。若謂是一相續，下亦當破，故不能斷業失壞過。

[釋]：第二過失所作業會失壞者，謂若承許我之體性一一剎那且有自相生滅，則前我所作業由後我來受果報，此種過失如下當破。先前所造諸業，此業之果應無人受報，因為先前作業之我，未受果報之前已滅壞故，已無餘相續之我故。前後諸法其體性自性異，故除先前之我，別無後來異性之我，先前造業之我未受果報就已滅，故果無人領受故。若謂在自性有之上前後之我仍是一相續，於下第三過失時亦當破除，故不能斷除業失壞的過失。

(p509-6)

三過未作會遇者，若謂前我雖已壞滅，然由後我受所作果，無失壞過。若爾，諸餘補特伽羅未作少業，當受彼業果報因緣，亦當受餘補特伽羅作業之果，以此自性補特伽羅所作業果，由彼異性補特伽羅而受用故。

[釋]：第三過失未造作業，會遇業之果報者，若實事師謂前我雖已壞滅，然其續流由後我領受前我所作業之果，故無業失壞之過失。中觀應成本宗云：若爾，與前不相干之諸餘（後）補特伽羅未作少業，當受彼前我所作業之果報因緣，如是亦當受餘不相干之補特伽羅所作業之果，以此自性前補特伽羅所作業之果，由彼自性異性後之補特伽羅而受用故。以前我、後我、其餘補特伽羅，皆是不相干之異故。

(p509-4)

《入中論》云：「未般涅槃前剎那，生滅無作故無果，餘所作者餘應受。」又《入中論》雖尚說有餘三過失，然唯破除自部所許，今為破共，故不摘錄。

[釋]：《入中論》云：「未般涅槃前補特伽羅是剎那生滅，故補特伽羅已滅，無作業者，因已滅，故無受果報者，若前補特伽羅所作業，由後補特伽羅領受業之果，則餘不相干之所作者由餘不相干之補特伽羅亦應受果。」又《入中論》雖尚說有另外三種過失，然此唯破除佛教自部所承許，今為破共同所要破，故不摘錄（另外三種過失由下《中論》〈第二十七品〉引出）。

(p509-3)

以上二理，二十七品云：「若此是餘者，無前亦應生，如是前當住，前未死當生，前斷業失壞，餘所作諸業，當由餘受果，此等皆成過。」

[釋]：以上二理——1、作業失壞；2、未作會遇，及另外三種過失。《中論》二十七品云：「若此是餘者——一相續又有自性，(1)無前亦應生——無因亦感果，(2)如是前當住——果生因亦不滅，(3)前補特伽羅未死，與其相續之後補特伽羅亦當生，(4)前補特伽羅所造諸業會有斷業失壞，(5)餘補特伽羅所作諸業，當由餘不相干之補特伽羅受果，此等所說皆成過失。」

(p509-1)

月稱論師即錄業壞等二，言「若此是餘者」，義謂昔生時我與現在我二性若異。若爾於前全無依托，不依前者後亦當生。又如造瓶，衣無須壞，後我生時前當不壞而常安住，又前不死當於此生。

　　[釋]：月稱論師即摘錄《中論》中的作業失壞及未作會遇等二，《中論》〈第二十七品〉所言「若此是餘者」，義謂往昔已生時之我與現在的我，此二體性若自性異。若爾於前世全無須依托再前一世，同樣的不依前世者，後世亦當生。此又如同造作瓶時，衣服無須壞，因為各自之體性是不相干之異。同樣的後時我生時，前已生之我當不壞而恆常安住，又前之我不死，當於此生又再生。以若承許自性有，則各自之體性定是不相干之異。

(p510+2)

若謂前後生我體性雖別然無業壞及未造業會遇之過，相續一故。此同各別自相未成尚待成立，若自性異是一相續，不應道理。

　　[釋]：若實事師又謂：前已生之我與後當生之我體性雖別別各異，然無造業失壞及未造業會遇之過失，因為相續是一故。此同各別自相未成尚待成立，也就是立敵雙方各自所許，雙方皆未共許——實事師成立無有造業失壞及未造業會遇之過失，因為自性有之一相續，此所立的因在中觀應成派來看，仍未共許。同樣道理，中觀應成師成立無造業失壞及未造業會遇之過失，因為我承許無自性有之一相續，此所立的因在實事師來看也未共許。然中觀應成本宗說若許自性異又是一相續，不應道理。

(p510+4)

猶如彌勒鄔波笈多，《入中論》云，「真實相續無過者，前觀相續已說過。」前如何觀察者，即彼論云：「彌勒近護有諸法，是餘性故非一續，諸法若由自相別，是一相續不應理。」謂若自相各別如二相續，不可立為是一相續。

　　[釋]：猶如彌勒補特伽羅及鄔波笈多補特伽羅是體性不相干之異，引《入中論》云，「許真實有之一相續無過失者，前面觀察自性有之一相續已說其過失。如：所作之業會失壞及未作之業會受果報。」

前面**如何觀察**自性有之一相續**者**之過失，**即彼《入中論》云**：「**彌勒**與**近護**各自所依**有諸法**（蘊體），**是不相干之餘異體性，故非一相續**，由此理可知**諸法若由自相個別**，則應成爲不相干之異體，若說其**是一相續不應理**。如：火焰與種子。」此謂**若自相各別**如二個各別**相續，不可立為是一相續**。

（p510+6）

《第二十七品》云：「**若天人各異，相續不應理**。」**總**謂**若自性異，應堪觀察實性正理之所思擇**，然以彼理詳審思擇，**下無塵許堪思擇事。故自性異，前所造業後若受果，則異相續一切皆同，無可分別**。此於一切處，**皆當了知**。

　　[釋]：《中論》〈**第二十七品**〉云：「**若天與人**體性是各不相干之**異，而說是一相續，則不應理**。」**總**的來說，謂**若自性異**，就**應堪忍觀察實性正理之所思擇**而獲得，**然以彼**實性正**理詳**細**審**察**思擇**，在此正理思擇之**下無塵許堪**忍**所思擇**之**事。故**若如實事師所許**自性有之體性異，前者所造業，後者若能受**其**果，則**體性不相干之異與體性相屬之異，其**相續一切皆同**，就**無可分別**相違之異與不相違體性相屬之異，則是因、非因，皆能感是果、非果，如是則破壞緣起因果之世俗諦法。**此於一切**時、**處**、宗派，**皆當了知**。

（p510-5）

若爾，自宗前時所受後時憶念，二者非一，如異相續，則憶先受及先造業，後者受果不應道理。

　　［釋］：實事師反問中觀應成派云：**若爾**如你應成宗所說，汝**自宗**亦承許**前時所領受**而由**後時憶念**，此**二者非一**，那就會**如**同不相干之**體性異**又能成為**一相續**，**則憶念先前所受**及先前**造業**，及由**後者受**業**果**，汝應成宗亦**不應道理**。

（p510-4）

答云，無過。是一相續此宗無違，唯於他宗是一相續不應理故。如滿瓶酪置茅屋內，鴿住屋頂，雖鴿足爪未入酪瓶，然彼爪跡於酪可得。如是現法補特伽羅未往前世，然憶宿受亦無相違。

　　［釋］：中觀應成自宗回**答云**，汝實事師所問難與我應成自宗所承許是**無有**汝所問難之**過**失。如**是一相續**對於**此**中觀應成**宗是無相違**的，此種過失**唯於他**實事**宗許是一相續乃不應道理故**。以汝實事師許自性有故。**如於滿瓶乳酪**放置**於茅屋內**，有**鴿子住於屋頂**上，**雖然鴿**之**足爪未**伸入乳酪瓶，**然彼**鴿之**足爪痕跡於**乳酪**可得**。**如是**法喻配合**現法**之**補特伽羅未往前世**，**然**能**憶念**前世宿命，及**領受**前世之業**果亦無相違**。如是依屋頂之鴿，假名安立於屋內之酪上可得爪跡，同理，依於前世而假名安立由現世憶念前世，非是由現世而往前世，以不承許有自性故。

（p510-2）

《四百論釋》云：「諸因果法應離分別一性異性，由因差別果相顯現，唯有諸行相續無常，能取假我隨念宿生應正道理。於彼諸法皆無自相，若有如是諸緣現前變為餘相無不應理。是故當知，諸法因緣皆無自相，作用差別不可思議。如稀酪器置於屋中，多草覆頂，鴿居其上跡雖可得，然足入酪理定非有。」《入中論》中，當廣研求，當釋正義。

[釋]：《四百論釋》云：「諸因果法是因緣和合，既然是因緣和合，則應遠離分別執自性有之一性及異性，由善惡等因緣差別樂苦之果相顯現，故唯有諸行之有為法剎那相續之無常，及依著無自性之蘊體，此能取蘊體者假名為我，如是能隨念宿生，應正合道理。於彼諸法皆無自相，若有如是諸因緣行相現前，也就是由眾多差別之因，感眾多差別之果的顯相，或者造善惡業，由生起邪見或四力懺悔而變為破壞善業所生之樂果及惡業所生之苦果之餘相，無不應理。是故當知，諸法因緣皆無自相，作用差別不可思議，種如是因感得如是果皆不雜亂。若許有自性，則有無法改變的過失。如同稀酪器放置於屋中，眾多草覆蓋於屋頂，鴿子居其上足爪跡雖於稀酪上可得，然足爪入乳酪之理定非有。以是相互觀待唯名言假立故。」此於《入中論》中，應當廣泛研求緣起無自性之理，應當解釋其正義。

(p511+2)
如是若許我蘊是一，二十七品云，「云何所取法，而成能取者，」此是大過。如名言云，此數取趣受如是身，蘊是所取，我是能取。若許彼二是一，作業作者亦當成一。能斫所斫，瓶及陶師，火與薪等，皆當成一。

　　[釋]：如是若許我與蘊是體性一且自性有，此於《中論》第二十七品云，「云何所取法（蘊體），而成為能取之我者，」此是大過失。如世俗名言云，此數取趣受如是身，蘊體是所取，我（數取趣）是能取。若許彼二——蘊體與我（數取趣）是自性一，則作業作者亦當成一。能斫者於所斫之事，瓶及陶瓶之師，火與薪等，皆當成為非別別法之一。

(p511+5)
如十品云：「若薪即是火，作者業成一，以此火薪理，我與所取等，及瓶衣等俱，無餘盡當說。」《入中論》云：「取者與取理非一，業與作者亦當一。」如是若許我蘊是一，許我無義，我當成多，作及作者理當成一，造業失壞，未造會遇，說憶宿生不應道理。有六過故，不當許一。

　　[釋]：又如《入中論》第十品云：「若薪即是火，作者及作業成非別別法之一，以此火薪之正理，我之能取與所取之蘊等，及所取之瓶衣等俱是一，無餘盡當如是說。」此中「無餘」即是找不到任一事物，不成非別別法——即皆是

一。《入中論》云：「能取者與所取之理非是自性一，若是自性一，則業與作者亦當一。」如是若許我與蘊是自性有之體性一，則有：第一、許我無義，以蘊即是我。第二、我當成多，以蘊體多。第三、作業及作者理當成一，如此則成：第四、造業失壞。第五、未造業會遇業果。第六、說憶念宿生不應道理。總有六種過失，故不當承許自性有之體性一。

(p511-5)
第二破異品。若我與蘊二性非一，而許性異，當有何過。第十八品出此過云，「若我異諸蘊，應全無蘊相。」若我自性異蘊而有，應不具蘊生住滅相，如馬異牛不具牛相。

　　[釋]：第二破異品。若我與蘊此二體性非一，然而在自性有之上承許體性異，當有何過失。如《中論》第十八品出此異品之過失云，「若我自性異與諸蘊，則我與蘊體成為不相干之異，我應全無蘊之生滅相。」若我自性異與蘊而有，我應不具蘊體生住滅之有為相，此如同馬異於牛不具牛相。

(p511-4)
若謂如是，《明顯句論》立他比量難，謂彼應非設我名言處非我執境，是無為故，如虛空花，或如涅槃。

　　[釋]：若謂：如是他宗所許自性有之我與蘊體為相異而有不相干之異，則月稱論師於《明顯句論》設立依他所許比量而問難，謂彼蘊應非施設我名言之施設處亦非我執之所緣境，因是無為故，如同虛空中之花——不存在的事物，或如同涅槃——常法。

(p511-2)
佛護論師說，我若不具生滅之相，即應是常，常則無變，全無作為，計執有我，毫無義利，流轉還滅皆不成故。

　　[釋]：佛護論師說，我若不具有為生滅之相，我即應是常，是常則無變化，全無因果之作為，故計執有我，則一切言說皆毫無義利，因為若無因果之作用則成為常法，若是常法流轉還滅皆不得成立故。

(p511-1)

若離諸蘊變礙等相，自性異者應如是可得，譬如色心異相可得，然不可取，故無異我。第二十七品云：「我離所取蘊，異者不應理，若異無所取，應見然不見。」《入中論》云：「故無異蘊我，除蘊不執故。」故諸外道增益離蘊異義之我，是未了解我唯假名。

[釋]：若我離諸色蘊變礙等五蘊生滅之行相，自性異者應如是離諸蘊有異相可得，譬如：色與心、牛與馬有異相可得，然離諸蘊相，此我不可取，故無異於蘊之我。《中論》第二十七品云：「能取之我離所取之蘊，成為不相干之異者不應道理，若自性異於蘊體之無所取，應見能取者之我，然不可見。」《入中論》云：「故無異於蘊之我，除了蘊之外不執我故。」故諸外道增益離蘊之外不相干之異義之我，此是未了解此我是不離蘊唯相互觀待而假名安立。

(p512+2)

又見與蘊一不應理，由邪宗力妄興增益，非彼相續名言諸識見如是我。以如是理，乃至能見我與諸蘊，若自性異有諸過難，得堅定解應當修習。若未於此一異品過，引生清淨決定了解，縱自決斷補特伽羅皆無自性亦唯有宗，終不能得清淨見故。

[釋]：又見我與蘊是一不應道理，此是由邪宗派之力妄興增益真實之我，然此我非即是彼色心相續，而是一般名言不推察之諸識所見如是之假我。總結以上如是之理，乃至能見我與諸蘊，若自性異有諸過難，於此得堅定解應當修習。若未於此自性一或自性異品之過失，引生清淨決定了解，縱自決斷補特伽羅皆無自性亦唯有宗——即唯有名相而無內涵，是故無能立之正因，終不能得清淨無我之正見故。

(p512+6)

若欲觀察有無真實補特伽羅，當觀真實補特伽羅與蘊一異。若計是一，究竟過難，謂火薪等作者與業皆當成一。此等若一，即以世間現量能破，立敵二宗諸不共許不成過難。如是若異，應如色心各別可見，未見是事，此以常識不取為難，宗派不共不成過難。

[釋]：若欲觀察有無真實補特伽羅，應當觀察真實補特伽羅與蘊是一或是異。若計是自性一，其究竟過難，謂如火與薪等或作者與業皆當成一。此等若是一，即以世間眼識現量所見即能破除，不一定是以立敵二宗諸不共許就不成為過難。如是若自性異，應如色心體性各別可見，然離蘊未見如是我事，此以平常之名言識不取到異體而為其過難，不是以宗派不共許就不成為過失之難。

(p512+8)

故於觀察真實義時，一切過難究竟根本，要至立敵相續之中，無有損害名言諸識。故云「於真實時世無害」者，是如前說，於真實義不許為量，非於觀察真實義時，無有損害名言諸識，不許為難。

[釋]：故於正理觀察真實空性義時，所出一切過難究竟根本，要至立敵共許相續之中，無有損害名言諸識。若有損害名言諸識，則無法安立一切名言諸法，故《入中論》云：「於觀察真實空性之時，於一般的世間名言識無所損害」者，此〝一般的世間名言識〞是指非宗派所遍計之名言識。故是如前 p432-2 引論所說，《入中論釋》云：「如是思惟真實（空性），唯諸聖者乃為定量，非諸、非聖之異生及聖者後得定之世俗名言識，觀待真實亦非量。然，以為說真實於世間諸名言識有相違害，以世俗皆會顯現自性有，故說世間皆非量。」此說於真實義不許世間為量，非是解釋於觀察真實義時，無有損害名言諸識，而說成不許為難下部派所承許世間名言諸識。以下部派於名言識定許有自性，就會成為觀待真實義世間名言識亦成為量的過失。

(p512-3)

若不爾者，各別所許諸不共量既不能害，諸至教量有許不許，種種非一，即共許者，了非了義多不合順。彼復尚須以理證成，餘有何理，可為顯說。

[釋]：若不爾者，以各宗派各別所許諸不共量既不能害，然諸至經教之量有承許不承許，種種不同非一，即使自他各部派所共許之經教者，亦有了義非了義多有不相合順。彼此復尚須以正理來證成，除此之外餘有何理，可為明顯述說。

(p512-2)

又於他許，謂若許彼亦應許此，若不許此亦莫許彼。如是因相，若無正理何能決定，是故能破能立，一切根本究竟，要至立敵無損名言諸識，違彼而許見自內心能違害故，不可違越。此乃中觀因明一切共規。

　　[釋]：又於依他許，謂：若他宗許彼有自性，則亦應承許此有不待因、非變異、非所作，若不許此不待因、非變異、非所作，則亦莫許彼自性有。如是以上種種因相，若無正理又何能決定，是故能破能立，一切根本究竟，要至立敵都承許無損一般名言諸識（非宗派所遍計之名言識），若違背彼無損一般名言諸識而來承許則會見自內心能違害故，所以不可違越此無損一般名言諸識。此乃中觀及因明各宗派一切共規。

(p513+1)

雖則如是，然名言識亦無成立無性等過，猶如現量雖能成立聲是所作，然非現量成立無常。總其能破能立根本，究竟雖須至於現量，根本所立豈須由於現量而成。

　　[釋]：有問：若各部派皆具有無損一般之名言識，此是否同時亦證到無自性呢？本宗回答：雖則如是，一般有情皆具有無損之名言識，以有情被錯亂習氣障礙見無自性，故不能如同佛之盡所有性智（無損之名言識）能通達無自性。然一般而言，不抉擇真實義之名言識亦無法成立無自性等此過失，有情雖皆具有無損一般名言諸識，如佛一般的名言諸識，然不會因為具有，就會有如同佛的名言諸識能無錯亂的通達空性，或說勝義世俗皆由無損名言識安立。故以勝義是由抉擇真實義之名言識所安立，此猶如現量（是指現行經驗量）雖能成立聲是所作，然非由現量（現行經驗量）成立無常。以聲雖俱有剎那生滅之無常，然非無常即是所作，通達無常之名言識不即是通達所作，以無常之體性是剎那生滅故。此是由比量推理現行之經驗量，故任一法的究竟成立，是由無錯亂現量證成，然由比量亦可成立。反之，若比量有錯亂，則亦無法達到無錯亂的現量（中觀應成派許現量亦有錯亂）。總其能破自性能立無自性根本，究竟雖須至於瑜伽現量，然根本所立豈須唯由於瑜伽現量而成，是由比量推理之所成，此即是說，以勝義世俗皆由無損一般名言識所成立。

（p513+4）

第三由此亦能破諸餘品。

〔釋〕：**第三由此**第一科判「一、破我與蘊性一品」及第二科判「二、破我與蘊性異品」；**亦能破諸餘**五**品**。1、能依之我依於蘊。2、所依之蘊依於我。3、我俱有蘊。4、蘊積聚即是我。5、蘊積聚之特殊形狀即是我。

（p513+4）

若有異性如盤中酪，或我依蘊，或蘊依我，可有能依所依二品，然無異性，故無所依及以能依，如前說車。《入中論》云：「蘊非有我我無蘊，何故若此有異性，觀察於此乃可成，無異性故妄分別。」

〔釋〕：**若有**相違**異**體**性如盤中酪，或**自性有的**我依**於**蘊，或蘊依**於自性有的**我，可有能依**——自性有的我依於蘊，如人在帳中及自性有的我被蘊**所依**，如盤中酪**二品，然**由世間名言識可了知我與蘊體**無**此相違之**異性，故無**此相違之**所依及以能依，如前** p501-3《入中論》所**說**之**車**「非依他支」及「非支依」。《入中論》云：「**蘊非有**能依自性的**我**——蘊中無我，自性的我亦**無蘊**所依——我中無蘊，**何以故，若此有**相違自性有之**異性**，世間名言識**觀察於此乃可**尋得而**成，然無**自性有之**異體性故**唯是虛**妄分別。」

（p513+6）

又我與蘊具足品者，當知亦如車說。即前論云：「非我具色何以故，由我無故無具義，非異具色異具牛，我色俱非一異性。」言具牛者，如云天授具足諸牛。言具色者，如云天授具足妙色。

〔釋〕：**又我與蘊具足品者**——即是我具有我的支分蘊體，**當知亦如** p502+5 **車**具有車之支分**說。即前《入中論》云：「非**實有之**我具**有我之**色**蘊等，**何以故，由**實有之**我無，故無具**有之含**義，非異具色**——站在我與我的蘊體是體性一的角度而言非有自性有的我具有色蘊等。站在不相干之體性**異**而言，我與蘊若如同自性有的我具有**牛**，這是不存在的，因為離開蘊體沒有我存在，**故我與色蘊等俱**

非自性有的一性及自性有的**異性**。」此中**言具牛者**，是以體性異而言，**如云天授具足**不相干異體之**諸牛**。**言具色者**，是以體性一而言，**如云天授具足**天授之**妙色**。

（p513-6）

若爾唯蘊合集即是我耶，此亦非理，說依五蘊假施名我，其所依事即能依法，不應理故。《入中論》云：「經說依蘊故，唯蘊集非我。」又唯蘊聚，即是我者，《入中論本釋》俱說「業與作者成一之過」。許一一蘊是我所取，當許五蘊俱是所取，則諸蘊聚亦所取故，說蘊積聚是我所依，非即是我，則蘊相續顯然亦應如是而許。

　　[釋]：**若爾**如前所說我與色蘊等具非一異性，則**唯蘊聚合集即是我耶**，此說亦非理，以說依五蘊假施設名我，其所依事蘊體即是能依法之我，此事不應理故。《入中論》云：「經說我是依蘊假安立故，唯蘊聚集非是我。」又唯諸蘊積聚，即是我者，則《入中論本釋》俱說「作業與作者成為一之過失」。又許一一蘊是我所取，當許五蘊俱是所取，則諸蘊積聚亦是所取故，若說諸蘊積聚是安立我之所依，那諸蘊聚非即是我，則蘊之相續顯然亦應如是而許為我之所依，以蘊的相續是在蘊上成立，以蘊非即是我，故蘊之相續亦非是我。若蘊之相續即是我，則相續多，我亦應成多；反之，我一則相續亦應成一。

（p513-2）

若謂彼等雖皆非我，然如配合輪軸等時，得一殊形安立為車，色等合聚於殊特形，應立為我。若爾，形狀唯色乃有，應於心等不立為我。《入中論》云：「形為色有故，汝唯說色我，心等聚非我，心等無形故。」是故如車於七種相皆無自性，然依有支假名為車，我與諸蘊一異等性，七中皆無，然由依蘊假名為我。二者相似，經以彼二說為法喻，故此善成。

　　[釋]：若謂彼等前六品雖皆非是我，然如同配合車之輪軸等時，得一特殊形狀安立為車，那麼色等諸蘊合聚於合理的**殊特形狀**，應可安立為我。若爾如同他宗所說特殊形狀安立為我，然形狀唯色法乃有，如此應於心等不安立為我，則補特伽羅亦應無心。如《入中論》云：「形狀為色法才有故，汝唯說色法之形狀為我，心等聚積非是我，因為心等聚積無形狀故。」是故如車於七種相觀

察皆無自性，然依有支假名為車，同樣的**我與諸蘊**自性**一異**等性，七種相中皆無自性，然由依諸蘊假名安立為我。車與我二者非常相似，經以彼二（我與車）說為法喻配合，故此補特伽羅無自性亦善成立。

（p514+3）

第四依彼能見補特伽羅猶如幻化。

　　[釋]：此**第四**科判——由前 p507-6「一、破我與蘊性一品；二、破我與蘊性異品；三、由此亦能破諸餘品；」而來，故**依彼**一、異、非俱支、非依他支、非支依、非聚、非形七相遮遣補特伽羅自性有，則**能見補特伽羅猶如幻化**。此中幻化如同眼識見補特伽羅非唯分別心假立於識體前方真實顯現而有，由第六意識分別了知如其真實顯現如現非有，此為細分之如幻，唯八地以上之菩薩及阿羅漢斷盡俱生人我執者才能見此細分之如幻。此細分之如幻，不如同於陽焰般粗分之如幻，此種粗分之如幻一般之凡夫異生亦皆能了知。

（p514+3）

如幻之義，略有二說，一說勝義諦如幻，謂唯可言有而破諦實，二說色等幻，謂自性雖空，現有色等現境如幻。今說後義，又後義中有前幻義，前中不定有後幻義。

　　[釋]：補特伽羅**如幻**之涵**義，略有二說，一說勝義諦如幻，謂唯可**依分別假立**言有而**以勝義理智擇抉無塵許自性可得**破諦實**有，故無諦實而說如幻。**二說色等**諸法如**幻**即是細分之如幻，謂**色等諸法體性**自性雖空**——即自性不存在，然顯**現有色等**諸法之世俗名言量之**顯現**境，故說**如幻**。今此科判所**說補特伽羅猶如幻化是指**後義**——第二色等幻，**又後義**色等如幻**中一定具有前勝義如幻義，前勝義如幻中不一定具有後色等如幻**之義。以色等諸法，於名言諸識定會顯現真實有自性，故說若無通達勝義如幻亦不能了知色等如幻——如後得智。然通達自性空之時，無色等諸法——如根本智，故說前勝義如幻中不一定具有後色等如幻之義。

修後幻法要依二心，一取現境，二決定空。喻如變幻所現象馬，要眼識見，如所幻現實無象馬，意識決定。依此因緣乃能定解所現象馬是幻或妄，如是補特伽羅等，於名言識顯現無遮，及以理智決定了彼自性本空，依彼二心乃能定解補特伽羅是幻或妄。

　　［釋］：**修後之色等細分之如幻諸法要依二心，一、根識取色等顯現**自性有之**境，二、第六意識**分別心依勝義理智抉擇**決定色等諸法自性空。喻如**幻師**變幻所現象馬，此象馬要眼識**所**見**真實顯現，**如**其所變幻象馬雖真實顯現，然**實無此**真實象馬，此由第六意識決定。依此因緣**——眼識所現見真實象馬及第六意識決定其真實象馬如現非有，**如此乃能定解所現象馬是幻或妄，如是**法喻**補特伽羅等，**皆**於名言識顯現**而有，此世俗名言量顯現之補特伽羅等**無能遮除，及**第六意識以理智決定了彼**補特伽羅等**自性本空，故**依彼二心**——名言識顯現而有自性及理智決定自性空，乃能定解補特伽羅是幻或妄，**此即細分之如幻。而所謂的〝幻〞即顯現真實，如其顯現此真實不存在，非說顯現不存在，然顯現定會有真實，以是錯亂故。

此中理智不能成立顯現為有，其名言量不能成立自性為空，此即雙須尋求有無自性理智與取色等名言諸識所有因相，故若色等不現如幻，其取色等諸名言識任運而有，生此方便不須劬勞。

　　［釋］：**此二心中**勝義**理智**唯抉擇自性有無，**不能成立色等諸法顯現為有，其**世俗**名言量**成立色等諸法，**不能成立自性為空，此**如幻之義即是**雙須尋求有無自性**之**理智與取色等名言諸識所**必須要有的正**因之相，故若色等**諸法不依此二心**顯現如幻，而僅由其**唯取色**（如煙、霓虹燈）**等諸名言識任運而有**非理造作之如幻，生此**如幻之**方便，**則**不須劬勞**修行佛法任一眾生皆有。

當以觀察有無自性之正理，多觀色等，於破自性起大定解，次觀現境乃現如幻。無餘抉擇幻空之理，昔諸智者說以理智於現有法唯遮自性生滅等空，名如虛空空性，次性雖空現似有性色等顯現，名如幻空性。

[釋]：當以第六意識分別心依著觀察有無自性之正理，多方觀察色等諸法其存在的方式是否如同名言識顯現，非唯分別心假立以其不共自體性存在於前方而有，於其破自性成立無自性起大定解，次觀察名言識顯現境乃顯現如幻，意謂：名言識顯現自性有，第六意識分別心了知其自性有不存在。除此之外無其餘方法抉擇細分幻空之理，往昔諸智者說先以勝義之理智於現前色等有法唯遮其自性生滅等空無自性，名如虛空空性，此依無質礙無遮份之虛空來形容空性。次自性雖空，然現似有自性之色等顯現，名如幻空性。

（p514-2）

如是臨修禮拜旋繞及念誦等行品之時，先以觀性有無之理，觀察彼等破除自性，以彼定解智力攝持，次修彼事學習如幻，於此幻中，修禮拜等。

[釋]：如是臨修禮拜旋繞及念誦等福德資糧行品之時，先以所緣禮拜、旋繞、及念誦觀察自性有無之正理，觀察彼禮拜、旋繞、及念誦等於識體顯現實有自性而後以七相之正理破除其實有自性，以彼定解無自性之智力所攝持，次修彼禮拜、旋繞、及念誦等事學習如幻空性，於此幻中，修習禮拜等。

（p515+1）

知此宗要定中當修如空空性，由彼力故，於後得時，善解現境如幻空理。此如前說，若不善知所破量齊，唯以正理觀一異等，見一異等有妨難時，便謂全無補特伽羅等及謂補特伽羅等法，如兔角等一切作用皆空無事成大斷見，當知即是正見歧途。

[釋]：知此性空緣起之宗要，於定中當修如虛空空性，即是自性空或者勝義諦如幻。由彼空性之勢力所攝持故，於後得位（轉換所緣）時，善解顯現境如幻空性之理，也就是名言識顯現自性有，第六意識分別心了知其自性有不存在。此如前 p409-1 之科判所說「一、必須善明所破之因相」所破即是自性有，非破世俗名言有，若不善巧了知所破之量齊，唯以抉擇理智之正理觀察一異等，而見一異等有妨難時，覺得即是如其所顯現不存在，便謂全無補特伽羅等及謂補特伽羅等法，如同兔角等一切作用皆空無作用之事而成大斷見，當知此種即是正見歧途。也就是以抉擇理智之正理損害緣起諸法而成為斷滅見。

如云「如是則三有，云何能如幻。」《四百論釋》云：「若能如實見緣起者，當如幻化，非如石女兒。若此觀察破一切生，說諸有為皆無生者，爾時此非如幻，石女兒等乃能量度，我因恐怖無緣起過，不能順彼，當不違緣起順如幻等。」故尋求有無自性之理智，執有幻義雖亦是過，然以彼理觀察破除自性之後，於諸法上定當引生執有幻義，非是過咎。《四百論釋》云：「是故如是周遍思擇，諸法自性皆不成就，諸法別別唯餘如幻。」此說須餘如幻義故。

[釋]：如《四百論》云：「如是則三有，云何能如幻。」此是下部派對應成本宗的問難：如是輪迴三有是存在，怎麼會是如幻無自性呢？《四百論釋》云：「若能如實見緣起性空者，應當如幻化有其作用，非如同石女兒般的沒有作用。若此勝義理智觀察破一切生滅，而說諸有為皆無生者即是全無，爾時此非如同本宗所說的幻化有作用，而如同全無作用之石女兒等，乃（如何）能成為世俗名言識所能量度的到呢？我中觀應成宗因恐怖墮入無緣起作用而成斷滅的過失，不能順彼他宗所說若自性無，則無緣起如幻作用之理，故當不違背緣起隨順如幻有作用等。」故尋求有無自性之理智，假設同時執有如幻之義雖亦是過失，以尋求有無自性之理智與執有如幻之義，此二體性不同。然以彼理智觀察破除自性之後，於諸法上定當引生執有如幻作用之義，非是過咎。故《四百論釋》云：「是故如是以正理周遍思擇，觀察諸法自性皆不成就，然其正理觀察所依諸法別別唯餘如幻有作用。」此說無自性須餘世俗名言有是如幻有作用義故。

【如幻之義】即眼識見眞實有之象馬（世俗諦法），然第六意識依著抉擇
自性有無之正理決定眞實有這份是不存在的，故稱自性空。

1、顯現眞實有空之象馬(緣起因果)是由世俗名言識成立爲有，

2、眞實有空，由理智抉擇成立，並非唯有總相顯現虛無渺茫之世俗；

此中，『勝義理智抉擇』自性有無之正理，僅抉擇自性有或無，令此自性
有消失之此無遮份，即是無自性，非謂抉擇無自性有或無，若有，則無自
性又成有自性（常見）；若無，則無自性又不存在（斷見）；又，如幻之義
亦非是(決定自性空與自性空之補特伽羅顯現爲有)，成立爲諦實有，所以
若諦實有定非是如幻之義。

（p515-6）

又若破除苗芽自性乃至正理作用未失，爾時若以正理觀察應不應理，雖於苗芽
不執有性，然於苗芽無自性義念爲諦實，及於性空顯現如幻念爲諦實。此執有
過，亦是正理之所破除。

[釋]：又若以勝義理智抉擇破除苗芽自性乃至此正理作用未失執持此無自
性之無遮分時，爾時若以正理觀察此無自性或有或無、應不應理，此時雖於苗芽
不執有自性，然於苗芽無自性義念爲諦實，及於性空顯現如幻念爲諦實。此執
苗芽無自性義爲諦實，及於性空顯現如幻爲諦實仍有過失，此亦是抉擇自性有
無正理之所要破除。

『勝義理智抉擇』是要遮除令有情輪迴生死的主要作用（唯分別心假立還不
滿足，還要執它爲自性有），世俗諦法和勝義諦法都是要唯分別心假立，
一定都是無自性，那又要執它爲有自性，那輪迴生死的主因就破不到了。

（p515-4）

若不執實，但取有幻，決不當謂取幻亦復有執著故，應當棄舍。若不爾者，緣起定解一切皆無，成大過故，如前廣說。此復定是未能分辨如幻義有與諦實有二者差別。

　　[釋]：假若**不執持實**有，**但執取幻**有，**決**定**不應當認爲**，**謂執取幻**有**亦復**是有執著諦實**故**，而於此幻有**應當棄捨**。**若不爾者**(若於此幻有棄捨)，而於**緣起定解一切皆**全**無**，則**成**斷滅見的**大過失故，如前** p441-2 「由未了知如前所說正理所破，遂以爲破除自性正理，即是破壞一切名言建立。如是執正見(業果如幻作用)與諸邪見(由大自在天所生之作用)，一者錯(由大自在天所生之作用)則俱錯，一者不錯(業果如幻作用)則俱不錯，此爲大邪見故。」**廣說**。**此復定是未能分辨如幻**之**義有**(雙俱顯現世俗名言有及自性本空二義)**與諦實有二者差別**。

　　識體顯現（根識或第六意識）分別心一定會有自性，然此自性有一定是不存在的（現証空性的理智尋找不到它）非謂識體顯現不存在，只要執爲自性有的心識一定是屬於分別心，然分別心未必定是執爲自性有，如比量智。

（p515-1）

又先觀境以理分析覺境非有，次於觀者亦見如是。再次於能決定無者亦復非有，任於何法，此是此非，皆無能生定解之處。次覺現境杳茫無實，由是未分自性有無與僅有無，以諸正理盡破一切之所引生。如此之空，是為破壞緣起之空。故證此空，引覺現境杳茫顯現，畢竟非是如幻之義。

　　[釋]：此世俗顯現雖非堪忍正理抉擇，然非正理抉擇所能破，以世俗顯現是世俗名言量所成立，非是正理抉擇所能成立。然世俗顯現自性有，此自性有非堪忍正理抉擇，亦是正理抉擇所破。**又先觀**察抉擇**境以**正**理分析覺**此所執之**境非有**，**次於能觀者**以正理觀察抉擇**亦見**此能觀者**如是**非**有**。**再次**依正理觀察抉擇**於**此**能決定無者**之識體**亦復非有**，以是之故**任於何法**，**此是此非**或有或無，**皆無能生定解之處**。**次覺**世俗**現境杳茫無實，由是未分**別**自性有無與僅**世間名**言**有無，以諸正理盡破一切**自性有與世間名言有之**所引生**。**如此**正理抉擇所引申之**空，是為破壞緣起**因果之**空。故證此空，引覺**顯現**境杳茫顯現**無實，此**畢竟非是如幻之義**。

《菩提道次第廣論》〈毗缽舍那〉540

世俗顯現渺茫無實的成立因，有二 ｛ 眼識見真實有

第六意識分別抉擇真實有空，

若無此二因成立，並非真實的如幻之義。

（p516+3）

故以正理思擇觀察，覺補特伽羅等，於自性境無少安住，依此因緣，此諸現境杳茫顯現並非難事，如此顯現，凡諸信解中觀宗義，少聞顯說無性法者，一切皆有。

[釋]：**故以正理思惟抉擇觀察，覺**得**補特伽羅等**諸法，**於**其施設處**自性境無少安住，依此因緣，此諸**世俗**現境杳茫顯現**無實**並非難事，如此顯現**杳茫，**凡諸信解中觀宗義，**乃至**少聞顯說無**自**性法者，一切皆有**此虛無渺茫世俗顯現。此雖於世俗顯現有虛無渺茫，然心識無法決定其為自性空，並成立世俗有，僅以總相了知世俗的顯現是虛無渺茫。

> 這份虛無渺茫並不是由此二因（自性空）所成立的（顯現如幻的），此會有相似之見，即是說世俗有亦是無，這種模擬之見，說空（世俗空）又在心識顯現為有（不是如幻之義），空（自性空）有（顯現為有）不把世俗空掉是要空自性的。

（p516+5）

然最難處，謂盡破自性及以無性補特伽羅，立為造業受果者等，至心定解，而能雙立此二事者，至最少際，故中觀見最極難得。然若未得如斯正見，定見增長，則於行品定解損減。若於行品定解增長，則其定見決定損減，則於二品，無餘方便能正引生勢力均等廣大定解，是故決定或墮妄執實有自性，增益常見有事見邊，或墮妄計諸法作用一切皆空，損減斷見無事見邊。

[釋]：**然最難**之**處，是謂盡破自性**有**及**又能**以無**自**性補特伽羅，安立為造業受果者等，**於此自性空及名言有**至心定解，而能雙**俱安立此二（自性空及名言有）事者，至最少際**——意謂很少，**故中觀**應成**空正見最極難得，**以若獲得此正見並種下解脫、成佛斷障智慧資糧之正因。**然若未得如斯中觀**應成**正見，**若空性之**定見增長，則於**緣起因果之**行品定解損減。**

若於緣起因果之**行品定解增長**，則其空性之**定見決定損減**，則於**二品**（智慧及行品或見行）**互爲衰損**，又**無餘方便能正引生**智慧及行品或見行二品**勢力均等**相輔相成**廣大定解**，是故**決定或墮妄執實有自性**，**增益常見有作用事爲常見邊**，**或墮妄計諸法作用一切皆空無**，則**墮損減斷見無**作用之**事爲斷見邊**。

（p516-5）

如《三摩地王經》云：「爾時無罪具十力，勝者說此勝等持，三有眾生猶如夢，此中無生亦無死，有情人命不可得，諸法如沫及芭蕉，猶如幻事若空電，等同水月如陽焰。全無人從此世歿，而更往去餘世間，然所造業終無失，生死異熟黑白果。既非常住亦非斷，無實造業亦無住，然既造已非不觸，亦無他造自受果。」

　　[釋]：如《三摩地王經》云：「**爾時無罪**（無錯亂二顯習氣）**具十力勝者**佛**說此**同時現前無錯亂緣二諦之殊**勝等持**智，見**三有眾生猶如夢**幻，**此**以勝義理智抉擇**中無**自性**生亦無**自性**死**，**有情、人、命**實有**不可得**，有情等雖錯亂顛倒現似實有而堅固恆常，但事實上**諸法**（有情）**如泡沫**不實易壞**及芭蕉**堅而無實，**猶如幻化之事**如現眞實然非眞實有，**若空**中之閃**電**隨即消失，**等同水**中**月**水中所現眞實月亮然無眞實月亮，**猶如陽焰**顯現眞實有水然實無眞實之水。**全無**實有之**人從此世歿，而更往去餘世間，然**如幻之人**所造**作之**業終無失**壞，**生死異熟黑白業果。既非**實有之**常住亦非**緣起因果**斷**無，**無實**有**造業**者**亦無**恆常安**住**刹那生滅，**然既造業已非不觸**由自己領受自己所作之果報，**亦無他**人**造業由我自已受果報**。」

（p516-2）

謂以正理雖不能得若生若死補特伽羅，然諸法如幻生黑白果。故造業已定觸其果，非不領受。又無他人所造諸業，其餘補特伽羅不造而遇領受其果，如此所說當獲定解。

　　[釋]：**謂以正理**理智尋求**雖不能得若生若死**之實有**補特伽羅，然諸法如**前所說色等**幻**非實，造善惡業必定**生黑**（惡果）**白**（善）**果。故造**善惡**業已定觸其**黑白**果，非不領受。又無他人所造諸**善惡**業，**由其餘補特伽羅不造**善惡業**而會**遇領受其**善惡**果，如此**造做善惡業能無錯謬感生黑白果，是因無實有補特伽

《菩提道次第廣論》〈毗缽舍那〉542

羅，於此如幻之理**所說當獲**得定解。

（p517+1）

求定解法如前所說，令善現起正理所破。次善思惟，自心無明，如何增益自性之理，當善認識。次當思惟若有此性，決定不出一異道理及於雙方妨難之理，分別思察。引生觀見妨難定解，後當堅固定解補特伽羅全無自性，於此空品應多修習。其次補特伽羅名言不可遮止，令於心現，即安立此為造業者及受果者，作意思惟諸緣起品，於無自性緣起得成，於成立理當獲定解。

　　[釋]：於造做善惡業感生黑白果如幻之理**求定解法**，以業果是屬於隱敝分，須以正理遮遣而引生定解。**如前** p409-1「**一、必須善明所破之因相**」**所說**，故**令善**巧**現起正理所破**為何。**次**應**善**巧**思惟**，**自心無明**之顛倒識，**如何增益自性**之**道理**，**當善**巧**認識**無明之顛倒識其所執的自性有之境。**次當**依正理**思惟若有此自性，決定**不超出**一**或**異**之道理**，絕無第三種**及於雙方**自性一或自性異於事實緣起無自性存在**妨難之理，分別思惟**觀察。**引生觀見**若**自性一或自性異**會有**妨難**的**定解，後當堅固定解補特伽羅全無自性，於此**無自性之**空品應多**思惟**修而串習。其次**思惟自性空然**補特伽羅**唯**名言**假立之世俗**名言**有**不可遮止**，此世俗名言有**令於心顯現**而有，此心顯現為名言假立之補特伽羅**即安立此為造業者及受果者**，以正理**作意思惟諸緣起品**，由**於無自性**然唯名言假立之補特伽羅造如是善惡業感得黑白果之**緣起得成立**，於自性空並**成立緣起**因果之**道理**應**當獲得定解**。

（p517+5）

若覺彼二現相違時，當善攝取影像等喻，思不違理，謂如形質所現影像，雖所現為眼耳等事皆悉是空，然依鏡質緣合則生，若此眾緣有缺則滅，如彼二法同於一事不可遮止。如是補特伽羅雖無自性若微塵許，然造業者及受果者，又依宿業煩惱而生，皆無相違，當淨修習。如是道理，於一切處皆當知之。

　　[釋]：若思惟觀察修**覺彼二**自性空及緣起因果顯**現相違時，當善**巧**攝取影像**、水中月等譬**喻**，**思**惟其不**相**違的道**理，謂如**真實臉、眼、耳的**形質**於鏡中**所現**臉等**影像，雖**於鏡中**所現為眼耳等事皆悉是**真實**空**，**然依鏡**及臉的**形質**唯因緣**和**合則**能**生**起真實空之影像。

若此眾緣有缺則隨即變滅，如彼二法自性空（鏡中真實影像空）與緣起因果（臉等形質）同於一事（如無自性之補特伽羅，但自性有空之補特伽羅顯現有）不可遮止。如是補特伽羅雖無自性若微塵許不可得，然造業者及受果者之補特伽羅，又依往昔宿業及煩惱而生，皆無相違，於此應當清淨而修習。如是性空及緣起因果之道理，於一切時、處、宗派皆當知之。

【瓶等諸法無自性　唯名言假立之緣起故　如影像】

依影像真實本質空之粗分虛假之勢力，即有能力去通達瓶等諸法自性本空之細分虛假，然不是等同通達細分虛假。

影像 {
粗分虛假：一般名言識即可證知其為真實本質空之虛假。
細分虛假：影像真實本質空之虛假，其非唯名言假立從其前方而有。
}

（p517-4）

若爾，了知彼影像等隨所顯現決定是空，即是通達彼無性者，則諸異生現證無性，皆成聖者。若非通達，彼等何能為無性喻。若彼諸喻無自性義，更須依因而通達者，隨別安立彼之喻等觀察推求，當成無窮。

　　[釋]：由前所說性空緣起顯現相違時，當善攝取影像等喻，思惟性空緣起不相違。**若爾，了知彼影像等隨所顯現**如現非有**決定是**真實本質**空**，**即是通達彼**影像**無自性者**，若如是**則諸異生現證**彼影像**無自性，皆成為聖者**。若證知影像是粗分虛假的無自性並**非**即是**通達**粗分虛假之無自性而成為聖者，**彼影像等何能成為細分無自性之譬喻**。**又若彼影像諸譬喻之粗分無自性義，更須依**正**因而通達者，隨別安立彼**影像**之譬喻等觀察推求，當成無窮**，無法證到自性空的空性，也就是影像粗分虛假的譬喻不能證到自性空的空性，又要再拿其它的譬喻則會變成無窮無盡，無法證到細分的空性。

（p517-2）

先有答云：「雖已現證諸影像等無自性義，然非聖者，唯達少分有法空故，聖須現證一切諸法皆無自性。」然不應理。《四百論》云：「說見一法者，即見一切者，以一法空性，即一切空性。」此說通達一法無性空性，即能通達諸法空故，故達影像本質雖空，不執實質，然於影像執為實有，有何相違。

　　[釋]：問難者說：你中觀應成派**先前有**這樣的回答云：**「雖已現證諸影像等**粗分**無自性義，然非是聖者**，此**唯通達少分**（粗分）**有法**自性**空故，聖者**必須現**證一切諸法皆**細分之**無自性**，問難者又說《四百論》有云：「一法空即一切法空」。

然現在汝又說：通達少分空不能通達諸法一切空，則**不應理**。宗喀巴大師解釋此《四百論》的涵義，論云：「**說見一法者，即見一切者，以一法空性，即一切空性。**」此論所說主要在這個〝即〞字，意思是指有能力或說有此勢力，並不是〝同時〞的意思。故**通達一法無**自性**之空性**，〝**即有能力**〞通達一切**諸法**自性**空故**，**故**通**達影像本質雖空**無實虛假——粗分自性空，**不執眞實本質**，此一般名言識即可證知其虛假無實。**然於影像執為細分實有**，也就是虛假的影像非唯分別假立於識體前方而有，即是細分執實，**有何相違**。也就是影像本質雖空無實細分虛假，此於一般世間名言識就可以了知影像虛假無實，同時此執影像之名言識是執自性有細分之執實。此二（不執影像粗分眞實本質與細分之執實）同時存在，是不相妨害。

（p518+2）

又諸童稚不善言說，見質影像於彼戲等，彼等是執實有本質。若諸高邁已善言說，雖知彼等實無本質，本質所空，然即執彼現似本質影像有性，是諦實執。

　　[釋]：**又諸童稚**（小孩）**不善言說**——即是不了解世間虛假的現像，**見本質**所現虛假**影像於彼**影像遊**戲等，彼**影像**等**此諸童稚**是**以錯亂識顛倒**執眞實有**之**本質。若諸**年長**高邁已善言說**——了知世間影像是虛假，此諸年長高邁**雖**以一般名言識了**知彼影像等實無本質**，唯**本質所空**之粗分虛假，**然即執彼現似本質**粗分虛假**影像**於識體前方不待分別假立之**有自性**，此是細分**諦實**之**執**。

（p518+4）

此於自心現有，領覺能成，雖其如是，然亦堪為無性喻者，謂隨所現即彼性空，故所顯現實無彼性現量可成，即彼為喻。若隨所現即彼性空，於芽等上以量成者，即是通達苗芽無性，故與影像理非全同。

　　[釋]：**此二心**世間影像是虛假，即彼影像等實無本質，唯本質所空之粗分虛假，然即執彼現似本質虛假影像非唯分別假立於識體前方之自性有，是諦實細分之執，**於自心現有**，此二心任誰領納**覺**知皆**能**成立，**雖其如是**，**然**影像粗分的虛假**亦堪為**細分**無自性**的**譬喻者**，**謂**影像**隨所顯現**即彼**本質自性空，故**影像**所顯現實無彼**本質自性**現量可**證成，**即**以彼影像粗分無自性之理**為譬喻**而來證成細分的無自性。**若**影像**隨所**顯**現即彼**本質自性**空**之粗分虛假，依此勢力**於芽**

等上以量証成芽等細分虛假者，即是通達苗芽無自性，故苗芽無自性細分虛假與影像本質空粗分虛假之理非全然相同。因為以一般名言識即可證知影像無實本質之虛假，但不能證知影像及苗芽為自性無之細分虛假。

（p518+6）

以此當知，「如此瓶等真無性，而於世間共許有」對實事師安立瓶等，為無性喻，亦如影等取少分空，非取瓶等無自性空，以如前說車等譬喻尚多成彼無自性故。

　　[釋]：以此當知月稱論師於《入中論》云：「如唯識派舉此瓶等真實無自性而來作為譬喻無外境，即是外境不觀待分別之自相空，而此瓶於世間共許有」月稱論師對實事唯識師安立瓶等，為粗分無自性譬喻【苗芽有法非勝義有之外境緣起故　如瓶】，故唯識派以此瓶之譬喻亦如影像等取少分空（粗分空），以眼識所見外境有之瓶，非如所見真實存在，此非取瓶等細分無自性之空，此細分無自性之空是以某一法為執持某一法分別所依處自相空。此如前 p501-3 中觀應成派本宗亦說車等譬喻，車在車的支分上尋找不到之理，尚多成立我與彼蘊體二者皆無自性故。以我與蘊體若非唯名言假立，然於其施設處中尋求時，皆無些許的自性，此自性空即是細分之空。

中觀應成派：

$\left.\begin{array}{l}我\\蘊體\end{array}\right\}$無自性

外境、 如車子和車子的支分融在一起（如同車在車的支分上）

　　　　　　→當中找不到車子

　　　　　　→如同找不到我

要通達我無自性和法無自性，（我）依蘊而唯名言假立的。

假設（我）依蘊非唯名言假立 → 通達自性空 ────→ 人無我

　　　　　　　　　　　　　　　　↑在蘊體上有自性的我

（蘊體的支分）

蘊體依著施設處而非名言假立 → 通達自性空 ────→ 法無我

　　　　　　　　　　　　　　　↑而蘊體在蘊體的支分中而有的

用車子的事例來間接了解我和蘊體是無自性的 →【如現非有】

唯 識 派：

外境、如瓶子：眼識所見到 → 在外境很實有

細分的空性　　　　　　　　　　← ← ← 自性空掉　　←┐

　└→ 心識緣某一法執持這一法，所現這份體性跟識體變成不相干。

粗分的譬喻間接來通達細分的自性空。

（p518-6）

如是如幻，有觀看者，於象馬等執為諦實，幻師了知象馬虛妄，亦少分空。又夢所見依正等事，醒時執彼如所現事空而虛妄，及於夢時能如是執，然此皆是執其夢中所現男女，為餘真實男女所空，非是通達夢無自性，如同了解影像無質。

　　[釋]：再說明少分空之理，**如是**粗分**如幻，有觀**眾觀**看**幻象馬**者，於**此幻**象馬等執為諦實**象馬，然變**幻**魔術**師了知象馬虛妄**，此觀待一般世俗名言識**亦是少分空**——粗分虛假。**又**於**夢中所見依**報外六塵等器世間及**正報**自心相續之取

蘊等事，於醒時執彼夢中所見依正等事**如其所顯現依正等事本質空而虛妄**，及於夢時能如是**執**依正等事本質空而虛妄，**然醒時執為假及夢中執為假，此二者皆是執其夢中所現男女，為餘醒時真實男女所空**——粗分空，故醒時執為假及夢中執為假，皆非是通達夢中細分**無自性**，此**如同了解影像無本質**粗分虛假。以上皆是執持此二粗分虛假，非唯名言假立於識體前方而有，此二仍有細分之執實。

（p518-3）

又如前引，「於幻陽燄等假立，此就世間亦非有。」謂於陽燄幻夢執水象馬及男女等，俗名言量皆能違害，了知無彼所執義者，非是通達法無性見。如是前說彼諸幻義，亦當諷詠甚深經偈而正思惟，此如《三摩地王經》所說而思。

　　[釋]：又如前 p516-5 引《三摩地王經》，經云：「於幻陽燄等假立，此就世間亦非是名言有。」謂於陽燄、幻、夢執為真實水象馬及夢中男女等，世俗名言量皆能違害，了知無彼所執世俗名言之義者，即是於境上非真實本質而有，然非是通達法唯名言假立無自性之見。如是前 p514+3 說彼補特伽羅諸幻義，即顯現為自性有，然第六意識了知其為自性空，亦當以此如幻之義諷詠甚深般若經偈而正思惟，此如《三摩地王經》所說而思惟。

（p518-1）

如云「猶如陽尋香城，及如幻事並如夢，串習行相自性空，當知一切法如是。猶如淨空所現月，影像照顯澄海中，非有月輪入水內，當知諸法相皆爾。如人住於林山內，歌說嬉笑及號哭，雖聞谷響而無見，當知一切法如是。歌唱妓樂如是哭，依此雖有谷響現，彼音於響終非有，當知一切法如是。猶如夢中受欲行，士夫醒後不可見，愚夫希樂而貪著，當知一切法如是。如諸幻師化諸色，象馬車乘種種事，如所顯現悉皆無，當知一切法如是。猶如幼女於夢中，自見子生尋即死，生時歡喜死不樂，當知一切法如是。猶如夜分水中月，顯現無濁澄水中，水月空偽不可取，當知一切法如是。猶如春季日午時，行走士夫為渴逼，於諸陽見水聚，當知一切法如是。如於陽全無水，有情愚蒙欲飲彼，終不能飲無實水，當知一切法如是。如於鮮濕芭蕉樹，若人剝彼欲求實，內外一切無心實，當知一切法如是。」

[釋]：如云「猶如陽焰、尋香城，及如幻事並如夢，串習其行相為粗分**自性空**，**當知一切法**亦**如是**而通達細分自性空，即是以理智抉擇非唯分別假立之自性有，此自性有空。**猶如淨空所現月，影像照顯澄海中，非有月輪入水內**之粗分自性空，**當知諸法相皆爾**如是而通達細分自性空，即是以理智抉擇非唯分別假立之自性有，此自性有空。**如人住於林山內，歌說嬉笑及號哭，雖聞谷響而無見**之粗分自性空，**當知一切法**亦**如是**而通達細分自性空，即是以理智抉擇非唯分別假立之自性有，此自性有空。**歌唱妓樂如是哭，依此雖有谷響現，彼音於響終非有**之粗分自性空，**當知一切法**亦**如是**而通達細分自性空，即是以理智抉擇非唯分別假立之自性有，此自性有空。**猶如夢中受欲行，士夫醒後不可見，愚夫希樂而貪著**之粗分自性空，**當知一切法**亦**如是**而通達細分自性空，即是以理智抉擇非唯分別假立之自性有，此自性有空。**如諸幻師幻化諸色，象馬車乘種種事，如所顯現悉皆無**之粗分自性空，**當知一切法**亦**如是**而通達細分自性空，即是以理智抉擇非唯分別假立之自性有，此自性有空。**猶如幼女於夢中，自見子生尋即死，生時歡喜死不樂**之粗分自性空，**當知一切法**亦**如是**而通達細分自性空，即是以理智抉擇非唯分別假立之自性有，此自性有空。**猶如夜分水中月，顯現無濁澄水中，水月空偽不可取**之粗分自性空，**當知一切法**亦**如是**而通達細分自性空，即是以理智抉擇非唯分別假立之自性有，此自性有空。**猶如春季日午時，行走士夫為渴逼，於諸陽**焰見水聚之粗分自性空，**當知一切法**亦**如是**而通達細分自性空，即是以理智抉擇非唯分別假立之自性有，此自性有空。**如於陽陷全無水，有情愚蒙欲飲彼，終不能飲無實水**之粗分自性空，**當知一切法**亦**如是**而通達細分自性空，即是以理智抉擇非唯分別假立之自性有，此自性有空。**如於鮮濕芭蕉樹，若人剝彼欲求實，內外一切無心實**之粗分自性空，**當知一切法**亦**如是**而通達細分自性空，即是以理智抉擇非唯分別假立之自性有，此自性有空。」

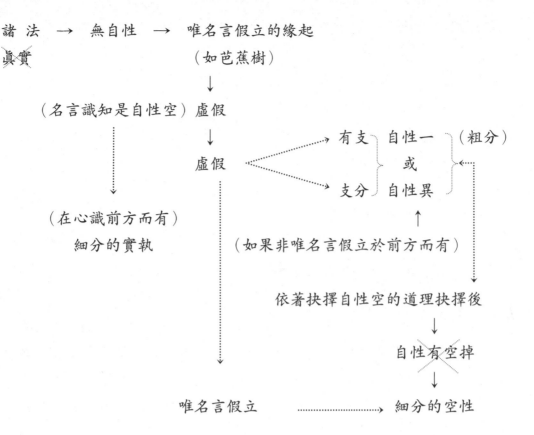

諸法 → 無自性 → 唯名言假立的緣起
~~真實~~ 　　　　　　　（如芭蕉樹）
　　　　　　　　　　　　↓
（名言識知是自性空）虛假
　　　　　　　↓
　　　　　虛假 ┄┄→ 有支　自性一 ┐（粗分）
　　　　　　　　　　　　　　　或
　　　　　　　┄┄→ 支分　自性異 ┘
（在心識前方而有）
細分的實執　　　（如果非唯名言假立於前方而有）

依著抉擇自性空的道理抉擇後
　　　　　　　↓
　　　　自性有~~空掉~~
　　　　　　　↓
唯名言假立 ┄┄┄┄┄→ 細分的空性

（p519-4）

第二合由名差別成就義。如依輪等假名為車，其諸支分名為取車為取者，如是依於五蘊六界及以六處假名為我，彼為所取我為取者。又如安立車與車支為作者及業，如是我取蘊等有作用故，名為作者，蘊等是我所取業，故名為所作。《入中論》云：「如是以世許，依蘊界六處。許我為取者，取業此作者。」此亦如車觀真實義，我於七相皆不可得無少自性，然未觀察許世俗有。

　　[釋]：第二、有支與支分和**合由名言差別能所相互觀待成就**之義理。**如依輪軸等假名安立為車**，此中**其車諸支分名為**所取，**車為**能取**者，如是依於五蘊**（色、受、想、形、識）**六界**（地、水、火、風、空、識）**及以六處**（眼、耳、鼻、舌、身、意等識）**假名安立為我**，**彼**蘊或界或處**為所取**，**我為**能取**者。又如安立車與車支**，車為作者及車的支分為**業，如是我**與**取蘊等有作用故**，觀待能取作用的我**名為作者，蘊等是我所取業，故名為所作**亦是業。《入中論》云：「**如是以世**間名言所**許**，**依於**五蘊**六界六處。**對所取五蘊等**許我為**能取**者**，**取業為所作**，此我為能作者。」**此亦如車觀**察其**真實**自性之義**，此自性之**我於**理智**七相

來觀察**皆不可得無少許自性**有，然於世俗未以理智七相**觀察**承**許世俗有**。

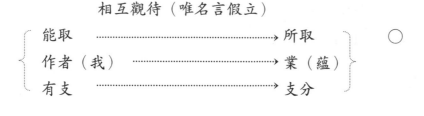

相互觀待（唯名言假立）

能取 ⋯⋯⋯⋯⋯⋯⋯⋯⋯⋯→ 所取　　　○
作者（我）⋯⋯⋯⋯⋯⋯⋯⋯→ 業（蘊）
有支 ⋯⋯⋯⋯⋯⋯⋯⋯⋯⋯→ 支分

假設非唯名言假立

能取　　　的體性還要在　　所取　　上而有　　　×
作者（我）的體性還要在　　業（蘊）上而有
有支　　　的體性還要在　　支分　　　上而有

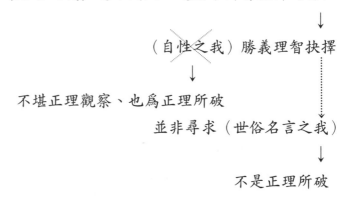

唯名言假立的（名言的我）還不滿足，還要承許有些許的自性。
↓
（自性之我）勝義理智抉擇
↓
不堪正理觀察、也為正理所破
並非尋求（世俗名言之我）
↓
不是正理所破

（p520+2）

第二顯示由此亦破我所。如是若以尋求有無自性之理尋求我時，於彼七相俱不可得，破我自性，爾時云何能以正理得此即是我之眼等，由是我所亦無自性。修觀行者，若全不見我我所性，能脫生死，此下當說。〈十八品〉云：「若我且非有，豈能有我所。」《入中論》云：「由無作者則無業，無我故亦無我所，故由見我我所空，彼瑜伽師當解脫。」由已通達我無性力，亦能通達我所無性，並其斷疑，如前已說，應當了知。

　　[釋]：第二、顯示由此 p501+2 之科判一、「正抉擇我無自性」亦破我所自性有。如是若以尋求有無自性之正理尋求自性我時，於彼七相俱不可得，破我有

自性，爾時云何能以正理得此我所即是我之眼等，由是我所亦無自性。修觀行者，以此正理觀察若全不見我我所有自性，即能脫離輪迴生死，此理於下當說。如《中論》第〈十八品〉云：「若我且非有自性，豈能有自性之我所。」此即是由自性之我不可得，其我之施設處之我所亦無自性，如燒車，其車之支分亦無。《入中論》云：「由無自性之能作者則亦無自性有之所作業，無自性之我故亦無自性之我所，故由見我我所自性空，彼瑜伽師當得解脫。」由已通達我無自性之勢力，亦能通達我所無自性，並其斷疑「破我有自性，云何能以正理得此我所亦無自性」，如前已說，應當了知。也就是我所是依我的施設處而有，而我所是以我為主，有我所則定有我，若我所有自性，則施設處與我不是自性一的話就是自性異，不論是自性一或是自性異，皆有種種過失，故自性有之我所亦不存在。

通　達 { 我　執 / 我所執 } 無自性，就可獲得解脫。

任一法定有其體性或說皆有〝我〞；有〝我〞定有〝我所〞或說有〝有支〞定有其〝支分〞；有能相定有所相…等；以是緣起故，或說此有故彼有。若我無自性，則我所亦無自性。故前科判破我有自性，同理，我所亦無自性。依此理對於其它的事例亦同。

（p520-7）

第三此諸正理於餘例明。如觀我蘊等同觀車，如是瓶衣等事亦當了知，謂以尋有無自性之理，觀瓶衣等與自色等，為一異等七相尋求，於七相中雙就二諦，俱不可得，然就名言，無觀察識安立為有。如《三律儀經》云：「世與我諍，然我不與世間諍論，以於世間許有許無，我亦許爾。」自許正理不破世間，共許事故。

　　[釋]：**第三此諸**我我所皆無自性之**正理於餘**事例說**明**。**如**是觀**察我**及我的**蘊**體**等同觀察車，如是瓶衣等事亦當了知，謂以尋**求**有無自性之**正理，觀察瓶衣等與**各**自色等**施設處，亦即有支（瓶、衣）依瓶之施設處——瓶口、瓶底、瓶頸…等，及衣之施設處——經線、緯線…等，**為**以**一異等七相**正理**尋求，於七相中雙就**勝義世俗**二諦，俱不可得**其自性有，**然就**世俗**名言**識，**無**以七相正理**觀察識**假名**安立為有。如《三律儀經》云：「**以執實的角度而言：**世間與我（佛）諍，**然世間世俗皆顛倒錯亂於自性有，佛依他所許而來利益有情。**然以世俗名言有的角度而言：**我（佛）不與世間諍論，以於世間**名言**許有許無，我（佛）亦**如是承**許爾。」**（佛）**自許**此依他所許之**正理不破世間**名言**共許**為有之**事**，而是破顛倒執為自性有**故**。

（p520-4）

如《入中論》云：「若瓶及衣帳，軍林並鬘樹，宅舍與車乘，客店等諸法。眾生由何門，說有知彼有，何故以能仁，不與世諍故。又諸支德貪，能相及薪等，有支有德貪，所相火等義。彼如觀察車，七相皆非有，其餘如世間，共許而為有。」

［釋］：如《入中論》云：「若瓶及衣帳，軍林並鬘樹，宅舍與車乘，客店等諸法。眾生由何門，分別名言說有知彼定有，何以故？以能仁不與世間諍故，亦即不壞世俗有。又諸支分功德貪，能相及薪等，有支有德貪者，所相火等諸義。彼上能相所相、能作所作、有支支分…等，如是觀察車與車之支分，以七相正理尋求皆非有自性，其餘不以正理觀察之名言識，如世間世俗名言所共許唯相互觀待而名言假立為有。」

（p520-1）

謂此世間眾生，由何門故宣說彼等，亦莫觀察唯當知有，此復云何，謂彼支分及有支等。以瓶為喻，瓶是有支有德所相，瓦等是支，大腹張口及長頸等是為能相，衣等亦爾。貪是堅執，其有貪者是彼所依，釋論說為有貪補特伽羅。火是能燒，薪是所燒，由依支故，假名有支，及依有支假名為支，乃至待火假名為薪，及以待薪假名為火。

［釋］：謂此世間眾生，由何門故宣說彼等諸法為有或為存在，此諸法的存在亦莫以勝義觀察，即不可承許自性有，唯當知是名言有，而非自性有。此名言有復云何？謂彼支分及有支等，即支分觀待有支，或功德觀待有功德，皆唯名言假立而有。此以瓶為譬喻，瓶是有支、有德、所相（即名相），瓦或土等是支分、德，大腹（瓶腹）、張口（瓶口）、及長頸（瓶頸）…等是為能相（即性相），衣（有支）等，布線為其支分亦爾。貪是堅執，其有貪者是彼貪之所依，《入中論自釋》論說貪之所依為具有貪之補特伽羅。火是能燒，薪是所燒，由依支分故，假名為有支，及依有支假名為支分，乃至觀待火假名為薪，及以觀待薪假名為火。故所說之名言有，即是相互觀待唯名言假立之緣起有。

（p521+3）

〈十八品〉云：「依業名作者，依作者名業，除此緣起外，未見有餘因。」又云：「由業及作者，餘法盡當知。」謂當了知能生所生，行走行者，能見所見，能相所相，能量所量，此等一切皆無自性，唯是互相觀待而立。

［釋］：《中論》第〈十八品〉云：「依業假名為作者，依作者假名為業，除此相互觀待假名為緣起外，未見有餘因，即是未見有自性有的緣起。」論又云：「由業及作者，餘法盡當知相互觀待唯名言假立而有。」謂當了知能生所生，行

走行者，能見所見，能相所相，能量所量，此等一切皆無自性，唯是互相觀待而假名安立。

（p521+5）
由是因緣，如於一我云何觀察，能知性空及無自性作用皆成，安立二諦。次以彼理觀一切法，易能通達一切無性，故於前說法喻二事，當獲定解。《三摩地王經》云：「如汝知我想，如是觀諸法，一切法自性，清淨如虛空。由一知一切，一能見一切，故盡說多法，於說不生慢。」

　　[釋]：**由是因緣，如於一我**（即是在人上）**云何觀察**？即是**能知自性空及無自性**之緣起**作用皆能**成立，由此**安立二諦**——自性空為勝義，唯名言假立之緣起為世俗。**次以彼**人無自性**之理**，即以唯名言假立之緣起而來**觀察一切法，易能通達一切**法皆**無自性，故於前** p518-1 **說法**及**喻此二事，當獲**得無自性及緣起作用亦得成立**之定解。《三摩地王經》云：「如汝**（瑜伽行者）**了知**人我無自性**想，如是**依人我無自性之勢力而來**觀察諸法**，則**一切諸**法之**自性，清淨如**無為**虛空。由一**法**知**其自性空之勢力由此能見**一切**法自性空，故依一法之自性空**能見一切**法之自性空，**故盡說多法**，亦即大乘法有無邊方便了知法無我，**於說不生慢**，意謂：不如同小乘得少為足，不以無量理門圓滿修法無我，以小乘行者不具有菩提心故。」

　　　　《菩提道次第廣論》卷二十二終
　　　　《菩提道次第廣論》卷二十三

（p522+1）
第二抉擇法無我。補特伽羅假施設事，謂五蘊地等六界眼等六處，是名為法，彼自性空名法無我。抉擇此理雖有多種，《入中論》中以破四生抉擇諸法皆無自性，釋論說彼為法無我，故於此中當略宣說。

　　[釋]：**第二抉擇法無我**——即法無自性。此處所說之法無自性，即是指**補特伽羅**所依之**假施設事，謂**色、受、想、行、識**五蘊**，**地**、水、火、風、空、識**等六種界**，**眼識**、耳識、鼻識、舌識、身識、意識**等六觸處，是名為法**，非是我所（如我的眼…等），以我所是屬於人上的範圍，此唯觀察眼等諸法，**彼為法所攝，**

其上之**自性空，名法無我。抉擇**此法無我之理雖有多種，然《入中論》中以**破**自生、他生、共生、無因生**四生抉擇諸法皆無自性，**《入中論自釋》**論說彼法無自性為法無我，故於此中當略宣說。**

（p522+3）

如〈初品〉云：「**非自非從他，非共非無因，諸法任於何，其生終非有。」謂內**外諸法，任於何所其從自生終非所有，於餘三宗亦如是立。

[釋]：如《中論》〈初品〉云：「**非自生非從他生，非共生非無因生，諸法任於何**（時、處、宗派），**其生終非有**，此〝終〞字，有畢竟之義，亦即不須簡別四生中之任一生——自生、他生、共生、無因生皆非有。」**謂內**等自心續所攝之眼、耳…等，及**外**所攝色、聲…等**諸法，任於何所**（時、處、宗派）**其從自生終非所有，於餘**他生、共生、無因生**三宗亦如是立**，故說終非有。亦即不須簡別四生中之任一生，也就是四生全部都是不存在的。

（p522+4）

如是以應成式破自生者，謂如是立已，於此未說能立因喻，是於違逆彼諸宗者，顯示妨難。此謂若由自性生者，待不待因兩關決斷，其待因中，因果二性一異兩關，亦能決斷。其中因果一性生者是為自生，異性生者是從他生。其中復有自他各別，自他共生二關決定。各別即是自生他生，唯破四生即遣餘邊，道理即爾。

[釋]：由上面的〝**非**〞字直接與自生、他生、共生、無因生相連，此是要直接說出，若承許自生等，則會有相違的過失，即若是許自生，則會有種種過失。故**如是以應成式破自生者，謂如是立**自生**已，於此**應成式並**未**直接**說明**自宗所**許能立之因**與**喻，是於**依他所許，若許自生，則會有**違逆彼諸**自宗之見**者，**而來**顯示**其承許自生之**妨難**。此妨難謂：**若**因果是**由自性生者，**則定是**由觀待因及不觀待因兩**者關係來**決斷**。此中不觀待因即是無因生，**其觀待因中者，因果二性**由一與異兩者關係，**亦能決斷**。其中因果是**一性而生者，**此是**為自生，亦即因中有果的體性。若**因果是**異性而生者，**是從不相干異性之**他而生**。其中復有自生他生各別，由自他共生二**者關係**決定。自他各別即是自生他生，故由不觀待因及觀待因**唯破四生**（自生、他生、共生、無因生）**為所立之因，即諸法無自性，**

以無四生，緣起故，由此無四生而來**遣除餘**自性有之**邊，道理即爾**。

(p522-3)

若諸苗芽從芽體生，生應無義，生是為得所生體故，苗芽自體已得訖故，譬如已顯苗芽。其生又當無窮，已生種子若更生者，即彼種子當數數生。若爾唯有種子續生，其苗芽等不得生位，故成過失。

　　[釋]：由因生果之緣起而來說明：苗芽的種子生苗芽，故苗芽之體性是由苗芽的種子而生。若苗芽的種子有苗芽的體性，此體性又是非唯名言假立，則苗芽的種子與苗芽應成為自性一，即是自體而生之自生。由此即可了知，**若諸苗芽從苗芽自體生**，則**生就應變成無意義**，因為已有故。所謂的**生，是本來沒有，為後來所得所生之體故**，然自生即是**苗芽自體**於種子位時本**已得訖故，譬如已顯**之**苗芽**，若再生就無意義，且**其生又當無窮**，因為苗芽之自體已生於種子位，**若復更生者，即彼種子當數數**而**生**。**若爾**，則應是**唯有種子**繼續**生**而成為無窮盡，且**其苗芽等不得生位**，若苗芽等不得生位，則應該成為盡生死際唯種子生，**故**有應**成**生無意義及無窮盡的**過失**。

(p522-1)

〈二十品〉云：「**若因果是一，能所生當一。**」《入中論》云：「**彼從彼生全無德，生已更生不應理，若計生已更當生，故此不得生芽等。**」又云：「**故此妄計法自生，真實世間俱非理。**」

　　[釋]：果的體性是觀待因而假立，因的體性亦是觀待果而假立，故因果皆是相互觀待唯名言假立。若許因果有自性，如《中論》〈二十品〉云：「**若因果是**自性有且體性**一**，則**能生所生當**成**一**。」《入中論》云：「**若**苗芽的種子有苗芽的自體性，說**彼**苗芽**從彼**苗芽種子**生**，此**生全無**功德全無意義，因為**生已更生不應理**，即生無義。**若計**自**生已更當生，故此不得生芽等**，因為盡生死際唯有種子生，則成生無窮。」《入中論》**又云：「故此妄計**諸**法自生，真實**勝義理智抉擇不存在，及**世間**名言安立亦無，故眞實世間**俱非理**。」

中觀應成本宗破諸法由四生（自生、他生、共生、無因生）後，接著再回答他宗派的問難。

（p523+3）

若謂經說從他四緣而生果故從他生者，若從異性因生果者，當從火焰亦生黑暗，以是他故。又從一切是因非因，當生一切是非之果，同是他故。

　　［釋］：中觀應成本宗認為：苗芽是由苗芽的種子而生，故苗芽的體性是觀待苗芽的種子而有，而此體性是唯名言假立，若非唯名言假立而許有自性，則苗芽的體性與苗芽的種子就會成為不相干之異，若是不相干之異而苗芽的種子又能生苗芽，則會成為由不相干異體性之他而生。故**若**他宗**謂：經說從他四緣**——因緣（若此一法正為彼法作因，如泥為瓶因，是為因緣。）；增上緣（除因緣外餘法助果生者，如作瓶時和泥之水，燒坯之火，名增上緣。）；所緣緣（心起時所對之境為所緣。）；等無間緣（同類心前念過去，為次念讓出地位，為等無間緣。）**而生果，故說從他生者**，中觀應成本宗認為：**若**自性有即是不依他，因不觀待果，果不觀待因，而**從**不相干**異性**之**因而生**不相干異性之**果者**，如是，應**當從火焰亦生黑暗，以**理由皆是自性異不相干之**他故。且又從一切是**相順**因及**非相順**因，當生一切是**相順**及非相順之果，同是**自性異不相干之**他故。**

（p523+4）

義謂若許種芽有性，則諸稻芽與非自因火焰等事，由自性門性異之理，及與自因稻種子性性異之理，二種性異一切相同。

　　［釋］：**義謂：若許種芽有**自**性**，如《四百論譯》云：「若法自性自體自在，不仗他性」此中不仗他性即是種子與他法芽成為體性不相干、不相順、不相屬，**則諸稻芽與非自**相順之**因火焰等事，由自性**有之**門體性異之理，及與自**相順之**因稻種子**自性有體性異之理，相順因及不相順因，此**二種**在自性有體性**異一切**皆**相同**，都是不相干之異，以承許自性有故。

（p523+6）

由是因緣，如與非因見異性時，覺諸異性互無仗托，與自稻種見異性時，相異之分亦覺如是。

[釋]：**由是因緣，如與非**自相順**因**稻芽與火燄，由眼**見**其為不相干之**異體性時，覺知諸異**體性時，是因為他們之間的自體性相**互無仗托**、不相干、不相順、不相屬，且**與自相順之稻種**，由第六意識之分別心**見**其自性有體**異性時**，亦成不相干之異，此不相干之**相異**互無仗托**之分**，故相順與不相順**亦覺如是**，體性都是、不相干之異、不相屬之異，分不出其差別。

（p523+7）

又此現為殊異之理，若是彼等自體之性，則其不從火等出生，從稻種生所有差別，於一切種不能分別。若謂可判能不能生所有差別，則其性異殊異之理，亦當分別，此顯相違。

[釋]：**又由此**第六意識分別心**現**見種與芽、稻芽與火燄二種**為殊異之理**，即自性有不相干之異。**若是彼等**種與芽、稻芽與火燄二種有**自體之自性**且互異，**則其**稻芽**不從火燄等出生**，而**從稻種生所有差別，於一切種**皆**不能分**出其差**別**。**若謂**由眼見即**可判**出稻種**能生**稻芽，火燄**不能生**稻芽**之所有差別，則其自性有體性異殊異之理，亦當分別**清楚。因為一般世間名言承許稻種生稻芽，以其是相順因。火燄不能生稻芽，以其是不相順因。然若承許諸法有自性，則成為相互無依托且不相干、不相順。故若許稻種與稻芽，有自性且體性異，則會成為不相干、不相順。若不相干、不相順，稻種又能生稻芽，則火燄亦應生稻芽，如是，就分不出其相順（稻種生稻芽）與不相順（火燄生稻芽）差別之理，故**此顯**其許自性有會成為**相違**。

（p523-5）

如《入中論釋》云：「如能生稻種，與自果稻芽是為異性。如是諸非能生火炭麥種彼等亦異。又如從他稻種而生稻芽，如是亦當從火炭麥種等生。又如他稻芽從稻種生，如是瓶衣等亦當從生，然未見是事故彼非有。」此說顯然，故許唯以一類因力成其決定相非論師意。其中過難，如破灶上不成有煙定有火時，已廣說訖。

[釋]：如《入中論釋》云：「如能生稻芽之種，與稻種自果之稻芽是為自性有之異體性。如是諸非能生稻芽之火炭及麥種，彼等亦是自性有之異體性。又如從自性有體性殊異之他——稻種而生稻芽，如是，亦當從火炭、麥種…等而生稻芽。又如從自性有體性殊異之他——稻芽從稻種生，如是，瓶、衣…等亦當從自性有體性殊異之他（稻種）而生，然眼未見有如是事，故彼由自性有體性異之他而生，非有此事。」此上所說顯然可知，故有學者承許說唯以〝一類因力〞即是在某一種特殊的情況之下而來成立其決定相屬或週遍的關係（亦即在眼見的情況之下，稻種可生相順之稻芽，非由火焰能生稻芽），此種說法非月稱論師之意，因為相屬或週遍的關係並不是侷限在某一種特殊的情況之下而來成立的。其中過難，如前面 p471 在破灶上不成立有煙定有火之理能遍一切時處且非量成之時，已廣說訖。

（p523-2）

第二十品云：「若因果性異，因非因應同。」《入中論》云：「依他若有他法生，從焰亦當生重闇，當從一切生一切，諸非能生他性同。」

　　[釋]：《中論》第二十品云：「若因果體性異又許有自性，則相順因與非相順因應皆相同無差別。」《入中論》云：「果依體性異之他法之因而生，若有自性之他法而生，則從火焰亦當生重闇，又當從一切相順因與不相順因而皆能生一切相順之果及不相順之果，故諸非能生相順之他性皆相同能生相順之他性，以皆是不相干之他性。」

（p524+1）

又於此能破，謂是一相續攝不攝等，亦不能答，以異性他是一相續，非是極成，與前等故。又謂現見其生不生有決定者，亦不能答。其異非由名言心立，現是觀察境上自性，云見決定如何應理。

　　[釋]：有學者又於此應成之能破提出反駁，而謂是一相續所攝如種子生芽與一相續所不攝如火燄生黑闇等是有所差別，應成本宗認為：亦不能答此過失，以自性有體異性之他是一相續，我不承許，非是極成，故亦不能成立，此一相續所攝如種子生芽與前一相續所不攝如火燄生黑闇，皆相等都是不相干之異故。假設問難者又謂現前見其種生芽，火燄不生黑闇，此二生不生有決定者，應成本

宗說：此不合理，故**亦不能答也**。其自性有之**異體性**，**非由名言心安立**，以自性異之理是不觀待他，既然不觀待他，就非由名言心安立。然而**現前是觀察境**上稻種生稻芽，火燄不生黑闇，此是要依名言識而觀察或名言識安立，既然要依名言識而安立，則此**自性**就不存在，故怎可**云**：由依名言識現**見決定**自性有體性異之種子生自性有體性異之芽，此**如何應理**。

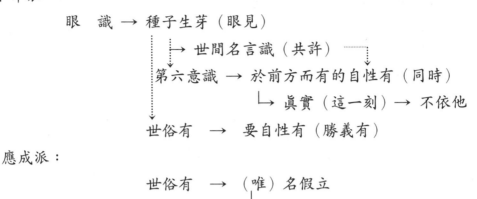

下部派：

　　　　眼　　識　→　種子生芽（眼見）
　　　　　　　　　　└→　世間名言識（共許）
　　　　　　　　第六意識　→　於前方而有的自性有（同時）
　　　　　　　　　　　　　　└→　眞實（這一刻）→　不依他
　　　　　　　　世俗有　→　要自性有（勝義有）

應成派：

　　　　　　世俗有　→　（唯）名假立
　　　　　　　　　　└→勝義有

（p524+4）

計俱生者作是說云，瓶由泥成是從自生，由陶師等是從他生。內如天授由前餘生有命根故，而受今生，天授與命二是一故，是從自生。又從父母及黑白業生，是從他生。唯自不生唯他亦不生，二俱乃生。

[釋]：計自他**俱生者作如是說云**，非由自內自所攝外在之**瓶由泥所成**，此是從自生，由陶師、火等，此是從他生。自內心續所攝如**天授由前餘生有命根故**，而受今生，裸形外道承許**天授**（我）與**命**，此二者是一故，是從自生。又從父母及黑白業所生，是從他生。唯自不生唯他亦不生，二俱乃能生。

（p524+6）

以前正理即能破彼，謂自生分以破自生正理而破，從他生分以破他生正理而破。《入中論》云：「俱生亦非正理性，俱有已說諸過故，世間真實皆無此，從各各生未成故。」

[釋]：**以前破自生**（天授與命及瓶與泥）及**他生**（父母與黑白業及陶師與火）之正理，即能破彼共生，謂自生之分以破自生之正理而破，從他生之分以破他生之正理而破。《入中論》云：「**自**生俱生亦非正理性，俱有自他共生，已說自

生及他生各別諸過失故，從世間及真實之理智抉擇皆無此共生，從各各自生他生皆未成立故。」

（p524-5）
自然生者作是說云，蓮藕粗硬，蓮瓣柔軟，未見有人功用而作。如是孔雀等類，未見有人捉而彩布形色顯色，故諸法生唯自然生。

　　［釋］：此不承許觀待過去等之業因，許自然變化而生者作是說云，蓮藕粗硬，蓮瓣柔軟，現前未見有人功用而作。如是孔雀等類不觀待過去等之業因，現前未見有人捉而彩布形色顯色，故諸法生唯自然變化而生。

（p524-4）
此不應理。若無因生，則於一時一處有者，一切時處皆當為有或全非有。於此時處生不生理，不可說是因有無故。烏鴉應有孔雀色等，總之一生一切當生或全不生。又諸世人為得果故，勤作其因皆應無義。《入中論》云：「若見唯是無因生，一切恆從一切生，世人不應為果故，多方攝集種子等。」

　　［釋］：此不觀待過去等之業因是不應理。若不觀待過去等之業因，而無因而生，則於任一時、任一處，有或非有者，則一切時、一切處皆當為有或全非有。故於此時、此處、生不生之理，不可說其理由是因有或無故，以許無因。烏鴉亦應有孔雀之形狀、顏色…等，以形狀、顏色皆是色法，皆是由地水火風合聚而成故。以若無因，則由地水火風合聚而成孔雀之形狀、顏色，烏鴉亦應俱有。總之一者生或一者不生，則一切當生或全不生。又諸世間人為得果故，勤勞所作為其因皆應無有意義。亦有勤勞所作卻得少許之善果，亦有些許勤勞所作而得豐碩之善果，若不觀待過去之業因，則成相違。《入中論》云：「若見唯是無因而生，一切恆從一切生（一有一切有，一無一切無），世人不應為獲果實故，多方勤勞攝集種子等。」

（p525+1）
如是由見四生違害，即能成立四邊無生，於此能立皆無性生，如前遮止餘邊時說。故於諸法皆無自性，亦由依此而生定解。此是依止應成作用引生比量，非有論式親成所立。

[釋]：如是由見自生、他生、共生、無因生等四生與世俗唯名言假立之緣起相違害，即能成立四邊無生，也就是直接破除承許四邊生，間接於此能立皆無自性生，此破除之理，如前 p522+5 遮止餘四邊生時所說。故於諸法皆無自性，亦由依此破四生之道理而引生定解。此破除之理是依止應成（出其過患）的作用，也就是依他宗所許自生等，就會產生相違的過失，而令其對自宗產生懷疑之後，再立宗、因、喻之遍是宗法性、同品定有性、異品遍無性三相正因之論式，令他宗引生比量之正知而令其捨掉自宗所執持自生等見，非有如他宗一開始就成立宗、因、喻三因論式親成所立。

（p525+3）

《入中論》云：「諸法非從自他共，無因而生故離性。」總說違害四生義者，是顯安立應成果中依止正因，云何引生比量之理，非從最初便對敵者，安立如是他許比量。

　　[釋]：《入中論》云：「諸法非從自生、他生、共生，無因而生故離自性生。」總說違害承許四生之含義者，是顯示安立應成破除自生等邪宗，於此所成立之無自性之果中是依止緣起正因（諸法無自性，以是唯名言假立之緣起故）。然云何能令敵中引生正因比量之理，此理並非是從最初便對敵者出宗、因、喻三因相之論式，而是安立如是依他宗所許之比量論式，也就是依敵者所許而出其相違過之論式，令其對於自宗之所立產生懷疑。

（p525+4）

如是若依破自性生，能解有事無自性者，次於無事亦易獲得無性定解，故易獲得達一切法性空中觀。

　　[釋]：如是若依破自性生之理，首先能解有作用之有為事無自性者，次於無作用之無為事亦易能獲得無自性之定解，故易於獲得通達一切有為法無為法自性空之中觀正見。

由見自生、他生、共生、無因生等四生與世俗唯名言假立之緣起相違害，故能成立四邊無生，亦即直接破除承許四邊生，間接於此能成立皆無自性生，如是由無自性成立緣起有作用之理，便能獲得中觀應成派之空正見。

（p525+5）

如〈第七品〉云：「若法是緣起，其自性寂滅。」《入中論》云：「若法依緣生，分別不能觀，故此緣起理，斷諸惡見網。」依緣起因，若能定解芽等性空，斷諸歧途於心最顯，故略宣說。

[釋]：如《中論》〈第七品〉云：「若法是依緣起唯名言假立，其非唯名言假立之自性皆無，故說自性寂滅。」以唯名言假立（無自性）與非唯名言假立（有自性）是正相違，故由唯名言假立之緣起而來成立無自性，不墮常斷二邊。《入中論》云：「若法依因緣唯名言假立而生，分別自性有是不能觀察而成立一切法，故此緣起唯名言假立之理，斷除自性有之常見及名言無之斷見，諸惡見網。」依此緣起唯名言假立之正因，若能定解芽等自性空，且能斷諸常斷見之歧途，於心最能夠顯現自性空破除常見，名言假立破除斷見，故於此略宣說自性空與唯名言假立之緣起義。

（p525+7）

如立他比量云：「芽無自性，依自因緣所生起故，譬如影像。」譬如本質所現影像，諸兒童等於彼所現眼耳等事，不謂於心如是顯現，非如所現實有斯義，反執眼等自性實有。

[釋]：如對他宗（依他宗所許）而立他比量云：「芽無自性，依自因緣所生起故（因緣即是遮除非因緣），譬如影像。」譬如依真實臉之本質於鏡中所現本質虛假之影像，諸兒童（無明）等於彼本質虛假之影像所現眼耳等事，此諸兒童不會謂：於心如是顯現鏡中之眼耳等事，非如所現真實有眼耳等斯義，反執影像之眼耳等自體性為真實有，也就是執虛假影像為真實本質之臉眼耳等事。依此喻之理而通達芽等諸法無自性，此於無明之顛倒識體呈現真實有自性，非如其所呈

現、所執般的真實有，故說芽無自性。以若芽是自性有，則有支之芽與芽之支分，其存在的方式由一、異二門決斷，故若不是自性一就是自性異。然以理智觀察後，自性一與自性異皆不存在，故說芽無自性。

（p525-5）
諸有情類於自所受，所見諸法，不謂由心如是顯現增上安立，妄執此義如所顯現，於彼境上自性實有，即是增益有自性理。彼境自性即是自體自性自在之義。

　　[釋]：**諸有情類於**無明之心上**自所領受**苦樂，**及所見**境上色等**諸法，不會謂**：**由心如是顯現**唯由名言**增上**而假**安立**，而**妄執此**境**義如其所顯現**，於彼境**上自性實有**，此即是增益有自性**之**理。彼**增益之**境**，即是非唯名言假立從其自境而有之**自體性，即是自體、自性、自在之義**。亦即有支與支分如水與乳混合般的，以自主、自在呈現於識體前方而有。

（p525-3）
若有彼性，依他因緣則成相違。若不相違許已成瓶，依諸因緣不須更生不應道理。

　　[釋]：**若有彼**非唯名言假立從其自境而有之自體**性**，此與**依他**唯名言假立**之因緣則成相違**。然**若許**有自體性與依他因緣**不相違**，則承**許已成瓶**子之自體性，**依諸因緣**若**不須更生**，則**不應道理**，因為瓶子的存在必須依諸因緣而生，然瓶子又有其自體性，則應成為自生，如已有之芽又再生。反之若依諸因緣而生，那怎麼會有不待因緣、非唯名言假立的瓶子的自體性呢？

（p525-2）
《四百論》云：「若法緣起有，即應無自在，此皆無自在，故我終非有。」其釋說云：「若法是有自性自體自在，不依他性，則由自有應非緣起，然一切有為皆是緣起。如是若法是緣起有，即非自在，依仗因緣始得生故。此一切法皆無自在，故皆無我，皆無自性。」

　　[釋]：《四百論》云：「**若法**依緣起唯名言假立而**有，即應無自在**、無自性、無自體，**此**諸法唯名言假立之緣起**皆無自在，故**自性之**我終非有**。

以唯名言假立（無自性）之緣起與非唯名言假立（有自性）之非緣起是正相違故。」其《四百論釋》說云：「若法是**有自性、自體、自在**，即是**不依他性**，也就是不觀待緣起、不依名言假立，若是**不依他**，**則應由自體而有，應成非緣起**，**然一切有為**法皆是**緣起**而**有**。**如是若諸法是緣起**唯名言假立而**有，即非自在**，**依仗因緣**唯名言假立**始得生故**，即是於識體上遮除非緣起之自性有才能正確的成立諸法。**此一切**有為無為**法皆無自在，故皆無我，皆無自性。以是須待緣**唯名言假立而有故。」

（p526+2）

言自在者，義謂現似有自性時，所現實有，覺非依仗諸識而現。然以不依因緣為自在義，則破彼義對自部師不須更成。又破彼義不能立為得中觀見，故於境上，若由自性能自立性，是自在義。

[釋]：**言自在者，義謂**於識體**現似**不依因緣本自成立之**有自性時**，其所顯**現實有**，**會覺**得並**非依仗諸**名言**識**增上假安立**而顯現**於前方而有。**然若僅以不依因緣**即是**為自在義**，則佛教內部諸師皆共同承許，**則僅破彼**自**在義**，對佛教**自部**實事諸**師**就**不須更成**立中觀應成之見。**又僅破彼**不依因緣之**自在義，不能成立為**即是獲**得中觀**應成派之空正**見，故必須能**於境上**成立，**若**不依因緣且非唯名言假立**由其自性能自立性**，此才**是**獲得中觀應成派之正見所要破的**自在義。**故中觀應成派所成立的緣起不同於中觀自續派、唯識派、及小乘部派。以中觀自續派之緣起，是須於名言識顯現自相有、自體有、自性有，才能成立一切法故。而唯識派之緣起，僅於依他起性上成立（僅遍於因生果之法），除圓成實之外的無為法皆為遍計執，且唯破除依他起上之遍計所執而成立圓成實性，以遍計所執皆是錯亂，故唯識派之緣起，唯破能取所取異體之遍計執所執。以中觀應成派而言，於緣起依他起之當體即是自性空，故諸法皆唯名言假立。不同於中觀自續派以下，不破緣起依他起之當體（因為只要是存在，定須是自性有），故唯破不觀待不錯亂心所安立之依他起（自性有）之上的諦實有、勝義有。而小乘部派是依緣起而破補特伽羅上之獨立實體我，此共中觀自續派、唯識派。

（p526+4）

故性空義，即是離彼自在之性，非謂全無作用之事。故緣起因能破自性，即前釋云：「是故此中是緣起故，離自在性，離自在義即是空義，非謂一切皆是無事。」

　　[釋]：故中觀應成派所說的自性空之義，即是離彼非唯名言假立於施設處有自在之性，然非謂全無作用之事。故緣起正因能破非唯名言假立之自性，即前《四百論釋》云：「是故此中是緣起唯名言假立故，此〝唯〞即是離自在性，離自在義即是空性義，非謂一切皆是無作用之事。」以承許唯名言假立之緣起作用而證成自性無，故唯名言假立之緣起作用及自性無，皆是存在。以唯名言假立之緣起，唯破自性，非破緣起之作用義。

（p526+6）

故見全無作用事者，是謗如幻染淨緣起，是顛倒見。又若見有自性之事，亦是顛倒，以此自性無所有故。

　　[釋]：故若見無自性即是全無緣起作用之事者，是誹謗如幻染淨緣起之作用，此是顛倒邪見。又若見有自性之緣起作用之事，亦是顛倒見，以此自性無所有故。

（p526+7）

即前釋論無間又云：「故謗此中緣起如幻染淨因者是倒無見，又無性故，見有實事亦是顛倒。故說諸法有自性者，無有緣起成常斷見而為過失。」故欲遠離常斷二見，應當受許無性如幻染淨緣起。

　　[釋]：即前《四百論》釋論無間又云：「故誹謗此中緣起如幻染淨因者是顛倒無見，此即是斷滅見。又本無自性故，見有實事之自性亦是顛倒之常見。故說諸法有自性者，或說無有緣起作用者，定成常斷見而成為種種過失。」故欲遠離常斷二見，應當受許無自性及如幻染淨唯名言假立之緣起。

（p526-4）

若作是念，作用緣起破自在性，離自在義即緣起義，汝何破我，我許緣起有作用故。故汝與我全無差別。

[釋]：若實事師作是念，以中觀應成派許依唯名言假立之作用緣起來破自在、自性、自體，故離自在義即是成立緣起義，此實事師是以總相所許緣起之義而來問難中觀應成派說：汝應成師何故破我等實事師，我等實事師亦許緣起有作用故。故汝應成師與我等實事師全無差別。

（p526-3）

汝雖亦許緣起因果，然如愚兒見質影像執為實質，即於緣起增益自性，說為諸法實有自性，故於緣起非如實知，非如實說。

[釋]：中觀應成本宗說：汝實事師雖亦承許總相之緣起因果，然如同愚兒見鏡中本質虛假之影像而妄執其為真實之本質，如是即於本無自性之緣起而強增益為有自性，而說為諸法實有自性，故汝實事師於所許緣起之義非如實了知——即顛倒了知，非如實說——即顛倒說。

$$
緣起有作用
\begin{cases}
中觀應成派 ： 是唯名言假立（無自性）\\
\\
實事師 ： 自性有的基礎之上（非唯名言假立）\\
\qquad\qquad\qquad\quad \rightarrow 有自性（即非緣起）
\end{cases}
$$

（p526-2）

我許無性故說緣起彼即差別，即前釋論無間又云：「若作是思，無自在義即緣起義，若爾汝難何損於我，汝我何別。答曰：汝未如實了知宣說緣起之義，此即差別。如諸愚童不善言說，於諸影像增益實有，反破如實住性空性執有自性，不知是影。汝亦如是雖許緣起，然未了解等同影像緣起性空如實住性，於無自性而不執為無自性故。於非有性反增益為有自性故，亦不善說。不能宣說無自性故，反說諸法有自性故。」

[釋]：我應成派承許無自性故說緣起義，雖同是承許總相之緣起義，然彼無自性之緣起即是應成派與實事師的差別，以實事師皆是承許有自性之緣起故。此即前《四百釋論》無間又云：「若實事師作是思，無自在義即是緣起義，若爾，汝應成派之問難如何能損於我實事師，汝應成師與我實事師又有何差別呢？

應成本宗答曰：汝實事師未能如實了知緣起之究竟義，卻以自性有為基礎而來宣說緣起之義，此自性無即是我應成本宗和你實事師（自性有）的差別。汝實事師如同世間諸愚童不善言說、不了知世間世俗之眞假，於諸影像顚倒增益為眞實有，反破影像如實安住虛假性，如是諸法本是空性反而執為眞實有自性，不知緣起亦是如同虛假之影像。故汝實事師亦如是雖承許緣起，然未眞實了解等同影像般的緣起性空如其本無自性如實而安住其本性，於無自性而不執為無自性故。於非有自性反增益為有自性故，故亦不善巧、不眞實說。不能宣說無自性故，反而宣說諸法有自性故。」

（p527+4）

雖同受許因果緣起，然許無性與有性故，說於緣起如實證知與不實知，如實善說與不善說，所有差別。

[釋]：實事師雖與中觀應成師同是受許因果緣起，然中觀應成本宗承許緣起無自性與實事師承許緣起有自性之差別的緣故，而說於緣起有如實證知（中觀應成師）與不如實證知（實事師），如實善說（中觀應成師）與不如實善說（實事師），是有所差別。

（p527+5）

由此若說，許作用事與實事師許彼實有諍有無諦實，唯諍於名，如是若謂許名言中有作用事與自續師諍名言中有無自相，唯諍於名，以自續師說名言中有自相故，此諸妄執顯然亦破。

[釋]：由此有些佛內道的學者若說，以中觀應成派承許緣起有作用之事非實有與實事師承許彼緣起作用之事是實有，於此諍論有無諦實，唯諍辯於名相而已是沒有什麼意義的，如是若謂中觀應成派承許名言中有緣起作用之事與中觀自續師諍辯此名言中之緣起作用之事有無自相，亦同是唯諍辯於名相而已是沒有什麼意義的，以自續師說名言中緣起有自相故，然中觀應成師說此諸學者妄執名言安立名相無有差別作用或無意義，此種顚倒說顯然亦可以破除。

（p527+7）

如是說者，猶如說云：「諸數論師，說耳識境所聞義常，故若許此耳識境義，然破聲常唯瞋於名。」

[釋]：**如是**依此佛內道學者**所說者**，於名言同許皆有作用，諍辯自性有無唯於名相諍辯是無意義的，此種說法**猶如說云**：「**諸數論師，說耳識**之聲**境**許**所聞**之聲**義是常，故若**內道承**許此耳識**之聲**境**許所聞之聲**義**是無常，同許聲為耳識所聞之境，**然破**外道所許**聲**亦是**常**，此**唯諍辯瞋於名**相而已，亦無意義。」若如是者，難道此類學者要認可外道所許〝聲是常〞嗎？因為內外道皆共許聲是耳識所聞之境，故若於其上諍辯是常或是無常是毫無意義的！

（p527-6）

諸餘有情許因緣生，依此反執實有自性，故成繫縛。餘諸智者依彼因緣破有自性，於無自性引生定解，斷邊見縛。故緣起因成立無性，是最希有善權方便。

[釋]：**諸餘**中觀自續師與實事師之**有情**承**許因緣生，依此反執為實有自性，故成**為輪迴生死所**繫縛。餘諸智者**中觀應成師**依彼**唯名言假立之**因緣破有自性，於無自性引生定解，斷**除常斷之**邊見**所束縛。故**由此唯名言假立**緣起**之正**因**而來**成立無自性**，是最希有善權方便**。

（p527-4）

世尊由見此義，故云：「若從緣生即無生，其中非有生自性，若法依緣即說空，若知空性不放逸。」初二句說從緣生者，皆無性生，第三句說依仗因緣緣起之義即性空義，第四句顯通達空性所有勝利。

[釋]：**世尊由見此**緣起無自性**義，故云**：「**若從緣生即**是**無生，其中**無生即**是指**非有生**之**自性，若法依緣**生即**說**是自性**空，若知空**無自性於業果**不放逸。」**初句**（若從緣生即無生）**第二句**（其中非有生自性）是**說從唯名言假立之緣而生者，皆**是無自性生，第三句**（若法依緣即說空）是**說依仗因緣**此唯名言假立**緣起之義即**是自性空**義，第四句**（若知空性不放逸）**顯示通達空**無自性**所有的**勝利**，即是於唯名言假立業因果之緣起不放逸。

(p527-2)

如是又云：「聰睿通達緣起法，畢竟不依諸邊見。」說達緣起能斷邊執。若有自性，佛及弟子當能觀見，然未曾見。又彼自性非緣能改，則執有實相諸戲論網，應不可斷故無解脫。

　　[釋]：如是世尊又云：「智慧**聰睿**者**通達**唯名言假立之**緣起法**，**畢竟**（任何時處）**不依**常斷**諸邊見**，以是無自性故。」此說**通達**唯名言假立之**緣起**，定**能斷**除常斷之**邊執**見。若諸法**有自性**，**佛及弟子當**然**能**以理智**觀**察而現**見**，然未曾見此自性有。又彼**緣起**若有**自性**即**非是**因**緣能改變**（不變異），**則執有實**有自相之**諸戲論網**，亦**應不可斷**除**故無解脫**。以真正的解脫，須以唯名言假立之緣起來斷除非緣起之自性有故。

(p528+1)

如《象力經》云：「設若諸法有自性，佛及弟子當見知，常法不能般涅槃，聰睿終無離戲論。」三四五品破處蘊界自性之理，抉擇法無我雖亦甚善，然恐文繁故不廣說。

　　[釋]：如《象力經》云：「**設若諸法有自性**，**佛及弟子**應**當見知**，許自性有之**常法**非因緣能改變，故**不能般涅槃**，即使**聰睿**者**終無離戲論**即是不能解脫。」《中論》第三品、第四品、第五品，此中第三品是**破生處**（十二處），第四品是破五蘊，第五品是破十八**界**，此三品、四品、五品所要破的**自性之理**，皆是**抉擇法無我雖亦甚善**，**然恐文繁故不廣說**。

正法解行林

p501+1 之科判，

『一、決擇補特伽羅無我；二、決擇法無我；三、修習此見淨障之理。』

中觀應成派：

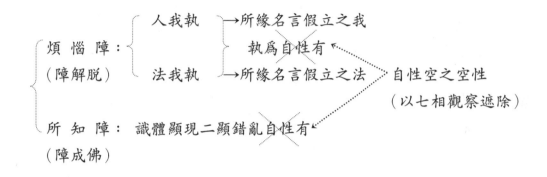

煩惱障： ┌ 人我執 ──→所緣名言假立之我
（障解脫） │   執爲自性有
         └ 法我執 ──→所緣名言假立之法 ── 自性空之空性
                                          （以七相觀察遮除）

所知障： 識體顯現二顯錯亂自性有
（障成佛）

所知障要斷盡 →菩提心受菩薩戒廣行六度萬行的福德資糧所攝持跟空性，
　　　　　　　　才能把成佛之所知障斷盡（若單只有空性也無法）。

自續派以下：

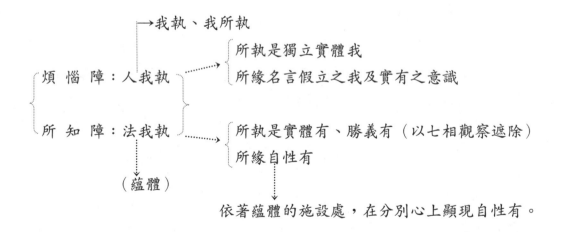

　　　　　　　　──→我執、我所執
　　　　　　　　　　　所執是獨立實體我
煩惱障：人我執 ┄┄→所緣名言假立之我及實有之意識

所知障：法我執 ┄┄→所執是實體有、勝義有（以七相觀察遮除）
　　　　　　　　　　　所緣自性有
　　　（蘊體）

依著蘊體的施設處，在分別心上顯現自性有。

（p528+4）

第三修習此見斷障之理。如是若見我及我所無少自性如微塵許，由修彼義便能滅除我我所執薩迦耶見。彼見若滅，則欲取等廣如前說四取皆滅。此取若滅，則無取緣所生之有，故以有緣結蘊相續其生亦盡，便得解脫。

　　［釋］：第三修習此中觀應成派所安立自性空之見而斷煩惱障所知障之理。如是若見依蘊安立之我及我所無少自性如微塵許，由修彼我及我所無微塵許自性之義便能滅除自性之我及我所執薩迦耶見。彼我我所執薩迦耶見若滅，則欲取等廣如前 P183+3 所說十二因緣第九支「取支」共有四取（1 欲取：以五欲塵貪愛，急轉增勝之貪欲，也就是比第八愛支之貪欲還要更增勝，即第九取支。2 見取：凡執有漏法為殊勝，也就是非正因執為正因，即於內心所依之理仍有自性，非解脫道執為解脫道。3 戒禁取見：執有漏五戒十戒等誤認為是解脫之道，也就是不了知自性空之智慧，因為解脫無二門，故唯有無我空慧是唯一解脫之門。4 我語取：「我語」即是指內身，依此而說我，故名我語，此「我語取」即執我為真實有。此我語取特別是要取後有之蘊身）皆滅。此四取若滅，則無以取為緣而所生之業有，故以煩惱所造之業有為緣而結蘊相續其生有亦盡，便得解脫。

（p528+6）

如十八品云：「我我所滅故，無我我所執。」又云：「若於內外法，盡我我所慢，即能滅諸取，彼盡故生盡。」取是煩惱，有即是業，其生之因業惑已盡，故得解脫。即前論云：「業惑盡解脫。」

　　［釋］：如《中論》十八品云：「我我所自性有滅故，無自性有之我我所執。」《中論》又云：「若於屬於我的內（五蘊）外（色等）諸法，斷盡自性有之我我所慢──即薩迦耶見，即能滅除諸四取，彼四取盡故生死亦盡。」此論中說：斷盡薩迦耶見（即十二因緣之初支無明），則第九取支是煩惱，第十有支即是業，其生死輪迴之因業惑（煩惱）已盡，故得解脫。即前《中論》云：「業惑盡解脫。」

（p528-6）

由盡何法業惑乃盡，即前論云：「業惑從分別，分別從戲論，戲論以空滅。」此謂流轉生死，係從業生，唯污染心三業諸行，乃是能感生死之業，故業從煩惱生。

[釋]：**由盡何法業惑乃盡**，此中取輪迴之蘊身，是以業爲主因，以煩惱爲助緣，然造業是以煩惱爲主，而煩惱是以無明爲根本，此**即前《中論》云：「業惑從分別**——非理作意而生煩惱，而**分別**非理作意又是**從執自性有之戲論**而生，**此自性有之戲論則是以自性空而滅。」**此論之意謂：**流轉生死之苦，係從業生**，此業即是**唯由污染心**（無明）生煩惱而推動身口意三業造作**諸行**，此乃是能感生死苦之業，故此輪迴生死之業是**從煩惱生**。

（p528-4）

若不令起非理分別，於境增益淨不淨相，則不能生薩迦耶見爲本一切煩惱，故薩迦耶見爲本，貪等煩惱從非理分別生。唯由妄執世間八法男女瓶衣色受等實，乃有非理作意分別分別諸境，故彼分別從執諦實戲論而生。

[釋]：**若不令起非理**作意之**分別，於**順不順**境增益**全然**淨不淨相，則不能生薩迦耶見爲本**的**一切**貪瞋等**煩惱，故薩迦耶見爲**生起一切煩惱的**根本**，而**貪**瞋等**煩惱是從非理**作意之**分別而生**。此煩惱**唯由妄執世間**之利、衰、毀、譽、稱、譏、苦、樂等**八法，**及**男、女、瓶、衣、色、受等**實有，**因此**乃有非理作意分別**所生之貪瞋等**分別諸境，故彼**非理作意之**分別是從執諦實**有之**戲論而生**。

順次第：執爲實有（無明） → 非理作意 → 煩惱 → 業 → 輪迴生死。

逆次第：輪迴生死 → 惑、業 → 非理作意 → 執爲實有（無明）。

（p528-2）

《顯句論》云：「世間戲論皆以空滅，謂由觀見一切法空，故能滅除。云何能滅，謂緣實事乃有如前所說戲論。若未曾見石女之女，諸貪欲者緣彼戲論即不生起。若不戲論，則於彼境亦定不起非理分別。若不分別，則從貪著我及我所薩迦耶見以爲根本諸煩惱聚皆不得生。若不生起薩迦耶見以爲根本諸煩惱聚，則不造諸業。若不造業，則不更受生及老死生死輪轉。」

[釋]：《顯句論》云：「世間顯現自性有或執持自性有之**戲論，皆以自性空而滅**，謂由**依理智思惟觀察見一切法自性空，故能滅除**自性有之戲論。**云何能滅**，謂緣實事乃有如前所說執爲自性有之**戲論。若未曾見石女之女**（喻如證自性空），**諸貪欲者緣彼**執有眞實石女之女之**戲論即不生起。若不**執自性有之**戲論，則於彼**所緣之**境亦定不起非理**作意之**分別**。

若不起非理作意之分別，則從貪著我及我所薩迦耶見以為根本諸煩惱聚皆不得生起。若不生起薩迦耶見以為根本諸煩惱聚，則身口意不造諸業。若不造輪迴諸業，則不更（再）受生及老死之生死輪轉。」

（p529+3）

由達空性滅彼之理，即前論云：「由依如是，戲論永滅，行相空故，能離戲論。由離戲論，滅諸分別，分別滅故，滅諸煩惱。由惡業滅故生亦滅，故唯空性是滅一切戲論行相，名曰涅槃。」此說極顯，即此顯示空見違害三有根本，成立等同解脫道命，於此當得堅固空解。

　　[釋]：由通達自性空之空性，滅彼自性有戲論之理，即前《中論》云：「由依如是自性空之正見，於自性有之戲論永滅，自性有之行相皆空故，故能遠離自性有之戲論。由遠離自性有之戲論，而滅諸非理作意之分別，非理作意之分別滅故，而滅諸一切煩惱。由煩惱惑及業滅故，生死輪迴亦滅，故唯有無自性之空性是滅一切自性有之戲論行相，名曰涅槃。」此論所說極為明顯，即此顯示無自性之空正見即是違害輪迴三有之根本，是故於識體上以無遮之遮遣法遮遣自性有，即是成立自性空，此即是等同解脫道之命根，於此當得堅固無自性之空解。

（p529+7）

是故龍猛菩薩諸論，明顯宣說聲聞獨覺亦證一切諸法無性，以說解脫生死要由無性空見乃成辦故。聲聞獨覺乃至未盡自心煩惱當修彼見。若煩惱盡，以此便足不長時修，故不能斷諸所知障。諸菩薩者，唯斷煩惱自脫生死不以為足，為利一切有情欲求成佛，故至斷盡諸所知障，經極長時無邊資糧莊嚴而修。

　　[釋]：是故龍猛菩薩所著諸論，明顯宣說聲聞獨覺亦證一切諸法無自性，以說解脫輪迴生死要由無自性之空正見乃能成辦故。以法我執引生人我執，且人法二我執所執皆是自性有。故聲聞、獨覺乃至未盡自心煩惱障，當修彼諸法無自性之見。若以無自性之空正見，已斷煩惱障盡，不具有菩提心以此便滿足不再長時修，故不能斷諸所知障。諸菩薩者，唯斷煩惱障自解脫輪迴生死不以為滿足，為圓滿利益一切有情欲求成佛，故至斷盡諸所知障，須極長時由菩提心所攝持之行品積集無邊資糧莊嚴而修。此不論是中觀應成派、中觀自續派、唯識派

皆共許——只要是菩薩，定須具有菩提心。

（p529-4）

如是拔除二障種子，真能對治，雖是前說空性正見，然由長時修不修故，有唯能斷諸煩惱障而不能斷所知障者。譬如唯一通達無我，俱是見惑修惑對治，然由唯能現見無我，若斷見惑不斷修惑，斷修惑者須長時修。如是斷除所知障者，僅長時修猶非能斷，亦必觀待學餘眾多廣大妙行。不修對治諸所知障，唯修能斷諸煩惱障所有方便，故說聲聞獨覺證法無我，無圓滿修。

　　[釋]：如是拔除煩惱所知二障種子，其真能對治，雖是如前所說空性之正見，然由長時修不修菩提心所攝持廣大行品故，此中有唯能斷諸煩惱障而不能斷所知障者。譬如以小乘之道次第而言唯一通達法無我，俱是見惑修惑之正對治，然於見道位由唯能現見法無我，此時若斷見道所應斷之見惑，但不能斷修道所應斷之修惑，要斷修道所應斷之修惑者，必須長時間而修。同理：如是以法無我斷除所知障者，僅長時修空性猶非真能斷盡所知障，故亦必須觀待學餘菩提心所攝眾多廣大妙行。若不修對治諸所知障，唯修能斷諸煩惱障所有方便，故說聲聞獨覺證法無我，無圓滿修。

（p530+1）

《入中論釋》云：「聲聞獨覺，雖亦現見此緣起性，然而彼等於法無我未圓滿修，有斷三界煩惱方便。」由是因緣，餘中觀師許為法我執者，在此論師許為染污無明。又雖斷彼修法無我，然法無我無圓滿修，當知如前及此所說。

　　[釋]：月稱論師所著的《入中論釋》云：「聲聞獨覺，雖亦現量見此緣起無自性，然而彼等於法無我無菩提心所攝持之行品，故說未圓滿修法無我，唯有斷三界煩惱障之方便。」由是因緣，其餘中觀自續師許為法我執者是所知障，在此中觀應成派月稱論師承許法我執為染污無明之煩惱障。又承許聲聞、獨覺雖斷彼煩惱障而修法無我，然於法無我無圓滿修，當知如前所說及此處所說——以無菩提心所攝持故。

（p530+4）

若爾，此宗何為所知障耶，謂從無始來著有自性，由彼耽著熏習內心，安立令成堅固習氣，由彼習氣增上力故，實無自性，錯亂顯現名所知障。《入中論釋》云：「此於聲聞獨覺及諸菩薩，由其已斷染污無明，觀見諸行如影像等。唯現假性非是諦實，以無諦實增上慢故，於諸愚夫而現欺誑。於諸聖者唯現世俗，緣起性故猶如幻等。此於諸聖有相行者乃得顯現，以所知障相無明現行故，非於諸聖無相行者。」

　　[釋]：若爾，此中觀應成**宗何者為所知障耶**？謂從無始來於一切法非唯名言假立而**耽著有自性**——此是煩惱障，**由彼耽著熏習內心，安立令成堅固**二顯**自性**有**習氣，由彼習氣增上力故**，諸法**實無自性**，於識體錯亂顯現有自性**名所知障**。又有說：遇緣無能轉為實執之識體即是所知障；若能轉為實執之識體即是煩惱障。《入中論釋》云：「**此於聲聞獨覺及諸菩薩，由其已斷染污無明**之煩惱障，**觀見**一切有為**諸行如影像等。唯現**虛假之體**性非是諦實，以**本**無諦實由增上慢故**非諦實而執為諦實之執實心，**於諸愚夫**本無諦實而**顯現**諦實之**欺誑**，以有執實心故。**於諸**八、九、十地菩薩及聲聞、獨覺阿羅漢之**聖者**前**唯現世俗，緣起體性**虛妄**故猶如幻化等**，因已斷盡染污無明之煩惱障。**此**世俗緣起體性猶如幻化**於諸**八地等及阿羅漢**聖者**之後得智**有相行者乃得顯現**二顯錯亂自性有，**以所知障**二顯之**相**是由**無明習氣現行故，**此二顯習氣**非於諸聖**者根本智**無相行者而顯現。即聖者入根本智時無二顯習氣顯現。」

（p530-6）

永斷染污無明菩薩，如前所引《四百論釋》，謂得無生法忍菩薩，是得八地。故小乘羅漢及八地菩薩，乃盡新熏錯亂習氣，然昔所熏錯亂習氣尚有眾多應淨治者，其後更須長時淨修。由修彼故，錯亂習氣無餘永滅，是名為佛。

　　[釋]：**永斷染污無明**煩惱障之**菩薩，如前所引《四百論釋》，謂得無生法忍**之**菩薩，是得**第**八地。故小乘**聲聞獨覺**阿羅漢及八地菩薩，乃**斷盡新熏錯亂習**氣即是染污無明之煩惱障，也就是俱生薩迦耶見。**然昔所熏**二顯**錯亂**煩惱**習氣**或所知障**尚有眾多應淨治者，其後更須長時**由菩提心所攝行品而**淨修。由修彼故，**二顯**錯亂**煩惱**習氣無餘永滅，是名為佛。**

（p530-3）

聖者父子說大小乘了義見同。此中可引二種希有定解，一況云成佛，若無通達一切法無性正見，無餘方便解脫生死。由此定解，以多方便發大精勤，求彼淨見。二能判大乘小乘不共特法，謂菩提心及諸菩薩廣大妙行。由此定解，於諸行品特能認為教授中心，受菩薩戒學習諸行。

[釋]：聖者龍樹、提婆父子說大小乘了義空正見相同。由此中之理可引申二種希有定解，一 更何況云成佛，若無通達一切法無自性之空正見，無餘方便解脫生死。由此定解，以多方便發大精勤，求彼中觀應成派了義清淨空正見。二能判別大乘小乘不共特法，即謂菩提心及諸菩薩廣大妙行。由此定解，於諸菩提心所攝持廣大妙行品特別能認為大乘之教授中心，而受菩薩戒學習六度諸行。

（p531+1）

此說頌云：「佛在共稱靈鷲峰，最勝希有大山王，六返震動此大地，神變光明滿百剎。能仁妙喉善演說，猶如經咒二道命，生諸聖子為大母，無比善說名慧度。授記勇識曰龍猛，如理解釋造勝論，名為《吉祥根本慧》。如日共許其釋中，佛護佛子無比論。於彼善說為善說，善通達已廣解釋，謂月稱論顯句義。彼等無垢清淨宗，謂於無性如幻法，生死涅槃緣起理，作用皆成略顯說。修習甚深《中論》友，汝心雖覺全無性，因果緣起難安立，然彼乃是中觀宗。依此宣說最端嚴，不爾為他所立過，自宗不能如實離，願謂無宗尚應學。如是聖父子，論中求見理，令作此善說，為佛教久住。」

[釋]：此說頌云：「佛在共稱靈鷲峰，最勝希有大山王——靈鷲山，宣說《般若經》時六返震動（六返是指：動、起、涌、震、吼、擊）此大地，佛之神變光明遍滿百剎無量無邊之國土。能仁妙喉善演說空性，猶如經（顯乘）咒（密乘）此二解脫道之命根，空性能生諸聖子是為大地之母，無比善說空性名為智慧度。佛陀授記勇識（勇士）曰龍猛菩薩，龍猛菩薩如理解釋《般若經》造殊勝之論著名為《中觀理聚六論》，其中一本名為《吉祥根本慧》即是《中論》。此《中論》如同日（太陽）大家共許其解釋此論中，是以佛護佛子（菩薩）無以倫比來解釋此《中論》。於彼《中論》善巧解說中，以佛護的解釋最為善說，又善巧通達已廣為解釋，謂月稱論師所著《顯句論》之義。彼等無垢清淨中觀應成宗，謂

於無自性顯現如幻有之法，善巧安立生死、涅槃、緣起理，此等作用皆成略顯說。修習甚深《中論》之道友，汝心雖覺全無自性，且因果緣起很難安立，然彼無自性又能安立一切法，此乃是中觀應成宗之見。依此來宣說是最爲端嚴亦即最圓滿最正確，若不爾者，爲他宗（實事師）所立過失問難，自宗確不能如實的離過失，若只願謂無宗、無許，則未獲得中觀應成之正見尚應繼續修學。如是應於聖龍樹、提婆父子所造論中尋求正見之理，令作此善說，爲佛教永久住世。」

　　前已樹立中觀應成派之緣起正見，由於諸法存在的體性是無自性唯名言假立，依此緣起正見之理而作毗缽舍那思惟觀察修來斷除二障，並由此來闡釋何謂毗缽舍那。

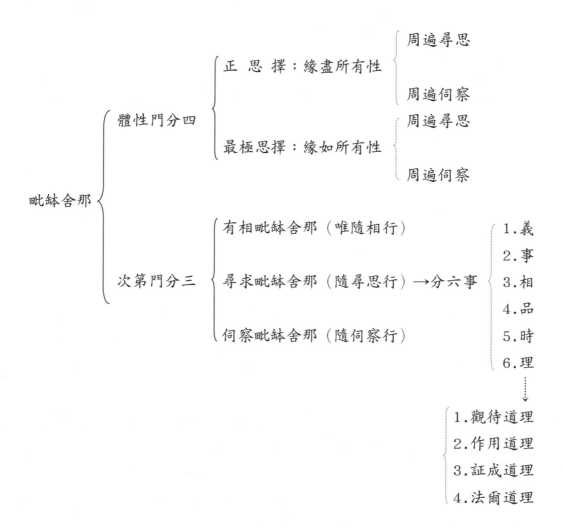

（p531-6）

第二觀之差別。如是依止《修次中篇》所說，親近善士，遍求多聞，如理思惟，毗缽舍那三資糧已，若有正見證二無我，次當修習毗缽舍那。若爾所修毗缽舍那總有幾種，此暫不重宣說大地毗缽舍那，正為顯示異生所修毗缽舍那，圓滿修彼毗缽舍那，謂修四種三種及修六種毗缽舍那。

〔釋〕：**第二觀之差別。如是依止**中觀派蓮花戒論師所著**《修次中篇》所說**，第一、**親近善士**，第二、為了要獲得正見故謂**遍求多聞**，第三、**如理思惟**，此是修學**毗缽舍那三種資糧已**，若有獲得**正見**，證人、法**二無我**，須先獲得正奢摩他，**次當修習毗缽舍那**。**若爾所修毗缽舍那總共有幾種**，此處**暫不重宣說**聖者**大地**菩薩**所修毗缽舍那**，以聖者大地菩薩所修毗缽舍那皆是在斷障。故此**正為顯示異生所修毗缽舍那**，此**圓滿修彼毗缽舍那**，謂以〝體性門〞**所修有四種**（第一、正思擇——緣盡所有性之世俗諦法，第二、最極思擇——緣如所有性之勝義諦法，不論是〝正思擇〞或是〝最極思擇〞，皆各有第三、周遍尋思及第四、周遍伺察）。又以〝次第門〞來分**有三種**（一者、有相毗缽舍那；二者、尋求毗缽舍那；三者、伺察毗缽舍那。）**及**以所觀察的對〝境〞來說所**修有六種**（一 義、二 事、三 相、四 品、五 時、六 理）**毗缽舍那**。

（p531-2）

一四種者，《解深密經》說思擇等四。正思擇者緣盡所有，最極思擇緣如所有。初有周遍尋思周遍伺察之二。第二亦有尋思伺察之二，謂粗細相思擇其義，如《聲聞地》云：「云何四種毗缽舍那，謂有比丘依止內心奢摩他故，於諸法中能正思擇，最極思擇，周遍尋思周遍伺察。云何名為能正思擇，謂於淨行所緣，或於善巧所緣，或於淨惑所緣，能正思擇盡所有性。最極思擇如所有性，由慧俱行有分別作意，取彼相狀周遍尋思，審諦推求周遍伺察。」《集論》毗缽舍那道，亦說彼四。《慧度教授論》，明彼等相如《聲聞地》。

〔釋〕：**第一**：以〝體性門〞而分**四種者**，**《解深密經》說思擇等四種**。一、**正思擇者**即是**緣盡所有**之世俗諦，二、**最極思擇**即是**緣如所有**之勝義諦。**初**正思**擇者有周遍尋思及周遍伺察之二。第二最極思擇亦有周遍尋思及周遍伺察之二**，謂**粗細相思擇其義**，也就是〝尋思〞是屬於以粗的行相而來思惟其所緣境；而〝伺察〞是屬於以細的行相而來思惟其所緣境。**如《聲聞地》云：「云何**

四種毗缽舍那，謂有比丘依止內心奢摩他故，於諸法中能正思擇，最極思擇，此二各有**周遍尋思**及**周遍伺察**。云何名為能正思擇，謂**於淨行所緣**（此中有五：不淨、慈愍、緣起、界別、阿那波那），**或於善巧所緣**（此中有五：蘊、界、處、緣起、處非處），**或於淨惑所緣**（此中有二：一、粗靜相道；二、四諦無常等十六行相），**能正思擇盡所有性**之世俗諦。**最極思擇如所有性**之勝義諦，**由慧俱**（即與智慧相應的心所）**行相是有分別作意**，是比量通達勝義諦，又名為隨順勝義，**此取彼**第六意識分別心義共相之**相狀**以粗相去**周遍尋思**，再以細相**審諦**推求**周遍伺察**。」此為《集論》中所說的毗缽舍那道，亦說彼四種體性。《慧度教授論》，**明彼毗缽舍那**等體性之**相狀如**《聲聞地》所說。

（p532+5）

又三種者，如《解深密經》云：「世尊，毗缽舍那凡有幾種。慈氏，略有三種，一者有相毗缽舍那，二者尋求毗缽舍那，三者伺察毗缽舍那。云何有相毗缽舍那，謂純思惟三摩所行有分別影像毗缽舍那。云何尋求毗缽舍那，謂由慧故，遍於彼彼未善了解一切法中為善了故，作意思惟毗缽舍那。云何伺察毗缽舍那，謂由慧故，遍於彼彼已善了解一切法中。為善證得極解脫故，作意思惟毗缽舍那。」

　　[釋]：又毗缽舍那之〝次第門〞有**三種者**：一者有相毗缽舍那；二者尋求毗缽舍那；三者伺察毗缽舍那，**如**《解深密經》云：「世尊，毗缽舍那凡有幾種。慈氏，略有三種，一者有相毗缽舍那，二者尋求毗缽舍那，三者伺察毗缽舍那。云何第一、**有相毗缽舍那**，是**謂純然思惟三摩地所行有分別影像毗缽舍那**——也就是說，先思惟觀察無我為其所緣境，止於一境而獲得正奢摩他，次再進入毗缽舍那令止於無我之境越來越堅固，並確定此無我相，不再做進一步已成比量推度的抉擇，故此是說〝未善了解〞，亦即此所緣是屬於〝境〞上之空性。云何第二、**尋求毗缽舍那**，此毗缽舍那已在量度推理，此時是屬於〝心〞上的，即**謂由智慧**心所抉擇推理**故**，此慧**遍**抉擇**於彼**（三摩地）中彼（空性的義共相）**未善了解**，而令進一步於**一切法中為善了解**無我**故，作意思惟毗缽舍那**，此是於量度推理已善了解。云何第三、**伺察毗缽舍那**，謂由智慧心所抉擇推理**故，遍於彼**（三摩地）中彼（空性的義共相）**已達善了解一切**無我**之法中**，為令善巧證得極清淨**解脫**果**故**，如是**作意思惟毗缽舍那**。」

（p532-5）

《聲聞地》說：「謂於所聞所受持法，或於教授，由等引地作意暫思，未思未量未推未察，如是名為唯隨相行。若復於彼思量推察，爾時名為隨尋思行。若復於彼既推察已，如所安立復審觀察，如是名為於已尋思隨伺察行。是名三門毗鉢舍那。」總此諸義，初者例如緣無我義，作意彼相，不多抉擇。第二於前未決定義為決定故，正善抉擇。第三謂於已決定義，如前伺察。

[釋]：《聲聞地》說：「謂於所聽聞所受持空性法，或於所緣教授空性法，由等引地（上二界）作意暫不深入思惟觀察空性之義共相，未思未量未推未察，僅令空性之義共相堅固不再作思惟、推理，如是名為唯隨相行——即是有相毗鉢舍那。若復於彼空性之義共相，思惟量度推察，爾時名為隨尋思行——即是尋求毗鉢舍那。若復於彼空性之義共相既思惟推察已，如所安立復審思惟觀察，如是名為於已尋思隨伺察行——即是伺察毗鉢舍那。以上是名三門毗鉢舍那。」總此諸義，初者唯隨相行——即是有相毗鉢舍那，例如緣無我義，作意彼空性之義共相，不多抉擇思惟所緣境令其堅固。第二隨尋思行——即是尋求毗鉢舍那，於前（唯隨相行）未決定義更為令堅固決定故，而正善推理抉擇。 第三已尋思隨伺察行——即是伺察毗鉢舍那，謂於（第二隨尋思行）已決定無我義，如前（第二隨尋思行）更深細的思惟觀察，即是已尋思隨伺察行。

（p533+1）

又六種者，謂緣六事，此是尋思毗鉢舍那。尋思之理，謂尋思一義二事三相四品五時六理。既尋思已，復審伺察。尋思義者，謂正尋思如是語中有如是義。尋思事者，謂正尋思此為外事，此為內事。尋思相者，謂正尋思諸法二相，此是自相，此是共相，或共不共。尋思品者，謂尋思黑品過失過患及尋思白品功德勝利。尋思時者，謂尋思如是事曾在過去世，尋思如是事當在未來世，尋思如是事今在現在世。

[釋]：又六種者，此是以〝尋求〞之門來分六種毗鉢舍那。謂緣六事，即是所緣境有六個，此六事是依前之次第門中有三種毗鉢舍那：即一、有相毗鉢舍那；二、尋求毗鉢舍那；三、伺察毗鉢舍那。由第二種毗鉢舍那〝尋思毗鉢舍那〞所分出。此中尋思之理，謂尋思第一：義，第二：事，第三：相，第四：品，第五：時，第六：理。既由第二毗鉢舍那尋思已，復審第三伺察毗鉢舍那。此六事中第

一：**尋思義者，謂正尋思觀察如是**能詮之**語中有如是**所詮之**義**。如依能詮無常之聲去尋求所詮刹那生滅無常之義。第二：**尋思事者**，此中〝事〞者即是存在的事物。**謂正尋思此（色、聲、香、味、觸）為外事，此（眼、耳、鼻、舌、身）為內事**。第三：**尋思相者，謂正尋思諸法二相，此是自相，此是共相，或共不共**。此中之〝自相〞：若以中觀應成派而言，必須將此自相理解為體性，因為此派不承許諸法有非唯名言假立的自相，如火有火的體性，其體性即燒熱性，是唯名言假立，故燒熱性即是火的自相。然實事師承許存在的法一定要有非僅唯名言假立之自體性即是自相。又此中之〝共相〞：佛教內部派承許唯賴名言假立名為共相，中觀應成派唯承許共相亦即諸法僅唯名言假立。然實事師雖承許唯賴名言假立名為共相，其名言假立亦需要有自體性，若無其自體性則成兔角。又或說兩個不同體性的法俱有其共同的特徵，如瓶與柱的體性不同，然俱有共同無常的特徵即是共相。此中之〝共不共〞：若以總（共）別（不共）而言，如瓶子是總（共）因為瓶子俱有金瓶、銀瓶…等別相。然瓶子亦是別相（不共），因其俱有能遍自類別之法，如實事，由此而說共不共。又瓶與瓶自反體，此二皆是指瓶故說是共。然瓶是無常，瓶之反體是常，故是不共，由此而說共不共。又以唯識派而言，人無我及執瓶分別心皆是遍計執，故說共；然人無我能斷障獲得小乘果位，執瓶分別心為輪迴所攝，故說不共，由此而說共不共。**尋思品者**，此〝品〞是指業果，故**謂尋思黑業品的過失**或**過患及尋思白業品的功德**或**勝利。尋思時者**，此〝時〞即是指時間，有過去時、現在時、未來時，故**謂尋思如是事曾在過去世，尋思如是事當在未來世，尋思如是事今在現在世**。

（p533+5）

尋思理者，謂正尋思四種道理，一觀待道理，謂諸果生，觀待因緣。此別尋思世俗勝義及彼諸事，二作用道理，謂一切法各有作用，例如火有燒作用等，此尋思相謂此是法，此是作用，由此法故作此作用。三證成道理，謂所立義不違諸量，是正尋思於此法中，有無現比至教三量。四法爾道理，謂火燒熱性，水濕潤性等，於彼法性應發勝解，是為世間共許法性，難思法性，安立法性。不應思惟有餘道理，令其如是。

[釋]：第六尋思理者，謂正尋思理有分四種道理，第一、觀待道理，謂諸果生，是觀待其因緣和合。此觀待道理由分別尋思世俗與勝義（世俗觀待勝義而成立；勝義觀待世俗而成立）及彼世俗勝義所依諸事，如觀待名言量尋求世俗依於因生果緣起之諸事。又觀待抉擇究竟理智之量尋求勝義依於因生果無自性之事。第二、作用道理，謂一切諸法各有其作用，例如火有燒熱作用等，此尋思之相謂此是法，如：此是無明或此是無我智，此是執自性有或通達無我之作用，由此無明或無我智之法，故作此執自性有或通達無我之作用。第三、證成道理，謂所立所作性及緣起之義不違無常及空性諸量，是正尋思於此法中，有無合於現量比量乃至聖教三量。第四、法爾道理，即所謂的法爾如是。此中〝法〞略分有勝義諦、世俗諦。世俗諦謂：火有燒熱之體性，水有濕潤之體性等，於彼法火及水之體性應發如是燒熱及濕潤之勝解，是為世間共許世俗法之體性，難思議之法性又分勝義諦及世俗諦，此中世俗諦之極隱蔽分如：緣起業力及佛功德力是不可思議的道理，及安立法性——由抉擇究竟理智之量其所通達無自性，來安立一切法的究竟體性即是空性。如上所說不應思惟還有其餘〝法爾如是〞之道理，令其如是隨順法爾如是之體性。

（p533-3）

建立如是六種事者，謂瑜伽師所知唯三，謂言說義及所知中盡所有性，如所有性。依第一故，立義尋思。依第二故，立事尋思自相尋思。依第三故，建立餘三及共相尋思。《聲聞地》云：「如是六事差別所緣及前三門毗缽舍那，略攝一切毗缽舍那。」謂彼所說能攝一切毗缽舍那。

　　[釋]：建立如是六種事者：一義、二事、三相、四品、五時、六理，謂瑜伽師將六種事總攝為三，而說所知唯三，謂第一言說義即是能詮之內義，又稱為語文覺及所知中，第二盡所有性即是世俗諦，亦稱為事邊際覺，如緣起法或世俗法，第三如所有性即是勝義諦，亦稱為如實覺。依第一言說義故，安立六種事之第一為〝義〞尋思，也就是依能詮聲或名句文去思惟觀察。依第二所知中之盡所有性故，安立六種事之第二〝事〞尋思及第三自相共相中的〝自相〞尋思。依第三所知中如所有性故，建立餘三即是六種事之第四〝品〞，第五〝時〞，第六〝理〞，及第三自相共相中的〝共相〞尋思。《聲聞地》云：「如是六事一義、二事、三相、四品、五時、六理即是差別所緣及前三門 1、有相毗缽舍那 2、尋

求毗缽舍那3、伺察毗缽舍那，此略攝一切毗缽舍那。」謂彼《聲聞地》所說能攝一切毗缽舍那。

（p534+1）

又初四種毗缽舍那其門有三，即彼三中隨尋思行，說有六種尋思之理，是故三門六事尋思，攝於前四。又前所說，力勵運轉作意等四，聲聞地說是奢摩他毗缽舍那二所共同，故毗缽舍那亦有四種作意。

　　[釋]：**又初**以體性門而分**四種毗缽舍那**：1、正思擇緣盡所有性，此又分週遍尋思及週遍伺察，故有二。2、最極思擇緣如所有性，此又分週遍尋思及週遍伺察，故亦有二。故總**其四種毗缽舍那**，若以次第**門**來分則**有三**：第一有相毗缽舍那、第二尋求毗缽舍那、第三伺察毗缽舍那。**即彼**次第**三門中**的第二**隨尋思行**——即尋求毗缽舍那，**說有六種**（一義、二事、三相、四品、五時、六理）**尋思之理，是故此三門**（有相毗缽舍那、尋求毗缽舍那、伺察毗缽舍那）**六事尋思**，總**攝於前**以體性門分**四種毗缽舍那。又前** p379-2 **所說，1、力勵運轉作意**；2、有間缺運轉作意；3、無間缺運轉作意；4、無功用運轉作意**等四，《聲聞地》說**此四種作意**是奢摩他**、**毗缽舍那二所共同，故毗缽舍那亦有此四種作意。**

（p534+3）

《慧度教授論》云：「如是四種毗缽舍那修習圓滿，便能解脫諸粗重縛，九奢摩他修習圓滿解脫相縛。」諸大論中多作是說，故修觀者，謂如《解深密經》所說，由思擇等四門而修。其修止者，謂由無分別九住心修。

　　[釋]：**《慧度教授論》云**：「如是初**四種毗缽舍那修習圓滿，便能解脫**煩惱障等**諸粗重縛**，而依**九**住心及四種作意對治昏沈掉舉**奢摩他修習圓滿**安住於一境不散亂之**解脫相縛。」**此所說於《瑜伽師地論》及**諸**中觀之**大論中**亦**多作**如是**說，故修觀者**，謂 p531-2 如**《解深密經》所說，由思擇等四門**——亦即由體性門分四：1、正思擇緣盡所有性，此又分週遍尋思及週遍伺察。2、最極思擇緣如所有性，此又分週遍尋思及週遍伺察**而修。其修止者，謂由無分別九住心**而修。

前 p401+6 第二學習毗缽舍那之法分四:「一 依止毗缽舍那資糧,二 毗缽舍那所有差別,三 修習毗缽舍那之法,四 由修習故毗缽舍那成就之量。」

（p534+6）

第三修觀之法分二：一 破他宗,二 立自宗。初中有四。破第一宗者,有作是說,雖未證得無我正見,但能執心令無分別,便是修習本性實義。以實義空,永離一切是此非此,如是住心與彼實義隨順轉故,以境全非有,心全無執故。

　　[釋]：此第三修觀之法由 p401+6 第三科判修習毗缽舍那之法分二：一 破他宗,二 安立自宗。又何謂修觀,修即是思惟修。觀即是毗缽舍那,如《寶雲經》云：「毗缽舍那者謂正觀察」此中正即是正因,所謂觀察即是依著正因對於所緣境思惟抉擇。又〝空性〞是隱蔽分,故須依其定義（遮除所應遮的那一分）思惟抉擇遮除其反面自性有才能通達。然空性又有其特徵——無分別,而此無分別即是指無自性分別或無二顯。從空性的特徵（無分別）而來討論識體,因為識體亦有分：無分別及有分別。

　　此中〝無分別〞,又分二：

一、前五根識二顯錯亂之無分別；

二、第六意識二顯錯亂之無分別：如重睡眠、悶絕、無想定…等；
　　　及以無分別為其所耽著之境及第六意識無二顯錯亂自性有之無分別,
　　　如：現量證空性。

　　此〝有分別〞是指第六意識,其又分二：

一、耽著自性有之分別,此是顛倒識。

二、耽著無自性有之分別,此是無顛倒識。

因此，空性是屬於隱蔽分，故未現證空性之前，必須依其定義分別思惟抉擇（遮除自性有）而通達，此通達是聞所成慧、思所成慧、或是比量通達。故若不以其定義思惟抉擇，僅由無分別是無法通達無自性的，既然是無分別，就無法觀察諸法存在的方式是自性有或是自性無，故僅由無分別是無法以比量通達自性空，若無法以比量通達自性空，亦無法現量證空性，因為因果不相隨順。故若說空性是無分別，而以無分別就能證空性，此種說法是錯誤顛倒的。因為，無分別是空性的特徵而不是空性的定義，若以空性的特徵去修持，則是以無分別為其所耽著之境，此是顛倒錯誤。若以空性的定義去修持，則是以無自性有分別為其所耽著之境，此是不顛倒。此科判是在破斥——誤以為以空性的特徵（無分別）去修持，就能夠現量證真實空性義。

初中破除他宗之邪分別又有分四宗。破第一宗者，有學者作如是說，雖未依教依理證（獲）得無我正見，但能執心令無分別，此無分別便是修習究竟本性真實之空性義。以真實義之空性，是永離一切是此非此之無分別作用，如是住心無分別與彼真實空性義相隨順轉故，以空性之境全非有任何一事物，心亦全無任何一事物所執故。

（p534-5）
當問彼云，如是修者，於諸境界全無所有，為已了知全無所有，次隨順彼心全無執而安住耶？為先未知由境實義無所有故，心無執住即為修習境實義耶？

[釋]：依此學者所說**當問彼云，如是**執心令無分別而**修者**，此無分別之心**於諸境界全無所有**，此境全無所有，初者：是**為已了知**空性之境**全無所有，次隨順彼**空性之境無所有，**令心**全無分別、**無所執而安住耶？**第二：或**為先未了知由**空性之**境，真實之義全無所有故**，令心全無所執而安住，**即為修習**空性之**境真實之義耶？**

（p534-4）
若如初者，云彼未得正見而成相違，汝許彼是了義見故。若如我說彼乃未明正理所破界限，凡有所許，便見正理之所違害。其次全無所受取處，是誹謗見，故住彼上，非是修習無倒真空，前已廣說。

[釋]：若如初者為已了知空性之境全無所有，而前立宗云：彼未獲得空正見，如此前後而成相違，以汝所許彼未得無我正見是了義見故，因為汝說未獲得無我正見，令心安住無分別即是修真實空性之義，故依汝所說未獲得無我正見與初者所說為已了知空性之境全無所有，是成相違。若如我（宗大師）說彼第一宗乃是於所通達之境未明白正理抉擇所要破的界限，故認為凡有所承許，即是有分別，有分別即是錯亂，便見若有所承許，即為正理之所違害。其次若認為空性之境就是全無所受取處，即是無所取、無所立，此是誹謗空性之見，因為〝境無所有〞又分二種：一、無自性有，即是空性。二、全無所有，不即是空性。故住於彼全無所有之無分別上，並非是修習無錯亂、無顛倒真實之空性義，前p470-4 破除他宗之科判已廣說。

（p534-2）
若作是思，若以觀察實義正理推察諸法，其諸有事無事法等皆非正理，能立其有。故於勝義，諸法永離一切戲論，雖彼補特伽羅未如是知，然彼住相與彼相順，是修空者，太為過失。一切根識皆不妄執此是此非順境實義，應彼一切皆修實義。又如前說，一切外道無分別止，皆應修空。此等尚多。

[釋]：若此第一宗又作是思念，若以觀察空性實義正理推察諸法，其諸有事之有為法及無事之無為法等，皆非抉擇實義正理能安立其有，此即是將〝不堪忍正理觀察〞及〝正理所破〞誤為一事。故說於勝義，諸法永離一切戲論，雖彼補特伽羅未能如是了知真實空性之義，然彼住無分別之相即是與彼空性之無分別相隨順，是修真實空性之義者，此種說法太為過失、以偏概全。因為一切前五根識皆不妄執此是此非之無分別，則亦應隨順空性境之真實義，若如是則應成彼一切有情皆在修真實空性義。又如前第一種所說執心令無分別便是修行真實空性義，則一切外道修無分別止，皆應在修真實空性之義。此等無分別之過失尚多。

（p535+3）
又境本性與彼住心，二相隨順，唯由餘人證知便足，則外道等皆成修空，無可遮遣。若謂不同，此要由彼補特伽羅自知隨順次乃安住。若知如是隨順道理，即得正見，云未得見無執安住便是修空，成相違失。若謂任隨分別何事，一切

《菩提道次第廣論》〈毗缽舍那〉590

分別皆繫生死，故無分別住是解脫道，前已廣破。若如是者，則於和尚派，亦無少過可設。

[釋]：又空性境之本性即是無自性，若與彼執無分別之住心，此二是相隨順，然執無分別就是不能了知，也就是不能了知是否証空性。如此不了知，應唯由餘人證知便足，則外道等皆成修真實空性義，此理所顯之過患是汝無可遮遣迴避。又汝若謂與外道不同，則此無分別是要由彼修真實空性義之補特伽羅，先自知空性之理隨順空性之義，次乃安住空性之無分別。如此本宗認為：假若已經了知如是隨順空性之道理，即已獲得空性之正見，而汝前又云：未獲得空性之正見而無分別執安住即便是修習空性之義，又有前後應成相違之過失。故若謂任隨分別何事此是此非，一切分別皆繫縛輪迴生死，故無分別住即是解脫之道，前 p247-3 已廣破。故此無分別住有二：一、無自性有分別住；二、全無分別而住。應當區分清楚。若如是第一宗所說者，則於支那和尚派所立之宗，亦無有少過失可設難。意謂：必須承許支那堪布和尚之見。

（p535+6）

《修次後篇》云：「起如是思，立如是論，諸分別心，起善不善業增上故，令諸有情受善趣等果流轉生死。若全不思惟，全不造作，則解脫生死。以是因緣，當全不思惟，全不應修施等善行。修施等者，唯為愚夫增上而說。彼乃毀謗一切大乘，大乘既是一切乘本，由謗彼故謗一切乘。言不思惟，謗觀察慧，審觀察慧是正智本，謗彼即謗出世間慧，斷其本故。言不應修施等善行，畢竟謗毀施等方便。總其智慧方便，是名大乘。如《聖伽耶經》說，諸菩薩道略有二種，何等為二，謂慧及方便。《聖如來秘密經》說，方便智慧，由此二種，總攝菩薩一切正道。故謗大乘作大業障，由是因緣，毀謗大乘是諸寡聞執者我見，未能承事聰睿丈夫，未能了解如來語言，自害害他違越教理。彼毒語言，凡諸聰睿自愛樂者，猶如毒食，而當遠棄。」

[釋]：蓮花戒論師所著《修次後篇》云：「若汝起如是思念，安立如是論，由諸分別心思惟造作，起善不善業之增上力故，皆是令諸有情受善惡趣等果而流轉生死。假若全不思惟，全不造作，唯無分別則能解脫生死。以是因緣，當全不思惟，全不應修施等善行。因為修佈施、持戒等者，唯是為了未通達空性義之愚夫增上而說。彼上所說無分別乃是毀謗一切大乘，大乘既是一切聲聞獨

之慧，因為若無分別觀察慧，即已斷除其跳出輪迴生死之根本故。又言不應修佈施持戒等善行，畢竟謗毀佈施等成就佛色身之方便。總其智慧——空性之慧與方便——菩提心所攝的六度四攝，故是名大乘。如《聖伽耶經》說，諸菩薩道略有二種，何等為二，謂智慧及方便。《聖如來秘密經》說，方便與智慧，由此二種，總攝菩薩一切正道。故毀謗大乘造作大業障，由是因緣，毀謗大乘是諸寡聞執者我見（不了解真實空性無分別之涵義者），未能承事聰睿丈夫（佛），未能了解如來語言，自害害他違越教理。彼見如同惡毒語言，凡諸聰睿欲求解脫成佛自愛樂者，應視此無分別見猶如毒食，而當遠離摒棄。」

(p536+1)

此先安立和尚所許，顯然說其若如是許，則是誹謗一切大乘，如是敵者汝當了知。若謂我許修施等行不同彼者，若唯以修施等行故，與他分別，是說我與和尚修了義見同。若不爾者，無分別定亦當分別，又一切分別皆繫生死，汝豈非求解脫生死，若求解脫，則行惠施持淨戒等皆須分別，修彼何益，前已廣說。以是若許一切分別皆繫生死，和尚尤善，汝被相違重擔所壓。

　　[釋]：此論《修次後篇》先安立支那堪布和尚所許無分別、無作意，顯然說其（第一宗），若如是承許，則是誹謗一切大乘，如是這種誹謗佛法之敵者汝（第一宗）應當了知。若第一宗又謂：我所許修布施等行品，是不同彼支那堪布和尚者。本宗問：若唯以修布施等行品不同彼支那堪布和尚，故與他有所分別（區別），如是則說我（第一宗）與支那堪布和尚修了義之空性見是相同。若不爾者，汝第一宗所許的無分別定與支那堪布和尚所許無分別，亦當分別清楚。又汝第一宗說一切分別皆繫縛生死，故許無分別，汝所許無分別之義豈非是追求解脫生死？若是為了要求得解脫，故說應無分別，則又要行惠施、持淨戒等，然欲行惠施、持淨戒等又皆須以分別而修，故修彼布施、持戒等分別，又何益於汝所許須以無分別修而得解脫呢？此種過失前已廣說。以是若承許一切分別皆是繫縛生死，此種見解倒不如隨順支那堪布和尚的見解尤善，因為連支那堪布和尚布施、持戒等分別都不承許。然汝之所許則會被此相違重擔所壓迫，因為汝一方面承許無分別，一方面又承許布施、持戒等有分別，此種承許是相違的。

（p536+6）

又彼學者，有作是念，若多觀察二我相執之境，其次乃斷能執之心。如犬逐石是名由外斷截戲論，故從最初持心不散，如犬逐咬擲石之手。由修彼故，於相執境令心不散，一切戲論自內斷截。故學教理抉擇正見，唯於名言漂流隨轉。此乃最下邪見，謗毀一切佛經六莊嚴等聰睿諸論。以彼經論，唯用教理抉擇義故。

　　[釋]：又彼學者，有作是念，若**先**多觀察**人法**二我相執之境，其次乃斷能執之心。**此種說法即是從境上斷，就**如**同**犬**追**逐石**頭**是名**為**由外斷截實有之戲論**，故**應**從最初持心不散**、無分別、無作意**，此**如**同**犬**追逐咬擲石頭之手。故由修彼持心無分別、不散亂故，於相執境令心不散，一切實有之戲論從自內心斷截**，此是從心直接斷。故修學教理抉擇正見，唯於名言漂流隨轉**，此意謂：學習教理僅於嘴巴說說而已與斷煩惱解脫一點關係都沒有。宗大師說：此種說法乃是最下邪見，謗毀一切佛經及龍樹、提婆、無著、世親、陳那、法稱六莊嚴等聰睿**智者所著**諸論。以彼經論，唯用教理抉擇實修之義故。以唯識之見許萬法依實有自性之識體習氣所變現，又中觀派亦承許諸法唯名言安立，故若從心直接斷，又無分別，豈不是亦將識體全斷盡而成為斷滅見了嗎？若又說何者應斷、何者不應斷，則本宗說，這不是又有分別了嗎？

（p536-5）

又二我相執所執之義，當善觀察境為何等，次以清淨教理，於彼所執定解為無。須從根本傾彼謬妄。若全未得如斯定解，唯持其心，爾時於二我境雖未流散，然非唯彼證無我義。

　　[釋]：又應於**人法**二我相執所執之**境**義，當善**巧分別**觀察**人法二我相執所執之境為何等**（存不存在），次以**解釋佛經龍樹提婆等所著諸論之清淨教理，於彼二我相執所執之境定解為無。須從此顛倒識根本傾**（遮除）**彼所執謬妄之境。若於經論所詮之教正法，於聞思時全未得如斯實修空性義之定解，僅唯持其心**不散之無分別，**爾時於人法二我境雖未流散**於昏沈掉舉，**然非唯彼**無分別就能**證無我空性義**，以對於人法二我執所執顛倒之境無能遮除，因為無分別何者為應破、何者為不應破。

（p536-3）

若不爾者，則重睡眠悶絕等位，彼心無散，彼等亦當通達無我，太為過失。猶如夜往未諳崖窟，有無羅剎心懷恐怖，不使燃燭照觀有無，除彼怖畏，而云持心莫令羅剎分別散動與彼相同。《修次下篇》說，猶如戰時，不效勇士張目，善觀怨敵所在而相擊刺，反如怯兵，見他強敵閉目待死。

　　[釋]：若不爾者，如彼學者所說持心不散之無分別，則重睡眠、悶絕、無想定等位，彼等之心皆無散亂，如是依彼重睡眠、悶絕等亦當通達無我空性義，此種說法太為過失。猶如夜晚往去未諳之懸崖洞窟中，不知裏面有無羅剎而心懷恐怖，不使燃燈燭照亮觀察有無，為除彼怖畏，而云持心莫令羅剎分別散動，與彼持心無分別相同。此與蓮花戒所著《修次下篇》說：猶如戰時，不效仿勇士張目，善巧觀察怨敵所在而相擊刺，反而如同怯弱之兵，見他強敵而閉目待死。

（p537+1）

如云：「曼殊室利遊戲經云：童女，云何菩薩勝諸怨敵？白言：曼殊室利，謂善觀察，見一切法皆不可得，故瑜伽師應張智眼，以妙慧劍敗煩惱敵，住無所畏，不應如彼怯人閉目。」故如於繩誤以為蛇生恐怖時，當生定解，知彼盤者是繩非蛇，滅其錯誤及怖畏苦。

　　[釋]：如《修次下篇》云：「曼殊室利遊戲經云：童女，云何菩薩勝諸怨敵？白言：曼殊室利，謂善思惟觀察，抉擇見一切法自性皆不可得，故瑜伽師應張開智慧眼，即分別觀察，以妙慧劍擊敗煩惱敵，分別思惟觀察此自性而安住於無自性住無所畏，不應該如彼戰爭中怯弱之人閉目。」故如於傍晚見繩誤以為蛇而生恐怖時，應當張開智慧眼目觀察而生定解，了知彼盤者是繩非是蛇，滅其錯誤之執及怖畏蛇之苦。

（p537+4）

如是誤執實有二我，由彼錯誤起生死苦，應以教理引決定解，決斷全無我執之境，了知我執純為錯亂。次修彼義滅除錯誤。若彼滅者，則彼所起生死眾苦一切皆滅。《中觀論》等觀境破者理由即爾。

［釋］：如是繩喻誤執實有之人法二我執，由彼人法二我執錯誤之顛倒執而生起生死輪迴之苦，故應先以教理思惟抉擇引生決定無實有自性之定解，決斷全無我執實有自性之境，了知我執純為錯亂顛倒。次思惟抉擇觀修彼無我之義滅除錯誤顛倒之二我執。若彼二我執滅者，則彼二我執所生起生死輪迴眾苦一切皆滅。《中觀論》等觀察我執所執實有之境而破者之理由即爾，也就是從龍樹菩薩所著的《中觀理聚六論》及提婆菩薩所著的《四百論》等，一直到月稱論師所著的《入中論》等，其中的道理就是此處所說的，先以正理分別觀察二我執顛倒所執之境——從境上破，定解無實有自性。次以無實有自性之勢力斷此二我執顛倒執之識。

（p537+6）
提婆菩薩云：「若見境無我，能滅三有種。」《入中論》云：「分別依有實事生，實事非有已思擇。」此說由邊執分別執有實事，彼等乃生，已多觀察彼境非有。

　　［釋］：提婆菩薩所著《四百論》云：「若見二我執所執之境無自性之我，則能滅除三有輪迴之種子。」月稱論師所著《入中論》云：「分別依有實事（執為實有自性）生，然實事本非實有自性，故已應當去思擇觀察。」此說由執自性有之邊執分別執有實有之事，故彼煩惱等乃生，依教依理已多觀察彼自性有之境非有，煩惱即滅。

（p537+8）
又云：「通達我為此境已，故瑜伽師先破我。」《正理自在》云：「若未破此境，非能斷此執，故斷有德失，貪欲恚等，由不見彼境，非以外道理。」其說極多。

　　［釋］：又《入中論》云：「通達自性之我為此二我執所執之境已，故瑜伽師先以理破二我執所執自性我之境。」法稱論師所著的《正理自在》即是《釋量論》云：「若未破此二我執所執自性有之境，僅持心不散亂不作意，非能斷此二我執所執自性有之境，故欲斷有功德及過失，所取貪欲及瞋恚等，唯由思惟抉擇不見彼自性有之境才能斷除，此功德之貪及過失所生之瞋，非以其餘之外持心不散亂無分別的道理能斷除貪瞋。」其說法極多。

現量證空性當下是遠離此是此非之分別，故於正修時必須隨順遠離此是此非之分別——即是以全無分別而修，前已將此錯誤的觀念破除。以下是說，只要有分別就會繫縛輪迴生死，故唯有無分別才能解脫輪迴生死。

（p537-3）

又若宣說，一切分別皆繫生死，故修空時應當斷除一切分別，應如是觀，異生修空，空無我義，為現不現。若現見者，彼補特伽羅應成聖者，以現通達無我義故。

　　[釋]：又彼學者若宣說，一切分別皆繫輪迴生死，故修空性時應當斷除一切分別思惟，以空性無此是此非之分別，故於修空性時亦應作如是觀（無分別）。本宗問：若先以無分別不作意觀察而修，此作意無分別是修空性實義，如是異生於修習空性時，則此空無我義，是為現前顯現而見（非隱蔽分）或不現前顯現而見（隱蔽分）。若現前顯現而見者，則彼補特伽羅應成為聖者，以現前通達無我義故，而現量現前証空性即是無分別，以汝認為執心無分別即是修習空性實義，故修此無分別，若是現前顯現，即是現量証空性，則彼補特伽羅應成為聖者。

（p537-2）

若汝妄說現證無我，不違異生。我等亦說雖未現證空無我義補特伽羅，不違聖者，遍相等故。

　　[釋]：若汝又強辯妄說現證無我，不相違異生，也就是說異生亦可以現証無我。本宗說：我等亦說雖未現證空性無我義之補特伽羅，不相違聖者，也就是有一種沒有現証無我義的聖者，如汝所說，理由遍相等故。

（p537-1）

若謂如此現證真實補特伽羅，未知自境是真實義，更待諸餘補特伽羅，以聖教因成立真實令彼了解，尤為智者堪笑之處。

[釋]：本宗說：若謂如汝所說未獲得無我空正見，能執心於無分別，即是修習空性實義，則此現證真實空性之補特伽羅，未了知自所証境是真實空性義，更待諸餘補特伽羅，以聖教之因來成立汝所証的真實空性令彼（汝）了解，此種說法尤為智者堪笑之處。

(p538+2)

以說弟子現量證得，猶待師長比量立故。如斯言論，莫於了知正理者前而妄談說。又不應說雖以現量證真實義，以比量因成立其名，正理自在云：「彼為極愚者，牧女已成故。」謂已成義乃至牧女皆能立名，若於彼義仍復愚蒙，乃立彼因，愚痴如斯，若許亦能現證真實，當說更有何等愚人不證真實。

[釋]：以說弟子現量（不錯亂）證得空性，猶待師長比量（錯亂）成立故。如斯言論，莫於了知正理之智者前而妄談說。如前所說：現證無我，不相違異生。故又不應說雖以現量證真實空性義，卻要以比量之因來成立其空性之名言令了知是空性，正理自在法稱論師所著《釋量論》云：「此論是反駁前面所說現量証真實空性，卻由比量成立其空性的名言才能了知，故彼為極愚痴者，如已現前不錯亂証到瓶，卻不知是瓶，此在農業社會愚痴之牧女都可以了知瓶且已成立瓶義故，不需要靠他因來成立就能馬上了知此是瓶。」此意謂 世間普遍共許已成瓶之義，乃至愚痴之牧女皆能了知成立其瓶名，若於彼已成義仍復愚蒙，乃需立彼之因才能了知，愚痴到如斯地步，若承許不了知空性之義亦能現證空性之真實，故當說更有何等愚痴之人不證真實空性呢？此愚痴是意謂：不須修善業或學習經教皆可現証真實空性義，且雖現證真實空性義仍不知是空性義，必須觀待他人名言安立才能真實了知。

(p538+5)

縱是真實，譬如白相雖亦是牛，然非牛相，如是唯由現見真實，不可安立為真實相，亦違自許。故說成立真實名言，顯然言竭，茲不廣破。

[釋]：汝所言縱是真實空性義，譬如白相之牛雖亦是牛，然非是牛之性相，如是依汝所說唯由現見真實空性之無分別相，然不可安立為真實空性之性相，要依空性的定義才能現證空性，若以現證空性，還要由他人之言說才了知是空性，亦違汝自許。前說未証得（獲得）無我正見，但令執心無分別，便是修習本

性實義，若此無分別即是現證本性眞實義，還要由空性之名言才能了知，**故說汝成立眞實空性之名言**，是沒什麼意義的，因爲空性之名言仍是有分別，而有分別就不是在修眞實空性義，無分別才是修眞實空性義，故汝之所說**顯然言已竭盡，茲不廣破**。

（p538+7）

若修空者所修無我空義非是現事，則許無分別識取非現事，尤爲可笑。總其修空，異生之心，於無我境心未趣向，修空相違，若心趣向，其境定是現否隨一。

　　［釋］：**若修空性者所修無我空義非是現事**即是隱蔽分，**則又許以無分別識取非現事**之隱蔽分，所謂的隱蔽分是必須以正理思惟觀察才能了知，故說不須依理思惟而能緣取、證知隱蔽分之空性，**尤爲可笑。總其修空性，異生之心**，若**於無我境心未**以遮除空性所應遮的那一份無遮而**趣向**眞實空性義，唯執無分別住而**修空性**，實是**相違，若心趣向**空性，**其**所証之空性**境定是現**前分或者**否**（隱蔽分）**隨一**。現前所證非異生所能，異生所證定是非現前（隱蔽分）。

（p538-6）

現證無我應成聖者，若許異生其無我義是不現見，爾時唯以總相證無我義，與離分別，則成相違。

　　［釋］：**現前**證無我**則應成**爲**聖者，若許異生**証**其無我義是不現見**之隱蔽分，**爾時唯以總相**（依比量之正因遮除空性所應遮的實有，於分別心顯現空性之義共相）**證無我義，與**汝所說的唯令執心無分別的這一種**離分別，則成相違**。

（p538-5）

又加行道世第一法，尚須總相證無我義，而許現在初發業者，修習空性心離分別，最為相違。

　　［釋］：**又**止觀雙運所攝空性之**加行道世第一法，尚**且**須以總相**（依比量之正因遮除空性所應遮的實有，於分別心顯現空性之義共相）才能**證無我**空性**義，而汝許現在初發業者**即是還未獲得止觀雙運所攝空性之加行道，在**修習空性**之**心**時是以執心**離分別**去証隱蔽分之空性，是**最為相違**。

（p538-4）

於無我義若離分別，猶易成立。其無錯亂，應是瑜伽現量，於無我義，是離分別無錯識故。

[釋]：於通達無我空性義若僅離分別，猶容易成立。其不僅離分別且還必須是無錯亂的，這是最難的，此應是瑜伽現量，故於現證無我空性義時，是離分別且無錯亂識故。

（p538-3）

故若未得正見，以正理破我執境，唯執持心於二我等不令逸散，許為修習真無我義，及許異生離分別識修習無我，是極漂流教理道外。

[釋]：故若汝說未獲得空正見，此即是未以正理破除我執之境，唯執持心不分別於人法二我等不令逸散，而未說及錯不錯亂，就許為是修習真實無我空性義，及許異生唯執心令離分別識即是修習無我空性義，而拋開了錯不錯亂，此種說法是極漂流佛陀及龍樹、無著菩薩所說教理之道次第外。

（p539+1）

破第二宗者。有作是說，若未獲得無我空見，不分別住理非修空，我等亦許，故前非理。然得無我了義正見補特伽羅，其後一切無分別住，皆是修空，此亦非理。

[釋]：破第二宗者。有作是說，若未獲得無我空性之見，唯執心令不分別而住之理，非是修無我空性義。我（第二宗）等亦承許，故前第一宗所說非理。然第二宗主張先獲得無我了義空正見之補特伽羅，其後一切令心無分別住，皆是修空性，也就是此宗亦承許聞思空性之義，然於起修時卻以一切無分別而修，即是修空性，也就是聞思時以正理所抉擇之義與正修時二者成為不相干，宗喀巴大師說：此種見解亦非理。

（p539+2）

若得正見補特伽羅，凡彼所修無分別義，一切皆修了義正見所抉擇義，則彼補特伽羅修菩提心，有何理由非修正見，汝當宣說。

　　[釋]：若先以聞思抉擇獲得空性正見之補特伽羅，之後凡彼所修執心令無分別義，一切皆是在修了義空正見聞思所抉擇之義，若如是則彼補特伽羅先思惟修菩提心…等，後執心令無分別，汝有何理由說此非是修空正見，汝當宣說。

（p539+4）

若謂修菩提心，雖是已得了義正見補特伽羅所修之事，然於爾時，非憶彼見，安住見上而修習故。

　　[釋]：若第二宗謂修菩提心…等，雖是已得了義空正見補特伽羅所應修之事，然於爾時修菩提心…等，非是憶念彼空性之見，安住空性見上而修習故。此以本宗觀之，即是說修菩提心之所緣與修習空性心之所緣是不同。由此可說，聞思空性所抉擇義即為正修時所修之義，故修即是修聞思空性所抉擇空性義，依此而破除執心令全無分別之見。

（p539+5）

若爾，已得正見補特伽羅於修行時，若憶彼見安住見上所有修習，縱是修空，然彼一切無分別住，云何皆為修習正見。

　　[釋]：若爾如汝第二宗所說：爾時修菩提心，非是憶念彼空性之見，安住空性見上而修習故，則已得空正見補特伽羅於修行時，若憶念彼空性之見安住空性見上所有修習，縱然是修空性，然彼前說執心令一切無分別住即是修空性，現在又說憶念彼空性之見安住空性見而修，則前後矛盾，云何說執心令一切無分別住即是修空性，又說憶念彼空性之見安住空性見而修，此二皆是為修習空正見呢？

（p539+6）

故得見已，於修習時當憶前見所抉擇義而修真空，唯悶然住無所分別，非修空義。此中自宗言全不分別，前奢摩他及此科中，多數宣說，謂不多觀察此是此非，執一所緣而便安住，非離分別。

[釋]：故先獲得空性之見已，於正修習時當憶念前聞思時之正見所抉擇空性之義而修真實之空性。所以唯悶然而住令心無所分別，非是修眞實空性之義。此中應成自宗所言全不分別，於前奢摩他品及此科毗缽舍那品中，多數數宣說，謂安住於所緣無自性不多觀察此是此非，執一所緣無自性而便安住，不再作其它分別之無分別的這種說法，非是汝宗所言唯執心令離分別的這種無分別。

（p539-5）

破第三宗者。有作是說，不許初宗未得正見無分別住為修真空，其得見後無分別住皆修空性，亦非所許。然每臨修無分別時，先以觀慧觀察一次，其後一切無分別住，皆是修習空性之義。此亦非理。

[釋]：破第三宗者。有作是說，不承許初宗所說先未獲得空正見，唯執心令無分別住是為修真實空性之義，以及不承許第二宗所說其先獲得空正見後，一切所修執心令無分別住皆是修眞實空性之義，此亦非中觀應成本宗所許。然第三宗說每臨修無分別時，先以觀無我空性慧觀察一次，其後一切執心令無分別住，但非住無自性分別皆是修習眞實空性之義。宗喀巴大師認為此種說法亦非是修眞實空性義之理。只要住全無分別就不是修眞實空性義，因為不是無明的正對治。

（p539-3）

若如是者，則臨睡時，先以正見觀察一次，其後重睡無分別時，亦成修空，太為過失。以此二者同以正見觀察為先，不須當時安住見上而修習故。

[釋]：若如是如汝第三宗所說者，則臨睡時，先以空性之正見思惟觀察一次，其後住於重睡無分別時，亦是成為修習眞實空性之義，太為過失。以此二者（先以無我觀慧觀察一次，其後一切無分別住及先以空正見觀察一次，其後住重睡無分別），同是以眞實空性之正見思惟觀察為先，之後不須當時安住空性之見上而以全無分別而修習故。

故以正見善觀察已，住所抉擇無自性義，次略延長便失其見，全無分別安住其心，亦非修空。故當令自分別敏捷，住不住見相續觀察而善修習。

［釋］：**故**又有一說**以**空性之**正見善**思惟**觀察**所抉擇之境**已，安住所抉擇無自性義**，**次略延長便失其**所抉擇無自性之**見**，然後**全無分別**而**安住其心**，宗喀巴大師認為此種種說法**亦非**是**修習眞實空性之義**。**故應當令自**之**分別**思惟抉擇**敏捷**，**住不住**空性之**見**有否**相續**，依此**觀察**空性**而善修習**。

破第四宗者。有作是說，不許前三，修空性時，當於空性先引定解。次於彼義攝持其心，不觀餘事，正安住者，是為無倒修習空性。以非如初宗心未向空，非如二宗修無分別不憶空見，非如三宗見觀為先，次無分別不住見故。此言以見觀察義，謂憶其見，次於見上唯修安住許為修空，非應正理。如是於空作止住修唯奢摩他，仍無觀修毗缽舍那修習之理，故無止觀雙運修法，唯一分故。

［釋］：**破第四宗者。有作是說，不**承**許前三**宗所說，因為**修空性時，當於空性**之見**先引定解。次於彼**空性之**義攝持其心**，安住眞實空性之義**不觀**察**餘事，正安住**空性之境不散亂**者，是為無倒修習**眞實**空性**之義。此第四宗所說**以非如初宗**先未獲得空性之見執心令無分別，此是**心未趣向**自性**空**，**亦非如第二宗**正修時執心令**無分別，不憶**念**空**性之見，**非如第三**宗所說修空性之見，觀察空性**為先，次**執心令**無分別不**安住空性之**見故。此第四宗所**言以**空性之**見觀察**空性之義，謂憶**念其**空性之**見，次於**空性之**見上**，**唯修安住**空性之境不散亂**許為修習**眞實**空性**之義，宗喀巴大師說此種說法，若說即是修眞實空性之義**亦非應正理。如是於空**性**作止住修**不散亂僅是**唯奢摩他**，仍無**有**觀修毗缽舍那修習之理，故無止觀雙運修法，唯**修奢摩他**一分故。

　　第二科判「成立自宗」。前「破他宗」，他宗認爲「現量証空性必須要以全無作意，全無分別才能現量証空性」，因爲他認爲現量証空性當下是無分別，所以在正修時也要全無分別。

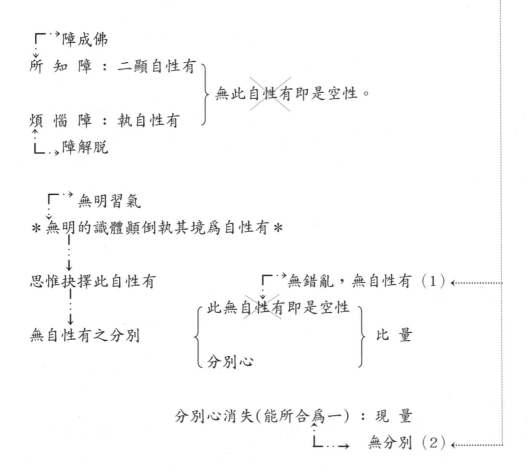

（p541+1）

第二自宗。若未得無我了義正見，其身一切修行，皆未趣無我，故須先得無我正見。

　　[釋]：前第一科判是破他宗全無分別錯誤之見解。此**第二**科判是成立**自宗**正確的見解。**若未獲得無**自性之**我了義正見，其身**等**一切修行，皆未趣**入**無我**亦即無法趣向於解脫，**故**欲解脫者**須先獲得無**自性**我**之正見，也就是在破　p534+7

第一宗所說「雖未獲得無我正見，但能執心令無分別，便是修習本性實義」的見解。

（p541+1）
又此非唯了知便足，於正修時當憶其見而復觀察，於所觀義應善修習。又於無我義須二種修，謂不觀察住與觀慧思擇，非以一分便為滿足。

　　［釋］：又此獲得無自性我之正見非唯了知便足，於正修時當憶其無自性我之見，此是在破 p539+2 第二宗所承許「先得無我了義正見補特伽羅，其後一切全無分別住皆是修空」，及破 p539-4 第三宗所許「每臨修無自性我分別時，先以觀慧觀察一次，其後一切全無分別住，皆是修習空性之義」之見。而復觀察此在破 p540+4 第四宗所許「初以正見觀察義，謂憶其空正見，次於見上唯修安住空性境許為修空」之見，本宗說此非應正理，如是於空作止住修唯奢摩他一分而已，仍無觀修毗缽舍那修習之理，故無止觀雙運修法，應於所觀無自性我空性義為斷除無明及解脫故應善修習毗缽舍那。又於無自性我之空性義必須運用二種修法，謂不觀察之止住修與觀慧思擇之觀察修，非以一分便為滿足。

（p541+4）
此中分三：一雙修止觀之理，二於彼斷諍，三略攝修要。今初
雙修止觀之理者，於無我義，若無決斷定見，則不能生毗缽舍那功德，以說此見是彼因故。

　　［釋］：此安立自宗中分三：第一、雙修止觀之道理，第二、於彼斷諍，第三、略攝修要。　今初
雙修止觀之道理者，於無自性我之空性義，若無以正理遮除自性我決斷之無自性我之定見，則不能生起斷障及解脫殊勝毗缽舍那之功德，以說此無自性我之空性見是生彼殊勝毗缽舍那之因故。

（p541-6）

又說未聞彼見聖教障彼觀故，《解深密經》云：「世尊，此奢摩他毗缽舍那，以何為因？慈氏，清淨尸羅，聞思所成清淨正見，以為其因。」又云：「於諸聖教不隨欲聞，是毗缽舍那障。」《那羅延請問經》說，「由聞生慧，慧斷煩惱」等，如前所引多宣說故。

[釋]：又說未聽聞彼空性見之聖教是障礙生彼解脫勝觀故，此說生起無自性我之空正見前定須先聽聞屬於空性之聖教。此於《解深密經》云：「世尊，此奢摩他毗缽舍那，以何為生起之因？慈氏，清淨尸羅，聞思所成清淨無自性我之正見——即聞所成慧、思所成慧，以為其殊勝奢摩他毗缽舍那之因。」又云：「於諸無我聖教不隨欲聽聞思惟，是生起殊勝毗缽舍那之障。」《那羅延請問經》說，「由聽聞空性之聖教而生起通達無自性我空性之智慧，由此智慧斷除煩惱」等，如前所引多是宣說聽聞思惟空性故。

（p541-4）

從彼正見生毗缽舍那之理，謂初決擇時，由多教理觀察抉擇。既抉擇已，不以觀慧數思擇修，唯止住修猶不能生，故成奢摩他後，正修觀時當觀察修。

[釋]：從彼無自性之空正見生殊勝毗缽舍那之道理，謂初決擇空性時，由多依教依理思惟觀察抉擇空性之正對治——自性有。既思惟抉擇空性已，若不以觀慧數數思擇修，然唯止住修猶不能生殊勝毗缽舍那，故止於空性境成就奢摩他後，應再正修觀時當觀察思惟修。

（p541-2）

此有一類，初雖不許全不觀察，然以聞思抉擇之後於正修時，謂觀察修諸分別心皆是相執，不如是修，是許分別皆是相執，及諸異生離分別識而修無我，前已廣破，不應道理。

[釋]：此有一類學者，初雖不承許全不觀察思惟，然以聞思抉擇思惟之後於正修時，謂思惟觀察修諸分別心皆是自相之執，故於正修時不如是思惟觀察修，以是承許分別觀察思惟皆是自相之執，此即是前在破他宗時之第二宗，此宗即主張於聞思時思惟觀察，於正修時不須要思惟觀察一切無分別而住，及諸異生以離分別識之無作意而修無我，此於前已廣破，不應道理。

(p542+1)

又彼一切分別皆是諦執，於正修時須破除者，正抉擇時亦是分別抉擇，彼等亦應破除。又為弟子講說辯論著述觀閱，彼等一切皆是分別，汝於爾時，亦當破除。以諸諦執修時應破，餘時不破，無差別故。

　　[釋]：汝又許**彼一切分別思惟皆是諦執**，以都是增長輪迴，故**於正修時必須破除**分別思惟觀察**者**，然此破除思惟觀察仍是要分別，故**於正修抉擇**破除思惟觀察**時亦是分別抉擇**，故**彼等**正修時之全無分別**亦應破除**。**又為弟子講說、辯論、著述、觀閱，彼等一切皆是分別**抉擇，**汝於爾時，亦當破除**講說辯論等。**以汝許諸**分別思惟是**諦執於正修時應破除，餘**聞思**時不破**，然在本宗來看亦應破除，**皆無差別**，以皆是增長相執**故**。

(p542+3)

若不許爾，而說教理多門觀察，是於未解無我義時，為求通達，已得正見正修行時，則無所須。若爾真見道中，現證無我，次更修習已見無我，當成無義。

　　[釋]：前破除「以諸諦執修時應破，餘時不破」，**若汝不許爾，而說**依教依**理多門**思惟**觀察，是於未解無我**空**義時，為求通達**無我義而分別思惟，**若已得**無我**正見於正修行時，則無所須**思惟觀察。本宗說：**若爾真見道中，現**量**證無我，次更修習已**現**見無我**，此抉擇**當成無**意**義**。以大小乘皆許有見道及修道，不論見道修道皆承許有無間道及解脫道。所謂無間道即是正在抉擇所應斷的垢染，斷盡時稱為解脫道。若如汝宗所說抉擇即是相執，則於見道或修道無間道就沒有必要抉擇，無抉擇就無法斷盡垢染，就無法獲得解脫道，那修無我空義就無意義。又初地菩薩未斷進入二地菩薩之垢染，然初地二地所証之空性是無差別一味，所差別在福德資糧。故初地菩薩必須出定，以無我空慧的勢力攝持佈施持戒忍辱等等，這些行持都必須要抉擇思惟，增長福德資糧以備斷入二地之垢染。若汝宗所說抉擇思惟皆是相執，則抉擇思惟佈施持戒等，應該增長相執無法斷掉垢染，那又如何進入二地乃至到成佛。

正法解行林

（p542+6）

若謂須修，以諸修惑由修乃斷，唯以現見不能斷除。此亦相同，前以聞思雖已抉擇，更當修習所抉擇故。如幾許修所抉擇義，則有爾許猛利恆常明了堅固定解等德，可現見故。

　　[釋]：若他宗答：謂必須修，以諸修惑是由修乃能斷，唯以現量見時不能斷除。此種回答亦是相同，無法遮除本宗對汝宗的問難。汝宗所謂的「以諸修惑是由修乃能斷」，此中修亦是抉擇，然汝宗說〝抉擇〞是執實，以是思惟故。即然是執實的話，怎麼可以由執實（即是修）去斷執實（修惑）呢？故前（p13+4）引《俱舍論釋》說明：以聞思雖已抉擇，後更當修習前聞思所抉擇義故。如幾許修聞思所抉擇義，則有爾許猛利、恆常、明了、堅固、定解等功德，此皆可直接現見了知故。

（p542+7）

《釋量論》云：「決定與增益，能害所害故。」此說彼二能所害故，如其定解堅固猛利，增益便受爾許傷損。故於此中，亦須漸增無性定解，當由多門思惟能破及能立故。

　　[釋]：如法稱論師所著的《釋量論》云：「透過聞思抉擇生決定信解，此與增益正相違，故決定信解之能害其正所害是增益故。」此說彼決定與增益二是能害所害之正相違故，如其思惟抉擇爾許定解堅固猛利，增益便受爾許傷損。故於此中，亦須思惟抉擇漸漸增長無自性之定解，此當由多門思惟能破自性有及能立緣起因故。

（p542-5）

若不爾者，則於無常業果生死過患，大菩提心及慈悲等，得了解已，應不更觀察，惟念我死而修習之，理由等故。

　　[釋]：若不爾者，也就是思惟抉擇是相執的話，則於無常、業果、生死過患，大菩提心及慈悲等，得了解已，應不須更多道理思惟觀察，惟念我死無常而後皆以令心全無分別而修習之，此理由與汝宗所說相等故。

（p542-4）

故欲引生清淨定解，惟念我死，為利有情願當成佛，眾生可愍等，但有誓願而非完足，當以眾多理由思惟。如是堅固猛利無性定解，唯有誓願亦非完足。當由眾多能立能破門中思惟，於下士時已數宣說。

　　[釋]：故欲引生清淨之定解，惟念「我」死，「為利有情願當成佛」，「眾生可愍」等，如是但有誓願而非完足，應當以眾多理由去思惟抉擇遮除〝我不死〞，於成佛退弱等。如是堅固猛利無自性定解，同樣唯有誓願亦非完足。當由眾多能立之緣起因及能破自性有之門中思惟觀察，此於下士時已數數宣說。

（p542-2）

《修次三篇》，皆說成就奢摩他後，正修觀時數觀察修。《入中論》云：「故瑜伽師先破我。」說正修時應修思擇。

　　[釋]：蓮花戒論師所著《修次初、中、後三篇》，皆說先成就奢摩他後，於正修觀時數數觀察思惟修。月稱論師所著的《入中論》云：「故瑜伽師先破我。」此說正修破我時，應修思惟抉擇。

（p542-1）

瑜伽師者，謂於止觀得隨一故，未得止前，非於正見不求解故。

　　[釋]：瑜伽師者，謂於止或觀，此二得隨一故，然未得止前，非說於無我空正見不求定解故，為求定解當如前《釋量論》所說：透過聞思抉擇生決定信解，因為修奢摩他有止於空性境，亦有止於世俗之境。同樣的，修毗缽舍那有於空性境之觀修，亦有於世俗境之觀修。

（p543+1）

又靜慮後，於般若時，說見觀察，意謂由彼次第修靜慮後觀二無我。

　　[釋]：又修靜慮止於一境後，於修般若時，說〝見觀察〞，是意謂由彼次第修靜慮後觀人、法二無我。

（p543+2）

《中觀心論》云：「具慧住定後，於名言所取，彼諸法有事，以慧如是觀。」《釋論》說為生定之後，見觀察修。

[釋]：中觀自續派清辯論師所著《中觀心論》云：「具慧（人名）住定後，於一所緣境名言所取，彼諸法有事（是指實有自性），再以無自性我之空慧如是觀察此實有自性。」《釋量論》說：為生定之後，於一所緣境見觀察修，即觀人法二無我。

（p543+3）

《入行論》中，依靜慮品修奢摩他，次修般若說以正理，觀擇修故。又後二度及後二學，一切次第皆先修定，次修智慧以為次第。

[釋]：寂天菩薩所著《入行論》中，先依靜慮品修奢摩他，次修般若說：以空性之正理，觀察思擇修故。又六度之後二靜慮度及般若度及三學之後二定學及慧學，一切次第皆是先修定，次修智慧以此為修行之次第。

（p543+4）

又修慧時，凡說觀察如所有性，盡所有性，一切皆是修行次第，莫作異觀。

[釋]：又修智慧時，凡說觀察如所有性——勝義諦法，盡所有性——世俗諦法，一切皆是修行次第，莫作異觀，也就是修奢摩他住於一所緣境，此所緣境有勝義諦亦有世俗諦，同樣的修毗缽舍那所觀察之境，此境有勝義諦亦有世俗諦。但修行的次第，定先修奢摩他後修毗缽舍那，故非以所緣境勝義諦及世俗諦來分奢摩他及毗缽舍那。

（p543+5）

又非但此，諸大經論皆如是說，故正修時定應觀察。如是成就奢摩他後，若修觀時純修觀察，前止失壞復未新修，則無寂止，由無止故觀亦不生，已如前說，故須雙修前安住止及新修觀，謂修觀後即於彼義而修寂止，故緣無我而能修成止觀雙運。

[釋]：又非但此諸論所說修行次第，其他諸大經論也皆如是說，故得定後於正修時，定應觀察思惟修。如是成就奢摩他後，未得正毗缽舍那之間若修觀時純修思惟觀察，前止失壞不能安住於一境，若未棄捨觀察復未重新修止住於一境，則無寂止住於一境，由無止故正觀亦不生，已如前所引諸大論著所說。故必須於止觀雙修前安住止及新修觀，此止觀交替而修，謂修觀後即於彼所觀察境義而修寂止，故緣無我安住一所緣境修止，次於此所緣境觀察而修，且又能令此所緣境安住不動，依此止觀交替間雜修而能修成止觀雙運。

（p543-6）

《修次中篇》云：「《聖寶云經》云：如是善巧諸過失已，為離一切諸戲論故，當於空性而修瑜伽。

　　[釋]：中觀自續派蓮花戒論師所著《修次中篇》云：「此論引《聖寶云經》云：如是善巧遠離昏沈掉舉諸過失已獲得正奢摩他，次為遠離一切實有諸戲論故，當於無實有自性之空性而修瑜伽（即是修觀）。

（p543-5）

如是於空多修習已，若於何處令心流散令心欣樂，即於是處尋思自性了解為空。

　　[釋]：如是於無實有自性之空多修習已，若於何處（境）令心流散於此境，令心欣樂於此境，即於是處（境）尋求思惟觀察其自性了解為自性空。

（p543-4）

又於內心亦當尋思了解為空，次更尋思能了解心所有自性，亦知其空。由如是解而能悟入無相瑜伽，此顯要由尋思為先。悟入無相，顯然顯示非唯棄捨作意思惟及不以慧推求法性，而能悟入無分別性。」

　　[釋]：上面所說是於〝境〞思惟觀察其自性空。此又於有境之內心亦當尋求思惟了解為自性空，次更尋思能了解心所有自性，也就是把所緣境及能緣心之實有自性遮除顯現心上的法性或空性，亦了知其為自性空。由如是解次第思惟觀察修而能悟入無相瑜伽，此顯示要由尋求思惟為先。故悟入無相，顯然顯示非唯棄捨作意思惟及不以無自性之空慧推求法性，而能悟入無自信有分別之法性。」

（p543-2）

此論宣說，要先推求心散亂境及散亂心了達為空，尋求觀察能解空者，亦達其空，彼等皆是修空時修。由其觀察了達為空，乃能悟入無相瑜伽，

　　[釋]：此《修次中篇》之論宣說此經之要義，是要先推求心散亂其境及散亂心了達為自性空，尋求觀察能解空者，亦通達其自性空，彼等次第乃是思惟抉擇，皆是修空時所應該要修的。由其次第觀察了達為自性空，乃能悟入無相瑜伽，

（p544+1）

故若不以正理觀擇推求為先，如和尚許，唯攝散心棄捨作意，顯然不能悟入無相，或無分別。

　　[釋]：故若不以自性有無之正理觀擇推求為先，就如同支那堪布和尚所承許，唯攝散心令心住無分別棄捨正理觀擇作意，顯然如是，但仍不能悟入無錯亂的無相，或無錯亂的無分別，以瑜伽現量是無錯亂且無分別。

（p544+2）

故如前說，當於諸法以正理劍，破二我性令無塵許，於無我理引發定解。如是若無二我實事，破我無事豈能實有。

　　[釋]：故如前 p539+6 破第二宗時所說，「故得見已，於修習時當憶前見所抉擇義而修真空，唯悶然住無所分別，非修空義。」當於諸法以觀擇自性有無之正理劍，破除人法二我執所執自性，令無塵許自性存在，於二無我之理引發定解。如是若了知無人法二我增益實有自性之事，破二我執所執實有自性之事，此無實有自性之事豈又能成為實有。有說：若無實有自性之空性存在，則定須是實有。

（p544+3）

譬如若執無石女兒無事實有，必待先見石女與兒，若曾未見石女與兒，誰亦不說無實女兒而是實有。任於何處，若先未曾見實有事，則執實有無事分別亦終不生。

　　[釋]：**譬如若執無石女兒**（是指不會生育的女人，即是不存在的事物）**之無事**成為**實有**，**必須**觀待**先見**有**石女與兒**，才能說石女兒無之事是實有，**若曾未見石女與兒**，**誰亦不**能**說無實女兒**之事**而是實有**。故**任於何處，若先未曾見實有**自性**之事**，**則執實有**自性之**無事分別亦終不生**。也就是說自性有不存在，怎麼又可以說不存在的自性有是自性有呢？

（p544+5）

執相分別一切皆滅，以諸分別執實有者，皆是妄執有事無事而為實有，能遍既滅所遍亦滅，修次第中作彼說故。

　　[釋]：**執**有自性**相**之妄**分別一切皆滅，以諸**妄**分別執實有**自性相**者**，其所**執皆是妄執有事**（有為）**無事**（無為）**而為實有**自性，也就是實有不存在，怎麼會有實有的有事無事呢？識體執實有之**能遍既滅**，實有的有事無事之**所遍亦滅**，也就是識體執實有之能遍既滅，怎麼還會有實有的有事無事之所遍，蓮花戒論師所著的《**修次第中**》**作彼說故**。

（p544+6）

如是應於有事無事決定全無塵許實性引生定解，及當安住所決斷義，迭次而修，乃能引發無分別智。非於境界全不觀察，唯攝作意所能引發，以不能斷諦實執故。唯於執有，不起分別，非是通達無諦實故。

　　[釋]：**如是應於有事**（有為）**無事**（無為）以理智抉擇**決定全無塵許實**有自**性引生定解，及當安住**於境上**所決斷**無自性**義**，**迭次**而聞、思**修**或止、觀、止觀雙運，**乃能引發**現量之**無**自性有**分別智。非**是**於境界全不觀察**思惟，**唯攝**住內心不**作意所能引發**，以此不作意之無分別**不能斷諦實**之**執故**。以空性雖是無分別，然是指無自性有之分別，若**唯於執有**此全無分別，而**不起分別，非是通達無諦實**之空性相順因**故**。

（p544-6）

如是唯不分別有我非達無我，唯由修彼則於我執全無損故，故於實有及於二有不起分別，與達無實及無二我，應善分別最為切要。

〔釋〕：**如是唯**令心執**不分別**觀察**有我**是如何的有，無我是如何的無，此種無分別非是通**達無**自性之**我，唯由修彼**令心不分別**則於我執**之境**全無損**害**故，故於**不起分別抉擇**實有及於**人法**二有不起分別，與通**達無實**有自性的分別**及無人法二自性之我，應善分別最為切要。**

以空性的特徵來安立：

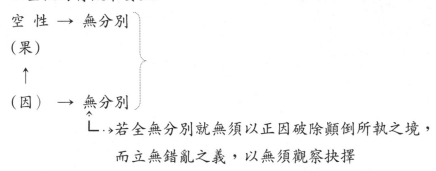

空　性　→　無分別

（果）

↑

（因）　→　無分別

└‥→若全無分別就無須以正因破除顛倒所執之境，

而立無錯亂之義，以無須觀察抉擇

以空性的定義來安立：

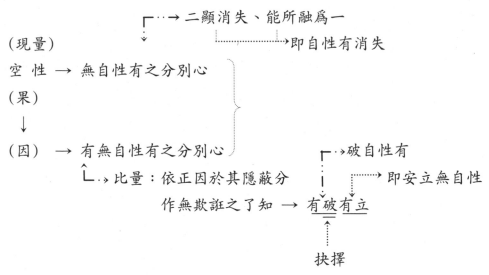

┌‥→二顯消失、能所融爲一

（現量）　　　└┄┄┄┄┄→即自性有消失

空　性　→　無自性有之分別心

（果）

↓

（因）　→　有無自性有之分別心　　　┌‥→破自性有

└‥→比量：依正因於其隱蔽分　　　└┄┄→即安立無自性

作無欺誑之了知　→　有破有立

↑

抉擇

（p544-3）

第二斷諍。若作是念，於無我義推求觀察，是分別心，從此能生無分別智實屬相違，因果二法須隨順故。

　　[釋]：**第二斷**除他宗之**諍**辯。**若有作是念**而諍辯，**於無**自性之**我義推求觀察**，此推求觀**察是分別心，從此**思惟觀察之分別心而**能生無分別聖智實屬相違，因**爲**因**與**果二法**必須相**隨順故。**

世尊於此並喻而答《迦葉問品》云：「迦葉，譬如兩樹為風振觸便有火生，其火生已還焚兩樹。迦葉，如是觀察生聖慧根，聖慧生已燒彼觀察。」此說觀察發生聖慧。

　　[釋]：世尊於此諍難並以譬喻而回答此於《迦葉問品》云：「迦葉，譬如兩樹為風振觸便有火生，其火生已還焚兩樹。迦葉，如是**思惟**觀察是**生聖慧之根本**，聖慧生已**焚**燒彼**分別觀察**。」此經說由思惟觀察發生聖慧。

《修次中篇》云：「彼由如是以慧觀察，若瑜伽師不執勝義諸法自性，爾時悟入無分別定，證一切法無自性性。若不修習以慧觀察諸法自性，唯一修習棄捨作意，終不能滅所有分別，終不能證無自性性，無慧光故。如世尊說，從觀察生如實智火，燒分別樹，猶如鑽木鑽出之火。」

　　[釋]：中觀蓮花戒論師所著《修次中篇》云：「彼由如是以**分別抉擇之智慧**觀察**分別心所耽著自性有之境**，若瑜伽師**以分別抉擇之智慧觀察分別心所耽著自性有之境，遮除自性有**不執勝義諸法**有**自性，爾時**不執勝義諸法自性而**悟入無分別定，證一切法無自性性。若不修習以**分別抉擇之智**慧觀察諸法自性**存在與否**，唯一修習棄捨**分別抉擇**作意，終究不能滅除所有分別**執自性有**，終不能證**諸法**無自性之性，**以無分別抉擇之智**慧光故。如世尊說，從**分別思惟**觀察**而**生如實**現証空性之**智慧火，燒分別**執實有自性**之樹，**此法喻**猶如鑽木鑽出之火。」

若不爾者，從有漏道，亦不應有無漏道生，亦無異生而得聖果，因果二法不相似故，如是白種發生青芽，從火生煙，從女生男，現有彼等無邊因果極不相似。

　　[釋]：**若不爾者**，也就是不從其體性而來說明因果二法，而是從表相之特徵而來說，則**從有漏道，亦不應**該**有無漏道生，亦無異生而**獲**得聖果**，此從表相之特徵**因果二法不相似故，如是白色種**子**不應發生青**色之**芽，從火**也不應該**生煙，從女**也不應該**生男**，故**現**前**有彼等無邊因果極不相似**，然從其體性而言，因果是相隨順。

（p545+5）

又聖無分別智，是已現證二我執境空無我義，為生彼故現當思擇我執之境，通達彼無而善修習。彼雖亦是分別，然是無分別智極隨順之因，如前所引《三摩地王經》云：「若於諸法觀無我。」《修次下篇》云：「此修雖是分別為性，然是如理作意自性，故能出生無分別智，樂此智者當依彼修。」

　　［釋］：又聖者現証空性之無自性有分別之智，此是已現量證人、法二我執其所執自性有之境空無我自性有之義，故觀待空性的體性而言，為生彼聖無分別智，故現當思惟抉擇二我執所執自性有之境，通達彼無自性而善思惟抉擇修習。彼思惟抉擇二我執所執自性有之境，雖亦是分別，然就其究竟之體性而言，是聖無分別智極相隨順之因，如前所引《三摩地王經》云：「若於諸法觀察抉擇無自性之我。」中觀蓮花戒論師所著的《修次下篇》云：「此觀擇思惟修雖是以分別為其體性，然以正理抉擇自性有無是如理作意自性，故能出生聖無分別無自性有之智，樂此無分別智之智者，當依彼空性之定義思維抉擇修，非以其特徵而修。」

（p545-5）

若作是念，《般若經》說若於色等空無我行，亦是相行，故觀察空不應道理。如是等類，是說於空執為實有，非說取空，前已廣說。

　　［釋］：若作是念，《般若經》說：若於色等空無我行，也就是色等諸法上的空性、無我作種種分別，亦是相執之行，即分別執實，故觀察空性不應道理。本宗回答：如是屬於般若經等類所說之經義，並非如汝所說誤解經義，而是說於色等諸法上之空，又執為實有此是錯誤的，並非說思惟抉擇緣取無自性之空是錯誤的，前已廣說。

（p545-4）

若不爾者，即彼經云：「菩薩摩訶薩，若行般若波羅蜜多，修習般若波羅蜜多，如是觀察如是思惟，何為般若波羅蜜多，即此般若波羅蜜多，是誰所有，若無何法，若不可得，是名般若波羅蜜多耶，若如是觀察如是思惟。」此說正修般若度時，當須觀察。

[釋]：若不爾者，即彼《般若經》云：「菩薩摩訶薩，若行持般若波羅蜜多，修習般若波羅蜜多，如是觀察如是思惟，何為般若波羅蜜多，即觀察此般若波羅蜜多，是誰所執實有自性，若以正理思惟觀見無任何法，若執實有自性是不可得，是名般若波羅蜜多耶，若如是觀察自性有無，如是思惟自性有無。」此《般若經》說：正修般若度時，當須思惟觀察此自性有無。

（p545-1）

《般若心經》問如何行甚深般若波羅蜜多，答：「照見五蘊自性皆空。」《攝頌》亦云：「若為無為黑白法，慧析塵許不可得，於世說預慧度數。」此說以慧觀察諸法，雖微塵許見不可得預慧度數。如此等類說須觀察，云何相違。

[釋]：《般若心經》問：如何行持甚深般若波羅蜜多，答：「觀擇思惟自性有無而照見五蘊自性皆空。」《般若攝頌》亦云：「若有為、無為、黑、白法，以觀擇空性之智慧分析見微塵許之自性皆不可得，如是行持，於世俗名言來說，預慧度數即是指由智慧所攝修慧菩薩的行列。」此說以慧觀察諸法，雖微塵許自性見不可得是為預入慧度所攝菩薩之數。如此等類之經論都說必須思惟觀察自性有無，故現証空性無自性有分別與如理作意無自性之分別思惟，其無自性皆同，云何相違。

（p546+2）

若不許爾，經說不應觀察諸法，有何道理。若如和尚說，一切分別皆繫生死，則念當請無分別教授及當修行無分別等，應許一切皆是繫縛，破彼邪執前已廣說。故於諸法不應執實，是彼經義。

[釋]：若不承許如是先以觀慧觀察自性有無爾，依汝之見，則經應該說不應觀察諸法自性有無，如此矛盾汝有何道理。若如支那和尚堪布所說，一切分別皆繫縛輪迴生死，則於初修全無分別時，憶念起當請無分別教授及當修行此無分別等為所緣，然此念亦是分別，故應許一切念及無分別念皆是繫縛輪迴生死，此破彼全無分別之邪執，前 p542+2 有破斥：「若如許一切分別皆是錯誤，則汝為弟子講說、辯論、著述等之分別，汝於爾時亦當破除」此已廣說。故於諸法不應起執實有自性之分別，而不是全然的不分別才是彼經無分別之涵義。因為起執實有自性之分別是分別心，然分別心不一定是起執實有自性之分別，如起無實有自

性之分別。

（p546+4）

又如於繩誤以為蛇起憂苦時，了知無蛇如心所執，能滅錯誤非餘方便，於執實境，當以正因定知無實，修習彼義，乃能滅除執實分別，非唯攝錄執實之心，便能滅除。

　　[釋]：又如於繩誤執以為蛇而起憂苦時，必須透過思惟觀察其所執之境有無蛇，後了知無蛇如心所執，如此才能滅除顛倒錯誤之耽著，非其餘全無分別之方便能滅除，故於執實有自性之境，當以七相或四生之正因思惟觀察定能了知無實有自性，修習彼無實有自性之義，乃能滅除執實有自性之分別，非唯攝錄（即是全無作意、全無分別）執實有自性之心，便能滅除執實有自性分別之此種全無分別。以此全無作意、全無分別皆無抉擇自性有無，既然沒有抉擇，又如何能滅除此自性有之執？

（p546+6）

又當受許執實為誤，若非錯誤無可破故。雖許心誤，若不了知無彼執境，其心錯誤云何能知，以誤為誤，唯由有無所執境故。

　　[釋]：又當受許執實有自性為顛倒錯誤，此必須在分別抉擇觀察後，才能承許執實有自性為顛倒錯誤，無觀察則無承許執實有自性為顛倒錯誤，所以若非錯誤則無可破，以無可破故亦無須分別。然汝雖承許執實有自性之心是錯誤，若不觀察就不了知無彼顛倒所執之境，其心錯誤若無顯現，云何能夠了知所執之境是顛倒錯誤，若是全無分別，則以誤為誤，故唯由依靠分別抉擇觀察有無顛倒所執之境故，才能了知。

（p546+7）

又無執實如所執境，非為誓許便能成立，必待清淨能成教理。如是立已，抉擇無實，次不分別實諦而住是我所許，故無分別須以觀慧觀察為先，非不分別便為滿足。

[釋]：又此**無執實**有自性是**如其所執**自性有之**境**，經過思惟抉擇後，才能了知非如其所執眞實存在，此**非為發誓**承**許**便能成立無執實有自性即可了知，**必須觀待清淨能成立之教理**。**如是**依教依理思惟成**立**已，而**抉擇**分別心所耽著境**無實有**，次不分別此無**實有**爲**諦實**而安住於此全無自性是我所承許，**故**通達**無實有分別須以觀慧思惟觀察為先**，非**全不分別**、**不作意便為滿足**。

（p546-5）

當知如《修次下篇》云：「故正法中，凡說無念及無作意，當知皆以審察為先。何以故，由審觀察乃能無念，能無作意，非餘能爾。」

　　[釋]：**當知**此**如《修次下篇》云：「故正法中**，即是**凡**經上所**說無念及無作意，當知皆以審**觀**察為先。何以故，由**分別**審觀察**執實心所執自性有之境，此自性有不存在，**乃能**安住**無自性之念，能**安住無自性之**作意**，是與聖根本智現證空性相隨順，**非餘**全無分別**能**如是**爾**。」

（p546-3）

又云：「**毗缽舍那，以審觀察而為體性**。」《聖寶雲經》《解深密》等，皆如是說。如《寶雲經》云：「**毗缽舍那善思擇故，了達無性悟入無相**。」

　　[釋]：修次下篇**又云：「**何謂**毗缽舍那**，即是**以審觀察而為其體性**。」此理如《聖寶雲經》《解深密經》等，皆如是說。如《寶雲經》云：「**毗缽舍那**其體性即是**善思擇故**，由思擇觀察比量**了達無**自**性**才能現量**悟入無相**。」

（p546-2）

《聖楞伽經》云：「大慧，以慧推察，乃不分別自相共相，名為一切諸法無性。」設若不須審觀察者，世尊如是彼彼經中，宣說多種審諦觀察，皆與相違。

　　[釋]：《聖楞伽經》云：「**大慧，以慧**分別思惟**推察，乃不分別**執諸法**自相**、**共相**爲自性有，**名為一切諸法無**自**性**。」**設若**如汝所說全不分別**不須**思惟**審觀察者**，則**世尊**於**如是彼彼**眾多**經中，宣說多種審諦**思惟**觀察，皆與**汝所說全不分別是**相違**。

（p547+1）

故理當說我慧下劣，精進微少，未能周遍尋求多聞，然佛世尊讚嘆多聞，故一切時不應謗彼。如是經說，從色乃至一切種智心皆不住者，謂不應執有實可住境。

　　［釋］：故理應當說我智慧下劣，精進微少，未能周遍尋求多聞思惟，然佛世尊讚嘆多聞思惟，故任於一切時、處，皆不應毀謗彼分別思惟觀察。如是《般若經》說，從色、受、想…乃至一切種智，分別心皆不住者，此謂不應分別執有自性實可住其境，即是分別執持一切諸法皆無自性。

（p547+3）

若不爾者，於六度等亦如是說，則亦不應住六度等，不應執實而安住者，亦如前說。要先了解彼等無實，凡經宣說，如是無住及無分別，當知一切皆以破除諸境自性，或諦實性觀察為先。

　　［釋］：若不爾者，如汝所說一切全然無分別，於六度等亦應如是說全無分別，則亦不應安住行持六度等，因為行持六度皆要分別思惟。故不應執實有自性而安住行持六度者，此亦如前說：謂不應執有自性實可安住其境。故要先分別思惟觀察了解彼等無實有自性，所以凡經宣說，如是無住及無分別，當知一切皆以破除諸境自性有，或諦實有自性，故應以分別思惟觀察為先。

（p547+5）

故經說為不可思議，超心境等，是為破除諸增上慢，唯以聞思便能證得甚深空義，顯示彼義唯聖內證，餘人難思。又為破除，於甚深義妄執實有非理思惟，故作彼說，當知非破以正觀慧如理觀察。

　　［釋］：故經說為「不可思議，超心境等」，是為了破除諸增上慢，唯以聞思便能現量證得甚深空性義，顯示彼甚深空性義唯聖者自心內證，餘人難以聞思而證知。又為破除，於甚深空性義，分別妄執為實有之非理思惟，故作彼「不可思議、超心境等」說，當知如是說，非是破除以正理分別思惟之觀慧如理觀察。

正法解行林

如《修次下篇》云：「如是若聞彼彼經中難思等語，謂若有思，唯以聞思能證真實，彼彼經中為破如是增上慢故，顯示諸法唯各內證。又當了知，是為破除非理思惟，非為破除審正觀察。若不爾者，違多教理。」

　　［釋］：如中觀蓮花戒論師所著《修次下篇》云：「如是若聞彼彼眾多經中難可思等語，謂若有思惟，唯以聞思即能現證真實空性義，彼彼眾多經中所說難可思等語，是為了要破除如是增上慢故，顯示諸法法性唯聖者自心各內證，非以分別心而親證。又當了知，是為了要破除非理思惟執空性為自性有，非為破除分別審思正理觀察。若不爾者，違多經教及正理。」

經中有「不可思議」或「無分別」「不作意」…等，並非破除分別思惟觀察，若依文解義且倒執為是破除分別思惟觀察，則違多經教及正理。

（p547-5）

違多教者，如《迦葉品》云：「迦葉，云何中道觀察諸法？迦葉，謂若於法觀察無我，及無有情，無命，無養，無士夫，無補特伽羅，無意生，無儒童，迦葉，是名中道觀察諸法」與如是等悉皆相違。

　　[釋]：此中違多經教及正理者，如《迦葉品》云：「迦葉，云何中道不墮自性有之常邊及名言無之斷邊而來觀察諸法？迦葉，謂若於法觀察無自性之我，及無自性有之有情，無自性有之命，無自性有之養，無自性有之士夫，無自性有之補特伽羅，無自性有之意生，無自性有之儒童，迦葉，此是名為中道觀察諸法」與如是等經所說觀察諸法等，悉皆相違。

（p547-3）

《修次初篇》云：「入無分別陀羅尼云，由無作意斷色等相。此中密意，以慧觀察見無可得，名無作意，非說全不作意。如無想定暫伏作意，非能斷除無始時來色等愛著。」此論師所造，此陀羅尼釋中，亦顯然解釋。

　　[釋]：中觀蓮花戒論師所著《修次初篇》云：「引《入無分別陀羅尼》云，由無自性有作意斷執色等實有自性之相。此中密意：也就是不能如言執義、依文解義，而有其另外所為義，其密意是說：先以分別慧思惟觀察見無自性可得，次不再作其它分別作意，唯緣無自性，是名為無作意，非說執心無分別全不作意。若全不作意，就如同無想定暫伏分別作意，此全不作意，非能斷除無始時來對色等諸法貪愛執著自性有。」此蓮花戒論師所造，引此《陀羅尼》解釋中，已經顯然清楚解釋。

（p547-1）

總於大乘，除聖龍猛及聖無著，造論解釋二見之外，更無餘見。印藏智者，亦定依止此二所解二見隨一，故此二派隨一之見，各如論說，當善尋求。依聖父子論尋求之理，如前廣說。

　　[釋]：總於大乘，除佛所授記聖龍猛菩薩及聖無著菩薩，造論解釋深見廣行二見之外，更無其餘第三種之見。印度與西藏諸智者在造論時，亦定依止此聖龍猛菩薩及聖無著菩薩二聖所解釋深見廣行二見，任隨一者要不是依著聖龍猛菩薩，就是依聖無著菩薩，故此聖龍猛菩薩及聖無著菩薩二派隨一之見，各如其所造之論著上所說，應當善巧尋求。依聖龍猛提婆父子所造諸論尋求中觀應成派之理，如前廣說即是《菩提道次第廣論》〈毗缽舍那〉全部都在抉擇中觀應成派之空正見。

（p548+2）

若隨聖無著行，謂於真實異體二取，一切本空，然於愚夫現似異體，如其所現執境為實，名遍計執，於依他上以正教理，破除一切其無二義，名圓成實，於此當得堅固定解。

　　[釋]：若隨聖者無著菩薩所說唯識之理而行持，謂於真實異體能所二取，遮除離心識外實有異體之外境，一切離心識外實有異體之外境，此實有本空，然於愚夫現似能取所取異體實有外境，如其所現似能取所取異體實有執此異體實有之外境為真實，此名為遍計所執，並於依他起上以唯識所承許無外境正見之教理，破除遍計一切離心識外實有之境其無能取所取異體之二義，名為圓成實性，於此能取所取異體實有外境空當獲得堅固定解。

（p548+4）

次當安住彼見之上，雙修止住及修觀察。若僅獲得如斯見解，正修之時不住於見，唯不分別亦非修空。抉擇彼宗正見之理，及於已抉擇義，別修止觀，合修雙運。《般若波羅蜜多教授論》中，最為明顯，故當觀閱。

[釋]：次當安住彼能取所取異體實有外境空見之上，雙修止住及修觀察。若僅獲得如斯能取所取異體實有外境空之見解，然於正修之時不安住於能取所取異體實有外境空之見，唯不分別亦非修唯識所取與能量心非異之空性。抉擇彼唯識宗所許空正見之理，及於已抉擇空性義，別修止及觀，合修止觀雙運。此合修止觀雙運於《般若波羅蜜多教授論》中所說，此別修止及觀並合修止觀雙運最為明顯，故當觀閱。

（p548+7）

若善解此宗，能如論說而正修習，亦極希有。大乘經論，下至總略顯甚深義，其數極多，然未說者，亦復不少，於未說中當引已說，於未廣說當引廣說。如是廣大行品，當知亦爾。若無甚深或無廣大，僅於一分，不應執為如是便足，故多經論，於示道師圓滿德相，密意說云：「善一切乘。」

[釋]：若善巧了解此唯識宗，能如論上所說而正修習止及觀並止觀雙運，亦極希有。大乘經論，下至總略顯示甚深空性義之智慧品，其數極多，然未說智慧品者，亦復不少，於方便品未說甚深空性義中應當引智慧品已而說明，於甚深義未廣說者應當引甚深義作廣說。如是廣大行品，當知亦爾也要引甚深空性義作廣說。以若無雙聚甚深空性義或無廣大行品，僅於甚深空性義或方便一分，不應執為如是便足，故多經論，對於開示圓滿道次第之師其圓滿德相，密意說云：「善巧一切乘即是圓滿通達甚深空性義及方便品。」也就是《菩提道次第廣論》道前基礎中所說的善知識十德相之一，即教富饒。

（p548-3）

第三略攝修要。若如前說，已得了義見者，於能發生我我所執，我我所事，如前抉擇無自性時，應以觀慧數數觀察，次於彼義發起定解，餘勢當間雜修，持心不散與觀慧思擇。爾時，若由多觀擇故，住分減少，當多修止令生住分。若由多修止力，住分增盛不樂觀察，若不觀察，於真實義不生堅固猛利定解。若未生彼，則不能害定解違品增益我執，故當多修觀察，令其止觀二分平均。

[釋]：第三略攝修之精要。此參考廣論 p336-6《解深密經》云：「慈氏，若諸聲聞，若諸菩薩，若諸如來，所有世間及出世間一切善法，應知皆是此奢摩他毗缽舍那所得之果。」若如前所說，已獲得了義空性見者，於能發生我及我所執

自性有，於其所緣名言之我及名言之我所事，如前抉擇其無自性時，應以正理觀察抉擇慧數數觀察我及我所執自性有，次於彼我所無自性義發起定解，餘勢即是全然專注於無自性義當以止觀間雜而修，持心不散止於一境與觀慧思擇之觀修。爾時，於止觀間雜修若由多觀擇思惟故，其安住一境之住分減少，則應當多修止令生安住一境之住分。若由多修習住於一境之止力，則住分增盛不樂思惟觀察，若不思惟觀察，於真實空性義不生堅固猛利定解。若未生彼空性義，則不能違害空性定解之相違品增益自性之我執，故生起住分時，次當多修習思惟觀察而作止觀間雜修，令其止觀二分平均獲得止觀雙運。

（p549+2）

如《修次下篇》云：「若時多修毗缽舍那，智慧增上，由奢摩他力微劣故，如風中燭令心搖動，不能明了見真實義，故於爾時當修正奢摩他。若正奢摩他勢力增上，如睡眠人，不能明了見真實義，故於爾時當修智慧。」加行結行及未修間，應如何行，當知如同下士時說。

　　[釋]：如中觀蓮花戒論師所著《修次下篇》云：「若時多修毗缽舍那，智慧增上，由奢摩他力微劣故，此時如風中之蠟燭令心搖動，不能止於一境明了見真實空性義，　故於爾時當修正奢摩他令心安住於一境。若修正奢摩他勢力增上，如同睡眠之人，不能明了照見真實空性義，故於爾時當觀修無我之智慧。」以上論中所說皆是正行，其中加行、結行及未修之間，應如何不放緩正行所緣之行相，當知如同下士道 p41-4~p52+8 時所說。

（p549+5）

如是修習無我義時，沉掉生起如何了知，為斷沉掉修念正知，得無沉掉，平等等捨任運轉時，緩功用等，當知同前奢摩他時所說，《般若波羅蜜多教授論》說，於所修境，修奢摩他令起輕安。又於彼境，觀察修習毗缽舍那引發輕安。各別修已次乃雙運。若如此說，非定一座連修止觀，是許亦可別別分修。

　　[釋]：問：如是以止觀正修習無我空性義時，沉掉生起如何了知？答：為斷除修奢摩他品所說昏沉掉舉而修八種對治之正行的正念正知，獲得無昏沉掉舉，平等等捨任運轉時，不起對治放緩功用等，當知此同前奢摩他品時所說：由八種對治（1 淨信；2 欲求；3 精進；4 輕安；5 正念；6 正知；7 作行；8 不作行）

斷五種過失（1 懈怠；2 忘失教授；3 沉掉；4 不作行；5 作行），《般若波羅蜜多教授論》說，於所修所緣人無我或法無我之境，修奢摩他品令起輕安。又於彼人無我或法無我之境，觀察修習毗缽舍那引發輕安。止及觀各別修已，次乃引申止觀雙運。若如此所說止及觀各別修已，次乃引申止觀雙運，於正修時非一定要一座連續修止修觀，而是承許修止觀亦可別別分開來修。譬如一座的前半坐，以修止為主，後半坐以修觀為主；又或者於一座上可以全修止，或者全修觀；總之，依教依理思惟觀察生起修止之所緣境，依著八種對治斷五種過失，而獲得正奢摩他，次為了獲得正毗缽舍那而起觀修，如是如前所說止強觀弱則加強觀，觀強止弱則加強止，以獲得止觀雙運為要。

（p549-6）

此中要者，謂內無明如何增益，須破其執，彼相違品，謂自性空。於此空上應當引起猛利定解，而修空性。

　　[釋]：此中修無我義之心要者，謂自內心之無明如何增益執著自性有，故須依理抉擇破其無明所執之境，彼無明所執之境其相違品，謂自性空。於此自性空上應當思惟觀察引起猛利定解，而修習自性空之空性。

（p549-5）

若於我執及無明執，全未破壞別修餘空，於二我執毫無所損，故諸先覺數數說如「東門有鬼，西門送俑」，現見實爾。上述此等唯粗概要，其正修時微細得失，更須親近聰睿知識及自內修而當了知，故不廣說。

　　[釋]：若不依正理思惟抉擇自性有無，全不分別、不作意、不抉擇，則於人我執及無明法我執，於其所執之境全未破壞而別修其餘之空性，此種修法於人法二我執所執之境毫無所損，故諸先覺數數宣說如同「東門有鬼，卻於西門送俑（祭品）」，現在所見的修法皆如是實爾。上述所說此等唯粗分概要，其正修時微細得失是否真正獲得斷除輪迴生死之根本，此更須親近聰睿有經驗的善知識及依教依理於自內心實際思惟觀察修而應當了知，故不廣說。

如是修法，是依先覺道次教授，略為增廣，如博朵瓦《寶瓶論》云：「有於聞思之時，正理抉擇無性，修唯修無分別，如是非真對治，別修無關空故。是故修時亦以緣起離一異等，修何即當觀察，亦略無分別住，此修能治煩惱，覺窩弟子所許，欲行到彼岸法，彼即修慧方便。又當先修人空，次法如是隨轉。」

[釋]：如是思惟修無我空性義之法，是依先覺（龍樹菩薩、無著菩薩、月稱論師、寂天菩薩、阿底峽尊者）等諸大菩薩所傳道次第之教授，此略為增廣，如博朵瓦所著《寶瓶論》云：「有於聞思之時，以正理抉擇無自性，於正修時唯修無分別，如是修法非真能對治，而是別修無關斷除輪迴生死之空性故。是故正修時亦以緣起、離一異正因等，其正修時為何，即當依聞思所抉擇義去觀察思惟修其自性有無，而顯現自性空亦略無自性有分別而安住，如此正修才真實能對治煩惱，此為覺窩（阿底峽尊者）及其弟子的傳承教授所承許，欲行到解脫成佛彼岸法，彼依緣起或離一異之正因，即是修慧之方便。此方便又應當先修人我空，次法亦如是隨自性空轉。」

覺窩亦云：「由何能證空，如來記龍猛，現見法性諦，弟子名月稱，依彼傳教授，能證法性諦。」其導引法，如覺窩所造中觀教授說先修觀察，次住所觀之義間雜而修。此與蓮華戒論師宗義無別。又如前說《入中論》，《中觀心論》，寂天論師等，意趣皆爾。慈氏諸論。聖無著論，亦多宣說。住持彼宗無倒聰睿寂靜論師，於《般若波羅蜜多教授論》中，解釋尤顯。故修毗缽舍那法，龍猛無著兩派所傳，論典教授皆相隨順。

[釋]：覺窩（阿底峽尊者）於所造的《中觀二諦論》亦云：「由依何而能證究竟了義之空性，此於《般若經》教中如來授記龍猛菩薩，現量見法性真諦，其弟子名月稱論師，依彼月稱論師所傳之教授，能證法性真諦。」其教導所引之法，如覺窩（阿底峽尊者）所造中觀教授說：先修思惟觀察，生起欲所緣之境，次安住所觀察所緣之境義，此安住與觀察間雜而修。此種教授與蓮華戒論師宗義無差別。又如前說《入中論》，《中觀心論》，寂天論師等，對於安住與觀察間雜而修意趣皆爾。慈氏彌勒菩薩《現觀莊嚴論》《經莊嚴論》等諸論。聖無著菩薩所著《瑜伽師地論》《究竟一乘寶性論》等論著，亦多宣說。印度住持彼宗無

倒聰睿中觀寂靜論師，於《般若波羅蜜多教授論》中，解釋止觀修法尤為明顯。故修毗缽舍那的次第方法，中觀派龍猛菩薩與唯識派無著菩薩兩派所傳，論典教授皆相隨順。

（p550+7）

第四修觀成就之量。如是觀慧觀擇修習，乃至未生前說輕安，是名隨順毗缽舍那，生輕安已乃是真實毗缽舍那。輕安體相生起道理，俱如前說。又奢摩他先得未失，亦有由彼所引輕安，故非略有輕安便足。

　　[釋]：第四修觀成就之量。此參考 P401+6 第二「學習毗缽舍那之法」，其中第四科判「由修習故毗缽舍那成就之量」。如是安住於一所緣境獲得正奢摩他，次以觀慧觀察思擇修習，乃至未生前說殊勝輕安，是名隨順毗缽舍那或隨順觀，生殊勝輕安已乃是真實毗缽舍那。殊勝輕安之體相生起道理，俱如前說。也就是先由心輕安引生身輕安，次由身輕安引生身輕安樂，復由身輕安樂引生心輕安樂。勝觀之輕安，雖非止之輕安，然其體相與生起之次第，則與止輕安相同。由止修純淨所生之樂，即止之輕安。觀修純淨所生之樂，即觀之輕安。又奢摩他先已獲得而未失，亦有由彼奢摩他所引生殊勝輕安，故非俱略有殊勝輕安便滿足，以仍未獲得真實毗缽舍那。

（p550-5）

若爾云何，謂修觀察，若由自力能引輕安，此後乃名毗缽舍那。緣盡所有性及緣如所有性，二種毗缽舍那，得限皆同。如《解深密經》云：「世尊，若諸菩薩乃至未得身心輕安，於如所思所有諸法，內三摩地所行影相作意思惟，如是作意當名何等？慈氏，非毗缽舍那，是隨順毗缽舍那勝解相應作意。」

　　[釋]：若爾如上述所說，獲得正奢摩他生殊勝輕安不能滿足則云何修，謂獲得正奢摩他已，須再起修觀察，若由修觀之自力能引殊勝輕安，此後乃名為毗缽舍那。修觀所緣有盡所有性及緣如所有性，緣此二種是否獲得真實毗缽舍那，所得的界限皆相同，就是以有否獲得殊勝輕安為主，不以所緣而分。如《解深密經》云：「世尊，若諸菩薩修觀乃至未獲得身心輕安，於如所思所有諸法，內心於三摩地所行影相作意思惟，如是作意觀察當名何等？慈氏，此非獲得真實毗缽舍那，而是隨順毗缽舍那勝解相應作意。」

（p550-2）

《般若波羅蜜多教授論》云：「彼由獲得身心輕安為所依止，即於如所善思惟義，內三摩地所行影像，勝解觀察，乃至未生身心輕安，是名隨順毗缽舍那所有作意。若時生起，爾時即名毗缽舍那。」此說緣於盡所有性成奢摩他，毗缽舍那及雙運等，與緣如所有性相同。

　　[釋]：《般若波羅蜜多教授論》云：「彼菩薩由修奢摩他獲得身心輕安為所依止，即於如所緣善思惟法義，於此內三摩地所行影像，勝解思惟觀察，乃至未生身心殊勝輕安，是名隨順毗缽舍那所有作意。若時生起殊勝輕安，爾時即名真實毗缽舍那。」此說緣於盡所有性世俗諦法成就奢摩他，或毗缽舍那及止觀雙運等，與緣如所有性皆是相同，也就是緣於如所有性勝義諦法成就奢摩他，或毗缽舍那及止觀雙運等皆以獲得殊勝輕安，來判別是否獲得正奢摩他及真實毗缽舍那。非以所緣盡所有性或如所有性來判別奢摩他或毗缽舍那。

（p551+2）

若由自力能引輕安，則亦能引心一境性，故由觀慧思擇自力而能引生心一境性，是由已成正奢摩他所有功德。如是善成奢摩他者，由修觀察亦能助伴正奢摩他，故不應執凡修觀察，住分損減。

　　[釋]：若由修觀的自力能引生殊勝輕安，則亦能同時引生心一境性之奢摩他，故由觀慧思擇之自力而能同時引生心一境性之奢摩他，此並不是說由思惟觀察而能引生心一境性的奢摩他，而是說由未修觀前，已經成就心一境性的正奢摩他所有功德。如是善成就奢摩他者，由修觀察亦能助伴正奢摩他，也就是越修思惟觀察，其止於一境之力不動搖且越來越強，故不應執凡修思惟觀察，會令心於一境之住分有損減。

奢摩他 → 正奢摩他 → 毗缽舍那 → 止觀雜修 → 正毗缽舍那

奢摩他　　　　 → 　正奢摩他
└→止於一境　　　 └→ 止於一境 ＋ 特殊輕安

毗缽舍那　　　　 → 　正毗缽舍那
└→思惟觀察　　　　└→ 思惟觀察 ＋ 依自力引生特殊輕安及止於一境。

（p551+4）

又成不成緣如所有止修觀修毗缽舍那，謂由是否隨於一種無我正見，獲得無謬清淨了解緣彼而修，而為判別，非餘能判。為由何等不能判別，謂修習故，心境二相粗分皆滅，如淨虛空，心具顯了澄淨差別，如無風燭不動久住。意識所現內外諸相皆覺如虹或如薄煙，久住彼相。

　　［釋］：又成立不成立緣如所有性之止修或觀修毗缽舍那，謂由先前是否隨於人或法的一種無我正見，獲得無錯謬清淨了解緣彼無我而修，而為判別，非餘唯修毗缽舍那或無分別、樂、明之特徵能判別，因為獲得正奢摩他、毗缽舍那，乃至外道無想定，皆有無分別、樂、明之特徵，是於先前有無獲得無我正見，並止於無我或觀修無我。為由何等不能判別如所有性，謂由修習時故，令心境二相粗分皆滅，而如現澄淨的虛空，此時心亦具顯了澄淨差別，如無風之燭不動能久住。此時意識所現內外諸相皆覺如霓虹或如薄煙，亦能久住彼相，此亦非獲得中道正見的緣起如幻。

（p551-7）

又於意識現起一切所取境界，注心觀察皆不忍觀漸趣隱沒。又彼先從粗相外境，色聲等上，如是顯現。次漸修習，內心了別領觸等相亦漸離脫，於彼住心皆不堪住，雖有彼等境相現起，然非獲得，通達無二真實正見。

[釋]：又於意識現起一切所取境界，專注一心時，其觀察所取粗分境界皆不忍觀察漸漸趣入隱沒。又彼先從粗相外境，色聲等境上，如是如其粗分之顯現。次漸注心觀察修習，內心了別領觸等粗分之內外諸相亦漸漸離脫，於彼粗分之內外諸相於住心皆不堪住而顯現如虹如煙之相，雖有彼等如虹如煙之境相現起，然非獲得，通達無二真實之空正見，此必須觀待先前有否獲得無我正見及如實緣取無我之境而正修，非以顯現如虹如煙之相而來判別。

（p551-4）

又彼諸境，現為杳茫，亦全不能立為通達中觀所說如幻之義，以於正見心未趣向久修住分，皆有如是境相現故。如幻之義要如前說，依止二量乃能現起，一決斷無性理智定解，二顯現難遮名言量成。

　　[釋]：又彼如虹如煙之諸境，顯現為杳茫無實，亦全不能立為通達中觀所說的緣起如幻之義，以於如幻之正見心未趣向（即無獲得中道之正見）而能久修住分止於一境，皆有如是如虹如煙之境相顯現故。緣起如幻之義要如前 p514-3 所說，依止二量乃能現起，（一）以第六意識分別決斷無自性之無我理智之定解，（二）名言識之世俗有顯現難遮，此由名言量所成立。

（p551-2）

色等諸境於意識前，現為薄淨似虹霓者，是離所觸礙著之相，及雖無礙而甚明顯二相聚合。此定解中。全無無性真定解故，是將所破自性，與質礙觸執二為一，假名無自性故。

　　[釋]：久住於一境之色等諸境於第六意識前，顯現為薄淨似虹霓者，雖是俱有遠離所觸礙著之相，及雖無粗分礙著而甚明顯之二相聚合。於此薄淨似虹霓的定解中。全無無自性真實定解故，以先前沒有以自性有無之理智觀察抉擇，令此自性有消失，此無遮分的無二顯相，也就是誤將所破自性，與無粗分質礙觸澄清如虛空之相，妄執二為一，假名無自性故。

（p552+1）

若不爾者，許彼即是中觀所說如幻妄義，見如虹霓薄煙之事，應不於彼起諸分別，執有自性，以於彼事所起定解，即是定解境無性故。

[釋]：若不爾者，則會**許彼**無粗分質礙所現如虹如煙等如幻之境相，**即是中觀**所說如幻虛妄之**義**，則**見如虹**如霓薄煙之事，**應該不會於彼**如虹如煙之事起**諸分別**，於前方真實有而**執有自性**，以於彼事如虹如煙之事**所起定解**，唯是分別假立，**即是定解彼境**非於前方而有之**無自性故**。然論有說：若行者於定中不修真實之空正見，為專修全無所執而住於一境，由此攝持之力故，出定後，見山林等一切現相，或如虹霓，或如薄煙，不類似以前所見真實堅持者，亦非經中所說如幻之義，以此顯現之境於前方而有，非是唯分別假立，此不僅不是毗鉢舍那，也不一定是奢摩他。如此虹霓薄煙之事，外道亦有，故不應該倒執此為通達如幻或無自性之義。

（p552+2）

又凡取其質礙觸事，應不於彼引無性解，以取彼事即是妄執有自性故。是故色等如是現時，現為微薄澄淨等相，非能破壞執實之境，故亦非是如幻之義。

[釋]：**又凡取其**無粗分**質礙觸事**所顯澄清之相，或如虹如煙之淨相，**應不於彼**無質礙觸事**引申無自性**之定解，**以取彼**無質礙觸**事即是妄執有自性故**。以無質礙非是遮除自性有而顯，亦非唯名言假立而有。**是故於色等如是顯現**霓虹**時，現為微薄澄淨等相，此非能破壞執實之境，故亦非是**真實**如幻之義**。因為非是以破除實有自性故。

（p552+4）

若已先得清淨正見未忘失者，容現如幻，前已廣說。善知識阿蘭若師所傳諸道次中，關於引生空解道理，曾作是說：「先修補特伽羅無我，次於法無我義，若念正知攝持而修，若時太久，念知難攝，時沉時掉利益極小，故以上午下午初夜後夜四座之中各分四座，一晝夜中修十六座，尚覺明了感觸之時，即當止息。

[釋]：**若已先得清淨**空**正見未忘失者**，則容有唯名言假立**顯現如幻**之作用，此理於**前** p513+3 **已廣說。善知識阿蘭若師所傳諸道次第中**，有**關於引生空**正見定解的**道理，曾作是說：「**初業者**先修補特伽羅無**自性之**我**，依此勢力**次於**通達**法無我義，若念正知攝持**無我義而**修，若**於所緣境無自性住**時太久**，則**念正知很難攝**持住，**時沉時掉**於安住一所緣境**利益極小，故**正修時**以上午（七點~

十一點）下午（二點~六點）初夜（六點~十點）後夜（二點~六點）分爲四座，此四座之中每一座各分四座，故一晝夜中修十六座，以初業者在每一座的時間不宜太長，以保持每下一座皆有想修之欲望，故於此十六座當中於修法所緣尚覺明了有微微輕安感觸之相時，即當止息下座。

（p552-6）

由如是修覺修未久，然觀時間日時速逝，是攝心相。若覺久修觀時未度，是未攝心，攝持心時煩惱輕微，自覺一生似無睡眠，次能一座經上午等。爾時生定能具四相，一無分別，謂住定時，雖息出入皆不覺知。息及尋思至極微細，二明了，謂與秋季午時空界明了無別。三澄淨，謂澄如杯中，注以淨水置日光下。四微細，謂住前三相之中，觀外諸法細如毛端了了可見。如是隨順無分別智，然若觀待無分別智，則此自性仍是分別，說名顛倒。《辨中邊論》云：隨順為顛倒。」

　　［釋］：由如是每一座的時間不宜太長而修感覺正修未久，然觀看時間日時速逝，也就是正修時感覺不長久，然時間已過很長，此是攝心相。若感覺長久而修，然觀時間未度如是長久，此是未攝心，若有攝持心相時煩惱變得輕微，自已覺得一生似乎無睡眠，次能一座不刻意久座而能經整個上午等。爾時生定能具有四個特徵的相狀，一無分別，謂住定時，雖鼻息出入皆不覺知，也就是呼吸慢到不能了知。鼻息及尋思會變得至極微細，二明了，謂心識會如同與秋季午時虛空界明了無別。三澄淨，謂心識澄如杯中，注以清淨之水置放於日光下。四微細，謂住於前無分別、明了、澄淨三相之中，觀外諸法細如毛端了了可見。如是觀察無我所修之定是隨順聖者無分別智，然若觀待聖者無分別智，則此隨順無分別智之自體性仍是屬於分別，未眞實把自性遮除，故說名顛倒。《辨中邊論》云：觀待聖者此隨順無分別智是為顛倒。」

（p552-1）

如《辨中邊論》，說諸異生修習空性，其最善者，亦當立為隨順顛倒，故雖未生所餘眾相，若修前說無謬正見，是名修習無我之義。若未能修抉擇無謬正見之義，縱有四相不能立為修諸了義，是故是否修如所有義，如前所說。如修彼故，後現如幻亦如前說，應當了知。

[釋]：如《辨中邊論》，說諸異生修習空性，其最善巧者，比量證空性亦當立為隨順顛倒，故雖未生所餘衆相無分別、明了、澄淨、微細之四相，若修前面所說無謬空正見，是名修習無我之義。若未能修抉擇無謬空正見之義，縱有攝心之四相不能立為修諸空性了義見，是故是否修如所有空性之義，如前 p541+1 所說要遮除補特伽羅我自性及法我自性才是眞正修如所有性義。如修彼如所有性義故，後現如幻亦應如前 p514+3 所說如幻之義，應當了知。

（p553+4）

第三止觀雙運法。如前成就止觀量時所說，若先未得止觀二法，無可雙運，必須先得止觀二法。

　　[釋]：第三止觀雙運法。如前 p380-2 成就止之量：即是由特殊輕安所攝持的心一境性及 p550+7 觀之量：即是依著觀慧思擇自力引生輕安時所說，若先未得止及獲得隨順觀二法，則無可得眞實止觀雙運，故必須先得止觀二法。

（p553+5）

此復初得毗缽舍那即得雙運，其中道理，謂依先得奢摩他故，修正觀察。論於此中亦說漸生力勵轉等四種作意。若時生起，如前所說第四作意即成雙運，此謂修習觀察之後，雜修安住，若得住相如前奢摩他時所得，則成雙運。

　　[釋]：此復獲得正奢摩他後，由觀慧思擇自力引生輕安，初得毗缽舍那即是獲得止觀雙運，其中道理，謂依先得正奢摩他故，後修正觀察之止觀雜修。《瑜伽師地論》之《聲聞地》於此中亦（指毗缽舍那）說漸生力勵運轉等四種作意：一、力勵運轉作意 二、間缺運轉作意 三、無間缺運轉作意 四、無功用運轉作意。若時生起，如前所說第四種無功用運轉作意即成止觀雙運，此中之理謂得正奢摩他已，次修習思惟觀察之後，止觀間雜修安住，若由觀慧所得止於一境之住相，此住相如同前奢摩他時所得不作行任運轉作意，則成止觀雙運。眞得勝觀時住分明分皆具其住分是止之體，明分是能觀之智慧，故稱爲止觀雙運。

（p553+7）

如《聲聞地》云：「齊何當言奢摩他毗缽舍那，二種和合平等俱轉，由此說名雙運轉道？答：若有獲得九相心住中，第九相心住謂三摩呬多，彼用如是圓滿三摩地為所依止。於觀法中修增上慧，彼於爾時由觀法故。任運轉道無功用轉。如奢摩他道不由加行，毗缽舍那清淨鮮白，隨奢摩他調柔攝受，齊此名為奢摩他毗缽舍那，二種和合平等俱轉，由此名為奢摩他毗缽舍那，雙運轉道。」

　　［釋］：如《聲聞地》云：「齊何界限當言說奢摩他毗缽舍那，二種和合平等俱轉，由此說名為雙運轉道？答：若有獲得九相心住中，第九相心住謂三摩呬多，彼第九住心之無功用如是圓滿三摩地為所依止。然後起觀，於觀法中修增上慧，所謂增上慧，是比前得止或隨順觀所觀察更殊勝，彼於爾時修增上慧由觀慧觀法故。任運轉道無功用轉即毗缽舍那第四個無功用運轉作意。此時如同奢摩他道不由加行之無功用之運轉作意，毗缽舍那清淨鮮白明分能觀察之智慧，隨順奢摩他時調柔攝受極端聽命不失所緣，齊此明分住分不偏，名為奢摩他毗缽舍那，二種和合平等俱轉，由此名為奢摩他毗缽舍那，止觀雙運轉道。」

（p553-3）

《修次下篇》云：「若時由其遠離沉掉平等俱轉，任運轉故，於真實義心最明了，爾時當緩功用而修等捨，當知爾時是名成就奢摩他毗缽舍那，雙運轉道。」

　　［釋］：《修次下篇》云：「若修觀時由其遠離昏沉掉舉平等俱轉，任運轉故，於真實義心最明了，心極清澈，爾時為避免昏沉掉舉再現起，故當放緩功用（即無功用運轉作意）而修等捨，當知爾時是名成就奢摩他毗缽舍那，止觀雙運轉道。」

（p553-1）

何故彼名雙運轉道？答：由未雙得止觀之前，唯以觀慧修觀察力，不能引生無分別住，止修觀修必須各別功用修習，得二品已，即以觀慧觀察之力，便能引生正奢摩他，故名雙運。此中觀察，即是毗缽舍那。觀後安住即奢摩他，其殊勝者謂緣空性。

正法解行林

［釋］：何故彼名止觀雙運轉道？回答：由未雙得止觀之前，唯以觀慧修思惟觀察之力，不能引生無分別安住一境，此時**止修觀修必須各別功用**而修習，即是說先獲得止，次修觀，後止觀雜修，得止觀二品已，即以觀慧觀察之力，便能引生**心一境性**，此是由已成就**正奢摩他**之功德，**故名止觀雙運**。此中思惟觀察，即是毗缽舍那。觀察後又能**安住**心一境性之所緣上之住分**即是奢摩他**，此時**其殊勝者謂緣空性**。

（p554+3）

《般若波羅蜜多教授論》云：「從是之後，即緣有分別影像，若時此心無間無缺，作意相續，雙證二品，爾時說名雙運轉道。其奢摩他毗缽舍那，是名為雙運，謂具足更互繫縛而轉。」

　　［釋］：《般若波羅蜜多教授論》云：「從是**獲得正奢摩他**之後修觀，即是**緣有分別影像**，若時此心無間無缺即是不須別修無分別住，即由觀慧觀修能引生無分別住，**作意相續**，**雙證二品**即是証無分別影像正奢摩他及緣有分別影像毗缽舍那，**爾時說名止觀雙運轉道**。其奢摩他毗缽舍那具足和合，是名為止觀雙運，謂止中有觀，觀中有止，具足更相**互繫縛而轉**。」

（p554+5）

無間缺者，謂觀察後不須別修無分別住，即由觀修，便能引生無分別住。證二品者，謂緣無分別影相正奢摩他，及緣有分別影相毗缽舍那，二品俱證，然非同時，謂即觀修作意無間相續而證。

　　［釋］：**無間缺者**，謂獲得正奢摩他，起**觀察**修後，不須別修無分別止**住於一境**，即由思惟觀察修之力，便能引生無分別住止於一境。**證二品者**，謂正緣無分別影相之正奢摩他，及緣有分別影相之毗缽舍那，止觀二品俱證，然非同時，因為體性不同，**謂即觀修作意無間**便能引生無分別住於一境**相續而證**。

（p554+7）

若爾，前說成就奢摩他後，即由觀慧修習觀察能引住分，豈不相違？答：若未成就奢摩他前，數數觀察雜修止相，定不能成正奢摩他。若已獲得奢摩他後，如是雜修正奢摩他答可得成，前文為顯如是差別，故不相違。

[釋]：若爾，前已說成就奢摩他後，即由觀慧修習觀察能引住分，然前你不是說觀慧多，住分會減弱，現在又說，由觀慧修習觀察能引生住分，如此**豈不相違嗎**？本宗回答：**若未成就正奢摩他前，數數觀察**及**雜修止相，定不能成就正奢摩他。若已獲得正奢摩他後**，然未得正毗缽舍那，**如是**止觀**雜修**獲得正毗缽舍那，於觀修時並引生**正奢摩他**，此回答是**可得成立**，前文所說無間缺者，由觀察修便能引生無分別住於一境，不須別修無分別住，此理是**為顯**示未獲得正奢摩他前起觀修與已獲得正奢摩他後起觀修，**如是差別，故不相違。**

（p554-5）

又將成就毗缽舍那，其前無間由觀察修，有時能引專注一趣，前亦思彼。

[釋]：又有一種特殊情況，是**將成就**（指還沒獲得正毗缽舍那）**毗缽舍那，其前無間由觀察修，有時**亦**能引生專注一趣**，然此專注一趣並不是指獲得正毗缽舍那觀察修同時能令住分極為堅固，此種情況亦如**前面亦**可列入**思彼**「尚未由真正得觀所引堅固住分」之類。

（p554-4）

今此宣說毗缽舍那未成之前，以觀察修不能引生無分別者，除彼例外，意取其前未能成時。

[釋]：**今此宣說毗缽舍那未成**就**之前，以觀察修不能引生無分別**住分者，**除彼**「又將成就毗缽舍那，其前無間由觀察修，有時能引專注一趣」此種特殊情況**例外，意取其前未能成**就正毗缽舍那**時**，此觀修不能引生無分別住於一境。

（p554-3）

總其未成奢摩他前，觀察之後雜修止相，不能成就正奢摩他。若已成就奢摩他後，毗缽舍那未成之前，觀察自力不能引發堅穩安住專注一趣，故以觀慧數數觀察，即由觀察而能引得堅穩住者，要得毗缽舍那乃有，故亦從此建立雙運。

　　[釋]：總的來說其未成就正奢摩他前，觀察之後並雜修止相，不能成就正奢摩他。若已成就正奢摩他後，正毗缽舍那未成就之前，思惟觀察之自力不能引發堅穩安住專注一趣，故以觀慧數數觀察，即由觀察而能引得堅固安穩住心者，此理是要得真實毗缽舍那乃有，故亦從此獲得真實毗缽舍那始能建立止觀雙運。

（p555+1）

是故唯於未壞堅穩無分別住，兼能觀察無我空義，猶如小魚游安靜水，不當誤為止觀雙運。如是止觀雙運之理，應如彼等清淨論典所說而知，餘增益說，非可憑信。由此等門而修止觀，雖尚可分眾多差別，然恐文繁故不多述。

　　[釋]：是故唯於未壞堅穩正奢摩他無分別住，又兼能（意謂不能全然）觀察無我空性義，猶如小魚游安靜水（此是七相作意中的第一了相作意），然不應當誤認為是真實止觀雙運（七相作意中的第二勝解作意），如是止觀雙運之理，應如彼等清淨論典所說而知，其餘皆是增益而說，非可憑信。由此等門而修止觀，雖尚可分眾多差別，然恐文繁故不多述，以此論典所說為主即可。

（p555+4）

今當略說道之總義，謂於最初道之根本，即是親近知識道理，故於彼上當善修煉。次於暇身，若起真實取心要欲，彼從內策令恆修行，為生彼故當修暇滿。次若未滅求現法心，則於後世不能發生猛利希求，故當勤修人身無常，不能久住，死後流轉惡趣道理。爾時由生真心念畏，便能誠信三寶功德，安住皈依不共律儀學其應學。次於業果當由多門引發堅固深忍信解，是為一切白法根本，勤修十善滅十不善，相續轉趣四力之道。

　　[釋]：今當略略說明道次第之總攝其義，謂於最初修道之根本，即是修學親近善知識之道理，故於彼上親近善知識之理應當善巧修煉。次於暇滿人身，若起真實取心要欲，彼從內心策勵令不斷恆常思惟修行暇滿人身真正的意義，所以為了能於內心生起彼暇滿人身義大難得，故應當思惟修習暇滿。次若未滅除追求現世法快樂之心，則於後世不能發生猛利希求，故應當思惟勤修人身無常，不能久住，死後墮落流轉三惡趣之道理。爾時由生起真實心念畏懼墮三惡趣，唯有三寶才能救護，便能真誠信念三寶功德，且能安住皈依受不共律儀之別解脫戒，學其所應學之業果。次於業果當由多門思惟引發堅固深忍信解，是為一切白善法之根本，而勤修十善業滅除十不善業，並相續轉趣與四力懺悔之道懺除惡業。

（p555-6）

如是善修下士法已，當多思惟，若總若別生死過患，總於生死令心厭捨。次觀生死從何因生，當識煩惱及業自性，發起真實樂斷之欲，便於真能解脫生死三學總道，能引定解，特於所受別解脫戒，當勤修學。

　　[釋]：如是如上所說善修下士道所應修之法已，應當多思惟中士道所說之法要，於輪迴中若於總苦若於別苦生死過患，總於輪迴生死令心厭捨。次觀輪迴生死若總若別之苦從何因而生，故應當認識煩惱及業的自性，發起真實樂斷輪迴生死之欲，便於真能解脫輪迴生死戒定慧之三學總道，而能引生定解，特別於所受別解脫戒之律儀如何守護，應當勤修學。

如是善學中士法已，作意思惟，如自墮落三有苦海，眾生皆爾，應當勤修慈悲為本大菩提心，必令生起。若無此心，其六度行二次第等，皆如無基而建樓閣。若相續中，略能生起菩提心相，當如儀受勤學學處，堅穩願心。次當聽聞菩薩所有諸廣大行，善知進止，發生猛利樂修學欲。發此心已，當如法受行心律儀，學習六度成熟自身，學四攝等成熟有情，尤當勤猛捨命防範諸根本罪，中下纏犯及諸惡作，亦當勤防莫令有染。若有誤犯，應勤還出。

[釋]：**如是**以下士道為基礎**善**巧修**學中士**道之**法**要而生起出離輪迴之心**已，作意思惟，如**同自己被煩惱及業束縛**墮落三有苦海**，思惟今生的母親及親友，乃至一切如母**眾生皆**被煩惱及業束縛墮落三有苦海**爾，應當勤修**思惟**慈悲為**根本之**大菩提心，必令**此菩提心**生起。若無此**菩提心**，其**所修顯教大乘**六度萬**行**及密乘生圓**二次第等，皆如**同**無**地**基**而建**造**樓閣。若**心**相續中，略能生起**造作**菩提心相，當如**願心**儀**軌而**受**且精勤修學願心**學處，堅**固安穩願心。次當聽聞菩薩**行心律儀**所有諸廣大行，善知進**趣或遮**止**之開遮持犯，發生猛**勵**利樂**於**修學**菩薩律儀之欲。發此**菩提願**心已，當如法受**持菩薩戒十八重、四十六輕之**行心律儀，學習**佈施等**六度成熟自身，**及學習佈施、愛語、利行、同事**四攝等成熟有情，尤當勤猛捨命防範**造**諸根本罪，中**品纏下品纏**犯及諸惡作，亦當**精**勤防**犯**莫令**最初**有染。若有**煩惱而誤犯，應**精**勤**於菩薩律儀懺悔儀軌**還出**罪惡，令戒體還本清淨。

次當特學最後二度，故當善巧修靜慮法引發正定。又於相續當生清淨遠離斷常二無我見，得彼見已，應住見上善知清淨修法而修，即於如是靜慮般若立止觀名，非離後二波羅蜜多，而為別有。故是正受菩薩律儀，學彼應學從中分出。

[釋]：**次當特**別**學**習六度之**最後**靜慮般若**二度，故當善巧修靜慮法引發正定。又於**心**相續當**中生清淨遠離**執名言無之**斷**見及執自性有之常**見**之**二無我見，得彼**正**見**已，應住**正**見上善知清淨修法，緣無我正見**而修**止觀，即於如是靜慮般若**安立止觀**之**名，非離後二**靜慮般若**波羅蜜多，而為別有。故是正受菩薩律儀，學彼應學**即是**從**六度**中分出。

（p556+5）

此復若能修習下下，漸於上上增欲得心，聽聞上上而於下下漸欲修行，是最切要。若於前者全無所有，專修心住專樂見解，難至宗要，故須對於圓滿道體引定解。

〔釋〕：此復若能修習下下道次第，漸於上上道次第增欲得心，聽聞上上道次第而於下下道次第漸欲修行，是爲最切要。若於前者下下道次第之基礎全無所有，專修心安住於一境或專樂聞思之見解，極難現量通達至宗要，故須對於圓滿道次第之體性引生定解。

（p556+7）

修彼等時，亦當聽利令心平等，謂於引導修道知識，敬心微劣，則斷一切善法根本，故當勤修依師之法，如是若心不樂修行，當修暇滿，若著現法當修無常，惡趣過患以為主要。若覺漫緩所受佛制，當自思惟是於業果定解劣弱，則以修習業果為主。若於生死缺少厭患，求解脫心則成虛言，故當思惟生死過患。若凡所作，皆為利益有情之心不猛利者，是則斷絕大乘根本，故當多修願心及因。

〔釋〕：修彼圓滿道次第之體性等時，亦當聽利善巧抉擇令心平等不偏，也就是修習下下是爲了於上上增欲得心，聽聞上上而不捨下下，謂弟子若於引導修道次第之善知識，恭敬心微劣，唯見過失，不見功德，應當懺悔，否則會斷掉一切善法的根本，故當勤修如法依止師長之法要，如是若心不樂修行佛法，應當思惟修習暇滿人身意義重大且難得，若貪著現法之樂應當思惟修習死無常，且墮入惡趣所受極端痛苦的過患以為主要。若感覺自己漫緩或放逸於所受佛所制的戒律，應當自思惟此是於業果定解劣弱，則以思惟修習業果為主。若於輪迴生死之有漏樂缺少厭患，即貪著不捨，於求解脫心則成虛言，故應當思惟輪迴生死若總若別所領受痛苦之過患。若凡所作，皆為利益有情之大悲心不猛利者，如是則斷絕生起大乘菩提心之根本，故應當多思惟修習菩提願心及其因 —— 大悲心。

（p556-3）

若受佛子所有律儀，學習諸行而覺執相繫縛猛利，當以理智，破執相心一切所緣，而於如空如幻空性，淨修其心。

　　[釋]：**若受佛子**菩薩**所有律儀**，在**學習**菩薩律儀**諸行**時，**而覺**得**執**菩薩律儀實有自**相繫縛猛利**，**應當以**勝義**理智**抉擇無我空慧，**破除執**自相有**之心**於其**一切所緣**，**而於**內心顯現**如空如幻**之**空性**，**淨修其心**令不散亂，安住於其所緣無自相有之境。

（p556-1）

若於善緣心不安住為散亂奴，則當正修安住一趣，是諸先覺已宣說者。以彼為例，其未說者亦當了知。總之，莫令偏於一分，令心堪修一切善品。已釋上士道次第中學菩薩行，應如何學慧性毘缽舍那之法。

　　[釋]：**若於善**所緣，**心**不能**安住**，而成**為散亂**心所役**奴**，**則**應**當正修**習**安住一趣**，令心不散亂，此**是諸先覺已宣說者。以彼為例，其未說者**不論是勝義諦法或是世俗諦法**亦當了知。總之，莫令偏於**止或偏於觀**一分**，是能獲得止觀雙運**令心堪修一切**解脫成佛之**善品。**已經解**釋**完上士道次第中**所應**學菩薩諸行**，及**應如何修**學智慧之**體性毘缽舍那之法**。

（p557+3）

第二特學金剛乘法。如是善修顯密共道，其後無疑當入密咒，以彼密道較諸餘法最為希貴，速能圓滿二資糧故。

　　[釋]：**第二特學金剛乘法。如是善**巧**修學顯密共道**，即是生起菩提心及比量通達空性，**其後**為了迅速獲得佛果位**無疑**應**當**進入密咒，以彼密**乘所修學的**道次第比較顯乘諸餘法最為希貴**，因為顯教成佛利根須三大阿僧祇劫，鈍根則須三大阿僧祇劫或者更多阿僧祇劫，而且方便與智慧僅相互輔助，並非一個心識同時具足本尊色身之方便與智慧的結合。然修學密乘可在一個心識同時修証智慧與報身方便，圓滿佛陀法報化三身，並即生可**速能圓滿**福慧**二資糧故。**

（p557+4）

若入彼者，如《道炬論》說，先以財敬奉教行等，令師歡喜。較前所說尤為過上，然是對於能具咒說最下之德相者，乃如是行。

[釋]：若入彼密乘者，如《道炬論》說，先以財物供養，身口恭敬承事，尤其奉師長之教而行持等，令師歡喜。依止善知識比較前顯教所說尤為過上嚴格，以弟子能否成就，完全端視是否如法依止善知識。然此是對於能具足密咒上師所說最下最基本之德相者，乃如是以財供養，身口承事，依教奉行。

（p557+5）

其次先以清淨續部能熟灌頂，成熟身心。次當聽聞了知守護，爾時所受三昧耶律。若為根本罪犯染著，雖可重受，然於相續，生道功德最為稽留，故常勇猛莫令染著。又當勵力莫犯粗罪，設有誤犯，亦當勤修還出方便，彼等皆是修道基礎，若無彼者，則如牆傾，諸危屋故。

[釋]：其次先以清淨續部能成熟灌頂，此灌頂有四種：1) 寶瓶灌頂，2) 秘密灌頂，3) 智慧灌頂，4) 名詞灌頂，來成熟弟子身心。次當聽聞了知守護密乘的戒律，爾時弟子所受三昧耶律儀。若為根本罪犯染著者，雖可重受，然於心相續中，生起証道的功德會延緩最為稽留，故應恒常勇猛守護莫令染著。又當勵力守護莫犯粗分之罪，假設有誤犯，亦當勵力勤修懺悔還出罪惡方便，彼等三昧耶戒皆是修道的基礎，若無彼密乘戒者，則如牆傾倒，諸危及房屋故。

（p557-6）

《曼殊室利根本教》云：「佛未說犯戒，能成就諸咒。」此說全無上中下品三等成就。《無上瑜伽續》說，若不守護諸三昧耶，下劣灌頂不知真實，此三雖修終無成就，故若不護三昧耶律而云修道，是極漂轉咒理之外。

[釋]：《曼殊室利根本教》云：「佛未說犯戒者，能成就事部、行部、瑜伽部、無上瑜伽部諸咒。」此說全無上品（成就佛果）中品（解脫）下品（人天善趣）三品等成就。《無上瑜伽續》說，1) 若不守護諸三昧耶戒，2) 下劣灌頂（指灌頂不圓滿），3) 不知真實（灌頂後不知道所應修的內義），具有此三任一雖努力修終無成就，故若不守護三昧耶律儀而云修密乘道者，是極漂轉咒理之外。

（p557-3）

若能如是護三昧耶，及諸律儀而修咒道，當先修習堪為依據續部所說，生起次第圓滿尊輪。以咒道中不共所斷，謂於蘊處界執為平俗庸常分別，能斷彼者，亦即能轉外器內身及諸受用，為殊勝事生次第故。

[釋]：若能如是守護三昧耶戒，及諸顯密律儀而修咒道，應當先修習堪為依據續部所說，生起次第圓滿本尊壇城之輪，即是先修生起次第。以所修生起次第圓滿本尊壇城之輪在密咒之道次第中不共所斷，謂分別心於情器世間之五蘊十二處十八界執為平俗庸常分別，能斷彼染污情器世間者，亦即能轉 1)外器世間，2)內身，3) 及諸受用，4)為殊勝事之生起次第故。也就是說，行者應透由思惟修把有染汙的外器、內身及諸受用、事四者，轉成本尊身等四遍淨，而生起殊勝解。四遍淨，即：1)剎土清淨，指佛國土、佛的宮殿。 2)身清淨，指佛身。 3)受用清淨、指佛的資財。 4)事業清淨，指佛的事業，唯有利益有情而已。那什麼叫生起次第、圓滿次第呢？ 生起次第，又名假施設瑜伽，或者戲論瑜伽。它的功用，是為了成熟圓滿次第之心相續。所以，行者由轉外器、內身及諸受用、事四者為剎土清淨等四遍淨之生起次第而趣向圓滿次第，是憑借對自現本尊、佛菩薩壇城、廣大事業等的假想力的勝解，將觀想達到極至，且令假想轉為真實而實現的。

（p557-1）

如是善淨庸常分別，一切時中恆得諸佛菩薩加持，速能圓滿無邊福聚，堪為圓滿次第法器。其次當修堪為依據續部所說圓滿次第，棄初次第，唯修後攝道一分者，非彼續部及造彼釋聰睿所許，故當攝持無上瑜伽圓滿道體二次宗要。此中唯就彼等諸名，略為顯示入咒方隅，於諸咒道次第，應當廣知。能如是學，即是修學總攝一切經咒宗要之圓滿道體，令得暇身具足義利，能於自他增廣佛教。

[釋]：如是於生起次第觀修本尊壇城善淨庸常於分別心顯現情器世間，故於一切時中恆得諸佛菩薩加持，以大乘顯教的道次第是修六度圓滿佛身及淨土之因，然大乘密法的道次第中之生起次第是配合死有、中有、生有之三有而觀修自現本尊及佛國淨土的果位方便，故速能圓滿無邊福聚，且堪作為觀修圓滿次第真實成就佛身及淨土的法器。其次應當觀修堪能作為有傳承依據的續部所說的

眞實成就圓滿尊輪之**圓滿次第**，故若**棄**捨**初**修業者生起**次第，唯修後**圓滿次第所**攝道**之**一分者**，如此**非彼續部**教典**及**造彼**續部**釋論的這些**聰睿**大德或善知識**所**承**許，故當攝持無上瑜伽圓滿道體**之生起次第及圓滿次第，此**二次第**修學的**宗要**，也就是先修生起次第及後修圓滿次第。**此**《菩提道次第廣論》**中唯就彼**等續部教典所說**諸名**相，**略為顯示入**密**咒方隅**，致**於諸密咒**的**道次第**在《密宗道次第廣論》會有詳細的解釋，故**應當廣知**。若能如是**學，即是**修學總攝一切經（顯教）**咒**（密教）**宗要之圓滿道體，令得**暇滿人**身具足**成佛之義利，能對**於自他增廣佛教**有所利益。

（p558+5）

能觀無央佛語目	如實善達一切法	能令智者生歡喜	由親諸修如斯理
知識初佛妙音尊	善歸依故是彼力	故願善擇真實義	彼勝智者恆護持
南洲聰睿頂中嚴	名稱幡幢照諸趣	龍猛無著漸傳來	謂此菩提道次第
盡滿眾生希願義	故是教授大寶王	攝納經論千流故	亦名吉祥善說海
此由燃燈大智者	光明顯揚雪山中	此方觀視佛道眼	故經多時未瞑閉
次見如實知聖教	宗要聰睿悉滅亡	即此妙道久衰微	為欲增廣聖教故
盡佛所說諸法理	攝為由一善士夫	乘於大乘往佛位	正所當修道次第
此論文言非太廣	一切要義無不具	雖諸少慧且易解	我以教理正引出
佛子正行難通達	我乃愚中最為愚	故此所有諸過失	當對如實知前悔
於此策勤有集積	二種資糧廣如空	願成勝王而引導	痴蔽慧目諸眾生
未至佛位一切生	願為妙音哀攝受	獲得圓滿教次第	正行勝道令佛喜
如是所解道中要	大悲引動善方便	除遣眾生冥暗意	長時住持佛教法
聖教大寶未普及	雖遍遷滅於是方	願由大悲動我意	光顯如是利樂藏
從佛菩薩微妙業	所成菩提道次第	樂解脫意與勝德	令長修持諸佛事
願編善道除違緣	辦諸順緣人非人	一切生中不捨離	諸佛所讚真淨道
若時我於最勝乘	如理勤修十法行	爾時大力恆助伴	吉祥德海遍十方

[釋]：善知識**能夠觀見無央**（盡）**佛**所說的**法語目**，且能**如實善**巧通**達佛**所說的**一切法**，善知識的行持**能令智者**（佛）**生**起**歡喜**，**由親諸修如斯理**（善知識，也是由於親近善知識，如法的修習）。

贊歎善**知識初佛妙音尊**（文殊菩薩），如法**善歸依故是彼**文殊菩薩的加持**力**，**故願善抉擇真實**空性**義**，**彼勝智者**文殊菩薩會**恆**常守**護**加持。

南贍部洲這些**聰睿**大善知識**頂中**最莊**嚴**的，而且**名稱幡幢**遠佈**照諸**天上、地上、地下等**趣**，**由龍猛無著漸傳來**，**謂此菩提道次第**的傳承是從文殊菩薩、彌勒菩薩，傳龍樹菩薩、無著菩薩等傳承下來。

盡滿眾生希願離苦得樂義，唯有依著去修學，故此道次第**是**所有佛法**教授**的**大寶王**，**攝納經論千流故**意謂所有佛法的精華都在道次第當中，**亦名吉祥善說海**（此道次第很有次第，就如同甚深難測的大海一樣，所以是很圓滿的善說）。

　　此《菩提道次第》**由燃燈大智阿底峽尊者**，**光明顯揚西藏雪山中**，**此方觀視佛道眼**（由修學《菩提道次第》才能了知佛陀究竟的意趣），**故經多時未瞑閉**（即是說《菩提道次第》的傳承雖經多時，但都沒有斷掉）。

　　次宗喀巴大師**見如實知**通達佛陀**聖教之宗要**的**聰睿**善知識相繼悉滅亡，即是此佛陀所說的**妙道**將恒久衰微，為欲增廣聖教故。

　　盡佛所說諸法理，皆**攝為由**引導一位善士夫成佛的教授，所以**乘於大乘**車通往佛果位，正所**應當**依著本論來**修持道次第**。

　　此論文言義理非太廣，所有**一切**修行**要義無不具足**，**雖諸少慧且**容易理解，我（宗喀巴大師）**以教理正**抉擇而**引出**。

　　佛子（菩薩）之**正行**很**難**通達，我（宗喀巴大師）**乃愚中最為愚**（這是宗喀巴大師自我謙虛），**故**造此論**所有諸過失**，應**當**面**對如實知**之**佛前**求懺悔。

　　於造此論**策勵精勤有集積**，福慧二種資糧廣**如虛空無邊際**，依此資糧**願成佛勝王而來**引導，一切被愚痴障蔽慧目諸眾生。

　　未至佛位的一切**眾生**，並**祈願一切眾生能為妙音**文殊菩薩**哀憫攝受**，且獲得**圓滿**佛聖**教**之教授的**次第**，依此教授正行勝道令諸佛歡喜。

　　如是所解釋《菩提道次第》**中**的**精要**，以大悲心引動之善巧方便，除遣眾生愚痴冥暗意，且能**長時**住持佛聖教法。

聖教大寶未普及，雖遍遷滅於是方（意指在南瞻部洲，佛聖教將要滅），願由大悲策動我心意，光顯如是令眾生能真正得到利益安樂之寶藏。

從佛菩薩微妙的事業，所成的《菩提道次第》，樂求解脫之意與殊勝佛功德，應令長時修持諸佛所成《菩提道次第》之事業。

宗喀巴大師祈願諸佛菩薩於編此善道次第時，盡除違緣具足順緣，成辦諸順緣令一切有情人非人，於一切生中不捨離，諸佛所讚歎真正清淨道次第。

若時我於最殊勝之乘，如理勤修十法行，爾時大力（佛陀）會恆常做助伴，吉祥德海遍十方。

何謂十法行，此有二說：
第一、宗喀巴大師在《金鬘論》中所安立的十波羅蜜。在某時安立為：1)發心；2)教言；3)煖、頂、忍、世第一地（四加行道）。4)大心，佛之方便品功德；5)大所斷，佛之滅功德；6)大證量，佛之智慧品功德；7)鎧甲成就，於各六波羅密中，各設六波羅密而之智慧所攝的菩薩瑜伽；8)入行成就，於大乘因果法任一者，以頂加行為主 之門而修的智慧，所攝之菩薩瑜伽；9)資糧成就，為廣大二資糧所攝，而超勝於大乘加行道世第一法，且能引生其大菩提果之菩薩瑜伽；10)定己成就，決定引生一切種智位之清淨地慧（「清淨地」者，是指八地以上的菩薩。這是《金鬘論》上所說的十法行）。

第二、宗喀巴大師依據《攝大乘論》所提到的十法行，說：在基道果三者中，以基位而言：1)所知處（阿賴耶及染汙識）。2)行相遍計執，依他起、圓成實。以道位而言，3)趣入行相之道。4)因地（前九地）。5)果地（第十地）。6)十地及十般若之分法。7)戒學。8)定學。9)慧學。以果位而言，10)究竟斷證功德。

總攝一切佛語扼要，龍猛無著二師道軌，能往一切種智地位勝士法範，三士所修一切次第圓滿開示，如此菩提道次第者，謂依哦姓具慧般若摩訶薩，彼之紹師精善三藏，正行法義，拔濟眾生，長養聖教，寶戒大師，及因前代持律師中，眾所稱嘆賈持調伏。（號精進然）彼之紹師智悲教證功德莊嚴，大雪山聚持律之中高勝如幢，第一律師嗉樸堪布寶吉祥賢，並諸餘眾誠希求者，先曾屢勸。後因精善顯密眾典，珍愛三學，荷擔聖教無能倫比，善嫻二語大善知識，摩訶薩勝依吉賢殷勤勸請。係從至尊勝士空諱（號虛空幢）聞蘭若師，傳內蘇巴及哦瓦所傳道次。又從至尊勝士賢號，（名法依賢）聞博朵瓦傳霞惹瓦及博朵瓦傳授鐸巴道次等義。教授根本《道炬論》中，唯除開示三士總相，餘文易解故未全引。以大譯師（具慧般若）及卓壟巴父子所著道次為本，並攝眾多道次要義，圓滿道分易於受持，次第安布無諸紊亂。雪山聚中闢道大轍，於無量教辯才無畏，如理正行經論深義，能發諸佛菩薩歡喜，最為希有摩訶薩，至尊勝士睿達瓦等，（號童慧）頂戴彼諸尊長足塵。多聞比丘修斷行者東宗喀生，善慧名稱吉祥，著於惹珍勝阿蘭若獅子崖下福吉祥賢書。

[釋]：總攝一切佛語扼要，龍猛無著二師道軌，能往一切種智地位勝士法範，三士所修一切次第圓滿開示，如此菩提道次第者，謂依哦姓具慧般若摩訶薩，彼之紹師（傳承師）精善三藏，正行法義，拔濟眾生，長養聖教，（他的名字叫）寶戒大師，及因前代持律師中，眾所稱嘆賈持調伏（賈持是持律師中的上座）。（號精進然）彼之紹師（傳承師）智悲教證功德莊嚴，大雪山聚持律之中高勝如幢，第一律師嗉樸堪布寶吉祥賢，並諸餘眾誠希求者，先曾屢勸。後因精善顯密眾典，珍愛三學，荷擔聖教無能倫比，善嫻（福慧）二語大善知識，摩訶薩勝依吉賢（又名勝依法王）殷勤勸請（到此說明：宗喀巴師造這本《菩提道次第廣論》的緣起，是因為由這些善知識的勸請而造的）。

本論的傳承：係從至尊勝士空諱（號虛空幢）聞阿蘭若師，傳內蘇巴及哦瓦所傳的道次第。又從至尊勝士賢號，（名法依賢）聞博朵瓦傳霞惹瓦及博朵瓦傳授鐸巴道次第等義。教授根本《道炬論》中，唯除開示三士總相，餘文易解故未全引。以大譯師（具慧般若）及卓壟巴父子所著道次第為根本，並攝眾多道次要義，圓滿道分易於受持，次第安布無諸紊亂。雪山聚中闢道大轍，於無量教辯

才無畏無礙，如理正行經論深義，能發諸佛菩薩歡喜，最為希有摩訶薩，至尊勝士睿達瓦等（仁達瓦等，宗喀巴大師的上師），（號童慧）頂戴彼諸尊長足塵（將這些尊長的腳放在自己的頭頂，以示恭敬）。多聞比丘修斷行者東宗喀生（因為宗喀巴大師是在宗喀這個地區的東邊出生的，所以為恭敬，取名宗喀），善慧名稱吉祥，著於惹珍勝阿蘭若獅子崖下福吉祥賢書（「惹珍寺」是仲敦巴所建）。

菩提道次第廣論卷二十四終
菩提道次第廣論卷一

(p1+1)
南無姑如曼殊廓喀耶（藏語）
敬禮尊重妙音（漢譯）
俱胝圓滿妙善所生身　成滿無邊眾生希願語
如實觀見無餘所知意　於是釋迦尊主稽首禮

是無等師最勝子	荷佛一切事業擔	現化游戲無量土	禮阿逸多及妙音
如極難量勝者教	造釋密意贍部嚴	名稱遍揚於三地	我禮龍猛無著足
攝二大車善傳流	深見廣行無錯謬	圓滿道心教授藏	敬禮持彼然燈智
遍視無央佛語目	賢種趣脫最勝階	悲動方便善開顯	敬禮此諸善知識
今勤瑜伽多寡聞	廣聞不善於修要	觀視佛語多片眼	復乏理辯教義力
故離智者歡喜道	圓滿教要勝教授	見已釋此大車道	故我心意遍勇喜
諸有偏執暗未覆	具辨善惡妙慧力	欲令暇身不唐捐	諸具善者專勵聽

此中總攝一切佛語扼要，遍攝龍猛無著二大車之道軌。往趣一切種智地位勝士法範，三種士夫，一切行持所有次第無所缺少。依菩提道次第門中，導具善者趣佛地理，是謂此中所詮諸法。

此中傳有二派釋儀，勝那蘭陀諸智論師，許由三種清淨門中，詮釋正法。謂軌範語淨，學者相續淨，所說法清淨。後時止迦摩羅室羅，聖教盛行，彼諸智者，則許三種而為初要。謂正法造者殊勝，正法殊勝，如何講聞彼法規理。今於此中，應如後釋。

回 向： 勝菩提心極珍貴 諸未生者令生起

令已發者不衰退 輾轉增上恒滋長

歡迎關注加入，共同修習佛法：

正法解行林-能海法師 YY 講堂

（ID：66286276）

http://yy.com/66286276

正法解行林-能海法師 QQ 群

（ID：323919517）

正法解行林-能海法師新浪博客

http://blog.sina.com.cn/zhengfajiexinglin

正法解行林-能海法師新浪微博

http://weibo.com/u/5588558856

正法解行林-能海法師微信公眾號

（ID：nenghaifashi）

國家圖書館出版品預行編目（CIP）資料

菩提道次第廣論毗缽舍那 / 宗喀巴大師造論 ；釋
能海講釋． -- 初版． -- 新北市 ： 大喜文化，
2018.05
　　面 ； 　公分． --（喚起 ；27）
ISBN 978-986-95416-9-5（精裝）

1. 藏傳佛教 2. 注釋 3. 佛教修持

226.962　　　　　　　　　　　　　107006242

喚起 27

菩提道次第廣論毗缽舍那

作　　者 宗喀巴大師

講　　釋 釋能海

發 行 人 梁崇明

出 版 者 大喜文化有限公司

登 記 證 行政院新聞局局版台省業字第 244 號

P.O.BOX　中和市郵政第 2-193 號信箱

發 行 處 23556新北市中和區板南路498號7樓之2

電　　話 （02）2223-1391

傳　　真 （02）2223-1077

E - m a i l　joy131499@gmail.com

銀行匯款 銀行代號：050，帳號：002-120-348-27

　　　　　臺灣企銀，帳戶：大喜文化有限公司

劃撥帳號 5023-2915，帳戶：大喜文化有限公司

總經銷商 聯合發行股份有限公司

地　　址 231新北市新店區寶橋路235巷6弄6號2樓

電　　話 （02）2917-8022

傳　　真 （02）2915-7212

初　　版 西元2018年5月

流 通 費 新台幣1300元

網　　址 www.facebook.com/joy131499

ISBN 978-986-95416-9-5 （精裝）